MAKING LOVE

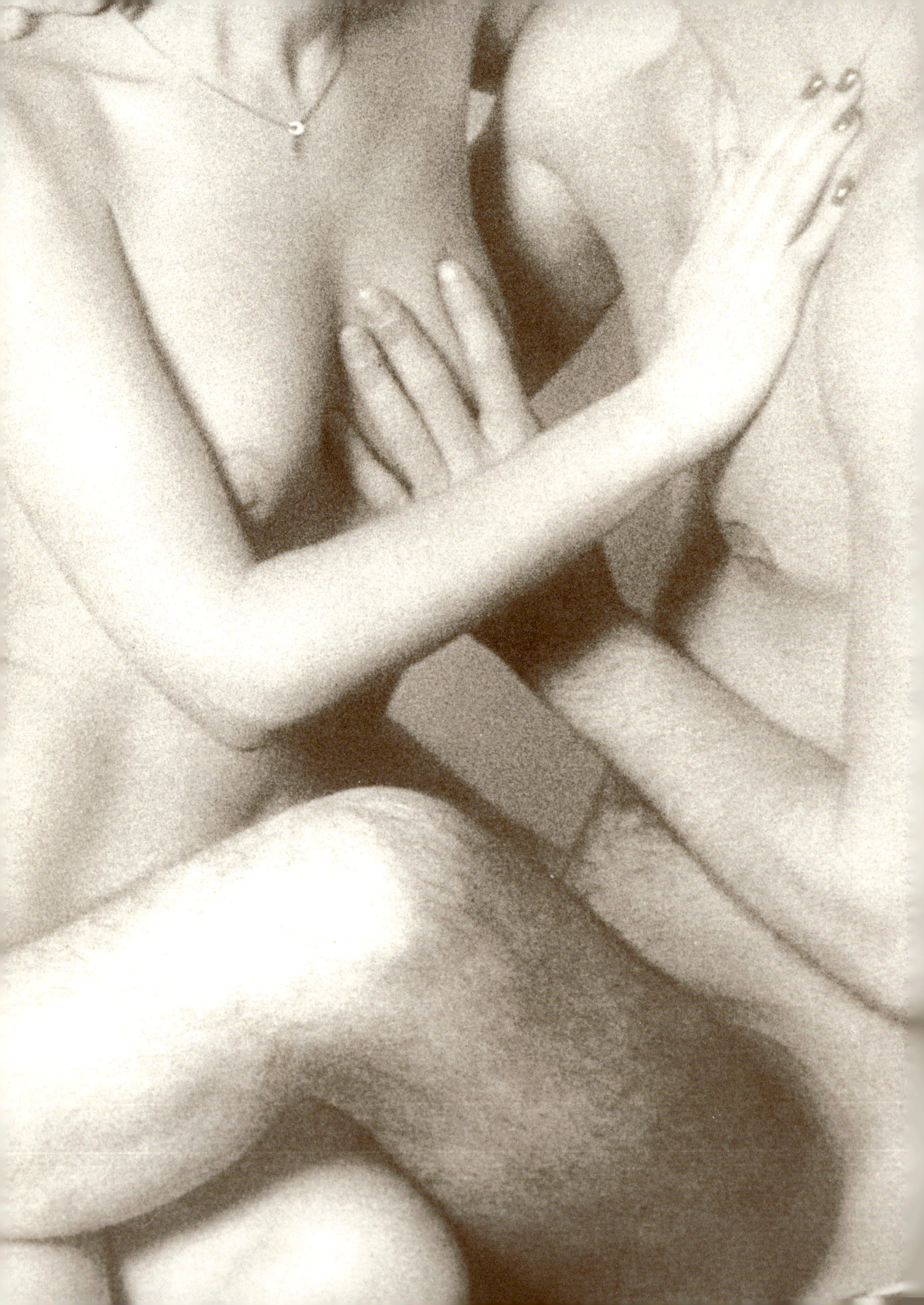

PATRICIA E. RALEY

MAKING LOVE

WIR LERNEN ZU LIEBEN

Wie Sie Ihr eigener Sexualtherapeut werden können

ULLSTEIN

Mit freundlicher Genehmigung der betreffenden Verlage wurden Auszüge aus folgenden Werken übernommen:

Breakfast of Champions: Or Goodbye Blue Monday. © 1973 by Kurt Vonnegut Jr. A. Seymour Lawrence Book/Delacorte Press.

Portnoy's Complaint. © 1968 by Philip Roth, Verlag Random House, Inc.

Advertisements for Myself. © 1959 by Norman Mailer, Verlag G. P. Putnam's Sons

Fear of Flying von Erica Jong. © 1973 by Erica Mann Jong, Verlag Holt, Rinehart and Winston (deutsch: Angst vorm Fliegen, Verlag S. Fischer)

Sexus. © 1962, 1965 by Henry Miller, Verlag Grove Press, Inc. (deutsch bei Rowohlt)

Ideal Mariage, Its Physiology and Technique von Theodor Henrik van de Velde. © 1965 by Stella Brown, Verlag Random House, Inc. (deutsch: Die vollkommene Ehe, Verlag Müller, Zürich; TB Goldmann)

Die Weiberherrschaft in der Geschichte der Menschheit von Alfred King. © 1930, 1931 by Verlag für Kulturforschung, Wien.

Psychopathia Sexualis von Richard von Krafft-Ebing. Verlag Crosby Lockwood Staples, Granada.

The Truth about Gore Vidal – Right from Gore Vidal von Curtis Bill Pepper © 1974 by Conde Nast Publications, Inc.

Erste Auflage · Oktober 1978
Zweite Auflage · Juli 1980
Dritte Auflage · August 1982
Vierte Auflage · März 1983
Fünfte Auflage · Oktober 1984

Titel der Originalausgabe »Making Love. How To Be Your Own Sex Therapist«
Fotos Alan Winston

Übersetzung Jochen Hillebrecht

Satz und Druck: Süddeutsche Verlagsanstalt, Ludwigsburg
Buchbinder: Lüderitz & Bauer, Berlin
Printed in Germany 1984

ISBN 3 550 07790 4

Inhalt

Dauerkrieg

Ein erotisch erfülltes Leben

Vorwort

Seit der Veröffentlichung von Masters' und Johnsons grundlegendem Werk über die Sexualität hat es keinen Mangel an Literatur über Sexualität und Sexualtherapie gegeben. Obwohl ihre eigenen Werke vorwiegend die technische Seite behandeln, hat es seither eine Fülle von Büchern über Sexualität gegeben, die deren Arbeit zusammenfassen oder von der Erfahrung von Patienten in einer therapeutischen Behandlung berichten. Andere Bücher fordern die Leser auf mitzumachen oder berichten davon, wieviele von uns es schon tun und mit welchem Ergebnis.

Was bietet dieses Buch dann? Meiner Meinung nach kommt ihm ein wichtiger Platz zu. Es verbindet eine liberale, verständnisvolle Einstellung zur Sexualität und ihren Stellenwert in den menschlichen Beziehungen mit einer Anzahl neuer Methoden in der Sexualerziehung und in der Sexualtherapie. Das Ergebnis dieser Synthese ist ein Handwerkszeug für diejenigen, die sich selbst überprüfen möchten, die einmal Inventur bei sich selbst machen wollen und die das Buch als eine Art persönlichen Begleiter betrachten auf dem Weg zu neuen Welten – zu inneren Welten, zu sexuellen und zwischenmenschlichen Welten. Es präsentiert einen therapeutischen Standpunkt für einen selbst und für Partnerbeziehungen, verleiht Unterstützung und Bestärkung bei der Aufgabe, das heikle Gebiet persönlicher und sexueller Begrenzungen sorgfältig auszuloten.

Sexualtherapeuten und Erzieher erfüllen ähnliche Funktionen, wenn sie als einfühlsame, erfahrene und objektive Berater handeln und so für eine unterstützende Umgebung sorgen, in der sexuelle Standpunkte und Praktiken einmal befragt werden können. Ihr Ziel ist es, eine Atmosphäre zu verbreiten, die eine sexuelle, emotionale und zwischenmenschliche Weiterentwicklung ermunternd fördert. *Patricia Raleys* Buch hat eine Menge dazu beigetragen, uns mit vielem von dem zu versorgen, was wir einem erfahrenen Therapeuten und Erzieher an Fragen zu stellen haben. Es bestärkt, fragt, leitet. Sanft aber bestimmt dringt es vor. Bis zu einem gewissen Grade kann ein Buch einen lebendigen Helfer ersetzen, und ich glaube, daß dieses Buch so etwas vermag. Es scheint an Leben zu gewinnen wie ein Reiseführer – auf einer Reise, die manchmal anstrengend sein kann, manchmal aber auch vergnüglich. Das Buch spiegelt die Begeisterung der Autorin wider, ihren Humor und ihre Geduld, ihre Toleranz und ihre Erfahrung auf dem Gebiet der Sexualität und der zwischenmenschlichen Beziehungen.

MAKING LOVE bietet eine erfrischende Auffassung von Sexualität und auch einen neuen Ausblick auf menschliches Zusammenleben. Viele von uns bleiben schon frühzeitig mit ihrer sexuellen Weiterentwicklung stecken – festgehalten durch die kulturelle Einstellung noch aus der Zeit unseres Heranwachsens, durch einen Mangel an Informationen, sogar durch Falschinformationen. Schlechte Gewohnheiten überlagern die ursprünglich geringen Schwierigkeiten; Partner, die sich eigentlich lieben, leben sich sexuell auseinander und riskieren gegenseitige Verbitterung; und einfache Probleme wachsen über Jahre hinweg zu großen Hindernissen heran, die dann eine Ehe oder eine langandauernde Beziehung bedrohen.

Vielen Menschen kann dieses Buch eine Hilfe sein, das Sexuelle besser zu gestalten. Anderen mag es nicht genügen. Diese werden einen berufsmäßigen Therapeuten aufsuchen müssen. Ihnen könnte das Buch wie eine Kinovorstellung gedient haben, in der sie sich mit einer bestimmten Art von Problemen identifizieren konnten und in der ihnen gezeigt wurde, daß weitere Hilfe nötig ist – und vielleicht als wichtigstes, daß ihnen weitere Hilfe auch wirklich zur Verfügung steht. Sie müssen nicht weiter leiden unter sexuellen Fehlfunktionen, quälenden Ehen oder sogar der Sehnsucht nach einer Beziehung. Der Gesichtspunkt der »Kinovorstellung« bei MAKING LOVE ist einer der wichtigsten Aspekte dieses Buches. Noch weiß niemand, wieviele Menschen von sich aus den Wert ihres Sexuallebens erhöhen können, vorausgesetzt daß Informationen und auch Hilfe mit ihrer inneren Haltung übereinstimmen. Ich teile mit *Patricia Raley* die Meinung, daß viele Menschen sich helfen und sich sogar »heilen« können, besonders solche Gruppen wie etwa junge Erwachsene, die noch nicht in die lebenslangen Schablonen eingepreßt sind, und auch solche, die sowohl motiviert als auch damit vertraut sind, sich um eine Beziehung Gedanken zu machen. So möchte ich mich ihr anschließen und Sie als Leser dazu ermuntern, eine neue Art von »Experiment« auszuprobieren, indem Sie Ihr eigener Therapeut werden, der Ihrer Ehe, der Ihres Ehegatten oder der Ihres Partners. Aber ich möchte Sie auch dringend bitten, nicht gleich aufzugeben, wenn es einmal etwas stürmischer zugeht. Entweder fahren Sie in Ihren Versuchen fort (weil ja die Praxis hilft), oder Sie suchen jetzt Hilfe bei einem Fachmann. Zumindest wissen Sie jetzt, daß Sie es selbst versucht haben, und Sie werden viel eher bereit sein, mit jemand anderem zu arbeiten. Und außerdem haben Sie eine Vorstellung davon gewonnen, wo und warum Sie an einem toten Punkt angelangt sind.

Sex ist schließlich und vor allem der körperliche Aspekt in einer menschlichen Beziehung. In der Sexualität wird der Körper zum Ausdrucksmittel einer emotionalen Bindung zwischen Menschen, die sich umeinander sorgen. Seit die Fortpflanzung unserer Art nur noch bei einem kleinen Anteil sexueller Begegnungen im Vordergrund steht, scheint festzustehen, daß die sexuellen Bande zwischen Menschen in erster Linie eine grundsätzliche emotionale Aufgabe erfüllen. Es sind die intakten menschlichen Beziehungen, die Familienbande und die Fähigkeit von Erwachsenen, das Leben zu genießen, die jedesmal im Einsatz sind, wo wir sexuellem Tun in seiner ganzen Vielfalt begegnen.

Dr. med. DAVID E. SCHARFF,
Leiter für Beratung und Sexualerziehung
Preterm, Zentrum zur Wiedererlangung der Gesundheit
Washington, D. C. USA

MAKING LOVE

Einführung

Wir alle werden täglich so mit Sex bombardiert, daß es schwer ist zu trennen, was wirklich Sex *ist* und was wir uns darunter vorstellen. Ist das Zärtlichwerden und das Schlafen mit jemandem ein Trieb, eine Pflichterfüllung, Sünde, ein Job? Ist der Sex, der Autos, Bücher und Toupets verkaufen hilft, der gleiche, mit dem wir selbst leben? Sex kann sein der Sex des steril Klinischen, der exotischen Erotik, der Schickeria, der Politiker oder auch einfach der Leute nebenan. Mit all der Publicity, den Hoffnungen und Erwartungen, die den Sex begleiten, müssen wir ja zwangsläufig ängstlich, enttäuscht oder ausgesprochen hinters Licht geführt werden.

Hier gibt es eine Gelegenheit, wie Sie herausfinden können, was es für Sie bedeutet, sich zu lieben. Mit Hilfe dieses Buches können Sie über Ihre eigenen sexuellen Belange mehr Klarheit gewinnen und sich konstruktive Gedanken machen. Durch einen Prozeß der Besinnung, der Untersuchung an sich selbst und des Handelns hindurch können Sie Ihr eigener Sexualtherapeut werden.

Was ist eine Sexualtherapie?

»Sexualtherapie« wird gewöhnlich zurückgeführt auf ein Programm zur Verhaltensänderung bei sexuellen Fehlfunktionen, wie es zuerst von Masters und Johnson entwickelt worden ist.

Es meint nicht nackt durchgeführte Dauersitzungen, Menschen in weißen Kitteln, die aufmerksam beobachten, wie Sie sich lieben, oder eine Sitzung, in der man sich gefühlvoll streichelnd nahekommt. Die Therapie, die Sie hier finden, verbindet herkömmliche »Sexualtherapie« mit Bestandteilen aus der Psychotherapie und der Sexualerziehung, um eine zugängliche und umfassende Einstellung zur Sexualität zu entwickeln.

Üblicherweise fällt den Eltern, Lehrern, Ärzten und Kindergärtnerinnen die Verantwortung zu, jemandem etwas über Sexualität zu erzählen. Sie versuchen, Kenntnisse über die sexuelle Beschaffenheit unseres Körpers weiterzuvermitteln, über die Fortpflanzung, Geburtenkontrolle und gelegentlich sogar ein wenig über sexuelle Verhaltensweisen. Aber oft sind sie gehemmt dadurch, daß sie selbst Opfer ihrer eigenen, armseligen Sexualerziehung sind. Und bis vor kurzem waren die Tatsachen über die Sexualität nur schwer von den Gefühlen zu trennen, die sie hervorriefen. Demgemäß kommt die Sexualerziehung für die meisten von uns aus einem Mischmasch von Märchen, Halbwahrheiten, Anzüglichkeiten und Entstellungen, begünstigt durch begrenzte und oft verpfuschte Erfahrungen.

Seit den Untersuchungen über die Reaktionen und die Physiologie des Sexuellen, vor allem denen von Masters und Johnson an der Reproduktive Biology Research Foundation in St. Louis (einer Stiftung zur Erforschung der Biologie der Fortpflanzung), stand nunmehr verblüffendes, neues Material zur Verfügung. William H. Masters, ein Gynäkologe, und seine Assistentin Virginia E. Johnson zeichneten nicht nur genau auf, was wirklich während der sexuellen Erregung und während des Orgasmus passiert, ihnen gelang außerdem noch die Trennung einiger Tatsachen von lange überlieferten Märchen. Sie veröffentlichten ihre Entdeckungen 1966 in der *Sexuellen Reaktion des* Menschen.

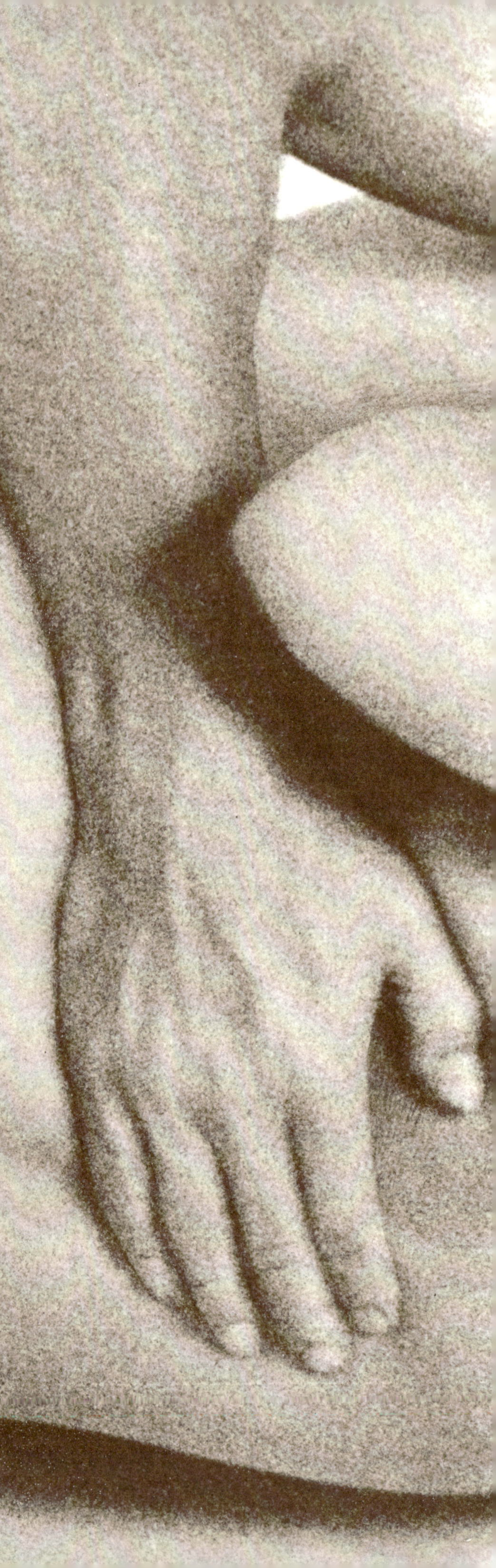

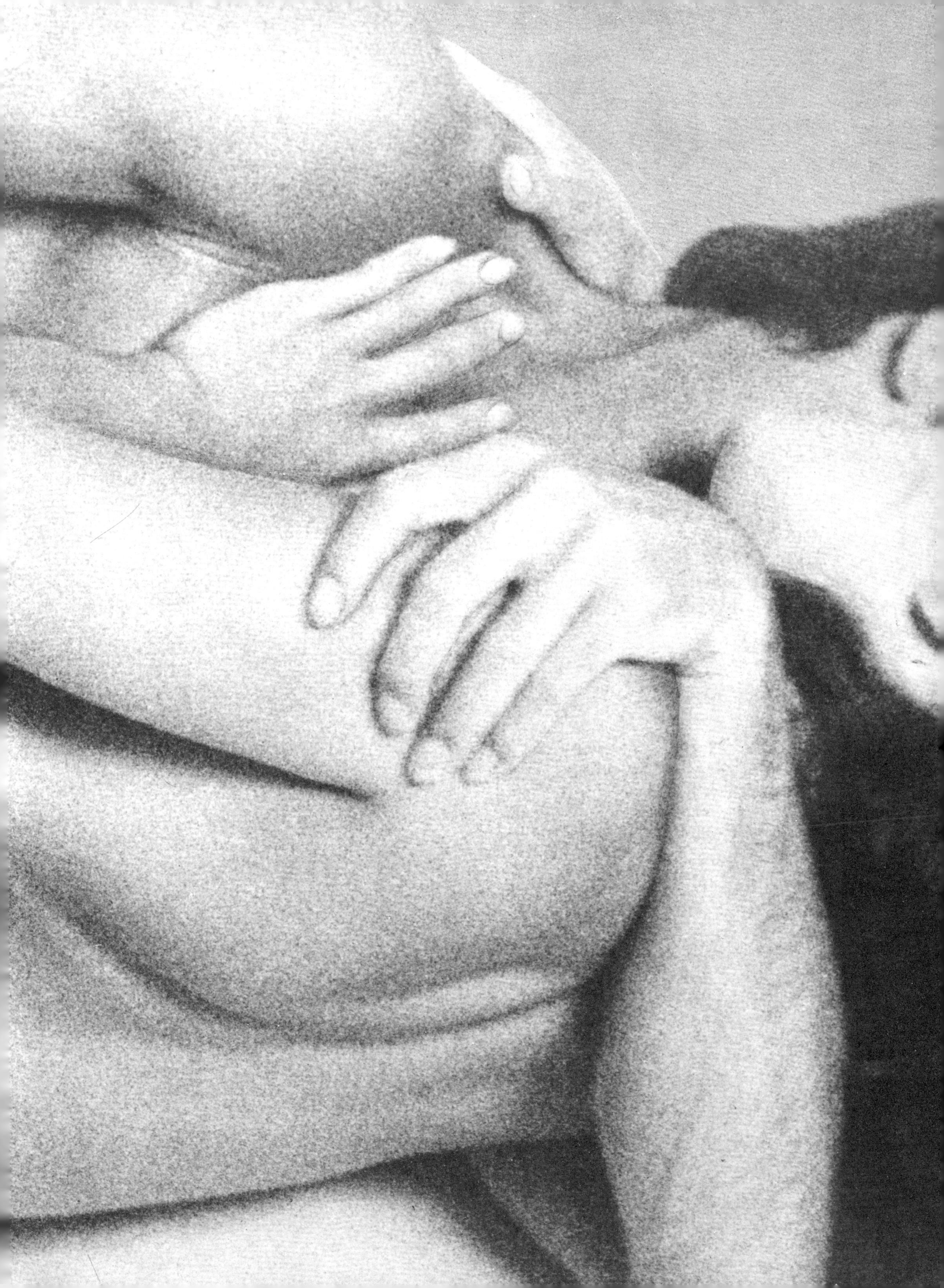

Indem sie diese Untersuchung und die Methoden der Verhaltensänderung anwandten, fanden Masters und Johnson einen Weg, Menschen mit bestimmten sexuellen Problemen zu helfen. Sie beschrieben die Probleme und ihre Behandlung 1970 in dem Buch *Funktionelle Sexualstörung* (Impotenz und Orgasmusstörung). Die Sexualtherapie zur Behebung von Fehlfunktionen, wie sie genannt wird, hat sich als außerordentlich wirkungsvoll erwiesen. Sie ist allerdings für Paare angelegt und nicht geeignet zur Behandlung undeutlicher oder unbestimmter Probleme. Diese verbleiben weiterhin in der Zugehörigkeit von Psychiatern, Sozialarbeitern, Psychologen, Eheberatern und Geistlichen.

Diese Fachleute sind nicht immer willens oder in der Lage, genau diejenigen sexuellen Informationen weiterzugeben, die ihre Klienten manchmal brauchen. Sexualausbildung ist erst seit kurzem Teil einer erforderlichen berufsmäßigen Ausbildung. Früher war es die gängige Lehrmeinung, daß sexuelle Auffälligkeiten nur behoben werden können, indem man solchen unterschwelligen psychischen Einflüssen wie Abhängigkeit und ödipalen Konflikten seine Aufmerksamkeit widmet, denn die unbewußten, unbewältigten Probleme würden eben weitere Probleme hervorrufen. Obwohl viele Fachleute heutzutage Psychotherapie und Sexualtherapie verbinden, wird es noch einige Zeit dauern, bis die Öffentlichkeit von ihnen freimütige Hilfe bei ihren sexuellen Problemen erwarten kann.

Im Idealfall verbindet die Sexualtherapie eine Sexualerziehung mit Psychotherapie und Verhaltensänderung, um so für sorgfältige Informationen, eine aufmerksame Analyse von Gefühlen und präzise Hilfsmittel zur Veränderung zu sorgen. Sie kann sich dann einem umfassenden Gebiet sexueller Belange zuwenden, von der individuellsten Einzelheit bis hin zu ganz verbreiteten Erscheinungen.

Wer braucht dieses Buch?

Jeder, der an Sex interessiert ist. Falls Sie wissen wollen, welche Erfahrungen Ihre Einstellung zur Sexualität und zum Miteinander-Schlafen einst geformt haben, ist es das Buch für Sie. Wenn Sie Sex erregend und hinreißend, widerlich, langweilig oder geheimnisvoll finden, dann gibt es hier etwas für Sie. Und es spielt keine Rolle, ob Sie homo sind oder hetero, alt oder jung, verheiratet oder ungebunden.

Was eine Rolle spielt, ist nur, ob Sie auf sexuellem Gebiet mehr über sich wissen wollen. Sie könnten zum Beispiel gern wissen wollen, was normal ist bei sexuellen Verhaltensweisen, vom Beginnen und Abweisen sexueller Kontakte bis zu der Rolle, die die verschiedenen Geschlechter spielen, und bis zu sexuellen Fantasien. Sie könnten zum Beispiel Rat suchen bei einem Problem wie etwa Impotenz, Orgasmusunfähigkeit, zu schnellem oder zu langsamem Orgasmus. Dieses Buch kann Ihnen helfen, sich mit Ihren eigenen sexuellen Belangen, wie immer diese auch aussehen mögen, zu identifizieren und ihnen mutig zu begegnen.

Ein ganz allgemein verbreiteter Punkt von Interesse bei jenen, die dieses Buch benötigen, ist die Angst vor dem Versagen. Einige Menschen fürchten sich vor dem, was mit ihnen passieren könnte, wenn sie einmal versuchen, ihr Sexualleben besser zu gestalten, und dann einen Fehlschlag erleiden. Solche Ängste können Sie außerstande setzen, jemals Hilfe zu suchen. Statt aufzugeben, können Sie doch viel eher mal etwas in einem solchen Bereich mit geringem Risiko wagen.

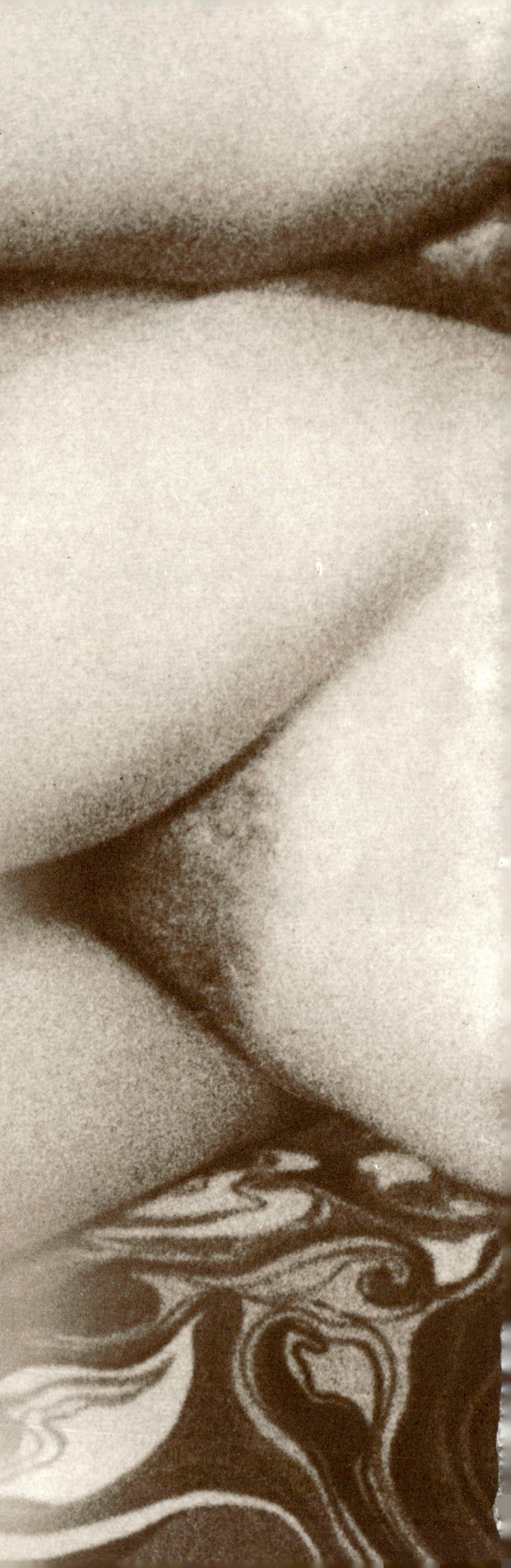

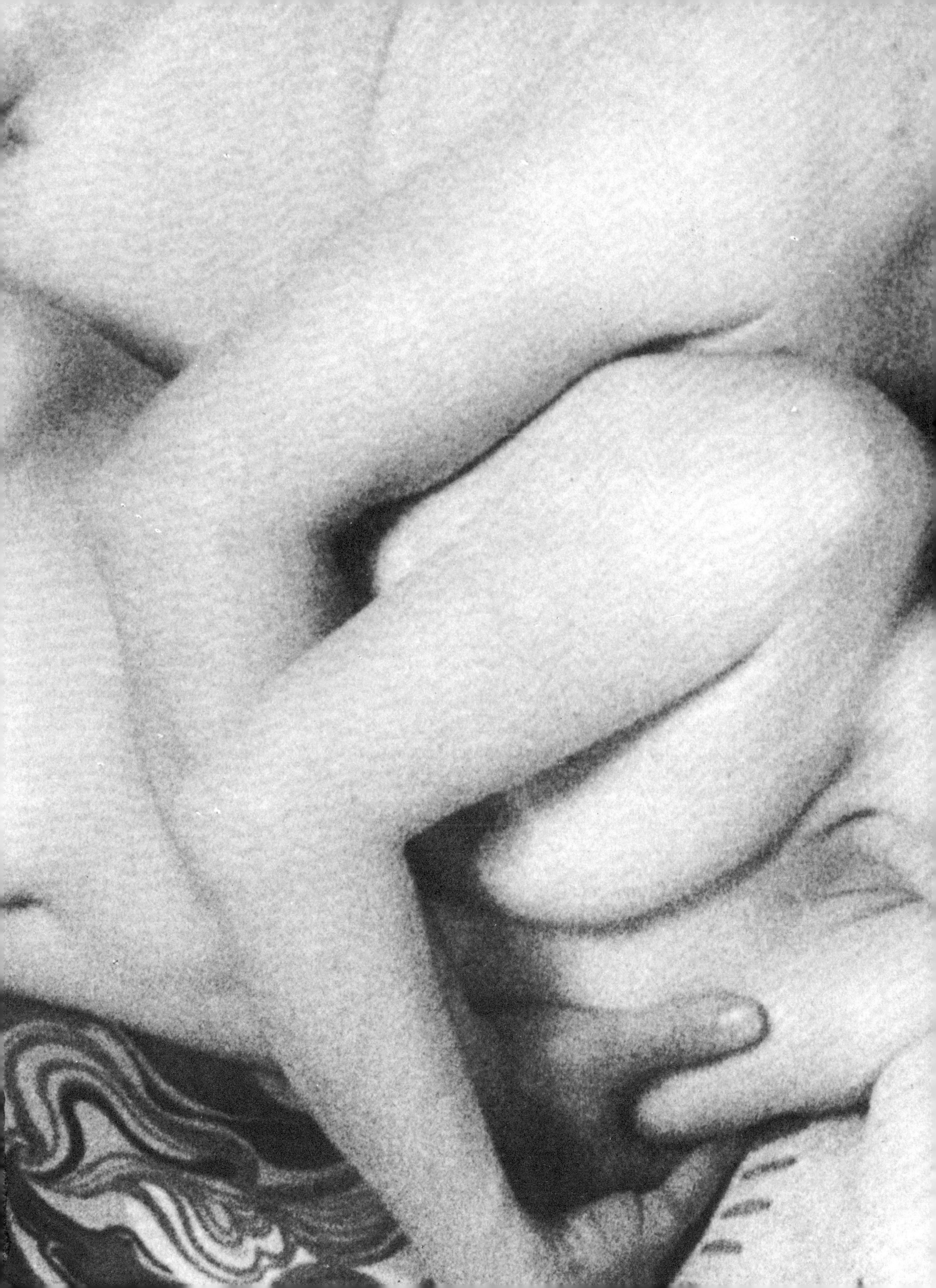

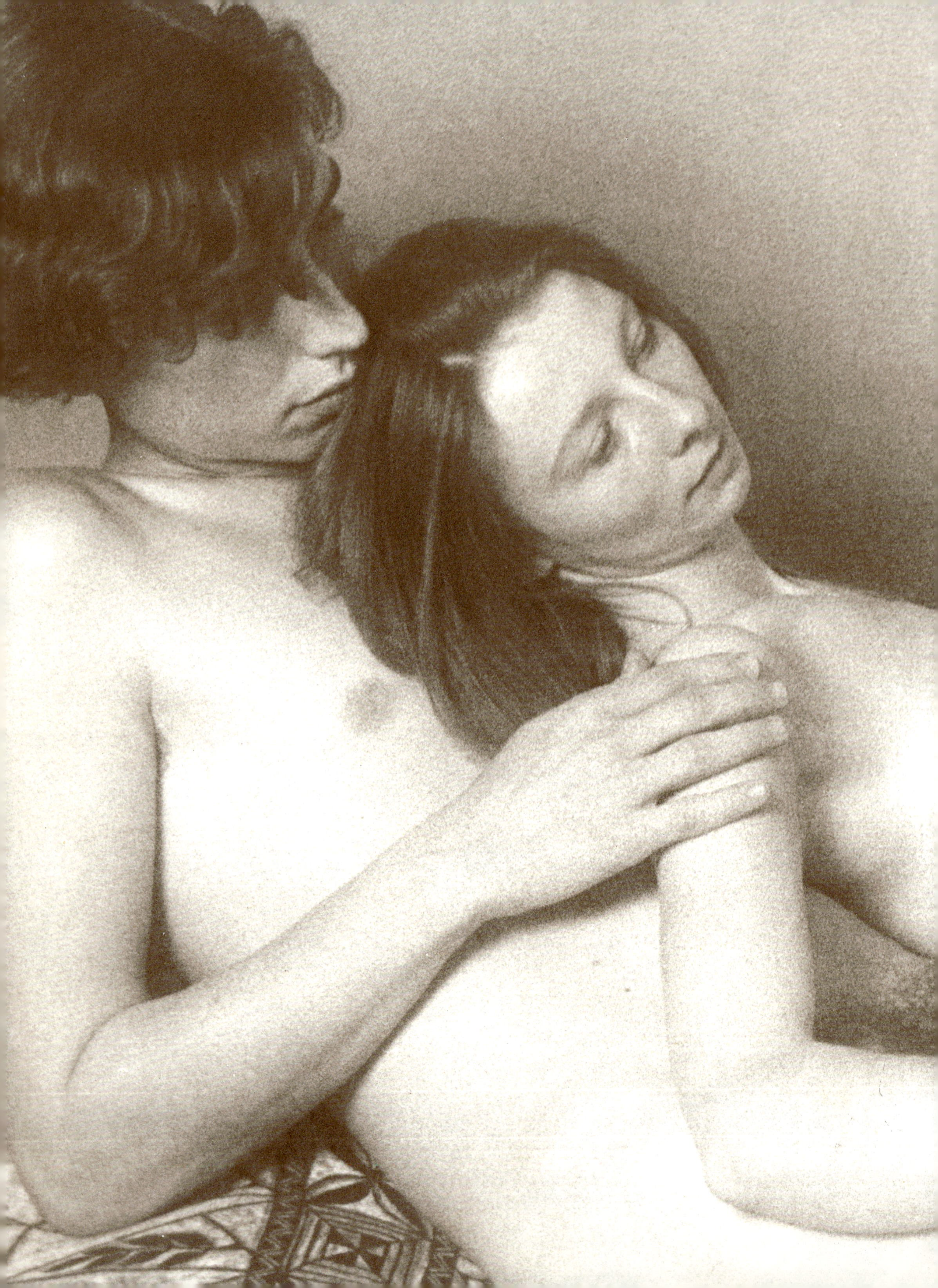

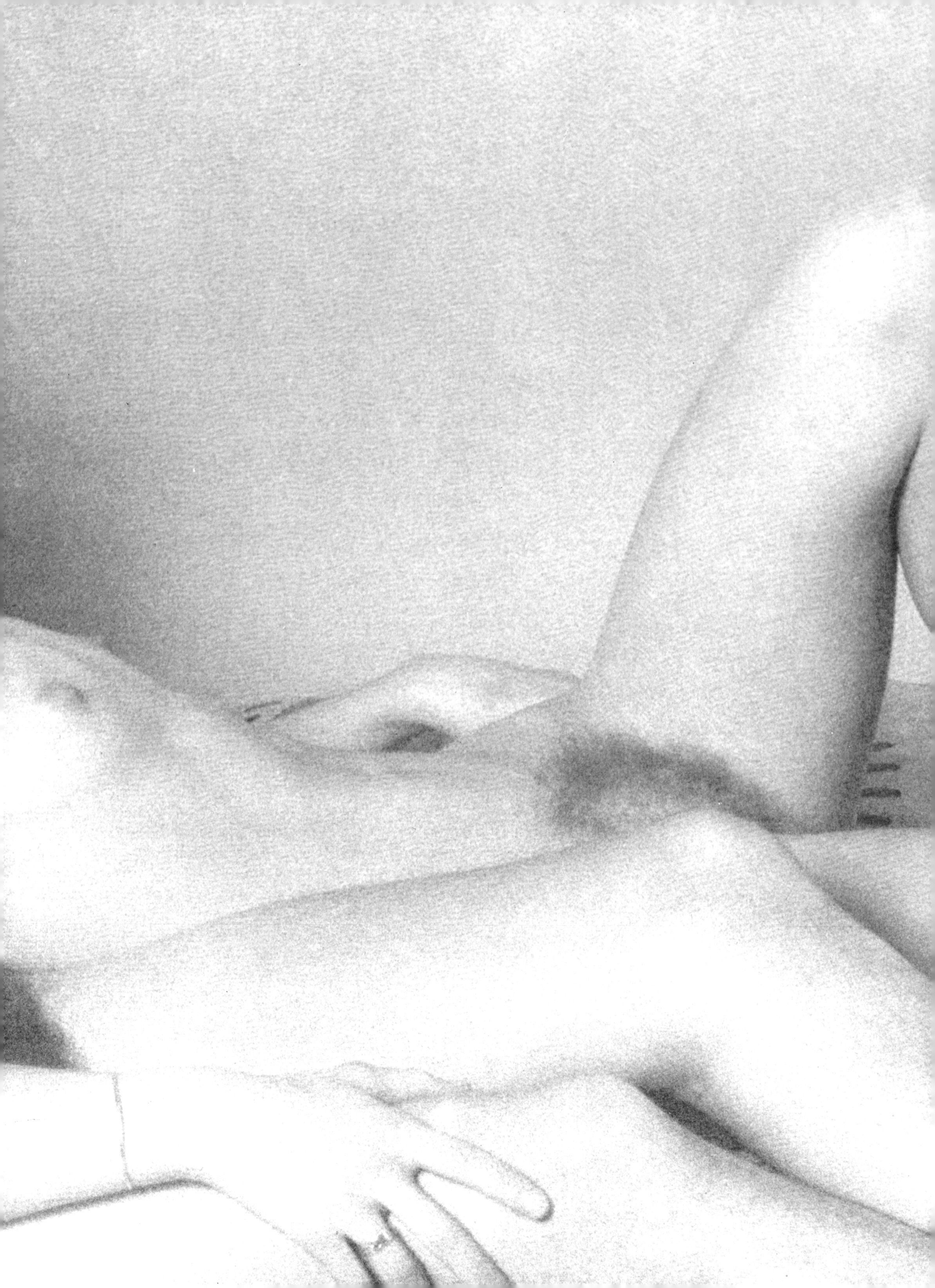

Wenn Sie es nicht allein mit Hilfe dieses Buches schaffen, gibt es um Sie herum genügend Leute, die Ihnen helfen können (siehe das Kapitel »Dauerkrieg«).

Warum nicht zu einem Sexualtherapeuten gehen?

Sexualtherapeuten haben Erfahrung, kennen den Sachverhalt und verfügen über Methoden, die durchaus nützlich sind, aber sie haben auch keine Geheimformeln, die dann Potenz oder Glück verheißen. Manchmal erkennen die Menschen gar nicht, wieviel sie aus eigener Kraft tun können. Obwohl Sie später vielleicht immer noch einen Therapeuten aufsuchen, können Sie doch jetzt schon einiges über Ihre eigene Sexualität zu lernen beginnen. Ihr Eigenwissen, Ihr gesunder Menschenverstand und Ihre Entdeckerfreude können Sie selbst Ihr allerbester Therapeut werden lassen. Und Sie können in diesen intimen und doch wohl sehr persönlichen Angelegenheiten vielleicht bequemer arbeiten, wenn Sie sie selbst in der Hand haben.

Sollten Sie nicht in der Lage sein, trotz anhaltender und konzentrierter Anstrengungen, die Lebensweise, die Sie anstreben, langsam aber sicher zu erreichen, ist das kein Grund zum Verzweifeln. Sie haben dann ohne fremde Hilfe getan, was in Ihrer Kraft stand, und dieses Buch hat Ihnen Ratschläge und Vorbereitungen für weitere Hilfe vermittelt.

Wie benutzen Sie dieses Buch?

Dieses Buch kann Ihnen dabei helfen, genau der Liebhaber zu sein, der Sie schon immer sein wollten. Aber das Lesen allein stürzt Sie noch nicht in sexuelle Extase. Sie müssen es schon selbst ausleben. Beginnen Sie, indem Sie den Anregungen folgen, die Fragen zu beantworten und die grundsätzlichen Tatsachen zu erlernen. Versuchen Sie, sich und Ihre Grenzen zu akzeptieren. Sie müssen nicht alles so machen wie im Buch, aber geben Sie ihm wenigstens die Chance, Ihnen soweit zur Seite zu stehen, daß Sie sich selbst helfen können.

Geben Sie sich selbst ein vernünftiges Tempo an, das Sie auch einhalten können. Wenn Sie immer nur einen flüchtigen Blick hineinwerfen, warum setzen Sie sich nicht einfach hin und lesen gleich einmal das ganze Buch durch? Dann blättern Sie zurück und beginnen langsam mit den Übungen. Sie müssen das richtige Tempo selbst bestimmen, aber Sie können durchaus einmal an mehr als einem Kapitel zur gleichen Zeit arbeiten. Wenn Ihnen etwas zu schwierig erscheint, gehen Sie zurück zu einem Teil, den Sie leicht fanden oder unterhaltsam oder auch nützlich. Es ist völlig in Ordnung, wenn Sie steckenbleiben, wenn Sie verlegen oder entsetzt sind. Versuchen Sie es einfach weiter. Sollten Sie zögern, in das Buch hineinzuschreiben, dann überlegen Sie doch, ob Sie nicht eine Art Begleittagebuch anlegen, um Ihre Bemerkungen über diese Übungen dort festzuhalten. Sie können dann dieses Buch herumliegenlassen ohne die Angst, andere könnten etwas darin finden. Es ist wirklich völlig egal, ob Sie Ihre Bemerkungen hier oder sonstwo machen, solange Sie nur selbst auf dem laufenden bleiben.

Wenn Sie Ihre Reaktionen und Tätigkeiten aufzeichnen, ist das allein schon therapeutisch. Genauso therapeutisch ist es, mit jemandem über viele der Probleme zu sprechen, die hier zur Sprache kommen. Sie mögen es zumindest am Anfang vorziehen, alleine zu arbeiten. Später dann, wenn Sie Gelegenheit dazu haben, mit einem anderen Menschen über einige Kapitel oder Abschnitte zu sprechen, werden Sie merken, daß der Vorgang des Untersuchens und der Besinnung Ihr therapeutisches Weiterkommen ebenfalls ganz enorm fördert. Diese Person muß kein Sexualpartner sein; jemand, den Sie mögen, reicht dazu aus.

Eine ganz ausgezeichnete Methode, die in diesem Buch angewandt wird, liegt darin, Fragen aufzulisten, die Sie sich möglichst stellen sollen. Nicht alle Fragen werden Ihnen passend erscheinen, aber versuchen Sie, so viele wie möglich zu beantworten. Das wird Ihnen helfen, Ihre eigenen Interessen zu entdecken und Ihnen auch die von anderen zeigen. Die Vorschläge, die dann den Fragen folgen, werden Ihnen nicht alle gefallen, und das sollten Sie von ihnen auch nicht erwarten. Es hat überhaupt nichts mit Spontaneität oder Selbstverständlichkeit zu tun, Anweisungen in einem Buch zu befolgen. Aber seien Sie wagemutig und versuchen Sie etwas Neues, auch wenn Sie sich gehemmt oder unsicher fühlen. Versuchen Sie, noch hinter den Punkt zu gelangen, der Ihnen Unbequemlichkeiten bereitet. Einige Leute geben auf, wenn sie auf ein unerfreuliches Gefühl stoßen. Sie sind der Meinung, das sei unnormal und verlieren dann die Hoffnung. Es ist wirklich das ganz einfache Experiment wert, einmal darüber hinauszugehen, einfach nur um zu sehen, welche Gefühle Sie außerdem noch haben.

Denken Sie daran, eine Sextherapie soll eine Herausforderung sein. Das ganze ist außerdem aufregend, provoziert unser Denken und macht Spaß.

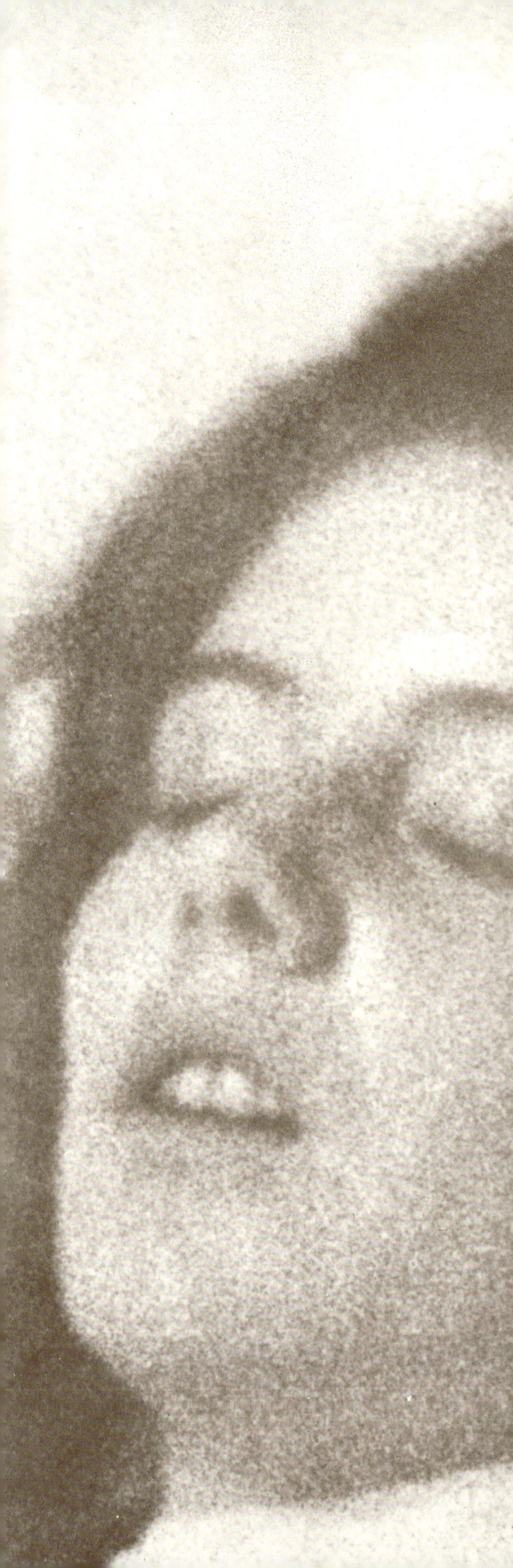

Fantasie

Einführung

Falls Sie in einer Buchhandlung oder in einer Bücherei sind und dieses Buch gerade aus dem Regal genommen haben, könnten Ihnen jetzt verschiedene Gedanken durch den Kopf schießen.
Vielleicht machen Sie sich Gedanken darüber, was Making Love für Sie bedeutet oder für den Autor. Außerdem sind Sie wahrscheinlich kritisch, voller Hoffnung, ängstlich oder amüsiert von der Idee, daß es solch ein Buch gibt.

Weiterhin könnten Sie Überlegungen anstellen darüber, ob man Sie wohl gerade beobachtet. Die Person neben Ihnen denkt vielleicht, Sie brauchen eine Sextherapie, oder Sie sind leicht zu haben, oder Sie haben ein berufliches Interesse an dem Buch. War das Buch ein Geschenk, so könnten Sie zum Beispiel denken, daß der Überbringer Sie in Verlegenheit bringen oder belehren, Sie verspotten oder beglücken wollte. All solche Spekulationen und Grübeleien sind Fantasien.

Vorstellungen darüber, was wohl mit Ihnen geschehen könnte, wenn Sie dieses Buch lesen, sind ebenfalls Fantasien. Es könnte doch sein, daß Sie sich zum Beispiel mitten in eine Orgie hineinversetzen oder in ein sorgfältig kontrolliertes Experiment, einfach als Ergebnis des Lesens in diesem Buch. Vielleicht haben Sie Gefallen an der Vorstellung, daß Sie selbst der Therapeut sind. Sie könnten sich auch danach sehnen, endlich Ihre Überzeugung zu erhärten, daß Bücher wie dieses nicht mehr als Micky-Maus-Niveau haben. Oder Sie könnten ganz versessen darauf sein, Ihre erotischen Fähigkeiten in Erfüllung zu bringen oder auch leichte Wunderlichkeiten im Hinblick auf irgendeine Ihrer ganz speziellen sexuellen Eigenheiten.

Verschwommenere, weniger definierte Gedanken, wie etwa das innere Bild von einem früheren Geliebten oder die Erinnerung an eine ganz spezielle sexuelle Erfahrung, die Sie einmal gemacht haben, sind auch Fantasien. Sie können ein kaum spürbares Gefühl von Aufregung oder Vorahnung haben, begleitet von bunten Bildern voller erotischer Vorstellungen. Sie können sich eine sexuelle Begegnung wieder in das Gedächtnis zurückrufen, in der Sie sanft und zuvorkommend waren oder auch nicht so sehr. Sie können sich an andere Sexbücher erinnern, die Sie schon gelesen haben, an gute und weniger gute.

Fantasien können reichhaltig sein, breit angelegte Geschichten, aber auch bloß Fragmente, treibende Bilder ohne bestimmte Richtung oder Entschlossenheit. Sie können von total weltlichen Alltagsgeschichten handeln oder von exotischen Abenteuern, die Sie niemals selbst durchleben oder auch nur zu Gesicht bekommen werden.

Es kann durchaus sein, daß Sie sich all dieser Fantasien überhaupt nicht bewußt sind. Sollten Sie das Gefühl haben, mit dem Fantasieren stimme etwas nicht, kann es durchaus sein, daß Sie sich der Sache *zu* bewußt sind.

Die klassische Erwiderung gegenüber jemandem, der Probleme hat mit seiner Sexualität, ist die: »Das bildest du dir doch bloß alles ein.« Das klingt so, als gäbe es überhaupt keine richtigen sexuellen Schwierigkeiten – bloß solche in der Einbildung –, was natürlich völlig falsch ist. Was in Ihrem Kopf oder in Ihrer Vorstellung vor sich geht, kann ein erster Anhaltspunkt sein dafür, welcher Art Ihre Bedürfnisse,

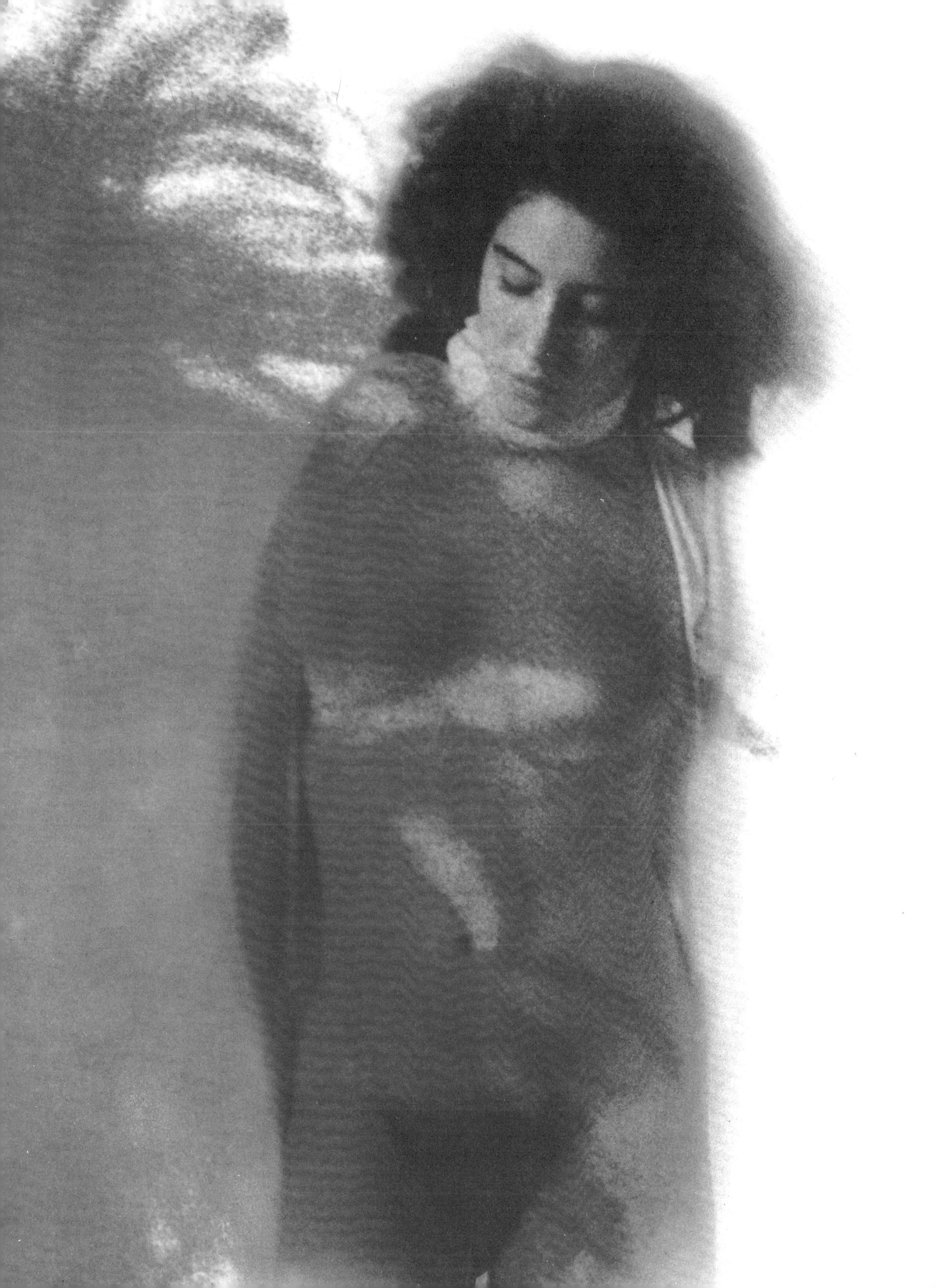

Einstellungen und Gefühle sind. In diesem Kapitel werden wir uns sexuelle Fantasievorstellungen einmal im Hinblick auf Andeutungen ansehen, die die sexuelle Seite aufzeigen. Aber zuerst lassen Sie uns einige allgemeine Fantasien betrachten.

Was ist eine Fantasievorstellung?

Weiter unten finden Sie einige Beispiele für allgemeine Fantasien. Nach jeder einzelnen ist Platz gelassen, wo Sie dann eine Fantasievorstellung, die Sie gehabt haben oder die gerade in Ihnen abläuft, in der gleichen Zeile hinschreiben können. Wir fahren in diesem Buch so fort, daß Sie sich die Fragen selbst stellen sollten und Ihre Gedanken zu den verschiedenen Punkten dann jeweils niederschreiben. Sie müssen das natürlich nicht tun. Aber wenn Sie öfter mal eine Pause machen, um aufrichtig sich selbst gegenüber zu sein, um Ihre Gefühle mit einem Bleistift (oder Füllfederhalter, falls Sie zuversichtlich sind) zu überdenken, kann Ihnen das helfen, sich zurechtzufinden und möglicherweise sowohl Einstellungen als auch Verhaltensweisen zu verändern. Solch eine Veränderung kann zum Beispiel einfach heißen, daß Sie sich selbst akzeptieren, aber das kann Ihr Verhalten ganz entscheidend verändern. Indem Sie zum Beispiel Ihre eigenen Fantasien kennen und auch ihre mögliche Bedeutung, kann Sie das ein Stück näherbringen dem Ziel, sich kennenzulernen. Benutzen Sie Ihr Aufzeichnungsheft, falls Sie lieber nicht in das Buch schreiben wollen.

Die heldenhafte Fantasie. Die Leute da drüben, die gerade in den Bus gestiegen sind, erscheinen mir sehr verdächtig. Ich möchte wissen, ob der Typ eine Pistole dabeihat. Vielleicht wollen sie uns ja ausrauben . . . Ich schätze, ich bin der einzige hier, der das Ganze in die Hand nehmen kann. Ich wäre wohl ganz ruhig und gefaßt. Zuerst würde ich so tun, als wäre ich auf ihrer Seite, und dann . . .

Fantasie ______________________________

____

____

____

Die Todesfantasie. Was ist, wenn John bei seiner Arbeit getötet würde? Ich würde natürlich die ganze Lebensversicherung bekommen. Ich wäre sehr tapfer und würde Hilfe von anderen erfahren. Genau wie Ethel Kennedy. Alle würden sagen, wie großartig ich war. Verwitwet, mit zwei kleinen Kindern. Ich würde ganz für die Kinder leben und niemals einen anderen Mann ansehen, obwohl mir alle nachblicken würden . . .

Fantasie ______________________________

____

____

____

Geldfantasie. Was wäre, wenn ich zu viel Geld käme? Zuerst würde ich mir einen riesengroßen Farbfernseher und einen silbernen Porsche kaufen. Ich könnte meine Mutter einmal nach Las Vegas in Ferien schicken. Ich würde mein Geld gern in ein absolut sicheres Spekulationsobjekt investieren – vielleicht irgendwelche Immobilien an der Riviera. Ich möchte gern wissen, ob viel Geld allein wirklich glücklich macht . . .

Fantasie ____

____

____

____

____

____

Andere allgemeine Fantasievorstellungen sind solche, die von Rache, Versagen, Erfolg, Geschichte, Sexualität oder dem Planen von oder Besinnen auf die Ereignisse des Tages handeln. Jeder hat sie von Zeit zu Zeit. Sie können durch eine Erinnerung freigesetzt sein, durch einen vertrauten Duft, einen Telefonanruf, eine Geschichte aus der Zeitung, das Wetter und so weiter. Fantasien besänftigen, erschrekken, erfüllen Wünsche, sind dumm und machen Spaß.

Obwohl es Ähnlichkeiten gibt zwischen unserer Fantasie oder Tagträumen und wirklichen Träumen, sind Fantasien oft zugänglicher als Träume. Erstens sind Sie wach. Und zweitens, obwohl Traum und auch Fantasie von Handlung zu Handlung springen, gibt es in der Fantasie nicht die Entstellung von Raum und Zeit, die wir manchmal im Traum vorfinden. Freud bezeichnete die Träume als den bequemen Weg ins Unbewußte. Zumindest aber verrät die Fantasie einiges von dem, womit Sie sich bewußt ganz intensiv beschäftigen.

Fantasien, Träume und andere Gedanken bilden alle zusammen unser Innenleben. Sie überlagern sich und verschmelzen ineinander. Das Ziel dieses Kapitels soll für Sie folgendes sein: Sie können damit beginnen, diejenigen Gedanken aus Ihren geistigen Schlängelwegen herauszulösen, die man Sexfantasien nennen könnte und die ein Anhaltspunkt dafür wären, wie Sie Sexualität empfinden.

Was ist eine sexuelle Fantasievorstellung?

Obwohl jede beliebige Fantasie eine sexuelle Fantasie sein kann, lassen sich Sexfantasien generell in drei Kategorien einteilen. Es gibt erstens diejenigen, die Sie in Erregung versetzen und sexuell aktiv werden lassen; zweitens diejenigen, die Ihnen kommen, während Sie mit jemandem ins Bett gehen; und drittens diejenigen, die ohne jeglichen Bezug zu sexuellen Aktivitäten sind, die für Sie aber sexuellen Inhalt haben. Sexfantasien müssen nicht von Sex handeln, und sie können von flinken Eingebungen bis hin zu lange dauernden Aufzeichnungen reichen. Sie wirken mit am erotischen Geschehen, indem sie den alltäglichen Erfahrungen Farbe und Genuß beisteuern, so wie sie es auch mit den sexuellen Begegnungen tun.

Alfred Kinsey, der den ersten und in vieler Richtung immer noch ausführlichsten Überblick über das Gebiet sexuellen Verhaltens gab, berichtete 1952, daß von denen, die masturbierten, 72 Prozent der Männer und 50 Prozent der Frauen fast immer Fantasievorstellungen hatten. Eine jüngere Untersuchung über die Fantasien von Frauen zeigte, daß Frauen ganz allgemein erotische Fantasien während des Beischlafs haben. Diese Statistiken zeigen uns nur, daß Fantasie normal ist, nicht daß sie notwendig ist. Und sie sagen nichts aus über die Tatsache, daß viele Leute nicht sicher sind, ob sie fantasieren oder nicht.

Um Ihre Sexfantasien besser kennenzulernen, versuchen Sie, jeden Tag eine solche zu erleben. Diese Fantasieerfüllungsübungen sind nur dazu da, Sie beginnen zu lassen. Sie können ganz nach Belieben Ihre eigenen dafür einsetzen.

Fantasieerfüllungsübungen

Fantasie für den ersten Tag: Sie sind an einem sehr belebten Platz – in einem Kaufhaus, einer Schlange oder auf einer Behörde. Sie erspähen jemanden, der Sie irgendwie besonders interessiert. Er oder sie schaut Sie an. Sie halten dem Blick stand. Keiner von Ihnen beiden sieht fort. Sie gehen aufeinander zu.

Wo befinden Sie sich? Beschreiben Sie die Szene: ______

Beschreiben Sie sich selbst und dann den anderen Menschen, inklusive äußerer Erscheinung, Pose und so weiter: ______

Was könnten Sie sich gegenseitig sagen und in welchem Tonfall (munteres Grüßen, scheues Sich-Anblicken, lüsternes Auftreten)? ______

Was könnten Sie wohl als nächstes tun (einen Kaffee zusammen trinken, die Telefonnummern austauschen, in der Menge verschwinden)? ______

Wie endet diese Geschichte? ______

Was mögen Sie dabei und was nicht? ______

Wie wäre es, das Ganze zu verbessern oder zu verändern? ______

Fantasie für den zweiten Tag: Machen Sie jetzt genau das gleiche, aber lassen Sie den anderen herankommen. Folgen Sie dem gestrigen Verlauf, außer daß Sie heute die entgegengesetzte Rolle spielen.
Ich mochte Rolle 1 ____ Rolle 2 ____ lieber.
Ich glaube, das kommt durch ______

Die Ähnlichkeiten zwischen diesen Fantasievorstellungen und meinen eigenen sind folgende: ______

Die Unterschiede liegen in ______

Fantasie für den dritten Tag: Heute geht alles schief. Sie haben die schlimmste aller möglichen Fantasien. Sie sind dazu gezwungen worden, mit jemandem zu schlafen, oder Sie zwingen jemanden dazu. Sie sind impotent, unglaubwürdig oder bekommen keinen Orgasmus. Man weist Sie zurück. Sie halten sich selbst und jemand anderen zum Narren. Gestalten Sie diese Szene sorgfältig. Beschreiben Sie die beteiligten Charaktere und geben Sie eine ausführliche Beschreibung von all den schrecklichen Dingen, die dabei passieren. ______

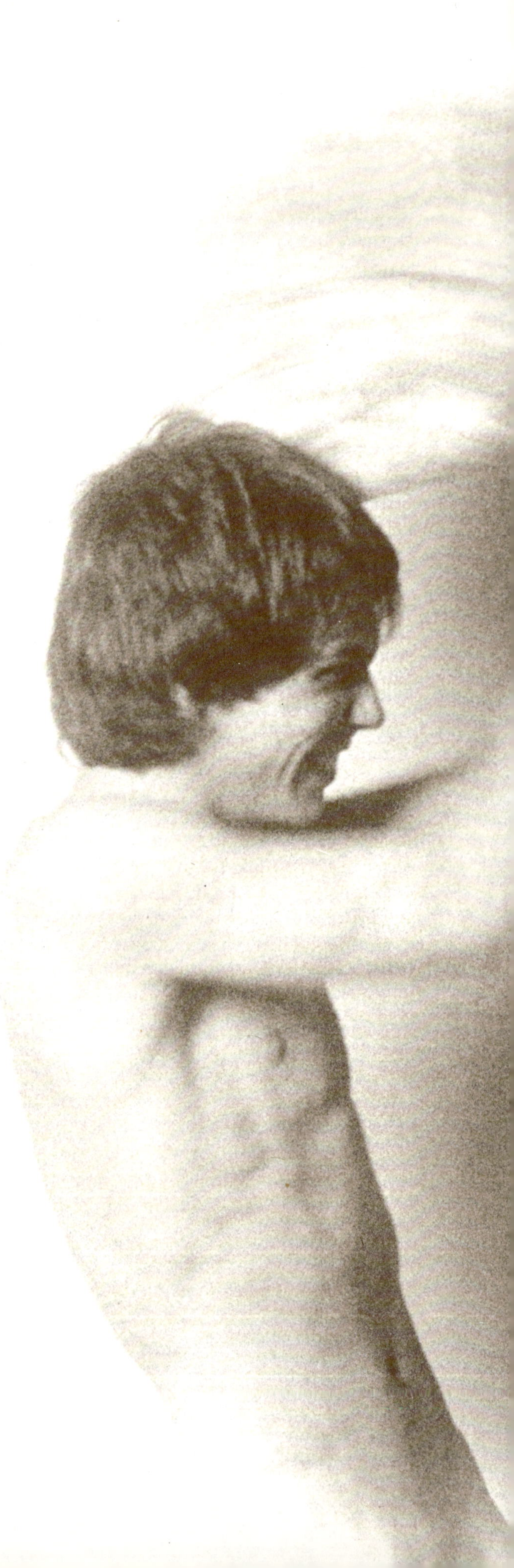

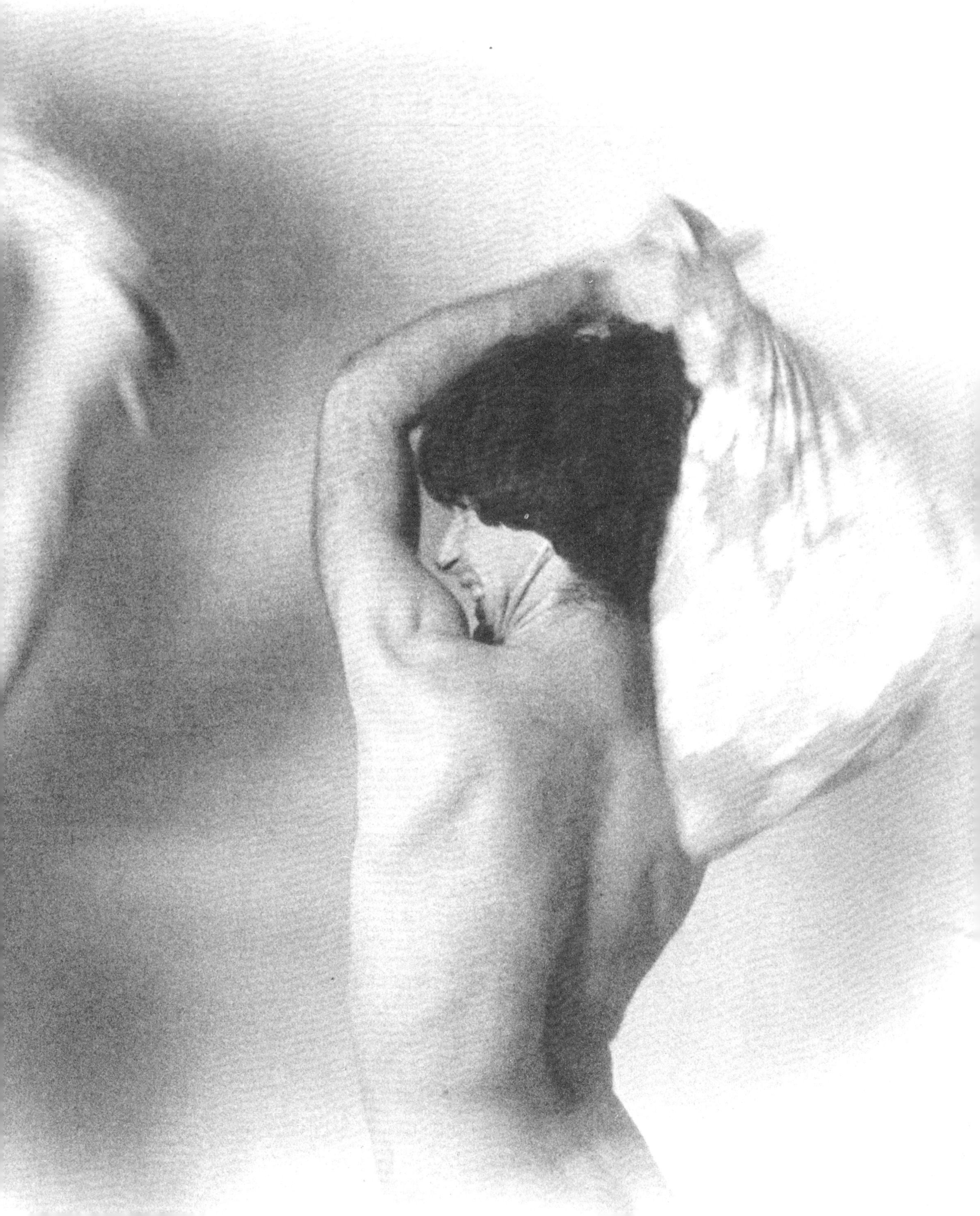

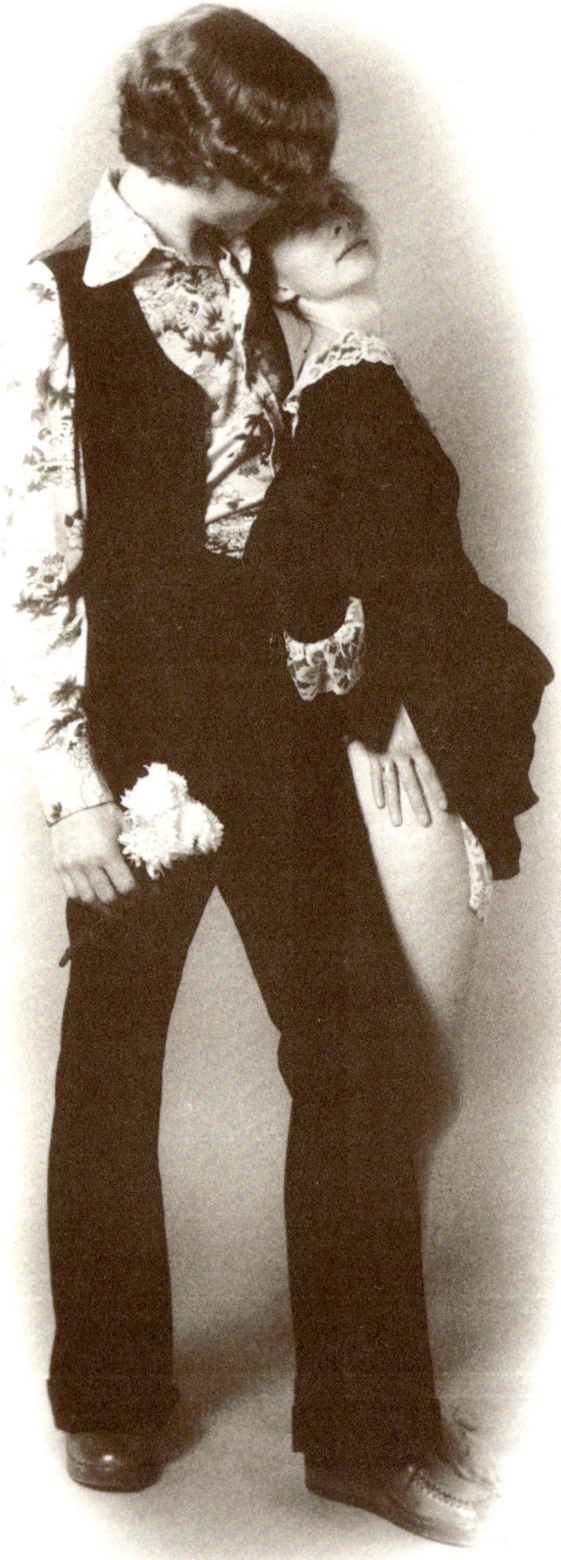

Diese Fantasievorstellung war schlimm, weil

Diese Vorstellung hat mich in Schrecken versetzt, weil

Fantasie für den vierten Tag: Heute werden Sie Ihre allerbeste Fantasievorstellung erleben. Diesmal ist alles in bester Ordnung. Sie sind bewundernswert, königlich, ausgeglichen, sexy, fähig. Alles geschieht genau nach Ihrem Willen, überhaupt nichts passiert zufällig. Machen Sie es sich bequem, und lassen Sie sich ruhig einmal gehen.

Diese Fantasie war gut, weil

Ich brauchte diese Vorstellung, weil

Fantasie für den fünften Tag: Heute können Sie alles ohne fremde Hilfe. Entwerfen Sie sich irgendeine allgemeine oder eine kürzlich erlebte Fantasievorstellung, falls Sie das mögen. Wenn Sie nicht sehr oft fantasieren, möchten Sie vielleicht zum Anfang etwas verwenden, das Sie hier oder anderswo gelesen haben. Ihr Entwurf kann exotisch oder auch ganz gewöhnlich sein. Ihre Handlung kann ganz komplex sein oder gar nicht wirklich existieren. Versuchen Sie, die sinnliche oder erotische Natur der Begebenheit, des Partners, der Erfahrung zu beschreiben. Versuchen Sie herauszufinden, was Ihnen Sexfantasien bedeuten.

Was können Sie aus sexuellen Fantasievorstellungen lernen?

Ihre Sexfantasien können etwas wiedergeben von Ihren sexuellen Ängsten, Hoffnungen und Gewohnheiten. Wann und wo Sie diese Fantasien haben, genauso wie die Rolle, die Sie selbst dabei spielen, kann ein Hinweis sein dafür, wer Sie auf sexuellem Gebiet sind. Lassen Sie uns zum Beispiel annehmen, Sie fantasieren immer, wenn Sie in Erregung sind, aber nicht, wenn Sie mit Ihrem Partner schlafen. Sie haben die Vorstellung, es sei Ihrem Partner gegenüber nicht fair, sich während des richtigen Beischlafs in Fantasien zu ergehen. Trotzdem sind Sie während des Beischlafs nicht ansprechbar, obwohl Sie niemals so erregt sind wie während des Vorspiels. Das scheint fast darauf hinzuweisen, daß eine Fantasie gelegen kommt. Wenn Sie das Problem mit der Aufrichtigkeit Ihrem Partner gegenüber immer noch

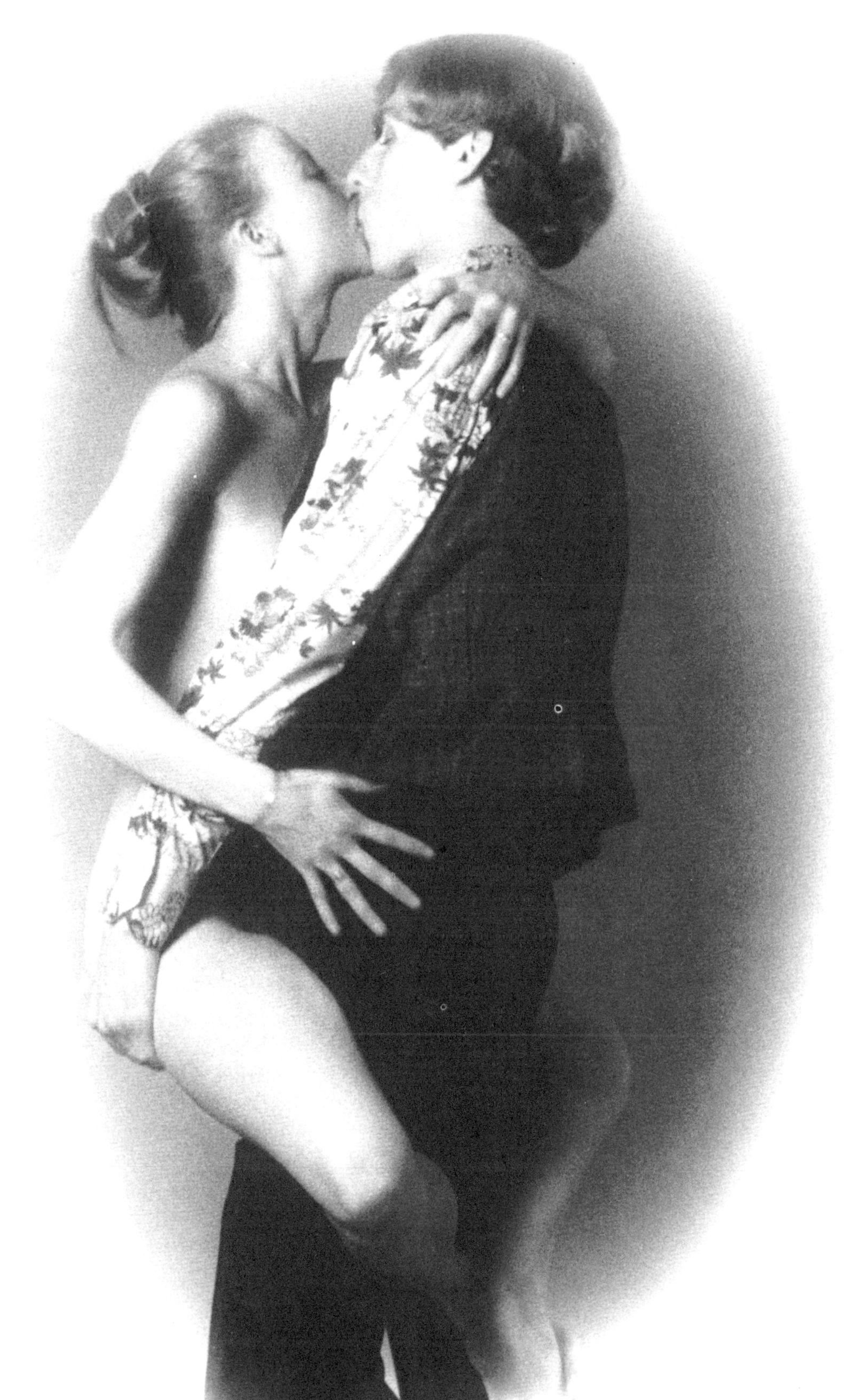

quält, sollten Sie mit ihm darüber reden. Vielleicht hat er oder sie ja auch Fantasievorstellungen.

Ihre eigene Rolle in Ihrer Fantasie könnte Ihre Rolle, die Sie gewöhnlich im Leben spielen, widerspiegeln oder auch umdrehen. So könnten Sie in Ihrer Fantasie zum Beispiel gehorsam und zurückhaltend sein, weil Sie es im wirklichen Leben sein müssen oder in der Tat auch sind. Vorstellungen, in denen Sie vorherrschend sind, können Ihren Mangel an Durchsetzungsvermögen in einer Partnerbeziehung rechtfertigen oder wiedergutmachen. Manchmal können diese Fantasien Ihnen als Rüstzeug dienen, um eine neue Rolle zu übernehmen oder mit einer alten zu leben.

Wenn Ihnen die Vorstellung kommt, daß Sie mit einem völlig Fremden schlafen, obwohl es gar nicht den Tatsachen entspricht, können das Wunschträume sein oder brach liegender, ungenutzter Eros. Sie könnten aber bemüht sein, sich von Ihrem jetzigen Partner zu trennen. In Wirklichkeit wollen Sie keine echte Verbindung mit jemand anderem, sondern sich vielmehr bloß der engen Verbindung mit diesem jetzigen Menschen entziehen.

Wenn Sie die Vorstellung haben, daß Sie selbst ein Fremder *sind*, das heißt, daß Sie sinnlicher oder potenter sind als in Wirklichkeit (oder aber weniger), kann das in der Fantasie ein Weg sein, das Gefühl sexueller Unterlegenheit auszugleichen. Wenn Sie in der Fantasie Ihre Reize erhöhen, erleichtert Ihnen das, eine attraktive, ansprechbare Persönlichkeit zu sein. Nun gibt es überhaupt keinen Grund, diese oder irgendeine andere Fantasievorstellung zu ändern, es sei denn, sie hilft Ihnen nicht oder langweilt Sie oder bringt Sie aus der Fassung.

Der Gehalt einer Vorstellung, genau wie das, was wirklich passiert und was Ihre Rolle ist, all das kann Ihnen etwas aufdecken von Ihren sexuellen Einstellungen und Bedenken. Nehmen Sie dafür die folgenden Beispiele:

Verführungsfantasien: Diese gehören zu den üblichsten aller sexuellen Fantasien. Bei Frauen nehmen sie manchmal die Form von Vergewaltigungsfantasien an, und bei Männern können sie im Zusammenhang stehen mit einem besonders willfährigen Partner. In jedem dieser Extreme liegt ein Teil von dem, was die Gesellschaft von Mann und Frau an sexuellem Verhalten erwartet. Viele Frauen glauben wirklich, sie hätten beim Sex kein Vergnügen zu empfinden. Die Vorstellung von einer Vergewaltigung bedeutet, daß man für sexuelles Vergnügen nicht verantwortlich sein braucht. So ähnlich fühlen Männer, die großgeworden sind mit dem Glauben, perfekt, immer bereit und begierig sein zu müssen, durch einen nachgiebigen Partner eine Bürde von ihren Schultern genommen. Die Vorstellung einer solchen Fantasie gibt ihnen die Freiheit, ganzheitlicher für Sex empfänglich zu sein. Teile dieser extremen Positionen lassen sich finden in vielen ganz gewöhnlichen Verführungsvorstellungen. Sie zeigen Ihnen nicht, daß mit Ihnen etwas nicht stimmt, sondern nur, daß die Gesellschaft Sie – erstaunlicherweise – im Griff hat. Solche Fantasien können ein Weg sein, diese Gesellschaft zu umgehen.

Angstvorstellungen: Die Vorstellung, vergewaltigt zu werden und alle anderen Fantasien, in denen Sie Schmerz zufügen oder selbst gepeinigt werden, können schrecklich sein. Viele Leute glauben, daß solche Vorstellungen die Bedeutung haben, so etwas auch in Wirklichkeit tun zu wollen. Tatsächlich aber sind solche Vorstellungen viel wahrscheinlicher als Strafe anzusehen für etwas viel weniger Außer-

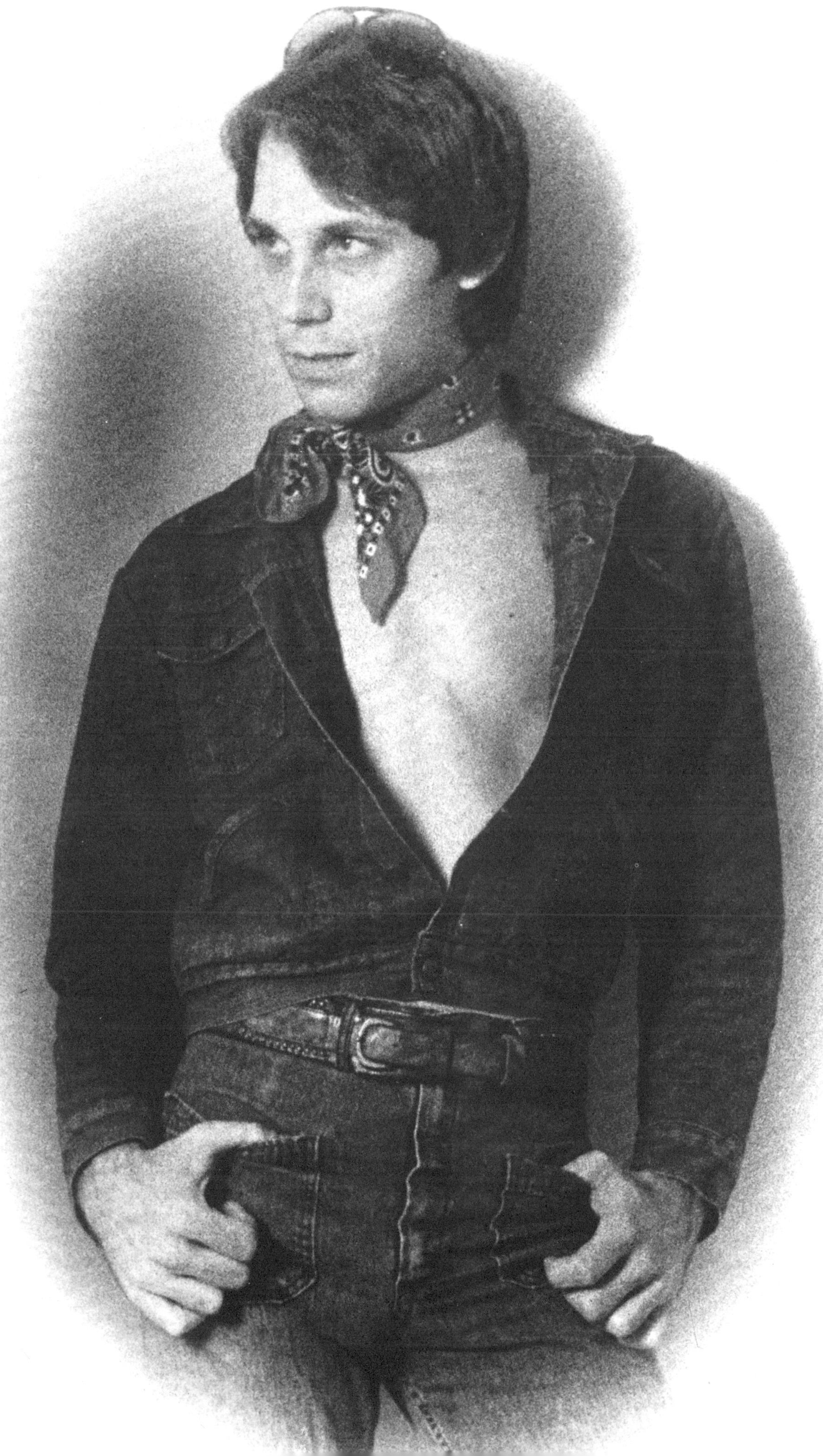

gewöhnliches. Wie zum Beispiel, mit jemandem schlafen zu wollen und auch noch Freude daran zu haben. Wenn Sie sich in dieser Richtung schuldig fühlen oder glauben, das Vergnügen am Sex nicht verdient zu haben, dann kann eine erschreckende oder verwirrende Vorstellung diese Schuldgefühle mindern helfen. Wenn Sie auf sich oder Ihren Partner wütend sind, können Sie diese Wut dadurch verringern, indem Sie in Ihrer Fantasie Schmerz zufügen oder selbst zugefügt bekommen.

Tabuvorstellungen: Eine weiterhin mögliche und manchmal erschreckende Vorstellung ist die, in der Sie an sexuellen Handlungen beteiligt sind, die Ihnen »unangemessen« erscheinen. Eingeschlossen sind dabei Sex mit Tieren, Verwandten, Ihren besten Freunden oder deren Ehegatten und solche sexuellen Handlungen wie Analverkehr, Gruppensex, oraler Sex und so weiter. Sie fragen sich, ob das wohl heißt, daß Sie das, was Ihnen dort eingeflüstert wird, auch wirklich ausleben wollen. Sie könnten es sehr gut – aber in der Fantasie, nicht im Wohnzimmer. Ganz sicher ist die Fantasie eine Möglichkeit, mit ganz bizarren Vorstellungen Erfahrungen zu sammeln und daran auch Vergnügen zu finden.

Abstrakte Fantasien: Es ist nicht ganz leicht zu sagen, was denn nun eine abstrakte Fantasievorstellung ist, aber es ist nicht ungewöhnlich für Menschen, solche Fantasien zu erleben, in denen eine richtige Handlung fehlt oder in denen keine ausdrücklich sexuell gefärbten Bilder vorkommen. Diese Vorstellungen können Bilder oder Menschen aufweisen, die eine gewisse vertraute oder sorglose Grundstimmung hervorrufen, was dann eine sexuelle Aufgeschlossenheit erleichtert. Beispiele dafür sind flüchtige Eindrücke von anderen Ländern, Zeiten, Plätzen, Leuten. Solche Vorstellungen trennen den Fantasieraum manchmal vom wirklichen Geschehen. Abstrakte Vorstellungen können Schwierigkeiten und Vergnügen erhöhen oder verringern, je nach Ihren Bedürfnissen oder Erfahrungen.

Erfreuliche Fantasien: Die meisten Fantasien machen natürlich Spaß. Sie fügen dem Sex oder dem täglichen Leben das gewisse Extra zu. Jede der geschilderten Kategorien können Sie dazu benutzen, Ihre Erregung zu steigern, genauso wie sonst etwas, was Sie erregt.

Fantasievorstellungen – ja oder nein?

Einige Leute zweifeln, ob Fantasieren harmlos ist. Sie befürchten vielleicht, Sexfantasien könnten sie von wirklichem sexuellen Tun total abhalten. Oder daß Fantasieren überflüssig und unproduktiv sei. Tatsächlich kann das zwanghafte Fantasieren über Sexuelles bedeuten, sich mit nichts zu beschäftigen. Die Zwangsvorstellung könnte einhergehen damit, daß man Arbeit, Schule, Familie, Problemen aus dem Wege geht. Fantasie kann eine Entschuldigung sein, eine Flucht und eine Ablenkung, aber sie kann auch unterhaltsam sein und nutzbringend. Falls Sie das Gefühl haben, Sie hätten keine Kontrolle über Ihre Vorstellungen und daß sie Ihnen ganz und gar nicht bekommen, dann loten Sie doch mal andere Bereiche Ihres Lebens aus, um herauszufinden, ob Fantasie eine harmlose Zerstreuung für Sie ist oder ein Zeichen dafür, daß irgend etwas anderes Ihrer Aufmerksamkeit bedarf.

Ob Sie in sexueller Erregung fantasieren sollen oder nicht, ob mit

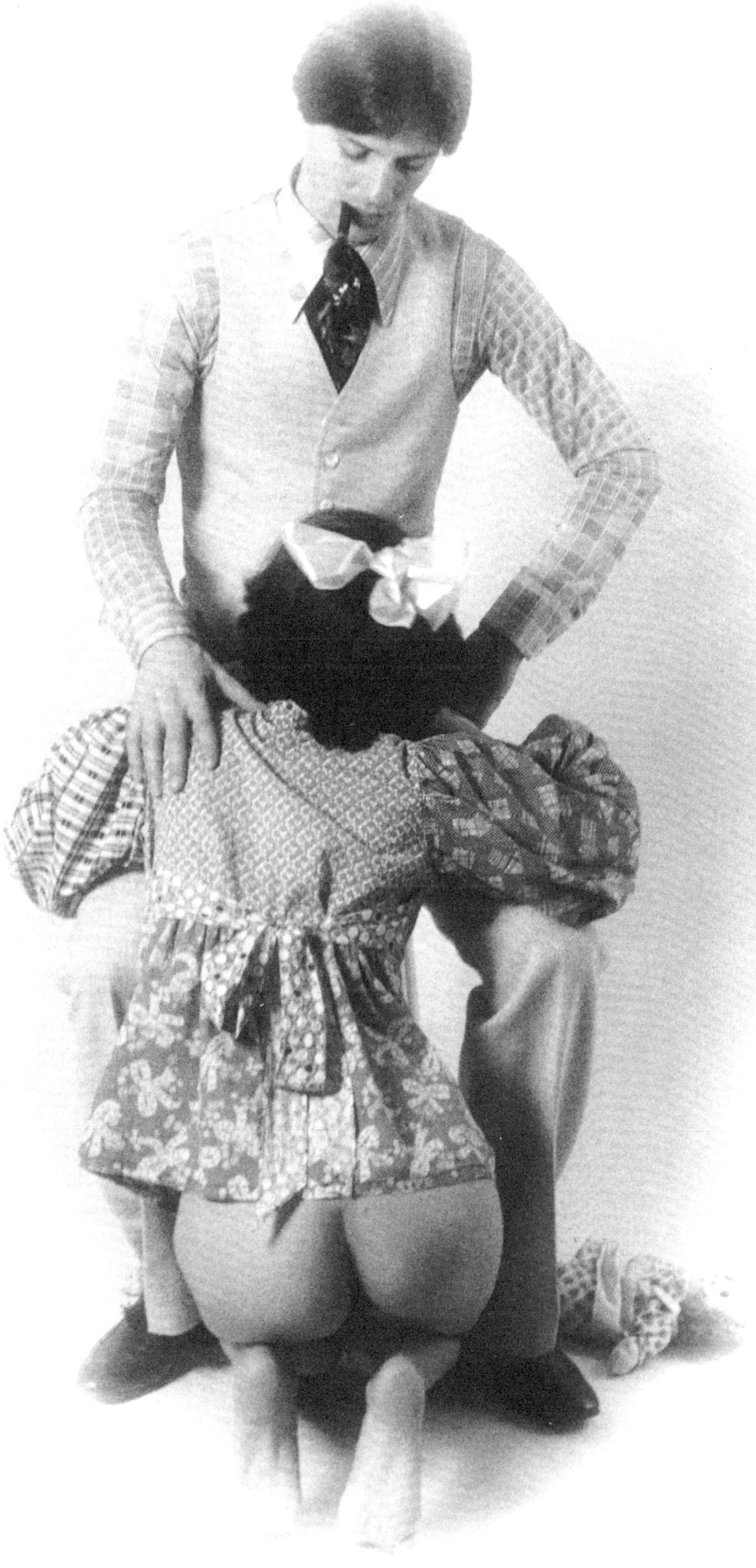

oder ohne Partner, das können Sie ausprobieren. Falls Sie generell nicht fantasieren, während Sie mit jemandem schlafen, können Sie zum Erregen vielleicht abstrakte Vorstellungen bevorzugen. Vielleicht sind Sie sich des Fantasierens auch gar nicht bewußt. Da die Leute zugunsten von Sexfantasien behaupten, sie bereicherten den Akt, sollten Sie vielleicht versuchen, solche Vorstellungen aufzubauen. Wenn Sie das nächste Mal mit jemandem schlafen, versuchen Sie mal, an etwas anderes zu denken als an das, was gerade passiert. Sie müssen dabei nicht bis in alle Einzelheiten gehen. Benutzen Sie die folgenden Zeilen dazu, Ihre Reaktionen niederzuschreiben. Ihr erster Versuch ändert vielleicht noch gar nichts, versuchen Sie es aber ruhig ein zweites Mal, einfach um zu sehen, wie es ist.

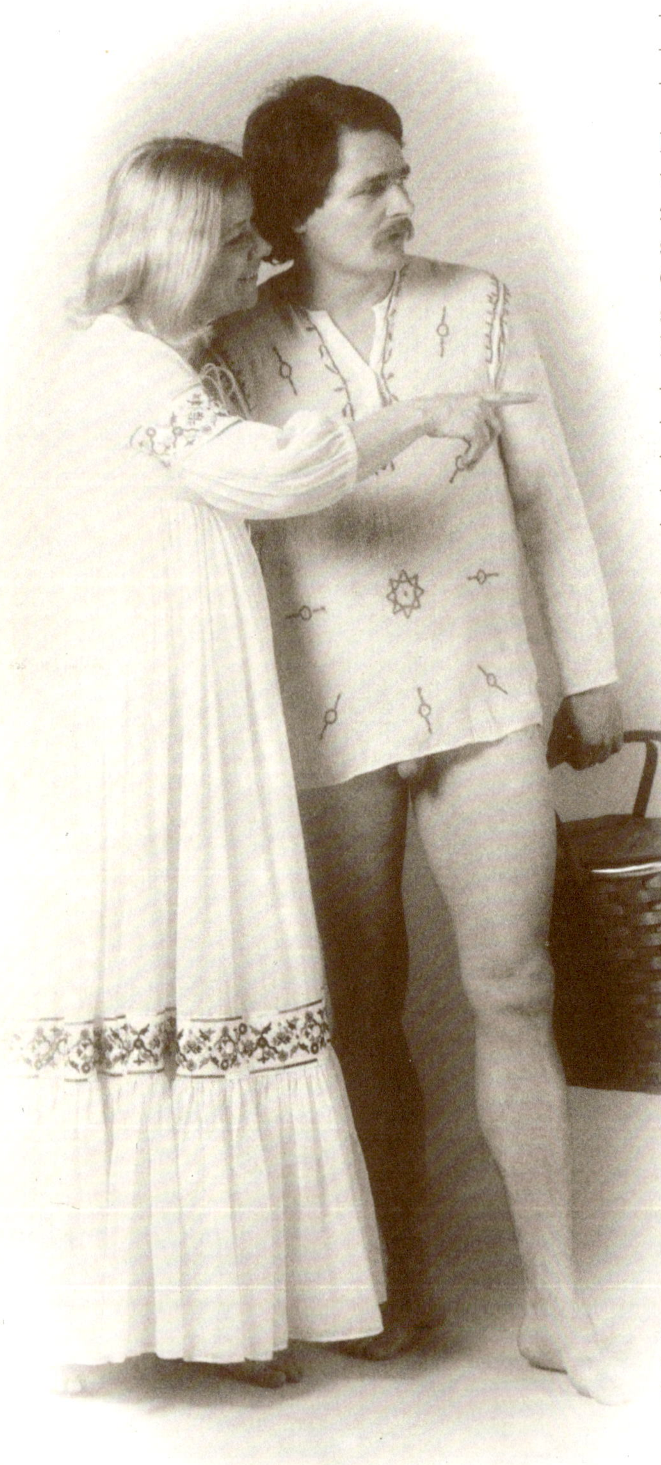

Falls Sie generell fantasieren, während Sie mit jemandem schlafen, versuchen Sie das nächstemal, sich dabei auf die Dinge um Sie herum zu konzentrieren. Da Leute, die es lieber haben, dabei nicht zu fantasieren, ganz ausdrücklich erklären, daß es viel erregender sei, in der Gegenwart zu leben, können Sie auf diese Weise feststellen, ob das stimmt. Später schreiben Sie dann auf, welche Gefühle Sie dabei hatten.

Menschen reagieren sehr vielfältig auf dieses Experiment. Manche sind der Meinung, daß eine Veränderung an sich schon erregend ist. Andere glauben dagegen, daß solch eine Veränderung das Experiment beeinträchtigt. Einige finden erfreut heraus, daß sie ansprechbar sind, ohne sich auf ihre übliche Routine zu verlassen, andere wiederum haben das Gefühl, daß sie auf diese neue Art schlechter zu erregen sind.

Sie können Ihrer Sexualität auch die nötige Flexibilität zukommen lassen, indem Sie mit Fantasievorstellungen herumspielen. Sie können sie haben oder auch nicht, können sie von Umfang und Stil her variieren, und Sie können die Rollen in ihnen tauschen. Es ist überhaupt nicht verkehrt, wenn Sie Ihre üblichen Verhaltensweisen so lange beibehalten, wie sie Ihnen lohnend erscheinen. Wenn sie aber so tief eingefleischt sind, daß sie Ihnen Gewohnheit und Stütze sind, könnte es durchaus sein, daß Sie mal etwas Neues versuchen wollen. Um mehr aus Ihrem Sexualleben zu machen, sollten Sie vielleicht damit beginnen, mehr aus Ihren Fantasievorstellungen zu machen.

Zusammenfassung

Wenn Sie Ihre eigenen Fantasien betrachten und auch das, was sie widerspiegeln, so ist das nur eine der Möglichkeiten, sich selbst auf sexuellem Gebiet besser kennenzulernen. In den nächsten Kapiteln werden wir uns zusammen einige andere Möglichkeiten ansehen. Während wir fortfahren, können Sie weiter über Ihre eigenen Fanta-

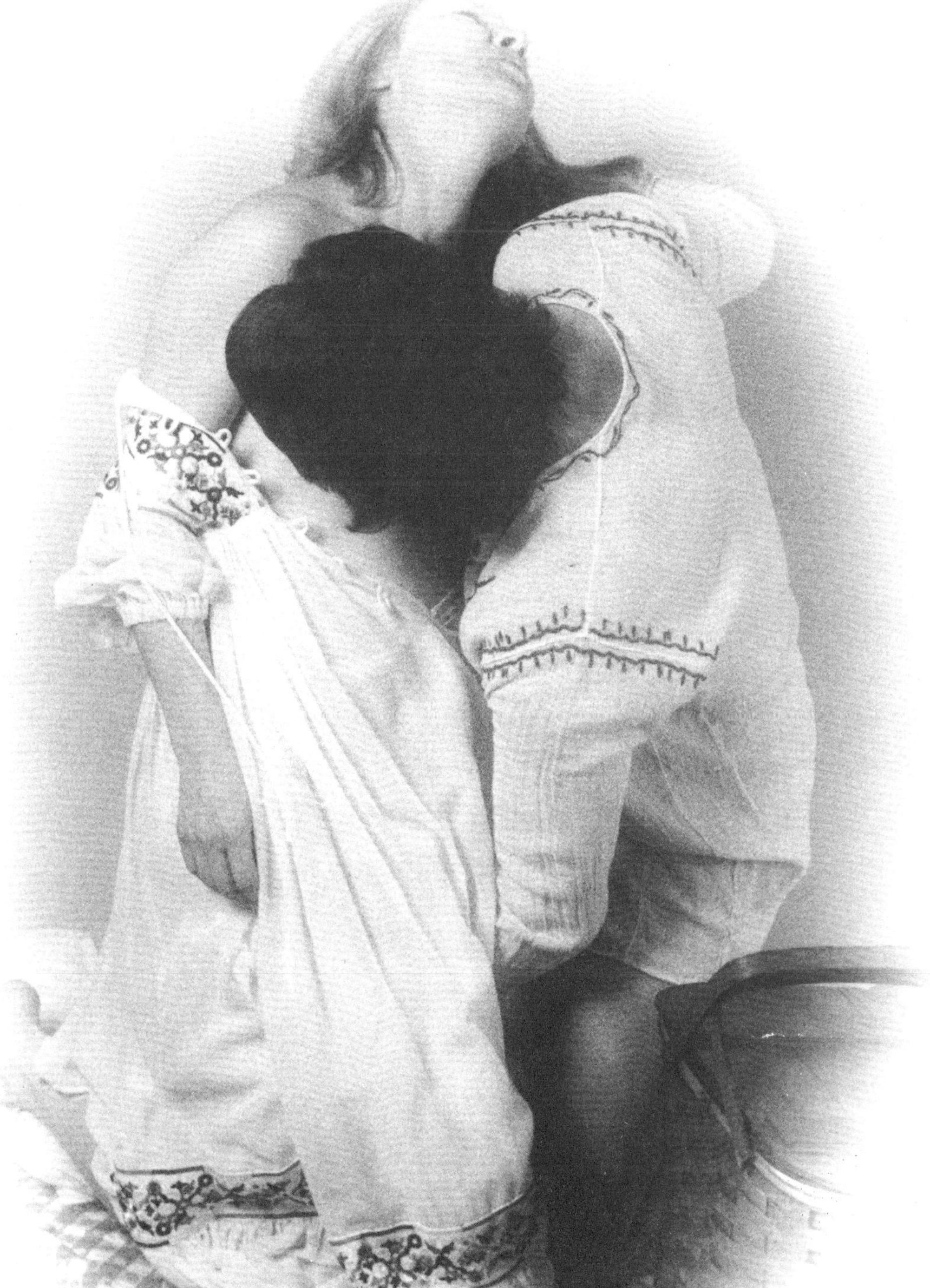

sien nachdenken. Nicht unbedingt in der Absicht, sie zu ändern, aber mit einem besseren Verständnis dafür, was sie Ihnen bedeuten und welche Art (ebenso natürlich auch, welche nicht) Sie am interessantesten oder nutzbringendsten finden. Auch wenn Sie etwas von sich erfahren haben, das Ihnen nicht zusagt, wie zum Beispiel solche Fantasien, die Ihnen zeigten, daß Sie in sexueller Hinsicht doch nicht so frei sind, wie Sie immer dachten, so ist doch das Akzeptierenlernen Ihrer selbst, so wie Sie wirklich sind, besser als der Versuch, sich einer wirklichkeitsfremden Preßform anpassen zu wollen.

Jeder macht sich seine ganz privaten Gedanken über Sex. Wenn Sie das Gefühl haben, diese mit einem guten Freund teilen zu wollen, dann sollten Sie das auf alle Fälle tun. Ihr Freund beziehungsweise Ihre Freundin kann nicht darauf vorbereitet sein, Sexfantasien mit Ihnen zu teilen, und Sie sollten keinen Druck dahintersetzen. Es ist vielleicht leichter, mit alltäglichen Fantasien oder Kindheitsvorstellungen zu beginnen und zu sehen, wohin das führt. Manchmal kann das Sprechen mit jemandem über Fantasien Reserviertheit und Hemmungen abbauen, die in Beziehung stehen zu sexueller Verständigung im allgemeinen. Dies ist eine gute Art, ein Gespräch zu beginnen, falls Sie das gern möchten.

Im nächsten Kapitel schauen wir uns Ihre sexuelle Vergangenheit an und werden einiges von dem in Erfahrung bringen, was Ihren Fantasievorstellungen Gestalt verliehen hat. Vielleicht wollen Sie noch einmal auf dieses Kapitel zurückkommen, wenn Sie weiterlesen. Wahrscheinlich wird einiges davon auf Sie zurückkommen.

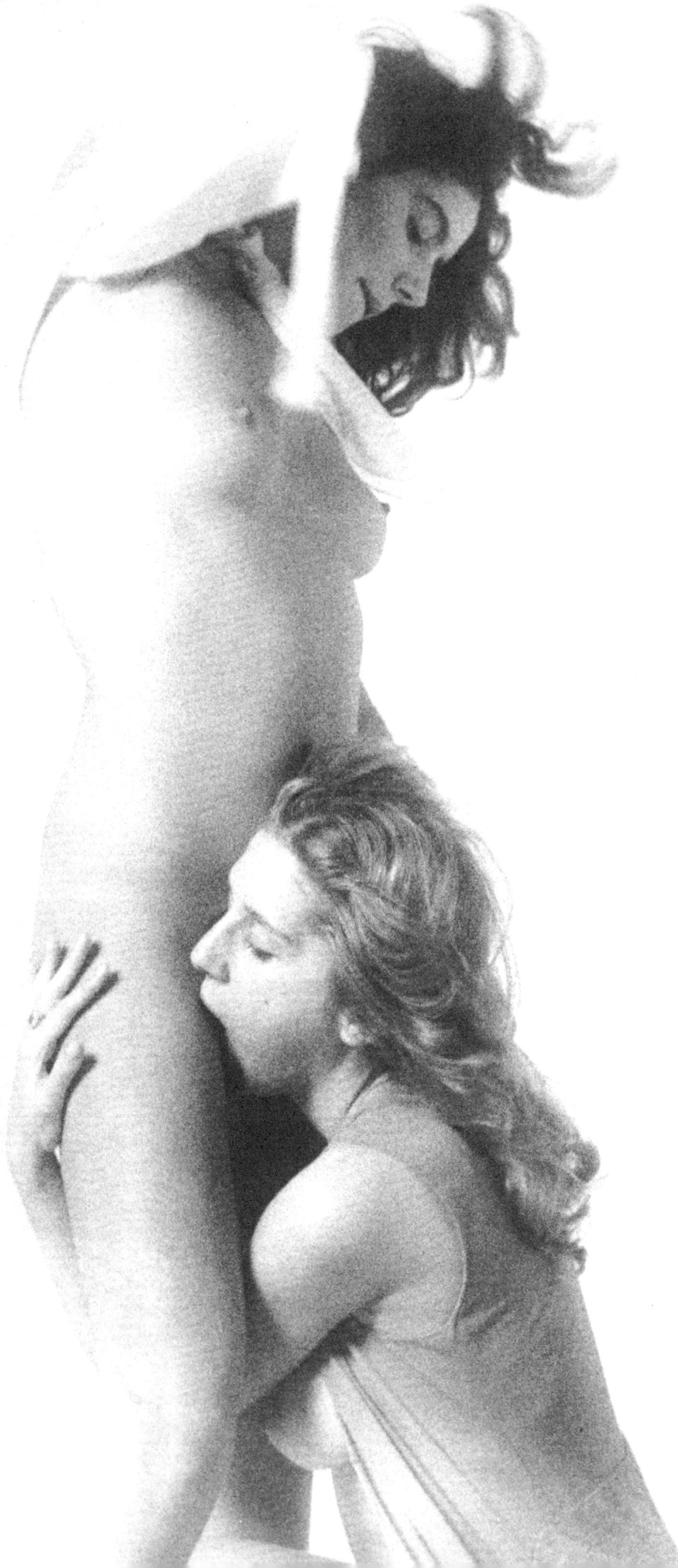

Der sexuelle Werdegang

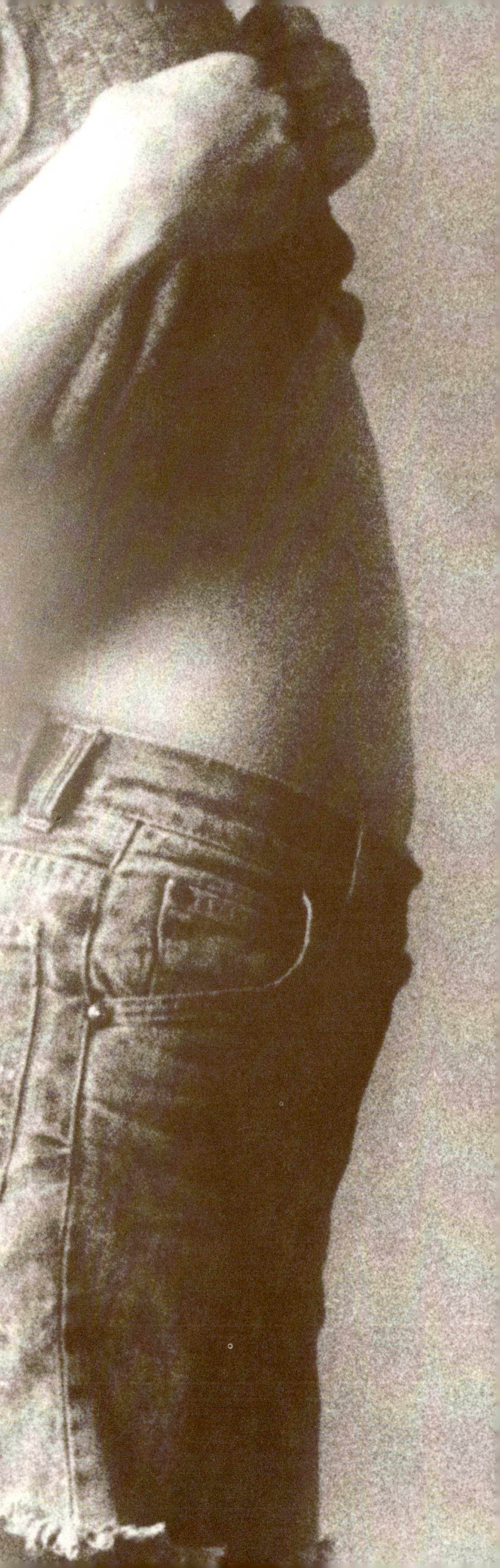

Einführung

Ein solcher sexueller Werdegang ist nicht einfach eine Liste von Errungenschaften. Es ist eine Aufzeichnung all Ihrer Erfahrungen mit der Sexualität vom Säuglingsalter an.

Sollten Sie Ihr Sexualleben eingeschränkt oder farblos sehen, so übersehen Sie vielleicht den Reichtum Ihrer eigenen sexuellen Entwicklung. Immerhin sind Sie »aufgeklärt« worden oder auch nicht. Sie haben bestimmte Gefühle entwickelt gegenüber Freunden, Eltern, Ehefrauen und ihren Ehemännern, dem oder der Geliebten und Kindern gegenüber, die sich nicht in andere Kategorien einfügen lassen. Und Sie sind eingegangen auf Märchen, Tatsachen, schmutzige Witze, romantische Geschichten, Filme und die Aktivitäten anderer Menschen. All das und noch vieles mehr gehört zu Ihrem sexuellen Werdegang.

Hier werden Sie zurückblicken auf Ihre sexuellen Entdeckungen, Zweifel und Erfolge als ein Mittel herauszufinden, wie Sie heute über Sexualität denken. Dieses Kapitel soll Ihnen helfen, das auszudrükken, was Sie über sich selbst schon seit jeher wissen. Der Stoff ist aufgeteilt in verschiedene Altersstufen, in denen verschiedene Ereignisse stattfanden wie zum Beispiel Ihr erster »nächtlicher Abgang« oder Ihre dritte Heirat. Die Einteilungen sind chronologisch, aber die einzelnen Geschehnisse sind eigenmächtig aufgetreten, also lesen Sie auch das, was über Ihr heutiges Alter hinausgeht. Nicht nur, daß eventuell einige Erinnerungen für Sie vielleicht unvollständig sind, Sie werden auch einen Einblick gewinnen in das, was für andere Menschen von Bedeutung ist.

Jeder Abschnitt dieser Entwicklungsgeschichte beginnt mit einer Reihe Fragen, die Sie zurückführen wollen. Hinter den Fragen ist Platz gelassen, damit Sie Bemerkungen notieren können darüber, was Ihnen durch den Kopf schwirrte, als Sie dabei an sich selbst dachten oder sich Gedanken über Ihre Zukunft machten. Vielleicht wollen Sie Ihre Bemerkungen statt in dieses Buch lieber in Ihr Begleittagebuch oder auf ein Extrablatt schreiben. Denken Sie daran, schon das Niederschreiben Ihrer Gedanken – ob es nun lange durchdachte Essays oder ein paar einfache Notizen sind – ist selbst Bestandteil der therapeutischen Technik, jetzt wo Sie sich selbst zum eigenen Therapeuten machen. Später können Sie einen Blick auf Ihre Notizen werfen, um ganz bestimmte starke Eindrücke oder Anlagen herauszusuchen, die vielleicht Ihr jetziges Sexualverhalten beeinflußten.

Den Fragen in jedem der chronologischen Abschnitte folgen einige Anmerkungen, die sich vielleicht an Sie wenden. Sie stehen in Bezug zu einigen allgemeinen Problemen, die für viele Menschen gerade dieses Alters anstehen. Vielleicht bringen sie neue Erinnerungen mit sich oder laufen Ihnen einfach nur so über den Weg. Benutzen Sie die Bemerkungen oder auch nicht, ganz wie Sie wollen.

Der erdenklich beste Ort, diese Reise in Ihre Vergangenheit zu unternehmen, wäre wohl eine Eisenbahnfahrt. Der zweitbeste wäre überall dort, wo Sie ein paar Stunden lang Ihren Gedanken ohne Unterbrechungen freien Lauf lassen können. Ideal wäre es, wenn Sie sich Ihre Entwicklungsgeschichte in *einem* Zug aneignen könnten, aber weil dieses Kapitel Erinnerungen oder Fantasien bei Ihnen wach-

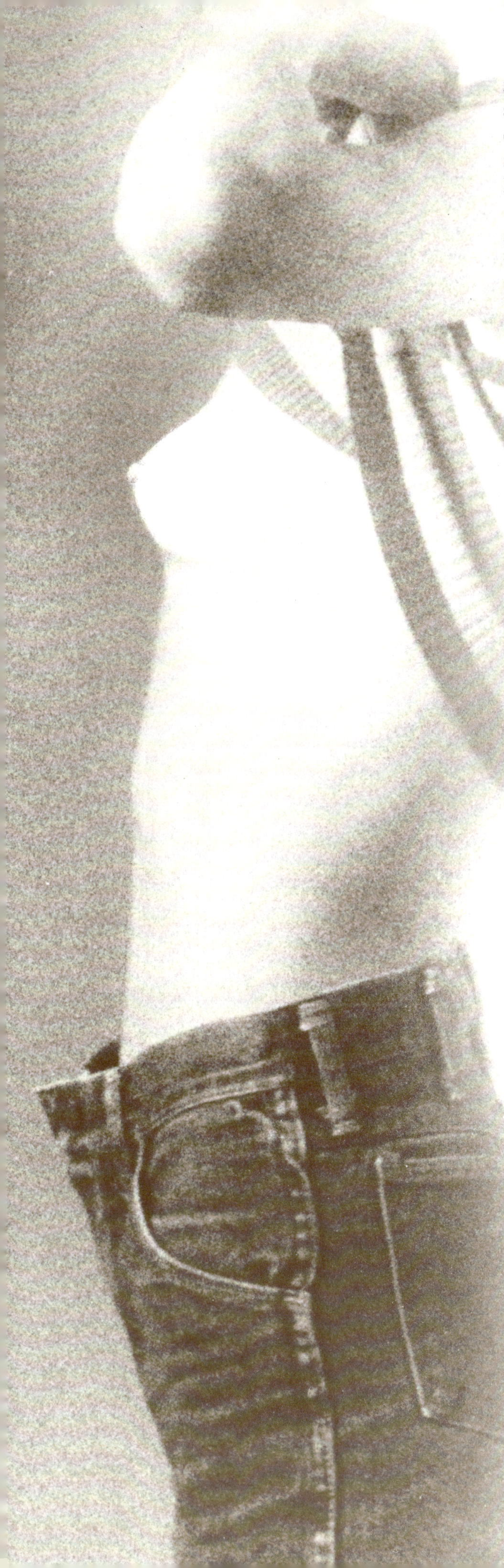

rufen kann, die Sie vielleicht gern weiterverfolgen würden, geben Sie sich nicht das Gefühl, eilig fortfahren zu müssen. Sie können jeweils einen Abschnitt durcharbeiten, und Sie können auf dieses Kapitel immer wieder zurückkommen, um Teile davon noch genauer zu behandeln.

Dies hier ist eine persönliche Reise. Niemand sonst nimmt teil, solange Sie ihn nicht dazu einladen. Nur wirklich ernsthafte Antworten sind hier angebracht, und Sie können sich auch jede andere Frage stellen, die Sie für bedeutend halten. Es kann hilfreich sein, mit einem Freund oder Partner über bestimmte Dinge, die dann hierbei aufgetaucht sind, zu sprechen, wenn Sie sie für wichtig halten. Haben Sie einen Freund, mit dem Sie sprechen können, so denken Sie mal darüber nach, ob Sie nicht beide Ihre Entwicklungsgeschichten zusammen erforschen wollen. Beginnen Sie immer mit Ihrer eigenen. Es ist leichter, in Gang zu kommen, wenn Sie sich noch ein bißchen vom Hier und Jetzt entfernt haben.

Ihre frühesten Erinnerungen

Haben Sie irgendwelche ganz spezifischen sexuellen Erinnerungen?
Können Sie sich an irgendwelche »sexuellen« Untersuchungen erinnern wie etwa:
Doktorspiele?
Das Untersuchen des Körpers bei anderen Kindern?
Das jeweilige Anfassen und Riechen an den Genitalien des anderen?

Stifteten Sie zu diesen Aktivitäten an, oder machte das jemand anderes?
Fühlten Sie sich unbehaglich, aufgeregt, oder hatten Sie keine besonderen Gefühle bei diesen Spielen?
Wurden Sie jemals von Erwachsenen gescholten oder ermuntert zu dieser Art von Spielen?

Können Sie sich daran erinnern, Fragen über Sexualität gestellt zu haben wie etwa:
Woher kommen die kleinen Kinder?
Warum sehen Jungen und Mädchen verschieden aus?

Erinnern Sie sich, wer Ihnen antwortete und wie?
Erinnern Sie sich an die Namen, die Sie und Ihre Eltern körperlichen Funktionen und Körperteilen gaben?

Notizen ______________________________

____

____

Anmerkungen: Einige Menschen erinnern sich an wirkliche sexuelle Aktivitäten wie Selbstbefriedigung, Anregungen von einem Erwachsenen oder einem anderen Kind oder daran, Mutter und Vater gespielt zu haben. Vielleicht erinnern Sie sich nicht an den eigentlich sexuellen Gehalt einiger Ihrer Spiele, obwohl sich Leute gelegentlich ganz bestimmter Gefühle wieder besinnen, die im Umkreis solcher Ereignisse auftraten und die im Nachhinein durchaus sexuellen Charakter zu haben scheinen. Zum Beispiel Vergnügen daran, jemanden anzufassen oder von jemandem gestreichelt zu werden, oder ein Gefühl von Angst oder Unsicherheit darüber, was eigentlich los ist.

Die meisten Kinder sind neugierig, wie andere Leute wohl aussehen, sich anfühlen oder welchen Geruch sie an sich haben. Sie haben ein wachsendes Bewußtsein von ihrem Körper und das Verlangen herauszufinden, ob andere genauso reagieren wie sie selbst. Falls Sie sich aber nicht daran erinnern, neugierig gewesen zu sein, so war *das* vielleicht genau das Anliegen Ihrer Familie.

Die Schwangerschaft der Mutter könnte eine Gelegenheit sein, dem Kind zu erklären, woher die Babys kommen. Andere Eltern entscheiden einfach, jetzt sei es Zeit für ihr Kind, total aufgeklärt zu werden – oder wenigstens über einen Teil. Und einige Eltern sind im Übermaß bereit, auf Fragen zu antworten. In Wirklichkeit aber so bereit, daß sie ihre Kinder mit mehr Informationen überschütten, als diese wollen oder verarbeiten können.

Eltern geraten oft in Aufregung, wenn ihnen die Sexualität ihrer Kinder bewußt wird. Bestimmt zeigte die Sprache, die sie gebrauchten, um Ihren Körper zu beschreiben und auch, wie er arbeitet, wie bequem sie es sich machten und beeinträchtigte Ihr Wohlergehen. Überlegen Sie doch einmal, welche Ausdrücke Ihre Familie benutzte für das Wasserlassen, den Stuhlgang und die Genitalien. Wie fühlten Sie sich dabei? Gebrauchen Sie diese Ausdrücke immer noch?

Können Sie sich an irgendwelche sexuellen Erfahrungen in diesen Jahren erinnern, die Sie in Verwirrung versetzten?

Notizen ____

____

____

Anmerkungen: Einige schlimme oder verwirrende Erfahrungen, die Sie vielleicht gemacht haben, sind diese: Sie sind hineingeplatzt, wenn sich Ihre Eltern liebten; Sie sind erschreckt oder belästigt worden von einem Erwachsenen oder einem anderen Kind, das sexuell weiterentwickelt war; man hat Sie fürchterlich ausgeschimpft, weil Sie sich oder jemand anderen einmal betastet haben. Sogar das zufällige Mithören, wie zwei Menschen miteinander schlafen und drohende Belästigungen oder Bestrafungen können ein Kind sehr einschüchtern und hemmen. Sollten Sie sich an irgend etwas in dieser Richtung erinnern, wie fühlen Sie sich heute dabei?

Das Fehlen, die Krankheit oder der Tod eines Elternteils gerade in diesen Jahren kann einen sexuellen Nachhall haben. Wahrscheinlich der offensichtlichste ist das Fehlen eines festen Rollendenkens, falls der fehlende Elternteil mit Ihnen gleichgeschlechtlich ist. Weiterhin denken Kinder, sie sind verantwortlich für alles, was auf der Welt passiert. Verläßt ein Elternteil die Familie oder stirbt gar, haben sie vielleicht das Gefühl, es geschah deswegen, weil sie wütend waren auf ihn oder er auf sie. Das kann verständlicherweise einen schrecklichen Schuldkomplex hervorrufen oder eine fürchterliche Überbewertung ihrer eigenen Stärke. Beides kann in Beziehung stehen damit, wie sie sich später als Mann oder Frau sehen.

Die Strenge, mit der das Problem des Ödipuskomplexes angegangen worden ist, kann einen in diesem Alter ganz schön bestürzen und verwirren. Vermutlich wird die Identifikation mit dem gleichgeschlechtlichen Elternteil veranlaßt durch das Begehren, in den Augen des einen Elternteils den anderen zu ersetzen. Ein Gefühl von Eifersucht oder Wut, weil man Mutti oder Vati nicht ganz für sich allein haben kann, wird wohl mit dem Älterwerden verschwinden. Aber diese Gefühle leben so intensiv in einigen Leuten, daß sie Jahre brauchen, darüber hinwegzukommen.

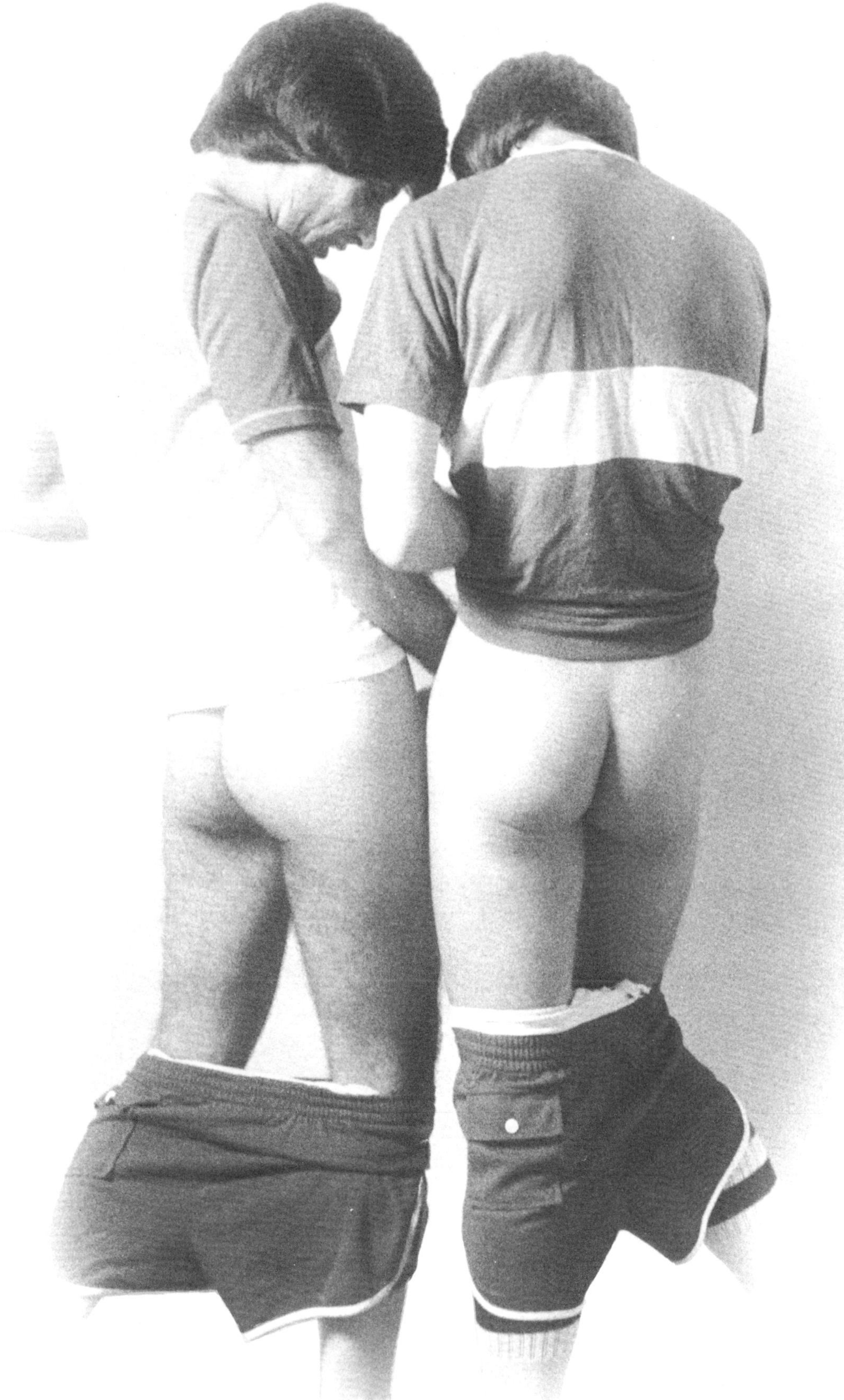

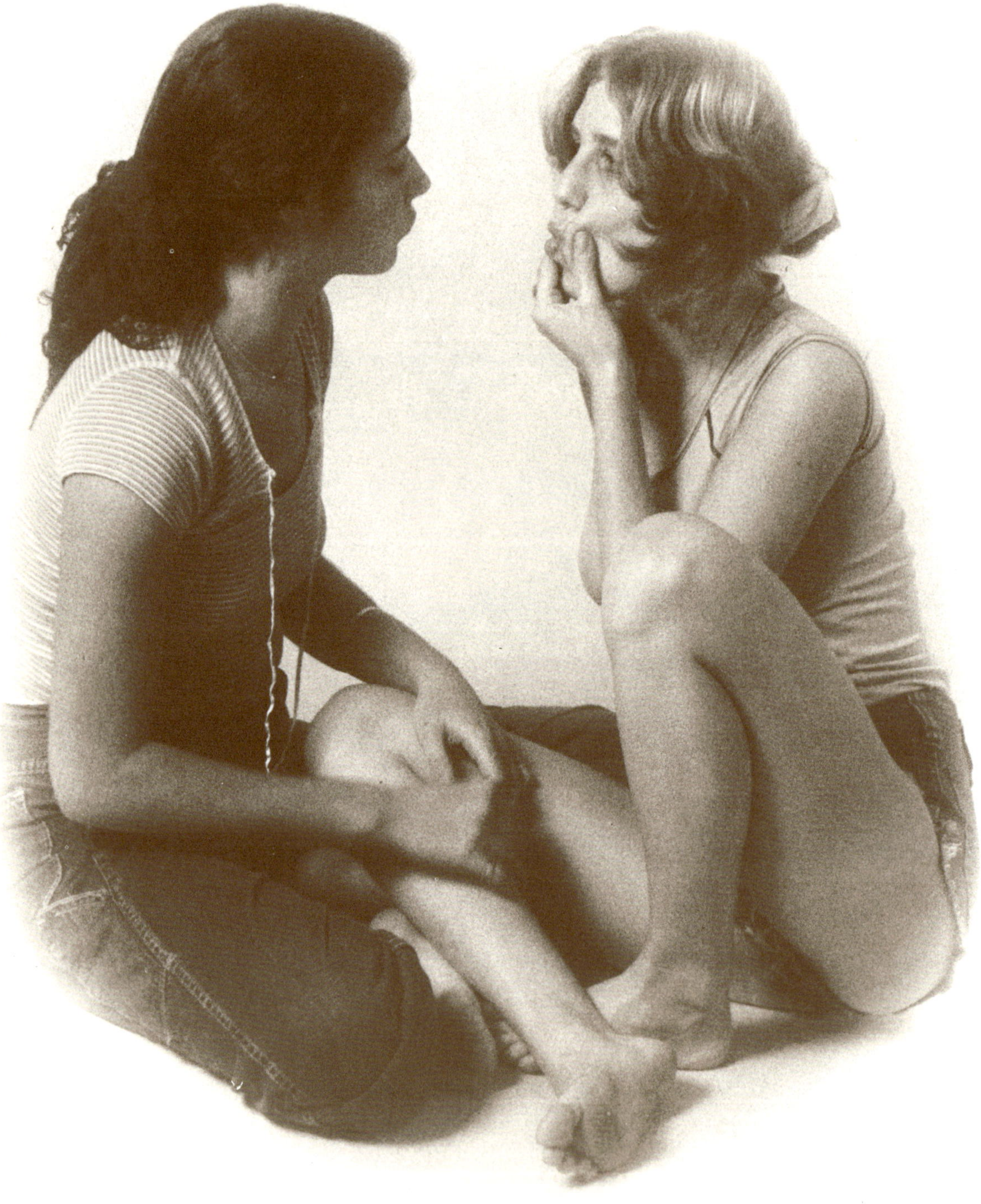

Die Mitte der Kindheit, als Sie zwischen fünf und zehn waren

Können Sie sich an angenehme Gefühle erinnern, wenn Sie sich selbst betastet haben?
Hat man Sie deswegen jemals bestraft oder ausgelacht? War Ihnen bewußt, was Sie da machten?
Machten Sie das jemals mit einem anderen?

Erinnern Sie sich an irgendeine Veränderung der Art, wie Ihre Eltern mit Ihnen umgingen wie zum Beispiel:
Sie nicht mit Ihrem Bruder zusammen schlafen zu lassen?
Sie nicht zusammen mit Ihrer Mutter schlafen zu lassen? Sie nicht länger zusammen mit Ihrer Schwester, Ihrem Vater oder Ihrem besten Freund baden zu lassen?

Notizen ______________________________

____

____

Anmerkungen: Vielleicht erinnern Sie sich nicht daran, sich in Ihren ersten Lebensjahren irgendwelche Lustempfindungen verschafft zu haben, aber im Alter von sieben oder acht Jahren haben Sie vielleicht Vergnügen empfunden, Ihre Genitalien zu berühren oder sie an irgendwelchen Gegenständen zu reiben. Und es kann sein, daß Sie das mit anderen Kindern zusammen machten, obwohl die meisten Frauen und viele Männer Selbstbefriedigung als ganz private Angelegenheit erfahren. Tatsächlich so privat, daß Ihnen all das nicht einmal bewußt geworden ist. Gerade durch dieses Alter sind Sie weniger offen gegenüber Ihrer eigenen Sexualität geworden.

Die Mitte der Kindheit nennt man die Latenzperiode sexueller Entwicklung, besser wäre wohl Periode der Heimlichkeiten. Wenn Ihnen die Sexualität auch nicht bewußt war, den anderen war sie es. Eltern und andere oder ältere Kinder haben Sie vielleicht spüren lassen – durch ihr Verhalten gegenüber Nacktheit, Selbstbefriedigung und Sex –, daß es da noch etwas gab, von dem Sie nichts wußten oder nichts wissen sollten. So gingen Ihre Entdeckungen weiterhin im geheimen vor sich.

Können Sie sich daran erinnern, daß Sie herauszukriegen versuchten, was das Wort »Sex« bedeutet?
Was hatten Sie für Vorstellungen, und was hörten Sie von den anderen?

Erinnern Sie sich an das erste »Sexwort«, das Sie hörten oder selbst gebrauchten?
Wo haben Sie es gelernt? Wie waren die Reaktionen der anderen darauf?
Wußten Sie, was es bedeutete?

Erinnern Sie sich an den ersten dreckigen Witz, den man Ihnen erzählte?
Erzählten Sie Ihren Eltern oder Freunden jemals dreckige Witze?
Wie haben sie reagiert?

Notizen ______________________________

____

____

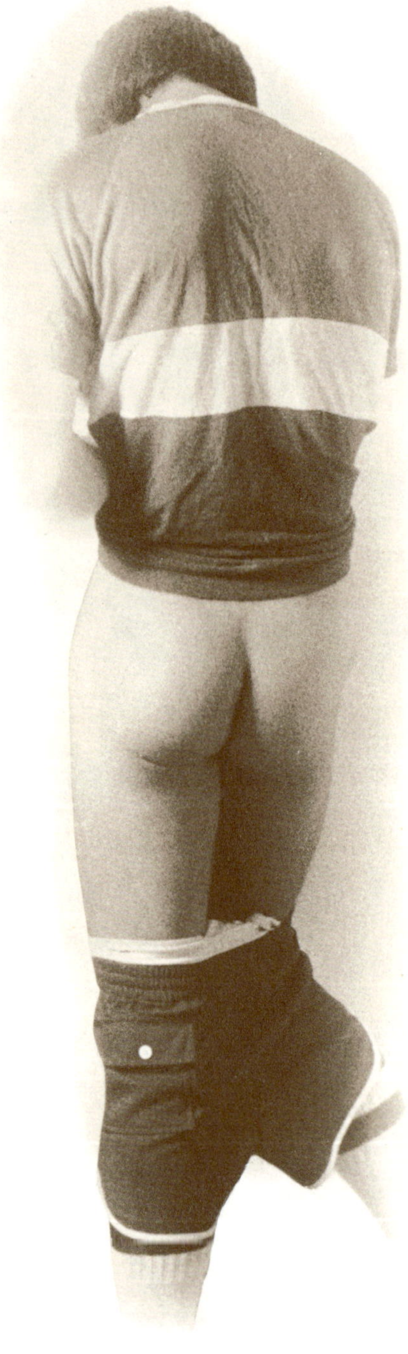

Anmerkungen: Nun, wo Sie wissen, wie man redet, beginnen Sie zu lernen, wie man nicht redet. Sie lernen von Eltern und Lehrern und kichernden Schulkameraden, daß gewisse Worte nicht auszusprechen sind. Sie merken jetzt, daß Worte wie »Busen«, »lutschen«, »Hintern«, »Gummi«, »Stachel«, »Knochen« und »Loch« noch mehr bedeutet, als Sie bisher glaubten.

»Dreckige« Worte und Witze beschreiben sowohl ausscheidende als auch sexuelle Funktionen. Diese traditionelle Assoziation zwischen Sex und Ausscheidung hat ohne Zweifel ihre Wurzel in dem nützlichen, aber verwirrend engen Beieinander von Genitalien, After und Harnröhre – und den erotischen Möglichkeiten in ihnen.

Erinnern Sie sich, was Sie über Sexualität von Ihren Freunden lernten?
War irgend etwas, was Sie lernten, fürchterlich irreführend?
Wodurch?

Wie oft unterhielten Sie sich über sexuelle Dinge?

Notizen

Anmerkungen: Die meisten Menschen lernen über Sexualität mehr von ihren Freunden als von Erwachsenen. Manchen Kindern ist nie etwas beigebracht worden über die Einzelheiten der Fortpflanzung oder auch nicht über die besonderen Gefühle, die mitbeteiligt sind, wenn man mit jemandem schlafen will. Und oft geben die Eltern ihren Kindern einfach nicht genügend Informationen, damit diese herausfinden, was es mit all dem auf sich hat. Bildhafte Vergleiche mit der Tierwelt, wissenschaftliche Erläuterungen und Liebesgeschichten, sie alle lassen etwas aus.

Unwissenheit ist die Anregung für Erfindungen. Eltern begünstigen unabsichtlich die Entstehung von Märchen, indem sie einen vertrösten, »weil wir nur Dein Bestes wollen« oder bis man »alt genug ist, um das zu verstehen«. So nimmt man dann an, daß Küssen einen schwanger macht, daß ein Mädchen nach dem Geschlechtsverkehr nicht laufen kann, daß ein Junge seinen Schwanz in das Arschloch des Mädchens steckt, daß miteinander schlafen bedeutet, daß ein Junge in einen hineinpinkelt, daß man nicht onanieren sollte, weil man dabei all seine Samen verbraucht, daß Vorspiel bedeutet, seine Kleider auszuziehen.

Auch später noch, wenn Sie es schon längst besser wissen, bleiben einige dieser Märchenvorstellungen bestehen.

Pubertät und frühe Jugend

Können Sie sich an den ersten Menschen erinnern, in den Sie völlig vernarrt waren?
War es ein älterer Mensch, ein Verwandter, ein Freund?
Ihr eigenes oder das andere Geschlecht?

Erinnern Sie sich der besonderen Gefühle, die Sie für diesen Menschen empfanden?
Haben Sie solche Gefühle erwartet?
Hat die Stärke Ihrer Gefühle Sie beängstigt oder überrascht?

Erinnern Sie sich an etwas, das Sie eine erste Verabredung nennen könnten?
War es mit jemandem, an dem Ihnen etwas lag?
War irgendetwas Sexuelles damit verbunden?

Notizen ______________________________

____

____

Anmerkungen: Ihre erste Liebe könnte einem Lehrer gegolten haben, einem Schauspieler, einem Kumpel, einer Tante, sogar einem Eltern- oder Geschwisterteil. Falls diese Anziehungskraft irgendwie unangemessen war – und das ist sie fast immer –, so mußten Sie Leute in Kauf nehmen, die beharrlich der Meinung waren, Sie seien zu jung, um zu wissen, was denn Liebe sei, daß es keinesfalls Liebe sei, was Sie für eine andere Frau fühlten und so weiter. Es ist unmöglich, richtig einzuschätzen, was es mit diesen Ermahnungen auf sich hat, wenn Sie auf einmal mit Gefühlen umgehen, die sich von den bisherigen so gänzlich unterscheiden. Sie können eine zärtliche Erinnerung zurücklassen, die auch heute noch dafür sorgt, daß eine erste Liebe oder die enge Beziehung, die Sie spürten für die genannten Bezugspersonen, stärker und frischer zu sein scheint als alles danach.

Für Frauen: Erinnern Sie sich an Ihre erste Periode?
Für Männer: Erinnern Sie sich an Ihren ersten Samenerguß?
Was dachten Sie darüber?
Hatten Sie es erwartet?
Waren Sie enttäuscht oder erschrocken, aufgeregt, entsetzt oder erfreut?

Erinnern Sie sich an Selbstbefriedigung in diesem Alter?

Notizen ______________________________

____

____

Anmerkungen: Die Reaktion auf Menstruation und Samenerguß können von Schuld bis Stolz reichen, das hängt ein bißchen damit zusammen, was Sie erwarteten. Waren Sie ein Junge, der seit Jahren heimlich onanierte, hatten Sie vielleicht Angst, Ihr erster Samenerguß sei so etwas wie eine Strafe für den »Mißbrauch« Ihres Gliedes. Nächtliche Samenergüsse können etwas Geheimnisvolles oder Verwirrendes sein, ob man nun onaniert hat oder nicht. Mädchen sind gewöhnlich auf ihre Menstruation vorbereitet, aber es ist schwer, sich genau vorzustellen, was es bedeutet, »dort unten« zu bluten. Wenn es bei dem Mädchen beginnt, kann das Bluten erschreckend sein und wie eine Bestrafung scheinen für Onanieren, Fantasieren, Petting und so weiter. Fleckige Laken und Kleidungsstücke können dazu beitragen, daß sich beide, Jungen und Mädchen, unwohl oder schmutzig fühlen.

Es ist schwer, gegenüber den Schulkameraden in der eigenen Entwicklung sehr früh oder sehr spät dran zu sein. In diesem Alter gibt es eine große Sehnsucht danach, normal zu sein, obwohl gerade das einzige, was normal scheint, das Gefühl ist, nicht normal zu sein.

Haben Sie in diesem Alter onaniert, wußten Sie vielleicht gar nicht, was Sie da machten oder daß es irgend jemand außer Ihnen auch tat? Nebenbei bemerkt, onanieren viele Leute, ohne einen Orgasmus zu bekommen oder ohne überhaupt zu wissen, daß das möglich ist.

Erinnern Sie sich, ob Sie sich in dieser Entwicklungsstufe um Ihren Körper kümmerten?
Schien sich alles normal zu entwickeln?
Hatten Sie das Gefühl, daß sich Teile Ihres Körpers, verglichen mit den anderen, völlig unproportioniert entwickelten?
Glaubten Sie, niemals einen BH zu brauchen oder daß Ihre Brust zu wachsen aufhören würde, falls Sie im BH schliefen?
Hatten Sie das Gefühl, Ihr Penis sei zu lang, zu dick, zu kurz, zu beschnitten?
Wollten Sie mehr Haare haben oder weniger auf der Brust, in der Schamgegend, am Kinn oder an den Beinen?

Notizen ______________________________

Anmerkungen: Wenn Sie nicht gerade außerordentlich stolz auf Ihren Körper waren – und das sind wenige mit dreizehn, geschweige denn mit dreißig –, dann fanden Sie wahrscheinlich die gemeinsamen Sportstunden irgendwie spannungsgeladen. Vertrauensvoll sagte man Ihnen, Sie sollten ganz entspannt Ihre Runden laufen, weil doch jeder gleich aussehe. Aber Sie wußten ganz genau, daß alle unterschiedlich aussahen, besonders Sie selbst den anderen gegenüber.

Und obwohl die Größe, die Richtung und die Vorhaut Ihres Penis überhaupt nichts mit seinen Funktionen zu tun hat, fühlten Sie sich vielleicht gehemmt, daß es da doch einen Zusammenhang geben könnte. Wenn Sie davon gehört hatten, daß man ganz genau wußte, daß Sie sich einen runtergeholt hatten, wenn Ihnen der steife Schwanz abstand und Ihnen die Turnhose ausbeulte, dann mußte Ihnen das ganz besondere Sorgen bereiten.

Frauen machen sich mehr Gedanken über Brüste und Hüften als über ihre Vagina, die man schließlich nicht sehen kann. Obwohl Brüste empfindlich und leistungsfähig in *jeder* Größe und Gestalt sind – wenn die Ihrigen groß waren, meinten Sie schon, es seien Euter, waren sie klein, dann waren sie gleich überhaupt nicht existierend; waren sie hart, dann fanden Sie sie knorrig, waren sie weich, dann gleich schlaff; waren sie keck, glaubten Sie gleich, sie wären zu spitz, und waren sie füllig, dann waren es für Sie schwankende Pendel. Es ist schwer, in diesem Alter ganz in Ordnung zu sein.

Erinnern Sie sich, wann Sie vom anderen Geschlecht wußten? Wußten Sie, wie Mann und Frau nackt aussahen? Wollten Sie es wissen? Wußten Sie etwas von Erektionen und der Periode und von Strumpfhaltern und BHs?

Kannten Sie in diesem Augenblick schon die sexuellen Techniken? Erinnern Sie sich, welche Bedeutung solche Worte wie »ficken«, »Beischlaf«, »Eier« damals für Sie hatten?
Wie war es mit solchen Worten wie »Vergewaltigung« oder »Sodomie«?

Erinnern Sie sich noch, daß Sie auch andere Dinge lernten über das andere Geschlecht, so etwa, wer wohl geistreicher sei oder einfühlsamer, anspruchsvoller, sportlicher gebaut oder liebevoller und so weiter?

Notizen

Anmerkungen: Sie wußten vielleicht schon alles über Ihre eigenen Fähigkeiten auf dem Gebiet der Fortpflanzung und Sexualität und waren doch bisher nie in der Lage, Ihre Fähigkeiten zusammen mit denen des anderen Geschlechts einmal in die Tat umzusetzen. Sie hatten vielleicht aufregende sexuelle Erfahrungen oder Gefühle, ohne zu wissen, in welcher Beziehung Worte und Tatsachen standen. Vielleicht erinnern Sie sich noch, wie Sie Ausdrücke im Lexikon nachschlugen, wie Sie krampfhaft herausfinden wollten, was solche Dinge bedeuten wie »um die Bedeutung des Fleisches wissen«.

Sie mußten nicht gleich eine wirkliche Erektion in der Caféteria Ihrer Schule haben, um voller Angst darüber nachzudenken, was dann wohl passieren würde. Ihre Periode mußte nicht wirklich in der Klasse anfangen, die Angst, es könnte passieren, war bei Ihnen auch so da. Haben Sie solche Erfahrungen durchgemacht, denken Sie mal nach, was Sie damals machten. Vielleicht erinnern Sie sich eher daran, wie jemand anderem dabei zumute war, obwohl die meisten Teenager viel zu gehemmt sind, sich auch noch um andere Sorgen zu machen.

Zusätzlich zu all den Informationen darüber, wie der Körper arbeitet, sind Jungen und Mädchen auch noch in ihre Rolle als Mann oder Frau hineinverfrachtet worden. Eine Rolle spielen zu müssen, mag lächerlich sein, aber die meisten Teenager haben nicht die nötige Selbstsicherheit, das zu hinterfragen. Viele erfahren viel Unsicherheit und Zweifel, ob sie genügend männlich oder weiblich sind.

Erinnern Sie sich daran, ob Sie sich mit Freunden über Sex unterhalten haben? Wenn das so war, so schreiben Sie bitte den Inhalt hier nieder.

Notizen

Anmerkungen: Versuchen Sie sich daran zu erinnern, wie Sie – wenn überhaupt – mit Freunden darüber sprachen. Indem Sie vage und geheimnisvoll waren, hielten Sie Ihr Tun weiterhin geheim, aber vielsagend. Waren Sie dagegen prahlerisch, so konnten Sie damit spielen, daß das, was Sie fühlten, eine gefragte Rolle war. Ihre Unterhaltung könnte Ihren Glauben herausgekehrt haben, daß man das, was Sie taten oder fühlten, von Ihnen erwartete. Sollte das der Fall gewesen sein, so könnte das Maßstäbe gesetzt haben, durch die Sie es heute noch schwierig finden, in sexuellen Dingen ganz freimütig zu sein. Entweder tun Sie so, als ob Sie uninteressiert sind oder aber allwissend, ungeachtet dessen, daß Sie auf diese Art und Weise niemals etwas dazulernen.
Schreiben Sie eine sexuelle oder romantische Fantasievorstellung nieder, die Sie in Ihrer frühen Jugend hatten. Wenn Sie sich nicht an eine spezielle Vorstellung erinnern können, so schreiben Sie einfach das, von dem Sie glauben, sich viel damit beschäftigt zu haben.

Notizen

Anmerkungen: Dies ist das Alter, wo die Fantasie so richtig zu ihrem Recht kommt. Sex ist für einen noch nicht so recht auszuleben, obwohl man die Ausrüstung dazu so ganz plötzlich zur Verfügung hat. So probiert man in der Fantasie einige seiner Wünsche und Sehnsüchte aus: Einige Leute haben das, was man so richtige ausgeprägt deutliche Fantasien nennen könnte, voller nackter Menschen, voller Sexualakte. Andere haben Vorstellungen von Liebe, Verführung oder Unterwerfung, wobei alles nur ahnungsweise, nicht richtig sichtbar abläuft. Und einige Leute haben abstrakte Fantasien. Die Fantasien, die Sie in diesem Alter hochgehalten und gepflegt haben, begleiten Sie manchmal durch Ihr ganzes Leben.

Ihre erste »sexuelle« Begegnung

Mit wem fand sie statt – mit einem Mann? Einer Frau? Einem guten alten Freund? Überhaupt keinem Freund? Einem oder einer Verwandten? Einer Prostituierten? Welcher Art war die Begegnung und was unterschied sie von früheren Begegnungen? – Heftiges Atmen? Beischlaf? Fast-Beischlaf?
Wo passierte es?
Haben Sie es geplant oder erwartet?
Benutzten Sie Verhütungsmittel? Wünschten Sie sich in diesem Moment welche?
Hatten Sie einen Orgasmus? Hatte Ihr Partner einen?
Wie fühlten Sie sich hinterher? – Großartig? Schuldig? Müde? Gelassen? Hungrig?
Welche Gedanken haben Sie heute, wenn Sie daran denken?

Notizen ______________________________

____

____

Anmerkungen: Die meisten frühen Begegnungen sind unbeholfen und aufregend. Es ist oft schwierig zu sagen, wann das erste Geschehnis war, weil Sie sich dem ja vielleicht eine ganze Zeitlang leise genähert haben. Es kann angenehm gewesen sein, traumatisch oder unentschlossen. Selbst wenn Sie wissen, was Sie wollen, so braucht Sex doch Übung.

Männer, deren Sexualität man während dieses Alters nur als drängend beschreiben kann, befinden sich fast immer auf unterschiedlichen Stufen der Empfindung mit weiblichen Partnern, die aus kulturellen und physiologischen Gründen viel mehr Stimulierung brauchen. Ein Mann mag durchaus in der Lage sein, in diesem Alter mit kurzer Unterbrechung immer und immer wieder zu kommen, während die Frau vielleicht überhaupt keinen Orgasmus hat. Eine Frau mag sich wundern, warum er immer wieder will und welchen Gefallen er wohl daran findet. Für sie reichte Zeit und Berührung nicht einmal, um erregt zu werden. Und ist es zum Geschlechtsverkehr gekommen, so ist ihr das Vergnügen und die Aufregung noch vom Herumalbern her dadurch gleich wieder abgeschnitten worden.

Es kann Jahre dauern, bis man richtige sexuelle Befriedigung erlangt – aber das weiß man ja alles zu Anfang nicht. Hatten Sie ein erstes Erlebnis, das ohne Vergnügen blieb, so kann es durchaus sein, daß Ihnen der Sinn nicht nach Wiederholung steht. Negative Erfahrungen können solche sein, die Sie schwanger zurücklassen oder voller Schuldgefühl, mit einer Ansteckung, in Verwirrung oder abgewiesen, alles Eigenschaften, die dafür sorgen, daß in Ihren Augen Sex etwas ist, an dem Sie gescheitert sind.

Natürlich kann eine wunderbare erste Begegnung allem Zukünftigen eine harmonische Färbung verleihen. Sogar eine unangenehme, linkische und dürftige Erfahrung mit einem verständnisvollen Partner kann Ihnen helfen, daß Sie es wieder versuchen wollen. Es wieder versuchen zu wollen, ist oft der beste Weg, Vertrauen aufzubauen.

Ihre erste lange Beziehung oder Heirat

Können Sie sich daran erinnern, wann dieser Mensch Sie zum ersten Mal innerlich angezogen hat?
Wo liegen Ihre Gemeinsamkeiten?
Wo unterscheiden Sie sich?
Was hält Sie beieinander?
Was trennt Sie voneinander?

Gibt es etwas in Ihrem Sexualleben, das Sie gern ändern möchten, von dem Sie aber nicht wissen wie?
Was möchten Sie ändern, und was sollte Ihr Partner ändern?
Sind Sie überhaupt enttäuscht, was den sexuellen Teil Ihrer Beziehung angeht?
Haben Sie das Gefühl, Sie oder Ihr Partner reagiere nicht so, wie Sie es erwartet haben?

Sprechen Sie mit Ihrem Partner jemals über Sexuelles?

Notizen ______________________________

____

____

Anmerkungen: Erste Beziehungen sind gewöhnlich eine Kombination von Liebe oder Zuneigung für den anderen Menschen und der Wunsch herauszufinden, was eine Beziehung auf lange Zeit bedeutet. Es stimmt, daß Leute manchmal heiraten oder sich zusammentun, um unglücklichen häuslichen Situationen zu entgehen, ihrem Alleinsein ein Ende zu machen oder weil sie durch Schwangerschaft oder wirtschaftliche Abhängigkeit dazu gezwungen werden.

Unerfahrenheit und Schüchternheit kann es sehr schwer machen, die Dinge zu diesem Zeitpunkt in Ordnung zu bringen. Sie wissen nicht recht, wie alles laufen soll. Vielleicht denken Sie, das ist nun alles, was es in dieser Hinsicht gibt, oder Sie denken, mit Ihnen oder Ihrem Partner stimmt vielleicht etwas nicht. Vielleicht schlagen Sie auch in einem Ehehandbuch nach oder fragen Ihre Freunde um Rat – ganz vorsichtig natürlich, denn Sie wollen diese schließlich nicht wissen lassen, daß etwas nicht stimmt bei Ihnen. Aber Sie haben Schwierigkeiten, all die guten Ratschläge auf Ihre eigene Situation hin anzuwenden.

Viele sexuelle Probleme sind das Ergebnis all der Märchen und Fehlinformationen, die Sie über Sexualität erhielten, als Sie noch jünger waren. Nicht nur Tatsachen, sondern auch Erwartungen können verdreht und entstellt werden. Wenn Sie merken, daß alles nicht so läuft, wie Sie sich das vorgestellt haben, dann wissen Sie sich keinen Rat.

Wenn Sie zu allem Überfluß mit Ihrem Partner darüber nicht sprechen können, dann ist es sehr schwer, etwas zum Besseren hin zu wenden. Er oder sie denkt vielleicht, alles sei in Ordnung. Aber wenn

Sie nicht wissen, was Ihr Partner denkt, dann ist es schwer, Ihre eigenen Gefühle und Gedanken, die Sie in dieser Richtung haben, zu überprüfen.

Einige sogenannte sexuelle Probleme stehen in Wirklichkeit im Zusammenhang mit anderen Problemen, über die Sie nicht sprechen, wie zum Beispiel Geldsorgen, Probleme, die sich ergeben aus der Vorherrschaft des einen oder dem Gefühl, sich nicht genügend zurückziehen zu können oder einfach aus den räumlichen Problemen, mit jemandem zusammenzuleben. Darüber werden wir in späteren Kapiteln sprechen.

Nun ein Rückblick auf Ihre zwanziger Jahre

Denken Sie mal an einige der Menschen, die Ihnen während dieser Jahre bedeutend waren, besonders geliebte Menschen, Kinder, Ehegatten und Eltern.
Falls Ihnen mehr als ein Geliebter einfällt, was war bei Ihnen ähnlich, was unterschiedlich? Wenn es Ihre Eltern sind, über die Sie reden, wie nahmen sie, wenn überhaupt, Einfluß auf Ihren sexuellen Lebensstil?
Welche Veränderung in Ihrem Sexleben haben Kinder bewirkt?
Wenn die von Ihnen geliebten Menschen von Ihrem gleichen Geschlecht waren, wie haben Ihre Eltern und Freunde reagiert?

Notizen ______________________________

____

____

Anmerkungen: Die Menschen neigen dazu, sich zu wiederholen. Vielleicht bemerken Sie in der Kavalkade geliebter Menschen, daß sich viele derer, zu denen Sie sich hingezogen fühlten, ähnlich waren. Vielleicht hat Ihr Ehepartner charakteristische Merkmale eines Eltern- oder Geschwisterteils. Es kann passieren, daß Sie Ihre Kinder ebenso behandeln, wie man einmal mit Ihnen umgegangen war. Zweifelsohne fühlen sich Menschen hingezogen zu verwandten Erscheinungen, weil man sich wohlfühlt bei diesen Erscheinungen. Natürlich ist es eine feine Sache, den lieben guten Papa zu heiraten – solange nur Ihr Partner in Ihnen auch die liebe gute Mama heiratet.

Vielleicht haben Sie sich nach einem völlig unähnlichen Partner umgesehen, weil Sie nicht in die gleichen Verhaltensmuster verfallen wollten wie Ihre Eltern. Falls Ihr Vater ein dominierender Typ war, so haben Sie sich vielleicht einen milderen Menschen gewünscht, um das wieder auszugleichen, von dem Sie genau wußten, daß es zu einer destruktiven Beziehung führen würde. Dummerweise erhält man manchmal mehr, als man zuvor errechnet hat. Obwohl Sie genau gewußt haben, daß Sie sich nicht unter seine Vorherrschaft begeben wollten, so sind Sie doch so sehr an die untergeordnete Rolle gewöhnt, daß Sie sie einfach nicht aufgeben.

Oder vielleicht sind Sie eine Frau oder ein Mann, die sich dauernd hingezogen fühlen zu einem »falschen« Partner; das bedeutet, zu einem Partner, der unerreichbar oder abweisend ist. Das heißt vielleicht, daß Sie gar niemanden wirklich wollen, der »der Richtige« für Sie ist. Sie könnten Verbindlichkeiten aus dem Wege gehen wollen. Sie halten vielleicht Ausschau nach schmerzlichen Verbindungen oder solchen, die ohne Ausweg sind, weil Sie sich eines »guten« Partners nicht wert fühlen. Vielleicht hatten Sie auch einen abweisenden oder schwächlichen Elternteil, an den Sie sich gewöhnten. Es mag wie Strafe erscheinen oder irrationel, so etwas in einem Partner wiederfinden zu wollen, aber für Sie ist das angenehm vertraut.

Vielleicht fühlen Sie sich auch zu denen hingezogen, die Ihnen Ergänzung sind, die Ihre Lücken schließen. Jemand, der geistreich ist, während Sie beschränkt sind, ernst, wenn Sie albern sind, schwach, wenn Sie stark sind. Dies funktioniert ganz fantastisch in geheimnisumwitterten Verbindungen, ist aber ein Problem, wenn zwei Menschen so miteinander verflochten sind, daß keiner von beiden länger unabhängig vom andern auskommt.

Wenn Sie homosexuell sind, gelten ganz genau die gleichen Grundsätze von Anziehung und Vertrautheit. Sie haben nur noch das zusätzliche Problem, sich und Ihre Homosexualität zu akzeptieren und dann andere zu überzeugen, daß sie das doch bitte auch tun mögen, besonders Ihre Familie. Wie weit Sie deren Identitätskrise überwinden können, hängt davon ab, wieviel Selbstachtung Sie haben. Wenn Ihre Eltern oder Freunde Ihnen halfen, diese Selbstachtung zu gewinnen, werden sie Sie wahrscheinlich akzeptieren. Wenn nicht, werden Sie wahrscheinlich einen dauernden Kampf führen müssen um Grundsätze und Rechte , ähnlich dem von »gefallenen« Frauen, gestandenen Junggesellen und kinderlosen Ehepaaren. Deren Familien und Freunde hassen alle zuzusehen, wie sie sich selbst aufzehren.

Körperliche Probleme während dieser Zeit Ihres Lebens können Ihr Sexualleben beeinflussen. Eine Blasen- oder Scheidenentzündung, ein Venenleiden oder die Geburt eines Kindes sind alles mögliche Ursachen, sich unwohl zu fühlen. Darüber wird später in diesem Buch noch ausführlicher die Rede sein. Jetzt denken Sie erst einmal darüber nach, ob irgendwelche Symptome im Wege standen, übertragen oder im wahrsten Sinne des Wortes, die Ihnen keinen bequemen oder befriedigenden Sex ermöglichten.

Nun sind Sie Anfang dreißig

Wie sieht Ihr Sexleben jetzt aus?
Wie oft haben Sie Geschlechtsverkehr?
Sind seither mehr als zehn Jahre vergangen oder weniger?
Mit wem haben Sie Geschlechtsverkehr?
Haben Sie irgendwelche sexuelle Probleme?
Mit neuen oder mit vertrauten Menschen?
Reden Sie mit jemandem über Ihre Probleme?

Notizen ______________________________

____

____

Wenn Sie verheiratet sind oder mit jemandem eine Beziehung haben – welche Rolle spielt Sex in dieser Beziehung?
Probieren Sie und Ihr Partner mehr aus, als Sie bisher gewohnt waren, oder weniger?
Wie denkt Ihr Partner über Sexualität?
Hat einer von Ihnen ein Verhältnis mit einem Dritten?
Haben Sie Freunde?
Sprechen Sie über so etwas?

Notizen ______________________________

____

Wenn Sie nicht verheiratet sind und momentan auch keine Beziehung haben – möchten Sie gern in irgendeiner Art von Beziehung stehen?
Warum oder warum nicht?
Wie ist es in vorangegangenen Beziehungen gewesen?
Welches sind die Vor- und Nachteile, jetzt allein zu sein?

Notizen ______________________________

____

____

Wenn Sie Kinder haben – fragen Ihre Kinder Sie nach sexuellen Dingen?
Was sagen Sie ihnen dann?
Wie haben Ihre Kinder Sie behandelt in Ihrer Beziehung zu Ihrem Partner, Ihren Eltern, Ihrem Expartner oder sonst jemandem?
Welche inzestartigen Gefühle hegen Sie gegenüber Ihren Kindern?

Notizen ______________________________

____

____

Sollten Sie keine Kinder haben – möchten Sie gern Kinder haben?
Glauben Sie, Kinder würden Ihr Leben, besonders Ihr Sexleben, irgendwie verändern?
Welches Gefühl haben Sie, wenn Sie daran denken, jemanden kennenzulernen, der schon Kinder hat oder gern Kinder haben möchte?

Notizen ______________________________

____

____

Anmerkungen: Dies ist eine hervorragende Zeit, um Vergleiche anzustellen. Ihre Kinder machen das, was Sie früher zu machen pflegten, und Sie wollen von Ihren Eltern wissen, was das nun genau war. Ihre Freunde richten sich ein oder fangen an zu heiraten und Kinder zu kriegen, wobei sie Ihnen in beiden Fällen nicht mehr so zugänglich erscheinen. Sie Ihrerseits beschäftigen sich nun stark mit Ihrer Familie, Ihrer Arbeit, Ihrem Alleinsein, Ihrem Zusammensein und vergleichen das mit anderen Ihnen bekannten Lebensstilen, einschließlich dessen, den Sie einmal zu anderen Zeiten selbst gelebt haben.

Es ist auch die Zeit, eine Entscheidung zu treffen über Kinder, Heirat, Beruf und Sex. Vielleicht stellen Sie sich die Frage, ob Sie vom Sexuellen her der Mensch sind, der Sie gern sein möchten. Ob Sie erfahren genug oder »gut« genug sind. Ob Sie es mal mit dem Wohnen in einer Wohngemeinschaft, mit einer älteren Frau oder einem Jungen versuchen sollten. Sie fragen sich, ob Sie auch wirklich das tun, was Sie gern möchten.

Versetzen Sie sich in die Zeit um Ende dreißig

Welche Rolle spielt Sex jetzt, verglichen mit Ihrer Rolle als Vater, Mutter, Arbeiter, Freund und so weiter?
Wie viele Verhältnisse haben Sie gehabt oder glauben Sie, bis zu diesem Zeitpunkt erlebt zu haben?

Haben Sie jemandem davon erzählt?
Haben Sie Ihrer Meinung nach in diesen Jahren weniger Zeit für Sex gehabt oder mehr?
Haben Sie im sexuellen Bereich etwas getan, dessen Sie sich schämen?
Haben Sie irgend etwas besonderes gemacht, das Sie gern wiederholen möchten?
Haben Ihre Kinder sexuelle Erfahrung, die Ihnen Ihre eigenen Ängste in dem damaligen Alter wieder ins Gedächtnis zurückrufen?
Welcher Art sind diese gewesen?
Haben Sie immer noch Ängste bei diesen Dingen?

Notizen ____

____

____

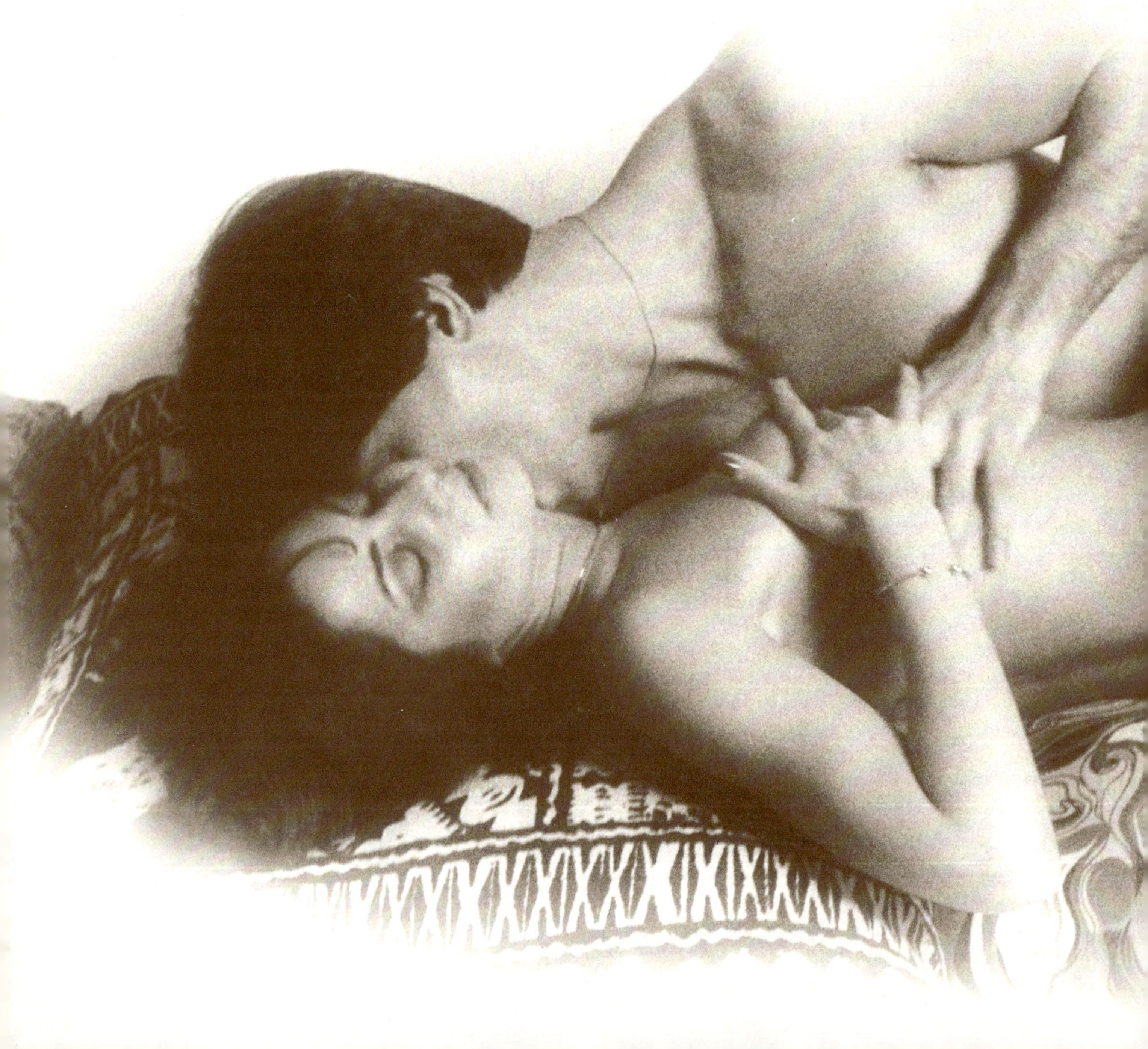

Anmerkungen: Ende dreißig ist die Zeit, darüber nachzudenken, was gewesen ist und was in der verbleibenden Zeit noch kommen mag. Frauen, die in diesen Jahren ihren sexuellen Gipfel erreichen, werden unruhig bei Männern, die am aktivsten waren in ihren zwanziger Jahren. Noch gibt es keine vernünftigen körperlichen Erklärungen für diesen ungleichen Leistungshöchststand, aber es gibt ein paar andere Erklärungen. Die meisten Frauen dieses Alters brauchen sich nicht länger um Kinder zu sorgen. Aber sie sorgen jetzt vielleicht für sich – sehen sich nach einer neuen Karriere oder einem anderen Leben um. Dann gibt es da noch das »Syndrom neuer Falten«, das Gefühl, daß man, bevor in den Wechseljahren täglich neue Falten erscheinen, alles mitbekommen will, solange man noch dazu in der Lage ist. So fühlen viele Frauen eine neue Art von Freiheit, ein Alles-oder-Nichts und den Willen, neue Erfahrungen, auch auf sexuellem Gebiet, zu sammeln.

Auf der anderen Seite beginnen Männer, an Geschlechtsverkehr etwas Interesse zu verlieren, selbst wenn sie noch großes Interesse haben, daran zu denken. Eine fordernde Partnerin, ein fordernder Chef und Kinder, die fordern, können Ihnen jetzt mehr als jemals sonst in Ihrem Leben das Gefühl geben, daß Sie ausgenutzt werden.

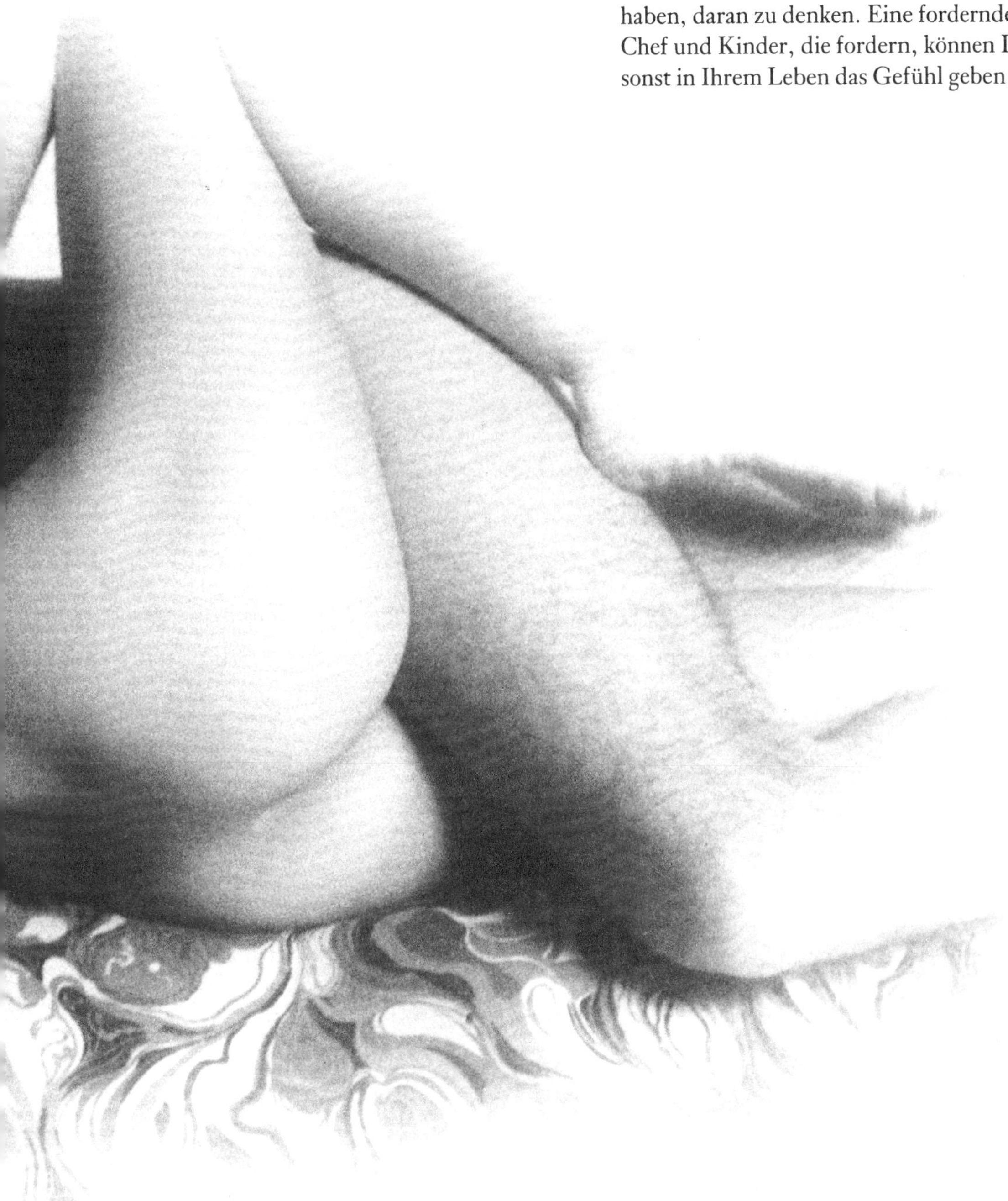

Auch Sie fragen sich, ob das wohl noch das richtige Leben für Sie ist. So fragen Sie sich, und auch Ihre Partnerin beginnt, Sie zu fragen. Sie ist jetzt freier und wünscht sich mehr von Ihnen. Oder sie ist jetzt geschäftiger und möchte von Ihnen mehr emotionale Unterstützung, als Sie bisher zu geben gewohnt waren.

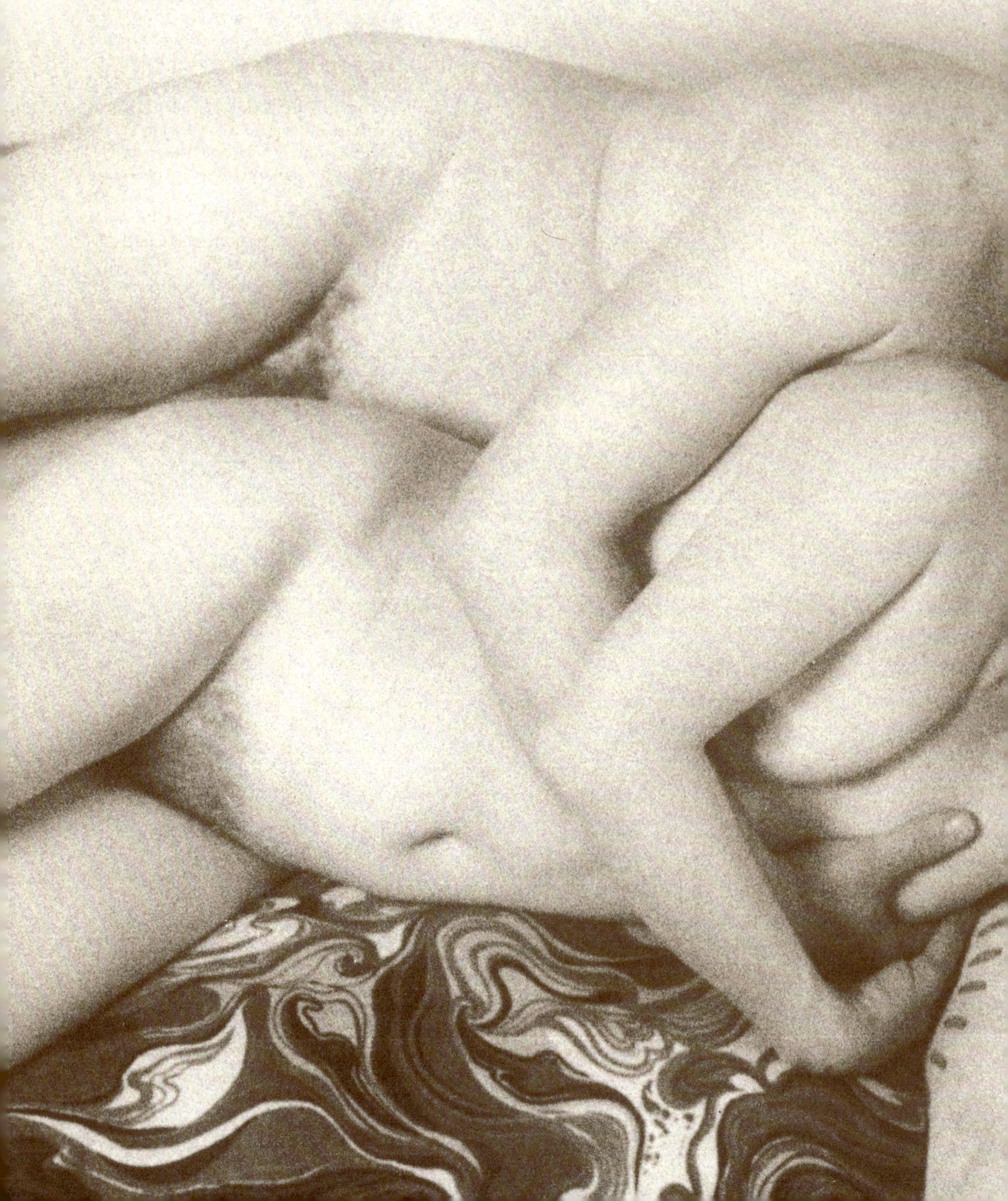

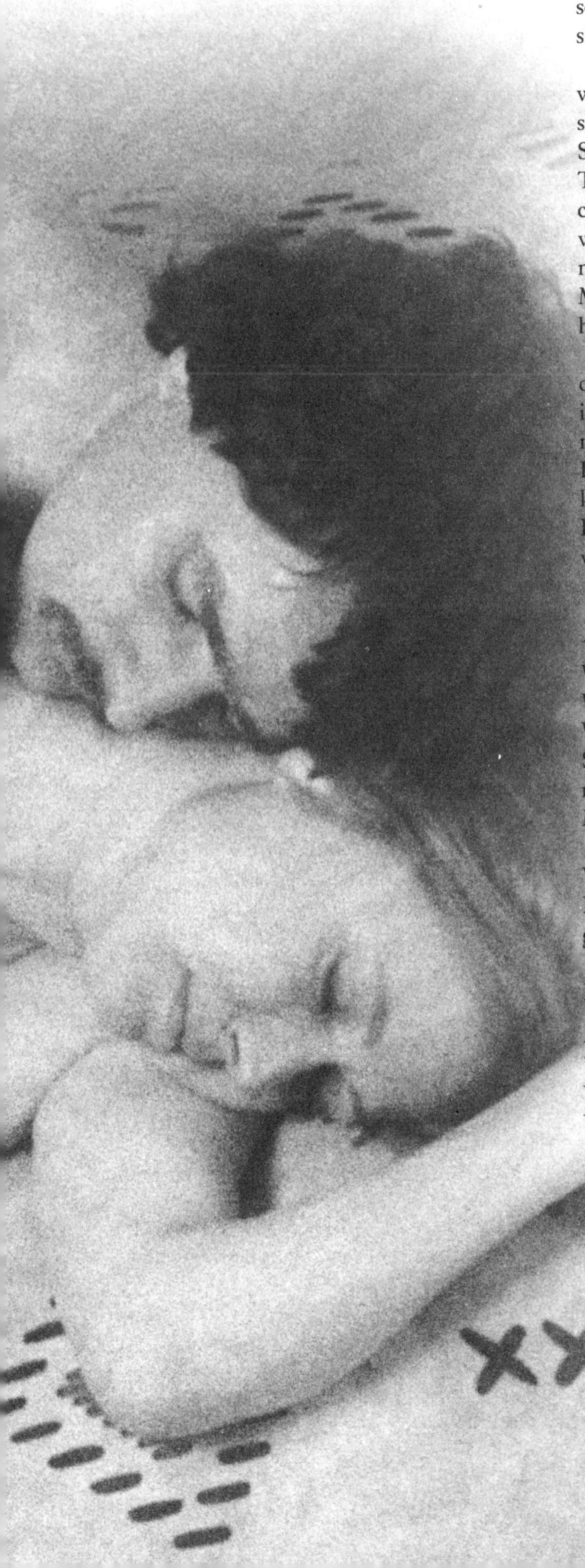

Kinder, die höchst selten daran denken, daß ihre Eltern auch sexuelle Wesen sind, können dazu beitragen, daß Sie sich noch mieser fühlen. Es gibt da so ein Gefühl zwischen Konkurrenz und Inschutznahme, wenn Sie sehen, daß Ihre Kinder nun mit Sexualität umzugehen beginnen. Entweder Sie nehmen sie in Schutz, weil sie noch nicht so sicher sind wie Sie, oder Sie nehmen es ihnen übel, daß sie sehr viel sicherer sind.

Sie mögen jetzt Ihren verpaßten Gelegenheiten ebenso nachweinen wie den anderen, denen Sie eifrig nachfolgten. Einige Leute werden schier heimgesucht von homosexuellen Abenteuern, unerwünschten Schwangerschaften, zu frühem Heiraten, Fehlgeburten, bitteren Trennungen, völlig unüblichen sexuellen Handlungen, außerehelichen Beziehungen und anderen Begebenheiten, in die sie verstrickt wurden. Dann gibt es da noch die heftigen Selbstvorwürfe, weil man nicht den Mumm hatte, auf eine Riesenfickfete zu gehen, diesem Mann da auf der Straße zu folgen, öffentlich seine Liebe einzugestehen, sein Sexleben zu ändern.

Diese Jahre können jenen ausgesprochene Befriedigung vermitteln, die harmonieren mit ihren Kindern, ihrer Beziehung, ihrem Beruf, ihrem Sexualleben und mit sich selbst. Allerdings kann der Versuch, mit allen in Einklang zu bleiben, sehr nervenstrapazierend sein. Die Belastung bei dem Versuch, alles unter Kontrolle halten zu wollen, kann diese Zeit zu einer wirklichen *midlife crisis*, einer Krise in unserer Lebensmitte werden lassen. Es ist schwer, alles beisammenhalten zu wollen, und Sex ist oftmals das erste, was uns entgleitet.

Nun sind Sie über vierzig

Wie steht es zu diesem Zeitpunkt um Ihre Ehe oder Beziehung?
Was für ein Gefühl ist es, nicht verheiratet zu sein?
Was ist aus Ihren Kindern geworden?
Sind Sie eifersüchtig auf die Freiheit Ihrer Tochter, auf ihren Ehemann oder auf ihre Zukunft?
Macht Sie der Lebensstil Ihres Sohnes verrückt?

Was halten Sie zum jetzigen Zeitpunkt von Ihrem Sexleben?
Haben Sie bisher irgendwelche negativen sexuellen Erfahrungen gemacht?

Haben Sie irgendwelche körperlichen Probleme?

Notizen ______________________________
____
____

Anmerkungen: In diesen Jahren scheinen Ehen ganz besonders verwundbar zu sein. Sie, die Sie so lange zusammengeblieben sind, bis die Kinder das Haus verlassen haben, haben plötzlich keine Ausreden mehr. Veränderungen im Beruf, in den Lebensumständen, in Zielen und Beschäftigungen können etwas sein, das einen oder beide Partner völlig aus der Fassung bringt. Manchmal liegt dem einen von beiden mehr daran, die Ehe zu retten als dem anderen. Das gibt Ihnen beiden ein Gefühl von Schuld, Kummer, Ärger, Mitleid und/oder Reue. Vielleicht fühlen Sie sich sehr bedrückt bei dem Gedanken, soviel Zeit mit einem Menschen verbracht zu haben, mit dem Sie nun so gar keine weiteren Gemeinsamkeiten haben.

Wegen der besonderen Beziehungen zwischen Kindern und Eltern können Aufsässigkeiten Ihrer Kinder Sie außerordentlich stark verzweifeln lassen. Hippies zum Essen mitzubringen, jemanden des eigenen Geschlechts zu heiraten, mit den »falschen Typen« zusammenzuleben, all das bescheinigt Ihnen einen Verlust von Einfluß und Herrschaft über Ihre Kinder. Und das kommt genau zu der Zeit, wo Sie das Gefühl haben, eigene Kraft zu verlieren, vor allem sexuelle Kraft.

Manche Männer machen ihre Erfahrungen mit der Impotenz zum erstenmal in den vierziger Jahren. Es gibt kein Zaubermittel dagegen, und es ist nicht leicht zu ertragen, wenn man weiß, warum das passiert. Wahrscheinlich ist es in diesem Alter irgendwie das Ergebnis des Versuches, etwas zu unternehmen, was man gar nicht wirklich möchte, von dem man aber das Gefühl hat, man sei dazu verpflichtet. Wie viele Männer haben den Mut, ihren Ehefrauen oder Geliebten offen zu sagen, daß sie mal einfach bloß fernsehen wollen? Von Männern wird erwartet, daß sie »allzeit bereit« sind. Dabei spielt gar keine Rolle, daß man die ganze Nacht bereit war, daß man gerade eben erst mit seiner Frau geschlafen hat, daß man eigentlich etwas auf dem Herzen hat (über Impotenz wird ausführlicher in Kapitel 9, *Impotente Männer*, gesprochen).

Viele Frauen erfahren an sich selbst immer noch das gesteigerte Interesse an Sex, das in ihren Dreißigern begann. Aber vielleicht haben sie das Gefühl, »all das« sei nun nicht mehr ganz angemessen. Scheinen ihre Ehemänner und Geliebten ohne Interesse an Sex zu sein, so geben einige Frauen eher auf, als sie vielleicht sollten. Natürlich können die Wechseljahre für eine Weile ein echtes Hindernis darstellen, um sexuelle Befriedigung zu erreichen. Wenn Sie Schmerzen haben und sich niedergeschlagen fühlen, dann steht Ihnen der Sinn ganz bestimmt nicht nach Sex. Aber das geht vorbei. Wenn Sie Sex nicht gänzlich aufgegeben haben, dann werden Sie merken, daß Ihr Vergnügen daran genauso wiederkommt wie Ihr emotionales und körperliches Wohlbefinden.

Jemand aber, der Sex irgendwie nie richtig mochte, wird die Vorstellung, daß das sexuelle Verlangen sich nun endlich verringert, mit offenen Armen begrüßen. Eine Frau kann jetzt ihre Wechseljahre als einen guten Ausweg benutzen. Ein Mann kann die Wechseljahre des Mannes benutzen, obwohl man darüber noch nicht allzu viel weiß (was vielleicht von Vorteil ist). Wissenschaftler glauben, daß auch Männer durch eine Periode des hormonellen Ungleichgewichts hindurchgehen, ohne allerdings dabei ihre Zeugungsfähigkeit zu verlieren. Sowohl Männer als auch Frauen können Alter oder Gesundheit jederzeit als Ausrede heranziehen.

Einige Leute erleben in ihren Vierzigern eine Periode ausgeprägter sexueller Aktivitäten, wo sie in fast ungestümer Hingabe und Rückhaltlosigkeit auf alles losgehen. Dies kann eine Reaktion sein auf die Furcht vor Impotenz oder vor dem Verlust der eigenen Anziehungskraft. Es scheint ein Versuch zu sein, sich von anderen bestätigen zu lassen, daß man immer noch verführerisch ist. Will jemand mit Ihnen schlafen, vor allem jemand neues, dann sind Sie es bestimmt auch noch.

Je aktiver Sie bisher waren, um so gewisser werden Sie es eigentlich auch weiterhin bleiben. Leute, die regelmäßigen Geschlechtsverkehr gehabt haben oder auch regelmäßig unregelmäßigen, übernehmen dieses Verhalten eigentlich bis ins hohe Alter. Es sind diejenigen, die niemals Spaß am Sex hatten, die in diesem Alter manchmal träge zu werden pflegen.

Von ungefähr fünfzig bis etwa fünfundsechzig

Haben Sie vor kurzem erst Interesse an Sex gewonnen?
Haben Sie Interesse verloren?
Wie steht es mit Ihrem Partner (Ihren Partnern)?
Fühlen Sie sich sexuell freier als vorher?
Fühlen Sie sich ängstlich oder bedrückt bei dem Gedanken an Sex?
Haben Sie irgendwelche körperlichen Probleme?

Notizen ______________________________

____

____

Anmerkungen: Einige Menschen erfahren während dieser Jahre neue sexuelle Vitalität. Nachdem die Kinder nun eigene Wege gehen, kennen Sie schließlich Ihre heutigen sexuellen Interessen, und Sie zögern nicht mehr so, Ihrem Partner Ihre Wünsche mitzuteilen, wie das vielleicht geschah, als Sie noch jünger waren. Sex scheint entspannender zu sein als je zuvor. Er vermittelt ein Gefühl von Freiheit, und Ihr Wille ist da, endlich einmal Zeit auf sich und Ihren Partner zu verwenden – vielleicht zum erstenmal in Ihrem Leben.

Wenn Sie auf die Veränderungen Ihres Körpers nicht eingestellt sind, können jetzt vielleicht einige Schwierigkeiten auftreten. Frauen verspüren manchmal Schmerzen während des Beischlafs, weil die Scheidenwand dünner wird und die Scheide jetzt weniger schlüpfrig ist. Die Kontraktionen der Gebärmutter während des Orgasmus sind manchmal recht unangenehm ziehend. Eine Hormonbehandlung kann helfen, das Gewebe der Geschlechtsorgane weich und feucht zu halten und auch die Kontraktionen abschwächen. Während dieser manchmal nicht unwidersprochenen Therapie soll die richtige Dosierung von Östrogenen gefunden werden, die man auf oralem Weg in regelmäßigen Abständen einnimmt. Es gibt auch medizinische Behandlung unmittelbar an den Organen selbst. Fragen Sie Ihren Arzt!

Obwohl Frauen auch weiterhin vielfache Orgasmen erleben können, sind die Kontraktionen dabei nicht mehr so ausgeprägt oder zahlreich wie früher. Ganz allgemein kann man sagen, daß Frauen auch weiterhin ein Interesse an Sex haben, obwohl die Häufigkeit sexueller Aktivitäten vielleicht allmählich abnimmt.

Die sexuelle Aktivität des Mannes scheint viel schneller abzunehmen als die der Frau, aber das Interesse am Sex wird keinesfalls geringer. Anders als Frauen sind Männer auch weiterhin in der Lage, Kinder zu zeugen. Männer bemerken an sich weniger Kontraktionen und eine nachlassende Intensität beim Orgasmus, genau wie Frauen auch. Einige andere für Männer ganz normale Veränderungen sind längere Abstände zwischen den Erektionen (selbst wenn ein Samenerguß nicht stattgefunden hat), weniger heftige Samenergüsse, ein weniger starkes Zusammenziehen der Hoden und ein schnelleres Abklingen der Erektionen. Manchmal ist eine Hormonbehandlung nützlich, obwohl sie bis jetzt für Männer nicht die gleiche Hilfe gebracht hat wie für Frauen. Wenn Sie die Veränderung Ihrer sexuellen Verhaltensmuster akzeptieren, ist das hilfreicher, weil ja keines der oben genannten Symptome weniger Vergnügen am Sex anzeigt, sondern einfach bloß ein allmähliches Nachlassen deren Häufigkeit.

Ein operativer Eingriff an den Geschlechtsorganen genauso wie andere Krankheiten kann regelrecht traumatisch sein. Bei Männern muß manchmal die Prostata operiert werden, weil die Vorsteherdrüse zu groß geworden ist und auf die Blase drückt. Probleme wie Herzinfarkt, Krebs und irgendwelche anderen körperlichen Entkräftigungen beeinflussen natürlich Ihr Sexleben, weil sie Sie beeinflussen. Leiden Sie an einer ernsten Krankheit, dann sollten Sie Ihren Arzt fragen wegen einer besonderen Beratung, was Ihre sexuelle Betätigung betrifft. Vielleicht ist es, psychisch und physisch gesehen, schädlicher, wenn Sie sich vollständig entziehen, statt sich mit etwas veränderten sexuellen Aktivitäten zu beschäftigen.

Frauen haben auch viele dieser Probleme. Das Entfernen der Gebärmutter oder der Brust kann Ihnen genauso das Gefühl geben, beraubt zu sein wie der Verlust eines geliebten Menschen. Andere Krankheiten bedrücken Sie vielleicht oder vermitteln Ihnen zuviel Angst, als daß Sie noch an Sex interessiert wären. Aber sprechen Sie mit Ihrem Arzt darüber! Vielleicht zählen Sie sich in Ihrem Kampf eher aus, als es nötig wäre.

Wenn Sie in einigermaßen guter Gesundheit leben und sich Zeit lassen, Ihre sich verändernden sexuellen Reaktionen zu genießen und zu erforschen, können dies Jahre voller Neuentdeckungen sein. Einige Paare beginnen sich darüber mit einer Aufrichtigkeit und Lebhaftigkeit auszutauschen, wie sie es nie vermochten, als sie noch jünger waren. Sie sind fähig, mehr Zeit damit zu verbringen, sich gegenseitig zu erregen und genießen einen vielschichtigeren, weniger genitalen Sex.

Nun sind Sie über fünfundsechzig

Haben Sie das Gefühl, daß Sie an Sex noch sehr interessiert sind, aber keiner Sie dementsprechend behandelt?
Was würden Sie innerhalb Ihres Sexlebens gern ändern?
Sind Sie, sexuell gesehen, glücklich mit Ihrem gegenwärtigen Partner?
Wie oft kommen Sie in den Genuß irgendwelcher sexueller Aktivitäten?
Reicht Ihnen das?

Haben Sie mehr Fantasievorstellungen als bisher oder weniger?

Notizen ____

____

____

Anmerkungen: Wenn Sie nicht reich und berühmt sind (selbst wenn Sie es manchmal sind) und dennoch weiterhin Interesse an regelmäßigem sexuellen Tun haben, obwohl Sie doch schon über sechzig sind, dann müssen Sie wohl ein alter Schmutzfink oder eine nimmersatte Alte sein. Es gibt einfach nicht genug Verständnis für die sexuellen Belange derer, die über fünfundsechzig sind. Selbst Ärzte – ganz zu schweigen von Ehemännern, Ehefrauen und Kindern – erkennen nicht an, daß der Sexualtrieb, genau wie der für Essen und Schlafen, fortbesteht. Steigt doch die Rate der Selbstbefriedigung bei dieser Altersgruppe wieder an, wahrscheinlich wegen des weiter vorhandenen Sexualtriebes und des gleichzeitigen Fehlens eines Partners, der sich beteiligt.

Die meisten Menschen sind ihr ganzes Leben an Sex interessiert und sind auch sehr wohl in der Lage, immerwährend Vergnügen dabei zu empfinden. Solange Sie gesund sind und an Sex Interesse haben, gibt es auch in diesem Alter keinen Zeitpunkt, dem ein Ende zu machen.

Achtzig und älter

Würden Sie an Sex immer noch Gefallen finden, wenn Sie einen willigen Partner hätten?
Glauben Sie, »damit« ist nun Schluß?
Leben Sie in einer Familie oder in einer Umgebung, wo Sie keinen eigenen Bereich für sich haben?
Haben Sie den Wunsch, Ihre Familie sollte Ihnen mal eine Verabredung vorschlagen, statt Sie als Babysitter einzusetzen?
Sind Sie mit Ihrem Sexleben zufrieden?

Notizen ______________________________

____

____

Anmerkungen: Ältere Menschen, die wirklich Interesse daran haben, auch weiterhin sexuell aktiv zu bleiben, haben das Gefühl, es fehlten dafür die gewünschten Gelegenheiten. Das Fehlen eines Partners ist eins der Probleme. Das Fehlen der Privatsphäre ist ein anderes. Alters- und Pflegeheime haben oftmals keine verschließbaren Türen, was jede Art von sexuellen Vergnügungen von vornherein sehr unangenehm werden läßt. Im Haus Ihrer Familie zu leben, kann genau so schlimm sein.

Selbst wenn Sie die Gelegenheit dazu haben und bei guter Gesundheit sind, wissen Sie vielleicht nicht, wie das Altern die Erregung beeinflußt. So brauchen zum Beispiel sowohl Männer als auch Frauen mehr Stimulationen als in ihrer Jugend. Leute, die weder sich noch ihren Partner jemals an den Genitalien angefaßt haben, haben wohl Schwierigkeiten, in diesem Alter damit zu beginnen. Das Sprechen über ihre Bedürfnisse und die Möglichkeit zum Zurückziehen, um sie auch befriedigen zu können, ist in diesem Alter aber genau so wichtig wie in jedem anderen Alter auch.

Zusammenfassung

Dies ist eigentlich keine Aufstellung, die Sie noch einmal durchgehen und in der Sie dann Ihre »Punkte« zusammenzählen. Gehen Sie aber noch einmal zurück und lesen Sie Ihre Notizen durch. Dann nutzen Sie diesen letzten freien Platz hier, einiges aufzuschreiben über sich selbst, was Sie ausgelassen haben. Sie wissen über sich selbst mehr, als jede formale Aufstellung ans Licht bringen könnte.

Abschließende Notizen ______________________________

____

____

Egal, wo Sie in dieser Entwicklungsgeschichte geendet haben, auf jeden Fall haben Sie eine ganz schöne Reise hinter sich. Sie sind noch einmal durch Ihre Jugendzeit hindurch, haben dabei gute und auch weniger gute Erfahrungen gemacht, und Sie haben aus diesen Erfahrungen heraus einen eigenen Geschmack entwickelt und sich Ihre Meinung gebildet. Im nächsten Kapitel werden wir untersuchen, wie Ihre Entwicklungsgeschichte in Ihren Gewohnheiten zutage tritt. Ihre Entwicklung können Sie nicht ändern, wohl aber Ihre Verhaltensweisen.

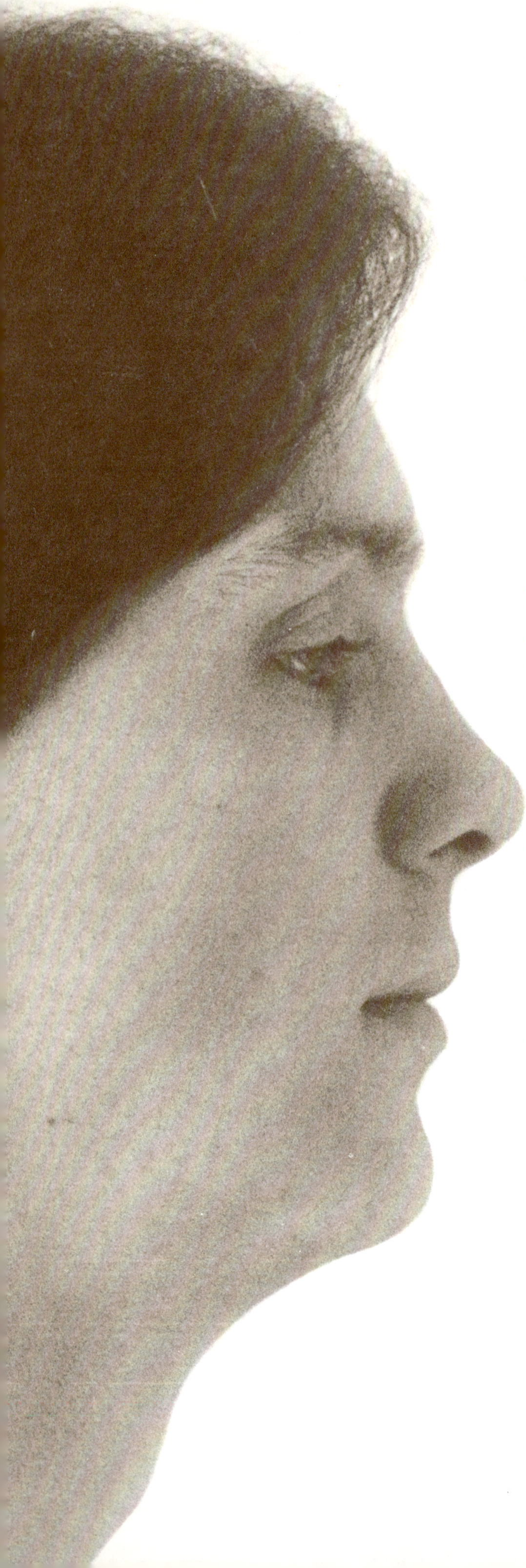

Ein Überblick über unsere Verhaltensweisen

Einführung

Ihre Einstellung gegenüber der Sexualität kann Ihr sexuelles Verhalten auf vielfache Weise beeinflussen. Dieser Überblick ist dazu da, Ihnen behilflich zu sein, wenn Sie herausfinden, welche Einstellungen Sie haben und auch, wie Sie davon beeinflußt sind. Niemand verlangt von Ihnen, daß Sie Ihre Haltung ändern sollen, vielmehr sollen Sie sich einfach bloß ins Bewußtsein rufen, daß Sie ganz bestimmte Verhaltensweisen haben. Hinter Ihrem Verhalten, das manchmal einfach nur äußerlich angenommen sein kann, weil es gesellschaftlich akzeptabel ist, verbergen sich Ihre wahren Gefühle. Sie sollten einmal versuchen herauszufinden, wie gut Ihre Verhaltensweisen Ihre wahren Gefühle widerspiegeln.

Auf den folgenden Seiten werden Sie einige Abschnitte und auch Fotos finden von Dingen, die Sie vielleicht amüsieren, erregen, empören oder verwirren. Nach jedem Abschnitt ist Raum für Sie gelassen, Ihre erste spontane Reaktion aufzuschreiben über die Idee, die Ihnen da offeriert wird. Es ist wichtig, Ihren ersten Eindruck festzuhalten, bevor Sie ihn zensieren können. Wenn Sie etwas mögen, von dem Sie aber der Meinung sind, daß Sie das doch eigentlich nicht dürften, oder Sie fühlen sich bei irgend etwas unwohl, was Sie aber vom Verstand her gut heißen. Oft ist der beste Weg, Ihre ganz echten Gefühle herauszufinden, der, Ihre Reaktion so schnell wie möglich festzuhalten. Falls Sie sich dabei ertappen, wie Sie die Zeit nach den rechten Worten vertrödeln, gehen Sie einfach weiter zur nächsten Eintragung.

Nachdem Sie Ihre erste Reaktion aufgeschrieben haben, lesen Sie dann bitte die Aussagen, die darauf folgen. Hinter jeder Aussage ist eine Zeile von JA bis hinüber zu NEIN. Ihre Aufgabe ist es, dort einen Strich zu machen, der die Skala in zwei Teile teilt, wo immer Sie das Gefühl haben, damit übereinzustimmen. Je näher Sie den Strich bei JA machen, desto *mehr* stimmen Sie der Aussage zu. Je näher Sie den Strich bei NEIN machen, desto *weniger* stimmen Sie zu. Hier folgt ein Beispiel für eine neutrale Antwort:

Ich fühle mich ganz ausgezeichnet dabei, einen Überblick über meine Verhaltensweisen zu bekommen. JA ______/______ NEIN

Sie sollten, nebenbei bemerkt, ein wenig argwöhnisch sein, falls Sie bemerken, daß Sie nur neutrale Antworten gegeben haben.

Es gibt unter jedem Abschnitt einen freien Raum für Sie, damit Sie, wenn Sie Lust dazu haben, auch eigene Aussagen aufschreiben können. Falls Sie lieber ein Extrablatt Papier benutzen wollen oder Ihr Notizbuch, um Bemerkungen und zusätzliche Gedanken aufzuschreiben, dann haben Sie da auf keinen Fall irgendwelche Bedenken. Viele der Dinge, die hier erst einmal angegangen werden, sind später im Buch noch ausführlicher behandelt, aber nicht alle. Sie finden es vielleicht nützlich, viele Ihrer Verhaltensweisen schon jetzt hervorzukehren, insbesondere in Verbindung mit Tatsachen Ihrer Entwicklungsgeschichte aus dem vorangegangenen Kapitel. Das Ziel ist Selbsterkenntnis und eventuell das Akzeptieren seiner selbst. Die therapeutische Verfahrensweise, um seiner selbst willen einmal diese Seiten zu betrachten, ist der Anfang dieses Prozesses.

Dwayne Hoover hatte, nebenbei bemerkt, einen ungewöhnlich großen Penis und wußte es nicht einmal. Die wenigen Frauen, mit denen er irgendwas hatte, waren nicht erfahren genug zu wissen, ob er durchschnittlich war oder nicht. Der Weltdurchschnitt lag bei 14,9 cm Länge und 3,8 cm im Durchmesser, wenn er angeschwollen war. Dwayne's war 17,8 cm lang und in geschwollenem Zustand 5,4 cm im Durchmesser.

Dwayne's Sohn Bunny hatte einen Penis mit genauen Durchschnittsmaßen.

Kilgore Trout hatte einen Penis von 17,8 cm Länge, aber nur 3,2 cm im Durchmesser . . .

. . . Patty Keene hatte 86 cm Hüftumfang, 66 cm Taille und 86 cm Brust.

Dwayne's letzte Frau hatte 90 cm Hüften, 71 cm Taille und einen Brustumfang von 97 cm, als er sie geheiratet hatte . . .

Seine Geliebte und Sekretärin, Francine Pefko, hatte 94 cm Hüftumfang, eine Taille von 76 cm und 99 cm Brust.

Seine Stiefmutter hatte, als sie starb, Hüften mit 86 cm Umfang, 61 cm Taille und eine Brust von 84 cm.

Kurt Vonnegut jr.: *Breakfast of Champions*

Abmessen

Notizen ______________________________

Mein Penis ist ungefähr durchschnittlich groß. JA ______ NEIN

Mein Busen hat ungefähr durchschnittlichen Umfang. JA ______ NEIN

Es ist mir behaglich, wenn ich den Penis eines anderen Mannes betrachte. JA ______ NEIN

Es ist mir behaglich, wenn ich den Busen einer anderen Frau betrachte. JA ______ NEIN

Ich fühle mich beim Entkleiden immer ein wenig unwohl, wenn jemand meines eigenen Geschlechts dabei zusieht. JA ______ NEIN

Ich fühle mich beim Entkleiden immer ein wenig unwohl, wenn jemand vom anderen Geschlecht dabei zusieht. JA ______ NEIN

Ich fühle mich ungeniert, wenn ich Turnhosen trage. JA ______ NEIN

Ich geniere mich nicht, wenn ich keinen BH trage. JA ______ NEIN

Ich habe meinen Penis schon nachgemessen. JA ______ NEIN

Ich habe meinen Brustumfang schon nachgemessen. JA ______ NEIN

Ich würde ruhig jemand anderen meinen Penis abmessen lassen. JA ______ NEIN

Ich würde ruhig jemand anderen meinen Busen abmessen lassen. JA ______ NEIN

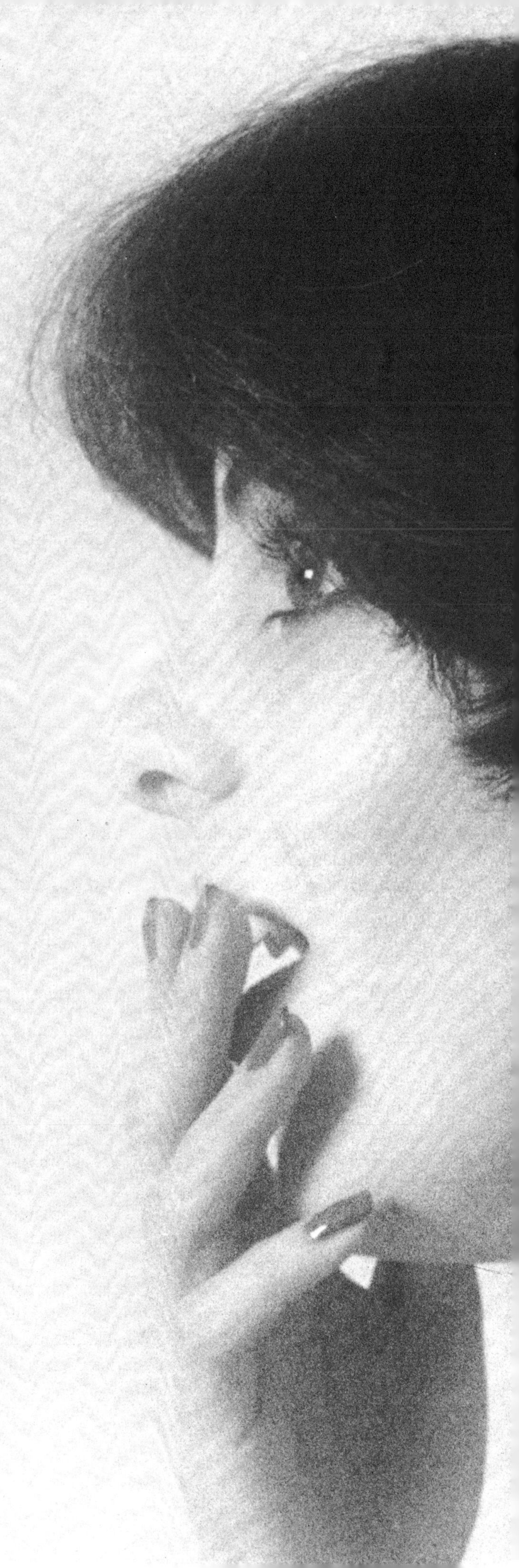

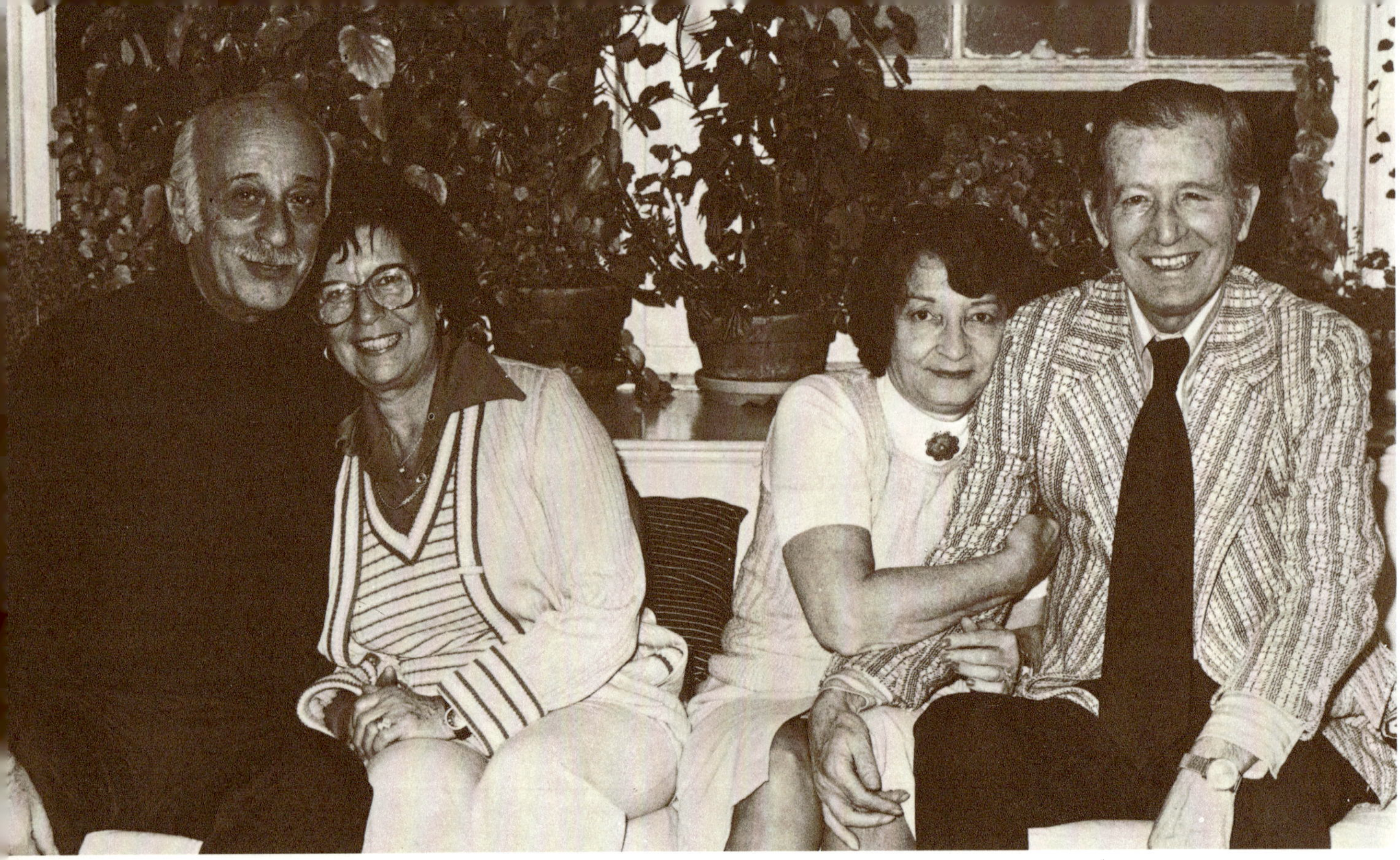

Witze über die Größe des Busens machen mich schon ganz schön gehemmt. JA ______ NEIN

Wäre ich vom Körperlichen her besser ausgestattet, wäre ich offener und lockerer in sexuellen Dingen. JA ______ NEIN

Die meisten Frauen können den Unterschied zwischen einem großen und einem kleinen Penis nicht spüren. JA ______ NEIN

____

______________________________ JA ______ NEIN

____

______________________________ JA ______ NEIN

Tatsache ist, daß die Größe des Penis oder des Busens nichts damit zu tun hat, wieviel Vergnügen man geben oder empfangen kann. Aber das macht die Angst nicht geringer, die Männer und Frauen gleichermaßen wegen ihres sexuellen Drum und Dran verspüren. Egal, wie gut bepackt Ihre Front oder wie lang Ihr Glied ist, es gibt immer irgend jemanden, der besser ist als Sie.

Falls Sie vorher noch nicht darüber nachgedacht haben, wie die Art, Ihre körperliche Zulänglichkeit zu empfinden, Ihr sexuelles Verhalten beeinflußt, dann verbringen Sie jetzt mal einige Zeit damit, darüber nachzudenken. Wir werden uns mit diesem Phänomen im nächsten Kapitel ausführlicher beschäftigen.

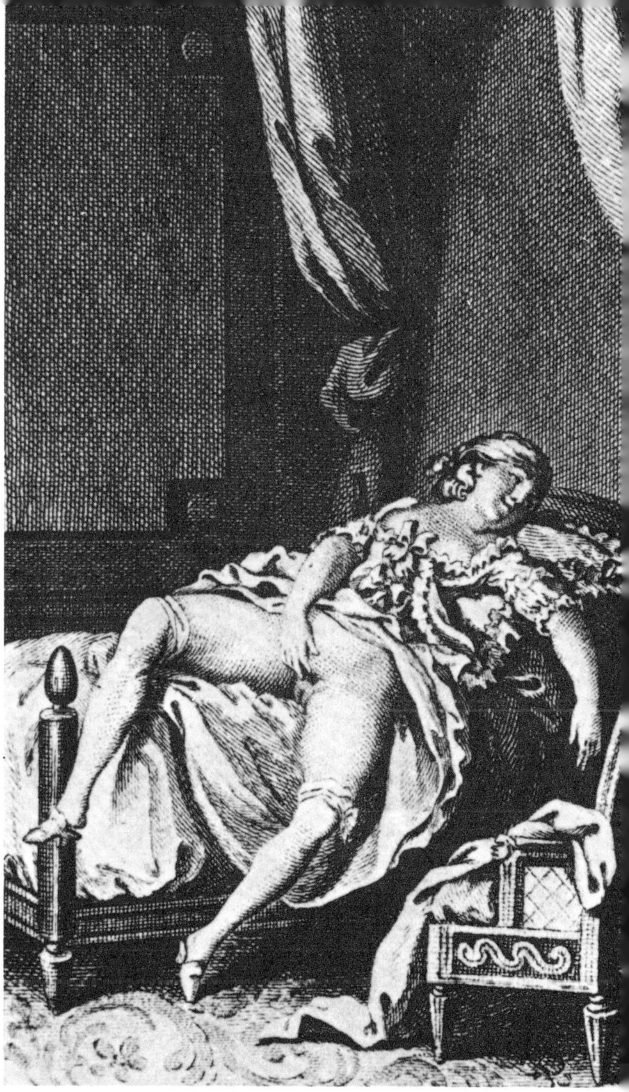

Notizen ____

____

____

Ich mag nicht daran denken, daß diese Leute sexuell miteinander verkehren. JA ________ NEIN

Die Aussicht, alt zu werden und meinen Sexualtrieb zu verlieren, bedrückt mich richtig. JA ________ NEIN

Ich habe das Gefühl, Leute in meinem Alter sollten nicht noch länger sexuell miteinander verkehren. JA ________ NEIN

Manchmal möchte ich zu gern wissen, ob meine Eltern »es« noch miteinander machen. JA ________ NEIN

Die Vorstellung, ein älterer Mensch würde sexuellen Umgang mit einem wesentlich jüngeren Menschen pflegen, ist richtig ekelhaft. JA ________ NEIN

Es ist mir peinlich, Leute, die ich heutzutage treffe, wissen zu lassen, daß ich noch Interesse am Sex habe. JA ________ NEIN

Eines der positiven Dinge im Alter liegt darin herauszufinden, daß es im Leben und in der Liebe noch mehr gibt als nur Sex. JA ________ NEIN

Ich fühle mich gar nicht wohl dabei, wenn ich mit einem älteren Menschen über sexuelle Dinge rede. JA NEIN

____

______________________________ JA ________ NEIN

____

______________________________ JA ________ NEIN

Sex, inklusive Beischlaf, ist etwas, woran Sie Ihr ganzes Leben lang Vergnügen haben können, solange Sie gesund sind und einen Partner haben, der einverstanden ist. Aber die Gesellschaft ist nicht sehr tolerant, wenn es um die Sexualität älterer Menschen geht. Sex unter den Älteren scheint für jene, die nicht dazu gehören, eine Zielscheibe ausgiebigen Spottes zu sein. Sie werden es bemerken in den Witzen und Bemerkungen, die die Leute vom Stapel lassen, sogar die, die eigentlich alt genug wären, es besser zu wissen. Wenn Sie solche Bemerkungen wahrnehmen, so achten Sie mal bitte auf Ihre eigenen Reaktionen und versuchen Sie, irgendwelche Anzeichen von Überempfindlichkeit, Vergnügen oder mangelndem Verantwortungsbewußtsein genau zu untersuchen, wann immer Sie Erfahrungen damit machen.

Selbstbefriedigung

Notizen ____

____

____

Ich habe vor kurzem onaniert.	JA ______ NEIN
Ich glaube, wahrscheinlich die meisten der Leute, die ich kenne, onanieren.	JA ______ NEIN
Ich würde mich unbehaglich fühlen, wenn mir jemand beim Onanieren zusähe.	JA ______ NEIN
Ich möchte gern jemand anderem beim Onanieren zusehen.	JA ______ NEIN
Zu onanieren ist etwas Unrechtes, dem man auf keinen Fall freien Lauf lassen sollte.	JA ______ NEIN
Ich habe schon gedacht zu onanieren, ich weiß einfach nicht wie.	JA ______ NEIN
Ich bin sicher, daß meine Kinder onanieren.	JA ______ NEIN
Ich glaube, meine Eltern haben wahrscheinlich nie onaniert, höchstens mein Vater als Junge.	JA ______ NEIN
Ich wäre voller Wut und würde mich ausgestoßen fühlen, wenn ich herausfände, daß mein Partner onaniert.	JA ______ NEIN
Ich wäre erleichtert, wenn ich herausfände, daß mein Partner onaniert.	JA ______ NEIN
Ich finde es eine tolle Sache zu onanieren, wenn man sich nicht auf andere Weise Luft machen kann.	JA ______ NEIN
Irgendwie kommt mir das Wort »onanieren« schmutziger vor als der Akt selbst.	JA ______ NEIN
Ich finde es ganz in Ordnung, wenn Kinder gegenseitig onanieren.	JA ______ NEIN
Ich habe Schuldgefühle, wenn ich onaniere.	JA ______ NEIN
Ich habe mir vorgenommen, meinen Kindern beizubringen, wie sie sich selbst Vergnügen bereiten können.	JA ______ NEIN
______________________ ______________________	JA ______ NEIN
______________________ ______________________	JA ______ NEIN

Es geistern viele Halbwahrheiten um die Selbstbefriedigung, wobei sie meistens all die schlimmen Dinge betreffen, die eintreten werden, wenn Sie es tun. Ihre Hand wird haarig werden, Sie werden verrückt, Sie werden all Ihren Samen verbrauchen, Sie werden keinen »vaginalen« Orgasmus erleben können, Sie werden Ihren Partner nicht lieben

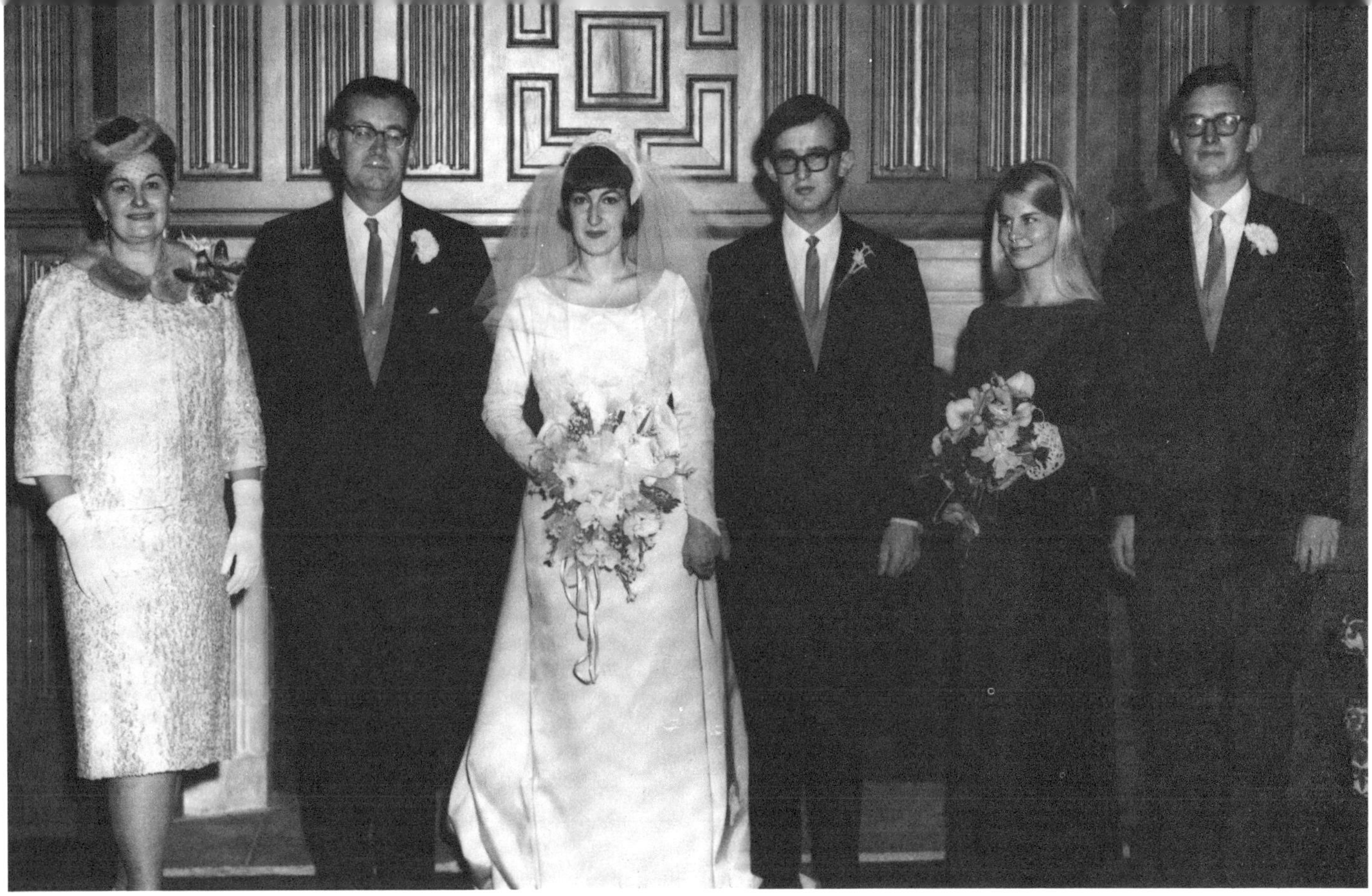

können. Nichts davon ist wahr, aber ihre Popularität kann bei Ihnen sehr wohl einen Eindruck hinterlassen.

Wenn Sie nie onaniert haben, so stellen Sie sich doch einmal vor, wie und warum Sie es machen könnten. Untersuchen Sie einmal die Vorurteile oder Erwartungen, die Sie zu überwinden haben, wenn Sie sich einmal als potentiellen Selbstbefriediger betrachten. Wie trifft Sie dieser Kommentar von Jacqueline Susann? Sie sprach angeblich von Philip Roth, dem Autor von *Portnoy's Complaint*, einem Buch über Selbstbefriedigung, unter anderem: »Nun ja, er ist ein guter Schriftsteller, aber ich würde keinen Wert auf seine nähere Bekanntschaft legen.«

Wenn Sie aber onanieren, dann finden Sie einmal heraus, welches Gefühl Sie bei diesem Zitat haben, abgesehen von Ihrem Glauben, was für ein Gefühl Sie eigentlich haben *sollten*. Woher kommen all diese »Sollten«, und wie stark, wenn überhaupt, beeinflussen Sie Ihr Verhalten? Vielleicht beeinflussen sie ja nicht Ihr Verhalten, sondern rühren an Ihrer inneren Einstellung gegenüber dem Verhalten von anderen.

»Hallo« – ganz sanft und mit ein wenig Überraschung in der Stimme, als ob ich sie irgendwo schon mal getroffen haben könnte . . .

»Was wollen *Sie* denn?«

»Sie zu einem Drink einladen«, sagte ich.

»Das ist wohl Ihre Nummer, was?« sagte sie spöttisch. Spöttisch! Zwei Sekunden – und zwei Beleidigungen! Und das zum stellvertretenden Beauftragten für die Entfaltung menschlicher Möglichkeiten in der ganzen Stadt! »Um deine Fotze zu lecken, Baby, wie wär's denn damit?«
Mein Gott, jetzt ruft sie die Bullen! Die bringen mich dann vor den Bürgermeister!

»Das klingt schon besser«, antwortete sie.
Und so bestiegen wir ein Taxi und fuhren in ihre Wohnung . . .

Philip Roth: *Portnoy's Complaint*

Der erste Schritt

Notizen ______________________________

____

____

Ich weiß, daß es modern ist, sein Reden mit Zoten zu schmücken und daß es modern ist, sein Ziel direkt anzusteuern, aber ich ziehe ein romantisches Aufeinanderzugehen vor. JA ________ NEIN

Ein eindeutiges sexuelles Angebot zu machen und dabei abgewiesen zu werden, ist ganz schön entwürdigend. JA ________ NEIN

Ich bin sehr zögernd, wenn ich Frauen einen Antrag machen sollte, weil ich nicht will, daß sie von mir denken, ich sei auch nur so ein Typ, der auf seinen Vorteil bedacht ist, obwohl ich das wirklich bin. JA ________ NEIN

Wenn mein Partner mit mir schlafen will, ich aber nicht, dann fühle ich mich irgendwie schuldig. JA ________ NEIN

Ich wollte, mein Partner würde manchmal die Initiative ergreifen. Immer muß ich den Bösewicht spielen, den es nach Sex verlangt. JA ________ NEIN

Ich weiß nie, wie ich meinem Partner zeigen soll, daß ich Interesse an Sex habe. JA ________ NEIN

Mein Partner kann nicht verstehen, daß ich nicht gleich in der Minute, wo ich nach Hause komme, Lust habe, mit ihm zu schlafen. JA ________ NEIN

Falls mein Partner oder sonst jemand mit mir schlafen will, während ich aber keine Lust dazu habe, so mache ich dem ein Ende, indem ich ihn oder sie ziemlich unsanft abweise, obwohl ich es eigentlich gar nicht so meine. JA ______ NEIN

______ JA ______ NEIN

______ JA ______ NEIN

Wer den ersten Schritt machen sollte, das ist eines der regelmäßigen und üblichen Leiden, die sowohl alleinstehende Leute als auch Paare in bezug auf sexuelle Begegnungen haben. Das Gefühl von Abgewiesenwerden, Schuld, Angst und Verbot scheint gravierend zu sein bei diesen Begegnungen. Leute, die von sich auch nie den ersten Schritt wagen, können sich ausgenutzt fühlen. Leute, die ihn immer als erste wagen, sehnen sich vielleicht danach, daß es endlich mal anders ist.

Beobachten Sie einmal Ihr eigenes Verhalten daraufhin, ob Sie der Beginnende sind oder nicht, egal, ob es sich nun um Beischlaf handelt oder einfach nur um soziale Kontakte. Ihre eigenen Ängste und Bedenken lassen sich manchmal in denen anderer wiederentdecken.

Die Krawatte, die uns fest aneinanderbindet

Notizen ______

Zusammenzuleben ist in Ordnung, aber ich glaube nicht, daß ich das Gefühl habe, wir sind uns gegenseitig verpflichtet, ehe wir nicht verheiratet sind. JA ______ NEIN

Ich weiß überhaupt nicht, wieso heutzutage noch jemand heiratet. JA ______ NEIN

Ich sollte es jetzt eigentlich besser wissen, aber jedesmal, wenn ich heirate, denke ich, nun ist es für immer. JA ______ NEIN

Verheiratet zu sein heißt einfach, einen Freund zu haben, auf den man zählen kann. JA ______ NEIN

Ich meine, daß Leute eigentlich nicht zusammenleben sollten, wenn sie nicht verheiratet sind. JA ______ NEIN

Ich möchte sehr gern heiraten, aber bis jetzt habe ich einfach noch niemanden kennengelernt, den ich gern heiraten würde. JA ______ NEIN

Verheiratet zu sein, heißt für mich, ein Zuhause zu haben, Kinder, etwas Stabilität und einen Partner, den ich mag. JA ______ NEIN

Ich mache mir oft Gedanken darüber, was ich wohl machen würde, wenn ich nicht verheiratet wä-

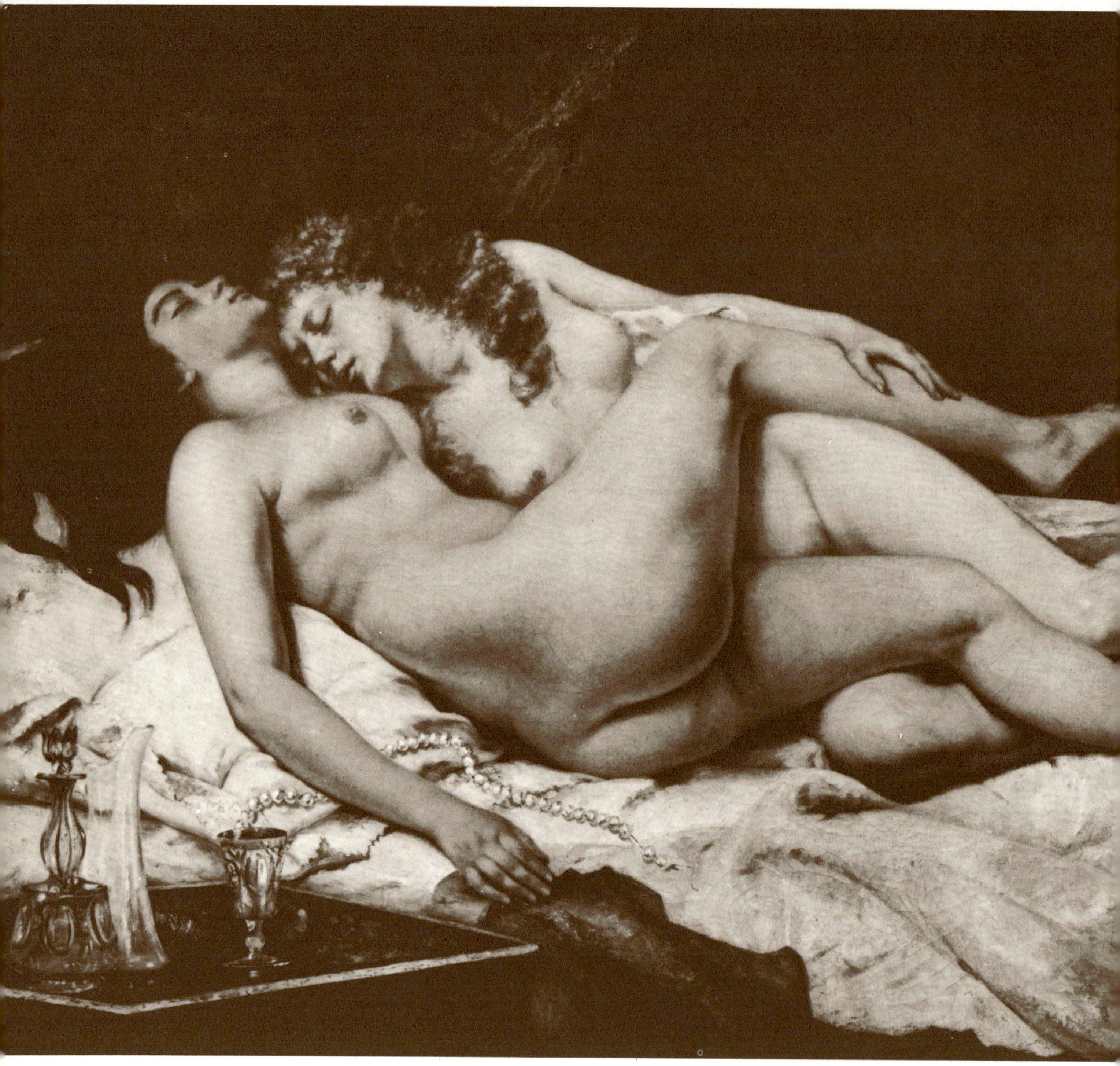

re oder wenn meinem Partner etwas zustieße. JA ______ NEIN

Mein Partner und ich machten einen Fehler, und nun sitzen wir wegen der Kinder in der Falle. JA ______ NEIN

Manchmal glaube ich, daß ich einfach nicht zu denen gehöre, die heiraten. JA ______ NEIN

______ JA ______ NEIN

______

______ JA ______ NEIN

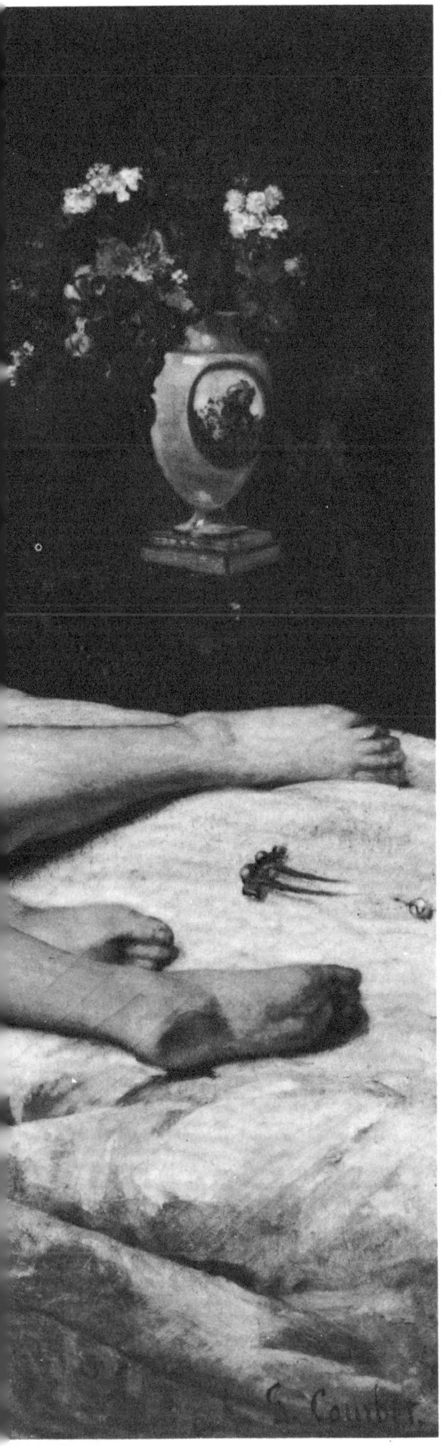

Trotz aller Kritik an der Ehe und dem Gerede von alternativen Lebensformen scheinen die Leute weiterhin zu heiraten. Überlegen Sie sich ein paar Gründe, aus denen Ihrer Meinung nach Leute heiraten wollen. Überdenken Sie mal, ob diese Gründe Sie ansprechen und in welchem Grade. Und dann überdenken Sie bitte, ob diese Gründe die gleichen sind wie die Ihrer Eltern, Ihrer Freunde und Ihres Partners.

Und sie war ganz nah. Oh, sie war die ganze Zeit so nah. Wie bei einem Kind auf einem Karussel entzog sich die Berührung des bunten Ringes einfach immer wieder ihren Fingerspitzen . . . Ich drehte sie plötzlich um auf den Bauch, mein Rächer war wild mit der Leidenschaft eines Besessenen, und während ich ihr keine Chance gab, indem ich sie mit meinem ganzen Gewicht mit dem Gesicht nach unten gegen die Matratze festhielt, brach ich ein in der Zentrum all ihres Widerstandes, das eng wie ein Schraubstock war, und ich verwundete sie, das war mir bewußt. Sie schlug unter mir wie wild um sich wie ein kleines Tier in der Falle. Nicht einen Ton gab sie von sich, war aber verbissen dabei, mir diese letzte ihrer Freiheiten nicht zu überlassen und war doch schon gefangen und gezwungen, Millimeter um Millimeter den jungfräulichen Grund und Boden ihrer sinnbildlichen und daher echten Vagina preiszugeben. So machte ich es dann mit ihr, trieb ihn hinein in seiner ganzen Länge – ich brauchte zehn Minuten und vielleicht auch mehr, aber der Rächer fuhr hinab zu seiner Höhle und bohrte sich durch die Schwelle der sexuellen Behausung langsam immer näher hin bis zu der Umgehungsstraße ihres Schoßes; zuletzt stieß sie mir noch einen kleinen Abschiedsschrei aus, und ich konnte ein neues Zittern spüren, das als schwaches Plätschern begann und in einer großen Woge ausrollte, und dann überrollte es sie und riß sie mit fort . . .

Norman Mailer: *Advertisement for Myself*.

Von hinten

Notizen ______________________________

Ich bin der Meinung, daß Analverkehr eine homosexuelle Praxis ist.	JA ________	NEIN
Ich habe meinen After schon berührt; ich könnte mir nicht vorstellen, daß ich gern von jemand anderem dort berührt würde.	JA ________	NEIN
Analverkehr tut Ihnen nicht weh, wenn Sie sauber sind und sich langsam bewegen.	JA ________	NEIN
Übertriebener Analverkehr läßt Ihnen den Dickdarm heraushängen.	JA ________	NEIN
Manchmal habe ich beim Stuhlgang ein schönes Gefühl, aber ganz gewiß finde ich es nicht sexuell hinreißend.	JA ________	NEIN
Eine Stimulierung am After regt mich ganz schön an.	JA ________	NEIN
Eine anale Stimulierung würde mich schon interessieren, aber ich bringe es nicht übers Herz, jemanden darum zu bitten.	JA ________	NEIN

Analverkehr wird sowohl von Homosexuellen als auch von Heterosexuellen praktiziert, aber es ist auf keinen Fall bei einem von beiden vorherrschend. Manche Paare ziehen ihn dem Vaginalgeschlechtsverkehr vor oder zumindest als Abwechslung zu vaginalem Geschlechtsverkehr. Die einzige Gefahr rührt her von zu schnellem Hineingleiten, statt sich Millimeter für Millimeter zu bewegen, und weiterhin von Entzündungen, falls der Penis, ohne gewaschen zu sein, nun wieder in die Scheide geführt wird.

Die Gefühle über Analverkehr stehen in engem Zusammenhang mit der Einstellung über Stuhlgang und körperliche Funktionen im allgemeinen. Der After ist eine erogene Zone sowohl beim Mann als auch bei der Frau, aber die Leute halten diese Zone manchmal für recht unpassend. Falls Sie Ihren After niemals in sinnlicher Weise berührt und gestreichelt haben, so sollten Sie es sich zumindest einmal vorstellen, um zu sehen, welches Gefühl von Abwehr oder Erregung das hervorruft.

Es war Mittag, als ich erwachte und entdeckte, wie mir das Blut zwischen den Beinen hervorquoll. Falls ich meine Oberschenkel auch nur ein bißchen öffnete, würde das Blut hinunterfließen und die Matratze durch und durch beschmutzen. Verwirrt und halb benommen, wie ich war, wußte ich doch, daß ich meine Beine nicht öffnen durfte. Ich wollte aufstehen und nach einem Tampon suchen, aber es war schwer, aus dem durchhängenden Bett zu kommen, ohne meine Beine auch nur im geringsten zu öffnen. Plötzlich stand ich, und dunkelrote Flüßchen begannen sich innen an meinen Schenkeln entlang ihren Weg hinabzubahnen. Ein dunkler Blutfleck glänzte auf dem Fußboden. Ich rannte zu meinem Koffer und hinterließ dabei eine Spur glänzender Flecken. Ich fühlte das schwere und bekannte Ziehen in meiner unteren Bauchgegend.

Erika Jong: *Angst vorm Fliegen*

Die Regel

Notizen ______________________________

____

____

Ich fände es sehr demütigend, wenn mir das passierte.	JA ______	NEIN
Ich fühle mich ganz und gar nicht wohl, wenn Frauen unbedingt darüber reden wollen.	JA ______	NEIN
Ich glaube wirklich, daß die Menstruation eine wundervolle Sache ist und niemals als etwas Lästiges abgetan werden sollte.	JA ______	NEIN
Während meiner Regel habe ich sehr viel Interesse an Sex.	JA ______	NEIN
Ich habe etwas Bedenken, mit einer Frau zu schlafen, die gerade ihre Tage hat, besonders wenn sie gern orale Befriedigung mag.	JA ______	NEIN

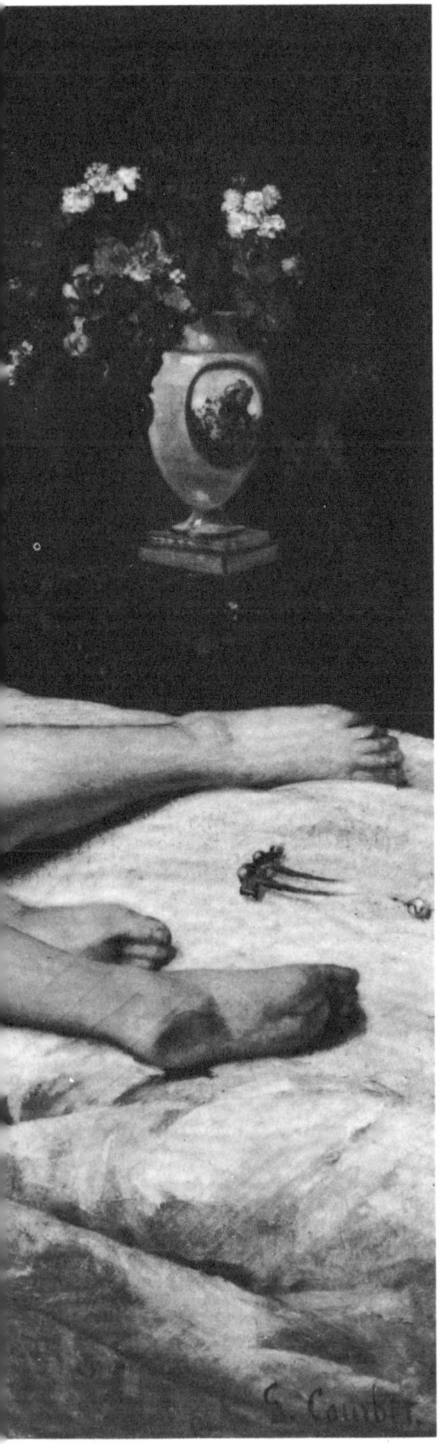

Trotz aller Kritik an der Ehe und dem Gerede von alternativen Lebensformen scheinen die Leute weiterhin zu heiraten. Überlegen Sie sich ein paar Gründe, aus denen Ihrer Meinung nach Leute heiraten wollen. Überdenken Sie mal, ob diese Gründe Sie ansprechen und in welchem Grade. Und dann überdenken Sie bitte, ob diese Gründe die gleichen sind wie die Ihrer Eltern, Ihrer Freunde und Ihres Partners.

Und sie war ganz nah. Oh, sie war die ganze Zeit so nah. Wie bei einem Kind auf einem Karussel entzog sich die Berührung des bunten Ringes einfach immer wieder ihren Fingerspitzen . . . Ich drehte sie plötzlich um auf den Bauch, mein Rächer war wild mit der Leidenschaft eines Besessenen, und während ich ihr keine Chance gab, indem ich sie mit meinem ganzen Gewicht mit dem Gesicht nach unten gegen die Matratze festhielt, brach ich ein in der Zentrum all ihres Widerstandes, das eng wie ein Schraubstock war, und ich verwundete sie, das war mir bewußt. Sie schlug unter mir wie wild um sich wie ein kleines Tier in der Falle. Nicht einen Ton gab sie von sich, war aber verbissen dabei, mir diese letzte ihrer Freiheiten nicht zu überlassen und war doch schon gefangen und gezwungen, Millimeter um Millimeter den jungfräulichen Grund und Boden ihrer sinnbildlichen und daher echten Vagina preiszugeben. So machte ich es dann mit ihr, trieb ihn hinein in seiner ganzen Länge – ich brauchte zehn Minuten und vielleicht auch mehr, aber der Rächer fuhr hinab zu seiner Höhle und bohrte sich durch die Schwelle der sexuellen Behausung langsam immer näher hin bis zu der Umgehungsstraße ihres Schoßes; zuletzt stieß sie mir noch einen kleinen Abschiedsschrei aus, und ich konnte ein neues Zittern spüren, das als schwaches Plätschern begann und in einer großen Woge ausrollte, und dann überrollte es sie und riß sie mit fort . . .

Norman Mailer: *Advertisement for Myself*.

Von hinten

Notizen ______________________________

____

Ich bin der Meinung, daß Analverkehr eine homosexuelle Praxis ist.	JA ______ NEIN
Ich habe meinen After schon berührt; ich könnte mir nicht vorstellen, daß ich gern von jemand anderem dort berührt würde.	JA ______ NEIN
Analverkehr tut Ihnen nicht weh, wenn Sie sauber sind und sich langsam bewegen.	JA ______ NEIN
Übertriebener Analverkehr läßt Ihnen den Dickdarm heraushängen.	JA ______ NEIN
Manchmal habe ich beim Stuhlgang ein schönes Gefühl, aber ganz gewiß finde ich es nicht sexuell hinreißend.	JA ______ NEIN
Eine Stimulierung am After regt mich ganz schön an.	JA ______ NEIN
Eine anale Stimulierung würde mich schon interessieren, aber ich bringe es nicht übers Herz, jemanden darum zu bitten.	JA ______ NEIN

Analverkehr wird sowohl von Homosexuellen als auch von Heterosexuellen praktiziert, aber es ist auf keinen Fall bei einem von beiden vorherrschend. Manche Paare ziehen ihn dem Vaginalgeschlechtsverkehr vor oder zumindest als Abwechslung zu vaginalem Geschlechtsverkehr. Die einzige Gefahr rührt her von zu schnellem Hineingleiten, statt sich Millimeter für Millimeter zu bewegen, und weiterhin von Entzündungen, falls der Penis, ohne gewaschen zu sein, nun wieder in die Scheide geführt wird.

Die Gefühle über Analverkehr stehen in engem Zusammenhang mit der Einstellung über Stuhlgang und körperliche Funktionen im allgemeinen. Der After ist eine erogene Zone sowohl beim Mann als auch bei der Frau, aber die Leute halten diese Zone manchmal für recht unpassend. Falls Sie Ihren After niemals in sinnlicher Weise berührt und gestreichelt haben, so sollten Sie es sich zumindest einmal vorstellen, um zu sehen, welches Gefühl von Abwehr oder Erregung das hervorruft.

Es war Mittag, als ich erwachte und entdeckte, wie mir das Blut zwischen den Beinen hervorquoll. Falls ich meine Oberschenkel auch nur ein bißchen öffnete, würde das Blut hinunterfließen und die Matratze durch und durch beschmutzen. Verwirrt und halb benommen, wie ich war, wußte ich doch, daß ich meine Beine nicht öffnen durfte. Ich wollte aufstehen und nach einem Tampon suchen, aber es war schwer, aus dem durchhängenden Bett zu kommen, ohne meine Beine auch nur im geringsten zu öffnen. Plötzlich stand ich, und dunkelrote Flüßchen begannen sich innen an meinen Schenkeln entlang ihren Weg hinabzubahnen. Ein dunkler Blutfleck glänzte auf dem Fußboden. Ich rannte zu meinem Koffer und hinterließ dabei eine Spur glänzender Flecken. Ich fühlte das schwere und bekannte Ziehen in meiner unteren Bauchgegend.

Erika Jong: *Angst vorm Fliegen*

Die Regel

Notizen ______________________________

____

____

Ich fände es sehr demütigend, wenn mir das passierte.	JA ______ NEIN
Ich fühle mich ganz und gar nicht wohl, wenn Frauen unbedingt darüber reden wollen.	JA ______ NEIN
Ich glaube wirklich, daß die Menstruation eine wundervolle Sache ist und niemals als etwas Lästiges abgetan werden sollte.	JA ______ NEIN
Während meiner Regel habe ich sehr viel Interesse an Sex.	JA ______ NEIN
Ich habe etwas Bedenken, mit einer Frau zu schlafen, die gerade ihre Tage hat, besonders wenn sie gern orale Befriedigung mag.	JA ______ NEIN

Zumindest kann man nicht schwanger werden, während man den Lappen zwischen den Beinen hat. JA ______ NEIN

Ich fühle mich ein wenig unwohl, wenn Frauen davon reden, wieder das Unglück zu erleben, »dran« zu sein und so weiter. JA ______ NEIN

Ich hätte ein gutes Gefühl dabei, einer Frau, die ich kenne, einen Tampon einzuführen. JA ______ NEIN

______
______ JA ______ NEIN
______
______ JA ______ NEIN

Frauen erfahren die Menstruation auf verschiedene Weise; das hängt ab von ihrer Religion, ihrem Umgang, ihrer Entwicklungsgeschichte, ihren Müttern und ihrer individuellen, inneren Verfassung. Männer scheinen ihre Einstellung durch die Frau zu bilden, die ihnen sehr nahesteht. Obwohl das Blut aus der Gebärmutter steril ist, bewirkt anscheinend doch das Fließen, so wie es zwischen den Beinen heraus geschieht, daß man es einfach nicht erwähnt, unbeschadet der wirklichen Gefühle, die damit verbunden sind.

Achten Sie einmal auf die Werbung für Monatsbinden. Viel wird da gesagt über die Saugqualität des Produkts, aber das Wort »Blut« hat man nicht gebraucht. Und denken Sie einmal darüber nach, wie oft jemand von einer Menstruation als Blutung spricht. Denken Sie einmal daran, sich eine gebrauchte Binde oder einen solchen Tampon anzusehen. Achten Sie einmal darauf, wie Ihre Freunde und Bekannten den monatlichen Zyklus erwähnen.

Einige meiner besten Freunde . . .

Notizen ______
______
______

Ich habe bei dem Gedanken an Homosexualität ein recht gutes Gefühl, obwohl ich selbst nicht homosexuell bin. JA ______ NEIN

Ich habe ein paar Erfahrungen gemacht, die ich als homosexuell getönt bezeichnen würde. JA ______ NEIN

Ich weiß, daß ich eigentlich vorurteilslos sein sollte, ich weiß aber trotzdem wirklich nicht, wie Leute so etwas treiben können. JA ______ NEIN

Ich hätte ein gutes Gefühl dabei, einen homosexuellen Freund heimzubringen, um ihn meiner Familie vorzustellen. JA ______ NEIN

Ich glaube, es ist wirklich unfair zu unterstellen, daß weibliche Sportlehrer und männliche Innenarchitekten homosexuell sind, aber es ist nun mal meine Meinung. JA ______ NEIN

Bilder wie dieses erregen mich sehr. JA ______ NEIN

Ich kann mir nicht helfen, aber ich habe ein komisches Gefühl, meine Kinder einem schwulen Babysitter zu überlassen. JA ______ NEIN

Ich fände es ganz natürlich, wenn mich ein homosexueller Freund nackt sähe. JA ______ NEIN

Die meisten Homosexuellen haben einfach noch nicht die richtige Person des anderen Geschlechts getroffen. JA ______ NEIN

Ich glaube, jemand, der über Homosexualität abfällige Bemerkungen macht, ist wahrscheinlich selbst ein latenter Homosexueller. JA ______ NEIN

Ich finde es sehr schön, homosexuelle Freunde zu haben. JA ______ NEIN

Ich habe das Gefühl, fast alle Homosexuellen profitieren von erfahrener fachlicher Hilfe. JA ______ NEIN

______
______ JA ______ NEIN

______
______ JA ______ NEIN

Einer der besten Wege für Sie, Homosexualität zu betrachten, ist der, sich der Homosexualität in Ihnen selbst bewußt zu werden. Nur sehr wenige Menschen sind nach Masters und Johnson *nur* homosexuell oder ausschließlich heterosexuell. Die meisten durchlaufen eine Periode des Hingezogenseins zum eigenen Geschlecht, während sie heranwachsen, und sie bleiben auch weiterhin durchaus bei Freundschaften mit einem gewissen sexuellen Beigeschmack.

Wählen Sie bitte mal einen Freund Ihres eigenen Geschlechts aus, bei dem Sie sich vorstellen können, ihm sexuell sehr nahe zu stehen. Denken Sie einmal darüber nach, wie es wohl wäre, diesen Menschen zu küssen und ihn oder sie zu streicheln. Erforschen Sie Ihre Gefühle oder Ihre Ängste oder die Distanz oder das Vergnügen. Denken Sie wieder daran, daß eine Fantasievorstellung Sie nicht zu erschrecken braucht.

Ich bin homosexuell, und ich bin richtig stolz darauf, obwohl ich schon manch schlimme Zeiten erlebt habe. JA ______ NEIN

Ich bin homosexuell und wünsche mir verzweifelt, es nicht zu sein. JA ______ NEIN

Ich habe wirklich etwas gegen die Liberalisierung der Homosexualität. Ich habe meine Art zu leben gefunden und bin der Meinung, daß die anderen nicht alles, worum ich mich bemüht habe, auf den Kopf stellen müssen. JA ______ NEIN

Ich kenne niemanden, der ebenfalls noch schwul ist. JA ________ NEIN

Ich hätte gern Kinder. JA ________ NEIN

Ich hätte lieber schwule Freunde. Die anderen sind uns gegenüber immer so gerecht. JA ________ NEIN

Ich glaube, die meisten Nichtschwulen fürchten sich ein bißchen vor mir. JA ________ NEIN

____

________________________________ JA ________ NEIN

____

________________________________ JA ________ NEIN

Manchmal sind Homosexuelle gegen sich und ihresgleichen härter, als die ganze heterosexuelle Welt jemals sein könnte. Wenn Sie homosexuell sind, so denken Sie einmal darüber nach, welches Gefühl Sie haben wegen Ihrer Homosexualität in bezug auf einen anderen Lebensstil wie etwa den Ihrer Familie oder den von Freunden. Und dann denken Sie einmal darüber nach, welches Wohlgefühl oder welchen Schmerz Sie erhalten durch das Verhalten der heterosexuellen Umwelt gegenüber der homosexuellen.

Los Angeles *Times* Seite 36, Teil 1 – Donn., 14. Aug. 1975

3 Männer und 3 Frauen wegen Vergewaltigung angeklagt

Drei Männer und drei Frauen wurden am Mittwoch vor dem Obersten Schwurgericht angeklagt wegen eines Sexualverbrechens gegen eine junge puertoricanische Mutter von zwei Kindern, begangen im März 1974 im Ostteil von Los Angeles.

Die Geschworenen befanden eine der Frauen in drei Anklagepunkten der Vergewaltigung schuldig, weil sie den Männern bei ihren unzüchtigen Handlungen gegenüber der Frau Vorschub leistete, so der Bezirksstaatsanwalt Robert K. Gosney, Anklagevertreter in dem monatelangen Strafprozeß gegen die Sechs.

Die drei Frauen und einer der Männer wurden angeklagt in einem Anklagepunkt, nachdem sie sich des gegenseitigen sexuellen Vergehens und des oralen Geschlechtsverkehrs schuldig gemacht hatten, und alle sechs Angeklagten wurden in zwei anderen Anklagepunkten, dasselbe Vergehen betreffend, angeklagt.

Gosney sagte, die Frauen würden mit den Männern zusammen angeklagt, weil nach kalifornischem Recht alle Personen, die bei einem Verbrechen zusammenwirken, auch für das Verbrechen zur Verantwortung zu ziehen sind.

Er sagte, die 21jährige Mutter aus Bell Gardens (Los Angeles) habe die drei Frauen, die ihre Bekannten waren, bis hin zum Ramona-Gardens-Wohnungsbauprojekt begleitet, wo sie für eine Zeit von drei bis fünf Stunden vergewaltigt und schwer mißhandelt wurde.

Die Urteilsverkündung ist für den 3. September angesetzt am Gericht des Oberstaatsanwaltes E. Talbot Callister.

Gosney sagte, auf jeden der Anklagepunkte stehe eine Höchststrafe von fünf Jahren Gefängnis.

Vergewaltigung

Notizen ________________________________

____

____

Wie konnten gerade *Frauen* das nur machen? JA ________ NEIN

Ich muß gestehen, daß ich solche Artikel immer lese. JA ________ NEIN

Manchmal denke ich, jeder Mann ist ein potentieller Vergewaltiger. JA ________ NEIN

Ein Mann als Opfer einer homosexuellen Vergewaltigung leidet nicht so wie eine Frau, wenn sie vergewaltigt wird.	JA ______ NEIN
Wäre die Prostitution legal, so wären Vergewaltigungen viel weniger üblich.	JA ______ NEIN
Eine einigermaßen gesunde Frau, die nicht auch mal vergewaltigt werden möchte, gibt es gar nicht.	JA ______ NEIN
Manchmal machen sie mich ganz verrückt mit ihren kurzen Röcken und ihren raushängenden Titten. Wenn ich doch bloß *eine* davon mal streicheln könnte, bloß *eine*.	JA ______ NEIN
Ich mag es nicht zugeben, aber ich habe so getan, als ob mich mein Geliebter vergewaltigen würde, während wir miteinander schliefen.	JA ______ NEIN
Ich habe mich in Fantasien darüber ergangen, wie ich eine Vergewaltigung vereiteln würde.	JA ______ NEIN
Es würde mich sexuell anregen, wenn ich eine Frau davon erzählen hörte, man habe sie vergewaltigt.	JA ______ NEIN
Jede Frau möchte im Grunde ihres Herzens gewaltsam genommen werden.	JA ______ NEIN
______________________________ ______________________________	JA ______ NEIN
______________________________ ______________________________	JA ______ NEIN

Vergewaltigung hat man ein Verbrechen gegen Eigentum und ein Verbrechen gegen jede Mutter schlechthin genannt; das macht es aber noch lange nicht leichter zu erklären, warum es verwerflicher scheint als die meisten anderen Verbrechen. Die Einstellungen zu Vergewaltigern und ihren Opfern reichen von Sympathie bis Greuel; fast jeder hat was dazu zu sagen. Die meisten Leute lesen die Zeitungsartikel darüber mit einer Mischung aus Kitzel, Schrecken und Sprachlosigkeit.

Versuchen Sie einmal, die nächste Vergewaltigungsgeschichte, die Sie lesen oder hören, zu analysieren. Während Sie auf die Einstellung des Autors achten, untersuchen Sie auch gleichzeitig Ihre eigene.

Ich liege auf meinem Rücken wie ein Toter. Das einzige, was lebt, ist mein Schwanz. Ich fühlte ihren Mund dicht über ihm und den Socken langsam von meinem linken Fuß rutschen. Ich fuhr mit meinen Fingern durch ihr langes Haar, ließ sie unter ihrer Brust entlang gleiten, knetete zart ihre Magengegend, die weich war und ein bißchen wie Gummi. Sie machte irgendwelche drehenden und kreisenden Bewegungen im Dunkeln. Ihre Beine kamen über meine Schultern runter, und ihr Schritt drückte sich genau auf meine Lippen. Ich schob ihren Arsch über mein Gesicht, ganz so, als würde man einen Eimer Milch ansetzen, um einen schlimmen Durst zu stillen, und dann trank und kaute und soff ich wie ein Wilder. Sie war so fürchterlich erhitzt, daß ihre Zähne ganz schön gefährlich um den Kopf meines Schwanzes herum zu fühlen waren. Bei dieser wilden und stürmischen Leidenschaft, in die sie sich selbst hineingesteigert hatte, mußte ich befürchten, daß sie ihre Zähne vielleicht tief einschlagen und das Schwanzende sauber abbeißen würde, mußte ich sie leicht kitzeln, damit sie ihren Kiefer wieder etwas entspannte. Danach war es eine schnelle, saubere Arbeit...

Henry Miller: *Sexus*

Ein nackter Imbiß

Notizen ______________________________

____

____

Der ganze Kram ist nicht mein Bier – ich glaube, das überschlage ich einfach. JA ______ NEIN

Ich bin erzogen worden in der Meinung, daß es ein Zeichen für Homosexualität ist, wenn man Vergnügen an oralem Sex hat. JA ______ NEIN

Wenn eine Frau den Schwanz eines Mannes leckt, so heißt das, daß sie ihn wirklich mag. JA ______ NEIN

Wenn eine Frau den Schwanz eines Mannes leckt, so kann das erstens bedeuten, daß sie weiß, wie man ihn schnell wieder los wird, oder zweitens, sie möchte nicht schwanger werden. JA ______ NEIN

Meine Frau möchte gern, daß ich es tue, aber offen gesagt bin ich da fürchterlich gehemmt. JA ______ NEIN

Manchmal gehe ich wirklich an meinem Partner runter, sogar obwohl ich es überhaupt nicht wirklich will. JA ______ NEIN

Homosexuelle haben wahrscheinlich mehr Vergnügen an oralem Sex als Heterosexuelle. JA ______ NEIN

Nichts gegen oralen Sex, solange er nur Vorspiel ist und dann zum Geschlechtsverkehr führt. JA ______ NEIN

Es ist furchtbar schwer, jemandem zu sagen oder zu zeigen, daß man gern oralen Sex haben will. JA ______ NEIN

Ich mag es lieber als sonst irgendwas. JA ____________ NEIN

Ich befriedige wirklich gern meinen Partner oral, aber ich selbst möchte nicht so bedient werden. JA ____________ NEIN

Ich liebe Küssen sehr, besonders langes, tiefes und leidenschaftliches Küssen. JA ____________ NEIN

Ich würde gern mal oralen Sex ausprobieren, aber ich habe keine Ahnung, wie ich es anstellen soll. JA ____________ NEIN

____

______________________________ JA ____________ NEIN

____

______________________________ JA ____________ NEIN

Oraler Sex, das bedeutet, die Geschlechtsteile eines anderen Menschen küssen, sie zu lecken oder an ihnen zu saugen, gelegentlich auch zum gleichen Zeitpunkt, während der andere das gleiche bei Ihnen macht. Manche Leute mögen den Geschmack oder die Beschaffenheit des Samens oder der vaginalen Absonderungen nicht, das heißt aber nicht schon an sich, daß mit ihnen irgend etwas nicht stimmt. Samen, der durchschnittlich weniger als 36 Kalorien pro Samenerguß hat, macht Sie weder dick noch schwanger.

Ihre Einstellung zu oralem Sex hängt ab von Ihren Erfahrungen und Ihren Erwartungen. Wenn Sie immer der Meinung waren, daß oraler Sex ungehörig oder verdorben sei oder wenn Sie einige negative Erfahrungen gemacht haben, so wird Ihre Haltung negativ sein. Positive Erfahrungen vermitteln Ihnen natürlich offensichtlich eine positivere Einstellung.

Kinderspiele

Notizen ______________________________

____

____

Ich müßte eigentlich hier abbrechen. JA ____________ NEIN

Ich wünschte, ich hätte so früh damit begonnen. JA ____________ NEIN

Kinder haben überhaupt keine sexuellen Wünsche, bevor sie nicht die Pubertät erreicht haben. JA ____________ NEIN

Kinder sollten ihren Eltern zusehen, wenn diese sich lieben, damit sie später wissen, was es dabei zu tun gibt. JA ____________ NEIN

Meine Eltern haben kein gutes Gefühl dabei, wenn sie mit mir über Sexuelles sprechen. JA ____________ NEIN

Ich finde es in Ordnung, daß Kinder beiderlei Geschlechts zusammenschlafen, wenn sie klein sind. JA ____________ NEIN

Kinder des gleichen Geschlechts sollten wahrscheinlich überhaupt nicht zusammenschlafen. JA ________ NEIN

Ich habe einen Freund, dessen Interesse an meiner kleinen Tochter mich irgendwie beunruhigt. JA ________ NEIN

Ich habe ausgesprochene Angst, daß mein Kind durch einen Erwachsenen sexuell Schaden leiden könnte. JA ________ NEIN

Ich wollte, mein Vater hätte mich in ein Bordell mitgenommen, als ich vierzehn war. JA ________ NEIN

Käme mein Kind bei mir herein, während ich gerade beim Bumsen bin, dann würde ich es achtkantig rausschmeißen. JA ________ NEIN

Käme ich zu meinen Kindern ins Zimmer, während sie gerade aneinander rumfummeln, so wünschte ich mir, so geistesgegenwärtig zu sein, ihnen zu erklären, was sie da gerade tun. JA ________ NEIN

Ich glaube, daß Kinder wahrscheinlich einen Schreck bekommen, wenn sie Erwachsene beim Geschlechtsverkehr entdecken. JA ________ NEIN

____

________________________________ JA ________ NEIN

____

________________________________ JA ________ NEIN

Es gibt viele Tabus im Zusammenhang mit Kindern und Sex. Jeder versucht dauernd zu entscheiden, was zu wissen, was zu erleben und was zu tun für Kinder richtig ist. Ein bißchen von der emotionalen Unruhe wegen dieser ganzen Geschichte hängt zusammen mit den konfusen Gefühlen der Erwachsenen bei ihrer eigenen Sexualität. Es ist auch verborgen in sexuellen Gefühlen, die Erwachsene gelegentlich gegenüber ihren eigenen und auch anderen Kindern empfinden.

Denken Sie einmal darüber nach, wann Sie Ihrem Kind oder anderen Kindern eine Richtschnur gaben in sexuellen Fragen. Ist es dann, wenn sie fragen, wenn sie Ihrer Meinung nach etwas Gefährliches in Angriff nehmen? Beschreiben Sie bitte eine gefahrenvolle oder belastete Situation, die wirklich geschehen ist oder auch vielleicht nur hätte geschehen können. Überlegen Sie dabei bitte, wie weit Ihre Reaktion davon abhing, daß Sie ein »guter« Vater oder eine »gute« Mutter, Lehrer oder Verwandter sein wollten und wieviel dabei Ihrer eigenen Kontrolle entzogen war. Selbst wenn Sie keine Kinder kennen, überdenken Sie einmal die Konflikte, die für Sie auftreten könnten, wenn Sie sich mit ihrer Sexualität befaßten.

Um einer Verwirrung vorzubeugen, lassen Sie uns zuerst einmal definieren, was wir unter normalem Geschlechtsverkehr verstehen. Im ganzen genommen ist das nicht leicht. Alle strengen Definitionen und genauen Unterscheidungen sind besonders schwierig, wenn es um den Bereich der Sexualität geht. Ich glaube, die umfassendste und genaueste Definition ist die folgende: Derjenige Geschlechtsverkehr, der zwischen zwei sexuell reifen Individuen gegenseitigen Geschlechts stattfindet; der Grausamkeit ausschließt und den Gebrauch künstlicher Hilfsmittel, um sinnliche Gefühle zu erregen; der direkt oder indirekt auf das Erreichen sexueller Befriedigung abzielt und der, nachdem man einen gewissen Grad von Erregung erlangt hat, mit der Ejakulation – dem Erguß – des Samens in die Scheide endet, und zwar mit dem nahezu gleichzeitigen Höhepunkt der Empfindungen – dem Orgasmus – beider Partner.

Dr. med. Theodor Hendrik van de Velde: *Die vollkommene Ehe*

Geschlechtsverkehr

Notizen ______________________________

____

____

Das endlich hört sich gut an. JA ______ NEIN

Ich mache mir nicht viele Sorgen über gleichzeitigen Orgasmus. JA ______ NEIN

Ich fühle mich unbefriedigt, wenn mein Partner während des Beischlafs keinen Orgasmus bekommen hat. JA ______ NEIN

Ich wüßte gern, was man als normales Sexualverhalten ansieht. JA ______ NEIN

Ich habe das Gefühl, man sollte nicht eher miteinander schlafen, bevor nicht zwischen beiden eine gewisse gefühlsmäßige Bindung besteht. JA ______ NEIN

Ich fühle mich im Stich gelassen oder sogar schuldbewußt, falls ich mich langweile, wenn ich mit jemandem schlafe. JA ______ NEIN

Ich habe wirklich nur dann Spaß am Geschlechtsverkehr, wenn ich oben liege. JA ______ NEIN

Manchmal frage ich mich, ob es wirklich gut für mich ist, mit so vielen Leuten zu schlafen. JA ______ NEIN

Ich bin enttäuscht, wenn das Sexspiel nicht zum Geschlechtsverkehr führt. JA ______ NEIN

Ich hätte gern einmal am Tag Sex, aber mein Partner hält einmal die Woche für ausreichend. JA ______ NEIN

Es ärgert mich sehr und bringt mich sehr in Verlegenheit, wenn wir die Laken fleckig machen. Ich versuche immer, ein Tempotaschentuch griffbereit zu haben. JA ________ NEIN

Ich bin nicht der Meinung, daß Beischlaf in einer Beziehung nötig ist. Man kann seine gemeinsame Zeit sexuell auch ohne Geschlechtsverkehr miteinander verbringen. JA ________ NEIN

________ JA ________ NEIN

________ JA ________ NEIN

Es gibt viele verschiedene Einstellungen gegenüber dem Geschlechtsverkehr, einschließlich einiger neuer, seit Dr. van de Velde sein Buch geschrieben hat. Ihre Einstellung hängt ein wenig ab von Ihrer Generation, Ihrem religiösen Gefühl – sogar einem, das Sie gar nicht mehr tatsächlich ausleben – und Ihren Freunden und Bekannten.

Über Einzelheiten wie Häufigkeit, Stellungen, gemeinsamen Orgasmus wird in den späteren Kapiteln zu sprechen sein. Jetzt denken Sie bitte erst einmal darüber nach, in welcher Weise Sie sich mit einem Menschen, mit dem Sie eine sexuelle Beziehung haben oder gern hätten, über Ihre Gefühle in Richtung Geschlechtsverkehr unterhalten.

Muttermilch

Notizen ________

Ich würde gern einmal Milch an einer Brust saugen, einfach bloß, um zu sehen, wie das schmeckt. JA ________ NEIN

Ich habe einen Orgasmus auch einfach schon dadurch bekommen, daß ich meine Brust gestreichelt habe. JA ________ NEIN

Es ist mir unangenehm, wenn eine Frau von mir möchte, daß ich an ihrer Brust sauge. JA ________ NEIN

Obwohl ich schätze, daß ich es, selbst wenn ich Gelegenheit dazu hätte, gar nicht täte, habe ich manchmal die Fantasievorstellung, daß ich an der Brust einer anderen Frau sauge und sie in den Händen halte. JA ________ NEIN

Es gibt gar nicht genug Brüste in der Welt, die mein Verlangen befriedigen könnten, daran zu nuckeln. JA ________ NEIN

Ich habe ein unangenehmes Gefühl, wenn ein Mann meine Brust streicheln will. JA ________ NEIN

Männer mögen es im allgemeinen nicht, wenn man ihre Brustwarzen berührt oder an ihnen knabbert. JA ________ NEIN

Es ist mir egal, wie natürlich das nun ist, aber wenn ich bei einer Frau sitze, die ihr Baby stillt, dann muß ich einfach hinglotzen.	JA ______ NEIN	
Ich mag mein Baby nicht vor allen Leuten stillen.	JA ______ NEIN	
Meine Frau findet das gut, in der Öffentlichkeit zu stillen, ich aber nicht.	JA ______ NEIN	
Das erregt mich ganz schön, wenn ich einer Frau dabei zusehe, wie sie ihr Kind stillt.	JA ______ NEIN	
Manchmal glaube ich, sie wollen einfach bloß angeben.	JA ______ NEIN	
Mein Baby zu stillen, hat mich ganz schön aufgegeilt, zumindest am Anfang.	JA ______ NEIN	
Ich glaube nicht, daß Stillen nun unbedingt nötig ist.	JA ______ NEIN	
______ ______	JA ______ NEIN	
______ ______	JA ______ NEIN	

Sich unter Erwachsenen die Brust zu geben als ein anregender Bestandteil des Liebesspiels, ist ganz üblich. Die Rückkehr zum Stillen in den letzten Jahren hat einige Gefühle gegenüber dem Stillen und der Brust mehr ans Licht der Öffentlichkeit gerückt. Das Reagieren auf stillende Mütter genauso wie die Entscheidung zu stillen, mag mehr daran Anteil haben als das Verdienst der Muttermilch an sich. Einige Frauen allerdings, die nun nicht besonders in Erregung versetzt werden durch das Anfassen der Brust, finden es vielleicht schwer verständlich, wieso der Geliebte nun so sehr darauf besteht. Einige Männer, die glaubten, daß das nun etwas Großartiges sei, sind jetzt der Meinung, daß die tatsächliche Erfahrung ihnen gar nicht viel bringt. Paare, die das mögen, sehen es vielleicht als entspannenden Zeitvertreib an, der nicht unbedingt zum Geschlechtsverkehr führen muß.

Fall 238: Z., 61 Jahre alt, Direktor, war seit deren Pubertät auf seine Tochter versessen. Sie mußte das Haus verlassen und bei Verwandten im Ausland leben. Er war ein eigenwilliger, nervöser Mann, ein wenig dem Alkohol zugetan, ohne offensichtlich krankhafte Züge. Er verneinte, in seine Tochter verliebt zu sein, aber letztere behauptete, daß er ihr gegenüber handelte und sich benahm wie ein Liebhaber. Z. war jedem Mann gegenüber, der seiner Tochter näherkam, sehr eifersüchtig. Er drohte mit Selbstmord, wenn sie jemals heiraten würde und schlug ihr bei einer bestimmten Gelegenheit vor, daß sie gemeinsam sterben sollten. Er verstand es, alles so zu fügen, daß er immer mit ihr allein sein konnte und überschüttete sie mit Geschenken und Fürsorge. Keine Anzeichen von übermäßiger Sexualität. Hielt sich keine Haushälterin und genoß ein Ansehen als sehr zurückhaltender Mann.

Richard von Krafft-Ebing: *Psychopathia Sexualis*

Eine festgefügte Familie

Notizen ____

Manchmal bemerke ich bei mir den Wunsch, mein Kind in einer insgesamt betrachtet nicht ganz unschuldigen Art und Weise anfassen oder liebkosen zu wollen. JA __________ NEIN

Ich werde immer noch etwas gereizt, wenn einer meiner Eltern mich an sich drückt oder verhätschelt. JA __________ NEIN

Als ich jung war, hoffte ich dauernd, meine Eltern nackt zu sehen, aber sie waren da immer sehr sittsam. JA __________ NEIN

Ich finde es ja auch schlimm, aber ich bin nun mal der Meinung, daß es nicht in Ordnung ist, wenn meine Kinder auf meinen Penis starren. JA __________ NEIN

Ich glaube, ich habe eine Frau geheiratet, die meiner Schwester sehr ähnelt. JA __________ NEIN

Ich habe einen sehr engen Kontakt zu meiner Familie. Wir alle streicheln und küssen uns sehr oft. JA __________ NEIN

Ich finde es etwas anstößig, mir das Schamhaar meiner Mutter über dem Penis meines Vaters vorzustellen, aber ich sehe nicht ein, was das mit Inzest zu tun haben soll. JA __________ NEIN

Wenn ich jemand kennen würde, der in Inzest verwickelt wäre, so wüßte ich nicht sicher, wie ich reagieren würde. JA __________ NEIN

Ich mag nicht über sexuelle Dinge reden, wenn mein Bruder dabei ist. JA __________ NEIN

JA __________ NEIN

JA __________ NEIN

Die Verbote gegen Inzest entstanden mehr aus einer Furcht vor dem Zerreißen der Familie als aus Angst vor Erbschäden. Tatsächlich aber praktizierten viele Königshäuser den Inzest, um ihr königliches Geblüt reinzuhalten. Das ist aber kein akzeptables Verhalten für die meisten Völker in jeder Kulturepoche. Offensichtlich spiegeln die Tabus die Möglichkeit wider, daß Menschen, die eng zusammenleben, doch wohl an so etwas denken könnten.

Inzest ist nicht sehr üblich, aber es gibt in allen Familien Spannungen und Rivalitäten, die niemals auszudrückenden, unterschwellig sexuellen Gefühlen beizumessen sind. Manchmal kann man diese Gefühle auf keinen Fall als sexuell betrachten, weil dabei die ganzen Verbote mit hineinspielen, Familienmitglieder als sexuelle Wesen zu betrachten. Aber wenn man einmal daran denkt, wie vertraut und eigentlich bequem zur Verfügung stehend Familienmitglieder gegenseitig sind, dann erscheint es ziemlich sonderbar, daß gerade bei ihnen sexuelle Gefühle ausgespart bleiben sollten.

Viele Leute lesen übrigens mit Vergnügen Fallstudien wie diese hier nur um der Lüsternheit willen. Leute, die niemals erregt werden durch Pornographie oder Liebesromane, finden, daß »Wissenschaftliches« sie manchmal ganz besonders interessiert.

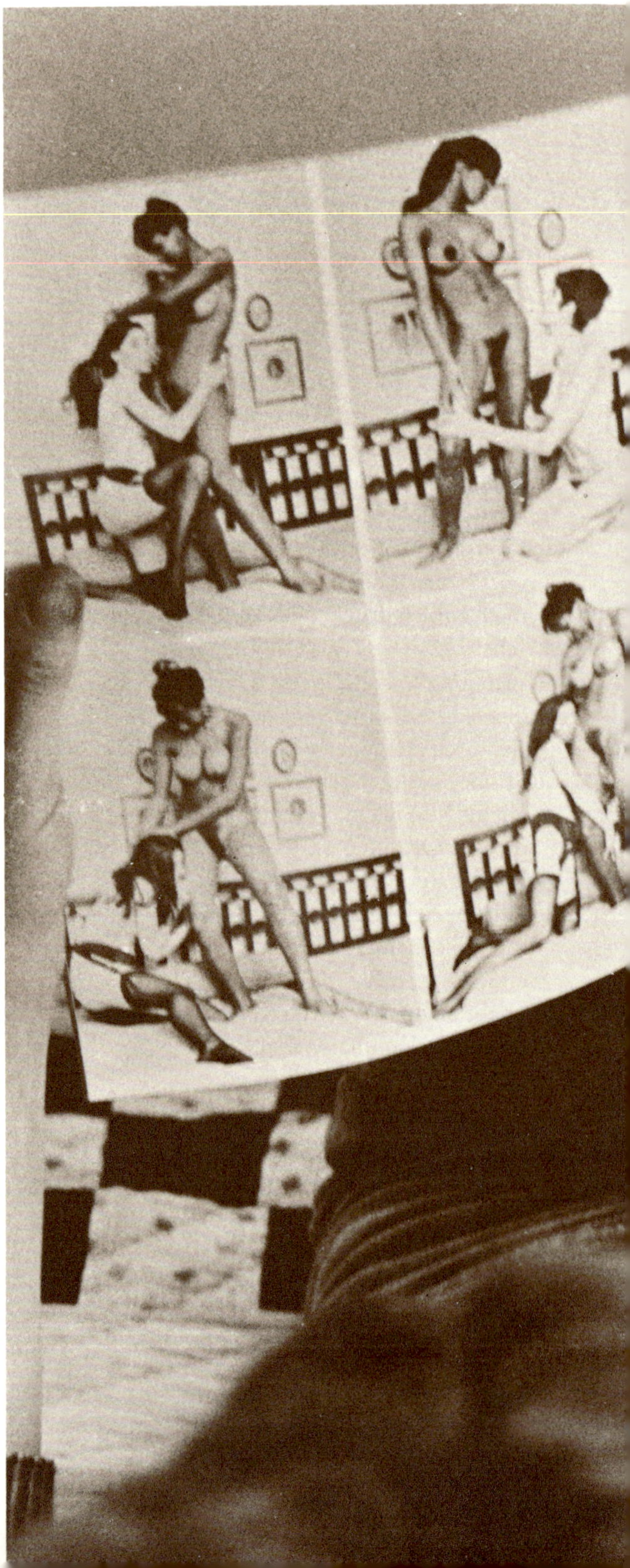

Pornographie

Notizen ____________________

Hey! Wo kann ich was davon kriegen?!! — JA __________ NEIN

Es ist mir egal, ob andere Leute das Zeug lesen, aber es ist einfach nichts für mich. — JA __________ NEIN

Ich brauche einfach irgend so was, um Interesse an Sex zu bekommen. — JA __________ NEIN

Bei Erwachsenen ist ja nichts dagegen zu sagen, aber ich glaube nicht, daß Kinder Zugang zu solchem Material haben sollten. — JA __________ NEIN

Pornographie würdigt Frauen richtig herab. — JA __________ NEIN

Pornographie ist etwas so Stümperhaftes, daß es mich überhaupt nicht erregt. — JA __________ NEIN

Ich bin viel zu schüchtern, um in einen Pornoladen oder in ein Pornokino zu gehen. — JA __________ NEIN

Wenn Leute sich über Pornographie unterhalten, dann scheinen meine Bemerkungen immer ganz freimütig, aber in Wirklichkeit bin ich gar nicht

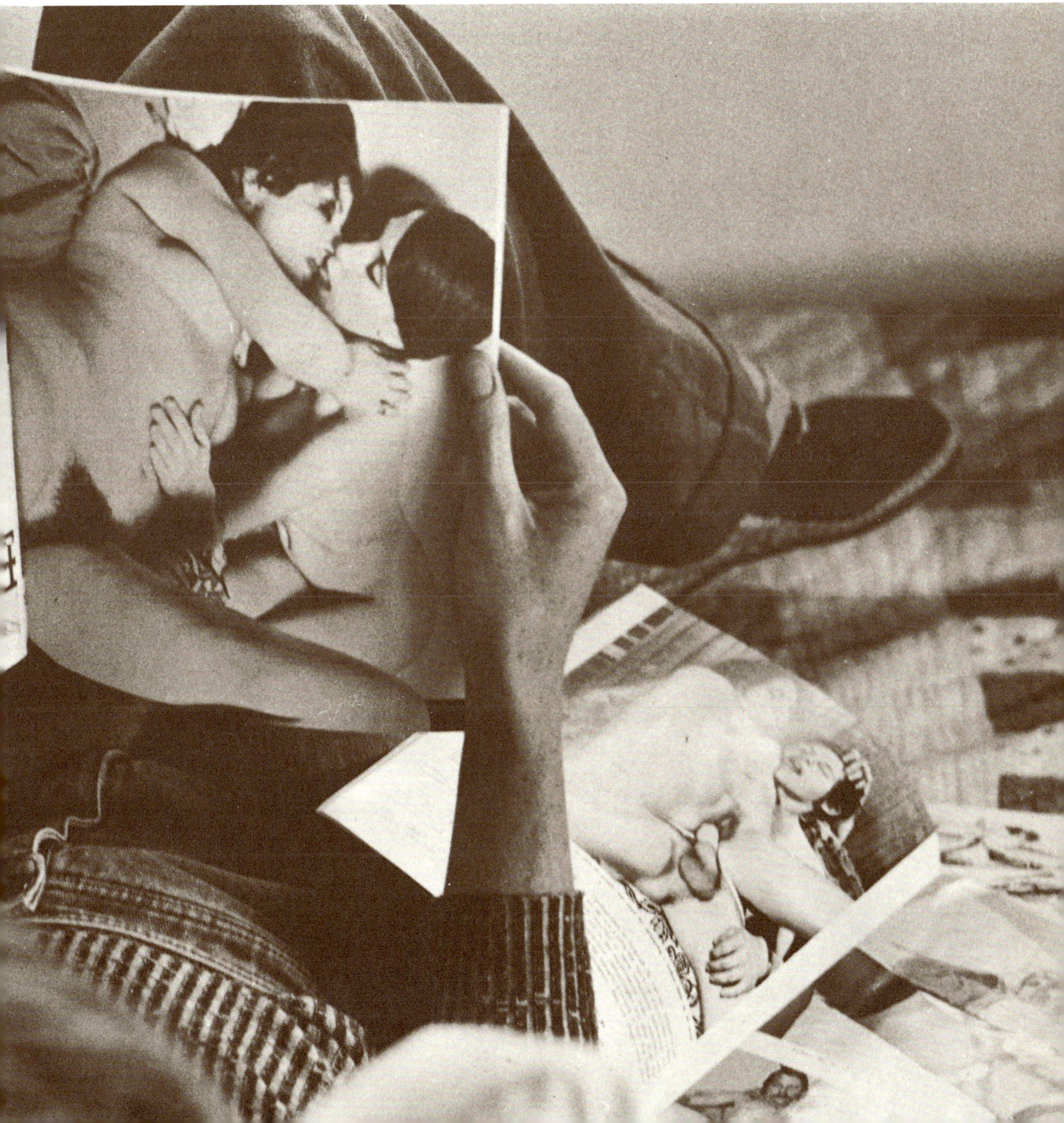

so freimütig, wie ich eigentlich meiner Meinung nach sein sollte. JA ______ NEIN

Ich bin nicht der Meinung, daß Pornographie gesetzlich freigegeben werden sollte. JA ______ NEIN

Eigentlich mag ich Pornographisches ja gar nicht, ich lese es aber, wenn es gerade herumliegt. JA ______ NEIN

Der Haken bei der Pornographie ist der, daß es die Leute dazu ermutigt, über Sex ihre Späße zu machen und dabei gleichzeitig ihre Gefühle von Erregung oder Abscheu zu verstecken. JA ______ NEIN

____

______________________________ JA ______ NEIN

____

______________________________ JA ______ NEIN

Es ist für viele Menschen schwer zu beschreiben, ob sie etwas gegen Pornographie haben oder an ihr Gefallen finden. Pornographie umgibt uns von den Mauern Pompejis bis zum Underground der viktorianischen Epoche. Sogar heute werden noch sehr emotionale Schlachten geschlagen darum, was nun obszön ist und was die Freiheit, es zu lesen, einschließt – und auch für wen es diese Freiheit geben darf. Obwohl Untersuchungen zeigen, daß Pornographie nicht in Zusammenhang mit Sexualverbrechen steht, so gibt es doch noch Leute, die das annehmen. Sie haben weiterhin das Gefühl, daß der freie Zugang zur Pornographie wirklich nur die moralische Verworfenheit einer Gesellschaft zeigt. Immer noch bringt für viele Leute verbotener oder verborgener Sex mehr Vergnügen. Weil Pornographisches nicht an jedem Zeitungskiosk frei ausliegt, muß man danach Ausschau halten – das allein kann schon aufregend sein.

Wie es auch bei anderen sexuellen Dingen war, so kann auch Ihre Einstellung zur Pornographie Ihre Einstellung zur eigenen Sexualität widerspiegeln. Achten Sie darauf, ob Bemerkungen, die Sie hören oder machen, in irgendeiner Weise Behagen oder einen Mangel an Behagen gegenüber Sexuellem ausdrückt. Wenn möglich, setzen Sie sich einmal selbst der Pornographie aus und gehen Sie in einen »schmutzigen« Film.

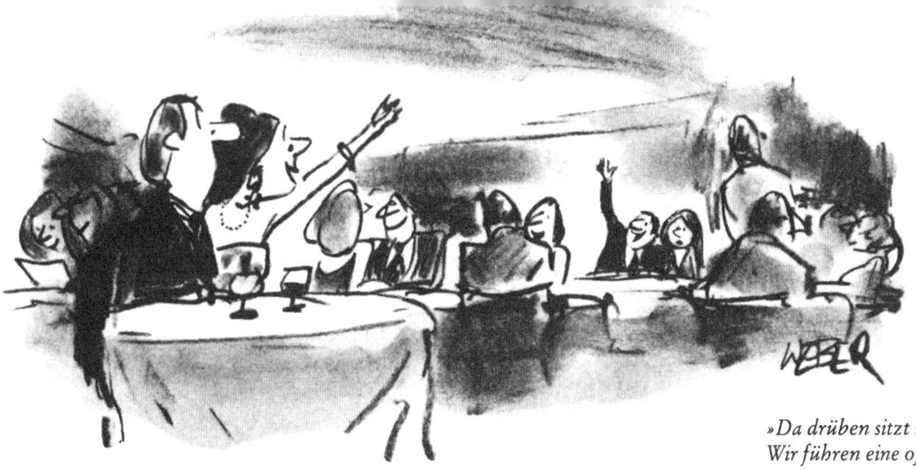

»Da drüben sitzt mein Donald. Wir führen eine offene Ehe.«

Offen – abgekapselt

Notizen ____

____

____

Ich wäre ja gern weltoffen und ungezwungen, aber der Gedanke daran, daß mein Partner mit jemand anderem schläft, widert mich an. JA ____________ NEIN

Ich würde mich zurückgestoßen fühlen, wenn mir mein Partner oder meine Partnerin gestehen würde, ein Verhältnis zu haben. JA ____________ NEIN

Es ist mir egal, was mein Partner macht, solange es nur diskret geschieht. JA ____________ NEIN

Gelegentlich habe ich das Gefühl, daß so gewisse Freundschaften, die ich mit dem anderen Geschlecht pflege, weitere Blüten treiben könnten, wenn ich nicht verheiratet wäre. JA ____________ NEIN

Ein Verhältnis ist die ganze Aufregung einfach nicht wert. JA ____________ NEIN

Warum soll man außer Haus Hamburger essen müssen, wenn man zu Hause Steak bekommen kann? JA ____________ NEIN

Ich würde meinem Partner nie davon erzählen, wenn ich ein Verhältnis hätte. JA ____________ NEIN

Ich habe mich mit meinem Partner darüber unterhalten, was wohl passieren würde, wenn einer von uns an jemand anderem Gefallen fände. JA ____________ NEIN

Wenn ein Partner dem anderen ausweicht, so ist das gewöhnlich ein Zeichen dafür, daß in der Beziehung einiges nicht stimmt. JA ____________ NEIN

Ich habe mit meinem Partner das Gefühl, daß sich unsere Beziehung gefestigt hat durch unsere außerplanmäßigen Aktivitäten. JA ____________ NEIN

Manchmal frage ich mich, ob ich mich wohl noch zu anderen als zu meinem Partner hingezogen fühlen könnte. JA ______ NEIN

Ich weiß überhaupt nicht, wieso sich die Leute so fürchterlich wegen Untreue aufregen. JA ______ NEIN

______

______ JA ______ NEIN

______

______ JA ______ NEIN

Einige von Ihnen fühlen sich vielleicht von der Idee einer offenen Ehe sehr bedroht, möchten aber trotzdem gern wissen, was es damit auf sich hat. Andere haben das Gefühl, daß es dabei überhaupt keine Schwierigkeiten gibt. Die Vorstellung, daß es nur natürlich für Männer sei, ein Verhältnis zu haben, für Frauen aber gar nicht, hat sich erst vor kurzem gewandelt. Das wirkt auf viele Männer sehr bedrohlich, ganz zu schweigen von den Frauen.

Sie kennen das Ganze wahrscheinlich schon vom Kino, vom Fernsehen oder aus ganz allgemeinen Gesprächen. Wenn Sie sich mit Ihrem Partner nie über die offene Ehe unterhalten haben, dann sollten Sie Ihre Gefühle vielleicht einmal testen, indem Sie das Gespräch darauf bringen. Wenn Sie meinen, daß Sie das nicht können, dann sollte Ihnen *das* eigentlich schon etwas sagen.

Die Vögel und die Bienen

Notizen ______

______

______

Mensch! *Das* ist ja vielleicht irre. JA ______ NEIN

Ich habe nie daran gedacht, daß meine Haustiere ja eigentlich auch ein Sexleben haben. JA ______ NEIN

Wenn ich Tiere beim Geschlechtsakt beobachte, dann bringt mich das ganz schön in Erregung. JA ______ NEIN

Es ist mir ein bißchen peinlich, wenn der Hund von irgend jemandem anfängt, sich mit der Schnauze an meinem Schritt zu reiben. JA ______ NEIN

Es ist mir peinlich, wenn mein Hund ein steifes Glied hat, besonders dann, wenn auch noch andere Leute dabei sind. JA ______ NEIN

Ich habe meinem Hund versucht beizubringen, sich ordentlich an meinen Genitalien zu reiben, aber er scheint wohl seine eigenen zu bevorzugen. JA ______ NEIN

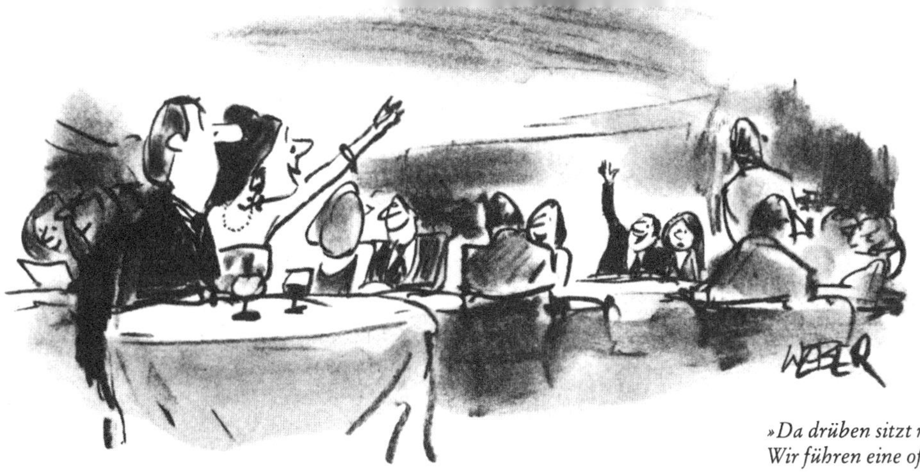

*»Da drüben sitzt mein Donald.
Wir führen eine offene Ehe.«*

Offen – abgekapselt

Notizen ______________________________
____
____

Ich wäre ja gern weltoffen und ungezwungen, aber der Gedanke daran, daß mein Partner mit jemand anderem schläft, widert mich an. JA ________ NEIN

Ich würde mich zurückgestoßen fühlen, wenn mir mein Partner oder meine Partnerin gestehen würde, ein Verhältnis zu haben. JA ________ NEIN

Es ist mir egal, was mein Partner macht, solange es nur diskret geschieht. JA ________ NEIN

Gelegentlich habe ich das Gefühl, daß so gewisse Freundschaften, die ich mit dem anderen Geschlecht pflege, weitere Blüten treiben könnten, wenn ich nicht verheiratet wäre. JA ________ NEIN

Ein Verhältnis ist die ganze Aufregung einfach nicht wert. JA ________ NEIN

Warum soll man außer Haus Hamburger essen müssen, wenn man zu Hause Steak bekommen kann? JA ________ NEIN

Ich würde meinem Partner nie davon erzählen, wenn ich ein Verhältnis hätte. JA ________ NEIN

Ich habe mich mit meinem Partner darüber unterhalten, was wohl passieren würde, wenn einer von uns an jemand anderem Gefallen fände. JA ________ NEIN

Wenn ein Partner dem anderen ausweicht, so ist das gewöhnlich ein Zeichen dafür, daß in der Beziehung einiges nicht stimmt. JA ________ NEIN

Ich habe mit meinem Partner das Gefühl, daß sich unsere Beziehung gefestigt hat durch unsere außerplanmäßigen Aktivitäten. JA ________ NEIN

Manchmal frage ich mich, ob ich mich wohl noch zu anderen als zu meinem Partner hingezogen fühlen könnte. JA ______ NEIN

Ich weiß überhaupt nicht, wieso sich die Leute so fürchterlich wegen Untreue aufregen. JA ______ NEIN

______ JA ______ NEIN

______ JA ______ NEIN

Einige von Ihnen fühlen sich vielleicht von der Idee einer offenen Ehe sehr bedroht, möchten aber trotzdem gern wissen, was es damit auf sich hat. Andere haben das Gefühl, daß es dabei überhaupt keine Schwierigkeiten gibt. Die Vorstellung, daß es nur natürlich für Männer sei, ein Verhältnis zu haben, für Frauen aber gar nicht, hat sich erst vor kurzem gewandelt. Das wirkt auf viele Männer sehr bedrohlich, ganz zu schweigen von den Frauen.

Sie kennen das Ganze wahrscheinlich schon vom Kino, vom Fernsehen oder aus ganz allgemeinen Gesprächen. Wenn Sie sich mit Ihrem Partner nie über die offene Ehe unterhalten haben, dann sollten Sie Ihre Gefühle vielleicht einmal testen, indem Sie das Gespräch darauf bringen. Wenn Sie meinen, daß Sie das nicht können, dann sollte Ihnen *das* eigentlich schon etwas sagen.

Die Vögel und die Bienen

Notizen ______

______

______

Mensch! *Das* ist ja vielleicht irre. JA ______ NEIN

Ich habe nie daran gedacht, daß meine Haustiere ja eigentlich auch ein Sexleben haben. JA ______ NEIN

Wenn ich Tiere beim Geschlechtsakt beobachte, dann bringt mich das ganz schön in Erregung. JA ______ NEIN

Es ist mir ein bißchen peinlich, wenn der Hund von irgend jemandem anfängt, sich mit der Schnauze an meinem Schritt zu reiben. JA ______ NEIN

Es ist mir peinlich, wenn mein Hund ein steifes Glied hat, besonders dann, wenn auch noch andere Leute dabei sind. JA ______ NEIN

Ich habe meinem Hund versucht beizubringen, sich ordentlich an meinen Genitalien zu reiben, aber er scheint wohl seine eigenen zu bevorzugen. JA ______ NEIN

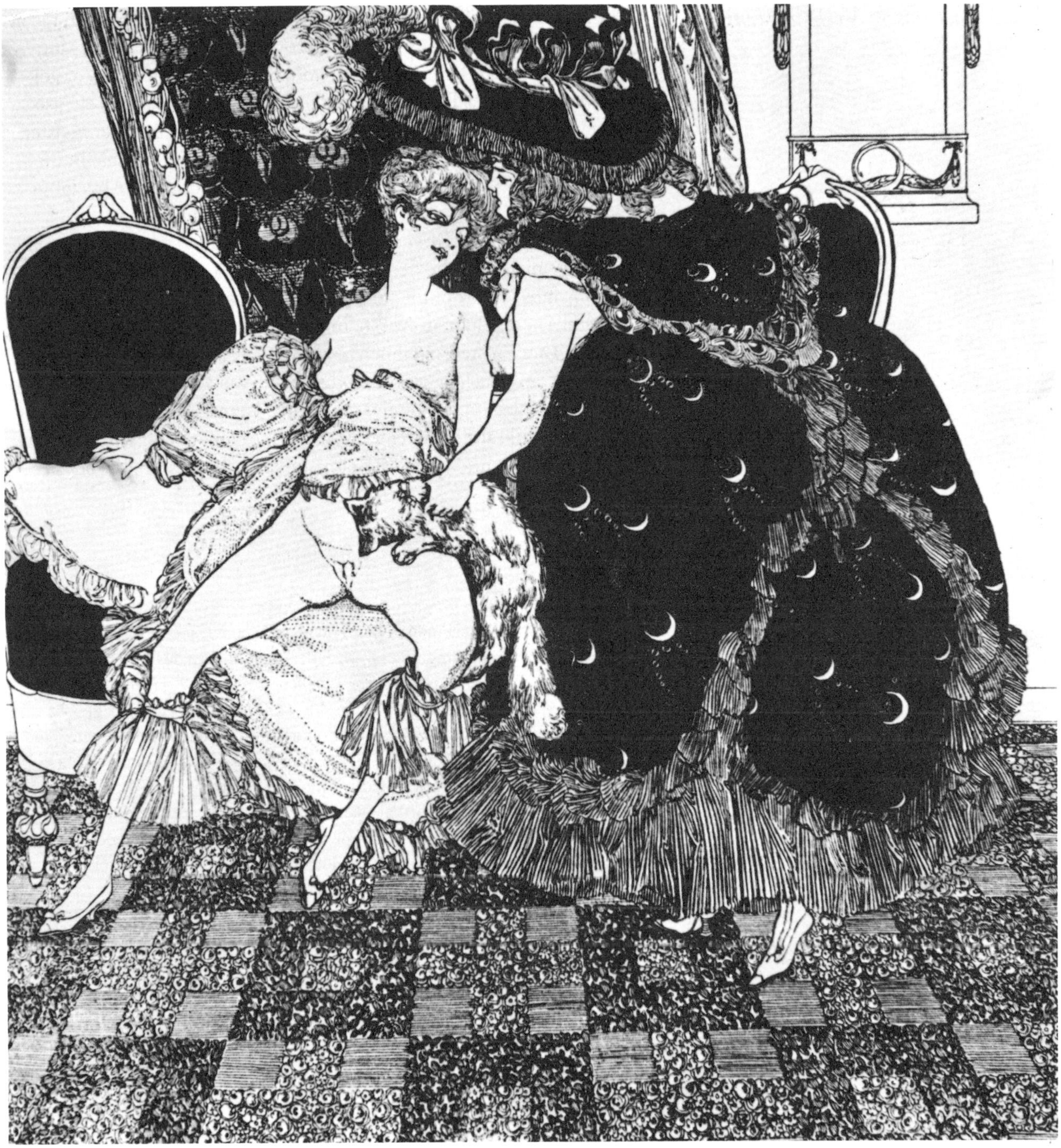

Ich bin nicht der Meinung, daß man Sex mit Tieren haben sollte, weil Tiere dabei dann überhaupt keine Wahl haben. JA ______________ NEIN

Ich weiß nicht genau warum, aber ich würde doch gern einmal jemandem zusehen, wie er Geschlechtsverkehr mit einem Tier hat. JA ______________ NEIN

______________________________ JA ______________ NEIN

______________________________ JA ______________ NEIN

____

______________________________ JA ______________ NEIN

Sie finden es vielleicht sehr bizarr, besonders wenn Ihnen noch nie in den Sinn kam, daß Tiere vielleicht erotische Fähigkeiten und Möglichkeiten haben. Es *ist* bizarr, obwohl Sex mit Tieren eine Vorstellung ist, die in der Literatur und Kunst der meisten Länder ebenso auftaucht wie in den Mythen und Fantasievorstellungen der meisten Völker. Obwohl es eigentlich selten wirklich passiert, so bleibt ihm doch für viele eine Faszination anhaften, obwohl sie mit Abneigung gemischt ist. Wie Sie mit Tieren umgehen, das mag einige Ihrer Gefühle gegenüber Ihrer eigenen Sexualität widerspiegeln.

Einige nicht übliche Sexualpraktiken, wie etwa Fetischismus, Exhibitionismus, Nekrophilie, Sadomasochismus und so weiter, sind ebenfalls in den Fantasievorstellungen verbreiteter als im wirklichen Leben. Ihre Einstellung ihnen gegenüber, einmal ganz abgesehen davon, ob Sie es ausleben wollen oder nicht, werden Ihnen oft etwas über sich selbst sagen können. Natürlich kann jede sexuelle Aktivität, die einen entkräftet oder einem zur Zwangsvorstellung wird, ein ernstes Problem sein. Dieser Gesichtspunkt wird in Kapitel 13 behandelt.

Das Wort *Liebe*, so wie man es heutzutage verwendet, meint romantische Liebe – eine Anschauung, die es vor den Minnesängern des Mittelalters nicht gab und die ihre fürchterliche Übelkeit vor dem 19. Jahrhundert noch gar nicht richtig zutage brachte. Meine Einstellung zum Sex gleicht eher der des Petronius, eher der der Römer und Griechen und viel weniger der ankotzenden Einstellung des Mittelalters, dieser Zwangsvorstellung von Liebe, die dann mündete in die Vulgärromantik des 19. Jahrhunderts.

... Was wir heute als normal ansehen würden – die Verzückung, in die ein Mann idealerweise bei einer Frau geraten sollte –, das war in den Augen der Griechen und Römer ein Fieber, eine Krankheit, die vorübergeht. In dieser Weise betrachteten sie das, was wir für romantische Liebe halten, und genau das ist auch meine Vorstellung.

Gore Vidal
»Die Wahrheit über Gore Vidal – direkt von Gore Vidal«
Von Curtis Bill Pepper

Liebe

Notizen ______________________________

____

____

Sex ohne Liebe ist einfach leer.	JA ____________	NEIN
Manchmal geht eine Anziehungskraft auf mich aus von solchen Leuten, die ich nicht einmal mag, geschweige denn liebe.	JA ____________	NEIN
Zu lieben bedeutet für mich, jemanden zu haben, für den man wirklich sorgen kann.	JA ____________	NEIN
Liebe ist manchmal schmerzlich.	JA ____________	NEIN
Ich bin der Meinung, man hat nie richtig gelebt, wenn man nie verliebt war.	JA ____________	NEIN

Vidal würde das wohl gar nicht gerne hören, aber ich fühle mich nicht vollständig, bevor ich nicht jemanden habe, den ich liebe. JA ______ NEIN

Ich zeige richtige körperliche Reaktionen, wenn ich verliebt bin. JA ______ NEIN

Ich möchte gern jemanden lieben, aber ich muß erst jemanden finden, der *mich* liebt. JA ______ NEIN

Die romantische Liebe kann ihren Platz immer noch behaupten, wenn Sie es nur wollen. JA ______ NEIN

Ich weiß, daß ich solch ein Gefühl eigentlich nicht haben sollte, aber das Wort »Liebe« heißt für mich Verpflichtung und Schuldgefühl. JA ______ NEIN

______ JA ______ NEIN

______ JA ______ NEIN

Schriftsteller, Philosophen und viele andere haben versucht zu beschreiben, was Liebe ist. Stellen Sie einmal Ihre eigenen Vorstellungen heraus und vergleichen Sie sie mit dem, was Sie lesen oder hören. Es ist eine weitreichende und wirre Geschichte, aber Sie sollten ein Gefühl dafür bekommen, was es für *Sie* bedeutet. Machen Sie von Ihrem Notizbuch Gebrauch, um *Vidal* zu beurteilen. Falls möglich, so sprechen Sie mit einem Freund oder dem Partner über Ihre Vorstellungen von Liebe.

Zusammengehörigkeitsgefühl

Notizen ______

Ich mag zum Abschied nach einer Party jeden küssen. JA ______ NEIN

Ich ginge gern mal zu einer richtigen Orgie, aber es hat mich noch nie jemand dazu eingeladen. JA ______ NEIN

Manchmal geht mir so die Idee durch den Kopf, einen jungen Tramper oder eine Tramperin mitzunehmen zu mir nach Hause, um dann mit ihm oder ihr das alte, ewig neue Spiel zu spielen. JA ______ NEIN

Wenn ich in einer Gruppensituation wäre, so stellte sich bei mir wahrscheinlich Impotenz ein. Entweder das, oder man würde mich einfach ignorieren. JA ______ NEIN

Ich liege gern an einem vollen Strand inmitten all der anderen Leiber. JA ______ NEIN

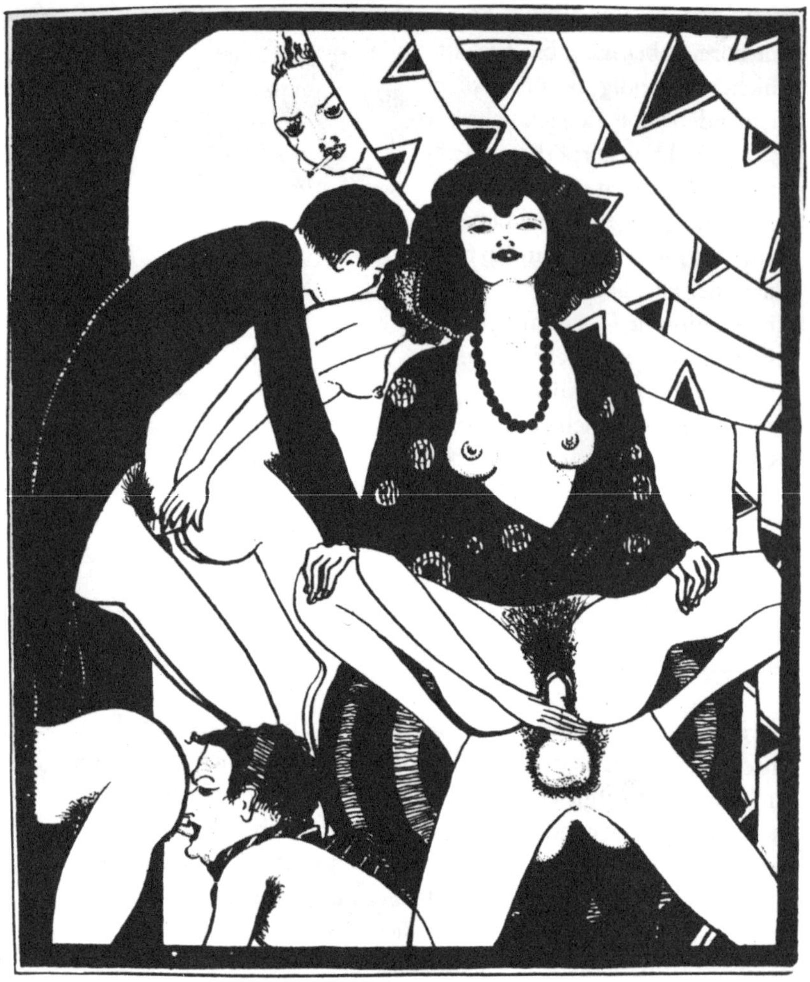

Wenn ich und mein Partner mit Freunden zusammensitzen, dann stelle ich mir oft vor, daß jetzt irgend etwas Sexuelles passieren würde. JA ____________ NEIN

Ich mag Gruppensex, aber mein Partner ist in solchen Situationen sehr eifersüchtig. JA ____________ NEIN

Solche Sachen laufen in meiner Vorstellung immer besser ab als in Wirklichkeit. JA ____________ NEIN

Die Vorstellung, mich in einer großen Gruppe von Menschen einfach auszuziehen, nimmt mir vor Schreck den Atem. JA ____________ NEIN

Sex mit mehr als zwei Leuten zur gleichen Zeit war für Menschen schon lange Zeit etwas Faszinierendes. Gewöhnlich bringt man solche Praktiken mit weltoffenen Intellektuellen und Wohlhabenden in Verbindung, mit denen, die es sich leisten können, die herkömmlichen Moralvorstellungen in den Wind zu schlagen. Seit kurzem allerdings scheint man in den verschiedensten gesellschaftlichen Schichten darüber zu diskutieren, wenn nicht gar, es zu praktizieren. Mit wachsendem öffentlichen Interesse glaubten manche Leute, daß sie es ruhig mal ausprobieren sollten, weil sie sonst etwas versäumten.

Versuchen Sie sich selbst einmal in eine Gruppensexsituation eigener Wahl hineinzuversetzen. Stellen Sie sich einmal vor, was Sie täten und was die anderen täten, was Sie in dieser Situation bevorzugten und was Ihnen weniger behagte. Wenn Sie schon einmal in einer solchen Situation gewesen sind, selbst wenn man sich dabei nur küßte oder zärtlich streichelte, so finden Sie doch einmal die positiven und negativen Gesichtspunkte heraus, die Ihnen dabei begegneten.

Zusammenfassung

Dieses ist nur eine Einführung gewesen, die Ihnen helfen sollte, hinter Ihrer sexuellen Einstellung einmal die Gefühle zu entdecken. Während der nächsten Tage versuchen Sie doch hin und wieder eine Unterbrechung zu machen, um eine Reaktion, die Ihnen auf eine sexuelle Vorstellung hin kam, genauer einzuschätzen. Wenn Ihnen zum Beispiel jemand auf einer Party oder im Büro einen dreckigen Witz erzählt, dann versuchen Sie herauszufinden, wie Sie reagieren und was Ihnen daran nicht gefällt, warum Sie lachen oder warum nicht und ob Sie beim Zuhören ein gutes oder weniger gutes Gefühl hatten.

Wenn es in nächster Zukunft keine Party und kein Büro gibt, dann schauen Sie doch mal eine Illustrierte an oder auch Reklamewände. Denken Sie darüber nach, wie Sie reagieren auf das, was Sie in Zeitschriften lesen, auf die peinlichen Fragen Ihrer Kinder, auf sexuelle Ratschläge oder Beschwerden Ihrer Freunde. Wenn Sie merken, daß Sie nur höflich akzeptieren oder gar fast alles erbost zurückweisen, so versuchen Sie doch einmal herauszufinden, ob das für Sie nötig ist oder sogar eine Schutzfunktion hat.

Überlegen Sie einmal, ob Sie jemanden kennen, der einmal einen Blick wirft auf all die Anmerkungen, die Sie in diesem Verhaltensüberblick niedergeschrieben haben. Hätten Sie gleich zu Anfang gewußt, wie es weitergeht, hätten Sie dann andere Anmerkungen gemacht? Sie hätten sich vielleicht liberaler erscheinen lassen oder konservativer, an einigen der Gruppen mehr interessiert, an anderen weniger. Denken Sie einmal darüber nach, wem – wenn überhaupt jemandem – Sie Ihr Tagebuch beziehungsweise dieses Buch mit Ihren Notizen zeigen würden.

Für ein letztes Erfassen Ihrer Einstellung sehen Sie sich einmal genau an, *wie* Sie die Zeilen innerhalb dieses Kapitels ausfüllten. So können Sie innerlich fest und sicher gewesen sein oder dünn und zittrig geschrieben haben. Sie haben vielleicht eine Menge durchgestrichen oder ausradiert; vielleicht sind Sie die Zeilen in Eile durchgegangen, ohne noch einmal zu überlegen, zumindest auf dem Papier. Sie haben vielleicht einen Füller benutzt, einen Bleistift oder einen Buntstift. Und natürlich haben Sie Ihre Bemerkungen vielleicht auch bloß im Kopf gehabt, um sich selbst von Anfang an zu schützen. Mittlerweile haben Sie vielleicht auch die Anmerkungen auf jeder Zeile wieder ausradiert für den Fall, daß ein neugieriger Besucher beginnt, in Ihrer Bibliothek herumzustöbern.

Es ist vollkommen in Ordnung, daß Sie Ihre Privatsphäre schützen, genauso wie es in Ordnung ist, daß Sie in sich selbst Gefühle des Abscheus oder des Vergnügens gegenüber Dingen aufdecken, die man mit einem Tabu belegt hat. Das Wichtigste ist dabei immer, sich dessen, was man tut und warum man es vielleicht tut, bewußt zu sein.

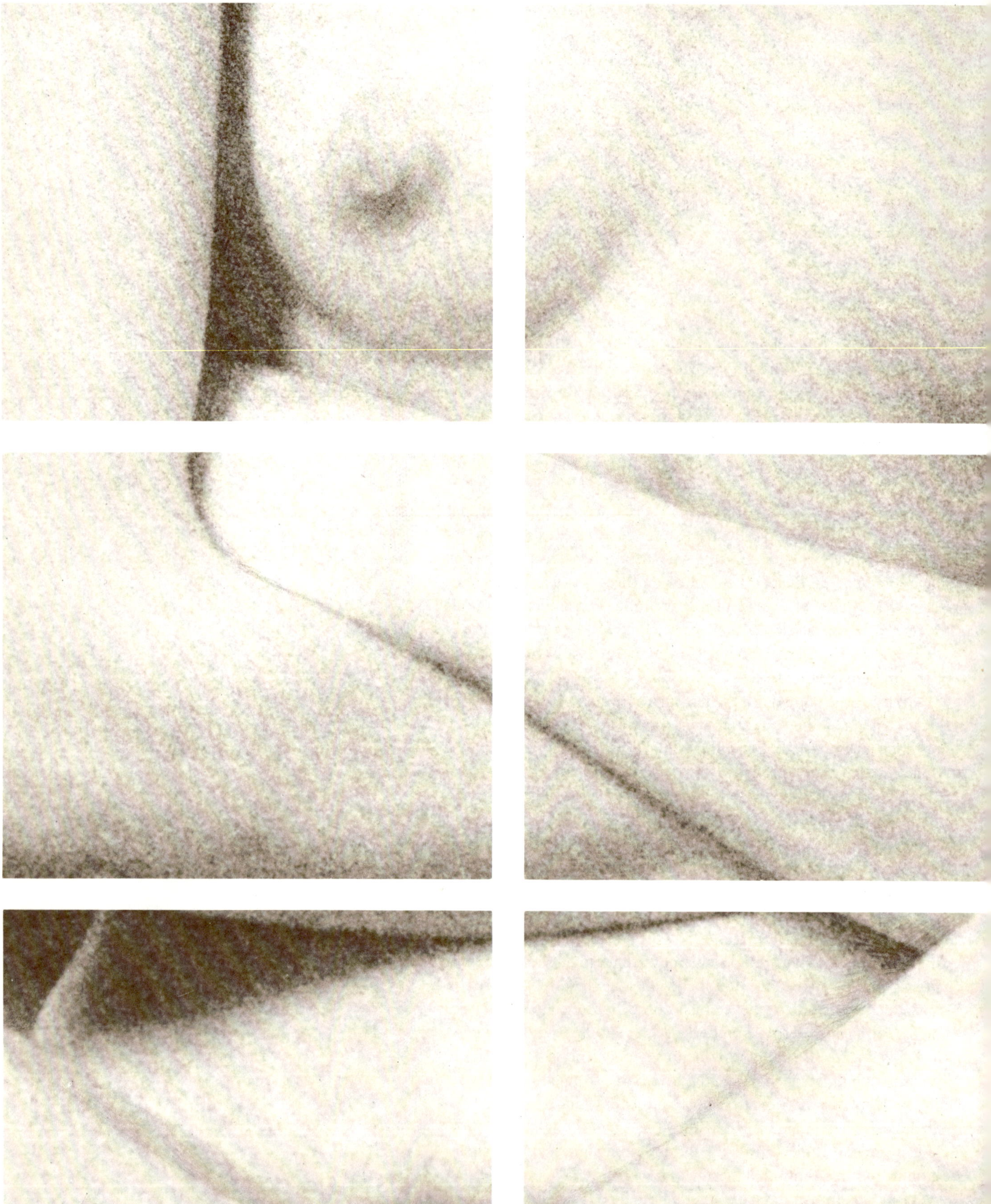

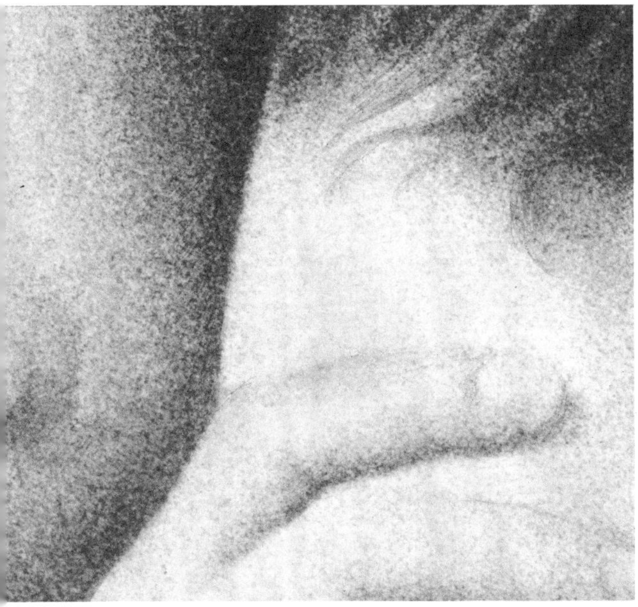

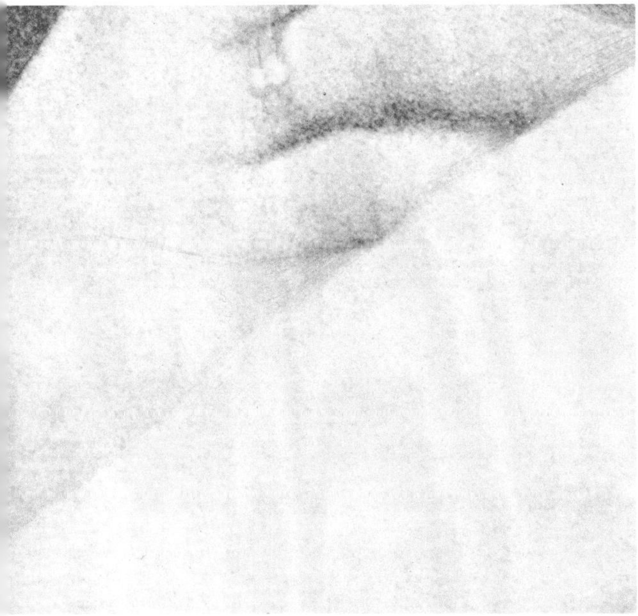

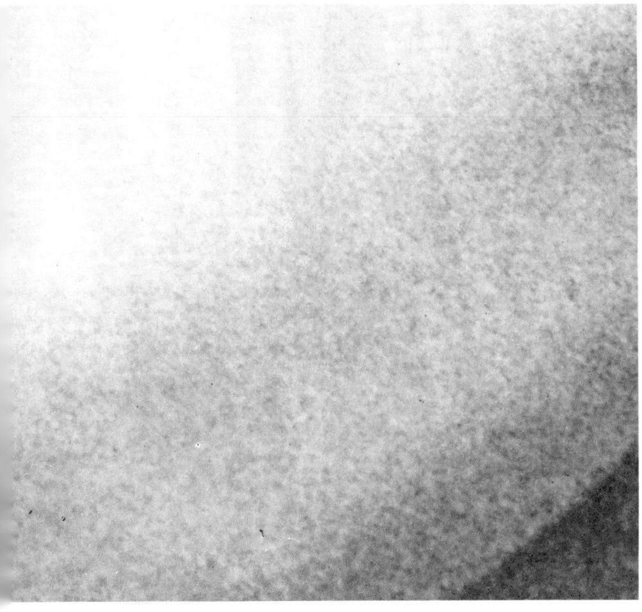

Ihr Körper

Einführung

Es gibt Tage in Ihrem Leben, da erscheint Ihnen Ihr Körper perfekt. Sie empfinden außerordentliches Vergnügen daran, wie er aussieht oder sich anfühlt. Das kann vielleicht so sein nach harter körperlicher Arbeit, während Sie sich sonnen oder schwimmen, während Sie mit jemandem schlafen, nach einer Fastenzeit oder einem Festschmaus, wenn Sie etwas Neues anhaben, wenn Sie gerade einen Schnupfen oder die Grippe überstanden haben.

Aber diese Momente von Stolz und Zuversicht sind anscheinend nicht von Dauer. Egal, wie auch Ihr Körper beschaffen ist, manchmal wünschten Sie sich, er wäre anders. Wenn Sie sich wegen Ihres Körpers nicht gut fühlen, dann kann das Ihr Verhalten beeinflussen und Sie sowohl im gesellschaftlichen als auch im sexuellen Bereich hemmen. Anders herum kann das Gefühl einer gesellschaftlichen und sexuellen Unzulänglichkeit auch das Ergebnis dessen sein, daß man wegen seines eigenen Körpers ein peinliches oder unangenehmes Gefühl hat.

Die Jedermann-Galerie

Wollen wir doch mal sehen, womit Sie sich beschäftigen. Auf den folgenden Seiten werden Sie einige vertraute, nicht zusammenhängende Teile des Körpers zu sehen bekommen. Sie sollen sich nun jeden einzelnen Teil Ihres Körpers ganz für sich betrachten. Kreisen Sie dann dasjenige Bild auf der Seite ein, das Ihrem eigenen am nächsten kommt. Wenn Ihnen keines der Bilder ähnelt, so übertragen Sie eine grobe Skizze in Ihr begleitendes Tagebuch.

Während Sie sich alle Möglichkeiten ansehen und die beste aussuchen, machen Sie sich doch einmal Gedanken darüber, was Ihnen dieser spezielle Körperteil bedeutet. Achten Sie auch einmal auf die Gefühle, wenn es da welche gibt, die Sie damit in Beziehung bringen und woher diese kommen.

Nachdem Sie diese Ihre Teile betrachtet haben, versuchen Sie sie vielleicht zu einem Gruppenporträt zusammenzufügen. Zeichnen Sie ein paar grobe, ganz unfachmännische Umrisse Ihres Körpers und fügen Sie besonders diejenigen Teile dieser Galerie ein, die Sie dazu brachten, daß Sie sich genierten, daß Sie sich schämten oder daß Sie lachen mußten.

Füße

Suchen Sie nach Anzeichen für besondere Fürsorge, nach Einwirkungen durch Schuhe, nach Gesundheit und Alter dieser Füße und dann nach all dem bei Ihren eigenen. Kreisen Sie diejenigen ein, die Ihren eigenen am meisten ähneln.

Beine

Achten Sie auf Haare, Adern, Schlaffheit und Muskeln entlang Ihrer Beine. Dann achten Sie auf Form und Einzelheiten Ihrer Knie.

Hüften und Schritt von vorn

Bei Frauen: Achten Sie auf die verschiedenen Arten, wie das Scham-

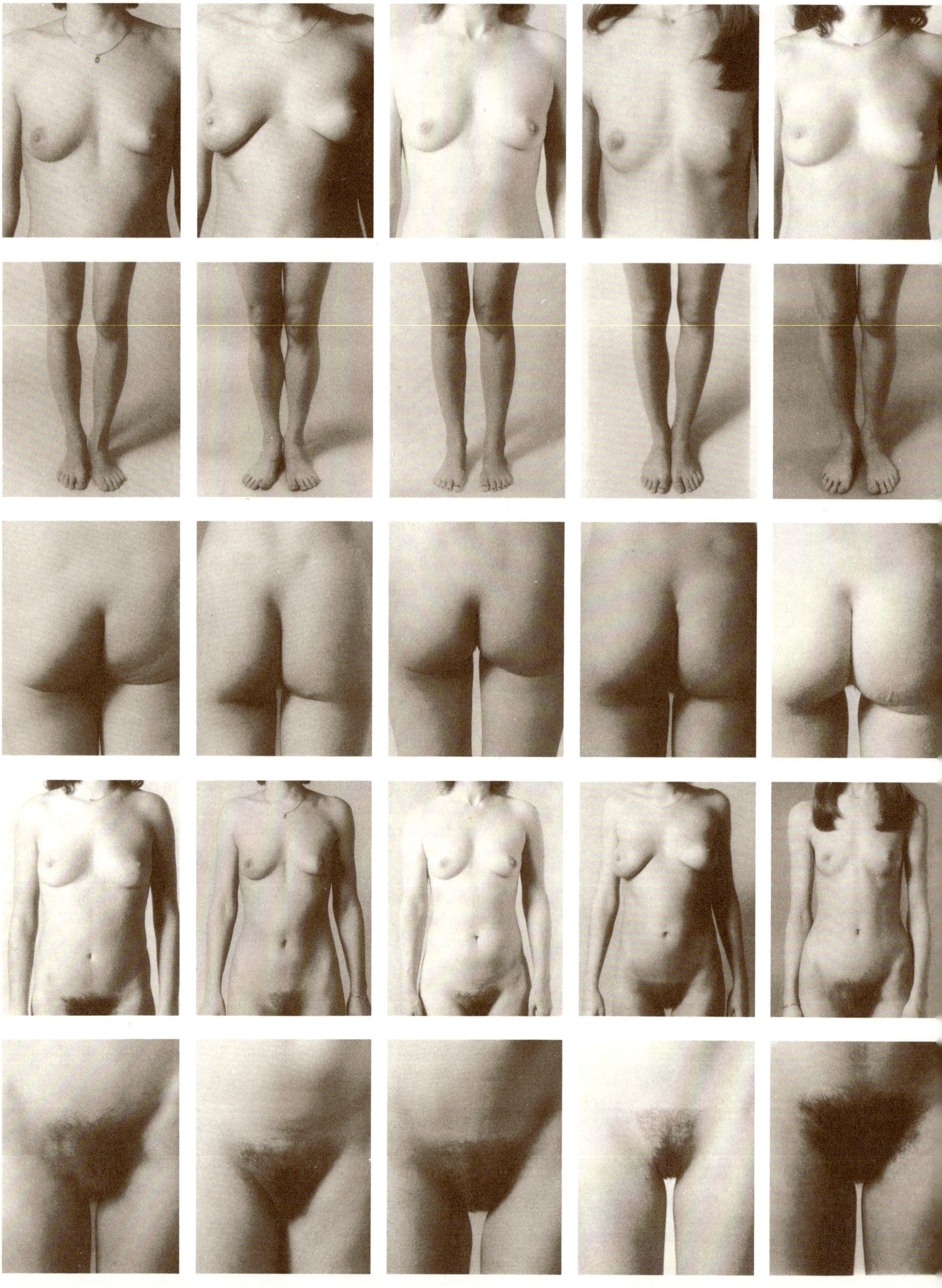

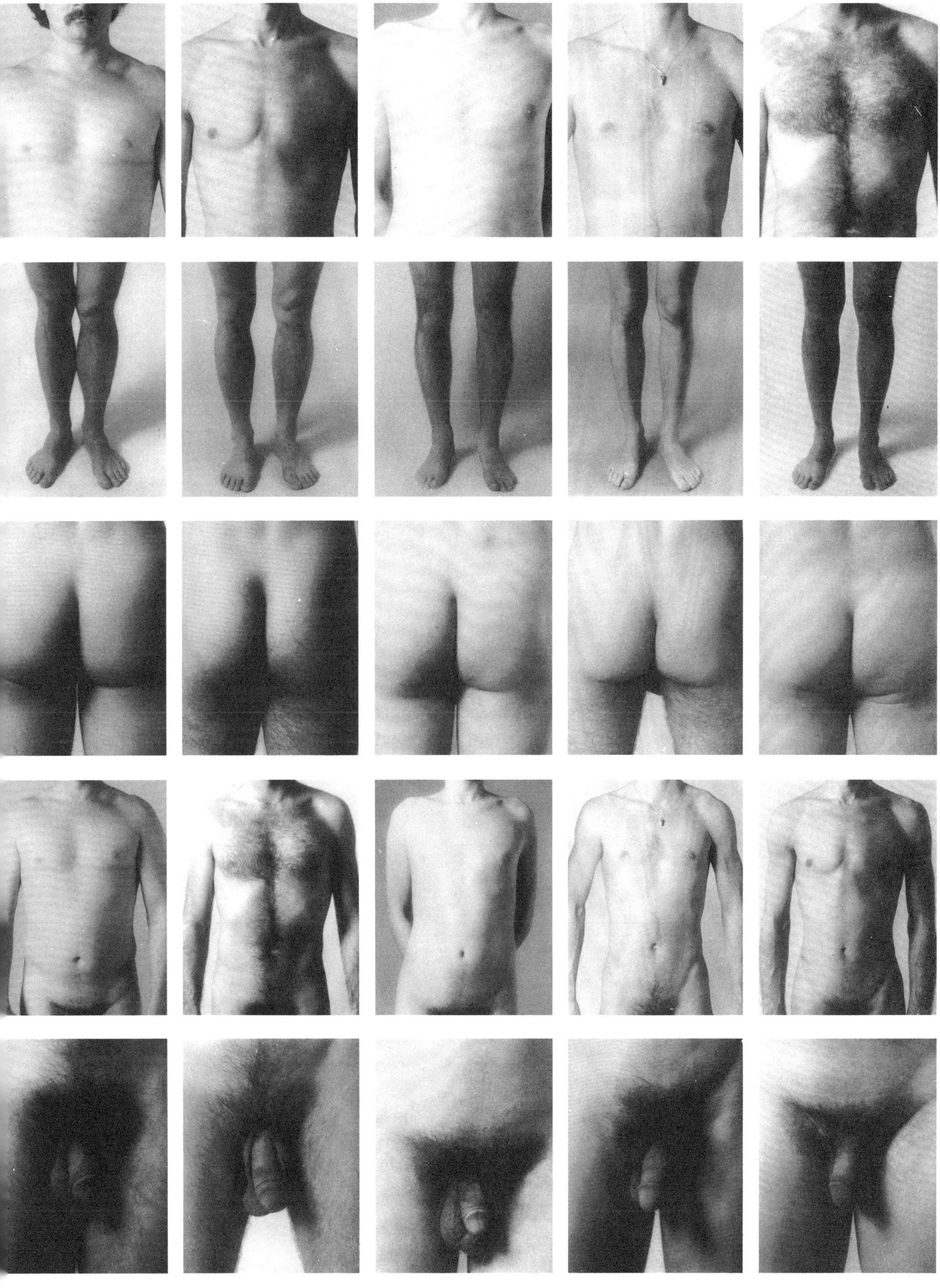

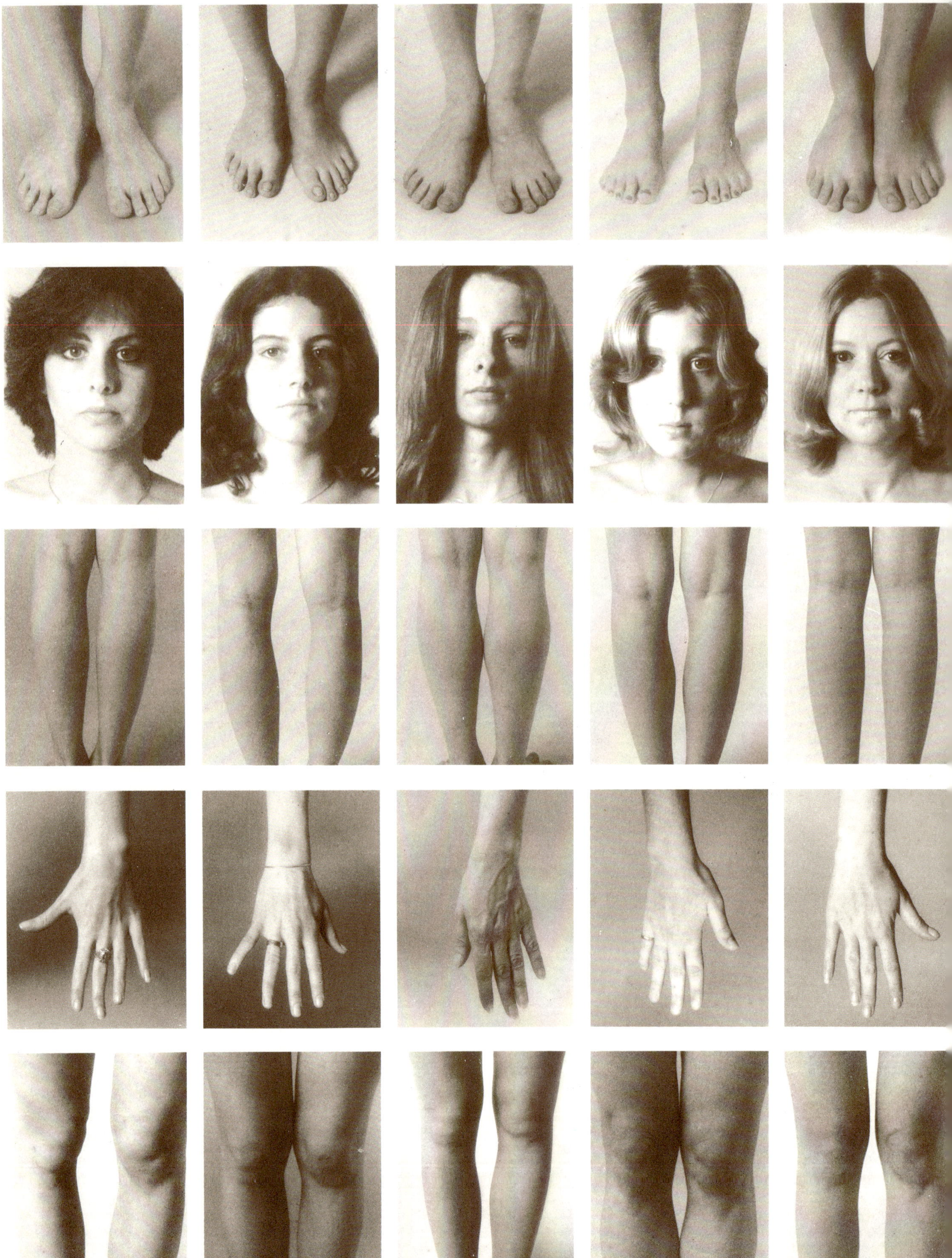

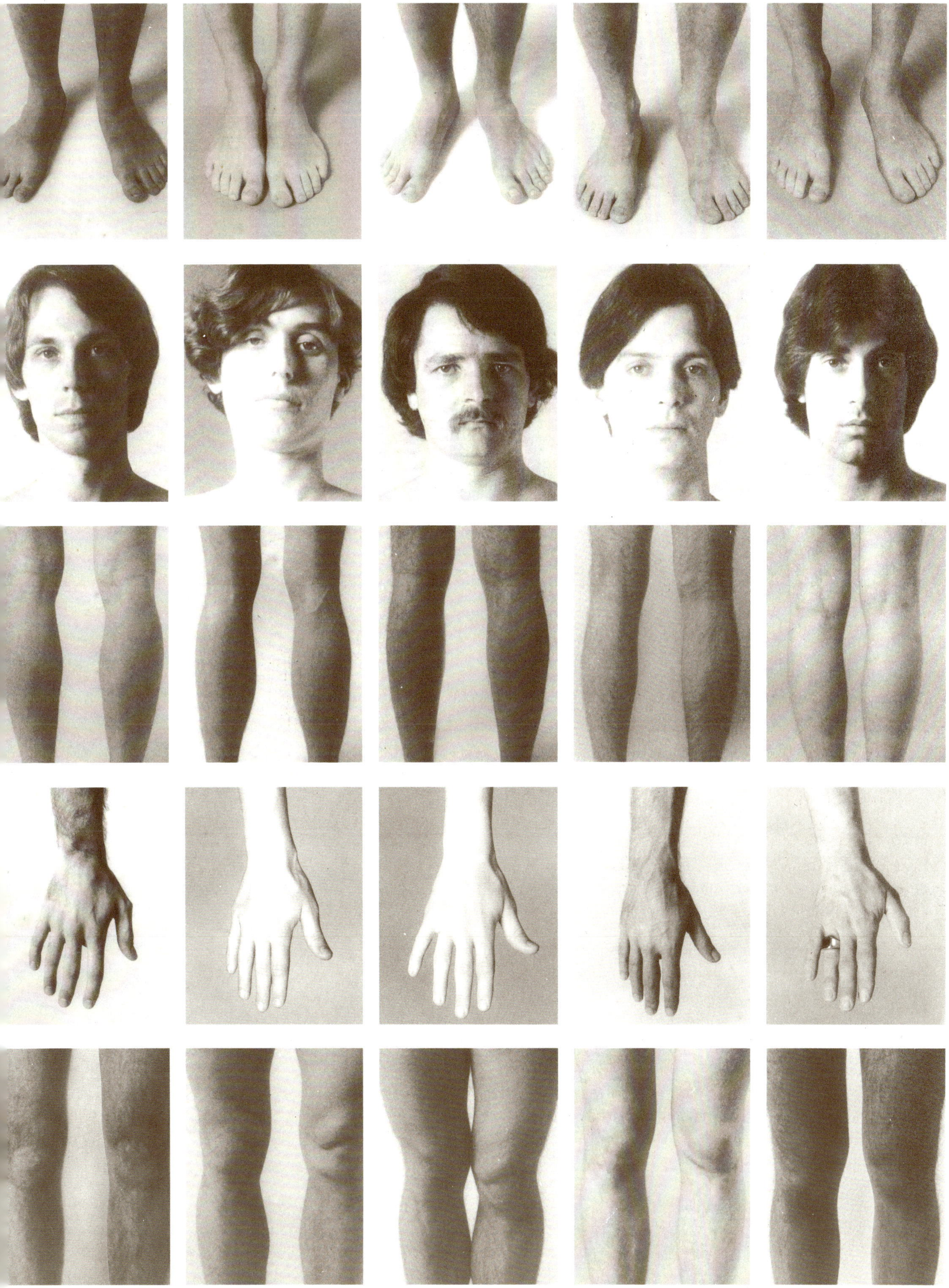

haar wächst. Ist Ihr eigenes lockig, spärlich, dick, dunkel, hell? Bei Männern: Kontrollieren Sie das Schamhaar und den Hodensack. Liegt Ihr Penis schräg, ist er beschnitten, ist er steif?

Hüften von hinten

Achten Sie auf die Behaarung, auf Pickel und Grübchen. Wer ist Ihnen hier am ähnlichsten?

Rücken

Betrachten Sie die Muskulatur, die Schulterblätter, das Rückgrat und die Speckfalten. Beachten Sie die Anzeichen für die körperliche Verfassung, das Geschlecht und das Alter.

Bauch

Sind Sie mollig, dünn, haben Sie einen kräftigen Bauch? Haben Sie irgendwelche Narben? Gibt es hier irgendeinen Bauchnabel, der so aussieht wie Ihrer?

Brustkorb

Beachten Sie den Unterschied in Form und Gestalt sowohl innerhalb eines Geschlechts als auch zwischen den Geschlechtern. Werfen Sie ein Auge auf die Brustwarzen einschließlich der Farbe und der Behaarung.

Arme

Hat einer dieser Arme solche Muskeln, Adern, Sommersprossen oder eine Behaarung, die Ihren irgendwie gleicht?

Hände

Betrachten Sie die Form Ihrer Hände, Nägel und Handflächen.

Hals und Schultern

Achten Sie auf Anmut, Strenge, Falten am Hals und auf Schräge, Wölbung und Breite der Schultern.

Kinn

Ist Ihr Kinn hier abgebildet? Wie viele haben Sie? Irgendwelche Anzeichen von Querfalten, fliehendem Kinn, Zerklüftungen, Hängekinn?

Ohren

Überlegen Sie einmal, was Sie selbst für Ohren haben. Sind sie durchbohrt, lappig, behaart, sind es »Schlappohren«?

Mund

Sieht Ihr Mund einem der abgebildeten ähnlich? Wie steht es mit den Zähnen?

Nase

Nasen können nach oben gebogen sein, knollig, sommersprossig, groß und klein, fest.

Augen

Augen sind vielleicht das, was am individuellsten bei den Gesichtszügen ist. Also achten Sie auf Gestalt, Make up, Brille, Wimpern, Augenbrauen, nicht auf den Ausdruck in ihnen.

Haar

Beachten Sie, wie die Haarfarbe und die Frisur Alter, Geschlecht und Lebensweise erkennen lassen.

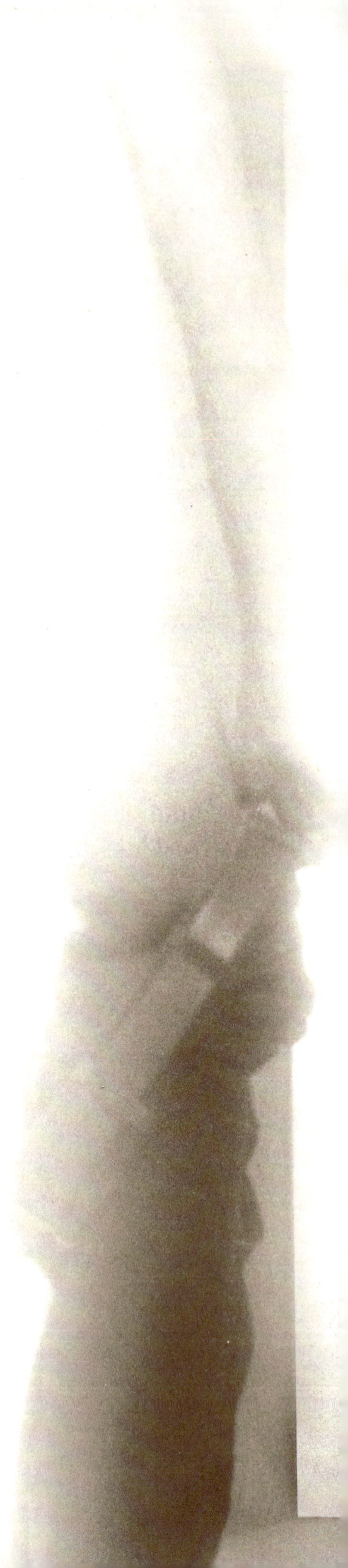

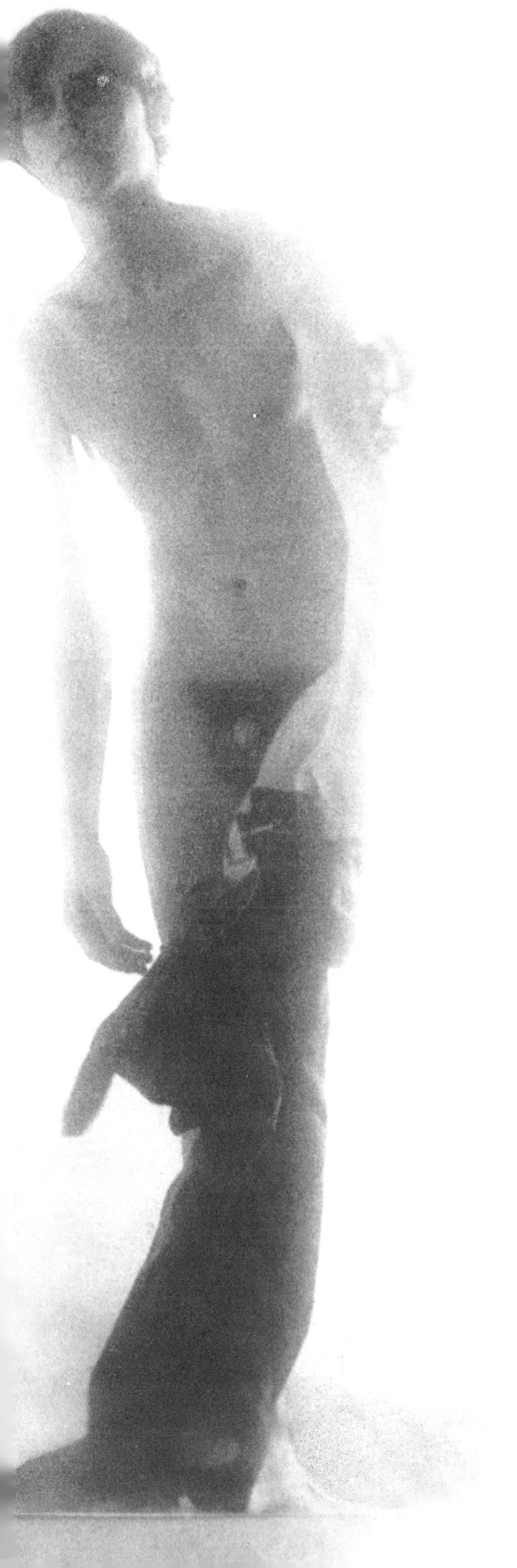

Jedermann contra Sie persönlich

Jetzt, da Sie im Geiste ein Bild Ihrer selbst haben, können Sie es mit den wirklichen Gegebenheiten vergleichen. Ziehen Sie sich aus und stellen Sie sich einmal vor den Spiegel. Nehmen Sie dazu möglichst einen Spiegel voller Länge und betrachten Sie sich von verschiedenen Blickwinkeln aus. Versuchen Sie zu beurteilen, wie zutreffend Ihre Wahl war gegenüber dem, was Sie jetzt vor Augen haben. Jetzt füllen Sie bitte, während Sie noch den Spiegel gebrauchen und Ihre Zusammenstellung als Leitbild, diese folgenden Zeilen aus:

Was Sie gut gewählt haben ______________________________

Wo Sie Pfusch gemacht haben ______________________________

Was Sie, wenn überhaupt, aus der ganzen Bilderschau ausgelassen haben ______________________________

Was die Galerie ausgelassen hat ______________________________

Warum Sie sich vielleicht über- oder unterschätzt oder falsch dargestellt haben ______________________________

Vielleicht sind Sie es gar nicht gewohnt, sich selbst zu untersuchen, während Sie nackt sind. Ihre Fehleinschätzungen kamen daher, daß Sie nicht richtig mit Ihrem Körper vertraut sind. Obwohl Sie selbst mehr Recht haben, Ihren Körper zu betrachten als sonst jemand, so fühlen Sie sich dabei vielleicht gehemmt. Das kommt daher, daß es in unserer Gesellschaft verpönt ist, sich nackt zu bewegen, kommt auch von den Assoziationen, die man herstellt zwischen Nacktheit, Sex und Sünde, was zumindest zurückgeht auf Adam und Eva, die man nun wirklich selten einmal bis zum Stehkragen angezogen abgebildet sieht.

Fast jeder wird durch Nacktheit manchmal in Verlegenheit gebracht, ob seine Erziehung nun puritanisch war oder tolerant. Schamgefühl, heftige Reaktionen oder übertriebene Sittsamkeit können von der Angst herstammen, von seinem eigenen nackten Körper erregt zu werden. Selbst der Stolz auf den eigenen Körper kann das Verhalten in Mitleidenschaft ziehen, falls dieser Stolz als unangemessen oder unnatürlich angesehen wird.

Sollten Sie das Gefühl haben, daß Sie im Adamskostüm keine besonders gute Figur abgeben, dann haben Sie vielleicht gar kein Bedürfnis, Ihren Körper zu betrachten. Wenn Ihr Körper nicht so ist, wie Sie ihn sich vielleicht wünschen, dann bedrückt es Sie nur, wenn Sie ihn genauer betrachten würden. Vertrautheit bringt für Sie dann nur Verachtung mit sich. Sie sollten vielleicht einmal darüber nachdenken, wo und wann Sie diese Unzulänglichkeit verspüren und ob Sie dafür wirklich einen speziellen Grund haben. Hat Ihnen jemals ein anderer gesagt, daß Sie körperliche Mängel besitzen? Wahrscheinlich nicht. Wenn dem aber so ist, dann haben diese Leute vielleicht die Zweifel, die sie selbst einem positiven Körpergefühl gegenüber hegen, einfach auf Sie übertragen.

Vielleicht haben Sie versucht, Ihre Unzulänglichkeit wettzumachen, indem Sie sich falsch dargestellt haben. Jeder macht das bis zu einem gewissen Grade, und es ist wahrscheinlich in Maßen auch durchaus förderlich. Was nun nicht mehr heilsam ist, das ist das Schwelgen in Ihrer eigenen Unvollkommenheit. Einige Leute werden fast aggressiv wegen ihres nicht so vorteilhaften Aussehens und schieben es auf andere.

Wenn Leute sich selbst erniedrigen, dann müssen andere entscheiden, ob sie mitfühlend sind oder lieber lügen. Wenn Sie sich selbst erniedrigen, dann bitten Sie vielleicht dringend: »Akzeptiere mich doch irgendwie!« oder »Sage mir, daß es nicht wahr ist!« Leute benutzen ihre Unzulänglichkeiten, um anderes, was sie haben wollen, auch zu bekommen.

Wenn Sie bei Ihrem Körperbild etwas ausgelassen haben, haben Sie sich dessen vielleicht geschämt oder sind deswegen traurig gewesen oder ein wenig unschlüssig, weil es nun mal zu Ihnen gehört. Bevor Sie Ihr Versäumnis entschuldigen, indem Sie sagen, Sie hätten es einfach vergessen, denken Sie mal darüber nach, was Ihnen dieser Körperteil bedeutet. Vielleicht haben Sie ihn weggelassen, weil er vorher besser erschien als jetzt – und Sie sich seiner lieber im früheren Zustand entsinnen. Vielleicht haben Sie ihn ja auch nie richtig gemocht. Vielleicht waren Sie in einem Interessenkonflikt, weil niemand außer Ihnen, oder alle außer Ihnen, diesen Teil von Ihnen mochte.

Wenn Sie diesen Abschnitt durchgegangen sind, ohne Ihrem Körper gegenüber beide Gefühle, nämlich gute und auch schlechte, zu erleben, dann gehen Sie besser noch einmal zurück und versuchen es von neuem.

Noch mehr Jedermänner

Es reicht nicht, Ihren Körper einfach bloß vom Schauen in den Spiegel zu kennen. Wie sieht er denn von nahem aus? Wissen Sie, wie er riecht und schmeckt?

Kehren Sie zurück und unterziehen Sie Ihren Körper einmal einer sehr sorgfältigen Untersuchung. Sie sollten nackt sein, und Sie können einen Spiegel benutzen für all die Teile, die Sie sonst nicht gut sehen können. Beginnen Sie mit Ihren Füßen und schauen Sie sie sehr sorgfältig an. Wie sieht die Oberfläche und die Färbung Ihrer Fußsohlen aus? Untersuchen Sie die Form des Fußgewölbes und der Zehen. Gehen Sie dann weiter zu Ihren Waden, Oberschenkeln, Hüften, zu Ihrem Bauchnabel, Hals und Kopf. Lernen Sie Ihren Körper kennen.

Welches Gefühl hätten Sie, wenn Sie ein anderer derartig von nahem erforschen würde? ______________________________

____

Worauf sollten diese Menschen Ihrer Meinung nach besonders achten? ______________________________

____

Was würden Sie zur besonderen Beachtung herausstellen? __________

____

Hat Sie jemand schon mal auf diese Weise erforscht? __________

____

Haben Sie schon mal einen anderen Menschen auf diese Weise untersucht? ______________________________

____

Diese Art intensiver Untersuchung ist verbunden mit einer anderen Empfindung und einem besonderen Feingefühl. Wenn Sie diesmal über Ihren Körper fahren, versuchen Sie sich doch einmal darauf zu konzentrieren, welches Gefühl es ist, Ihre Zehen, Knie, Ihren Bauch, Penis, Ihre Brust, Ihre Ohren und so weiter zu berühren. Können Sie unterscheiden zwischen Streicheln und Gestreicheltwerden? Welches Gefühl haben Sie, wenn Sie einmal gegen den Strich über Ihre Haut streichen, um die Stellen Ihres Körpers herauszufinden, die hochempfindlich sind und andere, die fast empfindungslos sind, um weiche Stellen herauszufinden, rauhe Stellen, behaarte Stellen? Die Haut ist unser größtes und vielfältigstes Organ. Untersuchen Sie es:

Was mögen Sie bei sich selbst am liebsten anfassen? ______________
____

Was mögen Sie am liebsten von anderen streicheln lassen? ________
____

Wobei, wenn überhaupt bei einem Teil, fühlen Sie sich selbstsicher, unwohl oder nervös, wenn Sie sich dort von jemandem streicheln ließen? ______________________________________
____

Der Geruch ist ein wichtiges und oft sang- und klanglos untergehendes Sinnesorgan. Denken Sie einmal über Ihren Körperduft nach. W. H. Auden hat einmal gesagt, jeder liebt den Geruch seines eigenen Furzes. Vielleicht haben Sie bemerkt, daß Ihr Urin am stärksten gleich nach dem Aufstehen riecht und daß Ihre Ausdünstung sich ändert mit Ihrer Tätigkeit und Ihrer Ernährung. Der Geruch von Tabak, Knoblauch, Schweiß, Parfüm, Samenflüssigkeit und Seife kann von anderen genauso wahrgenommen werden wie von Ihnen selbst. Erforschen Sie sich einmal sehr sorgfältig mit Hilfe Ihrer Nase, dann füllen Sie diese Zeilen aus:

Die Geschlechtssekrete riechen in etwa süßlich, schwach, faulig oder ____
____

Es gibt einen Unterschied zwischen sauberem Schweiß und altem Schweiß. Dieser Unterschied liegt in ______________________
____

Ich habe kein dummes Gefühl, wenn jemand folgendes an mir riechen möchte: ______________________________________
____

Ich bin der Meinung, Vaginalsprays, Zahncreme, Deodorants, Aftershave und Parfüm sind ______________________________
____

Leute, die nach __________ riechen, geben mir das Gefühl, daß ___
____
____

Der Geschmack ist kein so ausgeprägter Sinn wie der Geruch, hat aber den Vorteil, daß er im Mund angesiedelt ist, der allgemein erotischer als die Nase angesehen wird. Vielleicht sind Sie es nicht gewöhnt, Ihren Körper zu belecken oder zu küssen, aber Sie werden sehen, daß Ihr Berührungssinn erweitert wird, wenn Sie Ihre Lippen und Ihre Zunge als Empfangsorgan einbeziehen. Ohrenschmalz hat seinen eigenen bitteren Geschmack. Ihre Hände und Haare tragen auch noch andere Geschmacksformen an sich. Probieren Sie alles, was Sie erreichen können.

Ich wußte bisher nicht, daß mein Menstruationsblut nach ______
______ schmeckt.
Ich wußte bisher nicht, daß mein Samen nach ______
______ schmeckt.
Ich wußte bisher nicht, daß meine Unterarme nach ______
______ schmecken.
Ich wußte bisher nicht, daß meine Knie nach ______
______ schmecken.
Ich wußte aber, daß mein ______

nach ______ schmeckt.

Ihr Körper macht lauter faszinierende Geräusche. Sie können Ihr Herz schlagen hören, aber es ist unmöglich, die Bewegung der verschiedenen Herzklappen zu unterscheiden. (Wenn Sie das nächste Mal mit jemandem zusammen sind, der ein Stethoskop dabei hat, fragen Sie ihn doch einmal, ob Sie sich selbst abhorchen dürfen.) Sie können auch Verdauungsgeräusche hören. Wenn Sie einen Freund oder Geliebten bei sich haben, der einverstanden ist, versuchen Sie einmal, sein Herz und seinen Bauch abzuhorchen. Sie können Muskeln singen hören, wenn Sie Ihren Arm ganz nah an Ihrem Ohr beugen und strecken. Und wahrscheinlich haben Sie Gelenke, die gelegentlich krachen oder knarren.

Ihr Körper ist umgeben von Geräuschen, die ihn entspannt machen oder angespannt oder aufgeregt. Einige davon könnten vielleicht Musik sein oder Verkehr, Seufzen, Schnaufen, Stimmengewirr, Regen. Achten Sie auf Ihre Eigengeräusche und die Geräusche Ihrer Umgebung.

Gibt es irgendwelche ganz bestimmten Geräusche, die Sie in Verbindung bringen mit Geschlechtsverkehr? ______
______

Welches Gefühl haben Sie, wenn jemand seinen/ihren Kopf in Ihren Schoß legen will? ______
______

Welche Art Geräusche beeinflußt Ihre Stimmung bis hin zur Beeinflussung Ihres ganzen Körpers? ______
______

Die Wahrnehmungsfähigkeit Ihres Körpers ist nicht auf eine Sinneswahrnehmung zur gleichen Zeit beschränkt. Es gibt verschiedene Situationen, die unten aufgeführt sind, in denen Sie sich Ihres Körpers überaus deutlich bewußt sein können. Versetzen Sie sich einmal in die jeweilige Lage, und beschreiben Sie ganz detailliert Ihre Reaktionen. Lassen Sie so viele sinnliche Erwiderungen einfließen, wie Sie nur meinen, daß diese daran beteiligt sind:

Sie sind am Strand. (Wie finden Sie Ihren Badeanzug oder Ihre Badehose? Sind Sie stolz auf Ihren Körper? Wie fühlt sich die Sonne, das Wasser und der Sand an Ihrer Haut an? Wie riechen sie? Wie schmeckt der Wind? Wie wirken sich das Geräusch der Wellen oder das anderer Leute auf Sie aus?)

Notizen ______
______
______

Sie probieren Kleider in einem sehr vollen, lauten Laden an und müssen die Umkleidekabine mit jemandem teilen.
Notizen ___

Sie sind krank und müssen das Bett hüten.
Notizen ___

Sie sitzen auf einer Toilette, und es ist noch jemand im Raum, der Sie beobachtet oder einfach mit Ihnen plaudert.
Notizen ___

Sie werden von einem Arzt untersucht.
Notizen ___

Das sind nur einige Beispiele, wann und wo Sie sich vielleicht Ihres Körpers besonders bewußt sind, wie er sich anfühlt, wie er riecht und so weiter. Versuchen Sie eimal darüber nachzudenken, was Ihnen in solchen Situationen ein Gefühl von Wohlbehagen und von Mißvergnügen bereitet. Wären Sie froher gewesen an einem Nacktbadestrand oder an einem menschenleeren Strand? Mögen Sie gern Kleider anprobieren, wo immer Sie gerade sind? Vielleicht macht es für Sie keinen Unterschied, ob derjenige, der Ihnen auf der Toilette zusieht, ein Erwachsener oder ein Kind ist, ob der Arzt ein Mann oder eine Frau ist und so weiter.

Worauf es bei diesen Übungen ankommt, ist nicht, sich in jeder Situation unter allen Umständen wohl fühlen zu müssen, als vielmehr Ihnen bewußt zu machen, wie Sie sich in ganz verschiedenen Gegebenheiten fühlen.

Woher kommen die Gefühle über eine rechte Vorstellung von unserem Körper?

Das Vergleichen ist ein grundlegender geistiger Prozeß, der die ganze Zeit ohne große Unterbrechung stattfindet. Wenn Sie nicht wüßten, wann Sie sich in der vergangenen Zeit wohl gefühlt hatten, wie sollten Sie dann wissen, wann Sie sich unwohl gefühlt hatten. Vergleiche zwischen Ihrem eigenen Körper und dem anderer Leute beginnen bereits in der Kindheit, wenn Sie Ihren eigenen Körper von der Umwelt trennen. Später beginnen Sie sich dann mit Ihren Eltern zu vergleichen. Wenn Sie ein Kind sind, haben Sie immer vor Augen, daß Sie kleiner und schwächer sind als der Rest der Welt. Der Wunsch, Ihren Körper und Ihre Umwelt genauso leicht und lässig kontrollieren zu können, wie es den Erwachsenen gelingt, kann zu dem Gefühl führen, daß Sie mit ihnen nicht zu vergleichen sind.

Das Gefühl der Unterlegenheit bleibt fortbestehen, wenn Sie ein wenig älter werden und herausfinden, daß es Leute gibt, deren körperliche Entwicklung die Ihrige irgendwie überholt und hinter sich läßt. Sie können sich unterlegen fühlen, selbst wenn Sie Ihren Klassenkameraden körperlich gesehen voraus sind. Der junge Mensch, der körperlich früh reif geworden ist, wird vielleicht auch emotional oder sozial für reifer gehalten, als er oder sie eigentlich dazu in der Lage ist.

Vergleiche scheinen unvermeidlich. Das Mädchen oder der Junge, das oder der seine Klassenkameraden von der Körpergröße her haushoch überflügelt oder fett oder mager ist, wird sich mit seinem Körper sehr unwohl fühlen, zumindest für eine gewisse Zeit. Gefühle wie diese können weiterbestehen, selbst wenn sich Ihr Körper verändert hat. Wenn Sie sich nicht mit Ihren Freunden vergleichen können, haben Sie vielleicht ältere Geschwister oder Eltern, um sich an ihnen zu messen. Und diese Vergleiche bewirken dann zweierlei. Sie sind vielleicht nicht so hübsch wie A. oder so athletisch gebaut wie Z., aber sicherlich sind Sie attraktiver als D. und ein besserer Tänzer als C.

Die Idealisierung des weiblichen Körpers und in jüngerer Zeit auch des männlichen in Illustrierten und auf Pin-up-Bildern gibt Ihnen eine Möglichkeit zum Vergleichen, falls es Ihnen auf die Nerven geht, Ihren Körper auszuspielen gegen den Ihrer Freunde und Verwandten. Es gibt da einen ziemlich ausgeprägten Konflikt um diese und andere kulturelle Idealvorstellungen. Viele von ihnen sind wirklich sehr hübsch anzusehen, aber normalerweise sehen wir sie ja auch immer von ihrer besten Seite. Das Idealbild wird uns überliefert mit Weichzeichnerobjektiven, Make up, Silikonspritzen, Föhnwelle, Friseur, tadellosen Zähnen und sorgfältiger Ausleuchtung.

Der Effekt bei dieser Verherrlichung auf dem Papier liegt darin, daß Sie sich fragen sollen, wie es jeder außer Ihnen schafft, die ganze Zeit so blendend auszusehen. Selbst wenn Sie das Filmstar-Image als unrealistisch von sich weisen, so werden Sie sich dennoch fragen, ob andere Leute das auch tun. Oder erwartet man von Ihnen, daß Sie aussehen wie die Pin-up-Typen? Frauen machen sich jahrelang Sorgen darum, und Männer, die bei Frauen keinen Grund sehen, ihren Gesprächen über die Größe ihrer Titten zu widersprechen, sind nun erschrocken bei dem Gedanken, daß alle Frauen vielleicht denken könnten, alle Männer sind von der Bauart männlicher Pin-up-Bilder. Tatsache bleibt aber, daß die Idealisierung Ihres eigenen Geschlechts sehr erschreckend sein kann, wohingegen Sie die Idealisierung des anderen Geschlechts einfach bloß als schöne Fantasieanregung ansehen.

Ein weiterer Gesichtspunkt, unter dem man Schönheit in den Medien betrachten sollte, ist seine Wirtschaftlichkeit. So erfreulich es auch sein kann, wenn ein Produkt durch eine attraktive Person verkauft wird, so scheinen die meisten Anzeigen nur darauf abgestellt zu sein, Ihnen kein gutes Gefühl über Sie selbst zu vermitteln. Dahinter steht immer, daß Sie eigentlich auch attraktiv aussehen könnten, wenn Sie nur besser duften, schmecken, aussehen oder sich anfühlen würden. Obwohl Sie natürlich genau wissen, daß solch eine Anpreisung total irrational ist, bleibt doch immer die Sehnsucht nach der Zauberformel.

Wenn Sie älter werden, kann sich das Vergleichen auch auf Ihre eigene Zeit davor erstrecken. Vieleicht haben Sie Sehnsucht nach der Zeit, als Sie sich auf Ihren Körper noch verlassen konnten, weil er durchhielt. Sie konnten eine ganze Nacht durchmachen, konnten ohne weiteres eine Partie 66-Loch-Golf spielen, konnten eine tolle Frau aufreißen. Ihr Haar war noch nicht grau, Ihre Beine beutelten an den Knien noch nicht aus, und auf Ihren Händen sah man noch keine

Leberflecken. Nun haben Sie Ihre Zähne verloren und Ihre Haare und vielleicht auch die rechte Vorstellung von Ihrem Körper.

Verlust, das ist etwas, was hinsichtlich dieser Vorstellungen jeder einmal erfährt, ob man nun etwas Wirkliches verloren hat oder nicht. Verlust erfahren Sie am eigenen Leib, wenn Sie sich zum erstenmal mit Ihren Eltern vergleichen und einen Mangel an sich spüren. Sie erfahren ihn, wenn Sie sich an kulturellen Idealvorstellungen messen und dabei merken, daß Sie etwas vermissen, was Sie noch nie besessen haben. Sie erfahren ihn am eigenen Leib, wenn Sie Ihre Jugend verlieren. Die Tatsache des Verlustes kann man fast als selbstverständlich hinnehmen. Nicht aber die Art, wie er Ihr Verhalten, Ihre Vorstellung von sich selbst beeinflußt.

Die Vorstellung von unserem Körper und von uns selbst

Es ist ganz natürlich, daß es einen Konflikt gibt zwischen der Ausstrahlung, die man hat, und einer, die man sich wünscht. In diesem Teilabschnitt werden wir erkunden, wie Sie diesem Konflikt gegenüberstehen und wie Sie ihn lösen.

Vielleicht haben Sie zuallererst das Gefühl, daß man Sie nicht so sieht, wie Sie wirklich sind. Sie scheinen die ganze Zeit nur verbissen und stereotyp Ihr Körperimage zu wiederholen. Sie sind vielleicht unscheinbar, aber Sie sind von innen heraus nicht schön. Vielleicht sind Sie auch groß, dann spielen Sie aber nicht Basketball. Sie sind vielleicht dick, aber Sie sind dabei nicht vergnügt. Vielleicht sind Sie körperbehindert, aber Sie sind nicht tapfer. Vielleicht sind Sie auch hübsch, aber Sie sind nicht glücklich.

Denken Sie einmal über die Vermutungen nach, die Sie über andere Leute anstellen in bezug auf deren Körpervorstellung. Vielleicht erwarten Sie, daß Männer mit großen Nasen auch einen großen Penis haben, und daß Frauen mit großen Brüsten auch gut im Bett sind. Leute, die morgens ohne Umschweife aufstehen, sind vielleicht nervös, und ein körperlich mißgebildeter Mensch könnte doch ein latenter Homo sein.

Das sind weitverbreitete Vorurteile, die dann in Betracht kommen, wenn Sie sich einmal genauer ansehen, wie Ihre Art, auf diese Leute zu reagieren, von eben solchen Vermutungen beeinflußt wird.

Es wäre großartig, wenn Sie Ihren Körper wirklich ohne Vorbedingungen liebten. Wenn Sie sich nicht mit jemand anderem verglichen oder Ihren stereotypen Vorstellungen zum Opfer fielen. Wenn Sie dächten, Sie wären vom Aussehen, vom Duft, vom Geschmack her der größte Leckerbissen weit und breit. Sie können das vielleicht nicht gleich total, aber versuchen Sie diese Übung doch einfach, um bloß mal einen Geschmack zu bekommen von den glücklichen Eingeborenen.

Weiter unten finden Sie einige Körpertypen und daneben Platz, um weitere hinzuzufügen. Listen Sie für jeden Körper hier oder in Ihrem Tagebuch all die liebenswerten, anziehenden erotischen Qualitäten auf, die Ihnen nur einfallen – ein dicker Körper ist ein Meer wogender Wülste, ein Garten fleischiger Falten, ein unendlicher Quell der Wärme und der Sicherheit.

Ein dünner Körper ist ______________________________

____

Ein starker Körper ist ______________________________

____

Ein unförmiger Körper ist ______________________________

____

Ein kleiner Körper ist ______________________________

____

Ein ________ Körper ist ______________________________

____

Ein ________ Körper ist ______________________________

____

Wenn Sie Ihren eigenen Körpertyp nicht besonders gelobt haben, brauchen Sie mehr Übung. Versuchen Sie diese Übung jetzt noch einmal und schreiben Sie dabei abstoßende Merkmale all dieser Körper auf. Das kann ein kathartischer Weg sein, um endlich an die wahren Gefühle über *Ihren* Körper zu gelangen. Wenn Sie erst einmal sagen können, warum Sie ihn nicht mögen und warum Sie ihn mögen, dann kommen Sie auch eher dazu, ihn zu akzeptieren.

Wenn Sie darüber nachdenken, daß Ihr Körper anders ist, dann denken Sie vielleicht auch darüber nach, wie die Persönlichkeit durch den Körper Form annimmt. Sie denken vielleicht, Sie wären ein anderer Mensch, wenn Sie einen anderen Körper haben. Vielleicht tragen Sie gerade jetzt eine Perücke, ein Gebiß, Make up, einen wattierten BH. Vielleicht ist Ihr Körper verändert worden durch eine plastische Operation, durch Diät, durch Übungen, durch Kontaktlinsen. Das könnte Ihnen eigentlich ein Gefühl von Attraktivität, von Vertrauen und Stolz geben; aber es könnte Sie auch dazu bringen, herumzuschleichen immer mit der Angst davor, entdeckt zu werden oder davor, daß der dicke, füllige Mensch in Ihnen einmal hervorbricht. Es ist bestimmt nicht falsch, wenn Sie sich selbst anziehend herrichten, solange Sie dabei nicht das Gefühl haben, daß Sie eigentlich auf dem Boden einer Lüge leben. Das Wichtige dabei ist, daß Sie immer noch Sie selbst bleiben, auch wenn Sie Ihr Toupet abnehmen oder sich Ihres Hüftgürtels entledigen.

Jeder hat so etwas wie ein Ritual, das ihm ein angenehmeres Körpergefühl vermittelt – selbst wenn man sich gar nicht ausgesprochen schlecht fühlt. Manche Rituale sind lang und teuer, manche einfach und alltäglich. Ihre Reichweite geht von dem Wunsch, schlank wie eine Tanne zu werden oder sich einen Bart wachsen zu lassen bis hin zu dem Wunsch, zu baden oder einen Pfirsich zu essen. Machen Sie hier einmal eine Liste mit einigen Dingen, von denen Sie wissen, daß sie Ihnen helfen:

____________________	____________________
____________________	____________________
____________________	____________________
____________________	____________________
____________________	____________________
____________________	____________________

Warum machen Sie nicht einfach etwas, was Sie auf dieser Liste haben? Das Buch hier kann warten.

Die meisten Leute haben auch das Gefühl, daß die Kleidung Einfluß darauf hat, wie sie sich fühlen in bezug auf sich selbst und auf ihren Körper. Kleidung verändert Ihre Stimmung, gibt Ihnen ein sportliches oder geschäftsmäßiges Gefühl. Sie verleiht Ihnen einen Status und eine Stellung, bestimmt Ihr Alter, Ihre Klasse, Ihren Beruf, manchmal sogar Ihre politische Einstellung und Ihre Interessen.

Beschreiben Sie hier einmal all Ihre Utensilien, mit denen Sie sich ganz besonders fesch, behaglich und ruhig fühlen:

____

____

Um diese Beschreibung zu analysieren, denken Sie vielleicht einmal darüber nach, wann und wo Sie diese Ausstattung tragen würden. Wenn es etwas ist, was Sie zur Arbeit anziehen, dann überlegen Sie doch mal, ob es einen Vergleich aushält mit anderen Sachen, die Sie zur Arbeit tragen, und wie es zu Ihren Kollegen paßt oder sich bei ihnen einfügt. Vielleicht spiegelt Ihre Kleidung eine Idealvorstellung, die Sie von sich haben, wider. Es kann doch zum Beispiel auch etwas sein, was Sie nur tragen, wenn Sie allein sind, und es zeigt Ihnen vielleicht, daß Sie sich dann am wohlsten fühlen. Wenn es Ihnen nicht im geringsten steht, dann drücken Sie damit vielleicht aus, Sie fühlen sich am wohlsten, wenn Sie sich vor anderen herunterspielen. Wenn Ihnen gar keine Kleidung einfällt, in der Sie sich wohlfühlen würden, dann sind Sie allerdings einfach bloß stur und eigenwillig.

Das Entscheiden darüber, was man anzieht und das Anziehen selbst kann etwas von unserem Körperimage verraten. Wenn Sie sich darüber, was Sie nun anziehen wollen, den Kopf zermartern, wenn Sie Stunden brauchen, um sich in Schale zu werfen, versuchen Sie dann einfach sehr gut auszusehen, oder haben Sie Angst, daß *Sie*, nicht Ihre Kleider, unannehmbar sein könnten? Wenn Sie sich in Windeseile herrichten, dann können Sie eigentlich darauf vertrauen, daß Sie normalerweise gut aussehen, wenn Sie nicht gar überzeugt davon sind, daß keine wie auch geartete Vorbereitung letzten Endes helfen könnte.

Die Art, wie Sie Ihre Kleider tragen, wenn Sie sie erst einmal anhaben, ist ein weiterer Teil Ihres Körperimages. Wenn Sie umherschleichen in der Hoffnung, niemand möge einen Blick auf Ihre Kleidung werfen, dann hoffen Sie vielleicht in Wirklichkeit, niemand möge einen Blick auf Sie selbst werfen. Falls Sie dazu neigen, Ihren schön herausgeputzten Körper der nächstliegenden Gruppe von Menschen überzuhängen, dann wollen Sie wahrscheinlich jemandem nahe sein, aufgenommen und von Verpflichtungen entbunden werden. Ein aufrechter Gang kann Sich-fernhalten bedeuten, Stolz oder zu enge Kleidung. Bevor wir versuchen wollen herauszufinden, welche Botschaften Sie an Ihre Umwelt ausschicken, überlegen Sie sich einmal einige solcher Botschaften, die Sie von Bekannten her bekommen. Deren Bewegungen, Gesten und die Art, wie sie sich kleiden, könnten Ihnen etwas über ihr Körperimage aussagen. Ebenso wäre es auch mit Ihren eigenen Bewegungen.

Manchmal erfordert das Lösen der Konflikte um Ihr Körperimage mehr als nur, auf Ihren Körper zu achten, darauf, wie Sie sich kleiden und darauf, daß Sie einen harmonischen Gang haben. Manchmal werden Sie Ihr Verhalten ändern müssen. Sie müssen selbst entscheiden, ob die Vorstellung, die Sie von sich und Ihrem Körper haben, Ihr Verhalten beeinflußt. Wenn Sie glauben, daß Ihnen gar keine Kleider wirklich gut stehen, gehen Sie vielleicht nie aus. Wenn Sie glauben, Ihr Körper sei häßlich, dann werden Sie wohl nie mit einem Menschen nackt zusammenschlafen. Wenn Sie glauben, daß Ihre Zehen einen zu unangenehmen Geruch haben, werden Sie wohl niemals jemanden daran lutschen lassen.

Zusammenfassung

Wenn Sie mal so richtig deprimiert sind wegen all dieser Vorstellungen, dann sind Sie mit den wahren Ungerechtigkeiten des Lebens konfrontiert. Sie sind nicht perfekt, und selbst wenn Sie es wären, dauerte dieser Zustand nicht ewig. Das scheint nicht fair, aber es ist nun einmal nicht zu ändern. Wenn Sie erstmal erfahren haben, daß Sie ganz gewaltig – oder auch nur ganz leicht – um Ihre Hoffnung gebracht sind, gibt es für Sie zwei Möglichkeiten, Zuflucht zu nehmen. Die erste ist die, daß Sie etwas mehr Zuneigung zu sich selbst entwickeln. Zu diesem Zweck können Sie Ihren Körper kennen- und richtig einschätzen lernen, und Sie können Ihrem Körper all das zukommen lassen, von dem Sie wissen, daß es Ihnen ein gutes Gefühl verschafft.

Zweitens können Sie stinkwütend werden auf jeden, der Sie nicht so akzeptiert, wie Sie nun einmal sind. Einer der Gründe, warum kulturelle Idealvorstellungen und anderes, was nur Neid erregt, Sie so deprimiert, liegt darin, daß Sie nicht für sich selbst eintreten. Vielleicht ist es langsam an der Zeit, damit endlich anzufangen.

Unsere sexuelle Anatomie und Physiologie

Einführung

All die Probleme um unser Körperimage, um die es im vorigen Kapitel ging, wirken ganz einfach übertrieben, wenn Sie Ihren Blick einengen und nur auf Ihre Genitalien blicken. Selbst Leute, die sich nicht für ausgesprochen empfindlich dem gegenüber halten, wie sie auf andere Menschen auf der Straße wirken, sind plötzlich scheu oder nervös, wenn sie mit ihrer eigenen sexuellen Anatomie oder der eines anderen konfrontiert werden. Die endlosen Tabus, die in dieser Gesellschaft auf der Sexualität lasten und die fehlgeleiteten romantischen Vorstellungen dieser Mentalität hält die Menschen davon ab, einmal wirklich auf ihre Geschlechtsorgane zu schauen.

Oft führt das dazu, daß Ihnen Ihre Genitalien abgetrennt von Ihrem Körper scheinen. Sie betrachten Verlangen und Trieb als notwendige Funktionen, dazu sexuellen Beischlaf als eine aktive Handlung, betrieben von einer dritten Gruppe, nämlich den Genitalien beider Partner. Den Genitalien Namen zu geben oder das Gebrauchen von »er«, »sie« oder »es« kann ein Beispiel dafür sein.

Das Isolieren der Persönlichkeit von der Sexualität verstärkt die Gefühle von Scham, Zweifel und Befangenheit im Hinblick auf Sex. Das führt zu weitreichender Unwissenheit über den sexuellen Körperbau, seine Physiologie und über den inneren Zusammenhang von Sexualität und Fortpflanzung.

Um Ihre Sexualität in positiver Weise in Ihre Persönlichkeit zu integrieren, müssen Sie ein klares Bild von Ihren Geschlechtsteilen haben. Sie müssen ebenfalls wissen, was in sexueller Hinsicht innerhalb Ihres Körpers vor sich geht. Und Sie müssen die Wirkungsweise von Empfängnis und Empfängnisverhütung auf Ihre Sexualität sorgsam abwägen. Wir werden hier jede dieser Fragen ansprechen.

Die äußeren Geschlechtsorgane

Wir wollen mit einer gründlichen Selbstuntersuchung der äußeren Geschlechtsteile beginnen, also mit denjenigen, die Sie selbst sehen oder fühlen können. Suchen Sie sich einen ungestörten Platz, wo Sie für ein paar Minuten allein und ohne Unterbrechung sein können. Männer und Frauen werden zur gleichen Zeit beschrieben, wenn Sie das Ganze also mit Ihrem Partner zusammen machen wollen, tun Sie es. Wenn Sie ohne Partner sind und es nicht mit jemandem zusammen tun wollen, zumindest in der ersten Zeit, so achten Sie zur späteren Verwendung auf die anatomischen Ähnlichkeiten zwischen den Geschlechtern. Wenn Ihr Partner von Ihrem eigenen Geschlecht ist, dann achten Sie einmal auf die Unterschiede, die bei allen Ähnlichkeiten dennoch da sind.

Um die ganze Geschlechtsregion übersichtlich betrachten zu können, brauchen Sie einen Spiegel und eine Taschenlampe oder Lampe. Sie sollten direkt zwischen Ihre Beine leuchten und sich entweder über den Spiegel hocken oder einen Stuhl benutzen, um sich selbst abzustützen, damit Sie Ihr Spiegelbild ohne Mühe betrachten können.

Beginnen Sie mit Ihrem After. Er ist ganz runzelig und gewöhnlich von rosaroter Farbe. Untersuchen Sie, falls vorhanden, den Haarwuchs und achten Sie auf das Hervortreten von rektalem Gewebe. Vielleicht möchten Sie Ihre Hinterbacken auseinander halten, um besser sehen zu können. Wenn Sie die Mitte Ihres Schließmuskels mit einem Finger ganz leise anstupsen, dann können Sie sehen, wie er sich zusammenzieht.

Der Anus kann sich auch zusammenziehen, wenn Sie über den Damm streichen, also über die Hautstrecke zwischen Anus und Hodensack beim Mann oder der Vagina bei der Frau. Der Damm oder das Perineum ist oft ganz empfindungsreich schon bei ganz leisen Berührungen. Gewöhnlich ist es dunkler als die umliegende Haut, und oft wächst dort in der Gegend wuscheliges Haar. Wenn Sie jemals eine Operation an der Prostata, der Vagina, der Gebärmutter oder am After hatten, können Sie entlang dem Perineum noch die Reste einer Naht entdecken. Diese Gegend kann während einer Geburt aufgeschnitten werden (wir nennen das Episiothomie oder Dammschnitt) oder reißen und dann wieder zugenäht werden.

Sie als Mann können die Prostata fühlen, das Organ, das die Samenflüssigkeit produziert, indem Sie einen Finger sanft den After aufwärts schieben. Sie werden bemerken, daß sich der Schließmuskel stark zusammenzieht, besonders wenn Sie das vorher noch nie gemacht haben. Gehen Sie langsam voran. Hinter dem Ring des Schließmuskels werden Sie dann auf einmal auf etwas ziemlich Hartes, Rundes von der Größe eines Golfballes stoßen. Das ist die Prostata. Vielleicht fühlen Sie auch Kot im Mastdarm. Aber das soll Sie nicht aufregen. Waschen Sie einfach, wenn Sie weitermachen, Ihre Hände, wenn Ihnen das lieber ist.

Als Frau wollen Sie Ihren Mastdarm vielleicht auch untersuchen. Auch Sie werden einen kräftigen Muskelring und vielleicht auch Kot vorfinden. Es ist möglich, schädliche Bakterien vom After in die Vagina zu übertragen; waschen Sie sich also besser Ihre Hände, bevor Sie in dieser Richtung weitermachen. Wenn Sie dagegen von der Vagina zum After gehen, so ist das okay.

Sowohl Männer als auch Frauen werden vielleicht feststellen, daß es sie erregt, wenn sie die Gegend um den After und im After selbst streicheln. Es kann für einen Mann sehr aufregend sein, wenn er während des Beischlafs an der Prostata gekitzelt wird oder für eine Frau, den Penis statt in der Vagina im After zu haben. Der After ist für viele eine erogene Zone, egal welche sexuelle Erfahrung und Ausrichtung sie haben mögen.

Andererseits finden Sie vielleicht gerade die Vorstellung, Ihr eigenes Arschloch zu berühren, absolut widerwärtig. Vielleicht hatten Sie einmal eine demütigende oder schmerzliche rektale Erfahrung mit einem unsympathischen Arzt. Vielleicht ist die einzige Assoziation, die Sie mit dem After verbinden, der Stuhlgang, den Sie vielleicht sowieso nicht gerade als erotisch ansehen.

Wenn Sie experimentieren und möglicherweise Ihr Wissen und Ihre Einstellung im Hinblick auf die Analerotik erweitern wollen, so unternehmen Sie vorher etwas mit Ihrem Darm, bevor Sie mit dem Experimentieren beginnen. Waschen Sie den After gründlich. Das heißt, waschen Sie die ganze äußere Gegend mit Seife und warmem Wasser, und fahren Sie auch mit einem eingeseiften Finger innen entlang und einfach um die Aftermuskeln innen herum. Manche Leute mögen vielleicht einen Einlauf, was an sich schon erotisch ist. Schließlich spülen Sie die Seife gut ab und reiben mit einem sauberen Handtuch trocken.

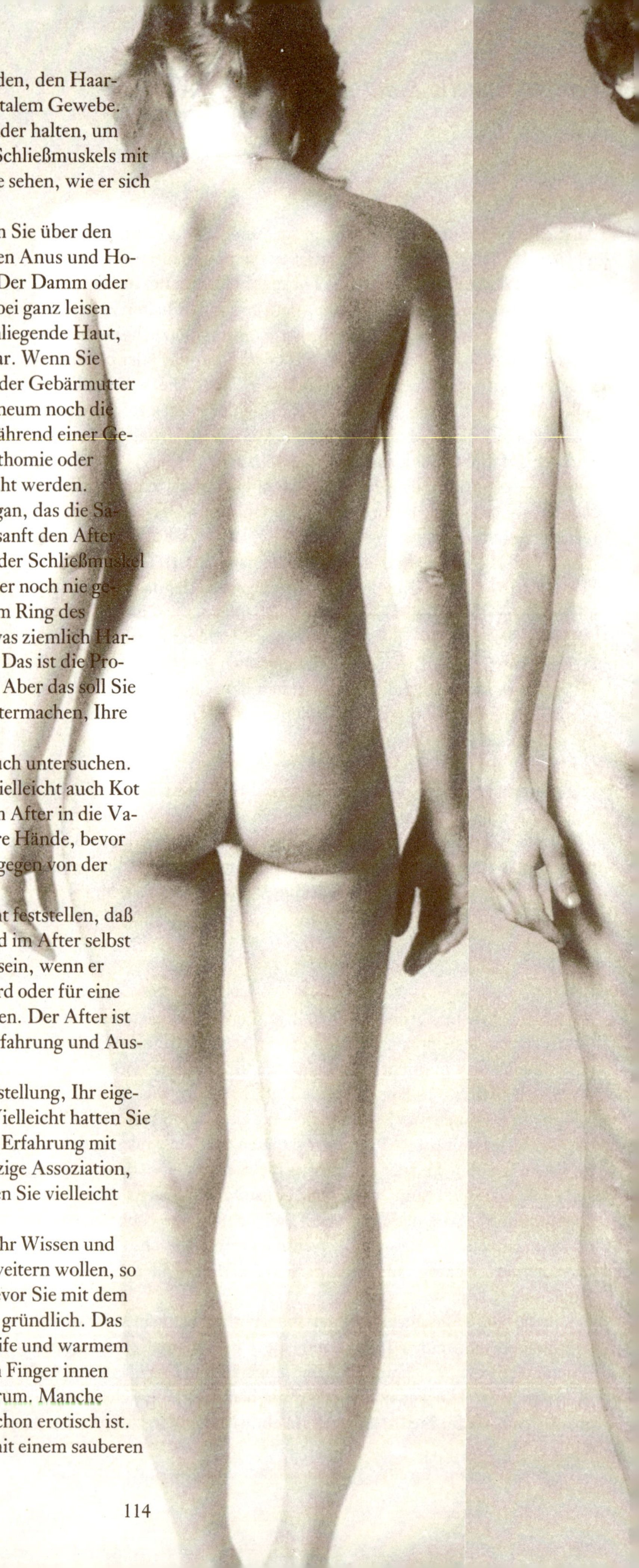

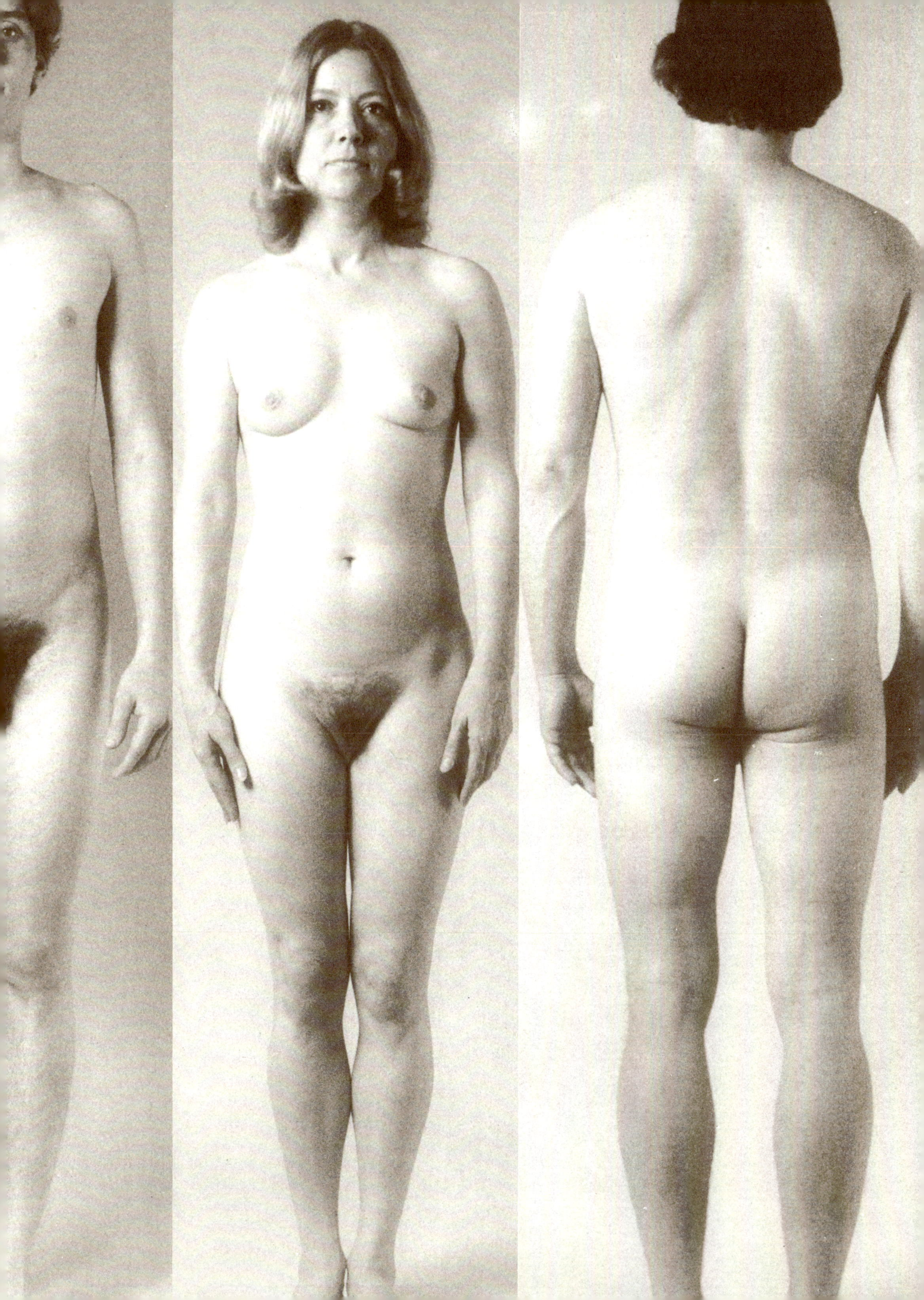

Um das Eindringen eines untersuchenden Fingers zu erleichtern, nehmen Sie vielleicht ein Gleitmittel. Sie können Vaseline benutzen oder Handcreme, oder am besten von allem können Sie in der Drogerie eine sterile Gleitcreme kaufen, die wasserlöslich und leicht abzuwaschen ist. Wärmen Sie alles, was Sie benutzen wollen, zwischen Ihren Fingern an, bevor Sie beginnen.

Vielleicht kommen Sie zu der Entscheidung, daß Sie sich immer noch nicht vorstellen können, wieso das alles so interessant sein soll. Manche sind der Meinung, daß Druck auf die Prostata oder auf den Mastdarm eher schmerzlich als aufregend ist, eher unbequem als erregend.

Falls Sie das hier nur einfach überfliegen, ohne die Untersuchung einmal so, wie Sie es gelesen haben, durchzuführen, weil Sie entweder das Gefühl haben, all das schon zu kennen oder es nicht zu wissen brauchen, warum nehmen Sie sich dann nicht einfach jetzt ein paar Minuten Zeit und beschreiben unten, wie Ihr After und Ihre Genitalien beschaffen sind.

____

____

____

Jetzt wollen wir einmal ganz aus der Nähe die großen Schamlippen und den Hodensack untersuchen. Von diesem Teil der Frau und des

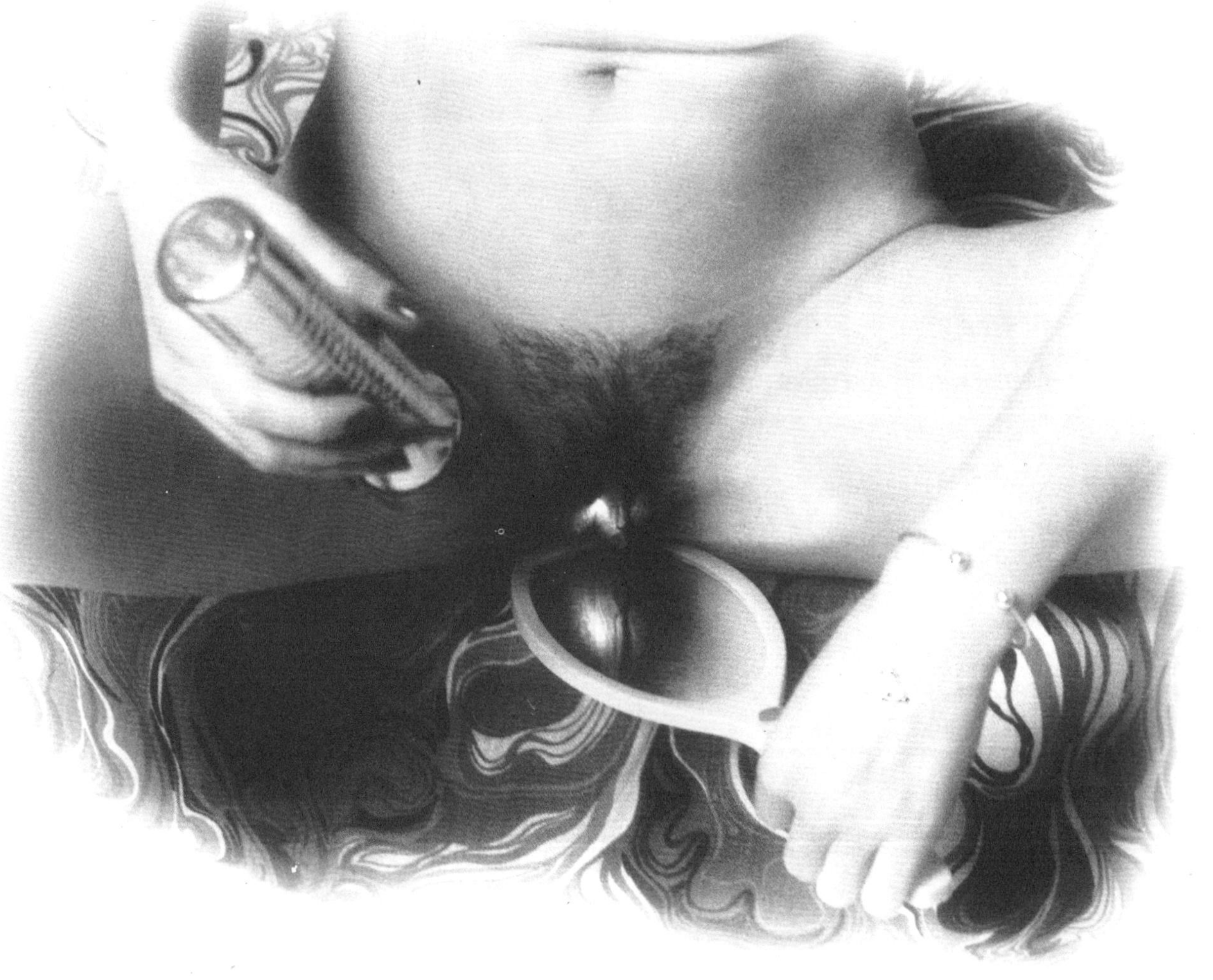

Mannes wird behauptet, daß sie einander entsprächen. Das heißt, sie sind ähnlich in Herkunft und Aufbau. Während der ersten Wochen, in denen das neue Leben in der Gebärmutter heranwächst, sind alle Embryos weiblich. Ungefähr in der zehnten Woche werden diejenigen, die von ihrem genetischen Code her dazu bestimmt sind, zu männlichen Wesen. Aber die Sexualorgane von beiden entwickeln sich aus dem gleichen Gewebe.

Die *Labia maiora* oder äußeren Schamlippen sind außen behaart und innen ohne Haare und feucht. Sie sind auch dunkler als das umherliegende Gewebe. Wenn sie dicht aneinanderlägen, sähen sie aus wie der Hodensack, auf dem genau in der Mitte ein Strich entlanggeht und so den Eindruck vermittelt, aus zwei zusammengefügten Teilen entstanden zu sein. Auch der Hodensack ist behaart und dunkler als die angrenzende Haut.

Der Hodensack hat eine vielschichtige, beutelförmige Struktur, über und über voller pockenförmiger Tüpfelchen, die in Wirklichkeit kleine Nervenenden sind. Diese Nerven kontrollieren die Temperatur innerhalb des Sackes, dort wo die Hoden den Samen produzieren. Die Idealtemperatur dafür ist etwas niedriger als die Körpertemperatur. Daraus ist zu erklären, daß der Hodensack sich bei kaltem Wetter oder kaltem Wasser näher an den Körper heranzieht und bei warmem Wetter oder warmem Wasser weiter vom Körper weg hängt.

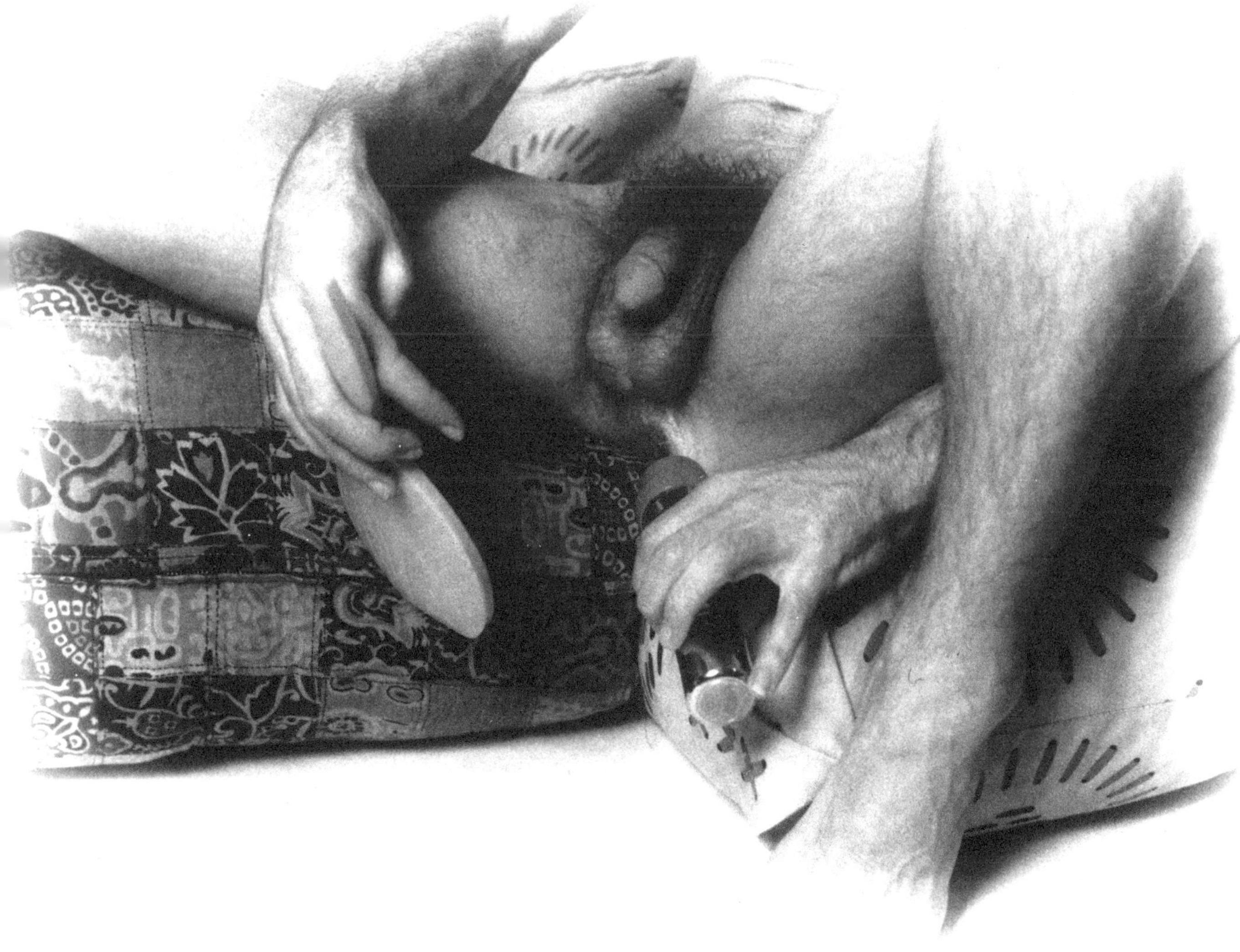

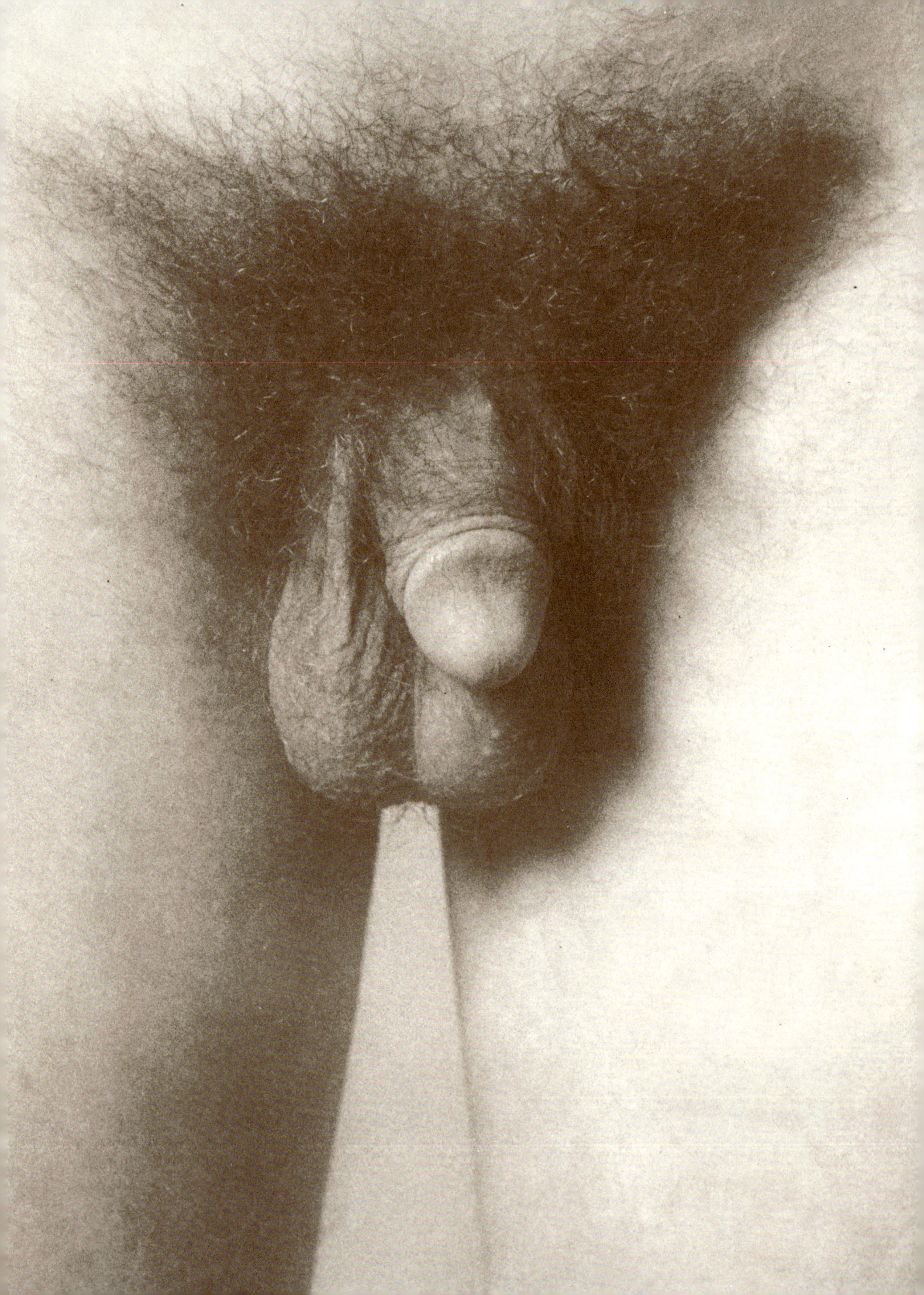

Innerhalb des Hodensackes können Sie die beiden Hoden fühlen, die mandelförmig sind und einen Durchmesser von etwa 2,5 cm haben. Der linke hängt gewöhnlich tiefer als der rechte, aber sie arbeiten genauso gut, wenn es anders herum ist. Sie können auch einige der kleinen Röhrchen fühlen, die den Samen hin zur Vorsteherdrüse leiten. Darüber werden wir später noch ausführlicher sprechen.

Oftmals hat man das Gefühl, daß einen die Haut des Hodensackes an die Haut eines gerupften Huhnes erinnert, trotz ihrer gut ausgedachten temperaturregelnden Funktion. Irgendwie führen all diese griechischen Marmorstatuen Sie zu der Erwartung eines straffen Paketes majestätisch glatter Eleganz. Der Hodensack zieht sich aber nur kurz vor der Ejakulation zusammen, hängt ansonsten einfach herunter. Das sähe in Marmor nicht gut aus, ist bei Ihnen aber ganz in Ordnung. Es gibt viele Variationen bei der Gestalt und der Oberfläche des Hodensacks – manche Männer haben dicke Eier, manche lose hängende, manche haben nur wenige Haare und so weiter. Nutzen Sie den Platz hier unten, um Ihren eigenen oder den, den Sie untersuchen, zu beschreiben.

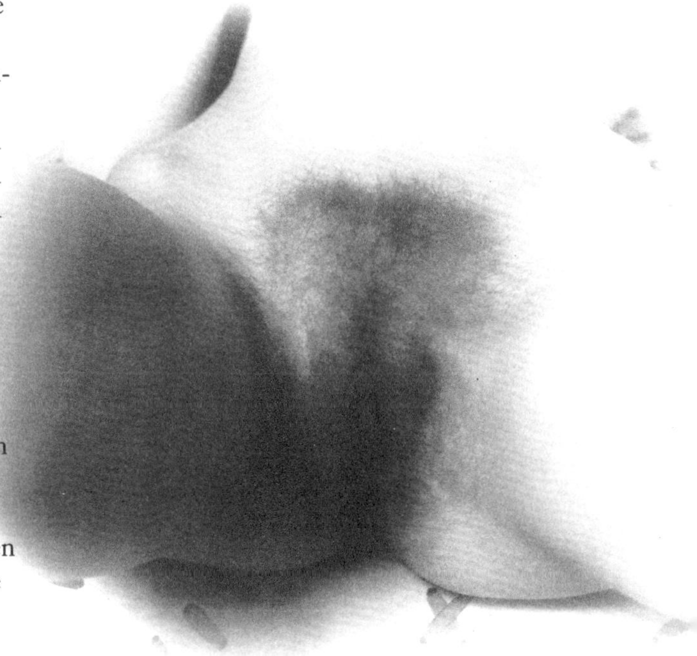

Innerhalb der *Labia maiora* liegen die *Labia minora* oder die kleinen Schamlippen. Diese sind auf beiden Seiten unbehaart, rosafarbiger und feuchter als die äußeren Schamlippen. Vorn sind sie mit der *Klitoris*, dem Kitzler, verbunden, und hinter der Vagina münden sie in die großen Schamlippen und den Damm.

Beide Lippenpaare sind ganz weich und beweglich und überlappen sich gegenseitig. Sicherlich liegen sie nicht die ganze Zeit perfekt an ihrem Platz. Wenn Sie erregt sind, füllen sie sich mit Blut, scheinen sie den Raum zwischen den Beinen kompletter auszufüllen und bilden ein Polster, um die Vagina und die Klitoris zu schützen. Es gibt viele verschiedene Größen und Formen von Schamlippen. Einige innere Schamlippen sind länger als die äußeren. Frauen, die schon Kinder geboren haben, tendieren zu Schamlippen, die voller und weiter sind als bei den Frauen, die noch nicht geboren haben. Nutzen Sie den Raum hier unten, um einmal Ihre Schamlippen oder diejenigen, die Sie untersuchen, zu beschreiben.

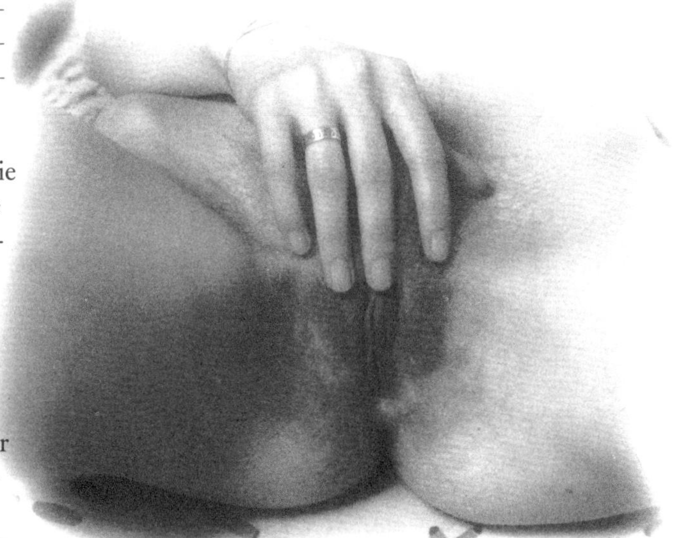

Innerhalb der kleinen, der inneren Schamlippen liegen, von oben angefangen, die Klitoris, die Harnröhrenöffnung und die Vagina. Die Klitoris sieht aus wie eine kleine Beule, die Mündung der Harnröhre ist ein kleines Loch, und die *Vagina*, die Scheide, ist ein etwas größeres Loch. Manchmal können Sie noch Reste des Jungfernhäutchens oder *Hymen* entdecken, die sich dann um den Eingang zur Vagina herum befinden.

Das Hymen ist eine Membrane, die sich über die Öffnung der Vagina erstreckt und nur bei den weiblichen Wesen der Gattung Mensch zu finden ist. Für gewöhnlich gibt es eine mehr oder weniger kleine Öffnung innerhalb des Hymen, durch die das Menstruationsblut nach außen und ein Tampon, ein Penis oder ein Finger nach innen gelangt. Gibt es überhaupt keine Öffnung, was allerdings sehr selten ist, so kann der Arzt eine solche einschneiden. Wenn ein Penis

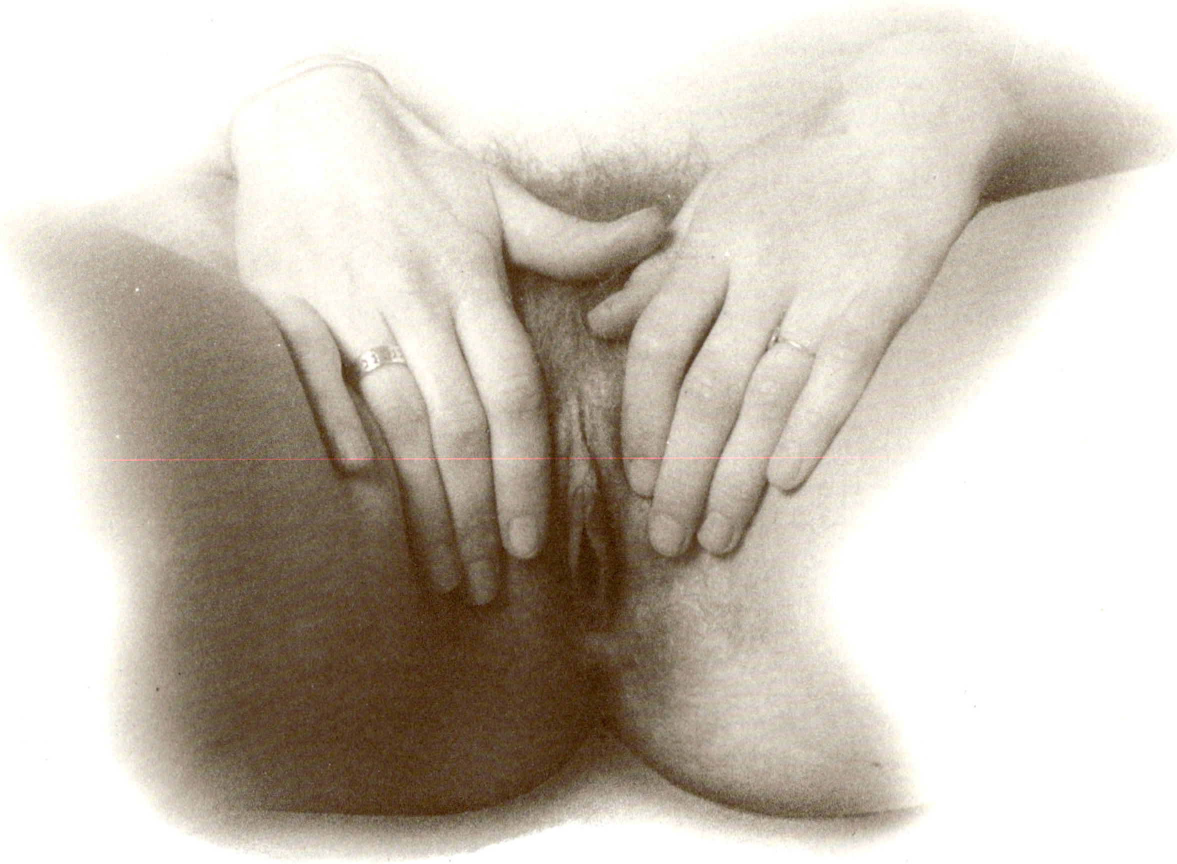

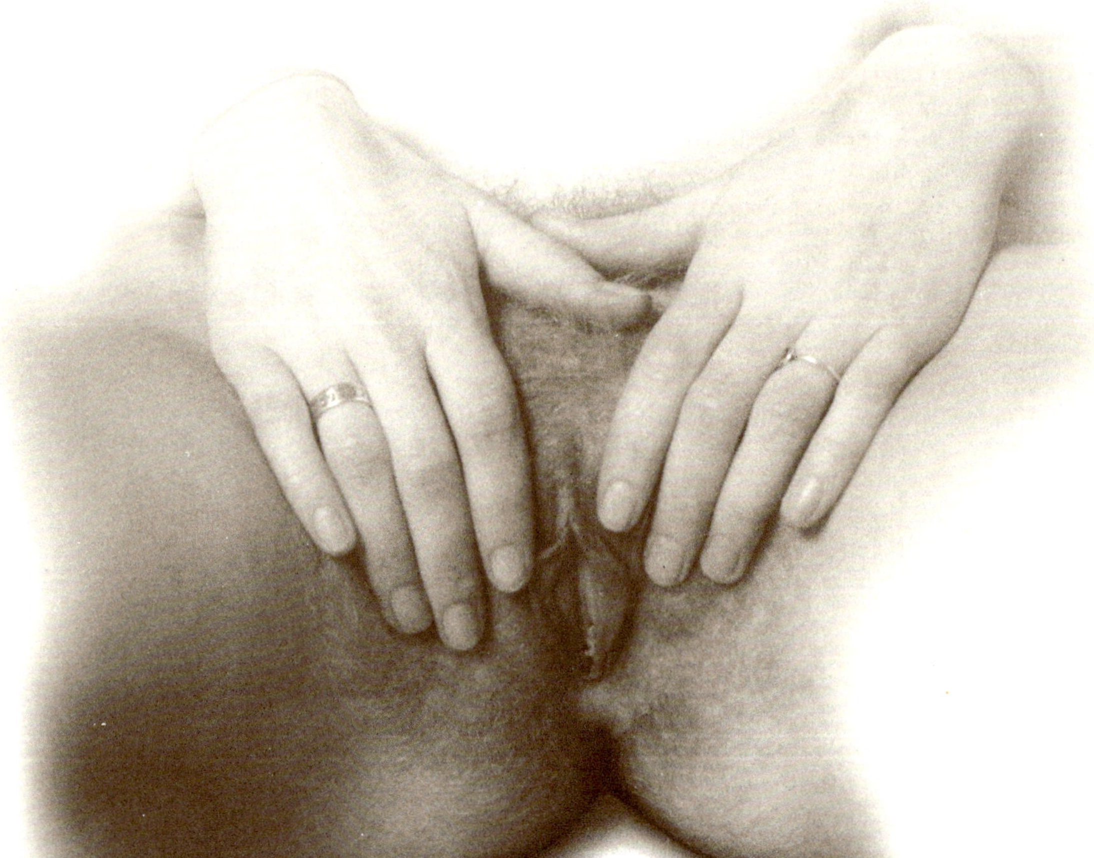

eindringt, kann die Membrane sich teilen oder reißen, wenn die Membrane aber elastisch ist, was viele sind, kann sie sich auch einfach dehnen und sich dem Penis angleichen. Einige Frauen sind ohne oder nur mit geringem Hymengewebe zur Welt gekommen.

Das Jungfernhäutchen ist Gegenstand vieler Mythen und eines reichlichen Aberglaubens in bezug auf Jungfräulichkeit. Wenn eine Frau keine Kirsche, wie es auch genannt wird, hat, so ist sie keine Jungfrau mehr. Das einzig sichtbare Zeichen, daß eine Frau nicht länger Jungfrau ist, ist ein wenig Blut, wenn das Hymen beim ersten Geschlechtsverkehr reißt. Angeblich ist sie dann nicht mehr »unberührt« gewesen, wenn sie in ihrer Hochzeitsnacht nicht geblutet hat.

Tatsache ist aber, daß Hymen oft während sportlicher Betätigung reißen, schon beim klassischen Bockspringen. Manche Frauen haben überhaupt keines gehabt. Andere sind hochelastisch. Langsames, sanftes Eindringen des Penis kann das Hymen dehnen, ohne es zu zerreißen. Wenn Sie noch Jungfrau sind, können Sie Ihr eigenes Hymen (wenn Sie eines haben) dehnen, indem Sie erst einen Finger in Ihre Vagina stecken, dann zwei und möglicherweise auch drei Finger. Wenn das Hymen, ob nun mit oder ohne Blutung, reißt, so tut das normalerweise überhaupt nicht weh, wenn die Frau sexuell erregt und ihre Vagina gut angefeuchtet ist oder wenn sie Sport treibt. Selbst ein rasches oder ungeübtes Eindringen, wodurch das Hymen reißt, ist nicht mehr lange ausgesprochen schmerzlich. Warum Frauen überhaupt ein Hymen haben, außer damit man Märchen darum ranken kann, bleibt ein Geheimnis.

Direkt hinter dem Hymen liegt der muskulöse Scheideneingang. Wenn Sie die Vagina sanft aufziehen, werden Sie sehen, daß sie ganz rosa ist und daß die Haut innen eine Art Waffelmuster bildet. Der Muskelring öffnet sich sehr leicht während der Erregung und während der Geburt, kann aber zu anderen Zeiten dicht geschlossen sein – ob Sie nun wollen oder nicht.

Es kann für Sie schwierig werden herauszufinden, wie man diesen Muskelring unter Kontrolle bringen kann. Es ist relativ leicht, mit Ihrem Aftermuskel zu drücken oder zu pressen, aber vielleicht haben Sie keine Vorstellung, wie man solches mit den Vaginamuskeln anfängt. In der Tat sind es aber die gleichen Muskeln, die Sie auch dazu benutzen, den Urinfluß anzuhalten. Sie können so tun, als ob Sie das täten, und dabei in der Vagina einen geringen Druck um Ihren Finger verspüren. Wenn es so scheinen will, als ob Ihnen das jetzt noch nicht gelingt, so üben Sie das nächste Mal – und wahrscheinlich sogar die nächsten Male –, wenn Sie Wasser lassen, den Urinfluß anzuhalten und wieder laufen zu lassen. Wenn Sie es erstmal beim Wasserlassen beherrschen, dann können Sie es auch bald »trocken«.

Um diese Muskeln zu kräftigen und um Ihre Kontrollfähigkeit über sie zu verbessern, sollten Sie sie hundertmal am Tag zusammenpressen, immer zehnmal hintereinander. Das können Sie überall tun – im Bus, an Ihrem Tisch, im Kino. Keiner wird es merken. Wenn Sie erst einmal das Pressen tatsächlich fühlen können, während Sie einen Finger in der Vagina haben, so genügen dann zehn- oder zwölfmal zusammenpressen, einfach nur, um in Form zu bleiben.

Es wird einige Monate dauern, bis Sie es gelernt haben, seien Sie also geduldig. Der Gewinn liegt darin, daß Sie dann leicht einen Tampon oder auch empfängnisverhütende Mittel einführen können, daß Sie eine gynäkologische Untersuchung ertragen können und daß Sie die Reibung zwischen Vagina und Penis erhöhen können, damit Sie und Ihr Partner mehr Vergnügen an der Sache haben.

Ärzte bestätigten oft, daß Frauen, die schon Kinder bekommen haben, diese Übung machen, um die natürliche Beweglichkeit und Spannkraft ihrer Scheidenmuskulatur wieder herzustellen. Die Ärzte machten für gewöhnlich einen zusätzlichen kleinen Schnitt zwischen Scheide und Damm, um den Scheidenmuskel zu straffen. Dies nennt man den »Ehemannsknoten« – nicht unbedingt eine Freude für die Ehefrau.

Die Vagina ist normalerweise zwischen 7,5 cm und 10 cm lang, dehnt sich aber während des Geburtsvorganges enorm und kann sich andererseits, wenn die Muskulatur um den Scheideneingang gesund ist, so zusammenziehen, daß sie eng um einen Finger anliegt. Die Vorstellung, daß die Vagina für einen bestimmten Penis zu eng oder zu weit sei, ist ziemlich weit hergeholt. Während der Erregung wird die Vagina feucht, dehnt sich aus und schließt sich wieder, um es so jedem Penis zu erleichtern und um sich seiner Größe anzupassen.

Wenn Sie das Gefühl haben, daß nun gerade Ihre Vagina nicht so beschaffen ist, so können Sie da noch einiges versuchen. Zuerst und als wichtigstes machen Sie einmal die oben beschriebenen Übungen. Dann suchen Sie sich einmal die Stellungen aus, in denen sich der enge Kontakt zwischen Vagina und Penis erhöht. Wenn Sie zum Beispiel das Gefühl haben, daß der Penis zu klein und Ihre Vagina zu groß ist, so sollten Sie einmal Stellungen gebrauchen, bei denen die Beine eng zusammenliegen und der Schwerere von beiden oben liegt.

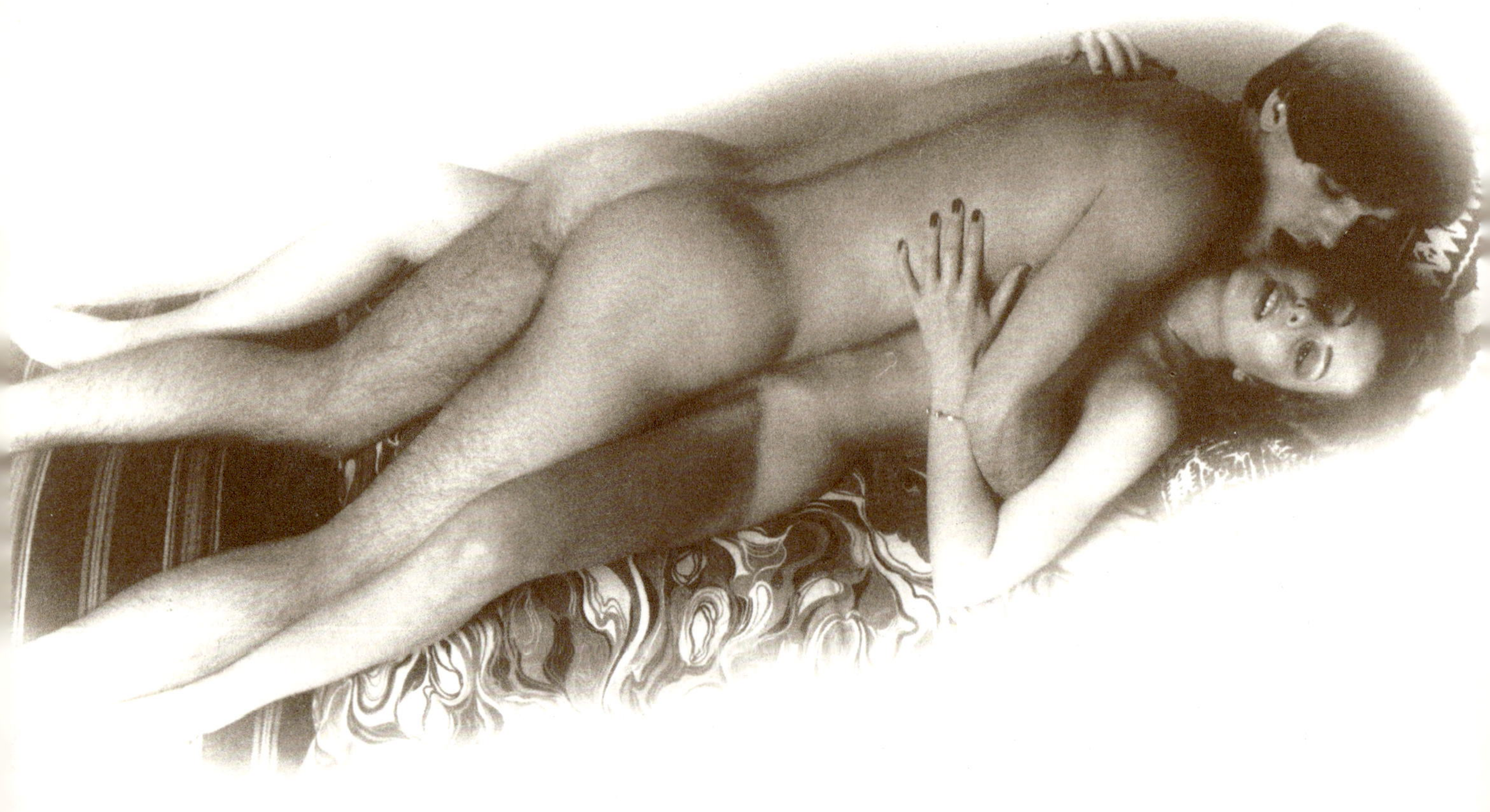

Das wird sowohl die Reibung als auch den Druck erhöhen. Haben Sie dagegen das Gefühl, daß Ihre Vagina zu klein, zu eng und der Penis zu groß ist, so sollten Sie Stellungen wählen, in denen wenig Druck und Reibung ausgeübt wird, wie zum Beispiel auf der Seite oder im Stehen. Sie sollten auch sichergehen, daß Sie wirklich erregt sind. Wenn Sie nicht feucht sind, so ist das nicht gerade der beste Zeitpunkt, irgend etwas zu versuchen. Wenn Sie von allein nicht genügend feucht werden, so hilft eine sterile Creme oder auch Speichel.

Jetzt weiter in Ihrer Selbstuntersuchung. Hinter dem Scheideneingang können Sie die weichen, feuchten Wände in der inneren Vagina spüren. Diese Wände dehnen sich, wenn sich etwas in der Vagina befindet und liegen in der übrigen Zeit flach. In dieser Hinsicht ähnelt die Vagina so ziemlich einer Hosentasche.

In der Nähe der Spitze oder des hinteren Teils der Vagina sollten Sie den Muttermund, die *Cervix*, fühlen können, die den Eingang zur Gebärmutter bildet. Wenn Sie lange Finger haben, fühlen Sie vielleicht auch die Unterseite der Gebärmutter selbst. Es ist wichtig zu wissen, wo der Muttermund liegt. Viele Kniffe zur Empfängnisverhütung beruhen darauf, daß dieser Durchgang sicher versperrt wird. Die Cervix fühlt sich an wie eine Art Beule mit einem Grübchen darin. Dieses Grübchen ist der Durchgang zur Gebärmutter. Die Beule ist für gewöhnlich ganz hart, verglichen mit dem weichen Gewebe darum herum. Der Durchmesser beträgt 2,5 bis 5 cm. Eines der frühen Schwangerschaftsanzeichen ist die Aufweichung des Muttermundes – aber natürlich könnten Sie das nicht entdecken, bevor Sie nicht wissen, wie sich der Muttermund normalerweise anfühlt.

Der Muttermund bildet eine der meistverbreiteten Stellen für Krebsbefall bei der Frau, weswegen es wichtig ist, zur regelmäßigen Krebsvorsorgeuntersuchung zu gehen. Der Arzt entnimmt dem Muttermund einen Abstrich und untersucht ihn auf Krebszellen. Wenn Sie im Verlauf Ihrer Selbstuntersuchung des Gefühl bekommen, daß bei Ihnen irgend etwas nicht stimmt, so sollten Sie Ihren Arzt unverzüglich um einen Termin bitten.

Die Klitoris ist mit der Vagina durch die inneren Schamlippen verbunden. Es handelt sich hier um eine außerordentlich wichtige Verbindung, da es die Bewegung des Penis, oder was Sie in Ihrer Vagina haben, ist, die auf indirektem Wege – über die kleinen Schamlippen – die Klitoris bewegt und stimuliert. Diese Klitoris ist das sexuell empfindsamste Organ des weiblichen Körpers. (Die Scheide hat, verglichen mit der reichlich versorgten Klitoris, nur relativ wenige Nervenendungen.) In der Tat ist die Klitoris ein ausschließliches Sexualorgan, das einzige bei Mann und Frau. Es liegt an der Verbindung zwischen Klitoris und Vagina über die kleinen Schamlippen, die den Eindruck hinterläßt, als gäbe es keinen Unterschied zwischen einem Orgasmus durch direkte klitorale Reizung und einem Orgasmus dadurch, daß man etwas in der Vagina hat. Ein Orgasmus ist und bleibt ein Orgasmus, wie wir später in Kapitel 7 noch besprechen werden.

Untersuchen Sie die Klitoris ganz aus der Nähe. Sie hat eine kleine Haube, einen Kopf und einen Schaft, genau wie der Penis. Wenn Sie sie ganz vorsichtig in der Mitte berühren, so scheint sie Ihnen wegzuschlüpfen. Sie ist nicht, wie der Penis, festsitzend, und während sexueller Reizung verschwindet sie unter dieser kleinen Haube, so daß Sie sie fast gar nicht mehr fühlen können. Das signalisiert nun allerdings einen sehr hohen Grad von Erregung. Sie ist normalerweise zartrosa und wird während sexueller Stimulierung dunkler.

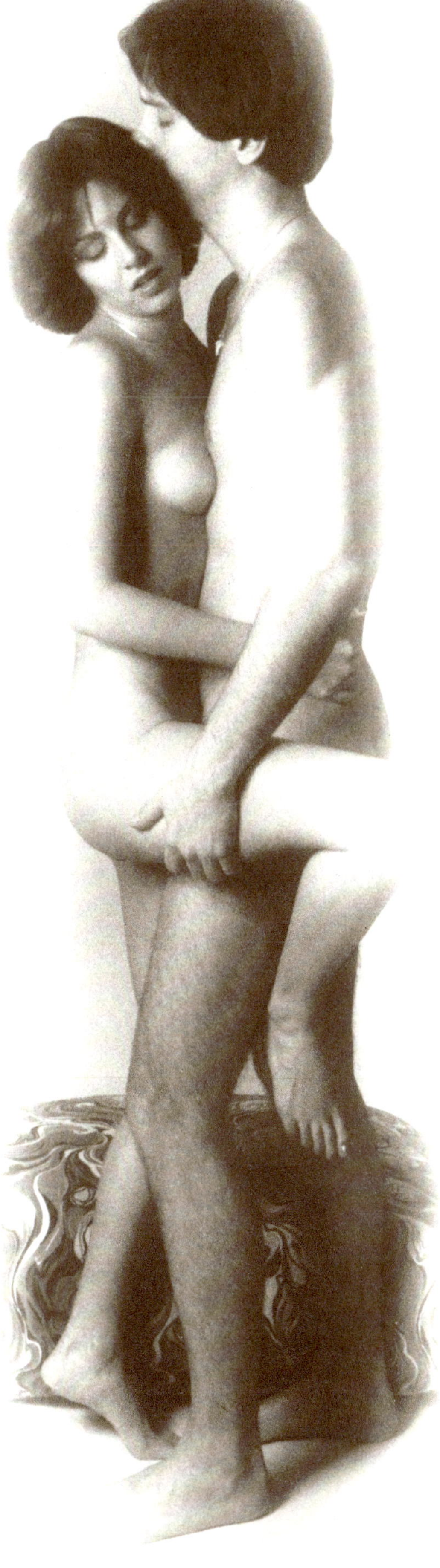

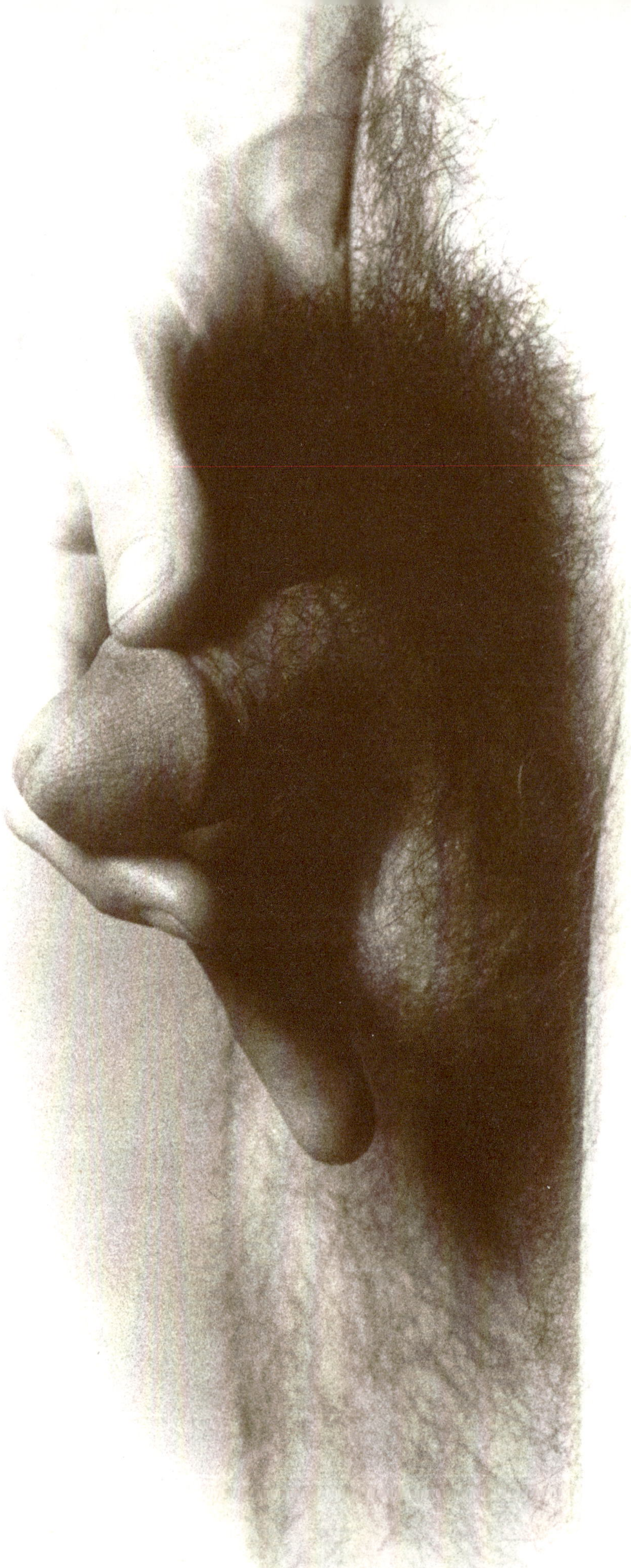

Der Schamberg oder *Mons veneris*, der »Venushügel«, ist der fleischige, haarige Teil über dem Schambein. Hier haben wir den sichtbaren Teil der weiblichen Genitalien. Die Haare und das Fett an dieser Stelle schützen sowohl den Mann als auch die Frau während des Beischlafs. Wenn Sie diesen Teil des sexuellen Körperbaus untersuchen, beachten Sie einmal ganz besonders Ihre Reaktion auf die Schambehaarung. Ist es für Ihren Geschmack zuviel oder zuwenig? Sollte es abrasiert, gefärbt, gelockt, sollte es länger sein oder nicht? Gefällt Ihnen die Art, wie das Haar wächst, seine Beschaffenheit und seine Farbe? Notieren Sie hier einmal Ihre Beobachtungen.

Lassen Sie uns nun einen Blick auf den Penis werfen. Auch er hat eine Haube, einen Kopf und einen Schaft; oftmals ist aber die Haube, die Vorhaut, schon kurz nach der Geburt entfernt worden. Man nennt das eine Beschneidung. Wenn Sie beschnitten sind, dann können Sie sehen, wie der Penis seine Farbe unterhalb des ersten Drittels, von der Spitze her gesehen, ändert. Die Vorhaut wird aus religiösen und – verbreiteter noch – aus hygienischen Gründen entfernt, weil sich darunter sehr oft Bakterien ansiedeln können. Wenn Sie nicht beschnitten sind, dann ist es wichtig, diesen Bereich immer sauber zu halten.

Die Leute haben ganz schön komische Vorstellungen vom Beschneiden. Sie glauben, ihr Penis würde länger oder empfindlicher, wenn sie eine Vorhaut hätten oder wenn sie eben keine Vorhaut hätten. Aber die Vorhaut beeinflußt die Empfindungsfähigkeit nun in keiner Hinsicht, und der Durchmesser des Penis wird unten an der Basis gemessen, die Vorhaut könnte die Gestalt also gar nicht beeinflussen. Einige Männer hegen die Hoffnung, daß man Impotenz oder vorzeitigen Samenerguß durch eine Beschneidung heilen kann. Dummerweise sind diese Schwierigkeiten meist psychischer Natur und nicht durch einen operativen Eingriff zu beheben.

Der Penis besteht aus drei Zylindern, den *Schwellkörpern*, die angefüllt sind mit Blutgefäßen. In diesen staut sich das Blut an und bewirkt so eine Versteifung. Es gibt keinerlei Knochen im menschlichen Penis. Die Versteifung oder Erektion ist eine Reaktion auf Nervenimpulse, die die Stauung in den Blutgefäßen auslöst. Es ist schwer, die einzelnen Zylinder auszumachen, wenn der Penis schlaff herunterhängt, aber man kann sie fühlen, wenn er erigiert ist. Der Schwellkörper an der Unterseite, derjenige, der dem Hodensack am nächsten liegt, nimmt die Harnröhre auf und bildet auch die Eichel oder die *Glans* des Penis.

Die Eichel ist der empfindsamste Teil des Penis, besonders dort, wo das schmale, senkrechte Hautbändchen, das sogenannte *Phrenulum*, sich mit der waagerechten Wulst, der *Korona*, verbindet. Dieses ist diejenige Stelle in der männlichen Anatomie, die in bezug auf ihre erotischen Möglichkeiten der weiblichen Klitoris am nächsten kommt. Der Penis ist unten an der Basis verbunden mit kräftigen Beckenmuskeln, die den Samenerguß und das Wasserlassen kontrollieren. Das legt den Penis scheinbar fester und macht ihn unflexibler, als das bei der Klitoris der Fall ist. Der Mann hat keine willentliche Kontrolle über diese Muskeln, und es ist nicht möglich, den Penis groß zu bewegen, abgesehen von kleinen ruckweisen Bewegungen. Sie können eine Versteifung oder eine Ejakulation nicht willentlich herbeiführen.

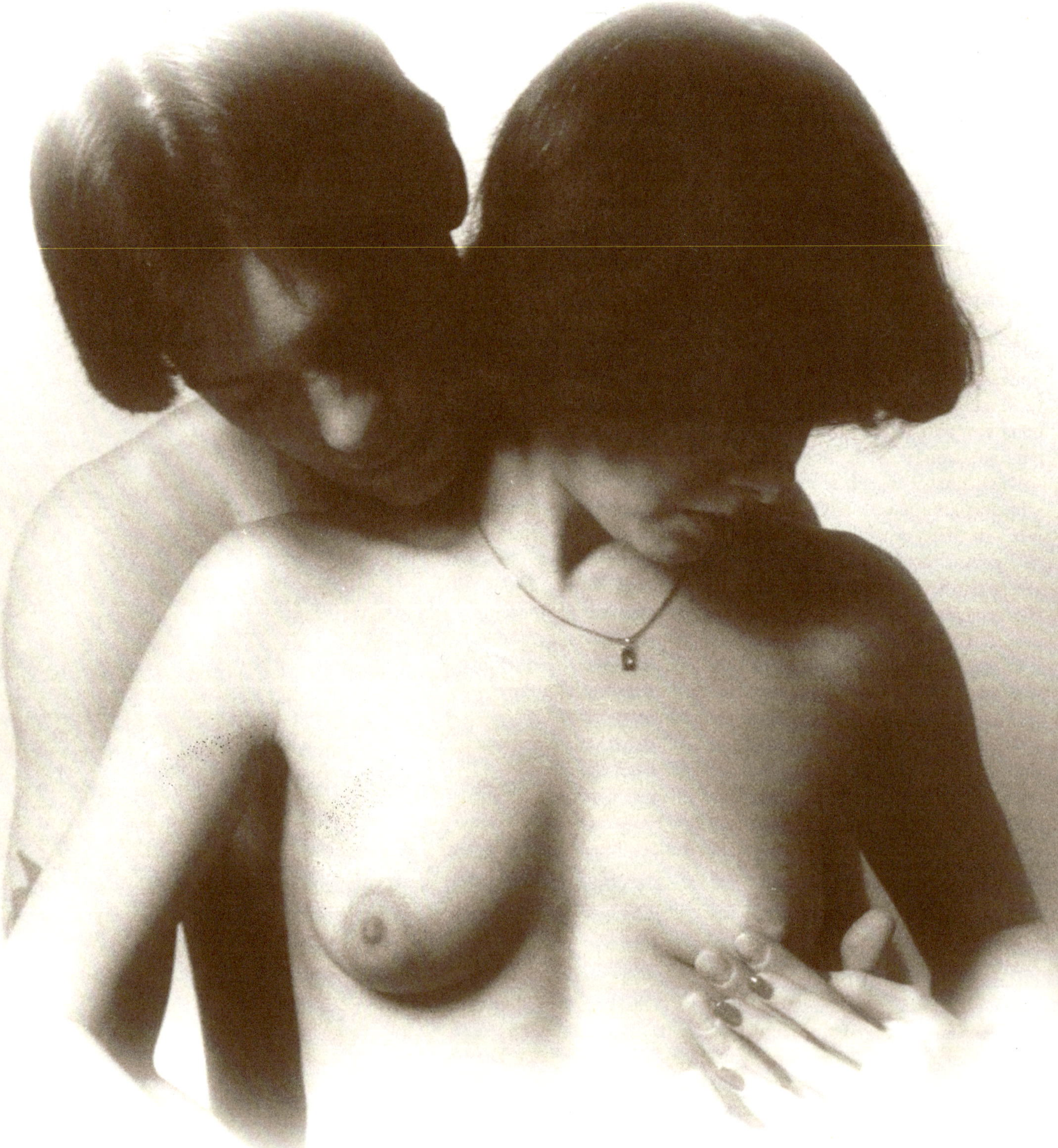

Die Durchschnittslänge des Penis in Ruhestellung liegt zwischen 7,5 und 10 cm. Ist er aufgerichtet und steif, dann liegt seine Durchschnittsgröße bei 15 bis 16,5 cm. Der Durchmesser wechselt von ca. 3 bis 4 cm. Das sind allerdings nur durchschnittliche Werte. Es gibt da Abweichungen nach oben und nach unten. Ein steifer Penis kommt den angegebenen Werten näher als ein schlaffer. Das kommt daher, daß ein kleiner Penis sich in der Größe verdoppeln kann, wenn er erigiert ist, ein großer dagegen wird sich viel weniger verändern. Die Penisgröße hängt eher von der Vererbung ab als die Größe Ihrer Nase oder Ihres Daumens. Der Penis variiert auch in der Länge zum restlichen Körper, je nachdem ob er steif ist oder herunterhängt. Der Penis auf dem Foto zum Beispiel ist halb erigiert. Einige Penisse hängen zur einen oder anderen Seite, einige sind gebogen, einige eher hakenförmig. Auch die Erektion ändert sich von Person zu Person, mit ihrem Alter, ihrer Gesundheit. Diese interessanten Verschiedenheiten haben nichs zu tun mit der Fruchtbarkeit, der Potenz oder der Möglichkeit der Befriedigung.

Wenn Sie das Gefühl haben, Ihr Penis sei zu lang oder zu klein für Ihre Partnerin, dann achten Sie doch einmal auf die Vorschläge für jene Frau, die glaubt, ihre Vagina sei zu schmal oder zu groß. Es ist nicht möglich, Ihren Penis zu vergrößern, indem Sie daran ziehen oder damit üben oder Vitamin E nehmen. Er ist und bleibt nun einmal so, wie er schon immer gewesen ist.

Manchmal lassen sowohl Männer als auch Frauen ihren Geschlechtsorganen eine ungesunde Einstellung zukommen, um ihr Verhalten festzulegen. Wenn es Ihnen peinlich ist, einen Arzt aufzusuchen wegen eines Problems im Zusammenhang mit Ihrem Penis oder Ihrer Vagina, oder wenn es Ihnen peinlich ist, Ihren Partner wissen zu lassen, wie er Sie am liebsten stimulieren soll, dann lassen Sie zu, daß Hemmungen wegen Ihres Körpers Ihrer Gesundheit und Ihrem Vergnügen im Wege stehen. Auch wenn Sie die Vorstellung quält, Ihre Genitalien seien unansehnlich oder unangemessen, können Sie eher Gefühle von Eigenhaß auf spezielle Teile Ihres Körpers konzentrieren statt solche von Verpflichtung, Verantwortung, Treue und so weiter, was doch viel angemessener wäre. Die Menschen suchen sich viele Möglichkeiten, sich selbst anzuschwärzen, damit sie einer schwierigen Lage um alles in der Welt aus dem Wege gehen können.

Obwohl die Brüste nicht in erster Linie Sexualorgane sind, haben viele Männer und Frauen das Gefühl, daß ihre Brustwarzen, verglichen mit Klitoris oder Eichel, in ihrer sexuellen Empfindlichkeit nur zweitrangig sind. Untersuchen Sie einmal Ihre Brustwarzen. Die weibliche Brust besteht aus mehr als einem Dutzend Gewebslappen, die Milch produzieren und die in die Brustwarzen münden. Die Brust des Mannes ist genauso beschaffen, allerdings in unterentwickelter Form. Bei Mann und Frau richten sich die Brustwarzen, die Zentren für Empfindungsnerven darstellen, während sexueller Erregung auf. Manche wollen auf den Brustwarzen oder um sie herum gestreichelt werden, andere nicht. Die Empfindlichkeit der Brustwarzen sowohl bei Männern als auch bei Frauen hängt nicht zusammen mit der Größe oder Gestalt der Brust.

Bevor wir auf die inneren Geschlechtsorgane zu sprechen kommen und auf das, was dort passiert, ohne daß Sie es sehen oder fühlen können, denken Sie einmal darüber nach, wie Sie sich fühlen bei Ihrer Selbstuntersuchung. Wenn Sie sich blöd fühlen, gehemmt oder unwohl, wie Sie da mit Ihrem Penis in der Hand oder einem Finger tief in der Vagina sitzen, dann müssen Sie sich wahrscheinlich öfter ein-

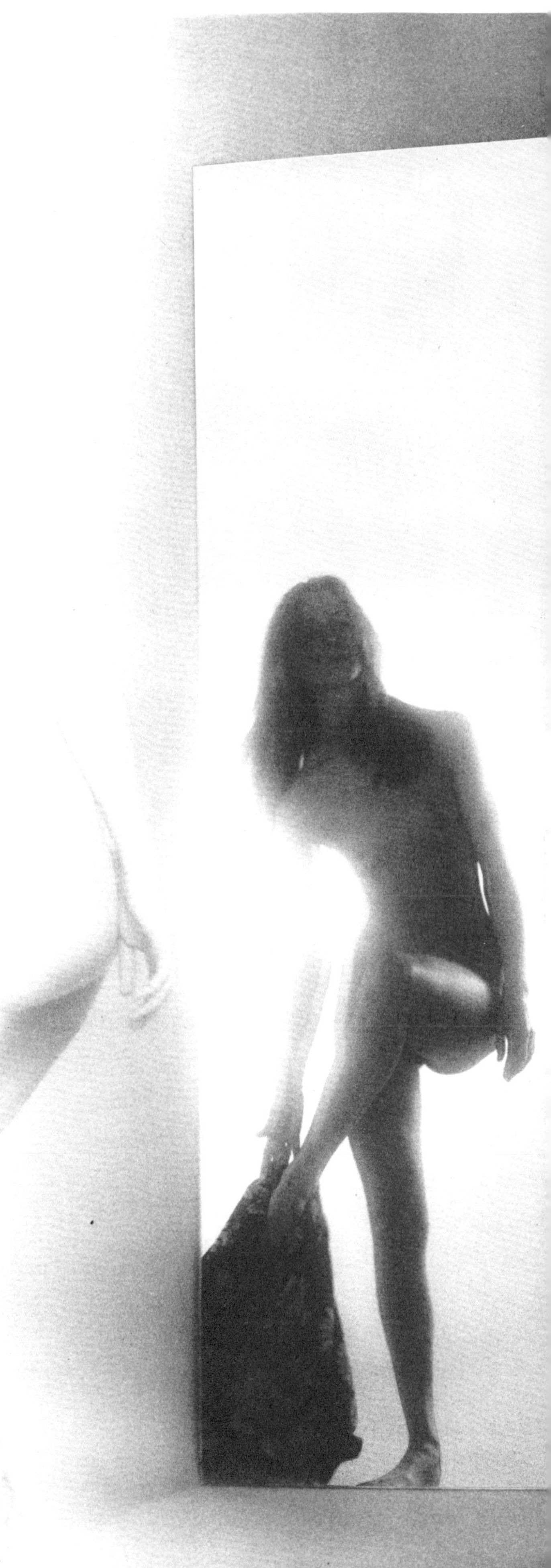

mal ganz »wissenschaftlich« betrachten. Das ist nur zu natürlich, wenn man sich peinlich berührt oder befangen fühlt, aber es handelt sich um Ihren eigenen Körper, und Sie sollten darüber so viel wissen wie nur möglich, wo es doch um Ihre psychische und auch physische Gesundheit geht.

Wenn Sie bisher überhaupt nicht in der Lage waren, diese Selbstuntersuchung durchzuführen, so geben Sie keinesfalls auf. Sie können es doch stufenweise durchführen. Beginnen Sie im Dunkeln. Fühlen Sie Ihre Geschlechtsorgane einfach. Machen Sie es sich bequem, wenn Sie sich mit Ihren eigenen Händen kennenlernen. Dann machen Sie ein kleines Licht an, vielleicht im Nebenraum. Kommen Sie langsam ins Helle und beginnen Sie damit, daß Sie sich nur ansehen und überhaupt nicht anfassen. Ziehen Sie Ihre Unterhosen aus und schauen Sie. Erforschen Sie gar nichts. Dann ziehen Sie Ihre Sachen wieder an und machen das gleiche ein wenig später noch einmal. Erst wenn Sie dabei ein gutes Gefühl haben, beginnen Sie auch mit Ihrem Erforschen.

Wenn Sie der Genitalgeruch stört oder verwirrt, dann vergewissern Sie sich, daß Sie ganz sauber sind, wenn Sie mit dem Untersuchen Ihres Körpers beginnen. Später werden Ihnen Ihre Körperdüfte dann auch vertrauter.

Sie müssen nun nicht alles auf einmal untersuchen. Wenn es Ihnen zuviel wird, hören Sie auf damit. Nehmen Sie sich doch für eine Sitzung nur den Hodensack vor oder den After oder die Klitoris. Wenn Sie das alles zusammen mit einem Partner machen, so untersuchen Sie ihn oder sie doch zuerst. Dann werden Sie beim nächsten Mal eher bereit sein, Ihre eigenen Brüste zu entblößen.

Wenn es Ihnen ganz verheerend erscheint, auch nur daran zu denken, daß ein anderer bei dieser Untersuchung dabei sein könnte, so ist es durchaus möglich, daß Sie Ihren eigenen Körper selbst noch gar nicht akzeptiert haben. Ihre Reaktionen können variieren von extremer Befangenheit bis hin zu totaler Objektivität, je nachdem wer Sie nach Ihrer Meinung denn nun untersuchen darf. Wenn Sie nicht glauben, daß *Sie* vor allen anderen ein Recht dazu haben, dann müssen Sie sich noch weiter schulen.

Die inneren Geschlechtsorgane

Die inneren Geschlechsorgane sind genauso wichtig für Ihre Gesundheit und für ein besseres Wissen um Ihren eigenen Körper wie die äußeren. Sie spielen auch eine besondere Rolle bei der Geburtenkontrolle, auf die wir bald zu sprechen kommen.

Lassen Sie uns einen Blick werfen auf den Weg, den Ei und Samen zurücklegen durch das Fortpflanzungssystem bei Mann und Frau. Beide sind von einer Keimdrüse (die sie hervorbringt) produziert worden, von den *Testes*, den Hoden, beim Mann, und den *Ovarien*, den Eierstöcken, bei der Frau. Das Wort »Testes« ist lateinisch und bedeutet Zeuge; es hat seine Herkunft aus der römischen Sitte, die Hand auf die Hoden zu legen, wenn man einen Eid oder ein Testament abgelegt hat. Das Wort »Ovarien« stammt von dem lateinischen Wort »ovum« oder Ei, wie es in dem Wort »oval« oder ei-förmig wieder auftaucht.

Die weiblichen Geschlechtsorgane

Bei der Geburt finden wir ungefähr 400 000 Eier in den Eierstöcken vor, von denen aber während des ganzen Lebens einer Frau nur 200 bis 400 benötigt werden. Von diesen wird das erste während der Pubertät entlassen, wenn die Frau zwischen 10 und 14 Jahre alt ist, durchschnittlich mit 13 Jahren. Die erste Menstruation oder Periode wird *Menarche* genannt, und einem Eisprung, der Freigabe eines Eis, wird sie anfangs nicht regelmäßig folgen. Wenn die Frau aber 18 bis 20 Jahre alt ist, wird sie in den meisten Fällen zwei Wochen vor der Regelblutung ein Ei freisetzen. Es ist nicht das gleiche, wie zwei Wochen *nach* jeder Regel, wie wir weiter unten noch sehen werden.

Wenn das Ei nun freigegeben ist, wandert es vom Eierstock bis zum Eileiter und ist während der nächsten 12 bis 36 Stunden befruchtungsfähig. Der Eierstock hat eine ähnliche Gestalt wie ein Hoden, nur kleiner, und die beiden Eileiter, die jeder ungefähr 10 cm lang sind, sind mit den Eierstöcken nicht ganz verbunden. Eine chemische oder chemo-elektrische Anziehungskraft zieht das Ei vom Eierstock hinein in den Eileiter.

Das Ei braucht ungefähr eine Woche, um den Eileiter hinunter zur Gebärmutter zu gelangen. Wird es auf dem Weg dorthin befruchtet, nistet es sich in der Gebärmutter ein, andernfalls wird es abgestoßen.

Die Gebärmutter selbst ist ein starker, elastischer Muskel, der aus mehreren Lagen aufgebaut ist. Sie ist hohl und hat die Form einer auf dem Kopf stehenden Birne. Normalerweise ist sie schräg nach vorn geneigt. Eine ganz perfekt liegende Gebärmutter allerdings ist nach hinten geneigt oder hat eine mittlere Lage inne. Die Gebärmutter ist im nichtschwangeren Zustand etwas kleiner als die Faust ihrer Trägerin.

Ein befruchtetes Ei nistet sich in der Wand des *Uterus* ein, wo es von der inneren Ernährungsschicht versorgt wird, einer Schicht, die sich dort seit dem Eisprung aufgebaut hat. Der Embryo wächst im Uterus heran, bis er reif ist, in die Außenwelt entlassen zu werden, was dann starke Kontraktionen der Gebärmuttermuskeln bewirken und ihn herausdrücken.

Die *Cervix*, der Muttermund, ist auch muskulös und hochelastisch. Es ist eben dieser Muttermund, durch den Spermien, Menstruationsblut und Babys hindurch müssen, genauso wie Entzündungen und die entsprechenden Medikamente. Während der Schwangerschaft wird dieser Muttermund ganz weich und dehnt sich vor der eigentlichen Geburt auf natürliche Weise aus.

Die Vagina oder der Geburtskanal ist sehr gut mit Blutgefäßen versorgt, die während sexueller Erregung anschwellen; wir finden dort aber nur wenig Nervenenden. Obwohl die Fortpflanzungsfunktion der Vagina mit der des Penis zu vergleichen ist, gibt es eine Ähnlichkeit in bezug auf Empfindlichkeit und Struktur aber zwischen Klitoris und Penis.

Gleich innerhalb vom Scheideneingang finden wir die *Bartholinischen Drüsen.* Man nahm immer an, daß diese Drüsen die Scheidenanfeuchtung während des Geschlechtsverkehrs unterstützen und daß diese Flüssigkeit von entscheidender Bedeutung für eine Empfängnis sei. Dann fanden aber Masters und Johnson heraus, daß die Feuchtigkeit der Vagina während der Erregung vom »Schwitzen« der Scheidenwände herrührt, verursacht durch die Verengung der Blutgefäße hinter diesen Wänden. Die Sekrete der Bartholinischen Drüsen scheinen viel eher den natürlichen Säurewert der Scheide zu verringern, um den Spermien auf diese Weise eine bessere Umgebung zu ver-

Die weiblichen Geschlechtsorgane

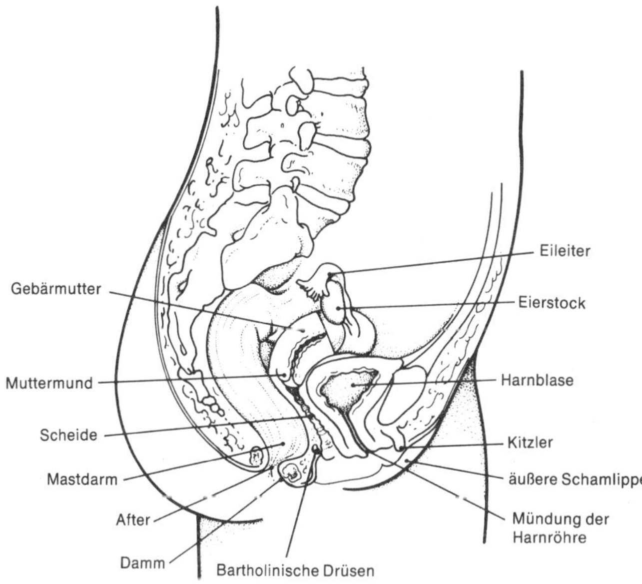

schaffen. Die Drüsen entzünden sich gelegentlich und werden dann mit Zäpfchen und anderen Medikamenten behandelt.

Die männlichen Geschlechtsorgane

Das Sperma wird in den *Testes* oder Hoden erzeugt (*testicel* ist die lateinische Verkleinerungsform von *testes*, und *testis* ist die Einzahl). Die Samenzellen werden in Tausenden enger gewundener Röhrchen in den Hoden produziert, in Röhrchen, die man Hodenläppchen nennt. Die Samenzellen gelangen von dort laufend in die Nebenhoden, die oben auf jedem Hoden liegen und während unserer Selbstuntersuchung zu spüren sind.

Dort scheint eine Art Auswahlvorgang abzulaufen, wobei unfähige oder alte Samenzellen ausgemustert werden (alt hieße hier bis zu sechs Wochen). Da die Produktion von Sperma von der Pubertät an ein kontinuierlicher Vorgang ist, können die Spermien nicht ausgehen. Die Anzahl pro *Ejakulation*, pro Samenerguß, nimmt mit den Jahren nur etwas ab.

Der Samenleiter, der den Eileitern in Form und Funktion ähnelt, ist der Abschnitt von den Hoden zur *Prostata*, zur Vorsteherdrüse. Während der Erregung des Mannes wandern Samenzellen aus den Nebenhoden hinauf zur Prostata, wo sie sich mit der Samenflüssigkeit vermischen und damit den Samen bilden. Es ist diese Passage, eben der Samenleiter, der bei der Sterilisation des Mannes, der *Vasektomie*, durchgetrennt und abgebunden wird.

Die Samenzellen machen nur ungefähr zwei Prozent des Samens aus. Den Rest liefert die Prostata. Dennoch können bis zu 600 000 Samenzellen auf einen Teelöffel Samen – die Durchschnittsmenge bei einem Samenerguß – kommen. In Anbetracht des anstrengenden Weges bis hin zu einem Ei finden wir gewöhnlich bei einer gewissen Anzahl von Samenzellen unter den 200 000 pro Ejakulation, daß sie unfruchtbar sind.

Nachdem die Samenzellen den Samenleiter verlassen, gelangen sie in die Samenbläschen beiderseits der Prostata. Diese sind dazu da, Unterstützung zu leisten mit einer Flüssigkeit, die den Spermien hilft, sich mit großer Geschwindigkeit vorwärts zu bewegen, wenn sie erst einmal in der Vagina sind. Als nächstes wird das Sperma in die Spritzkanälchen innerhalb der Prostata befördert. Diese Kanälchen empfangen die Samenflüssigkeit aus der Prostata und vermischen sie mit den Samenzellen. Die Samenflüssigkeit ist ganz alkalisch, was für das Sperma sehr vorteilhaft ist.

Die Prostata, der Golfball, den Sie bei Ihrer Selbstuntersuchung fühlen konnten, liegt genau unter der Harnblase. Die Harnröhre führt genau durch die Prostata. Dank einer ganzen Reihe wichtiger kleiner Sperrvorrichtungen sind das Harnlassen und der Samenerguß getrennte und voneinander unabhängige Funktionen. Einige Leute behaupten, daß sie in der Lage sind, diese Sperrvorrichtung so zu kontrollieren, daß der ganze Samenerguß hinauf in die Blase fließt und später mit dem Urin ausgeschieden wird. Sie bewahren auf diese Weise nicht nur ihre Lebenssäfte, sondern verursachen auch niemals eine Schwangerschaft. Die meisten Männer erfahren einen rückwärts gerichteten Samenerguß, ohne es zu wollen. Falls es bei Ihnen geschieht, gehen Sie zu Ihrem Urologen. Es kann seine Ursache in einer verborgenen Krankheit haben oder in der Einnahme von Medikamenten, die Sie für etwas anderes benötigen.

Eine Operation an der Prostata kann zu trockener Ejakulation führen, aber Sie behalten dabei weiterhin Ihre Potenz und auch Ihre

Die männlichen Geschlechtsorgane

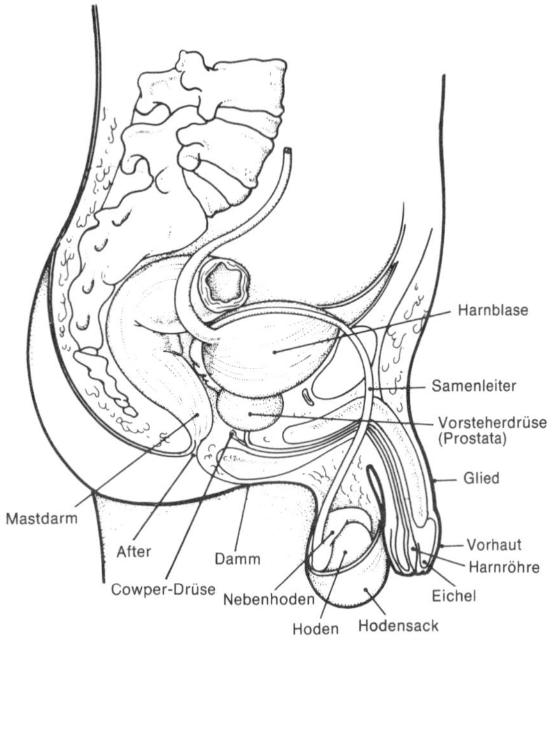

Orgasmusfähigkeit. Die operative Entfernung der Prostata ist manchmal nötig, wenn die Drüse vergrößert ist, auf die Blase drückt und dabei Schmerzen beim Harnlassen und beim Samenerguß verursacht. Normalerweise wird das erst zum Problem, wenn Sie schon über fünfzig sind. Wegen der Gefahr des Prostatakrebses, einer der häufigsten Krebserscheinungen beim Mann, sollten Sie sich einmal pro Jahr von einem Urologen gründlich untersuchen lassen, wenn Sie die Fünfzig erst einmal überschritten haben.

Die *Cowper-Drüsen*, rechts unter der Prostata, ähneln den Bartholinischen Drüsen bei der Frau. Sie sondern anscheinend eine Flüssigkeit ab, die den natürlichen Säurespiegel der Harnröhre kurz vor der Ejakulation reduziert. Diese Flüssigkeit erscheint oft an der Spitze des Penis während der Erregung. Sie ist klar, verglichen mit der trüben Färbung des Samens, obwohl sie schon Spermien enthalten kann.

Die Harnröhre ist die ungefähr zwanzig Zentimeter lange Röhre, die von der Blase bis zur äußeren Spitze des Penis reicht. Hier hindurch gelangt der Samen aus dem Penis, unterstützt von den Muskeln, die die Ejakulation bewirken und an der Wurzel des Penis zu finden sind.

Die Sexualhormone

Die Pubertät ist diejenige Entwicklungsstufe beim heranwachsenden Menschen, während der sich alles zu ändern beginnt. Bei den Mädchen beginnen sich die Brüste zu entwickeln, die Hüften breiter zu werden, und Scham- und Achselhaare wachsen. Bei den Jungen entwickeln sich Prostata und Penis zur vollen Größe, Scham- und Achselhaare, Bartwuchs, eine breitere und längere Figur beginnen sich zu entwickeln. Bei beiden beginnt die Produktion von Sexualhormonen.

Die *Hypophyse* oder Hirnanhangdrüse gibt ihre Hormone ab in den Blutstrom sowohl beim Mann als auch bei der Frau, was dann die Produktion von *Testosteron* und *Progesteron* – und *Östrogen* bei der Frau – in Gang setzt. Diese Sexualhormone regen dann wieder die Produktion des Sperma und der Eier an und sind auch genauso für die anderen Veränderungen verantwortlich.

Im weiblichen Organismus regulieren Östrogen, Progesteron und die Hormone der Hypophyse den Eisprung, die Schwangerschaft, die Menstruation und noch mehr. Wenn die Hypophyse keine Information an die Eierstöcke, die Östrogen und Progesteron herstellen, sendet oder von ihnen enthält, dann wird die Arbeit der Eierstöcke eingestellt. Wir nennen das die Menopause oder die Wechseljahre.

Beim Mann regelt die Hypophyse das ganze Leben lang die Produktion des Testosteron in den Hoden. Aber Testosteron wird auch in den Nebennierendrüsen beim Mann und bei der Frau produziert. Wenn ein erwachsener Mann kastriert wird (wenn ihm die Hoden entfernt werden), dann kann er keine Samenzellen mehr produzieren, aber durch das Testosteron der Nebenniere behält er weiterhin seinen Trieb und seine Potenz. Eine Frau, die kastriert wird (der die Eierstöcke herausgenommen werden), wird keinen Eisprung mehr haben, aber ihr Interesse am Sex wird dadurch nicht berührt. Offensichtlich hat das Testosteron der Nebenniere einen Einfluß auf den Sexualtrieb bei Mann und Frau. Es ist schwer zu bestimmen, ob gewisse Gemütsstimmungen hormonelle Veränderungen auslösen oder ob die Hormone die Stimmung beeinflussen. Es scheint auf jeden Fall, daß ein höherer Hormonspiegel zusammenhängt mit stärkerem Trieb – nicht nur einem Sexualtrieb, sondern allgemeinem Lebensantrieb.

Menschen scheinen eine stärkere Zuversicht und eine positivere Grundhaltung zu besitzen, wenn der Sexualhormonspiegel hoch ist und bedrückt und lustlos oder reizbar zu sein, wenn er niedrig ist. Das ist außerordentlich deutlich am wirklichen Menstruationszyklus zu beobachten. Die meisten Frauen haben manchmal vor ihrer Menstruation eine gewisse Schwermut oder allgemeine Verschrobenheit erlebt, wenn der Hormonspiegel niedrig ist – kurz vor und während ihrer Menstruation. Und viele Frauen fühlen sich blendend, wenn ihr Hormonspiegel hoch ist – während des Eisprungs oder eng um diese Zeit.

Da der Hormonspiegel bei Mann und Frau zyklisch ist und mit Gesundheit und Streß variiert, so sollten Sie diese Erkenntnis mit einbeziehen, jetzt wo Sie Ihr eigener Therapeut sind. Das heißt also, es gibt Zeiten, wo Sie von sich wirklich kein Interesse an Sex erwarten können. Das sind Zeiten, wo Sie unter starken Belastungen durch Familie oder Beruf stehen oder wo Sie körperlich krank sind. Wenn aber diese Zeiten eher konstant statt gelegentlich auftreten oder für Sie ein immer wiederkehrendes Problem darstellen, so lassen Sie sich einmal von einem Arzt untersuchen.

Hier finden Sie ein kleines Quiz über das Material, soweit wir es bis hierher abgehandelt haben. Füllen Sie doch bitte die freien Stellen im Text aus. Es geht sowohl um die äußeren als auch um die inneren Geschlechtsorgane.

Der Uterus hat ungefähr die Größe eines/einer __________
Die Menstruation erfolgt, wenn der __________ -spiegel __________ __________ ist.
Die __________ ist für viele Menschen eine erogene Zone.
Der/die __________ ist ein ausschließliches Sexualorgan.
Der Hodensack beim Mann entspricht dem/der __________ bei der Frau.
Die __________ -Drüse und die __________ -Drüse bewirken eine saure Umgebung im Fortpflanzungsbereich der Geschlechtsorgane.
Sperma existiert am besten in einem __________ Milieu.
Der Samenleiter verbindet die __________ mit den __________ .
Schweißdrüsen im Hodensack helfen, __________ zu kontrollieren.
Samenflüssigkeit aus der Prostata, der Vorsteherdrüse, machen etwa __________ Prozent des Ejakulats aus.
Ein rückwärts gerichteter Samenerguß liegt vor, wenn __________ in die __________ fließt statt in __________ .
Die Schamlippen neigen zu einer __________ Färbung im Zustand sexueller Erregung.
Der Penis hat innen __________ Knochen.
Der Muttermund fühlt sich an wie __________ .
__________ bewirkt beim Mann und bei der Frau den Sexualtrieb.

Geburtenkontrolle – Empfängnis und Empfängnisverhütung

Bisher haben wir die Funktionen des Sex betrachtet, aber nicht die Folgen des Sex. Egal wie genau Sie unterscheiden zwischen Trieb und Fortpflanzung, so sind Sie dennoch noch nicht gründlich genug gewesen, bevor Sie nicht untersucht haben, in welchem Verhältnis beide zueinander stehen. Sex kann zu einer Schwangerschaft führen –

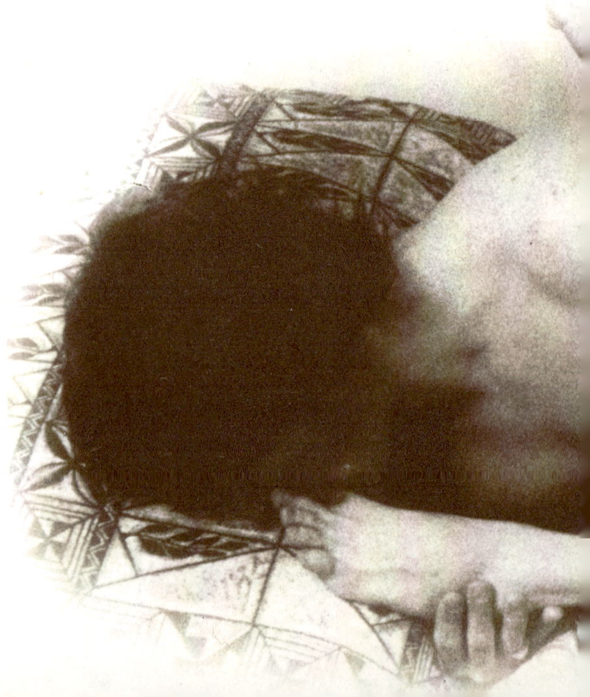

und das hat eine Bedeutung für jene, die versuchen, diesen Bezug zu verhindern, genauso aber auch für jene, die versuchen, diesen Bezug herzustellen.

Was hier nun über Empfängnis und Empfängnisverhütung folgt, ist für beide geschrieben, für Männer und Frauen. Vieles von der Verantwortung für die Geburtenkontrolle ist dem Manne seit nicht allzu langer Zeit abgenommen. Obwohl das durchaus seine positiven Seiten hat für die Frauen, die letzten Endes über ihren eigenen Körper verfügen müssen, gibt es negative Begleiterscheinungen für Männer, die ihre Gefühle abschätzen und bewerten wollen. Ob sie Kinder zeugen wollen, ob sie sich überhaupt dazu entschließen wollen, Kinder zu haben oder nicht.

Viele Leute haben in Anbetracht des Verfügens über bessere Geburtenkontrollmöglichkeiten (einschließlich Schwangerschaftsabbruch) Sex und Schwangerschaft getrennt. Noch in viktorianischer Zeit glaubte man, daß die Sexualität nur der Zeugung zu dienen habe. Leidenschaft war etwas Grobes. Heutzutage ist es manchmal genauso schwierig, Leidenschaft und Schwangerschaft zu vereinigen, wie man damals beides getrennt zu halten pflegte.

Wenn Sie jemals eine Frau geschwängert haben oder wenn Sie jemals ohne Willen schwanger geworden sind, dann überlegen Sie sich einmal die Gründe, warum es dazu kam. Natürlich passieren solche Zufälligkeiten, aber anstatt darüber nachzudenken, was falsch lief, überlegen Sie doch einmal, was vielleicht unterbewußt ganz richtig lief.

Leute werden aus Gründen schwanger, die nicht immer unbeabsichtigt sind. Lassen Sie einmal Ihre Gedanken schweifen und überlegen Sie, was in Ihrem Leben so passierte, daß genau zu dem Zeitpunkt dann etwas Zufälliges geschehen konnte. Ein Mann wollte vielleicht wissen, ob er nicht doch in der Lage wäre, jemanden schwanger zu machen. Eine Frau hatte vielleicht einen Verwandten oder einen Geliebten verloren, den sie zum Umsorgen brauchte. Ungewollte

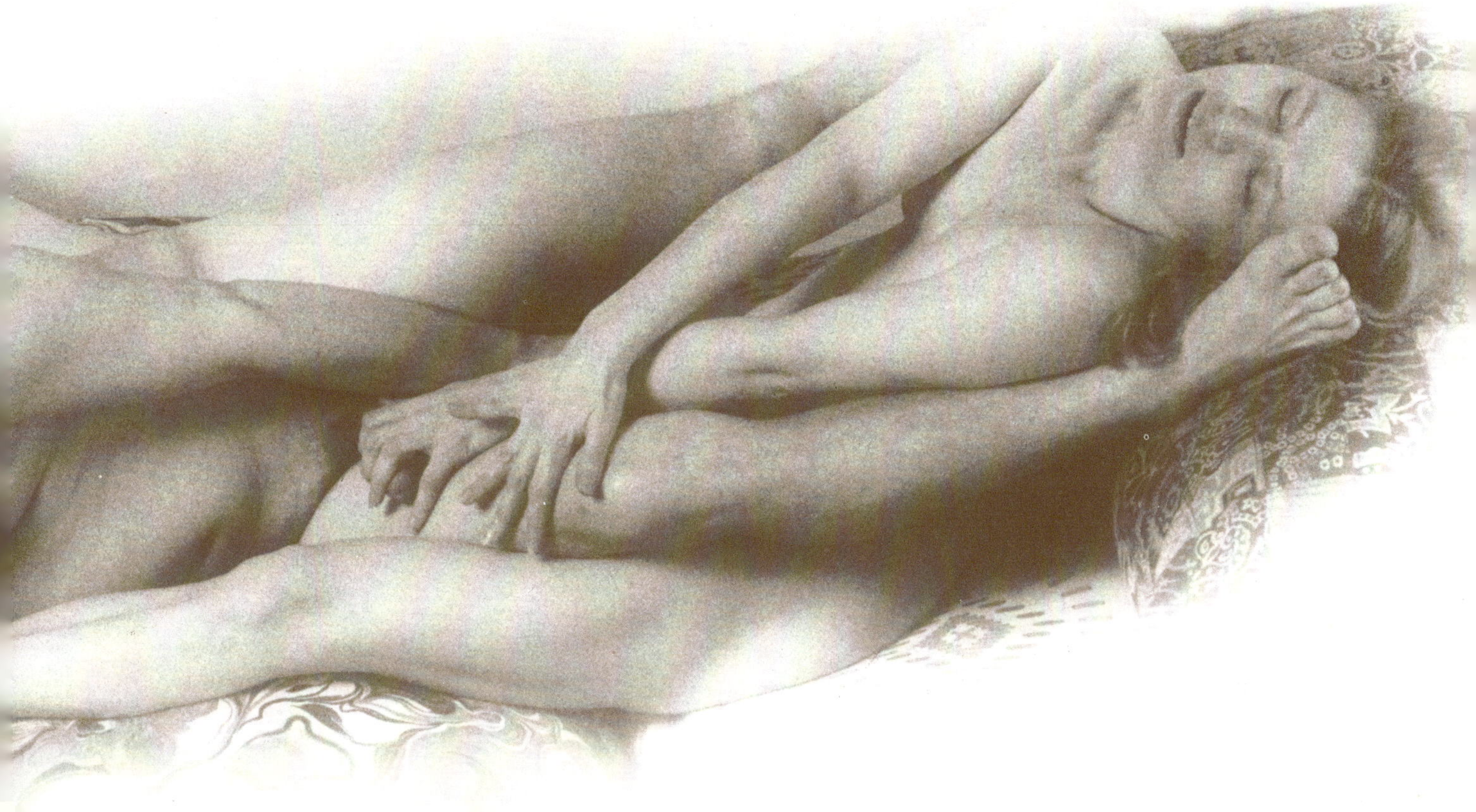

Schwangerschaften passieren, wenn die Schulzeit oder eine Berufstätigkeit endet und die Leute sich fragen, was als nächstes kommt. Ein Ehepaar, das sich auseinanderlebt, hat vielleicht das Gefühl, daß es seine Differenzen nur über ein Ereignis zur Sprache bringen kann, das so bedeutend und unmittelbar ist wie eine Schwangerschaft.

Manchmal werden die Leute schwanger, weil sie Gedanken-Kontrolle betreiben statt Geburtenkontrolle. Sie glauben, ihnen kann das nicht passieren, sie werden schon Glück haben oder sonstwie davonkommen. Manchmal stellen diese Chancen eine wirkliche Probe dar gegen sich selbst, gegen den Partner oder gegen das Schicksal. Ein anderes Geschehen kann es notwendig erscheinen lassen, daß man sich selbst testet, aber der Ort, wo es sich auslebt, ist für uns die Sexualität.

Natürlich könnten Sie sich wirklich Ihre Elternschaft wünschen, obwohl Sie gar nicht bewußt versuchen, das zu erreichen. Sie haben vielleicht das Gefühl, daß Kinder einige Erwartungen, die Sie sich selbst stellen, dann vervollständigen oder erfüllen. Vielleicht glauben Sie, daß Ihnen ein Kind das Gefühl geben könnte, wieder jung zu sein oder aber erwachsener zu sein. Vielleicht haben Sie auch das Gefühl, daß ein Kind Sie und Ihren Partner näher zusammenbringen könnte.

All diese verschiedenen Möglichkeiten kommen ebenfalls bei denen zur Sprache, die nicht schwanger werden können. Obwohl einige Menschen wirklich unfruchtbar sind, so steht doch manchmal ein anderer Tatbestand im Weg. Vielleicht haben Sie nicht genügend Vertrauen zu Ihrem Partner oder sind sich seines oder ihres Vertrauens Ihnen gegenüber nicht sicher. Vielleicht haben Sie versteckte Ängste wegen vererbter oder auch erworbener eigener Charakterzüge, von denen Sie denken könnten, sie auf das Kind zu übertragen. Vielleicht machen Sie sich auch Sorgen darum, zu alt oder zu jung zu sein für eigene Elternschaft.

Beides, sowohl das Bemühen, schwanger zu werden als auch der Versuch, nicht schwanger zu werden, kann Ihr Sexleben frustrieren. Die Belastung, genau zum richtigen Zeitpunkt miteinander schlafen zu müssen, um eine Empfängnis auch zu gewährleisten, kann einem alle Freude am sexuellen Geschehen selbst vermiesen. Die Angst vor ungewollter Schwangerschaft kann beiden Partnern ein Gefühl von Unwohlsein, Hetze oder Heimlichkeit geben. Aber es gibt da auch Hilfen. Es ist weitaus besser, sowohl einen Urologen als auch einen Gynäkologen aufzusuchen, wenn Sie sich Kinder wünschen und bisher ohne Erfolg blieben, statt sich gegenseitig Vorwürfe zu machen und zum Schluß auch noch die ganze Beziehung zu ruinieren.

Trotz der Verlegenheit, einen Arzt oder Apotheker wegen Verhütungsmittel zu fragen, ist das immer noch besser, als nie Vergnügen oder Wohlgefühl aus der sexuellen Vereinigung zu erlangen.

Auf den nächsten Seiten finden Sie einige grundlegende Tatsachen darüber, wie man empfängt und wie das verhindert werden kann. Dies ist nur eine kurze Zusammenfassung all der verfügbaren Informationen. Wenn Sie mehr wissen wollen, dann suchen Sie doch bitte Ihren Arzt auf. Wenn Sie keinen Arzt persönlich kennen, so rufen Sie Ihre nächste *Pro-familia*-Beratungsstelle oder Ihr Gesundheitsamt an.

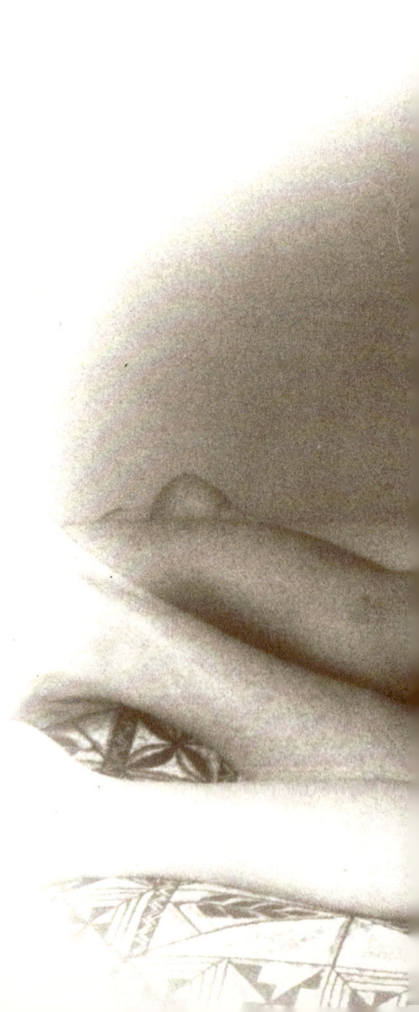

Empfängnis

Wenn Sie ein Kind haben möchten, so sollte Ihr Geschlechtsverkehr so dicht wie möglich um den Zeitpunkt des Eisprungs herum stattfinden. Wir haben schon an anderer Stelle erwähnt, daß der Eisprung ungefähr zwei Wochen vor der Menstruation erfolgt. Der Menstruationszyklus beginnt am Tag 1, dem Tag des Blutungsbeginns. Der letzte Tag des Zyklus ist der Tag, bevor die nächste Menstruation anfängt. So hat eine Frau mit einem 26-Tage-Zyklus ihren Eisprung wahrscheinlich am 12. Tag nach Beginn der Menstruation. Eine Frau mit einem 30-Tage-Zyklus hätte ihren Eisprung am oder fast am 16. Tag. Diese Berechnung beruht auf der Voraussetzung, daß man einen regelmäßigen Zyklus hat, das heißt einen solchen, der jedesmal die gleiche Länge hat.

Der leichteste Weg sicherzugehen, ob ein Eisprung stattgefunden hat, besteht darin, daß Sie einige Monate lang mit einem Körperthermometer Ihre Basaltemparatur in ein Kurvenblatt eintragen. Indem Sie jeden Morgen, bevor Sie aufstehen, Ihre Temperatur ablesen, sind Sie in der Lage, jeden Monat den niedrigsten Wert im Zyklus zu bestimmen. Dieser liegt ganz kurz vor dem Eisprung. Danach bleibt Ihre Temperatur für den Rest des Zyklus wieder höher. Da ein Ei für ungefähr anderthalb Tage befruchtungsfähig und Sperma drei bis fünf Tage lebensfähig bleibt, hat ein Geschlechtsverkehr in bezug auf Schwangerschaft die besten Aussichten auf Erfolg fünf Tage vor bis

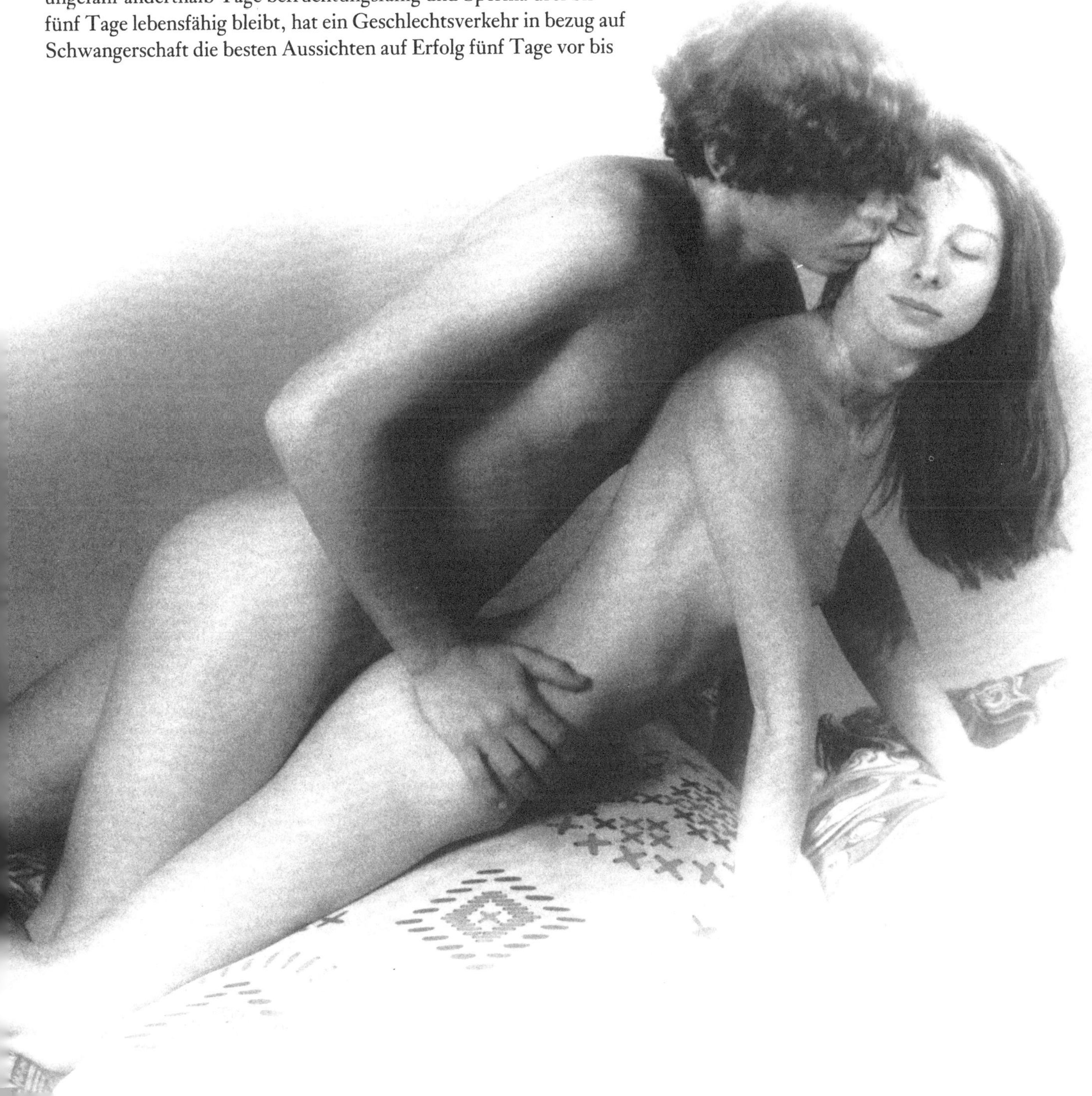

einen Tag nach dem Eisprung. Es gibt einige neue, sehr raffinierte Tests dafür, ob der Eisprung stattgefunden hat, über die Ihnen Ihr Hausarzt oder Ihre Klinik mehr Auskunft geben kann.

Eine Frau, die auch nur gelegentlich eine unregelmäßige Periode hat, muß ihre Temperatur täglich ablesen und dann Geschlechtsverkehr haben, wenn ihre Temperatur sinkt. Es nützt nicht sehr viel, sich mit einem Kurvenblatt zu befassen, solange nicht wenigstens die Unregelmäßigkeit regelmäßig geworden ist, etwa jeden zweiten oder dritten Monat.

Andere Möglichkeiten, die Chance für eine Empfängnis zu vergrößern, liegen darin, eine hohe Spermienzahl zu haben, die Alkalinität der Vagina zu erhöhen und für den Geschlechtsverkehr eine Stellung zu wählen, in der der Mann von hinten eindringt. Eine hohe Spermienzahl erreichen Sie, indem Sie sich einige Tage vor dem Eisprung sexueller Aktivitäten enthalten. Das basische Klima in der Vagina können Sie erhöhen, indem Sie sie kurz vor dem Geschlechtsverkehr mit zwei Eßlöffel Natron, gelöst in einem Liter Wasser, spülen. Von hinten in die Vagina einzudringen, hat die Wirkung, daß das Sperma näher an den Muttermund gebracht wird, der von sich aus schon ein alkalisches Milieu besitzt.

Der weibliche Orgasmus pflegt den Säuregrad der Vagina abzuschwächen, sie für das Sperma günstiger vorzubereiten. So sollte also die Frau auf jeden Fall ein Vergnügen an der ganzen Sache finden.

Ein Ehepaar, das sich Sorgen macht über die Absicht, Kinder zu bekommen, weil die Frau älter ist, denkt vielleicht an eine *Amniocenthese.* Das ist ein Verfahren zum Bestimmen, ob ein Fötus eventuell eine der genetischen Mißbildungen hat, die üblicher sind bei den Nachkommen älterer Frauen. Der Arzt entnimmt im vierten Schwangerschaftsmonat etwas Fruchtwasser. Wenn ein Test zeigt, daß eine Mißbildung vorliegt, kann das Ehepaar die Möglichkeit eines Schwangerschaftsabbruchs in Betracht ziehen.

Empfängnisverhütung

Auch um einer Schwangerschaft vorzubeugen, ist es wichtig, den Eisprung genau zu bestimmen. Jedoch kann selbst der regelmäßigste Zyklus manchmal unregelmäßig werden. Es gibt keinen absolut verläßlichen Zeitpunkt. Der Eisprung wird beeinflußt durch Gesundheit und Streß. Eine Frau, die aufgeregt oder krank ist oder unter unüblichen Belastungen steht, kann einen frühen oder späten Eisprung haben oder sogar mehrere während eines Zyklus. Diese Unsicherheit kann natürlich das sexuelle Geschehen beeinflussen, worüber später noch zu reden sein wird.

Es ist diese Tatsache und der seltene, aber durchaus bekannte Fall, daß Sperma bis zu sieben Tagen lebensfähig bleibt, was die Methode der Temperaturmessung zu unzuverlässig macht. Diese Methode erfordert, daß ein Paar einige Tage vor und nach dem Eisprung keinen Geschlechtsverkehr haben darf. Sie müssen den Eisprung sorgfältig berechnen und, was noch wichtiger ist, beide müssen mit der Enthaltsamkeit einverstanden sein.

Die oralen Verhütungsmittel, von denen es viele gibt, unterdrücken den Eisprung – und wo es kein Ei gibt, da gibt es auch keine Befruchtung. Wenn man die Pille allerdings nicht regelmäßig nimmt, dann gibt es eine Chance, daß die Frau doch einen Eisprung hat und möglicherweise schwanger wird. Viele Frauen scheinen das Gefühl zu haben, daß es doch nichts weiter macht, ob man die Pille mal einen oder zwei Tage vergißt. Es macht aber doch etwas aus. Es glauben auch einige Leute, daß sie für ein paar Tage, einen Monat oder sogar länger mit der Einnahme aussetzen können, aber weiter geschützt bleiben. Diese irren sich.

Die Pille ist ein sehr wirkungsvolles, risikoarmes Verhütungsmittel. Statistisch gesehen ist sie in medizinischer Hinsicht sicherer als Abtreibung oder Sterilisation. Aber einige Frauen können sie nicht vertragen, einige Frauen mögen sie nicht, und *alle* Frauen müssen sie unter ärztlicher Kontrolle einnehmen.

Die IUS (*Intra-Uterin-Spirale*) hat auch eine große Wirkung. Sie ist ein kleiner Gegenstand, der von einem Arzt in die Gebärmutter der Frau eingeführt wird. Keiner weiß ganz sicher, wie die IUS arbeitet, aber es zeigt sich, daß ein Ei daran gehindert wird, sich in der Gebärmutterwand einzunisten. Die meisten haben ein kleines Band, das aus dem Muttermund heraushängt, so daß die Frau sicher überprüfen kann, daß die Spirale sich während einer Menstruationsperiode nicht entfernt hat. Sie unbemerkt zu verlieren, ist für die IUS-Trägerin das größte Risiko.

Diese beiden Methoden sind unnatürlich in der Weise, daß sie von einer Frau verlangen, in ihrem Körper oder in ihrem Blutstrom etwas Fremdes zu dulden. Einige Frauen haben deswegen ein ungutes Gefühl und ziehen den Gebrauch eines Pessars vor, bitten ihren Partner, ein Kondom zu benutzen oder haben beides.

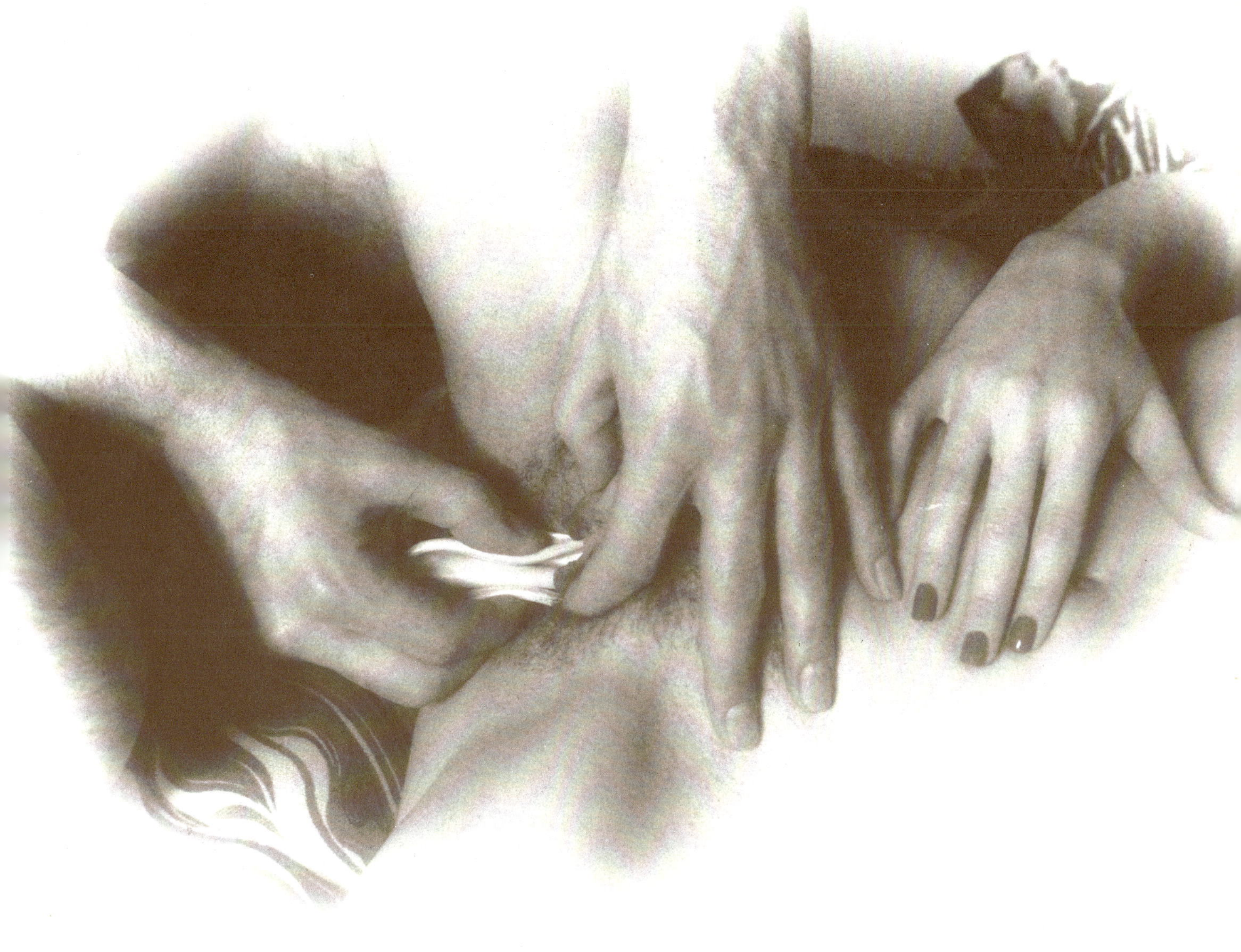

Das *Pessar* oder *Diaphragma* ist eine runde Einrichtung aus Gummi, die um den Muttermund herum dicht abschließt und das Sperma daran hindert, in die Gebärmutter zu gelangen. Es muß jeder einzelnen Frau von einem Arzt oder einer Krankenschwester angelegt werden. Weil es etwas schwierig einzusetzen ist, mag eine Frau vielleicht, wenn ihr Partner ihr dabei hilft, oder sie trägt es vielleicht ohne Unterbrechung die ganze Zeit. Wenn Sie sich entscheiden, es die ganze Zeit zu tragen, nehmen Sie es auf jeden Fall täglich heraus, waschen es ab und achten auf fehlerhafte Stellen. Benutzen Sie zur Empfängnisverhütung einen Schaum oder eine Creme unmittelbar vor dem Geschlechtsverkehr, damit Sie sicher gehen, daß der Eingang zur Gebärmutter wirklich völlig geschützt ist.

Kondome sind wohl die verbreitetste Methode der Geburtenkontrolle überhaupt, und sie sind sehr sicher, sofern sie richtig benutzt werden. Einige Männer beklagen, daß sie das herrliche Gefühl, in der Vagina zu sein, stark beeinträchtigen, aber Pessar und Pille und IUS beeinträchtigen das sexuelle Vergnügen für Frauen auch manchmal. Es ist oftmals angemessener, die Verantwortung zu teilen, indem man sich mindestens zu gewissen Zeiten ruhig einmal auf Kondome verläßt.

Ein Kondom muß übergestreift werden, sobald Sie eine Erektion haben, da eine Gefahr besteht im Sekret der Cowper-Drüsen und eine andere darin, daß Sie mal ganz unerwartet plötzlich zum Orgasmus kommen können. Weil das Glied bald nach dem Samenerguß erschlafft, ist es wichtig, dieses gleich nach dem Höhepunkt wieder aus der Vagina zu ziehen. Halten Sie den Rand des Kondoms fest, um sicherzugehen, daß es mit herauskommt. Es gibt Leute, die sagen, daß Kondome reißen können, aber viel eher streifen sie sich ab. Um ein Reißen zu verhüten, streifen Sie sie nicht zu stramm über das Glied. Versuchen Sie, oben etwas mehr als einen Zentimeter übrig zu lassen, falls Sie nicht einen benutzen, der eine kleine Spitze zum Aufnehmen des Sperma hat.

Ein Schaum zur Empfängnisverhütung ist nun nicht gerade das wirkungsvollste Mittel der Geburtenkontrolle, ist aber immer noch besser als gar nichts. In Verbindung mit einem Pessar oder Kondom läßt sich seine Wirkung verbessern. Schaum ist immer besser als ein Gelee, eine Creme oder Zäpfchen, die sich in der Vagina nicht genauso gut verteilen. All diese Methoden wirken durch samenabtötende Chemikalien, so sollten sie auch nicht eher als zehn bis acht Stunden nach dem Samenerguß aus der Vagina herausgewaschen werden. Einige Leute reagieren allergisch auf diese Substanzen. Wenn einer von Ihnen beiden ein Jucken oder eine Reizung bemerkt, versuchen Sie es mit einer anderen Marke oder einer neuen Methode.

All diese Methoden verlangen Zusammenarbeit und Planung bei beiden Partnern. Wenn Sie wissen, was Sie benutzen wollen und es auch parat haben, so brauchen Sie beim Geschlechtsverkehr Ihre Spontaneität nicht zu verlieren. Sie können die Anwendung dieser Verhütungsmittel zum Bestandteil Ihres Geschlechtsaktes machen, wobei der Mann der Frau den Schaum oder den Pessar einführt und die Frau ihm den Kondom überstreift. Wenn Sie sich bei der Wahl Ihrer Verhütungsmethode wohlfühlen, wenn Sie sich mit der Anwendung auskennen und wenn Ihr Partner mit einbezogen ist, dann geben Sie schon Ihr Bestes.

Weil aber selbst das fehlschlagen kann, sollten Sie wissen, daß ein Schwangerschaftsabbruch eine zuverlässige, sichere und relativ leichte Methode der Geburtenkontrolle darstellt. Es liegt aber auf der

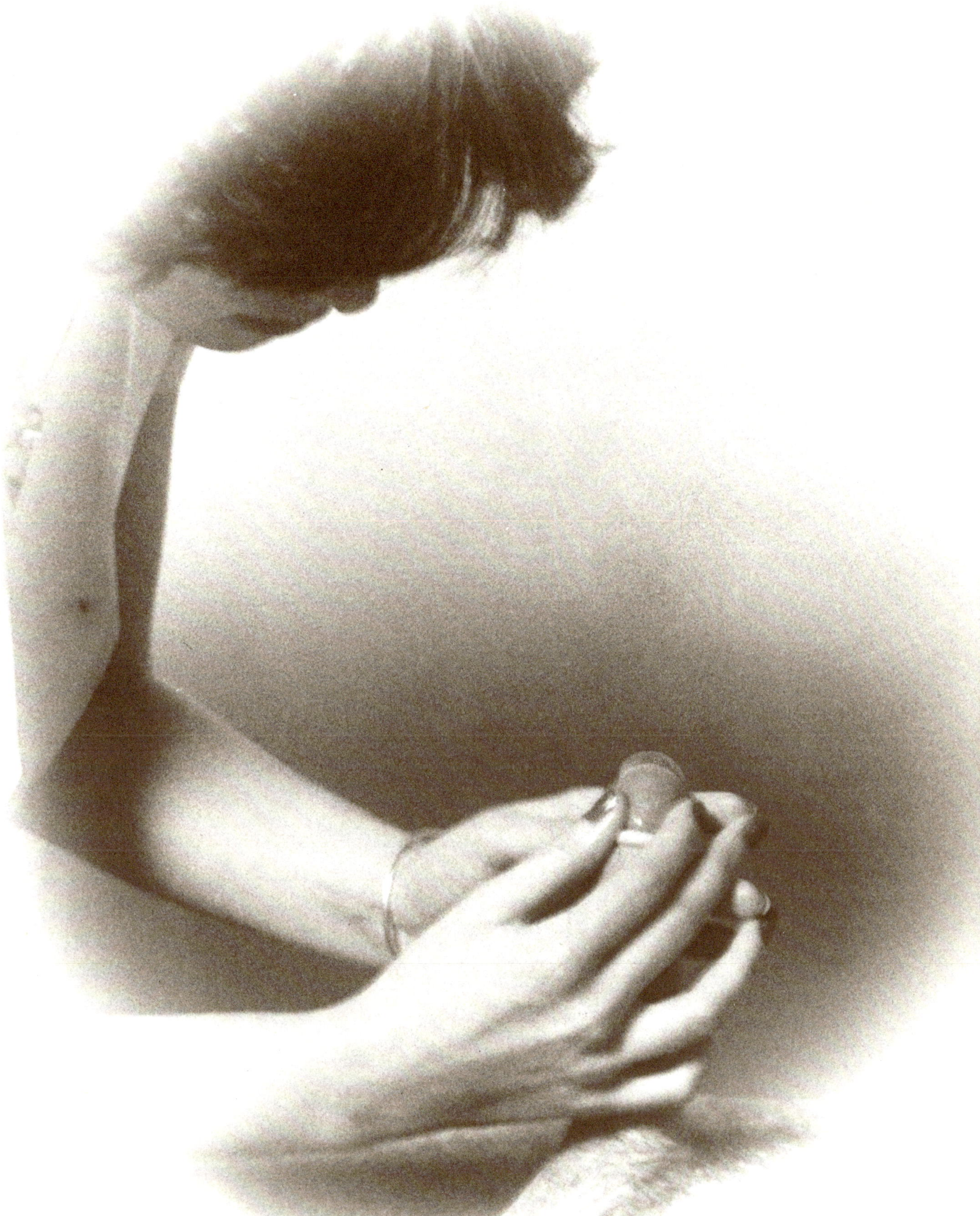

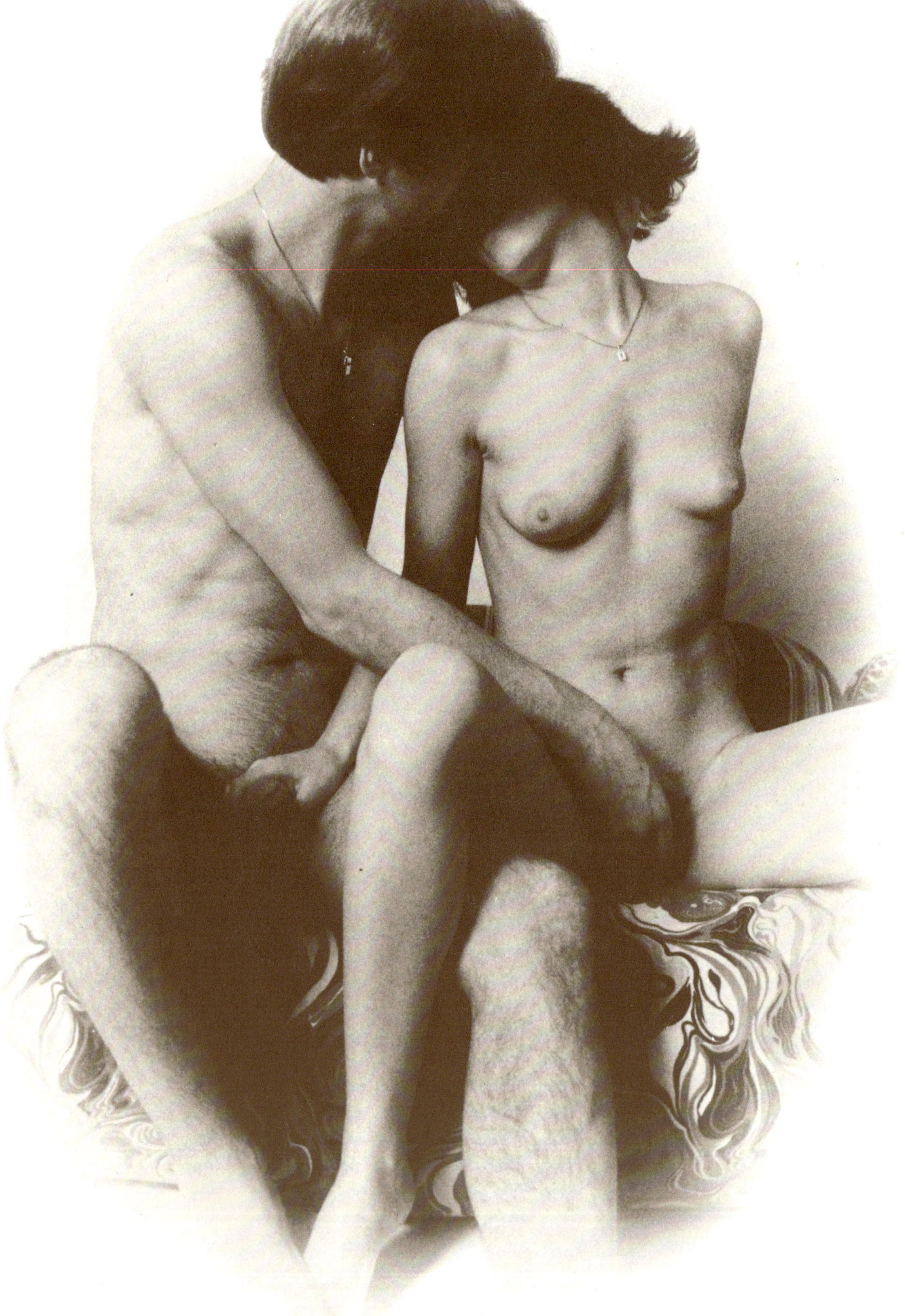

Hand, daß es – finanziell, physisch und psychisch – leichter ist, einer Schwangerschaft vorzubeugen. Wenn es aber passiert und Sie eine Abtreibung in Betracht ziehen wollen, so sprechen Sie mit Ihrem Arzt.

Ein Schwangerschaftsabbruch in den ersten drei Monaten nach der Empfängnis wird als ambulante Behandlung durch Absaugen ausgeführt. In dieser zehnminütigen Prozedur wird die Gebärmutter buchstäblich ausgesaugt. Das Ei und die innere Gebärmutterauskleidung werden entfernt. Für gewöhnlich wird eine Frau einige Krämpfe dabei verspüren und noch ein paar Tage danach leichte Blutungen haben. Weil sie sofort wieder schwanger werden kann, ist es ganz wesentlich, vor dem nächsten Geschlechtsverkehr eine ordentliche Empfängnisverhütung sicherzustellen.

Sterilisation ist die beste Methode der Geburtenkontrolle, wenn Sie dazu bereit sind. Wenn Sie sicher sind, daß Sie keine Kinder oder keine weiteren Kinder haben wollen, können Sie Ihre Leiter abbinden lassen. Beim Mann sind es die Samenleiter, die durchtrennt und abgebunden werden können. Das Ganze passiert bei örtlicher Betäubung innerhalb von fünfzehn Minuten in der Praxis Ihres Urologen. Wenn Sie eine Frau sind, werden bei Vollnarkose Ihre Eileiter durchtrennt und abgebunden.

Wie mit allen Fragen der Geburtenkontrolle, kann es auch zu einem Problem werden, wer von Ihnen sich sterilisieren läßt. Die Kosten und der allgemeine Gesundheitszustand beider Beteiligten müssen erwogen werden. Wenn einer von Ihnen glaubt, eines Tages noch weitere Kinder oder Kinder von einem Dritten haben zu wollen, sollte der andere der sein, der sich sterilisieren läßt. Wenn einer von Ihnen zurückschreckt vor der erforderlichen Prozedur, sollte sich vielleicht der andere der Operation unterziehen.

Andere Methoden der Geburtenkontrolle wie etwa die Vaginaldusche, Rausziehen (coitus interruptus), die Beine oder Finger gekreuzt halten und totale Enthaltung sind nicht zur Sprache gekommen, weil sie entweder nichts taugen oder keinen Spaß machen.

Sie werden diejenige Verhütungsmethode am zuverlässigsten anwenden, an der Sie am meisten Freude haben und die für Sie die beste ist. Abgesehen von der sehr zuverlässigen Wirkung der Pille, wird eine Frau, die damit nicht glücklich ist, voller Groll auf ihren Partner sein und nicht in der Lage, Sex mit ihm richtig zu genießen. Ein Mann, der das Gefühl hat, daß er eigentlich nicht die ganze Zeit ein Kondom benutzen bräuchte, wird den sexuellen Annäherungen eines Partners, der ihm die ganze Verantwortung überläßt, vielleicht widerstehen oder sie gar ablehnen.

Auf jeden Fall sollten alle Verhütungsmethoden von beiden Partnern gewollt sein. Und obwohl es die Frau ist, die die Kinder austrägt und für sie sorgt, so ist doch auch der Mann beteiligt. Eine Frau, die alle Entscheidungen allein trifft und der Mann, der gar keine trifft, verneinen beide etwas, das ihrer Entscheidung, miteinander zu schlafen, aber innewohnt. Eine Frau, die eine Abtreibung vornehmen oder sich sterilisieren läßt, ohne ihren Partner vorher zu Rate zu ziehen, übersieht dabei leicht die Tatsache, daß Männer auch Gefühle haben. Ein Mann, der sich nicht darum kümmert, was seine Frau tut, kann durchaus seine eigenen Rechte und seine eigene Verantwortung ignorieren.

Hier sind einige Fragen aus dem Bereich Empfängnis und Empfängnisverhütung:

Der beste Zeitpunkt zur Empfängnis und Empfängnisverhütung ist ____________ .
Die Pille ____________ den Eisprung.
Sterilisation bedeutet, die ____________ abzubinden, sowohl beim Mann als auch bei der Frau.
Frauen mit einem ____________ Menstruationszyklus sollten sich nicht auf das ____________ -System verlassen.
Eine Abtreibung ist sicher und ziemlich schmerzlos während der ersten ____________ Monate der Schwangerschaft.
Eine ____________ könnte wünschenswert erscheinen, wenn die Frau über fünfunddreißig ist.
Eine ____________ Umgebung ist günstig für das Sperma.
Sie sollten ____________ und das Pessar zusammen benutzen.
Einige Leute reagieren allergisch auf ____________ .
Eine Frau sollte das ____________ nach jeder ____________ kontrollieren.
Die Körpertemperatur steigt ____________ vor dem Eisprung.
Sperma kann bis zu ____________ Tagen lebensfähig bleiben.

Wenn Sie nicht alle Fragen beantworten, sollten Sie diesen Abschnitt wirklich noch einmal durchlesen.

Zusammenfassung

Der Bau und die körperliche Beschaffenheit der Sexualorgane bedingt mehr als nur das Wissen darüber, wo alles sitzt und wie das alles arbeitet. Sie müssen auch einmal darüber nachdenken, welche Bedeutung all diese Tatsachen denn nun für Sie selbst haben. Sie denken vielleicht, daß das doch sehr romantisch ist, von gewissen Dingen über Sie selbst und Ihren Partner keine Ahnung zu haben. Vielleicht glauben Sie sogar, es gehöre sich nicht, neugierig zu sein. Aber Unwissenheit ist wirklich nicht besonders romantisch. Sie können sich selbst kennen und trotzdem Liebe und Leidenschaft erfahren.

Erregung

Einführung

Sexuelle Erregung ist ein Zustand körperlicher und emotionaler Spannung und schon für sich selbst genommen aufregend, dazu noch von grundsätzlicher Bedeutung für den Beischlaf oder den Orgasmus. Es ist unmöglich, ohne körperliche Erregung befriedigenden Sex zu erleben, aber es ist möglich, körperlich erregt zu sein, ohne wirklichen Wunsch nach Sex zu verspüren. Der Trick besteht darin zu wissen, wie man sich in Erregung versetzt, wenn man den Wunsch danach hat.

Erregung ist nicht einfach für den Mann eine Erektion und für die Frau eine feuchte Scheide. Diesen äußerst offensichtlichen Zeichen sexueller Bereitschaft gehen andere körperliche Veränderungen voran und begleiten sie auch, einschließlich eines erhöhten Pulses, Muskelspannung, trockenem Hals, feuchten Handflächen und vielseitigen, kribbelnden oder warmen Gefühlen über den ganzen Körper. Diese körperlichen Zeichen beruhen für gewöhnlich auf den Gefühlen für die eigene Lage, den Partner, die Umstände und die eigene Persönlichkeit, oder sie werden davon beeinflußt. So gibt es also eine ganze Konstellation körperlicher und emotionaler Reaktionen, die die Erregung bewirken.

Hindernisse für die Erregung

Die meisten Leute schaffen es, den größten Teil der Zeit in Erregung zu sein. Wenn Sie aber überhaupt nicht zu erregen sind oder nicht dann, wenn Sie es Ihrer Meinung nach sollten, dann beginnen Sie vielleicht zu glauben, daß Sie asexuell, frigide, unebenbürtig, übertrieben sexuell oder sexuell unfähig sind – Befürchtungen, die viele Leute schon von Zeit zu Zeit gehabt haben. Diese Befürchtungen nun sind es, durch die Sie das Vertrauen in Ihre Sexualität verlieren und sich Kräften ausgeliefert fühlen, die Sie nicht kontrollieren können.

Die Ursache für diese Unsicherheiten ist oft ein einfacher Mangel an Vertrautheit mit Ihrer eigenen Erregung. Weil es in dieser Gesellschaft einen alles durchdringenden Sinn dafür gibt, daß es egoistisch ist, sich zu sehr auf sich selbst zu konzentrieren, erfahren Sie einfach nicht, was Sie gern mögen und wofür Sie fähig sein könnten. Sex wird dann eine Vorstellung, bei der der Orgasmus allein das Ziel ist. All die Empfindungen und Gefühle, die damit zusammenhängen, wenn Sie erregt sind, gehen verloren auf der wilden Jagd zum Höhepunkt.

Unwissenheit über das, was Erregung eigentlich ist, kann Sie abhängig machen von Routine oder Halbwahrheiten. Sie versuchen, das zu akzeptieren, was Sie von jemand anderem darüber hörten, was ihn in Erregung versetzte. Sie vertrauen auf Techniken und Aktivitäten, die Sie in der Vergangenheit erregten. Sie nehmen an, daß Sie auf Touren gebracht werden müßten durch etwas, was Sie lesen, jemanden, mit dem Sie zusammen sind, etwas, was andere tun. Sie halten Ausschau nach der richtigen Formel. Und im weiteren Verlauf werden Sex und Erregung zur Hausarbeit.

Es ist keine Frage, daß es wirklich handfeste Hindernisse für die Erregung gibt, die die Begeisterung eines Menschen ganz schön dämpfen können. Es sind das quälende Drangsale von außen, angeschlagene Gesundheit, schlechte Erfahrungen mit Sex und unsensiblen Partnern. Sie müssen einiges für sich berücksichtigen. Wenn Sie geistig oder körperlich total erschöpft sind, müssen Sie warten, bis es Ihnen besser geht. Wenn Sie schlechte Erfahrungen mit Partnern gemacht haben, müssen Sie von neuem lernen, was Sie erregt. Wenn Sie gerade Probleme mit Ihrem jetzigen Partner haben, muß vielleicht jeder von Ihnen lernen, was Sie individuell erregt und dann erst, was Sie als Paar erregt.

Sie müssen sich auch zu Bewußtsein bringen, daß es ganz in Ordnung ist, wenn Sie Ihre eigene Sexualität beachten. Kulturelle Barrieren gegenüber sexueller Selbsterfahrung schließen auch das Gefühl ein, daß es egozentrisch, anmaßend und ein Zeichen davon ist, nicht mit anderen Leuten in Beziehung treten zu können, wenn Sie Ihre Konzentration einmal auf sich selbst richten. Wenn Sie ein Mann sind, dann haben Sie wahrscheinlich schon bei der Geburt alles mitbekommen, was man über Sexualität wissen muß. Sind Sie eine Frau, so gehen Sie wahrscheinlich davon aus, daß ein Mann Ihnen Hinweise und Anregungen gibt. Wenn Sie sexuell gesehen noch keinen Bezug zu sich selbst haben, ist es sehr schwer, zu einem anderen Menschen solch einen Bezug herzustellen.

Offensichtlich werden Sie um so verwirrter, je mehr Sie darüber nachdenken. Sie können Ihre Hoffnung nicht auf Formeln, auf andere Leute, auf die Gesellschaft setzen. So fangen Sie ganz von vorn ohne Vorstellungen davon an, wie die Erregung denn nun verlaufen sollte und ohne große Erwartung darüber, daß Ihnen dieses Kapitel etwa die Geheimformel verraten würde, auf die Sie immer gewartet haben. Selbst wenn Sie schon alles über Ihre eigene Art der Erregung wissen, so betrachten Sie dieses Kapitel als Gelegenheit, sich noch einmal all das vor Augen zu führen, was Sie schon wissen.

Etwas beginnt Sie scharf zu machen

Das erste, was Sie erlangen müssen, ist die Erkenntnis, was Erregung an sich ist. Sie müssen wissen, wann Sie erregt sind, egal, ob Sie denn nun gleich auf der Stelle irgend etwas damit anfangen. Es gibt doch vielleicht Zeiten, wo Sie merken, daß Ihr Herz pocht, wo Sie rot werden oder erregt sind, obwohl in Ihrer Nähe gar nichts Genaues auszumachen ist, was Ihr Interesse so anzieht. Oder vielleicht gibt es Zeiten, wo Sie gegenüber jemandem ein inniges und entspanntes Gefühl haben, aber keine körperlichen Anzeichen sexueller Erregung wahrnehmen, obwohl Ihnen durchaus Gedanken an Sex durch den Kopf gehen. Das ist ganz in Ordnung so. Dieses innere Rühren kann Vorläufer einer intensiveren Erregung sein und ist schon für sich genommen angenehm genug. An Ihnen ist es jetzt, die Stimmungen, die Umstände und die Leute, die das hervorrufen, genau zu bestimmen.

Unten sind einige weitergehende Kategorien von Erregungsmöglichkeiten beschrieben. Versuchen Sie doch mal, in jeder etwas zu finden, was Ihnen vertraut ist. Auf den freigelassenen Zeilen oder auf einem Extrablatt können Sie Ihre eigenen, ähnlichen Erfahrungen in bezug auf Erregung aufschreiben.

Sinnliche Stimulierung: In diese Kategorie fallen alle körperlichen Situationen und Empfindungen, die Sie in Erregung versetzen. Diese können reichen vom Bewußtwerden Ihrer Umgebung bis hin zu spezifisch sexuellen Stimulationen. Zum Beispiel gehören hierher sol-

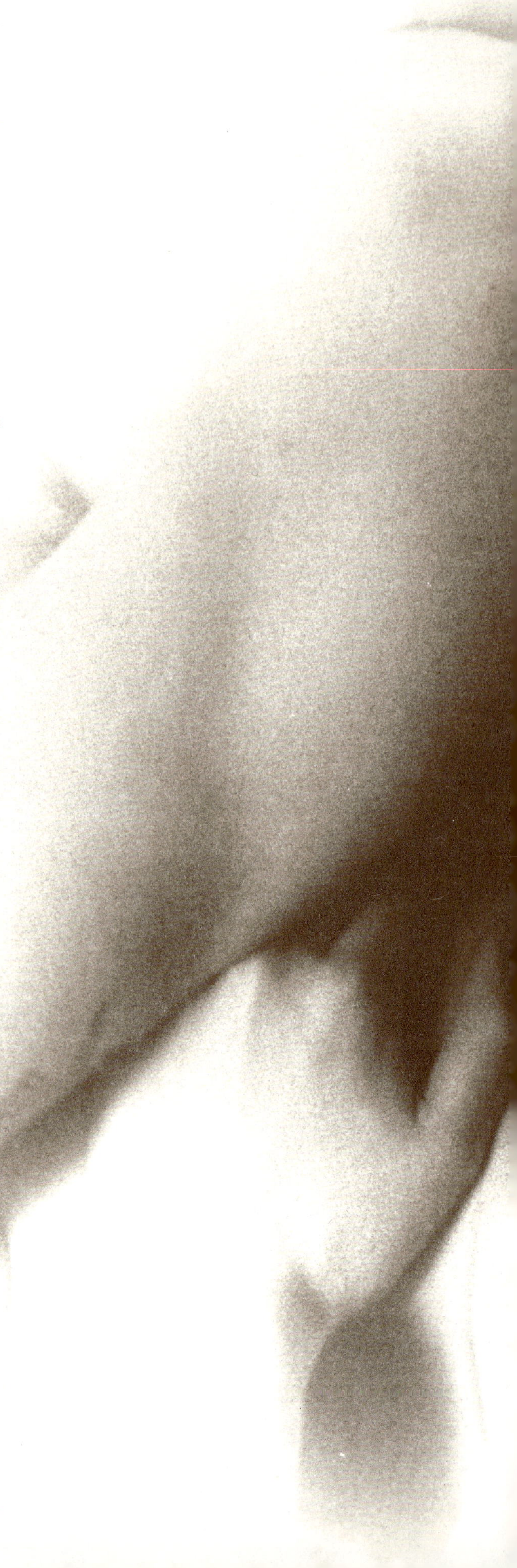

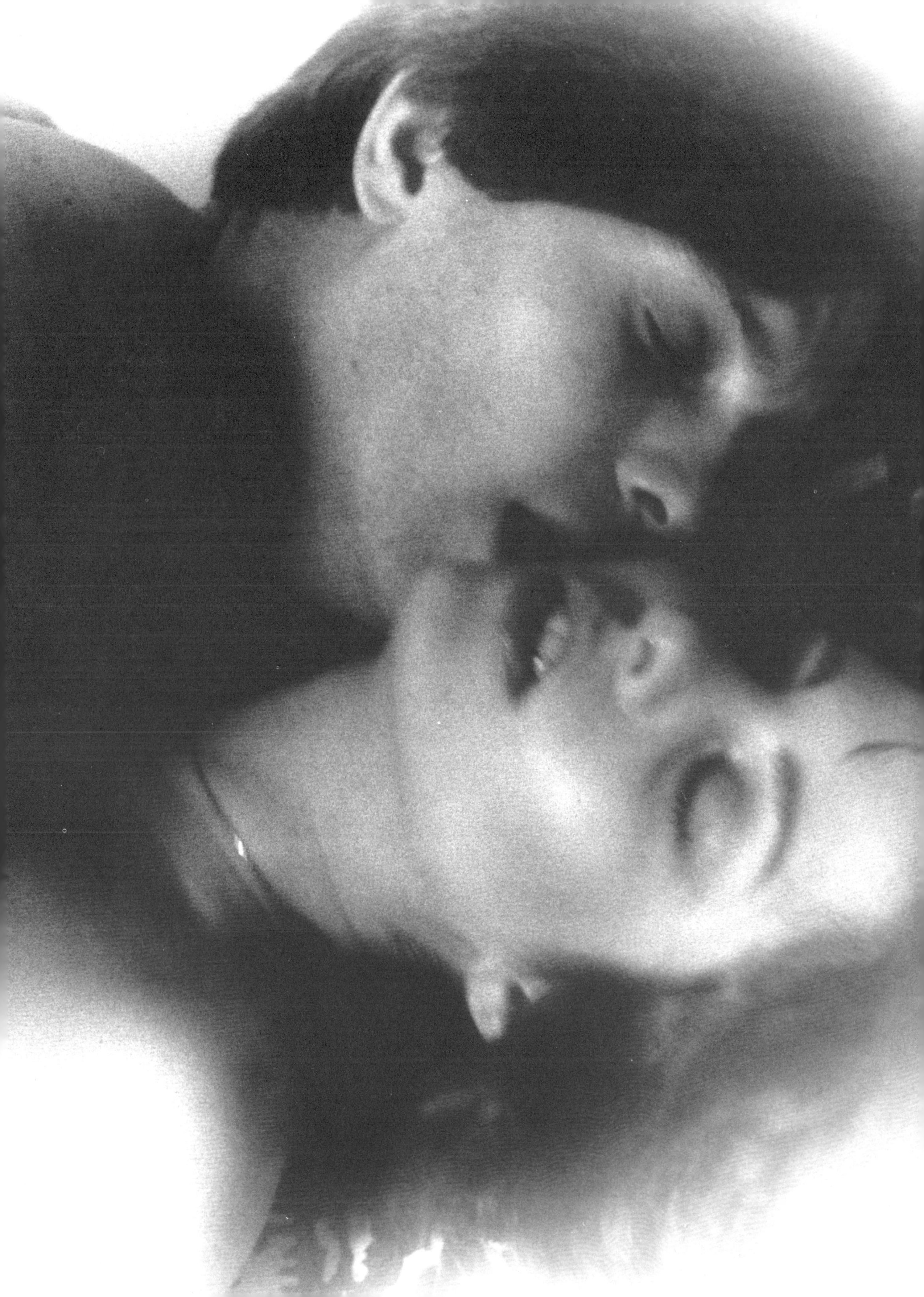

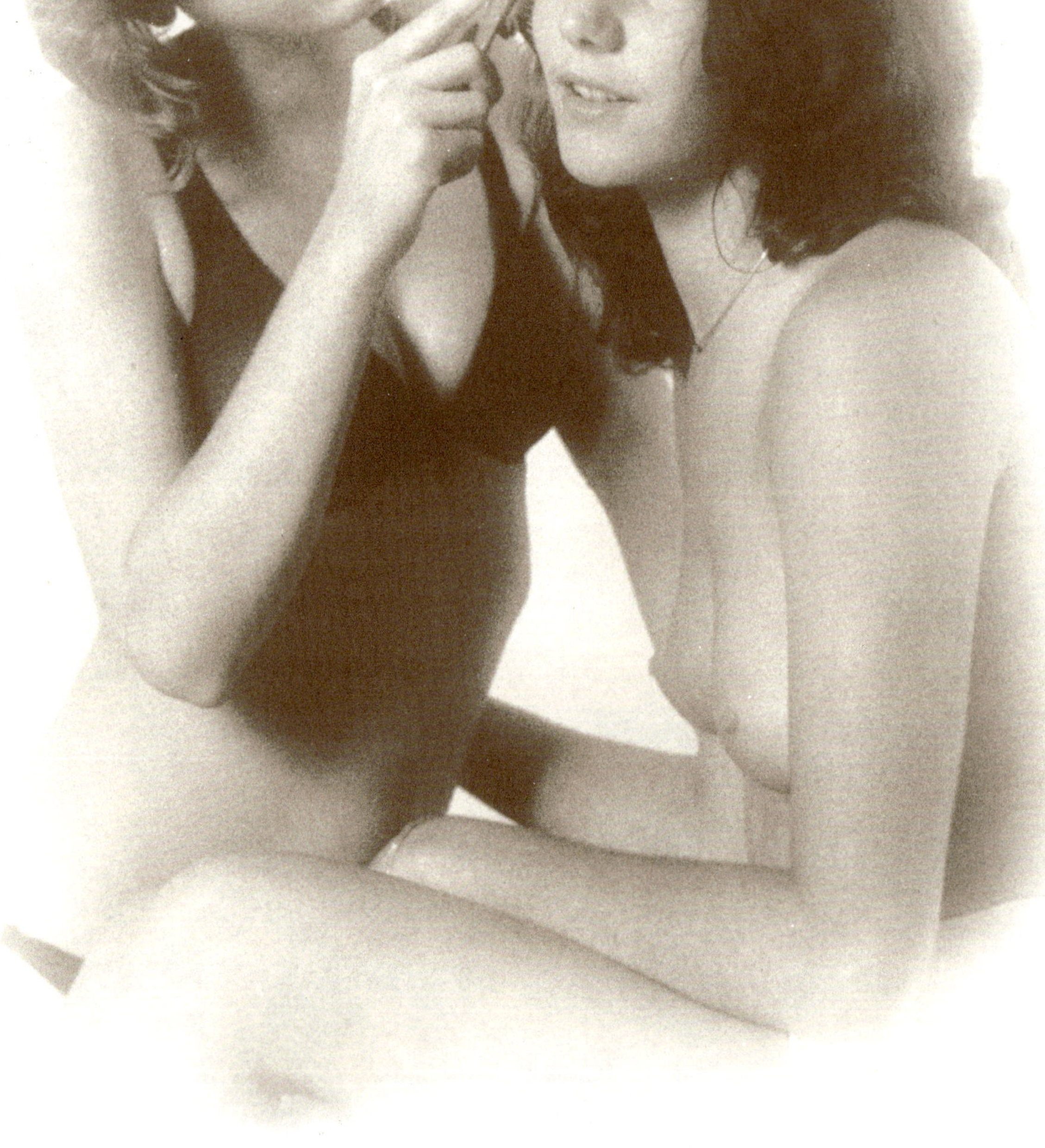

che Dinge wie eine bestimmte Tageszeit, die Umgebung, ein bestimmter Duft, Speisen und zufällige und absichtliche Berührungen. Machen Sie einmal eine Liste der Umgebungen und Dinge, die Sie erregen, wie etwa die U-Bahn, Eiswürfel ganz nahe an Ihren Hoden oder Brustwarzen, der Duft von süßen Keksen oder Plätzchen mit Schokoladenstreuseln, der botanische Garten, Marihuana, eine Kirche und so weiter.

Innere Stimulierung: Hier können Sie all das aufführen, von dem Sie glauben, daß es Sie sexuell erregt. Eingeschlossen Sexfantasien, verbotene sexuelle Vergnügungen und sexuelle Erwartungen. Zum Beispiel ist die Vorfreude auf Sex erregend, das Denken an jemanden, nach dem Sie Sehnsucht haben, ist erregend, Erinnerungen sind erregend. Machen Sie hier mal eine Liste mit allen Vorstellungen, die Sie geil machen, wie zum Beispiel Sex mit Ihrem Bruder, Sex in der Öffentlichkeit, Sex irgendwann in der Zukunft. Oder machen Sie eine Liste aller Vorstellungen, die nicht sexuell sind, auf Sie aber sexy wirken und die Sie erregen.

Stimulierung durch Menschen: Ohne daß sie deswegen weniger bedeutsam wären, hier schließlich noch verschiedene Arten von Menschen und zwischenmenschlichen Situationen, die Sie erregend finden. Machen Sie sich eine Liste der Persönlichkeitsbilder und der körperlichen Eigenarten, durch die Sie erregt werden, auch der sozialen Situationen, die Sie als angenehm empfinden, die emotionale, verbale oder sexuelle Unterstützung, die Sie von anderen erfahren und die Ihnen sexuelle Gefühle vermitteln. Zum Beispiel könnten Ihnen geistreiche Scherze, Beischlaf im Appartment nebenan, politische Versammlungen, schmale und auch muskulöse, große Männer alles für sich genommen ganz schön einheizen.

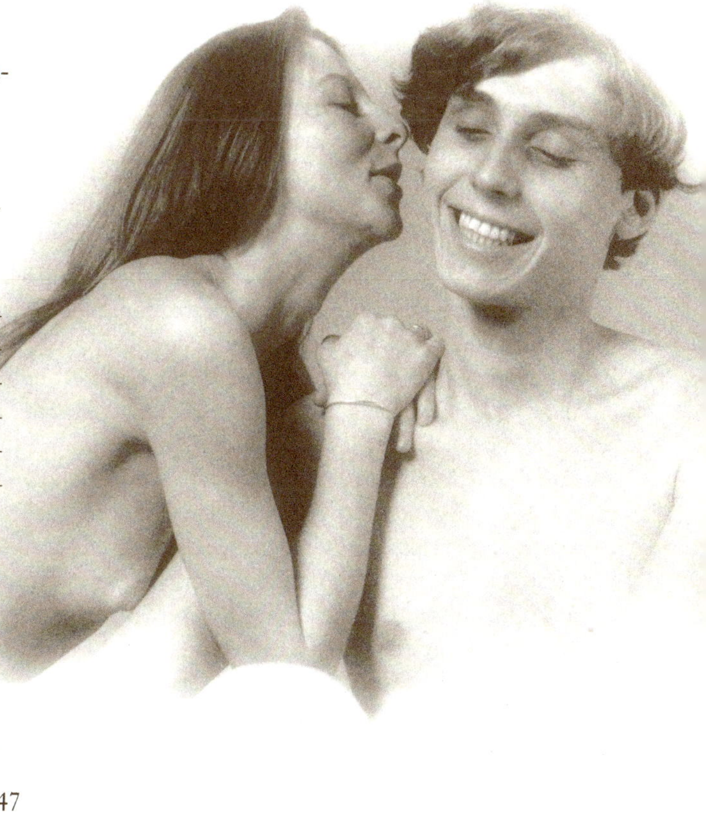

Wenn Sie einmal Ihre Liste überschauen, achten Sie doch darauf, ob Sie immer ehrlich gegen sich selbst waren. Handelt es sich wirklich bei allen Dingen immer um solche, die Sie erregen? Wenn das nicht ganz speziell auf Sie zutrifft, so streichen Sie sie doch bitte aus. Verbringen Sie mal etwas Zeit damit, Ihre eigenen Reaktionen in verschiedenen Umständen zusammen mit verschiedenen Menschen zu beobachten, bevor Sie eine neue Liste machen. Ihre Liste muß nicht sehr lang sein – nur sehr persönlich. Wenn Sie noch gar keine Liste ausgefüllt haben, ist es auch noch nicht zu spät. Manchmal erregt es einen mehr, etwas schwarz auf weiß zu sehen, selbst in Ihrer eigenen unleserlichen Handschrift, als alle innere Träumerei.

Weiterhin ist beim Ausfüllen der Liste zu bedenken, ob Sie Ihr Wissen über sich selbst auch nutzen. Das heißt, wenn Sie Sex am frühen Morgen, Squaredance oder sportliche Betätigung erregt, achten Sie dann auch darauf, so etwas regelmäßig zu betreiben? Wenn Sie wissen, daß Sie Kerzenlicht, dominante Partner oder Partnerinnen und Flanellhemden in Erregung versetzen, unternehmen Sie dann irgendwas Besonderes, um dafür zu sorgen, daß so etwas immer zur Verfügung steht? Mit jemandem zu schlafen, der Ihnen sehr nahesteht, mit jemandem, der selbst erregt ist, mit jemandem, der mit Ihnen redet, all das könnte Ihre eigene Erregung beeinflussen. Und all das sind Sachen, die Sie bis zu einem gewissen Grade selbst unter Ihrer Kontrolle haben können. Sich die Umgebung selbst zu gestalten, den Partner um etwas zu bitten, was einem selbst angenehm ist, seine Gedanken auf erregende, innere Bilder zu konzentrieren, all das sind Möglichkeiten, Ihr eigenes Vergnügen zu fördern. Ihre Gedanken und Vorlieben einem Partner mitzuteilen und sich auch den seinen zuzuwenden, kann Sie genauso gut erregen. Wenn Sie es beschwerlich finden, das zu tun oder so zu denken, so ist das nicht merkwürdig oder unnormal. Es zeigt einfach bloß, daß Sie noch nicht genügend Zeit damit verbracht haben, Ihre Fähigkeit, sich erregen zu lassen, zu entfalten. Sie mögen wissen, was Sie erregt und dennoch nichts dafür tun. Immer eines zu seiner Zeit auszuprobieren, ist anfangs der beste Weg. Nutzen Sie den freien Raum hier unten, um einmal niederzuschreiben, wo Sie beginnen wollen.

Hier kann Ihnen die Lust vergehen

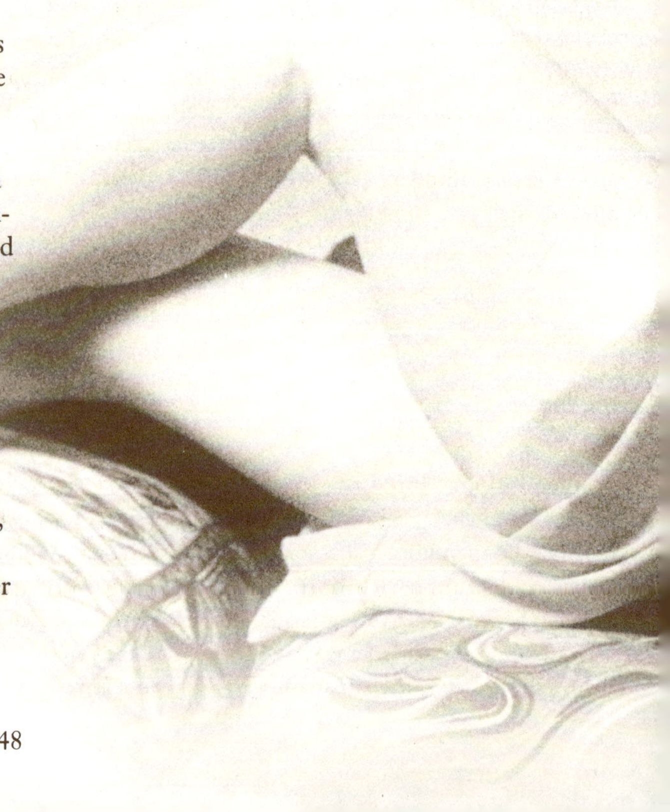

Es ist genauso wichtig zu wissen, was einen nicht erregt wie das, was einen erregt. Das trifft besonders dann zu, wenn Sie merken, daß Sie gar nicht erregt sind, obwohl Sie es eigentlich gern wären oder glauben, es doch aber sein zu müssen. Es ist auch wichtig für jene unter Ihnen, die sich erregen lassen und dann aus unerfindlichen Gründen das Interesse daran verlieren. Viele Leute schenken der Tatsache einfach nicht genug Beachtung, daß die Erregungsauslöser wechseln und nicht jeder von der gleichen Sache oder zur gleichen Zeit erregt ist. Zum Beispiel haben Sie vielleicht entdeckt, daß Alkohol auf Sie vor ein paar Jahren noch sehr anregend gewirkt hat, Sie aber heute eher schläfrig macht. Oder Sie mögen einfach nicht, wenn Ihnen irgend jemand den Rücken abrubbelt, egal wer es macht und wann er es macht. Wenn irgendwelche Handlungsweisen, die nicht erregend wirken, weiter praktiziert werden, so ist das oft die bloße Macht der Gewohnheit. Es ist schwierig, seine Verhaltensweisen zu verändern, etwas Neues auszuprobieren. Selbst wenn Sie nicht ausgesprochen glücklich sind mit den Dingen, so wie sie sind, so kann es für Sie oder Ihre Beziehung bedrohlicher sein, mal etwas ganz anderes auszuprobieren. Und wenn Sie schon einmal etwas ausprobiert haben, was dann fehlschlug, so ist es noch schwieriger.

Die Erregung abzulegen, nachdem man von ihr schon ergriffen war, das kann auch eine Gewohnheit sein. Vielleicht haben Sie nie gelernt, wie man sie sich erhält oder das Vertrauen dahinein entwikkelt, daß sie wiederkehrt. Wenn Sie Ihre Erregung bei einem ganz bestimmten Partner abbauen, kann das etwas mit der Beziehung zu tun haben oder mit dem Partner statt mit körperlichen Veränderungen bei Ihnen selbst. Vielleicht ist es Ihre spezielle Art zu sagen, daß Ihnen nicht mehr viel an der Beziehung liegt oder daß man zu viele Ansprüche an Sie stellt.

Die Art Selbstbewußtsein, die wir hier meinen und bei der Sie Ihre Erregung analysieren und sezieren sollen, kann einen wirklich abschlaffen lassen. Vielleicht denken Sie, daß Sie alles verlieren. Das wird nicht der Fall sein, das heißt aber nicht, daß Sie sich nicht dennoch gestört fühlen und es nur sehr ungern tun.

Werfen Sie doch einmal einen Blick auf den vorherigen Abschnitt, und dann machen Sie, indem Sie diesen Abschnitt gewissermaßen als Richtschnur nutzen, einmal eine Liste von ein paar Sachen, die Sie nicht erregen. Einschließlich geläufiger Praktiken und betroffener Partner, falls diese zustimmen.

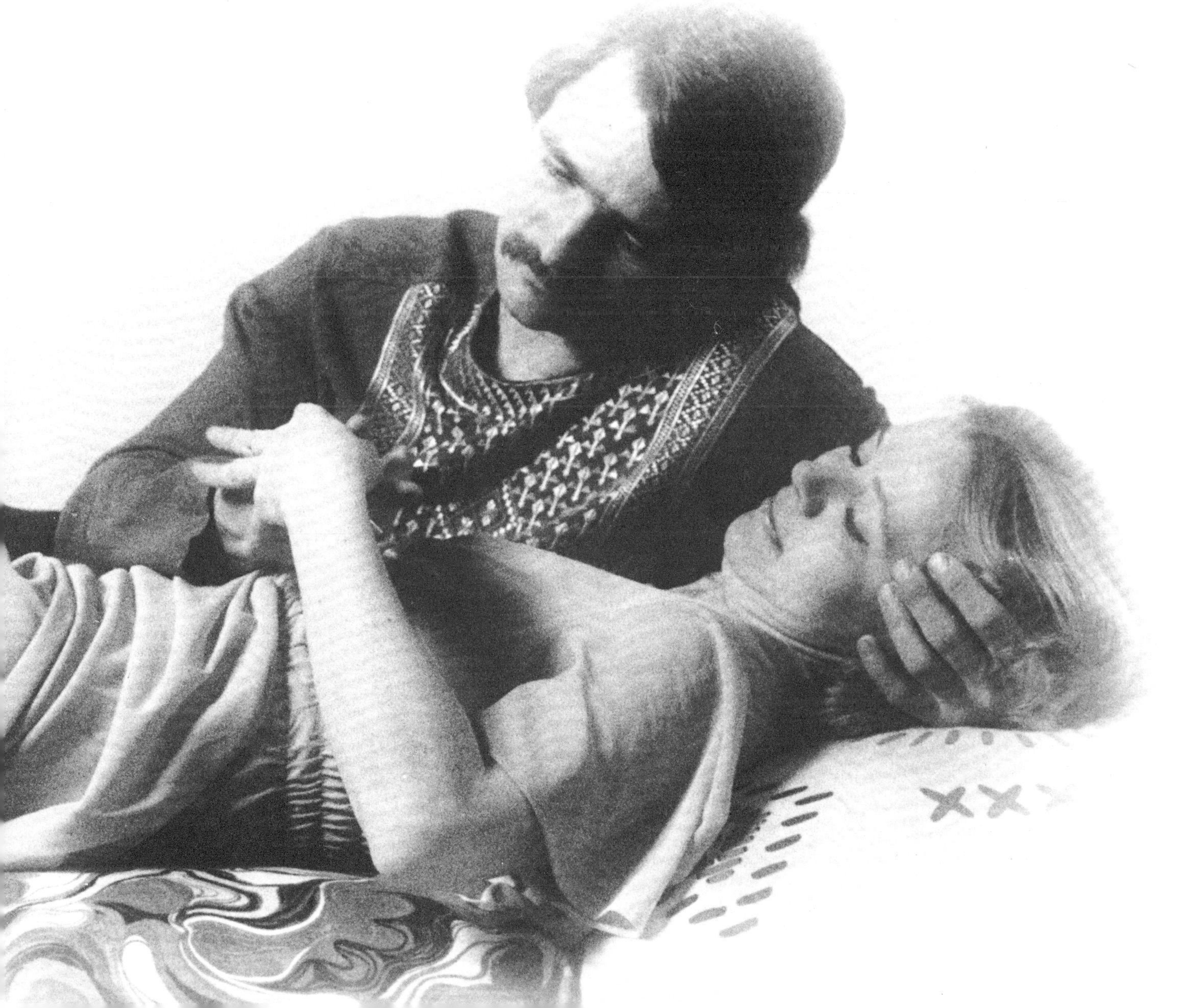

Wie Sie sich selbst erregen

Jetzt werden wir einmal auf die Eigenerotik schauen, auf die Möglichkeiten, wie Sie sich selbst erregen können, wenn Sie allein sind. So können Sie sich in Erregung versetzen, indem Sie in exotischer Umgebung sind, von einem Filmstar fantasieren oder etwas auf erotische Weise streicheln oder berühren. Ganz besonders ist Eigenerotik aber das Onanieren, ob es nun zum Orgasmus führt oder nicht.

Vielleicht glauben Sie, daß es Quatsch ist, über das Onanieren zu reden. Sie lesen dieses Buch schließlich, um abzulassen vom Solosport, um einige neue Ideen zu erhalten, zu lernen, wie man mit anderen Leuten zusammenkommt. Abgesehen davon ist Ihnen das Onanieren nun ganz und gar nicht fremd.

Immer noch glauben Leute, die onanieren, nicht, daß es ihnen viel nützen könne. Man weist es von sich, widmet ihm keine besondere Aufmerksamkeit, hält es für weit entfernt vom anderen sexuellen Geschehen. Manche Leute wissen nicht mal genau, was sie da eigentlich machen, andere wiederum wissen gar nicht zu würdigen, daß Einzelheiten der Art, sich selbst zu erregen, übertragbar sind auf die Erregung zusammen mit einem anderen. Außerdem hilft es Ihnen, wenn Sie wissen, wie Sie sich selbst in Erregung versetzen können, zu verstehen, daß andere Menschen in ähnlicher, wenn auch individueller Weise erregt werden.

Es gibt natürlich viele Hinderungsgründe dabei, sich selbst sexuell in Aufregung zu versetzen, wenn es keine Aussicht gibt, sexuell auch mit einem *anderen* Menschen zusammenzukommen. Eines dieser Tabus hat etwas zu tun mit der Vorstellung von Verschwendung. Das geht zurück auf Zeiten, da zu geringe Bevölkerungszahlen noch ein Problem darstellten und es sinnvoll war, einfach zum Überleben eine Menge Kinder zu haben. Jetzt, da Überbevölkerung unser Problem ist, steht Onanieren nicht mehr im Verruf, eine direkte Bedrohung zu sein gegen das Weiterbestehen unserer Gesellschaft. Aber dennoch meint man irgendwie, daß einer doch Besseres zu tun haben müßte, als mit sich selbst zu spielen.

Das Tabu gegenüber Selbstbefriedigung rührt her von puritanischer Ethik. Die ganze Zeit über hatte man sich damit zu beschäftigen, etwas Produktives zu tun. Daher auch der abfällige Gebrauch des Wortes »onanieren«, womit man zum Ausdruck bringen will, daß man Zeit oder Energie verschleudert.

Ein weiterer Grund für die zwiespältigen Gefühle gegenüber dem Onanieren ist die Vorstellung, daß es sich dabei eben nur um etwas Zweitklassiges handelt. Leute, die gezwungen sind zu onanieren, müssen doch traurig, verzweifelt sein und unfähig, mit anderen gut umgehen zu können. Der einzig »wahre« Sex ist eben doch der mit einem anderen. Wer nur Sex mit sich selbst hat, kann oder will keinen Partner haben. Das ist einer der Gründe, warum Verheiratete panische Angst vor der Entdeckung haben, daß ihr Partner onaniert. Entweder haben sie das Gefühl, nicht vollwertig zu sein, abgewiesen zu werden, oder sie sind verbittert, weil sie glauben, daß man sie indirekt angeschmiert hat. Nur selten sieht man das Onanieren einmal von der anderen Seite, daß es für sich selbst genommen einfach ein kurzweiliges Vergnügen ist und eine positive Art, zwischen den unterschiedlichen Triebregungen von Partnern ausgleichend zu vermitteln.

Leute, die die Selbstbefriedigung in einer Partnerbeziehung wirklich effektiv nutzen, können allein onanieren oder zusammen mit ihrem Partner, wenn sie Interesse an Sex haben, aber der Partner nicht.

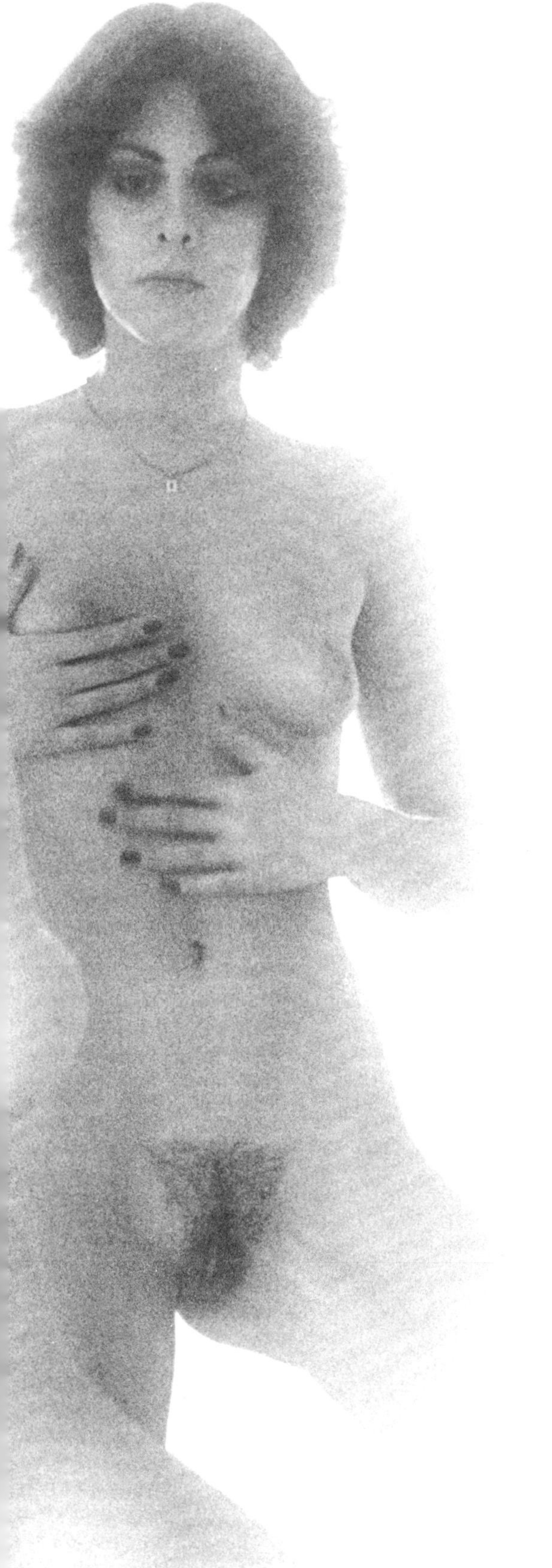

Vielleicht onanieren sie auch, um den Partner oder sich selbst vor und während des eigentlichen Beischlafs zu erregen.

Viele der Schuldgefühle gegenüber der Selbstbefriedigung kommen auch dann auf, wenn man sich noch anschickt, erwachsen zu werden. Die meisten Kinder werden nicht dazu ermutigt, ihren eigenen Körper in irgendeiner Weise liebevoll zu berühren und ganz bestimmt nicht an den Genitalien. Eltern, die es lustig finden, wenn ihre Kinder »Onkel Doktor« spielen, sind plötzlich gar nicht mehr amüsiert, wenn ein Kind onaniert. So wachsen viele Kinder auf mit dem tiefverwurzelten Gefühl, daß Selbstbefriedigung ungesund und etwas Schlechtes ist.

Die Ironie bei dieser ganzen Schuldbetrachtung liegt nun darin, daß sie einem eingetrichtert worden ist, um einen zu schützen. Eltern schützen ein Kind vielleicht nicht vor dem Onanieren an sich, sondern davor, »wo das mal hinführen kann«. Zum Beispiel sieht man Selbstbefriedigung als etwas Minderwertiges gegenüber »richtigem« Sex an, und Kinder, die onanieren, werden vielleicht nie echtes Vergnügen empfinden an Sex mit einem Partner. Oder Onanieren bringt einen vielleicht »in Schwierigkeiten«, womit die meisten Eltern eine unerwünschte Schwangerschaft meinen, was für sie selbst auch eine Menge Schwierigkeiten bedeuten würde. Oder Onanieren könnte vielleicht dazu führen, von Sex regelrecht besessen zu werden.

Tatsächlich rühren übermäßiges Onanieren und ungewollte Schwangerschaften, bei Teenagern sowieso, eher von emotionalen Bedürfnissen her als von physischen. Was die Beziehung zu anderen Menschen betrifft, so sind diejenigen, die als Kinder onaniert haben, dahingehend im Vorteil, daß sie genau wissen, was sie von einem Partner in erotischer Hinsicht wollen. Onanieren kann so etwas wie Flucht sein, Flucht kann es aber auch sein, wenn man nicht onaniert. Wenn man Selbstbefriedigung als Übel betrachtet oder als unmoralisch, so kann das durchaus eine Art Flucht sein, um dem zu entgehen, daß man seinen eigenen Körper vielleicht zärtlich berührt oder gar Verantwortung übernimmt für seine eigene Erregung. Die unterschiedlichen Triebregungen bei Ihnen oder Ihrem Partner oder Ihrer Partnerin nicht anerkennen zu wollen, können zeigen, daß Sie sich einfach weigern, starre Erwartungen in Richtung Übereinkunft und Verträglichkeit aufzugeben.

Weil Ihr Körper imstande ist, Vergnügen zu empfinden, sollte man doch eigentlich meinen, daß sein Besitzer ein Recht auf dieses Vergnügen hat, in welcher Weise es ihm oder ihr auch immer belieben mag. Onanieren ist sicher nicht die einzige Art sexuellen Vergnügens, nicht die beste und auch nicht die schlechteste. Aber es ist eine, die stets verfügbar ist und sicherlich einen Weg bietet, einfach genau zu erfahren, worauf der eigene Körper anspricht und in welcher Weise.

Wenn Sie jetzt äußerst empfindlich reagieren oder es Ihnen auf die Nerven geht, weiterlesen zu sollen und Sie all jene Fragen darüber, was aus Ihrer Entwicklung oder Erfahrung heraus für Sie zählt, ausschalten können, dann versuchen Sie doch weiterzumachen mit der inneren Einstellung, daß es Ihnen nichts schadet. Dieses ist einfach eine andere Art von Selbsterfahrung. Selbstbefriedigung ist vielleicht umgeben von Tabus und unsympathischen Vorstellungen, von Langeweile und Enttäuschung, aber hier ist auch eine Gelegenheit zum Empfinden von Vergnügen und Entspannung.

Ein Führer zu einem Leitfaden

Dieser Wegweiser ist getrennt nach Mann und Frau, aber Sie sollten beide Teile durchlesen. Er kommt Ihnen vielleicht gelegen, wenn Sie mit einem Partner zusammen sind. Wenn Sie wollen, können Sie es mit Ihrem Partner lesen, aber wahrscheinlich ist es das beste, in der ersten Zeit allein zu sein.

Einige mögen es, sich eine bestimmte Umgebung zu gestalten, innerlich oder auch um sie herum, indem sie die Informationen über sich selbst hinzuziehen, die schon früher in diesem Kapitel zu finden sind. Vielleicht verwenden Sie auch eine Art Gleitmittel, wie in Kapitel 5 beschrieben, um die Genitalien anzufassen und sie zu streicheln. Zusätzlich zu sterilem Gelee sind solche Gleitmittel auch die Scheidensekrete, Speichel oder Seife (wenn Sie in der Wanne oder unter der Dusche sind).

Es ist besonders wichtig während dieser Übung, sich auf die Erregung und nicht auf den Orgasmus zu konzentrieren. Versuchen Sie nicht, zuviel auf einmal zu schaffen. Wenn Sie müde sind oder frustriert, brummig oder zu aufgeregt, dann ruhen Sie sich aus und kommen Sie später noch einmal darauf zurück. Sie wollen das Grundsätzliche bei der Erregung kennenlernen, wie sie verebbt und wieder ansteigt. Einige Leute geraten aus der Fassung, weil sie ihren Zustand der Erregung nicht beibehalten können oder weil dieser so schnell vorüber ist, daß sie sich gar nicht erinnern können. Hier nun versuchen Sie, diese Erregung zu erkennen und auch zu kontrollieren.

Leitfaden für Frauen

Die meisten Frauen onanieren, indem sie die Gegend gleich unterhalb des *Mons veneris*, des Venushügels, mit ihrer Hand reiben oder streicheln. Aber es gibt auch andere Möglichkeiten. Die Beine zu kreuzen und die Oberschenkel aneinander zu pressen, um Druck auf den Ve-

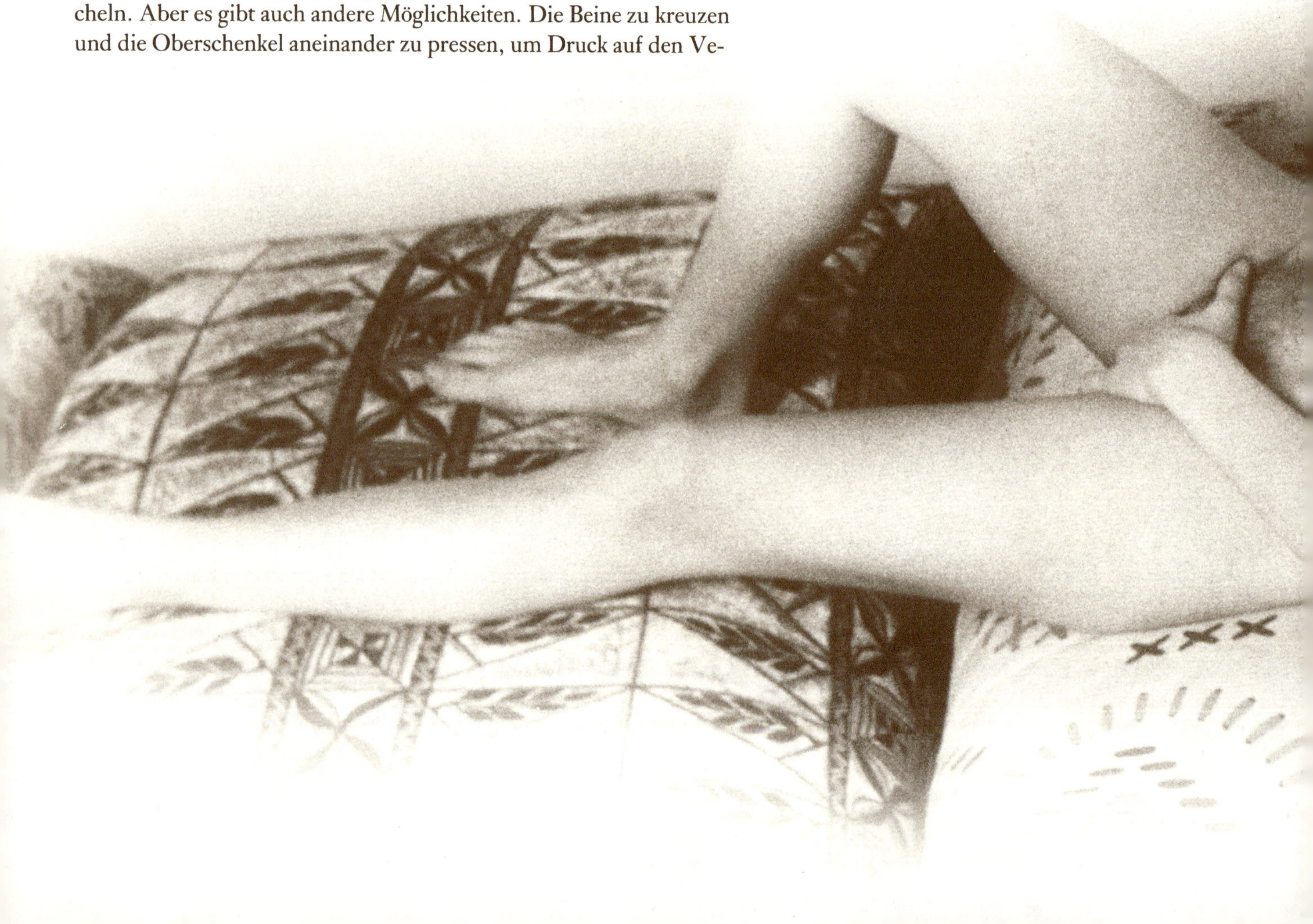

nushügel auszuüben, ist eine solche Möglichkeit. Eine andere ist die, sich gegen ein Bett, einen Baum, einen Partner zu pressen. Einige Frauen onanieren, indem sie andere Körperteile stimulieren, besonders die Brüste, die Scheide oder den After. Sie können auch einen Vibrator benutzen oder etwas anderes, das Sie in der Hand halten und dann an den erogenen Zonen anwenden. Das tiefe Eindringen eines Vibrators in die Vagina oder auch eines Fingers oder einer Banane ist für gewöhnlich nicht so irre aufregend, wie wenn Sie die inneren Schamlippen und die Klitoris stimulieren, obwohl viele Frauen innerhalb ihrer Vagina ein schmerzhaftes oder juckendes Gefühl verspüren.

Ganz gewiß ist die Art, wie Sie darüber denken, ein wichtiger Bestandteil der Erregung. Physiologisch gesehen ist die Erregung eine Antwort auf die Reizung des Nervenzentrums im unteren Rückenmark. Diese Antwort kann herrühren von einer physischen Reizung der erogenen Zonen Ihres Körpers oder von inneren Bildern und Fantasievorstellungen im Gehirn. Nur sehr wenige Menschen werden in Erregung versetzt bis hin zum Orgasmus durch Fantasieren, viele dagegen bringen sich in Stimmung, indem sie etwas Erregendes lesen, sich an etwas erinnern oder etwas Erregendes fantasieren. Und indem Sie an Dinge denken, die ganz und gar nicht erregend sind, können Sie sich um Ihre eigne Erregung bringen.

Im Sinne dieser Übung beginnen Sie zu onanieren, indem Sie eine direkte oder doch fast direkte Reizung der Klitoris ausüben. Legen Sie Ihre Hand auf den Venushügel. Wenn Sie darauf drücken, werden Sie Ihr Schambein unter diesem Fleischpolster fühlen. Suchen Sie nun mit einem oder zwei Fingern nach dem Punkt in dem V, wo die Schamlippen sich zu öffnen beginnen. Darunter liegt die Klitoris. Sie werden die Klitoris zu Anfang erst gar nicht entdecken können, aber

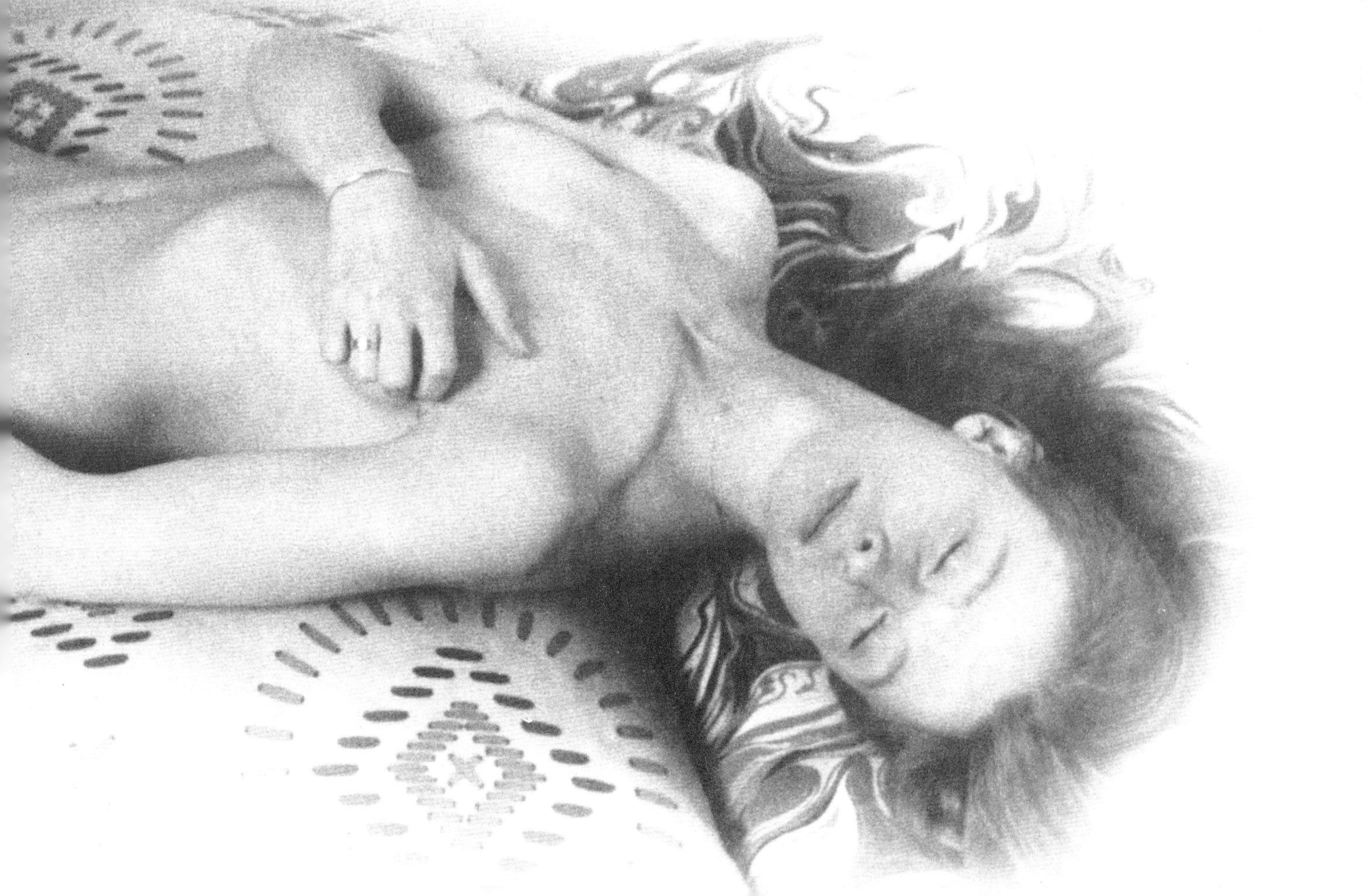

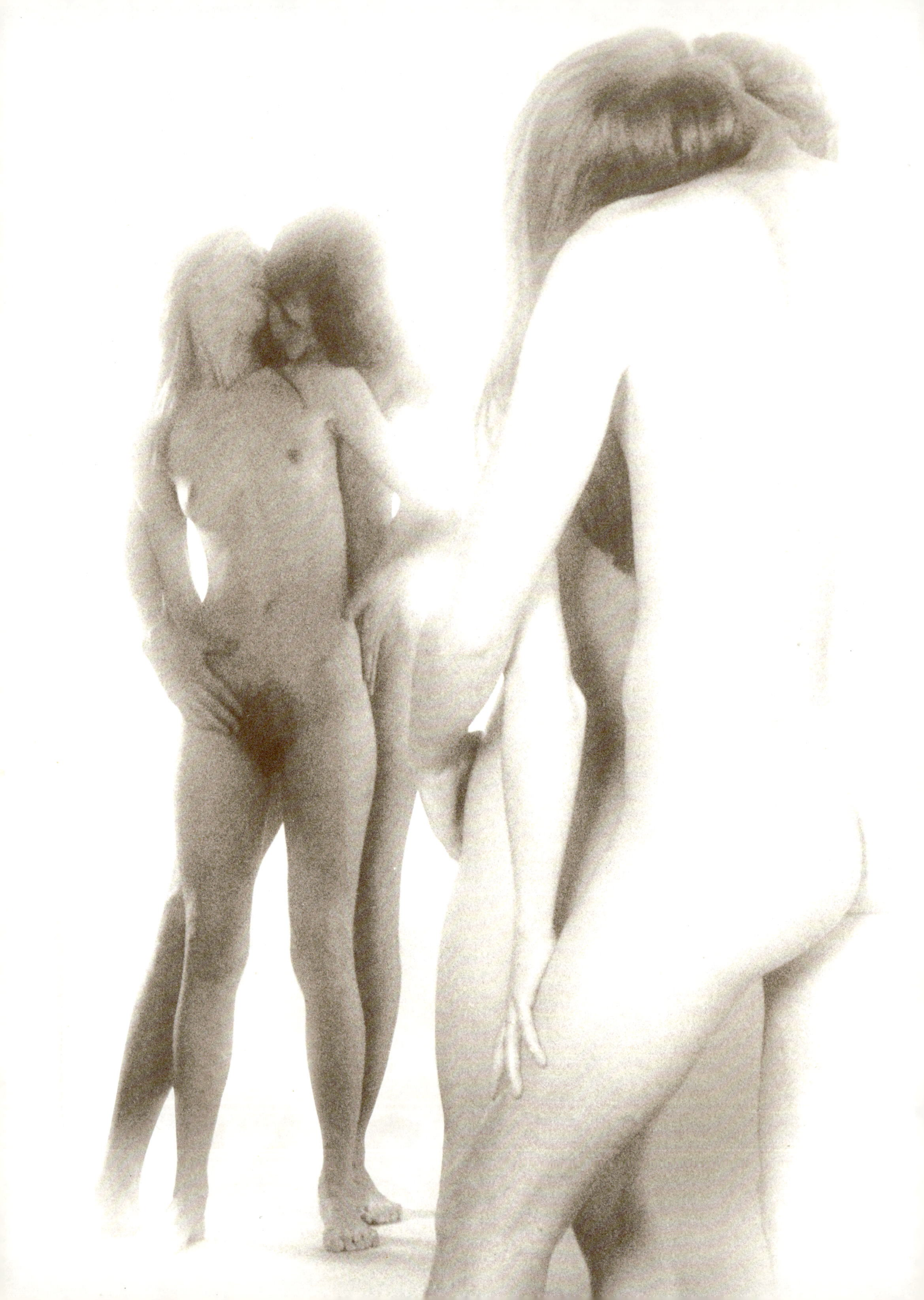

wenn Sie weiter herumfühlen, werden Sie bald bemerken, daß eine bestimmte Stelle auf den Druck und Ihre Bewegungen anspricht.

Wenn Sie mehrere Finger weiterhin auf dieser weichen Stelle bewegen, werden Sie eventuell einen harten, kleinen, erbsenförmigen Hökker spüren, der dazu neigt, mehr und mehr empfindsam zu werden, während Sie diese Stelle weiterhin reizen. Wenn dieser Höcker nicht innerhalb von fünf Minuten zum Vorschein kommt, dann hören Sie auf und kommen später noch einmal auf diese Übung zurück. Selbst wenn er erscheint, wollen Sie vielleicht doch aufhören und ein Weilchen ausruhen. Das Hervortreten des Höckerchens kann begleitet werden von heftigerem Atmen, einem Aufrichten der Brustwarzen und Feuchtigkeit in der Vagina.

Wenn Sie kurz vor dem Orgasmus sind, scheint dieser kleine Hökker, die Klitoris, zu verschwinden und dabei die ganze Gegend schlüpfrig zu hinterlassen. Nach dem Orgasmus wird die Klitoris noch einmal hervortreten und dann verschwinden, während sich Ihre innere Aufregung langsam wieder legt. Das kann auch ohne Orgasmus passieren, wenn Ihre Erregung stark genug ist.

Aber es ist auch möglich, gar nichts zu spüren, besonders dann, wenn Sie vorher eine lange Zeit nicht onaniert haben. Für diesen Fall sind hier einige Möglichkeiten zum Steigern Ihrer Erregung zum Versuchen angeführt.

1. Begrenzen Sie Ihre Übungszeit anfangs auf fünf Minuten bei mindestens zweistündigem Abstand. Wenn Sie wissen, daß Sie aufhören müssen, werden Sie nicht den Mut verlieren oder die Geduld, wenn nichts geschieht. Und wenn etwas geschieht, werden Sie mitbekommen, daß es sich wiederholen kann.

2. Weiten Sie die Zeit nach einigen Tagen auf zehn Minuten aus, dann auch auf zwanzig, wenn Sie wollen. Hören Sie immer auf, wenn Sie sich frustriert fühlen, aber gönnen Sie sich die Zeit, Veränderungen in Ihrem Körper zu beobachten und zu erfahren. Es kann eine Stunde dauern, bevor Sie sich in Erregung versetzt fühlen, aber eine Stunde damit zu verbringen, ist nicht unbedingt hilfreich, besonders wenn Sie gerade darauf warten, daß etwas passiert.

3. Fantasieren Sie dabei. Wenn Sie das Gefühl haben, daß sexuelle oder andere Fantasievorstellungen Sie erregen, versuchen Sie doch, sich beim Onanieren welche zu machen. Vielleicht stellen Sie sich vor, daß jemand anders Sie mit der Hand befriedigt, daß Sie vor jemandem onanieren oder daß gerade irgendeine andere sexuelle oder nicht sexuelle Sache abläuft.

4. Beobachten Sie sich selbst. Wenn Sie Ihren eigenen Körper betrachten können und das stimulierend finden, können Sie sich doch selbst im Spiegel beobachten. Es ist nichts dabei, von seinem eigenen Körper und seinen Reaktionen in Aufregung versetzt zu werden.

5. Strecken Sie mal Ihre Muskeln. Finden Sie heraus, welche wohl etwas mit Ihrem Gefühl des Erregtseins zu tun haben. Strecken Sie all Ihre Zehen und schlenkern Sie, so kräftig es geht, mit Ihren Bein- und Gesäßmuskeln. Biegen Sie Ihren Rücken und Ihren Hals ganz krumm und strecken Sie dann Ihren Rumpf. Schieben Sie Ihre Arme vom Körper weg und drehen Sie sie dann. Sie können etwas für Ihre eigene Erregung tun, wenn Sie die Anspannung aller Muskeln verstärken.

6. Pressen Sie Ihre Muskeln zusammen. Die Muskeln des Gesäßes, der Oberschenkel und des Afters und der Vagina sind alle, ohne daß

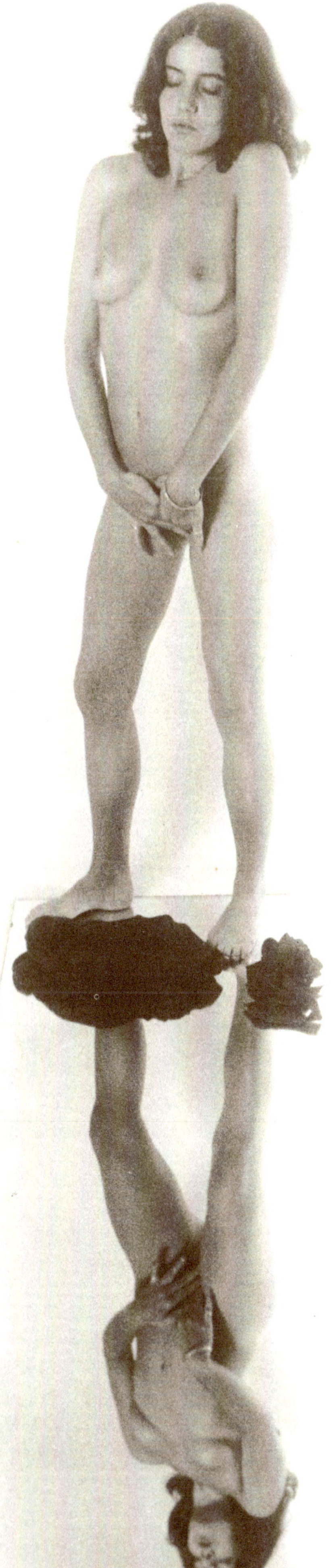

Sie es wollen, an der Erregung beteiligt. Schauen Sie einmal, ob Sie sie nicht willkürlich für Sie arbeiten lassen können. Praktizieren Sie das Zusammenpressen der Scheidenmuskeln aus Kapitel 5.

7. Verändern Sie Druck und Rhythmus Ihrer Klitorisstimulierung. Wenn Sie mit Ihrem Streicheln zu sanft sind, werden Sie nichts spüren. Wenn Sie zu stark drücken, spüren Sie vielleicht zu viel. Wenn Sie Ihre Finger sehr schnell bewegen, mühen Sie sich vielleicht zu sehr ab. Wenn Sie sie sehr langsam kreisen lassen, mühen Sie sich vielleicht gar umsonst.

8. Ändern Sie Ihre Stellung. Wenn Sie auf dem Bauch liegen, kann vielleicht Ihre Hand ermüden. Wenn Sie auf einem Stuhl sitzen, können Sie sich vielleicht nicht in erregender Weise bewegen. Wenn gar nichts passiert, so versuchen Sie doch mal aufzustehen oder sich vornüber zu beugen.

9. Benutzen Sie die andere Hand, um auch andere Körperteile zu stimulieren, wie etwa Ihre Brustwarzen, den Hals, Ihren Bauch, die Zehen. Denken Sie daran, daß die Erregung den ganzen Körper einschließt, nicht bloß Ihre Genitalien.

10. Denken Sie immer daran, daß es ganz okay ist, wenn eine Frau ein bißchen an ihrer eigenen Erregung mitarbeitet.

Wenn Sie das Gefühl haben, daß Sie langsam aber sicher auf einen Orgasmus zusteuern, dann – um alles in der Welt – gönnen Sie ihn sich auch. Aber beobachten Sie auf dem Weg dorthin vielleicht auch die Veränderungen, die Ihr Körper durchmacht. Horchen Sie auf Ihren Herzschlag, achten Sie auf die »Sexröte« – ein Erröten des Gesichts und des Rumpfes, wenn Sie in Erregung sind. Prüfen Sie einmal die Umgebung Ihrer Vagina, ob sie feucht ist und merken Sie sich die Stellen Ihres Körpers, die auf Ihr Streicheln sexuell ansprechen. Versuchen Sie, das Anerkennen und das Vergnügen Ihrer eigenen Erregung mit allen dazu gehörenden Details festzuhalten.

Dieses soll ein Leitfaden für den Anfänger sein. Wenn Sie im Studium der Selbsterregung schon weiter fortgeschritten sind, dann sollten Sie diesen Führer weiter ausarbeiten. Das könnten Sie tun, indem Sie Dinge versuchen, die wir zwar vorgeschlagen haben, die Sie normalerweise aber nicht machen. Oder Sie könnten etwas ausprobieren, woran Sie schon einmal dachten oder von dem Sie schon einmal hörten, wozu Sie sich aber bisher nie die Zeit nahmen, um damit Ihre Erfahrungen zu machen.

Leitfaden für Männer

Männern passiert es weniger als Frauen, daß sie nicht wissen, wie man sich selbst befriedigt, aber das scheint das Onanieren noch mehr von »echtem Sex« zu entfernen. Die Einzelheiten der Erregung sind also die gleichen wie mit einem Partner. Wenn Sie mit sich allein in sexueller Hinsicht keine Befriedigung finden, könnten Sie durchaus Schwierigkeiten haben, wenn Sie mit einem anderen Menschen schlafen.

Erregung ist ein ausgesprochen wichtiger Faktor für Männer, die zu schnell den Höhepunkt erlangen, die überhaupt keinen Höhepunkt erreichen oder keine Erektion bekommen. Es ist von besonderer Bedeutung zu wissen, was Erregung ist und wie Sie sie zustande bringen können. Und es ist sicherlich leichter, das zu erlernen, wenn Sie sich nicht auch noch Gedanken darüber machen müssen, wie Sie einem Partner gegenüber auftreten sollen.

Männer onanieren normalerweise, indem sie mit einer Hand den Schaft des steifen Gliedes umfassen und damit auf und ab fahren. Sie können die ganze Hand benutzen oder auch bloß Daumen und Zeigefinger. Und Selbstbefriedigung kann auch, wie bei Frauen, bedeuten, seine Genitalien an etwas zu reiben, zum Beispiel an Kleidern oder an einem Bett. Wie fest der Penis gegriffen oder gerieben ist und wie schnell die Bewegung dabei ist, hängt von dem einzelnen Mann ab und vom Grad der Erregung. Aber es ist nicht möglich, mit einem schlaffen oder weichen Penis wirklich effektiv zu onanieren. So ist der erste Schritt also eine Erektion.

Über die Eichel des Penis zu streicheln oder sie zu reiben, kann eine Erektion zustande bringen, ebenso auch das Streicheln des Hodensacks, der Dammgegend oder der Innenseite der Oberschenkel. Manchmal wird ein sanftes Zupfen, Quirlen oder Ziehen des Penis eine Reaktion hervorrufen. Der Penis muß nicht unbedingt gleich hart sein. Er wird schwerer und schwammiger, wenn er sich mit mehr Blut füllt. Sie können schon beginnen, mit Ihrer Hand am Schaft auf und ab zu fahren, bevor das Glied total erigiert ist.

Es gibt auch andere Wege, eine Erektion zu bekommen. Einige scheinen spontan zu kommen. Obwohl Sie eine Erektion nicht über den Willen erreichen können, so können Sie aber doch einiges unternehmen, damit es etwas leichter geht. Sie können fantasieren, sich Bilder ansehen oder Bücher oder andere Menschen, die Sie erregen. Es ist wichtig, sich dessen bewußt zu sein, auf welche Art einen die Umgebung, Menschen und Aktivitäten in Erregung versetzen.

Das Onanieren selbst, wenn Sie erst einmal eine Erektion haben, bedarf eines ständigen Druckes am Penis rauf und runter. Es kann unmittelbar mit einem Orgasmus enden. Wenn das passiert, so seien Sie nicht enttäuscht. Versuchen Sie es einfach noch einmal. Sie müssen die Erregungszeit ausdehnen, so daß Sie die Veränderungen in Ihrem Körper wahrnehmen, die [illegible] dem Eintritt der Erektion und dem Samenerguß vor sich ge[illegible]

Es gibt einen bestimmten [illegible] sexuellen Aufrei-

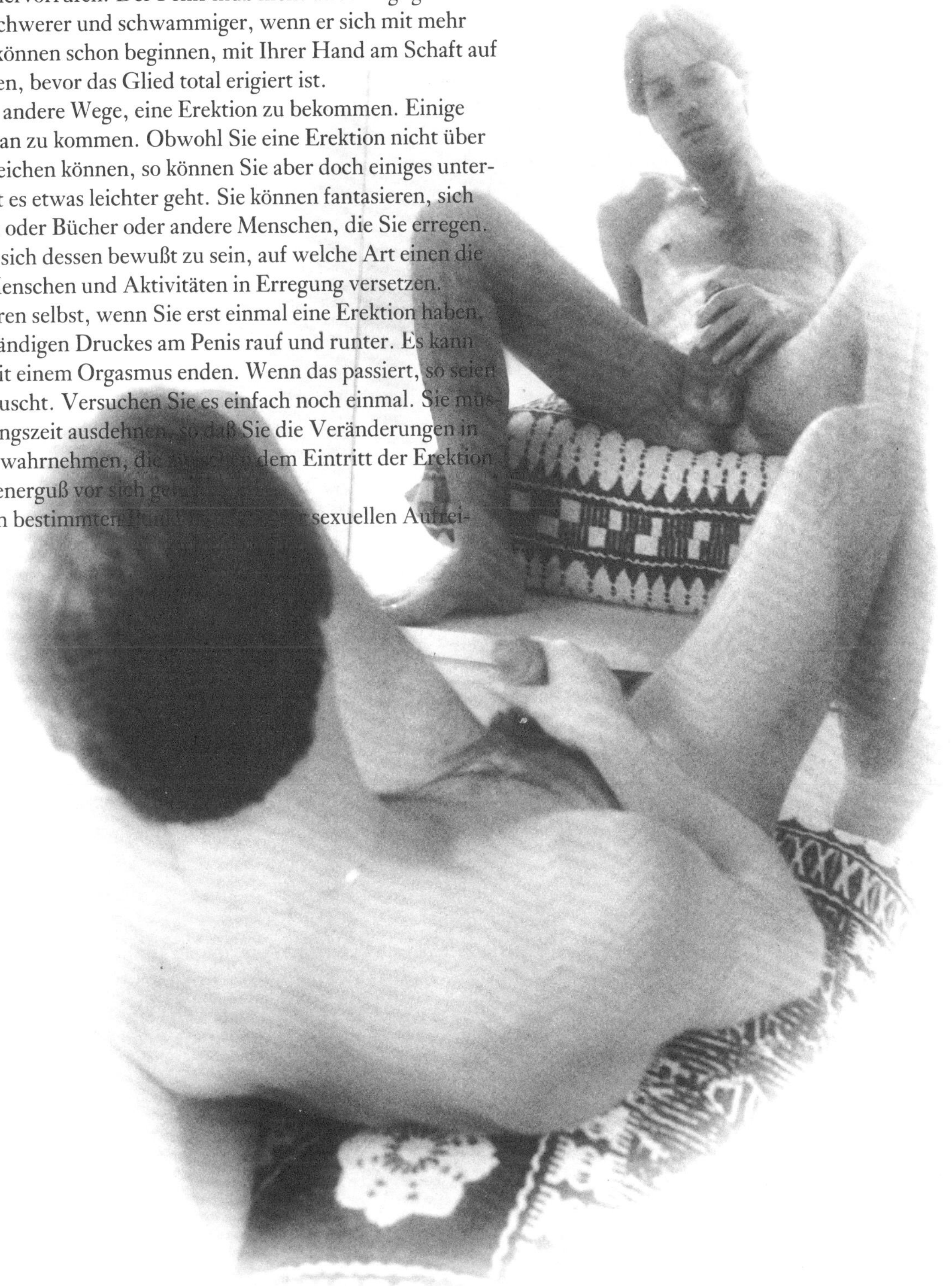

zung, wo Sie wissen, daß Sie nichts mehr von einem Orgasmus zurückhält. In ein paar Augenblicken wird Ihr Samenerguß kommen. Dieser Zeitpunkt, den man den Moment der Unumgänglichkeit nennt, tritt ein, wenn die Vorsteherdrüse, die Prostata, ihre Samen in die Harnröhre des Penis hinabsendet. Die zweite Stufe der Ejakulation ist das Zusammenziehen der Muskeln am Grund des Penis. Diese Kontraktionen schicken den Samen aus dem Penis heraus. Es ist ein Prozeß, den Sie nicht aufhalten können. Sie können allerdings lernen, dem unausweichlichen Moment zuvorzukommen und die Zeit zu verlängern, bevor es zu diesem kommt. Wenn Sie in der Lage sind, dieses zu tun, dann gibt Ihnen das mehr Vergnügen durch die Erregung und durch die Verlängerung des Erregungszustandes und wird außerdem Ihrem Partner mehr Spaß bereiten.

Das Stadium vor der Ejakulation zu verlängern, heißt auf die angespannten Muskeln zu achten, auf den gestiegenen Blutdruck in den Schwellkörpern des Penis und in der Beckengegend, auf den erhöhten Herzschlag und auf ein flacheres Atmen, das einen Zustand hoher Erregung anzeigt. Wenn Sie all das im Auge behalten, was da mit Ihnen geschieht, dann unterbrechen Sie das Onanieren und achten darauf, ob der Grad der Spannung sich etwas abbaut. Dann machen Sie noch einmal weiter bis zu diesem Punkt und lassen alles wieder schwächer werden. Wenn Sie dann zum Höhepunkt kommen wollen, so tun Sie es.

Wenn überhaupt nichts passiert oder wenn Sie zwar eine Erektion bekommen, aber keine anderen Zeichen der Erregung zeigen, dann schränken Sie die Zeit, die Sie mit sich selbst verbringen, am Anfang auf nur fünf Minuten ein. Wichtig ist, es immer wieder zu versuchen. Bringen Sie sich nicht dazu, daß Sie die Nase voll haben und frustriert sind. Geben Sie aber auch nicht einfach auf.

Es ist nun an der Zeit, mal einen Blick auf diejenigen Möglichkeiten zum Steigern der Erregung zu werfen, die in dem Abschnitt für Frauen aufgelistet sind, wenn Sie das bisher noch nicht getan haben. Selbst diejenigen von Ihnen, die keine Schwierigkeiten haben, erregt zu werden, finden vielleicht, daß Erregung nicht etwas ist, bei dem sie in der Lage sind, es beizubehalten oder zu kontrollieren. Manchmal liegt die Betonung so stark auf der Durchführung und auf dem Orgasmus, daß Ihre Erregung und die Ihres Partners verlorengeht.

Zusammenfassung

Sie denken jetzt vielleicht, daß das Reden über ein Kontrollieren der Erregung sehr mechanisch und gezwungen ist. Und so ist es ja auch. Wenn man aber nicht in der Lage ist, die Erregung zu erkennen oder zu nutzen, so ist das auch nicht gerade besonders befriedigend. Natürlich wollen Sie sich nicht so stark auf das Kontrollieren konzentrieren, so daß nun gar nichts mehr spontan abläuft. Sie müssen einfach bloß manchmal etwas über Bord gehen, damit Sie für sich einen Mittelweg finden und sich dann auch vergnügen können, wenn Sie es *wollen.*

Wenn das Kontrollieren der Erregung für Sie kein Problem ist und Sie das Gefühl haben, kein Gefangener Ihrer eigenen Routine zu sein, ist alles in Ordnung. Es ist möglich, total glücklich zu sein, das zu tun, was man schon immer getan hat und es gut zu tun. Diese Anregungen haben wir nur gebracht, um Ihnen neue Ideen zu vermitteln, wenn Sie sie brauchen. Es gibt gar keinen Grund, irgend etwas zu ändern, wenn Sie und Ihr Partner zufrieden sind.

Orgasmus

Einführung

»Oh«, sagte sie. »Ich sterbe jedesmal von neuem. Du nicht?«
»Nein. Aber fast. Hast du gemerkt, daß die Erde sich bewegte?«
»Ja. Als ich starb. Leg doch bitte deinen Arm um mich.«
Ernest Hemmingway: *»Wem die Stunde schlägt«*

... (Orgasmus) ist eine kurze Episode physischer Befreiung nach dem vasocongestiven und myotonischen Anstieg, der sich entwickelt hat aus dem Ansprechen auf sexuelle Stimuli ...
W. H. Masters und V. E. Johnson: *»Die sexuelle Reaktion des Menschen«*

Irgendwo zwischen diesen gefühlvollen und ganz nüchternen Beschreibungen liegt der Orgasmus, wie ihn die meisten Menschen erleben. Orgasmus ist mehr als eine Befreiung von Muskelnervenspannungen und irgendwie ein bißchen weniger als ein Erdbeben. Die Literatur, von der sprachlich verhüllenden bis zur pornographischen, kann den Orgasmus in positivem Sinne als etwas Sintflutartiges erscheinen lassen. Medizinische Beschreibungen können einen kalten klinischen Nachgeschmack zurücklassen. Weil der Orgasmus körperliche und emotionale Reaktionen vereinigt, variieren sie von Person zu Person und von Zeitpunkt zu Zeitpunkt.

Erwartung

Die Menschen erwarten, daß ein Orgasmus eine vergnügliche und lohnende Erfahrung ist. Manchmal erwarten wir von ihm auch, daß er denkwürdig, revolutionär, ja sogar destruktiv ist. Dichter, Ärzte und Verfasser von Lexika haben sich kurz damit versucht, den Orgasmus zu beschreiben, aber es gibt keine von allen gleichermaßen akzeptierte Definition. Wahrscheinlich liegt es daran, daß er von individuellen Erwartungen und Erfahrungen abhängt. Wir werden uns hier einige populäre Beschreibungen ansehen und die Erwartungen, die diese weitergeben, eingehend besprechen.

Nehmen Sie zum Beispiel die Beschreibung eines Orgasmus, wo gesagt wird, er sei wie ein Niesen. Es gibt eine kitzelnde Vorankündigung, daß es gleich kommt, eine Muskelverkrampfung, wenn es dann tatsächlich kommt und nachher eine Erleichterung. Einige Nieser scheinen auf die Nase und den Kopf begrenzt zu sein, während andere auf den ganzen Körper übergreifen und nicht wieder zu stoppen sind, wenn sie sich erst einmal zu lösen beginnen.

Obwohl Sie diese Beschreibung für jemanden benutzen können, der niemals einen Orgasmus hatte, so müßten Sie aber dennoch hinzufügen, daß ein Orgasmus nicht das gleiche ist wie ein Niesen. Die Menschen haben an das Niesen nun einmal nicht die gleiche Erwartung wie an den Orgasmus. Sie zählen ihre Nieser nicht, und sie kümmern sich normalerweise auch nicht um die Nieser ihrer Mitmenschen.

Eine weitere, allgemein übliche Beschreibung des Orgasmus ist die eines kleinen Todes. Die Zeit steht still während des Orgasmus. Nachher erlebt man ein Gefühl von Verlust und möglicherweise auch von Zeitlosigkeit. Die Vorstellung vom kleinen Tod war während der Renaissance sehr weit verbreitet und ist für viele auch weiterhin Gegenstand der Erwartungen geblieben. Obwohl Sie einen Orgasmus wieder und wieder erleben können, genau wie das Niesen, so ist doch der Orgasmus tief durchdrungen von einem Gefühl der Sterblichkeit. Jeder bedeutet ein kleines Stückchen weniger von Ihnen selbst.

Dieses Gefühl des Verlustes, bei Frauen bitter präsent und durchaus nicht ungewöhnlich, ist noch verbreiteter bei Männern, die immerhin bei jedem Samenerguß wirklich etwas verlieren. Sperma wird in Verbindung gebracht mit Schaffenskraft, Stärke und Potenz. *Baudelaire* meinte, daß jeder Orgasmus ein verlorenes Gedicht sei. Athleten, die schlecht abschneiden, beschuldigt man, sie hätten ihre Kraft zum Spiel im Sack gelassen. Der General in dem Film »*Dr. Seltsam oder Wie ich lernte, die Bombe zu lieben*« machte sich dauernd Sorgen, daß er seine »wertvollen Körpersäfte« verlieren würde. Die ganze Vorstellung von verlorener Potenz, derentwegen Sportler und Intellektuelle unverheiratet bleiben, bis ihnen *das* entscheidende Spiel oder die Veröffentlichung *des* entscheidenden Buches gelungen ist, berührt viele Männer, aber auch Frauen in sehr merkwürdiger Weise.

Es gibt beim Orgasmus auch ein Gefühl des Gewinnens, der Steigerung. Ein Orgasmus kann Sie einem Partner näher bringen. Diese ganz intime Erfahrung, etwas mit dem anderen zu teilen, ist eine sehr bedeutende Form der Kommunikation. Die Leute erwarten mehr als

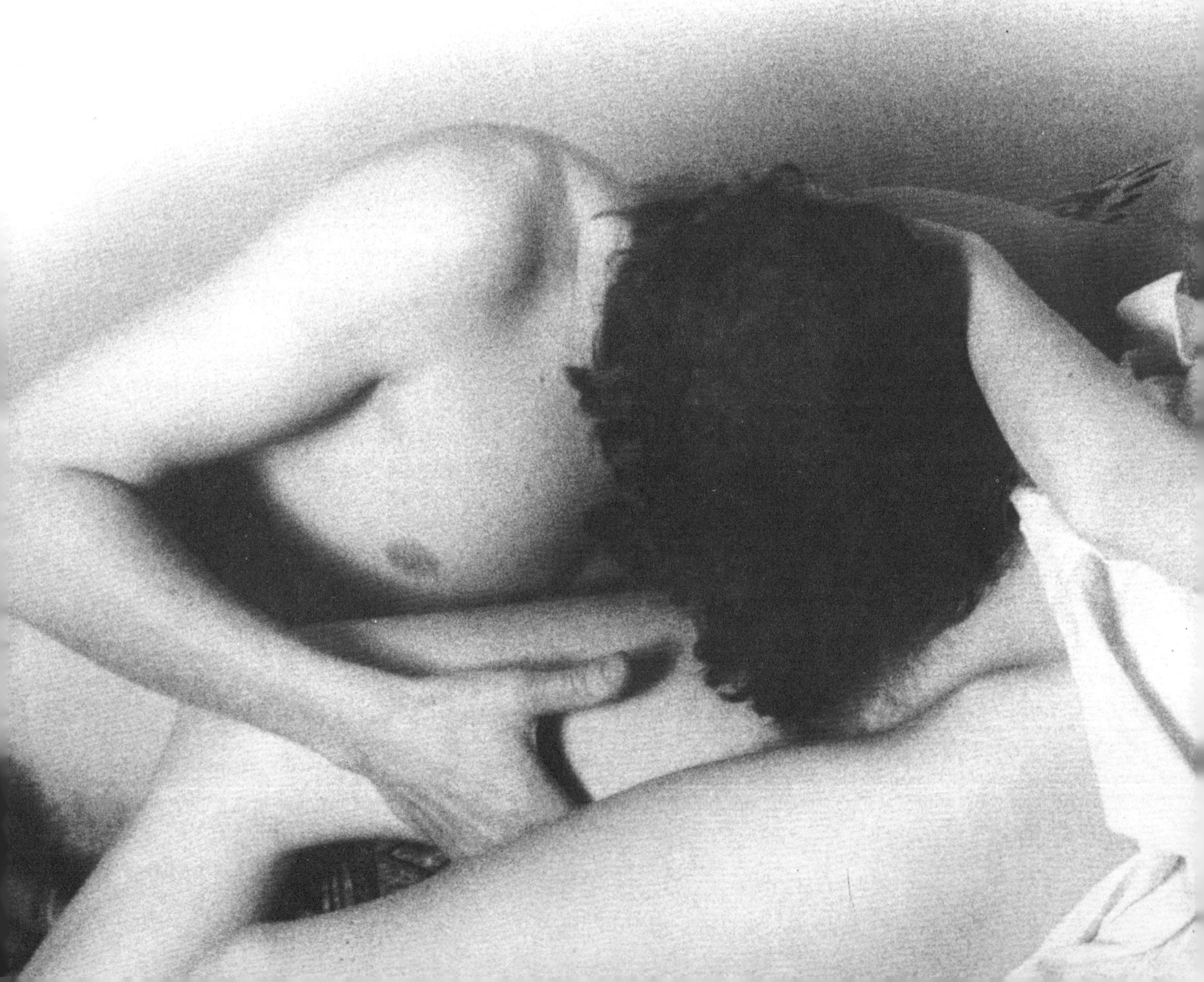

nur körperliche Entspannung und körperliches Vergnügen von einem Orgasmus.

Sex als die Grundlage aller Energie und Kreativität schließt den Orgasmus ein als großen Energiespender und unschätzbaren Helfer für kreative Prozesse. Viele Menschen sagen von sich, ein Orgasmus erfülle sie mit Enthusiasmus für andere Dinge und gebe ihnen das Gefühl, ihren Geschäften überaus fähig nachzugehen.

Die Theorie über den Orgasmus als Welle ist eine metaphorische Beschreibung und kommt dem sehr nahe, was tatsächlich in physiologischer Hinsicht passiert. Der Körper erlebt wellenförmige Muskelkontraktionen besonders in den Genitalien, manchmal übergreifend auf den ganzen Körper. Bei der Frau finden wir diese Kontraktionen im äußeren Drittel der Vagina und in der Gebärmutter. Männer haben sie im Penis und auch in der Harnröhre in dem Moment, wo das Sperma von der Prostata in den Penis schießt. Sie treten anfangs in einem Abstand von Vier-Fünftel-Sekunden auf und liegen später, beim Mann und auch bei der Frau, weiter auseinander. Muskeln in

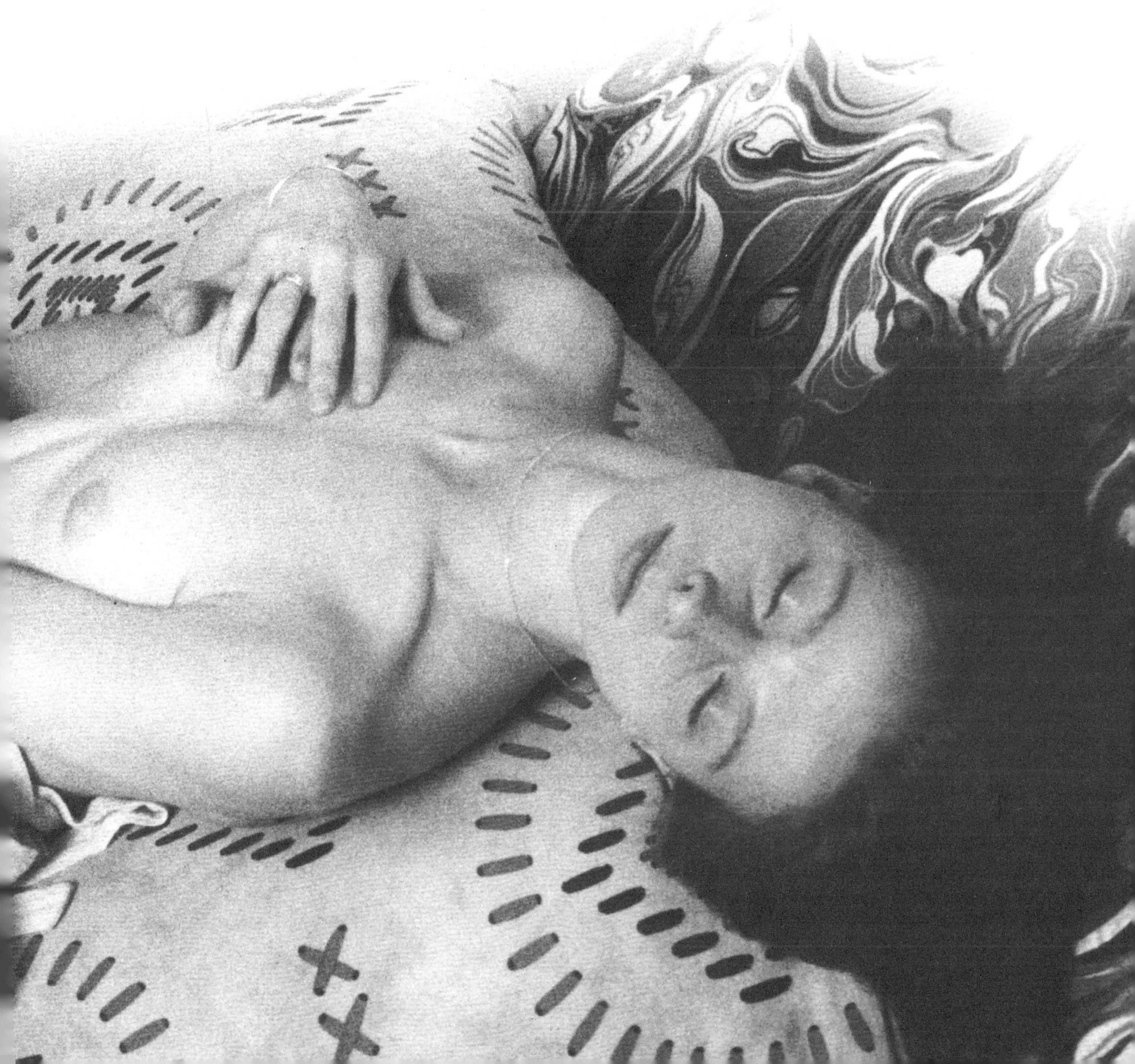

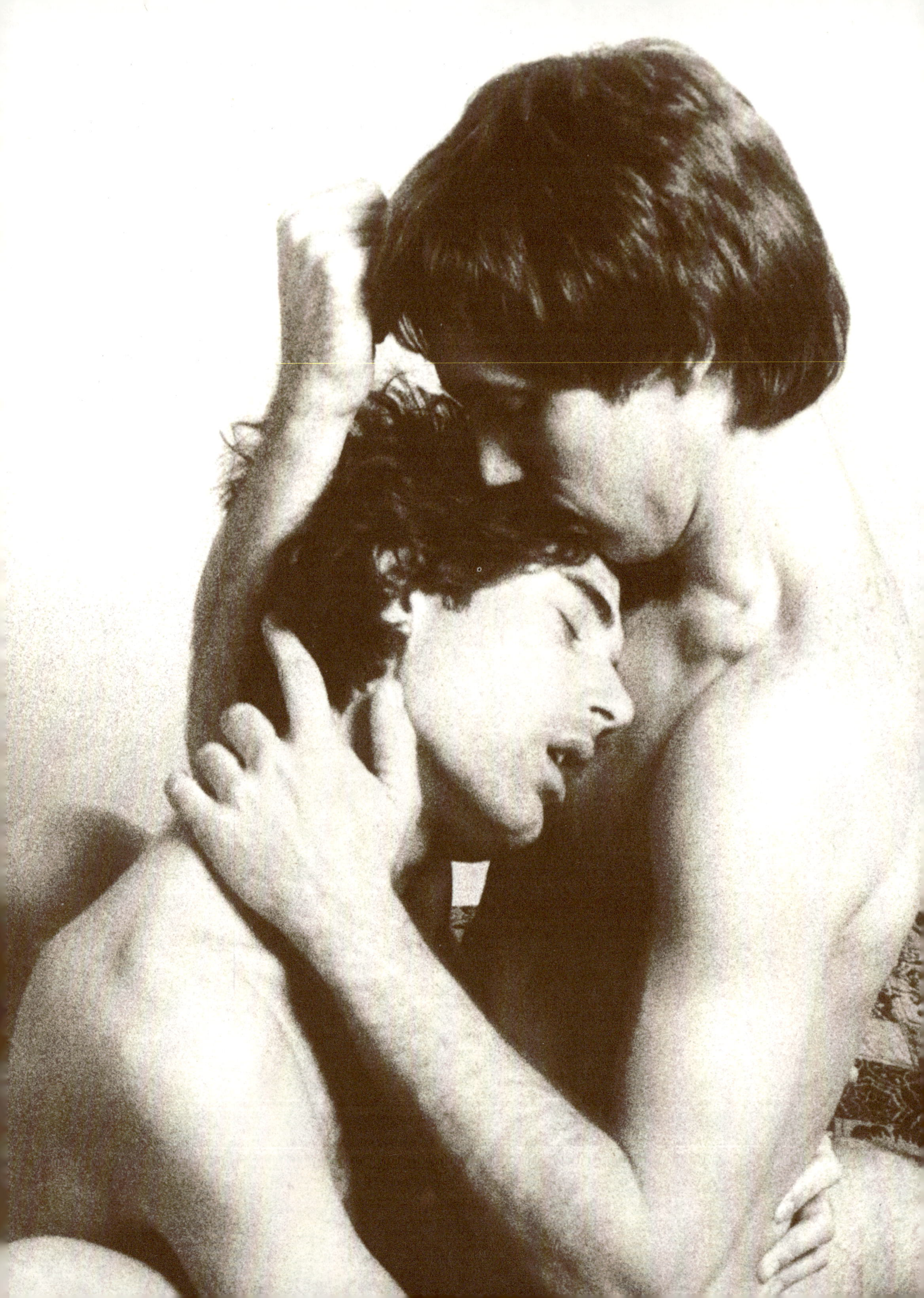

den Gliedmaßen, am Rücken, im Gesicht und am Rumpf können sich ebenfalls zusammenziehen. Es ist nicht so sehr ein Gefühl, von Wellen überrollt zu werden, als vielmehr, selbst eben solch eine Welle zu sein.

Obwohl die Intensität von Orgasmen variiert, bauen Leute, wenn sie den Orgasmus beschreiben, eine erwartete Intensität mit ein. Die meisten Leute können die einzelnen Kontraktionen ihrer Orgasmen gar nicht spüren, ein intensiver Orgasmus bedeutet vielmehr, daß mehrere Kontraktionen zusammenkommen. Allerdings können einem mehrere Kontraktionen an dem einen Tag wie eine Explosion vorkommen, an einem anderen Tag hält man sie vielleicht sehr gut aus.

Wenn Sie einige Tage lang keinen Orgasmus erlebt haben, so mögen Sie vielleicht schon in Erwartung sein und tatsächlich das Gefühl eines intensiveren Orgasmus haben, als wenn es für Sie eine alltägliche Geschichte wäre. Wenn Sie nervös oder angespannt gewesen sind, reagiert Ihr Körper vielleicht dramatischer auf einen Orgasmus, als wenn alles ganz gewöhnlich seinen Gang geht. Solche psychologischen Faktoren wie etwa Auseinandersetzungen mit Ihrem Partner, Abschiednehmen und Heimkehr nach Hause, alles was eine sexuelle Erfahrung so besonders macht, kann die Intensität eines Orgasmus beeinflussen.

Männer und Frauen haben auch verschiedene Erwartungen an einen Orgasmus und beschreiben sie auf verschiedene Weise. Frauen haben eine größere Variationsbreite im Orgasmusverhalten von einem Gipfel bis zu einer ganzen Bergkette, wo einzelne kleine Gipfel zusammenlaufen. Der Orgasmus des Mannes, der mit der Ejakulation einhergeht, ist für gewöhnlich klarer umrissen und folgt hierbei wohl auch mehr dem Muster eines deutlichen Gipfels.

Natürlich gibt es auch viel vagere Beschreibungen des Orgasmus. Er könnte Sie erröten und traurig werden lassen, könnte Sie sehnsüchtig stimmen und glücklich. Vielleicht sagen Sie, daß alles so schnell vorbei war und daß Sie gar nicht wissen, wie Sie es beschreiben sollen. Vielleicht kriegen Sie nichts von dem mit, was so um Sie herum passiert, oder Sie sind bei besonders klarem Bewußtsein. Vielleicht trifft auf Ihren Orgasmus auch keine all der Beschreibungen zu, die Sie gehört oder gelesen haben.

Es ist etwas verwirrend, sich mit seinen Orgasmuserfahrungen oder -erwartungen an einen Partner zu wenden. Wenn Sie in Ihrem Körper von einer enormen Direktheit und von totaler Vertiefung in Anspruch genommen sind, dann macht Ihnen ein Partner, der weniger stark zu reagieren scheint, vielleicht doch zu schaffen. Obwohl jeder stärkeres Atmen, kräftigeren Herzschlag und gesteigerten Blutdruck an sich erfahren kann sowie eine Muskelanspannung während des Orgasmus, so sind dennoch viele dieser Symptome fast nicht feststellbar. Vielleicht glauben Sie, Ihr Partner empfindet die Zeit nicht so schön wie Sie. Oder aber besser als Sie, wenn Sie der Meinung sind, sein oder ihr Orgasmus sei dem Ihren gleich.

Die Bedeutung des Orgasmus für Sie

Beschreiben Sie Ihren letzten Orgasmus. Wenn er irgendwie ungewöhnlich verlief, dann sagen Sie es und beschreiben Sie, wenn Sie wollen, auch einen typischeren. Beziehen Sie sowohl physische als auch emotionale Empfindungen ein und so viele Einzelheiten, wie Ihnen einfallen. Wenn Sie noch keinen Orgasmus erlebt haben, dann beschreiben Sie doch, was Sie von einem Orgasmus erwarten. Benutzen Sie vielleicht Ihr Begleittagebuch, wenn Ihnen das lieber ist.

Sie analysieren Ihren Orgasmus

Wenn Ihre Orgasmen Ihren Erwartungen nicht entsprechen, dann mögen Sie durchaus von ihnen enttäuscht sein. Vielleicht haben Sie Ihre Erwartungen auf die Beschreibung eines anderen Menschen gegründet und haben nun das Gefühl, daß ein Orgasmus einfach nicht das ist, wozu man ihn zuvor hochgejubelt hat. Vom Orgasmus behauptet man, daß ihm alle möglichen Arten von magischen Eigenschaften anhaften würden. Er wird Sie verändern, Sie überwältigen, Ihre Beziehung verbessern, Ihnen Zuversicht schenken. Wenn das dann aber ausbleibt, sind Sie verständlicherweise unglücklich und niedergeschlagen. Wenn Sex Sie einfach nicht begeisternd ergreift und Sie sich von Ihrem Orgasmus betäubt fühlen oder er Sie nicht

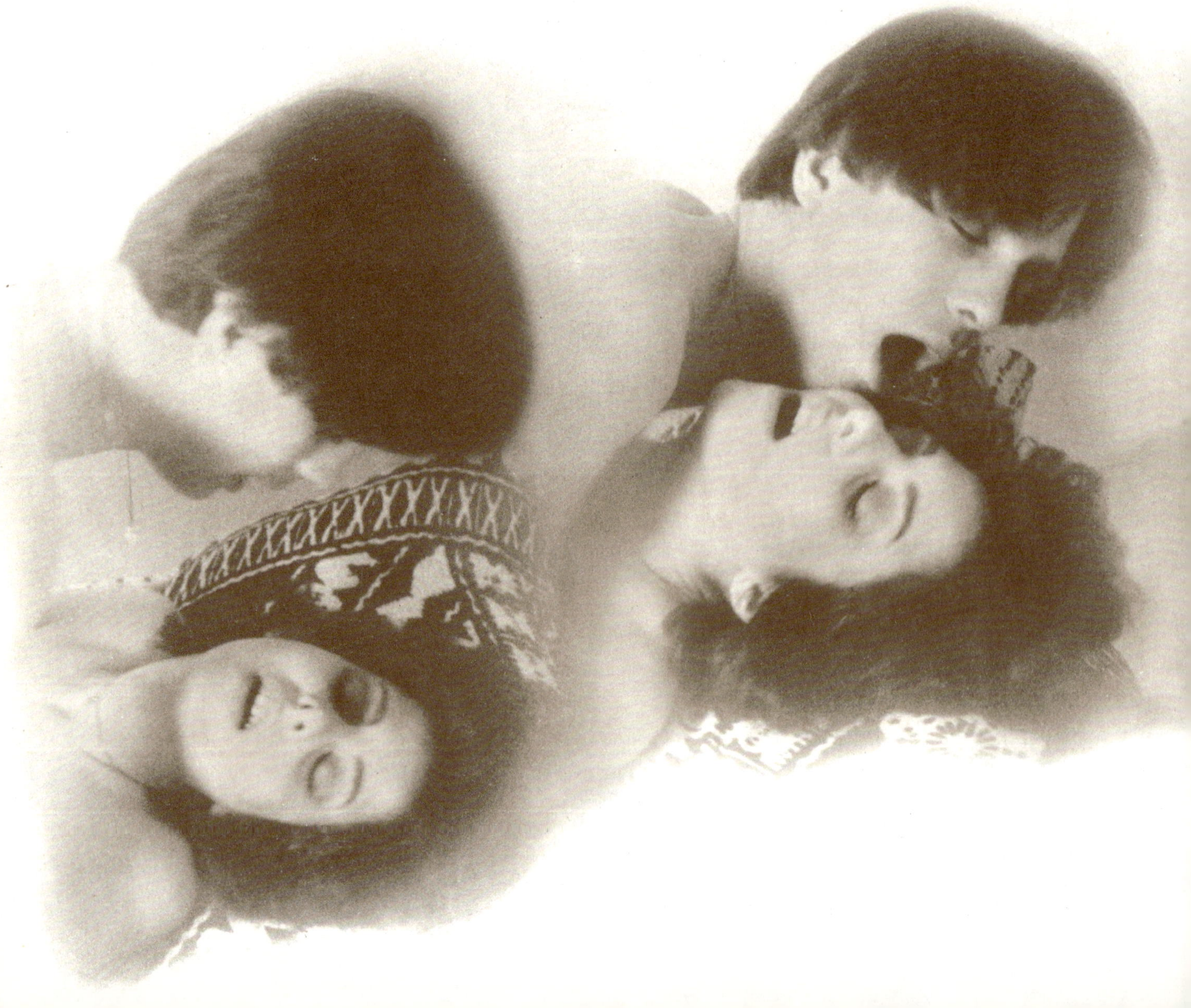

berührt, so waren Sie vielleicht nicht besonders erregt. Ihr Partner oder die Beziehung zu Ihrem Partner könnte daran schuld sein, besonders dann, wenn Sie mit diesem Menschen bloß deswegen zusammen sind, weil kein anderer in Aussicht ist. Vielleicht verständigen Sie sich mit diesem Partner auch nicht darüber, wie Sie sich gern erregen lassen würden. Vielleicht sind Sie ja erregt und machen sich Gedanken um Ihren Partner, sind aber mittlerweile ziemlich müde und lustlos geworden bei dem Versuch, ihn oder sie in Erregung zu versetzen.

Wenn es Ihnen momentan nicht gut geht, sollten Sie Ihren Orgasmus nicht vergleichen mit solchen aus Zeiten, wo es Ihnen besser ging. Das gleiche gilt für das Alter. Wenn man jung ist, erscheinen einem viele Dinge noch fürchterlich aufregend und intensiv einfach deswegen, weil sie noch ganz neu sind. Wenn Sie älter werden, bekommen einige dieser Dinge eine andere, oftmals größere Bedeutung für Sie. Aber wenn Sie die Angst vor dem Älterwerden auf Ihre Orgasmen projizieren, verlieren Sie einen Teil von dem Vergnügen, das man an ihnen empfinden kann. Vielleicht bemerken Sie, daß Sie

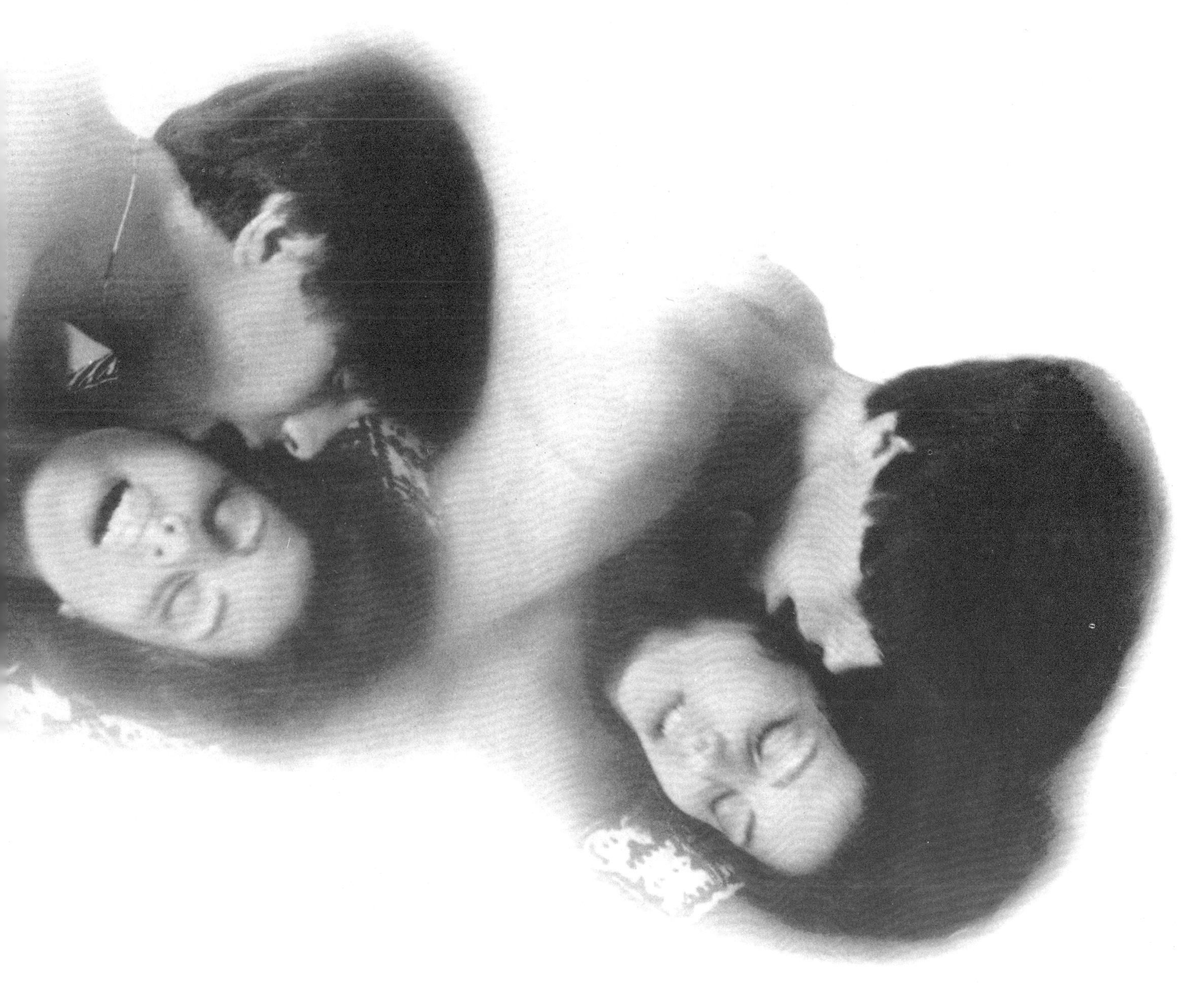

einen Orgasmus nur widerwillig hinnehmen, ausgelöst durch die negativen Erwartungen, die Sie damit verknüpfen. Wenn Sie schmerzliche Orgasmen erlebt haben, so haben Sie einen ausgezeichneten Grund, ihnen aus dem Wege zu gehen. Sprechen Sie einmal mit Ihrem Arzt. Eine Hormonbehandlung oder andere Medikamente lassen sich in diesem Fall fast immer anwenden.

Wenn Sie Angst haben, von einem Orgasmus überwältigt zu werden, ob nun körperlich oder gefühlsmäßig, weil Ihnen das früher schon passiert ist, so haben Sie vielleicht keine Lust, diese Erfahrung noch einmal zu machen. Die beste Therapie bei diesem Problem besteht allerdings fast immer darin, noch mehr Erfahrungen zu machen. Orgasmen sind ganz verschieden. Ein ganz besonders übermächtiger Orgasmus, entweder Ihr eigener oder der Ihres Partners, der Sie sehr einschüchtert, Ihnen ein Schuldgefühl vermittelt oder Sie widerwillig verpflichtet, kann am besten durch ein paar weniger eindrucksvolle abgeschwächt werden.

Diesem Widerwillen sehr ähnlich ist das Gefühl, daß Sie während Ihres Orgasmus nicht genau wissen, wie Sie aussehen, duften oder wie Sie sich anhören. Beginnen Sie einmal damit, Ihren Partner zu betrachten statt immer nur sich selbst. Sie sind vielleicht zu sehr der Selbstbeobachter und achten nur auf das Beste für Sie selbst und damit letztendlich auf die Zerstörung von allem.

Wenn Sie das Gefühl haben, etwas nicht bekommen zu können, weil der Orgasmus für Sie nicht all das ist, was Sie sich eigentlich vorstellen, dann müssen Sie vielleicht akzeptieren, daß er nicht alle Erwartungen erfüllen kann. Eine der größten Enttäuschungen ist die zu glauben, daß Sie irgendwann in der Vergangenheit einmal einen perfekten Partner oder eine perfekte Orgasmuserfahrung hatten. Sie müssen vielleicht Ihre Erinnerungen und Ihre Erwartungen daraufhin überprüfen, was sich denn in der Vergangenheit nun wirklich abgespielt hat. Dann stellen Sie einmal übertriebene Beschreibungen, die Sie hören oder lesen, Ihren eigenen Erfahrungen kritisch gegenüber.

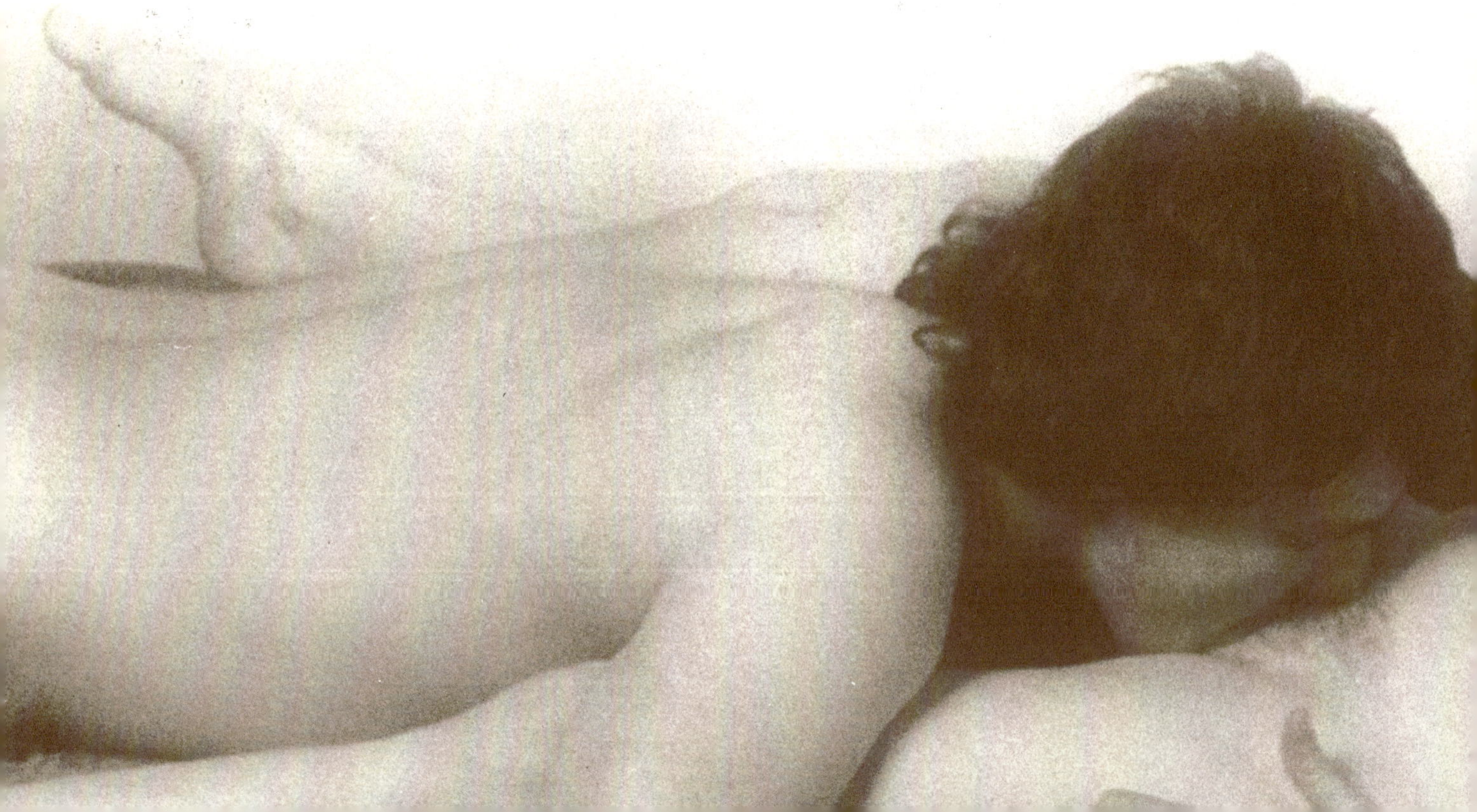

Der Nachklang

Es gibt da eine Phase nach dem Orgasmus, die Masters und Johnson die Rückbildungsphase nennen. Es ist die Zeit, die der Körper benötigt, um in seinen Normalzustand zurückzukehren – langsamerer Herzschlag, gleichmäßigeres und ruhigeres Atmen, verringerter Blutdruck, geringerer Blutandrang in den Gefäßen, normale Muskelanspannung und so weiter. Diese Zeit nennt man auch *Detumeszenz* und Nachglühen.

Für die meisten Frauen klingt die Erregung langsam ab, und viele lassen sich mit ein ganz klein wenig Ansporn in neue Erregung bis hin zu einem neuen Orgasmus versetzen. Das scheint ganz besonders für solche Frauen zuzutreffen, die schon Kinder haben, weil eine Schwangerschaft die Durchblutung des Beckens steigert. Das erklärt vielleicht auch, warum ältere Frauen leichter erregbar sind und zu einem Orgasmus gelangen als jüngere. Obwohl es für Frauen sowohl möglich als auch ganz normal ist, einige Orgasmen hintereinander oder einen vielfachen Orgasmus zu erleben, so ist es dennoch nichts Zweitrangiges, nur einen Orgasmus zu haben. Unglücklicherweise hat eine weit verbreitete Kenntnis der Tatsache, daß Frauen in der Lage sind, multiple, also vielfache Orgasmen zu erleben, zu der falschen Annahme geführt, daß diese Multiplizität das *sine qua non* der Weiblichkeit ist. Männer und Frauen haben gleichermaßen schuld, falls man es als das Merkmal einer echten Frau betrachtet, wenn diese viele Orgasmen hintereinander hat.

Männer sind zu solch einem multiplen Orgasmus nicht in der Lage. Für sie verläuft die Rückbildungsphase dramatischer, und sie können auch normalerweise in den nächsten Minuten oder sogar Tagen keine neue Erektion bekommen. Das hängt natürlich von jedem einzelnen Mann ab und auch von seinem Alter, seiner Gesundheit und dem Grad seiner Erregung. Die Zeit zwischen den Erektionen nennt man die *Refraktärzeit*. Während dieser Zeit kann ein Mann nicht bis zu einer neuen Erektion erregt werden, egal ob er sie nun will oder nicht. Die meisten Refraktärperioden dauern von einer halben Stunde bis hin zu einigen Stunden selbst in der Jugend, wenn nicht besondere Bedingungen wie Enthaltsamkeit oder ein neuer Partner ausschlaggebend sind.

Das Verklingen eines Orgasmus kann verschiedene individuelle Auswirkungen haben. Einige Leute verspüren danach eine Müdigkeit

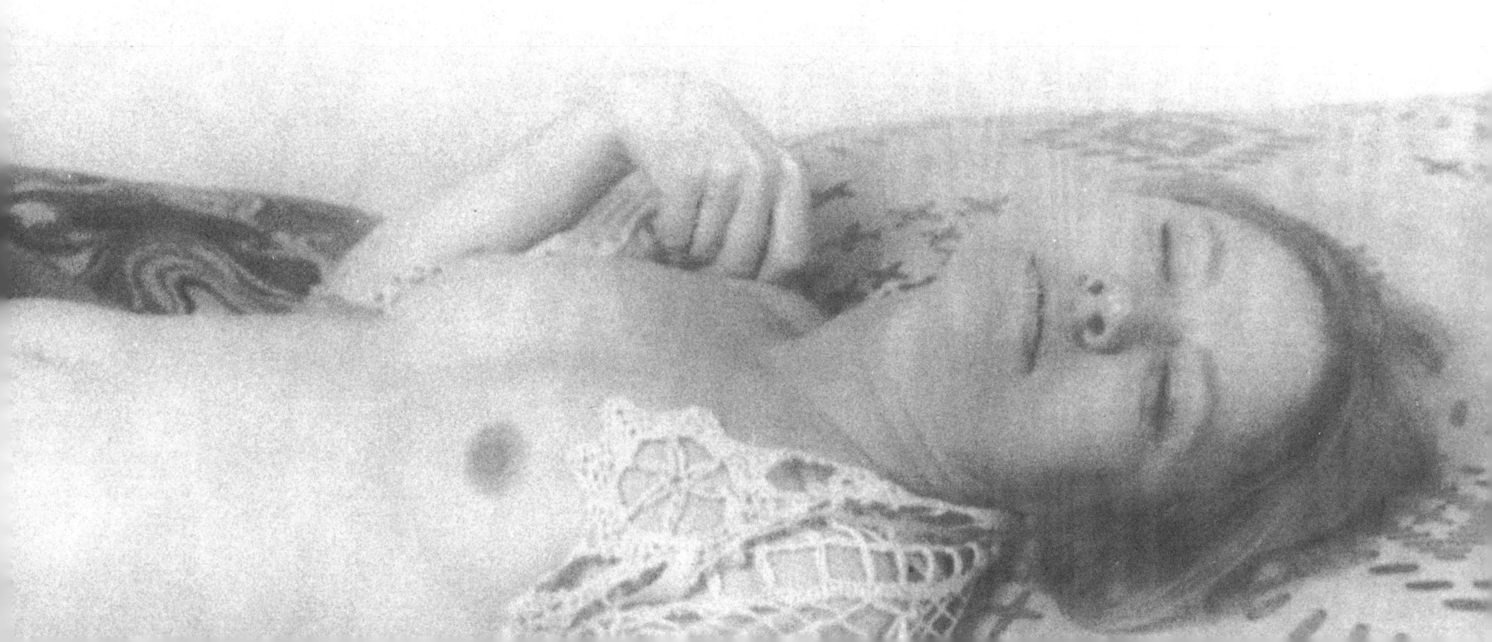

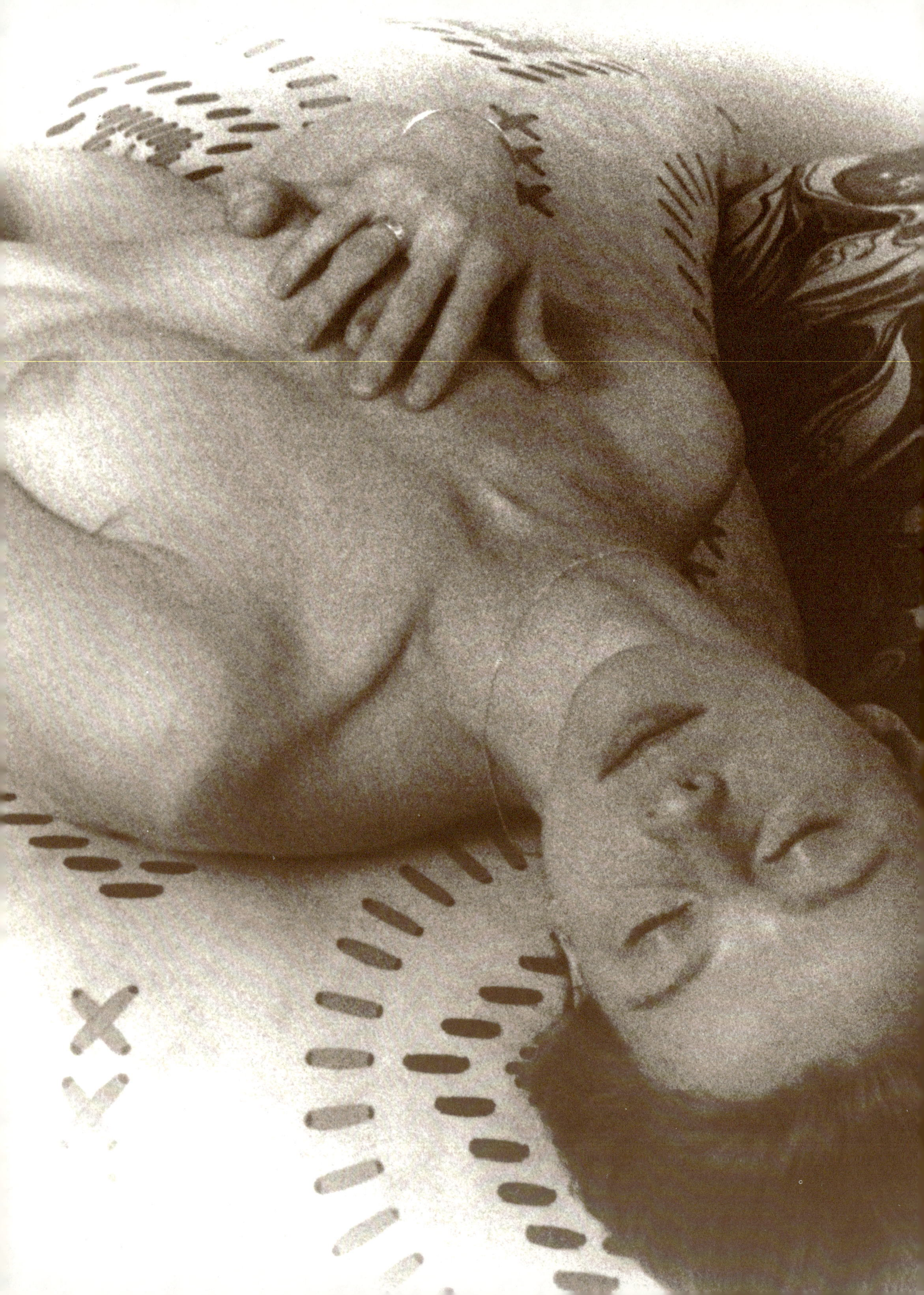

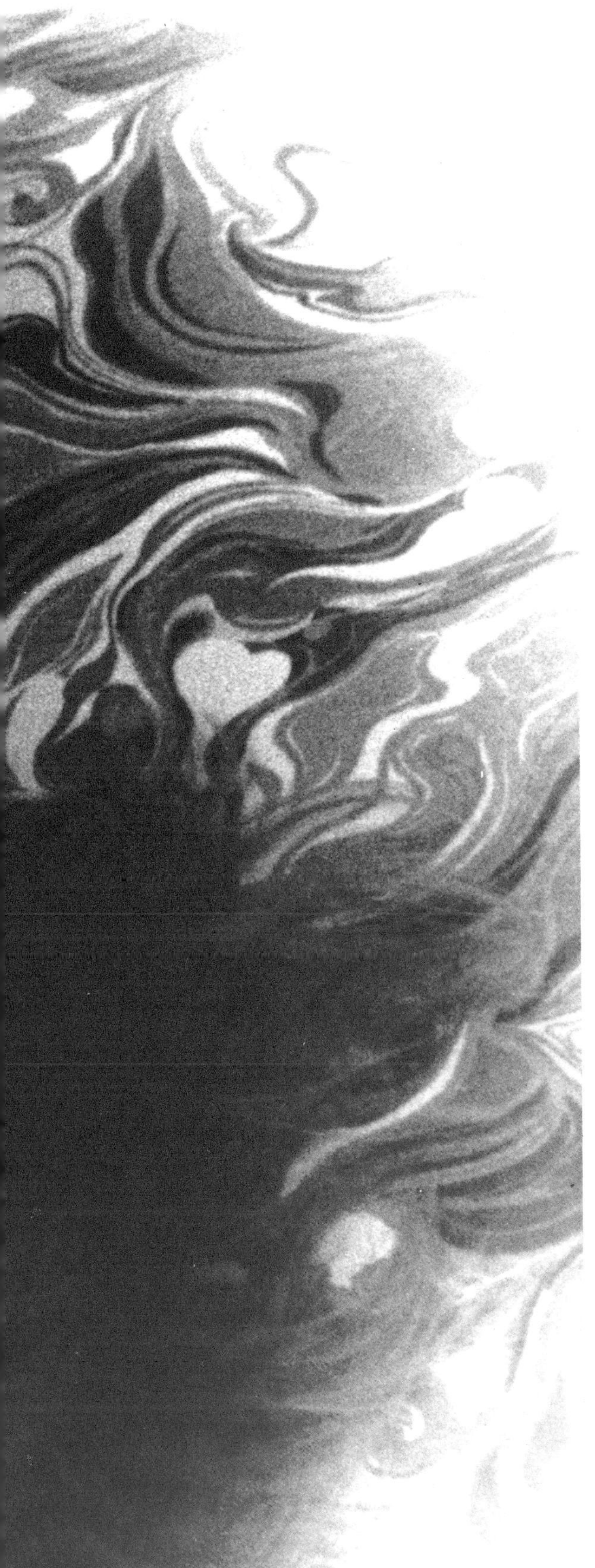

und wollen ein kleines Nickerchen machen. Andere möchten gern über ihre Erfahrungen sprechen oder über ihre Beziehung. Einige rauchen nach dem Sex gern – sie assoziieren Rauchen mit Vergnügen, außerdem macht man's im Kino immer so.

Es gibt auch Leute, die aufstehen und nach dem Sex herumlaufen wollen. Ein Orgasmus gibt ihnen Auftrieb, und sie fühlen sich energiegeladen, als ob sie irgend etwas Besonderes erreichen könnten. Gerade diese spezielle Reaktion beweist das Gegenteil davon, daß ein Orgasmus einem alle Kräfte raube, und sie veranlaßt vielleicht diejenigen, die solch ein Gefühl haben, oder auch ihre Partner, sich zu fragen, ob sie denn nun wirklich einen angemessenen Orgasmus gehabt haben.

Das Syndrom des »goldigen Nachschimmers« ist ein Gefühl von Wärme und Glück, das in Ihnen den Wunsch aufkommen läßt, einfach nur dazuliegen und freudestrahlend hoch zur Decke zu schauen oder zu Ihrem Partner und die ganze Zeit für ein paar Augenblicke einfach vorbeitreiben zu lassen. Immerhin ist ein Orgasmus so etwas wie ein Höhepunkt, und so etwas gemeinsam zu erleben mit einem Menschen, den Sie mögen, das kann schon solch einen goldig glühenden Gesichtsausdruck zustande bringen.

Dann gibt es auch noch Leute, die sich um die Ejakulation sorgen. Was machen Sie denn nun nachher mit dem Zeug? Läuft es auf die handgearbeitete Steppdecke Ihrer Großmutter? Ruiniert es das Dekor in Ihrem neuen Wohnwagen? Ganz richtig, es ist ein blödes Problem. Es ist auch eines, worüber man nicht viel spricht, inklusive der Leute, die sonstwas darum gäben, wenn sie jetzt ein Taschentuch hätten.

Dieser Konflikt zeigt genau die Probleme, die Leute haben, wenn sie bei einem Orgasmus nicht die gleichen Reaktionen teilen. Was passiert mit dem Nichtraucher, dessen geliebter Partner ihm nachher den Rauch ins Gesicht pustet? Was geschieht mit der Frau mit einem vielfachen Orgasmus, deren Partner schon vor langer Zeit gekommen war? Was geht in den Glühwürmchen vor sich, deren Partner voller Energie stecken? Und was ist mit dem, der von einem Orgasmus völlig erschöpft ist, aber einen Partner hat, der jetzt gern ein bißchen plaudern würde?

Es ist wichtig, die Unterschiede im Verhalten zu erkennen, denn wenn man sie nicht anerkennt, dann hat man arge Schwierigkeiten damit, Kompromisse zu schließen, was hier die einzige Lösung darstellt. Leute bauen nämlich Ressentiments auf gegenüber unausgesprochenen, möglicherweise sogar unbekannten Schwierigkeiten wie den eben genannten. Sie könnten sich fesseln, wobei Sie dann wütend werden auf Ihren Partner, weil er jedesmal einschläft, während Ihr Partner nicht einmal eine Ahnung davon hat, daß Sie immer wach bleiben. Natürlich könnte man den Unmut rechtfertigen. Wenn Ihr Partner zum Beispiel keinen Kompromiß eingehen will und einschläft, um Ihnen auszuweichen. Aber nehmen Sie das nicht als selbstverständlich hin. Äußern Sie auch das, was Sie selbst gern mögen.

Wenn Sie über Ihre eigenen Gefühle sprechen, so ist das der erste Schritt dahin, dieser Art von Konflikten beizukommen. Vielleicht weiß Ihre Partnerin überhaupt nicht, daß Sie keine zweite Erektion bekommen können, daß Sie ihr aber noch zu einem weiteren Orgasmus verhelfen möchten. Vielleicht weiß Ihre Partnerin auch nicht, daß ihr Zigarrenrauch Ihnen den Magen umdreht.

Wenn Sie erstmal wissen, was Ihr Partner mag, dann werden Sie Ihr Verhalten auch ein wenig ändern können. Es ist fürchterlich, eine Woge von Energie gleich nach dem Orgasmus in sich zu verspüren.

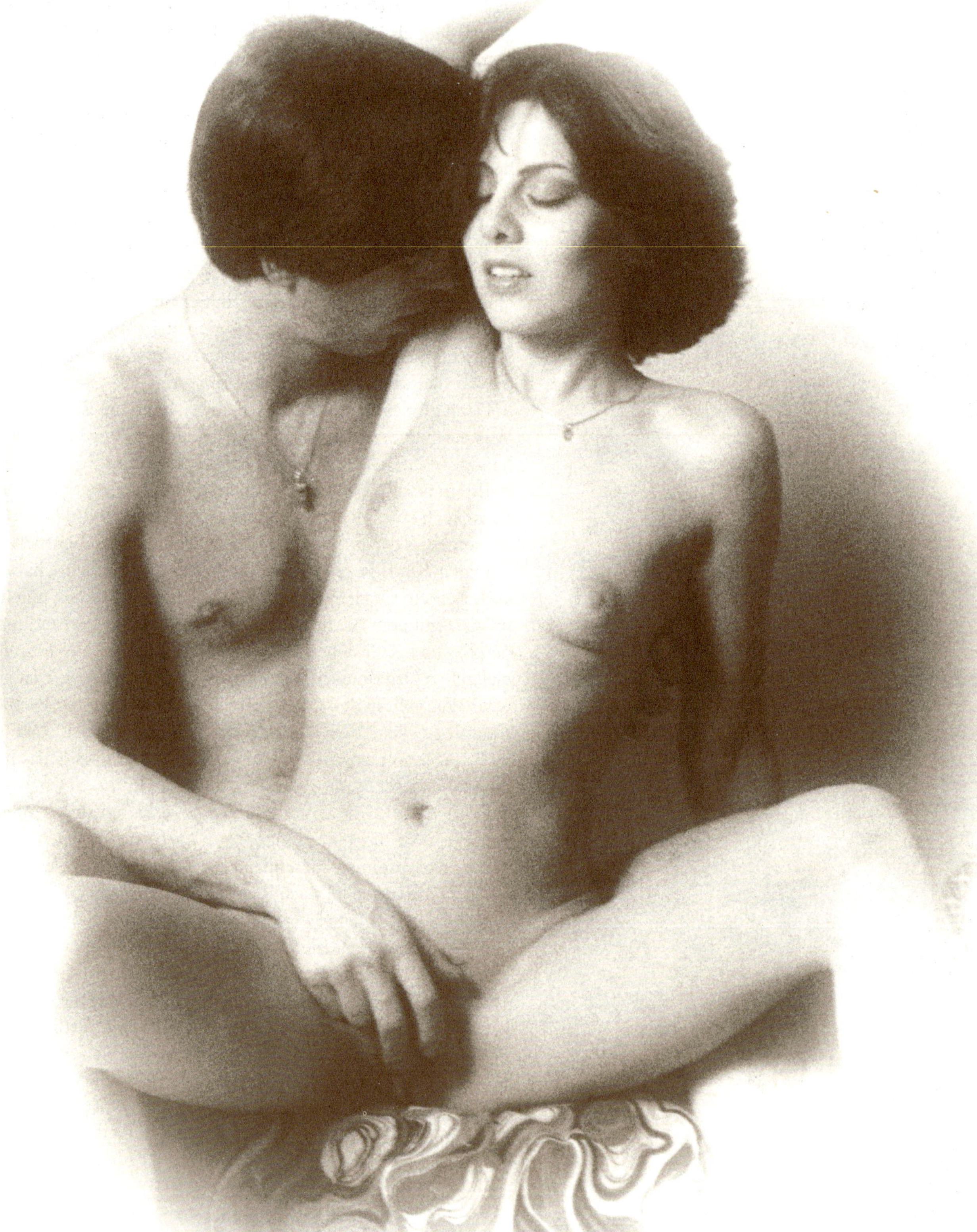

Aber wenn Ihr Partner neben Ihnen liegt und Sie einfach nur anstrahlt, vielleicht könnten Sie dann Ihren Drang aufzuspringen ein klein wenig zügeln, wenigstens gelegentlich. Derjenige, der sich ein intimes Tête-à-tête wünscht, während Sie gerade eingenickt sind, erhält von Ihnen vielleicht zu anderen Zeiten keine nahe und intime Zuwendung.

Sie müssen nach dem Orgasmus nicht zusammenbleiben. Derjenige, der rauchen möchte, kann doch zum Beispiel den Raum verlassen. Der eine Partner könnte ein Nickerchen machen, während der andere aufsteht und das Mansardenzimmer streichen geht. Das Dumme bei diesen Verhaltensweisen, wenn sie es wirklich sind, liegt darin, daß sie dem einen oder auch beiden Partnern das Gefühl vermitteln, zurückgestoßen zu werden. Darüber wird in weiteren Kapiteln noch ausführlicher zu reden sein.

Halbwahrheiten und Märchen

Wenn man im Besitz aller Arten von falschen Erwartungen und persönlichen Interpretationen über so etwas wie den Orgasmus ist, dann entsteht darum herum natürlich allerlei Sagenumwobenes. Einiges davon wird hier besprochen werden. Wenn Sie der Meinung sind, daß Sie diesen Gedanken auch verhaftet sind, versuchen Sie bitte, sich zu erinnern, wann Sie begannen, daran zu glauben. Dann müssen Sie den Entschluß fassen, sich davon zu befreien. Solche Legenden wie etwa Aberglaube und alle Fehlinformationen können eine verhängnisvolle Wirkung auf Sie ausüben, besonders wenn Sie sich diese in einem Alter zu eigen machten, wo Sie noch sehr beeindruckbar waren oder wenn es unter dramatischen Umständen geschah. Einige Vorschläge, wie man sich davon befreit, werden Sie im weiteren auch finden.

Der einzig wahre Orgasmus für eine Frau ist ein vaginaler Orgasmus: Obwohl man Freud wegen dieser obskuren Behauptung oft einen Vorwurf gemacht hat, geht diese Vorstellung auf ihn zurück. Vom vaginalen Orgasmus könnte man ja dann auch behaupten, er unterstützte eine Politik des Bevölkerungszuwachses, da die Vagina das Organ zur Empfängnis darstellt. Freud und die anderen waren der Meinung, kleine Mädchen haben einen klitoralen und empfindungsmäßig reife Frauen einen vaginalen Orgasmus. Unter einer frigiden Frau verstand er diejenige, der eine Überleitung von der Klitoris zur Vagina nicht gelang. Wie die Untersuchungen von Masters und Johnson aber gezeigt haben, ist ein Orgasmus ein Orgasmus, egal wo und wie zustande gebracht. Obwohl man keinen Orgasmus haben muß, um befruchtet zu werden, gibt es immer noch die populäre Meinung, daß »ein guter Fick auch gute Babys zustande bringt«.

Wenn wir von der Empfängnis mal absehen, so mögen Frauen einen Orgasmus aus dem Beischlaf heraus einfach deswegen, weil er ihnen das Gefühl größerer Nähe zu ihrem Partner schenkt. Allerdings ist das oft nicht der einfachste Weg, zu einem Orgasmus zu kommen. Manche Frauen brauchen eine hohe Erregungsstufe und einen hilfreichen und geduldigen Partner. Stärkere Erregung, besonders durch Reizung der Klitoris und das Einnehmen von Stellungen, die den Druck auf die weiblichen Genitalien erhöhen, sind die beste Möglichkeit für eine Frau, zu einem koitalen Orgasmus zu kommen. Versuchen Sie das mal, um zu sehen, was möglich ist. Es kann sein, daß befriedigende Orgasmen und solche, die Ihnen mehr Spaß machen, durch Stellungen ohne Beischlaf kommen.

Wenn ein Mann erregt ist und ein steifes Glied hat, muß er auch einen Orgasmus haben: Dieses ist so ein Märchen, das hauptsächlich von denjenigen männlichen Teenagern weitervererbt wird, die »es« von ihren Freundinnen gestattet haben wollen. Es gibt schleierhafte Hinweise auf »blaue Eier« und Hodenschmerzen. Es stimmt, daß angeschwollene Hoden manchmal solch einen Druck ausüben, daß es einen schmerzt. Das wird durch den Orgasmus erlöst, aber nicht notwendigerweise durch einen koitalen Orgasmus. Und die Erregung wird wieder abnehmen.

Was oft übersehen wird in diesem Zusammenhang, ist, daß auch Frauen ein unangenehmes Druckgefühl erleben können, wenn sie keinen Orgasmus erreichen. Eine Frau, die sehr stark erregt ist und dann keinen Orgasmus hat, kann eine Empfindlichkeit im unteren Teil des Bauches verspüren, was von der stärkeren Durchblutung in diesem Bereich herrührt. Wenn das jedesmal passiert, entstehen für die Frau bisweilen chronische Schmerzen. Entlastung kann hier das Onanieren bis hin zum Orgasmus bringen, wenn kein koitaler Beischlaf stattfindet.

Es ist nicht gut, während der Menstruation einen Orgasmus zu haben: Ganz im Gegenteil, es kann sogar eine sehr gute Idee sein, besonders für Frauen, die unter Krämpfen leiden. Kontraktionen der Gebärmutter beim Orgasmus entspannen die verkrampften Muskeln. Natürlich haben einige Frauen das Gefühl, sie sollten vielleicht in diesen Tagen keinen Sex haben, wegen des Blutflusses, einer Überempfindlichkeit in den Genitalien oder wegen allgemeiner Reizbarkeit.

Einige Frauen erleben während der Menstruation leichter einen Orgasmus als sonst, was vielleicht herrührt von einer natürlichen Beckendurchblutung. Oder vielleicht liegt es an der inneren Aufregung, die sie erleben beim Durchbrechen des Tabus, während dieser Zeit Sex zu haben oder auch, weil sie keine Angst zu haben brauchen, ungewollt schwanger zu werden. Ein niedriger weiblicher Hormonspiegel in dieser Zeit kann das männliche Hormon Testosteron in den Vordergrund rücken, von dem man annimmt, daß es bei Mann und Frau viel mit dem Sexualtrieb zu tun hat. Eine Frau, die während der Menstruation nicht versucht hat, ob nun mit oder ohne Partner, zu einem Orgasmus zu gelangen, könnte das jetzt vielleicht nachholen, einfach um ihre Reaktionen zu erfahren.

Nur Männer haben feuchte Träume: Nun ja, es kommt sicher häufiger vor, daß Männer einen nächtlichen Orgasmus erleben, aber auch Frauen können im Schlaf einen Zyklus sexueller Reaktionen durchlaufen. Von Träumen angeregt oder verknäultem Bettzeug, können sich Männer und auch Frauen weiter in ihrer Erregung steigern, möglicherweise bis zum Orgasmus und möglicherweise, ohne daß sie sich an irgend etwas erinnern werden. Ein Mann wacht vielleicht mit einer Erektion auf oder mit Samen auf dem Laken. Eine Frau kann ein Kribbeln oder Feuchtigkeit um die Vagina herum verspüren. Eine Frau ist sich vielleicht nicht so sicher wie ein Mann, ob sie nun wirklich einen Orgasmus hatte, wenn sie nicht gerade mitten drin aufgewacht ist oder sich ganz klar an einen Traum erinnert, bei dem das eingeschlossen war.

Obwohl ein nächtlicher Orgasmus nicht häufig vorkommt, besonders jenseits der Zeit des Heranwachsens, so ist dieses doch keinesfalls ungewöhnlich. Mehr Männer als Frauen scheinen damit ihre Erfahrungen zu machen, und feuchte Träume sind nicht einer großen Zahl von totalen Orgasmen zuzuschreiben. Meistens scheinen die Menschen so etwas zu erleben, wenn sie eine Weile keinen Sex gehabt haben, wenn sie vor dem Einschlafen etwas Erregendes lesen oder tun, wenn sie aufgebracht oder angespannt sind. Normalerweise hat man bisher angenommen, daß feuchte Träume – »nächtliche Pollutionen« und so weiter – etwas nicht Normales sind, aber heute sieht man sie als ein ganz gewöhnliches, wenn auch nicht häufiges, sexuelles Reaktionsfeld an. Tatsächlich könnte man in einem nächtlichen Orgasmus etwas sehr Gesundes sehen bei Leuten, die im Wachzustand impotent sind oder keinen Orgasmus erlangen können. Es zeigt dann, daß organisch nichts Fehlerhaftes vorliegt.

Man sollte während der Schwangerschaft auf einen Orgasmus verzichten: Diese Legende ist zu erklären aus der Angst davor, daß ein Orgasmus so etwas wie schwere Arbeit ist. Frauen, die eine Reihe von Fehlgeburten hinter sich haben, erhalten von ihrem Arzt vielleicht tatsächlich den Rat, während der ersten drei Monate auf einen Orgasmus zu verzichten. Aber das ist nicht üblich. Im letzten Stadium der Schwangerschaft ist ein Orgasmus vielleicht durchaus anstrengend, ruft aber keine Fehlgeburt hervor.

Frauen kommen während der Schwangerschaft leichter zu einem Orgasmus als je zuvor, was an den Schwangerschaftshormonen und den besonderen Beckengefäßen liegt. Einige Anpassungen in bezug auf die Stellung wird man bei weiterem Heranwachsen des Fötus natürlich vornehmen müssen. Aber neun Monate keinen Orgasmus zu haben, hätte für die Frau, für ihren Partner und sogar für ihr Kind wahrscheinlich nachteilige Auswirkungen.

Ein Orgasmus durch mechanische Reizung verdirbt Ihr Empfinden. »Mechanische Reizung« erinnert an Elektrogeräte wie etwa eine elektrische Zahnbürste und einen Vibrator für die Genitalien. Massageapparate gibt es in kleiner Ausführung für das Gesicht, in der Drogerie erhältlich, und in verschiedenen größeren Ausführungen, die über die Hand geschnallt oder frei gehalten werden und die man benutzt bei schmerzenden oder entzündeten Muskeln. Weil ein Orgasmus, den man mit so etwas zustande bringt, normalerweise leicht zu erlangen und auch intensiver ist, gibt es den Aberglauben, daß sie einen »süchtig« machen.

In der Tat kann ein Vibrator sehr nützlich sein, besonders für solche Frauen, die auf andere Weise keinen Orgasmus erreichen können. Wenn jemand erst einmal auf diese Art und Weise zu einem Orgasmus gekommen ist, wird er oder sie dann auch auf herkömmliche Art Orgasmen erleben können. Es ist sicherlich möglich, daß ein solcher Vibrator als Ausflucht benutzt wird, als Entschuldigung dafür, nichts zu versuchen, was schwieriger wäre oder weiteres zur Folge hätte. Weil ein elektrischer Behelf unpersönlich ist, könnte es einer benutzen, um den emotionalen Konflikten aus dem Wege zu gehen, die bei manuellem Onanieren oder beim Sex mit einem anderen Menschen als Begleiterscheinung auftreten können. Wenn Sie sehr auf einen solchen Massagestab bauen, sollten Sie diesen Gesichtspunkt in Betracht ziehen. Im übrigen kann der gelegentliche Gebrauch aufregend und hilfreich sein.

Orgasmus

Sie sollten Ihre Orgasmen nicht vergeuden – Sie haben nur eine begrenzte Anzahl: Sie haben eine unbegrenzte Zahl von Orgasmen zur Verfügung. Obwohl es vielleicht Gründe gibt, zu ganz bestimmten Zeiten auf einen Orgasmus zu verzichten, so können Sie dieses Potential doch nicht aufbrauchen. Ein Orgasmus kann einen Menschen ermüden, und das, zusätzlich zu religiösen Tabus wegen »vergeudetem Samen«, ist wahrscheinlich die Ursache für dieses unsinnige Gerücht. Die Erschöpfung nach einem Orgasmus ist für gewöhnlich eine positive und keine negative Erfahrung, und der Körper verfügt in bezug auf das Sperma über aufbauende Kräfte.

Zusammenfassung

Es gibt noch viele andere Gerüchte und Erwartungen, was den Orgasmus betrifft; sie sind hier nicht angesprochen worden. Einer der Gründe für ihre dauernde Weiterverbreitung ist der, daß Menschen nicht versuchen, realistisch über den Orgasmus zu reden, besonders nicht dem Partner gegenüber. Obwohl selbst männlicher und weiblicher Orgasmus grundsätzlich das gleiche ist, verallgemeinern die Menschen eher im sexuellen als im individuellen Bereich. Männer betrachten jeden weiblichen Orgasmus als etwas Geheimnisvolles, und Frauen halten den Orgasmus des Mannes für drängend und leicht erreichbar. Der einzige Weg herauszufinden, wie andere ihren Orgasmus wirklich erleben, ist der, mit einem Freund oder dem Partner darüber zu sprechen und ihn mit Ihrer eigenen Erfahrung zu vergleichen.

Frauen ohne Orgasmus

Einführung

Wenn Sie überhaupt keinen Orgasmus erleben können, dann ist es sehr schwer, über irgendwelche anderen sexuellen Belange nachzudenken. Keinen Orgasmus haben, heißt frigide sein, keine richtige Frau, nicht gleichwertig. Ein Mangel an Orgasmusfähigkeit wird betrachtet ohne Zusammenhang mit seiner wirklichen Bedeutung und seinem wahren Wert. Wie bei jeder sexuellen Fehlfunktion, so wird es auch zur fixen Idee, wenn man keinen Orgasmus erlebt.

Dieses Kapitel ist der Aufgabe gewidmet, einige der Gründe zu untersuchen, warum Sie eventuell keinen Orgasmus erleben, sei es nur gelegentlich oder durchgehend. Der verbreitetste Grund bei Frauen, ohne Orgasmus zu bleiben, ist der, daß sie keine ordentliche sexuelle Reizung erfahren. Hier ist die beste Therapie diejenige, in der Sie offen und ganz frei heraus all die Techniken und Aktivitäten anwenden, die stimulierend wirken. Aber manchmal sind Sie nicht in der Lage, Ihren Mangel einfach bloß mit dem Blick auf praktische Betätigung anzugehen. Sie müssen vielleicht erst eine körperliche oder auch psychische Blockierung abbauen. Wenn Sie einen schmerzhaften Beischlaf oder einen unvorhersehbaren Orgasmus erleben, so kann es durchaus sein, daß Sie Ihr Augenmerk zuerst hierauf richten müssen, bevor Sie mit einer praktischen Therapie beginnen. Weil man das Freiwerden von einem körperlichen oder psychischen Symptom nicht gleichsetzen kann mit der Fähigkeit, nun auch schon einen Orgasmus zu erleben, können Sie auf die praktische Therapie dann zu einem späteren Zeitpunkt zurückgreifen.

Sexuelle Probleme

Es gibt einen alten Spruch, der besagt, daß es keine frigiden Frauen, sondern nur dumme Männer gibt. Obwohl das vom weiblichen Gesichtspunkt aus ziemlich tröstlich klingt, so stammt es wahrscheinlich aber doch aus dem Munde irgendeines Mannes, der davon überzeugt war, daß bei ihm alle Frauen zum Orgasmus kämen. Heutzutage glauben die meisten Frauen, daß sie etwas tun können für ihren eigenen Orgasmus und daß sie nicht auf einen Mann angewiesen sind, um zu sexueller Erfüllung zu gelangen.

Die Frauen, die unten beschrieben sind, drücken die häufigsten Klagen der Frauen aus, die ohne Orgasmus sind. Es gibt innerhalb dieses Themenbereiches viele Variationen. Wenn Sie sich selbst hier nicht wiederfinden, dann nutzen Sie die freien Zeilen oder auch Ihr Begleitheft dazu, Ihre eigenen speziellen Probleme aufzuschreiben. Die Therapie ist in gewissem Maße für alle Frauen ohne Orgasmus anwendbar, ist aber dann am nutzbringendsten, wenn Sie die Bedingungen kennen, unter denen Sie ohne Orgasmus bleiben.

Rita hat bisher nie in ihrem Leben einen Orgasmus erlebt, nicht unter den verschiedensten Umständen und bei keinem Partner. Sie ist sich nicht ganz sicher, was man unter einem Orgasmus versteht und wie man es anstellt, zu einem solchen zu kommen. Ihr Freund weiß, daß sie noch keinen Orgasmus gehabt hat, aber er weiß nicht genau, wie er das ändern kann.

Leslie hat gelegentliche Orgasmen mit ihren Partnern erlebt, aber sie schienen aus dem Nichts zu kommen. Sie hat es mit Onanieren versucht, aber auch das ist unberechenbar. Ihre Partner wissen nie so recht, ob sie nun einen Orgasmus hatte oder nicht, weil sie immer so tut als ob, wenn sie keinen gehabt hat.

Marcia erlebt in allen Fällen einen Orgasmus außer beim Beischlaf. Sie kann onanieren, genießt es, wenn ihr Mann sie mit der Hand oder mit dem Mund befriedigt, aber sie kommt niemals, wenn sein Penis in ihrer Vagina steckt. Das macht sie sehr mutlos, weil sie das Gefühl hat, der Koitus sei der einzig wahre Weg, sexuell miteinander zu verkehren. Manchmal fragt sie sich, ob dieses Problem vielleicht ein Zeichen dafür ist, daß sie ihren Partner nicht wirklich liebt.

__________ (Sie) erleben keinen Orgasmus, wenn __________

____

Sie fühlen sich ______________________________

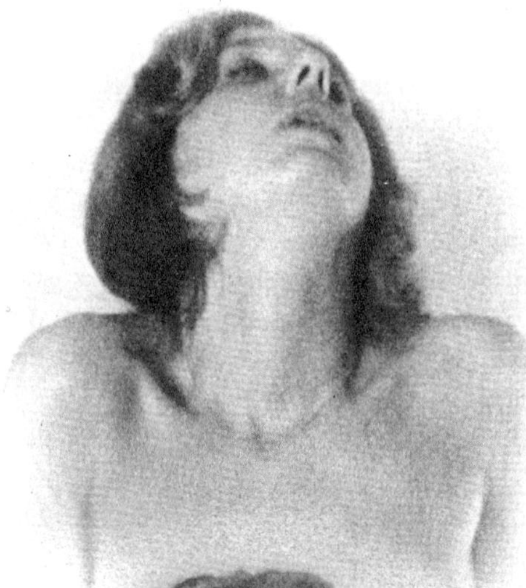

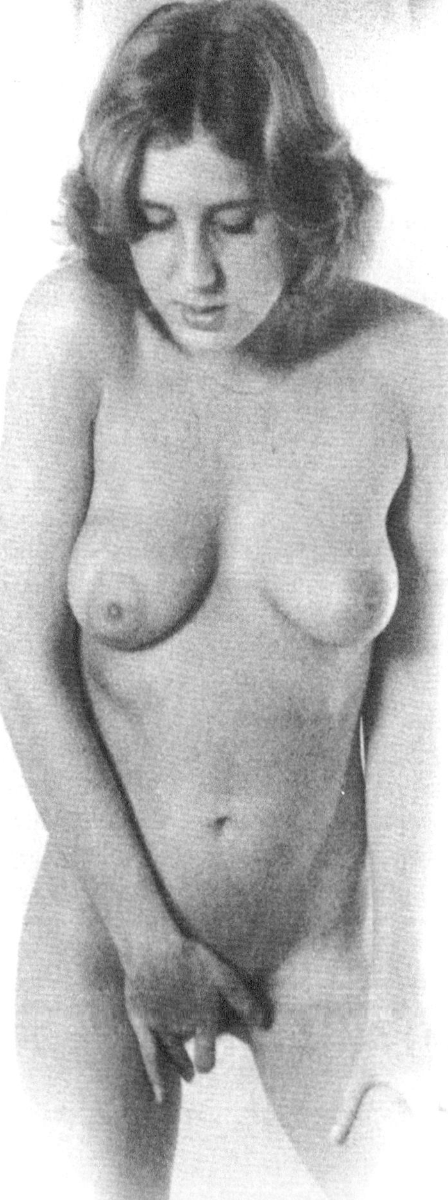

Der meistgegebene praktische Ratschlag, den man Ihnen bei sexuellen Problemen geben wird, ist der zu entspannen. Jeder, von Ihrem Arzt über Ihren Freund bis hin zu Ihrer Mutter, wird Ihnen erzählen, das sei alles, was Sie brauchen. Und sicherlich wird es Ihnen nicht schaden, wenn Sie mal darüber nachdenken, was Sie in Entspannung versetzt. Dann können Sie einige dieser allgemeinen Vorstellungen mit einer sexuellen Situation in Beziehung bringen. Wenn Ihnen zum Beispiel ein Drink oder eine Zigarette oder sanfte Musik für gewöhnlich hilft, *nach* dem großen gemeinsamen Spiel wieder zu sich selbst zu kommen, so führen Sie sich solche Dinge eben auch vor oder während des Sex zu Gemüte. Wenn das große Spiel selbst dazu neigt, Sie zu entspannen, sollten Sie vielleicht eine Art körperliche Übung vor dem Sex versuchen. Leute, die die Technik tiefen Atmens oder der Meditation kennen, finden das sehr beruhigend. Andere finden ihre Beruhigung beim Lesen, Fernsehen oder bei einem Nickerchen.

Alle Frauen ohne Orgasmus sollten noch einmal zurückblättern zu den Kapiteln über Erregung und Körperbau. Sie sollten wissen, wie Ihr Körper beschaffen ist und wie er auf sexuelle Stimulierungen reagiert. Manchmal ist die Unfähigkeit zum Orgasmus auf einen grundlegenden Mangel an Wissen über Ihren eigenen Körper und seine Reaktionen zurückzuführen. Sie sind sich das selbst schuldig, soviel wie nur möglich in Erfahrung zu bringen über die Art, wie Sie Ihre eigene Erregung erleben.

Dummerweise ist das Onanieren gerade für diejenigen Frauen, die meinen, die Selbstbefriedigung sei ungesund oder gar widerwärtig, die beste praktische Therapie, besonders für solche Frauen mit Orgasmusproblemen, die noch nie einen Orgasmus erlebt haben. Nur indem Sie mit sich selbst experimentieren, können Sie erfahren, wozu Sie imstande sind und welche Art Berührungen Sie mögen. Mit anderen Worten, wenn Sie erst einmal wissen, wonach Sie suchen, ist dieses auch leichter zu finden.

Rita, die noch niemals einen Orgasmus gehabt hat, braucht das Gefühl der Erregung im eigenen Körper. Sie muß allein sein, wenn sie daran arbeitet, einmal aus eigener Fähigkeit zu einem Orgasmus zu gelangen. Die Gründe, warum es schwer ist, einen Orgasmus zu erreichen, wenn ein anderer dabei ist, sind vielfältig. Sie oder Ihr Partner sind vielleicht schüchtern. Ihr Partner macht vielleicht wirklich etwas falsch, und wenn Sie nicht wissen, was denn nun richtig ist, so können Sie es ihm (oder ihr) nicht vermitteln. Und immer bleibt das Problem bestehen, daß der Beischlaf den meisten Frauen die *geringste* Form von Stimulation verschafft. Das Onanieren an der Klitoris ist der wirksamste und beste Weg, um zu beginnen. Das Vertrauen und die Erfahrung, die Sie dabei erlangen, wenn Sie sich »kennenlernen«, wird Ihnen dann zur Verfügung stehen, wenn Sie mit einem anderen Menschen zusammen sind.

Wenn Sie, wie Leslie, gelegentlich, aber unvorhersehbar einen Orgasmus haben, kann Ihnen Onanieren auch helfen. Vielleicht kennen Sie Ihren individuellen Weg zu Ihrer Erregung nicht gut genug, um sich, zumindest normalerweise, darauf verlassen zu können. Leslies Orgasmus, den sie beim Onanieren erlebt, hängt vielleicht ab davon, wie lange sie onaniert, ob sie dabei erregt ist oder nicht und welches Gefühl sie dabei hat. All das betrifft auch den Beischlaf. Wenn nach fünf Minuten noch nichts geschieht, gibt Leslie – oder Sie – vielleicht auf. Sie – oder Leslie – sind vielleicht matt und lustlos bei technischen Dingen. Vielleicht mögen Sie sich nicht selbst streicheln, mögen sich den nötigen Druck nicht auferlegen, mögen es für unter Ihrer Würde erachten, einen Massagestab zu Hilfe zu nehmen oder eine Feder oder sonst irgendwas, was Ihre Fantasie anheizen könnte.

Leslies zufällige Reaktionen, die sie mit einem Partner zusammen erlebt, sind vielleicht teilweise ein Kommunikationsproblem. Wenn Sie einmal wissen, was Sie wollen, wie sagen oder zeigen Sie es jemand anderem? Sicherlich ist es schon erregend, mit einem anderen Menschen übereinzustimmen, aber genauso wichtig ist das, was Sie tun. Es kann Sie ja durchaus ganz stark erregen, wenn jemand an Ihrer Brust saugt, aber es ist doch möglich, daß es nicht reicht, wenn man irgendwann bloß daran knabbert.

Ein Weg, Ihrem Partner beizubringen, welche Art der Stimulierung Sie in Erregung versetzt, besteht in der Anwendung dessen, was Masters und Johnson als die anspruchsfreie Stellung für die Stimulation der Frau bezeichnet haben. Es handelt sich dabei nicht um eine Beischlafstellung. Ihr Partner sitzt gestützt gegen eine Wand oder

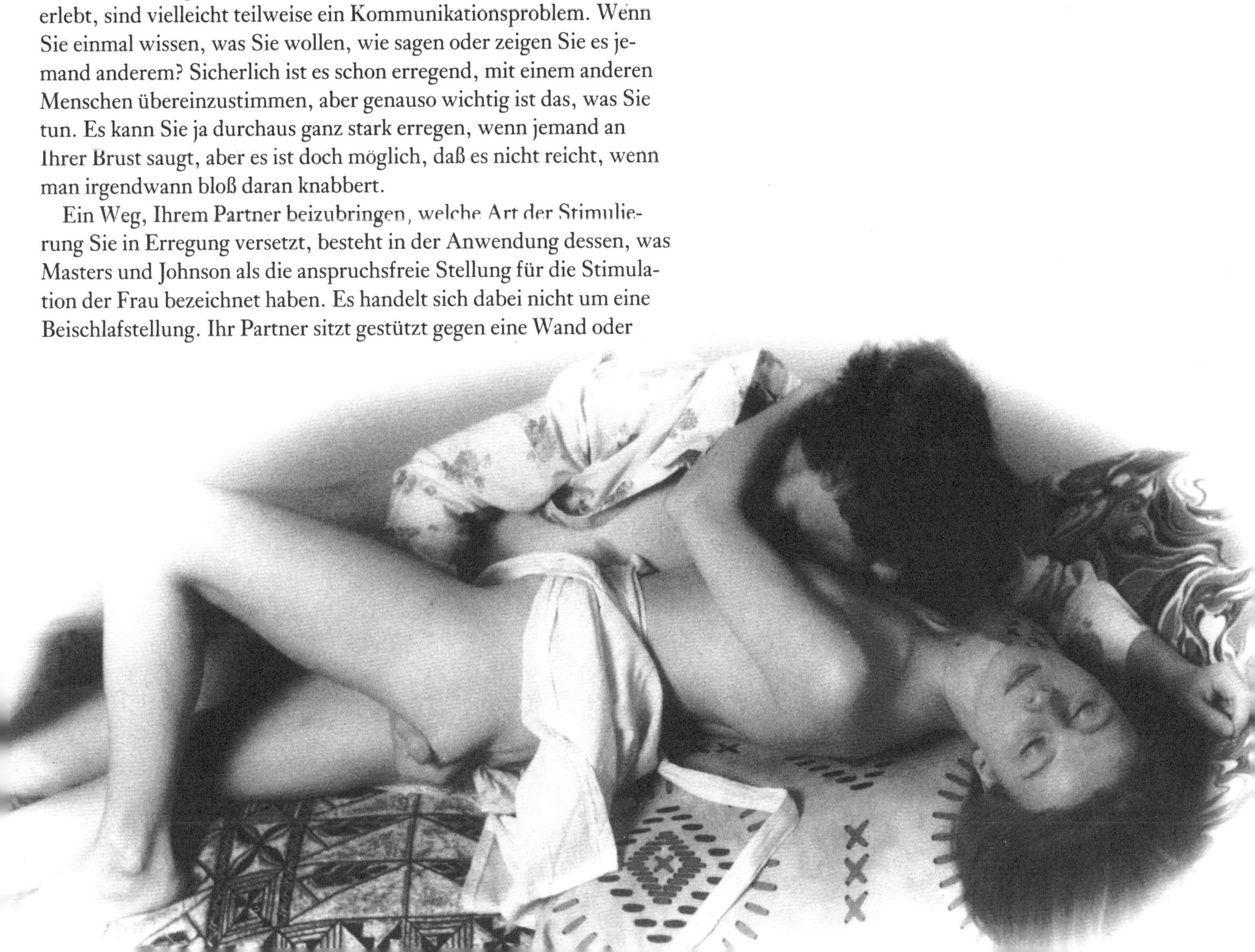

gegen das Kopfende eines Bettes mit Kissen hinter sich und ausgestreckten Beinen. Sie sitzen zwischen seinen Beinen mit Ihrem Po gegen sein Becken und Ihren eigenen Beinen so, daß sie die seinen ungefähr über den Knien überkreuzen (siehe Foto).

Und dann nehmen Sie seine Hand, legen Ihre obendrauf und führen sie sanft über Ihren ganzen Körper. Sie zeigen ihm, wo und wie Sie sich gern streicheln lassen, mit welchem Druck und welchem Tempo. Männer glauben manchmal, daß Sie außer sich sind vor Vergnügen, wenn sie fest und schnell über Sie streicheln. Für gewöhnlich sind Sie dann außer sich vor Schmerz oder Langeweile. Die meisten Frauen bevorzugen sanften, stetigen Druck, Tempo und Rhythmus während ihrer Erregung. Sonst verlieren sie das Interesse oder fühlen sich unwohl. Weil Männer nicht mit dem Wissen auf die Welt kommen, wie man einen anderen streichelt, müssen Sie es ihnen zeigen.

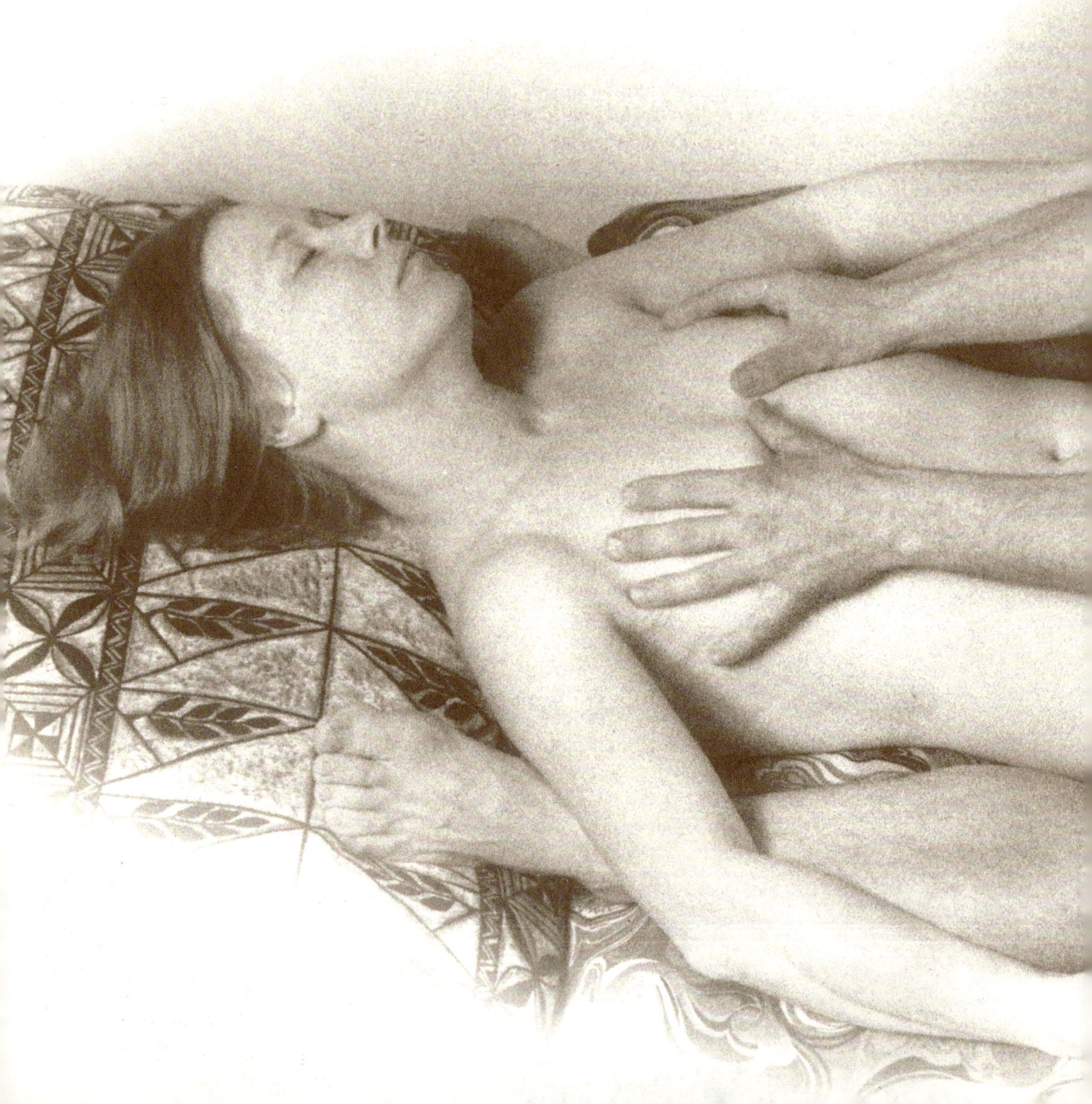

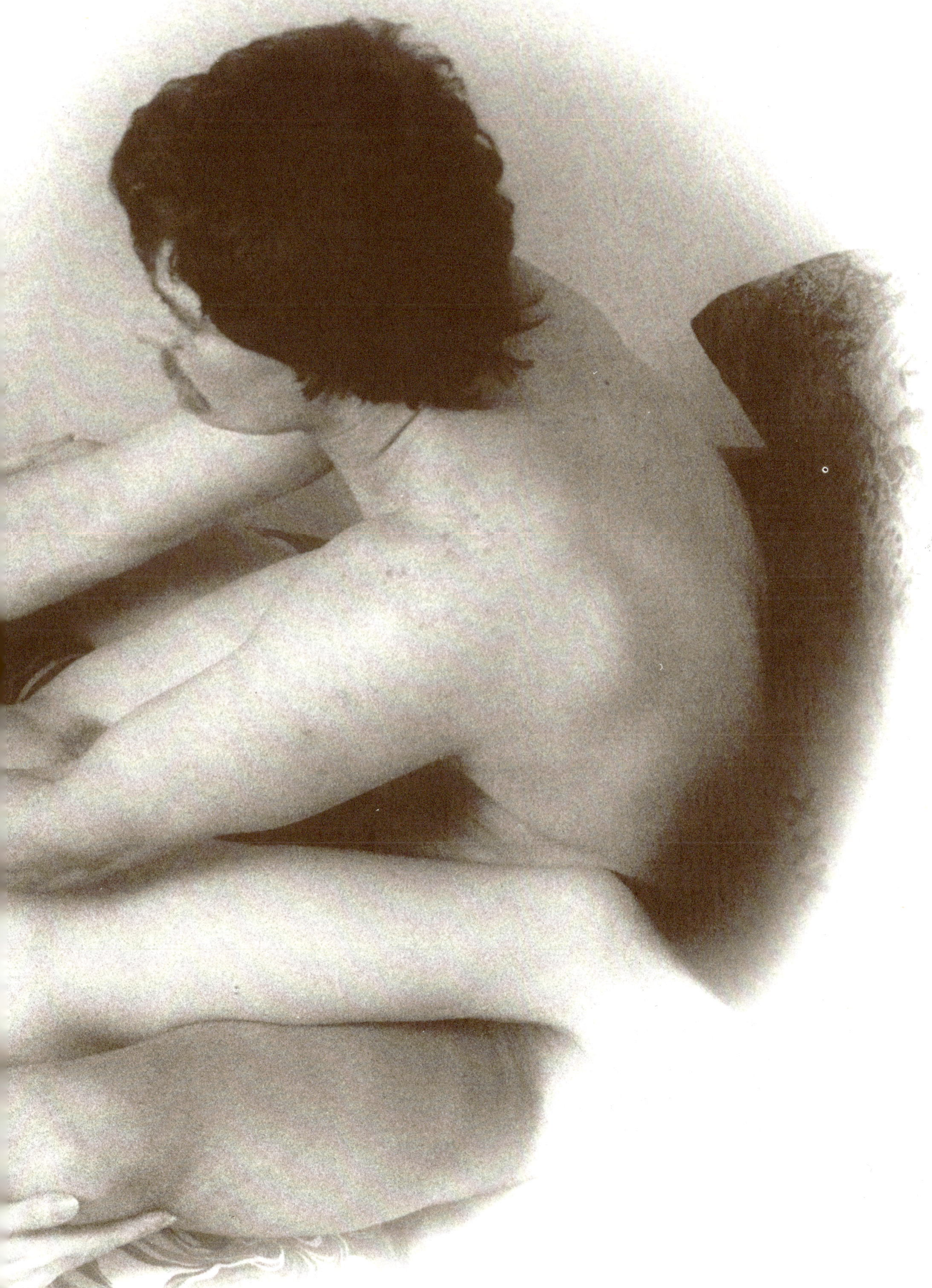

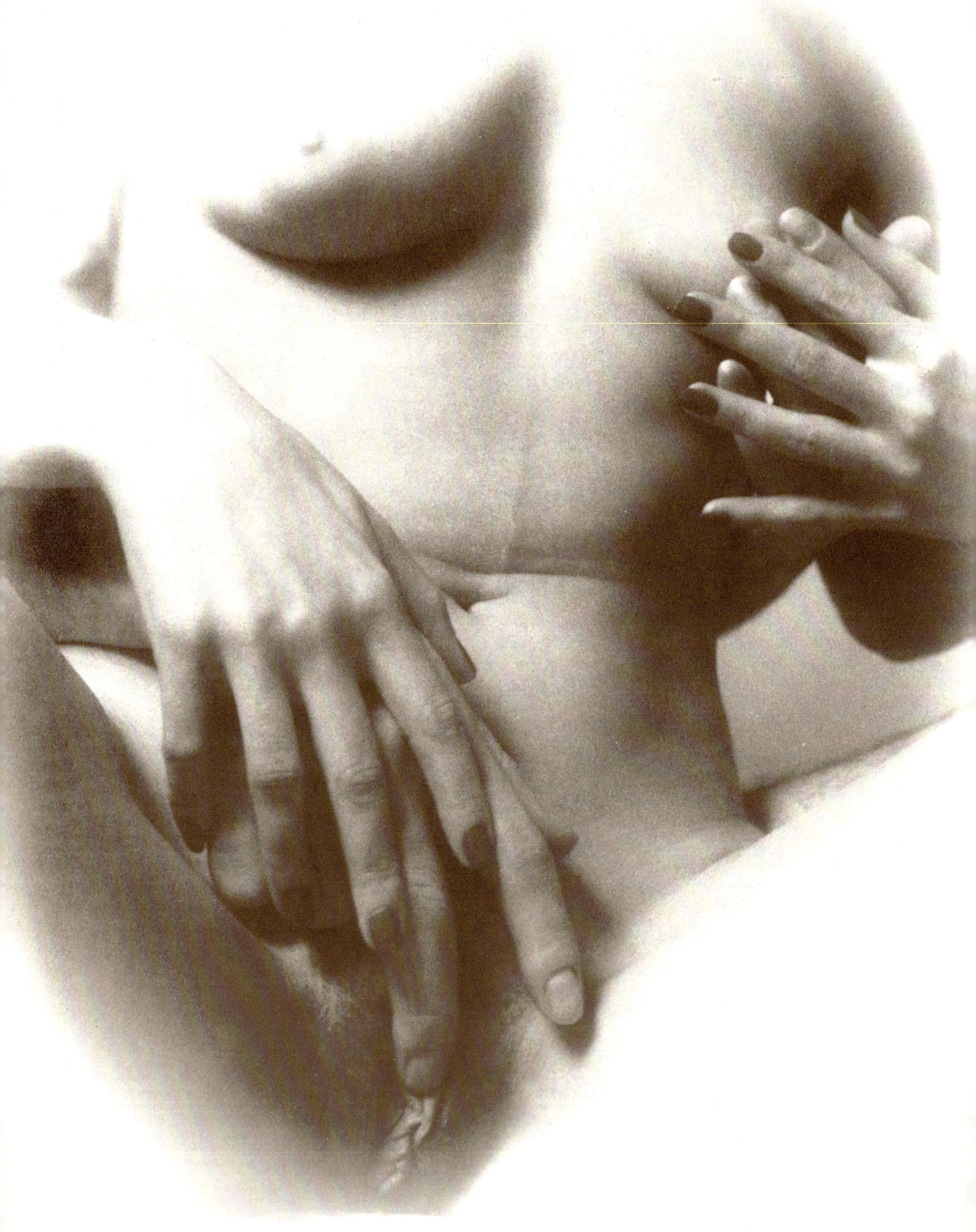

Sie und Ihr Partner sollten zumindest zehn Minuten am Tag in dieser anspruchsfreien Lage zubringen, um sich gegenseitig kennenzulernen.

Eine weitere anspruchsfreie Stellung, die nicht in Verbindung mit dem Geschlechtsverkehr steht, ist eine solche, in der Sie Erfahrungen mit oraler Stimulierung sammeln können. Sie sollten auf dem Rücken liegen, mit einem Kissen unter dem Kopf, wenn Sie mögen, und bequem gebeugten Knien. Ihr Partner kniet zwischen Ihren Beinen, mit seinem oder ihrem Körper über den Ihren gebeugt, von einer Hand gestützt. Er oder sie beginnt damit, Ihr Haar zu küssen, Ihr Gesicht und Ihren Hals. Sie küssen Ihren Partner nicht, weil Sie einen freien Mund brauchen, um ihn oder sie zu ermutigen und anzuregen. Sagen Sie es, wenn Sie etwas mögen oder nicht mögen, geben Sie ihm oder ihr zu verstehen, es doch einmal mit Ihrer Halsbeuge oder dem Inneren Ihres Ohres zu versuchen. Sie können an Ihrem ganzen Körper hinabwandern, wobei Sie ihm oder ihr dann sagen, wo Sie gern gepustet, gesaugt, geleckt, geknubbelt oder geküßt werden möchten. Sie müssen das übrigens nicht mit Worten sagen. Sie können es auch ausdrücken durch ein »Oooh« und »Aaah« und können Ihren Körper oder den Kopf des anderen so bewegen, daß Ihre Nachricht verstanden werden kann, ohne daß sich einer von Ihnen beiden betroffen oder gestört fühlt.

Während des Beischlafs, wenn es dazu kommt, sollten Sie bei dem gleichen Verfahren bleiben. Lassen Sie ihn den Bewegungen in Ihren bevorzugten Stellungen folgen. Zeigen Sie ihm auch, wann und wo Sie während des Beischlafs geküßt und gestreichelt werden möchten. Wenn Sie zum Beispiel nach ein paar Minuten langsamer, rhythmischer Bewegung das Gefühl haben, Ihr Hintern müsse jetzt einmal so richtig geknetet werden, dann können Sie mit seiner Hand auf Ihren Hintern wandern und es ihm zeigen. Wenn Sie möchten, daß er an Ihrem Ohr kaut, dann zeigen Sie ihm, wie. Und wenn Sie mal alles für ein paar Minuten unterbrechen wollen, dann rutschen Sie zur Seite und sagen ihm, Sie würden gern eine kleine Weile ausruhen.

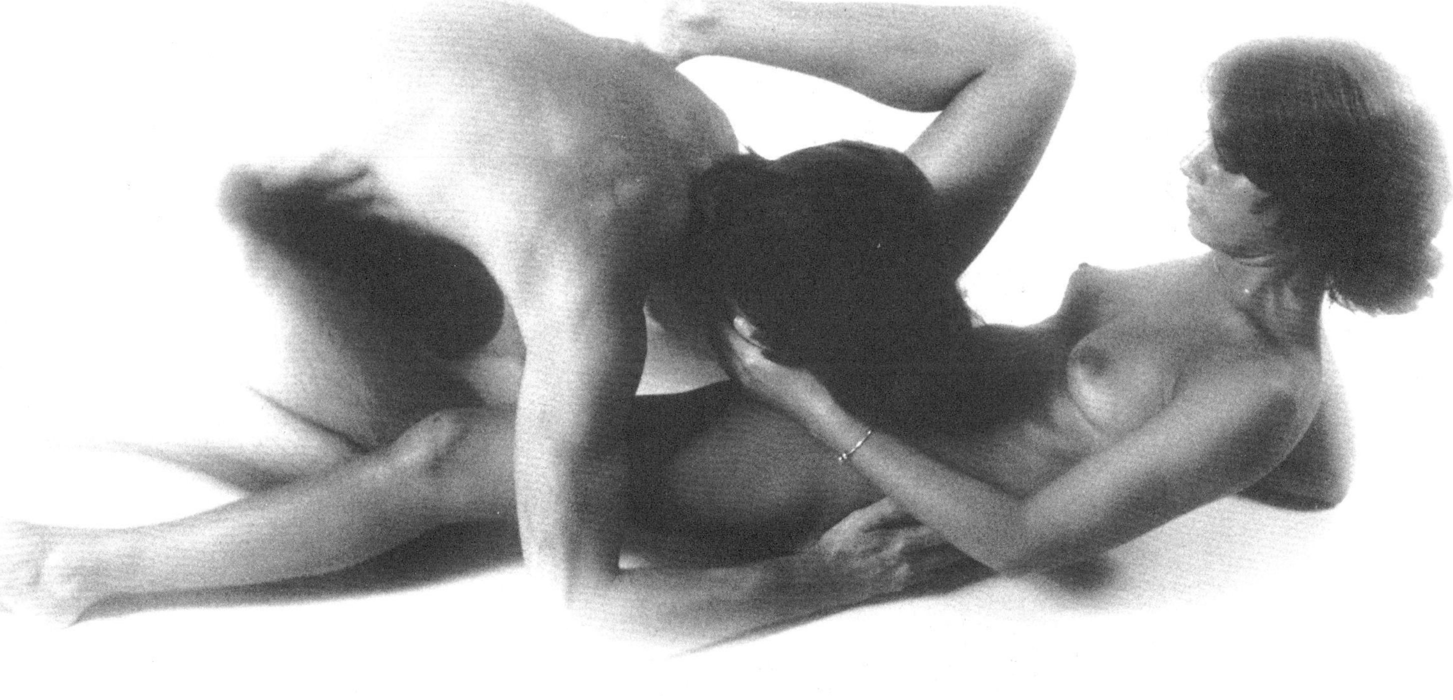

Die Hauptsache bei all diesen Vorschlägen ist, daß Sie alle Entscheidungen selbst treffen. Viele Männer stellen Vermutungen darüber an, was Frauen wohl gern mögen, wobei sich all das aufs Hörensagen gründet oder auf ein früheres Zusammensein mit Frauen, die ihnen nie erzählten, was sie gern wollten. Die Vorstellung vom Ficken mit dem Finger ist vielleicht die, daß Sie mehr zu erregen sind mit ihrem Finger in Ihrer Vagina als um Ihre Klitoris herum. Selbst wenn sie eine Vorstellung haben von den erotischen Fähigkeiten der Klitoris, so wissen sie vielleicht doch nicht, wie und wann sie diese streicheln sollen. Ähnlich dazu halten sie die Vagina für etwas, woraus man essen kann oder zu der man in die Knie geht. Sie müssen ein klein wenig die Initiative ergreifen, um Ihrem Partner zu zeigen, was Sie wollen und wann Sie es wollen. Selbst wenn der Partner auch eine Frau ist, so weiß diese doch nicht ganz genau, wie das denn nun alles speziell bei Ihnen ist.

Wir wollen aber wieder auf unsere Beispiele zurückkomen. So drückt Marcia, die Frau, die keinen Orgasmus beim Koitus erlebt, etwas aus, was sehr oft sowohl Frauen als auch ihre männlichen Partner betrifft. Es ist eine Schwierigkeit derartig vieler Frauen, zu einem

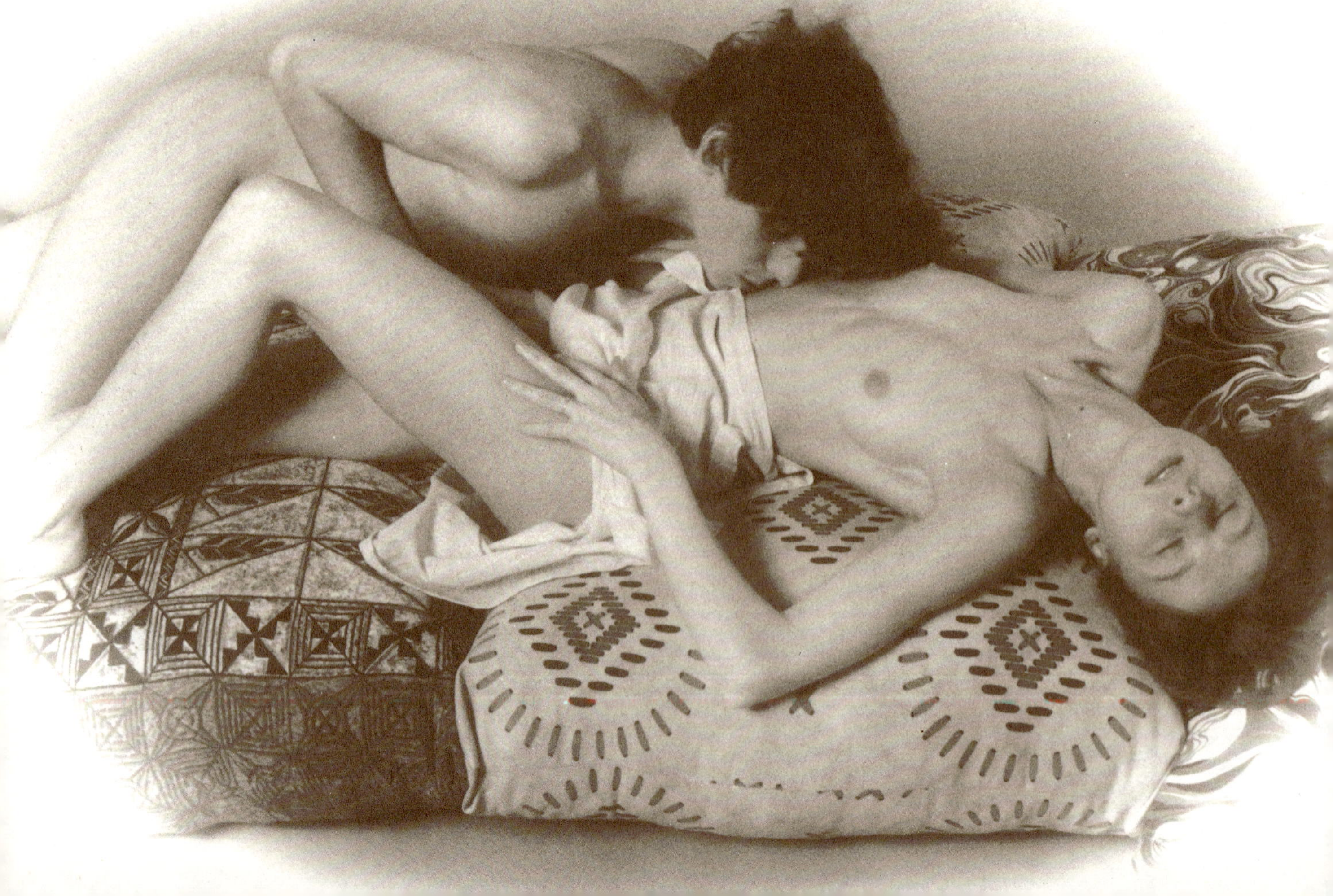

koitalen Orgasmus zu gelangen, daß es scheint, andere Formen des Orgasmus sind genauso normal und reizvoll.

Viele Frauen machen sich die Vorliebe derjenigen Männer zu eigen, die meinen, eine Frau mit ihrem Penis zum Höhepunkt bringen zu müssen. Das scheint in Zusammenhang zu stehen mit der Vorstellung, daß man von Frauen erwartet, sie lägen nur passiv da, während der Mann alles tue. Diese Einstellung trifft den Mann, der anscheinend nicht weiß, was man von ihm erwartet, ebenso schwer wie die Frau, die niemals das Gefühl hat, daß sich etwas auch nach ihren eigenen Vorstellungen entwickeln kann.

Dann gibt es da das Gefühl, daß der koitale Orgasmus Sie Ihrem Partner näherbringt. Das kann so sein, aber offene und freimütige Kommunikation in Ihrer Beziehung ist da mehr angebracht. Vielleicht setzen Sie eine Art utopischer Erwartung in den koitalen Orgasmus. Sie sollten sich ins Gedächtnis rufen, daß Sie es mit einem körperlichen Phänomen ebenso zu tun haben wie mit einem »mystischen« und sollten erkennen, daß dieses Grenzen hat.

Sexuelle Schwierigkeiten mit einem bestimmten Partner können ihre Ursache haben in einem seiner oder Ihrer Probleme oder auch, weil Sie verschiedenen Körperbau, verschiedene Erwartungen und auch verschiedene Rhythmen zusammenbringen. Diese Schwierigkeiten müssen gemeinsam angegangen werden. Wenn Ihr Partner seine Erektion verliert oder zu schnell kommt, dann haben Sie vielleicht nicht genügend Zeit, zum Orgasmus zu kommen, während er in Ihnen ist. In diesem Fall ist es wichtig, sich zuerst mit dem Problem Ihres Partners zu befassen. Die nächsten zwei Kapitel werden Probleme behandeln, die Männer haben, und Probleme, die Leute plötzlich entdecken, wenn sie sich näher begegnen.

Um herauszufinden, ob bei Ihnen ein koitaler Orgasmus möglich oder sogar bevorzugt ist, gibt es da einige Schritte für Sie. Sie sollten das zusammen mit Ihrem Partner besprechen, weil Sie nämlich seine Mitarbeit brauchen. Wenn Sie eine Scheu davor haben, es anzusprechen, so könnten Sie ja vielleicht einfach mal dieses Buch offen liegenlassen.

Schritt 1: Mehr Kenntnis über die Vagina. Die Übungen zum Zusammenziehen der Vagina, die in Kapitel 5 beschrieben werden, sind sehr nützlich für die Erhöhung der Spannkraft zwischen Vagina, kleinen Schamlippen und Klitoris. Üben Sie das Zusammendrücken. Sie können Ihr Augenmerk auch mal auf die Gegend um die Vagina herum richten, ob Sie dort Stellen finden, die auf Druck empfindlicher reagieren als andere. Und Sie sollten stets sicher gehen, daß die Vagina vor dem Einführen des Penis genügend feucht ist.

Schritt 2: Versuchen Sie einmal Stellungen, in denen der Druck auf die Klitoris und ihre Reizung und auch auf die empfindsamen Stellen am Rand der Vagina stärker ist. Viele Frauen haben das Gefühl, daß es ihnen die Freiheit gibt, sich so zu bewegen und dort hinzuschieben, wo sie stärkeren Druck fühlen können, wenn sie oben auf dem Mann liegen. (Siehe Foto auf Seite 184.) Die Seitenlage (siehe Foto auf Seite 246) läßt Ihnen diese Freiheit auch.

Schritt 3: *Sie* sollten in dieser Show der Direktor sein. Ihr Partner kann der Richtung Ihrer Bewegungen folgen. Sie können kreisende Bewegungen ausprobieren, Auf- und Ab-Bewegungen oder auch die von einer Seite zur anderen. Wenn Sie dann unterbrechen und sich eine Weile ausruhen wollen, so lassen Sie es ihn wissen.

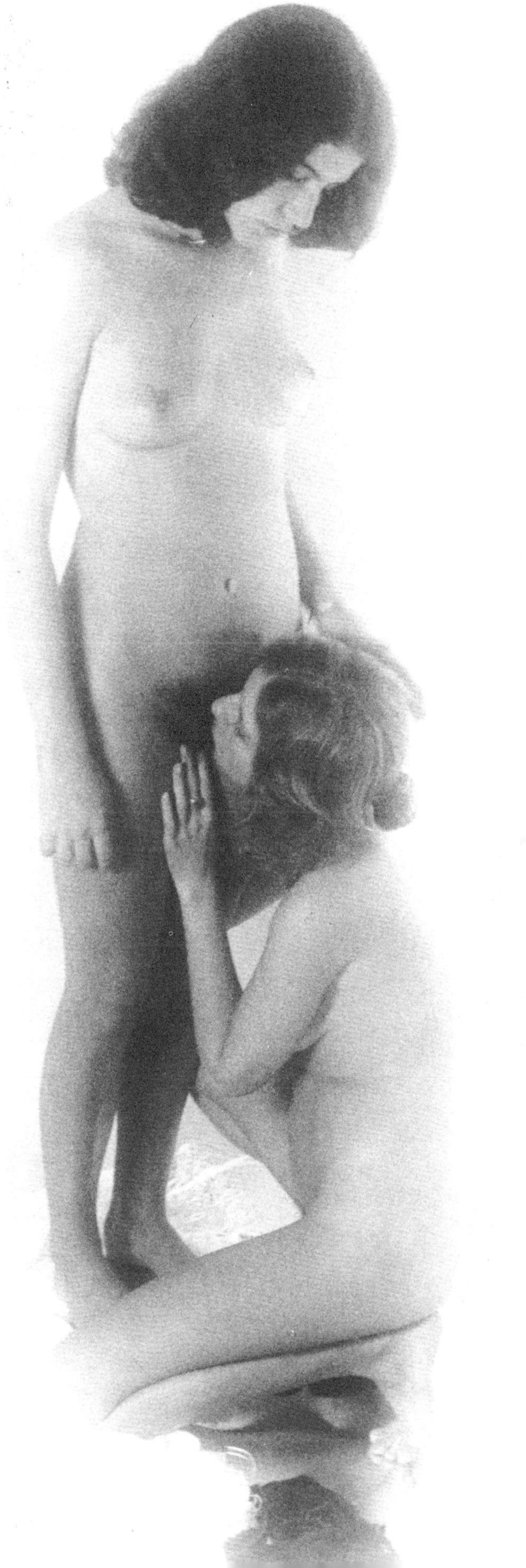

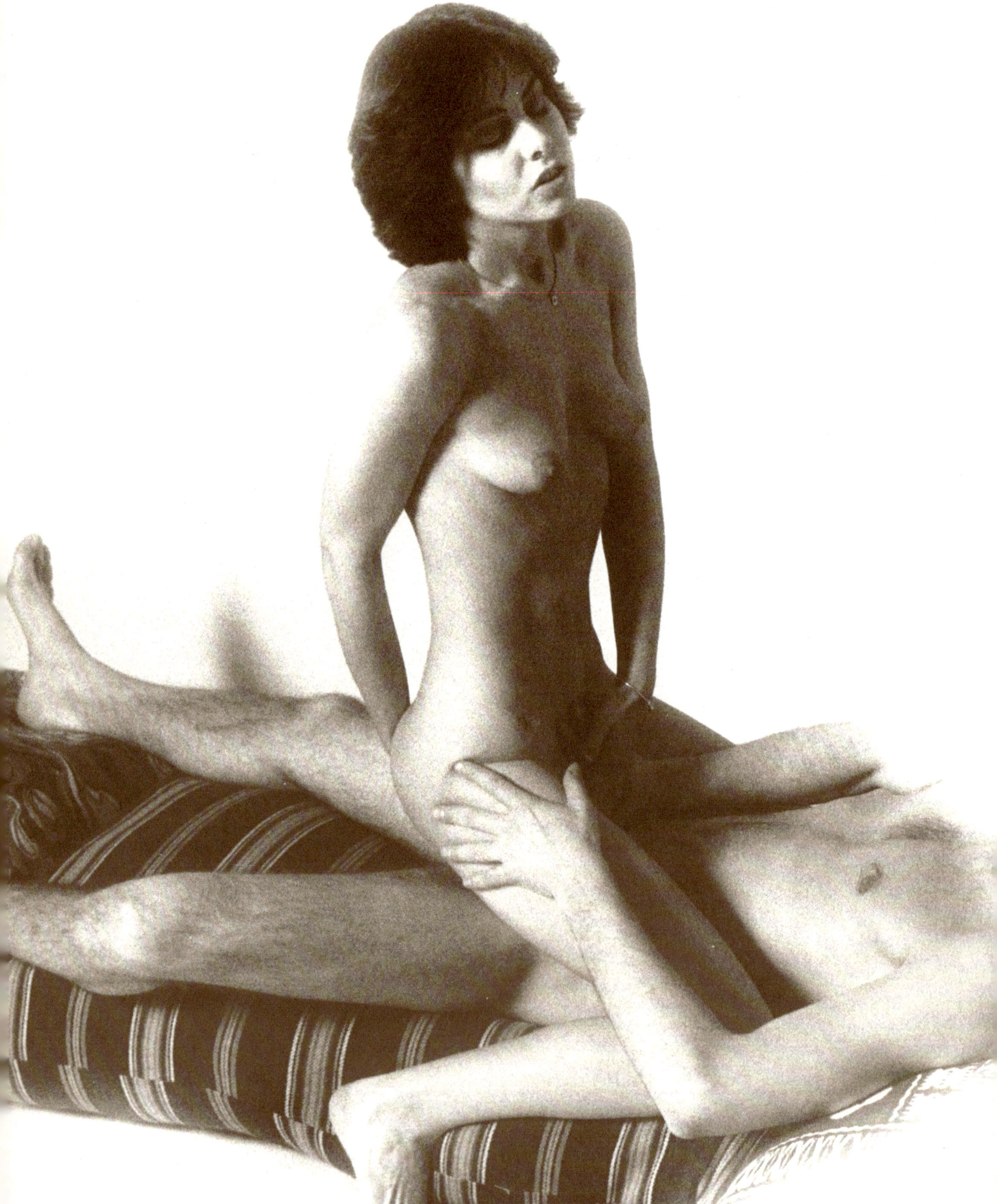

Schritt 4: Zusätzliche Stimulierung oder fortwährende Stimulierung Ihrer Brüste oder Ihrer Klitoris während des Beischlafs ist vielleicht genau das, was Sie brauchen, um einen hohen Erregungsgrad beizubehalten. Zeigen Sie Ihrem Partner doch, was Sie mögen und wann Sie es mögen. Sie wollen vielleicht etwas anderes, wenn die Erregung steigt oder abnimmt.

Schritt 5: Steigern Sie die Zeit, die Sie mit dem Beischlaf verbringen. Oft liegt der Grund dafür, daß Sie oder Ihr Partner nicht kommen können, darin, daß Sie zu früh aufgeben. Selbst wenn Sie erregt wären dabei, wenn er in Sie eindringen würde, so könnte es durchaus noch einmal zwanzig bis dreißig Minuten dauern, bis Sie nun von neuem in dieser Weise erregt werden.

Schritt 6: Wenn bei alledem nicht viel zu passieren scheint und Sie nur merken, daß Sie den Mut verlieren oder sich verkrampfen, dann geben Sie auf. Versuchen Sie es ein andermal neu, und wenn sich dann bei Ihnen noch nichts abspielt, nachdem Sie nun schon eine Menge Übung miteinander haben, dann vergessen Sie das Ganze. Es kann durchaus sein, daß Sie viel glücklicher sind und auch zu viel stärkerer Vertrautheit fähig, wenn Sie einen oralen oder manuellen oder ganz andersartigen Orgasmus erleben.

Es gibt da noch eine andere sexuelle Schwierigkeit, die sexuelle Aversion oder Abneigung. Einige Leute, sowohl Männer als auch Frauen, haben wirklich kaum sexuelles Interesse. Das ist nichts, was einfach so über Nacht da ist und heißt auch nicht, daß man *kein* Interesse an Sex hat. Sexuelle Aversion ist ein echter und lebenslanger Mangel an *großem* sexuellen Interesse. Sie sollten aber auch nicht den gedanklichen Kurzschluß vollziehen, daß genau das nun Ihre Schwierigkeit sei, ohne vorher mögliche medizinische oder psychologische Ursachen für Ihre Aversion untersucht zu haben. Mangelndes Interesse kann auch Angst vor sexuellen Dingen oder Ekel gegenüber Ihrem Partner verschleiern – alle möglichen Dinge. Untersuchen Sie das erstmal, bevor Sie zu dem Schluß kommen, einfach keinen genügenden Trieb zu haben.

Wenn Sie herausgefunden haben, daß Sie wirklich an sexuellen Dingen kein besonderes Interesse haben, so lassen Sie das Ihren Partner wissen. Sie können immer noch Ihre Liebe zeigen und Ihrem Partner seinen eigenen Trieb zugestehen. Partner können das Gefühl haben, schroff abgewiesen zu werden und sind oft mißtrauisch, wenn Sie ihnen einfach bloß sagen, Sie hätten kein Interesse. Der andere interpretiert das vielleicht als Trick – und Sie sollten sich da ganz sicher sein, daß das nicht stimmt. Mehr darüber finden Sie in Kapitel 13.

Medizinische Schwierigkeiten

Obwohl ganz allgemein gesehen mit körperlichen Problemen leichter umzugehen ist als mit sexuellen oder psychischen, so werden Frauen von Medizinern doch äußerst skeptisch beäugt, wenn sie über Schmerzen beim Sex klagen. Deswegen ist es wichtig, alle physischen Beschwerden ganz genau auszumachen und sorgfältig in Augenschein zu nehmen, bevor Sie zum Arzt gehen. Sie können sich bei ihm (oder ihr) nicht darauf verlassen, daß man Ihnen nicht doch sagt, alles sei nur Einbildung. Die meisten körperlichen Probleme lassen sich behandeln, wenn man sie einigermaßen diagnostizieren kann.

Claudine hatte bisher wahnsinnigen Spaß an Sex. Aber seit kurzem bereitet es ihr soviel Kummer, daß sie einfach nur noch die ganze Zeit versucht, dem Sex und ihrem Mann aus dem Weg zu gehen. Er versteht überhaupt nicht genau, was eigentlich los ist.

Bevor Claudine ihren Arzt aufsucht, sollte sie folgende Fragen beantworten. Wenn sie die Antworten auf diese Fragen bereits kennt, so gibt ihr das Zeit, über den Grund und die Entstehungsgeschichte ihres Problems nachzudenken. Manche Ärzte neigen zu der Annahme, daß viele körperliche Beschwerden in Wahrheit ganz woanders zu suchen ist. Obwohl das durchaus der Fall sein kann, sollten Sie aber auf einer gründlichen Untersuchung bestehen, bevor Sie irgend etwas anderes ins Auge fassen.

Ist der Schmerz die ganze Zeit vorhanden oder nur während des Beischlafs oder Orgasmus oder bei beidem? ______________

____

Wann begannen die Schmerzen? (Zum Beispiel: mit einem bestimmten Partner, einer Entbindung, einer Krankheit, einer medikamentösen Behandlung oder mit der Einnahme von empfängnisverhütenden Mitteln.) ______________

____

Welcher Art ist der Schmerz – brennend, juckend, klopfend, scharf, stumpf? ______________

Wo treten die Schmerzen auf – in der Klitoris, den Schamlippen, der Vagina, dem Unterleib, dem After, dem Rücken, auf einer Seite oder auf beiden? ______________

____

Können Sie mit Ihrem Finger auf die Stelle zeigen, wo Sie die Schmerzen fühlen? ______________

Hat es in jüngster Zeit Ausfluß gegeben, und wie umfangreich, von welcher Farbe und welchem Geruch war er? ______________

____

Hat es in Ihrer Periode in den letzten Monaten irgendeine Veränderung gegeben? ______________

Ist Ihnen irgend etwas unterlaufen, oder hat sich bei Ihnen kürzlich irgend etwas verändert, von dem Sie vielleicht meinen, es stehe mit den Schmerzen in Zusammenhang? ______________

____

Die Antworten auf diese Fragen zu kennen, wird dem Arzt helfen und wird auch Ihnen Vertrauen geben, Ihr Problem vorzutragen und Hilfe zu suchen. Es mag wahrscheinlich einige Frauen geben, die nicht genau wissen, was denn nun bei ihnen nicht in Ordnung ist; die meisten fühlen sich beleidigt, wenn ihnen ein Arzt nicht erklären würde, um welch ein Problem es sich denn nun handelt und wie seine Behandlung aussehen soll. Ein Arzt, der Beruhigungstabletten oder eine Diät oder irgend etwas anderes empfiehlt, was nicht unmittelbar mit den Beschwerden in Verbindung steht, nimmt Ihren Kummer wohl nicht besonders ernst oder will vielleicht nicht zugeben, daß er oder auch sie die Ursache nicht findet. Beharren Sie darauf, daß Sie nicht einsehen können, wie diese Art der Behandlung bei Ihren Schmerzen helfen soll, obwohl Sie es ganz gern hätten, ruhig und schlank zu sein.

Infektionen, die oft brennen oder jucken, können mit Antibiotika in Form von Tabletten, Salbe oder Zäpfchen behandelt werden. Ihr

Partner braucht diese Behandlung vielleicht auch. Schmerzen während des Geschlechtsverkehrs oder bei anderen Gelegenheiten können ein Anzeichen für Endometriose (eine Entzündung des Beckengewebes), vernarbtes Gewebe (von einer Operation, einer Geburt, einer Infektion, einer Abtreibung) oder für Tumore und Zysten (von gut- und bösartiger Natur) sein. Diese Probleme können behandelt werden durch Medikamente, durch eine Operation oder auch durch eine Kombination von beiden Möglichkeiten.

Frauen erleben Schmerzen oder Beschwerden auch durch allergische Reaktionen auf empfängnisverhütende Mittel, auf eine Vaginaldusche oder auf Gleitcremes. Wenn Sie den Verdacht haben, daß das Ihr Problem sein könnte, dann versuchen Sie es mal mit einer anderen Marke oder setzen Sie ein paar Tage damit aus, um zu sehen, ob sich das Problem jetzt löst. Wenn Sie die Einnahme empfängnisverhütender Mittel unterbrechen, dann unterbrechen Sie unbedingt auch bis auf weiteres den Geschlechtsverkehr.

Ein schmerzvoller Geschlechtsverkehr oder ein schmerzvoller Orgasmus zeigt Ihnen, daß etwas nicht stimmt. Es ist wichtig, sich in ärztliche Behandlung zu begeben und gleichzeitig dafür zu sorgen, etwas über die Entstehung Ihrer Schwierigkeiten in Erfahrung zu bringen. Wenn Sie Grund zu dem Verdacht haben, daß die Schmerzen, die Sie erleben, das Ergebnis unzureichender Vorsorge in der Vergangenheit sind, so sollten Sie einen Gynäkologen Ihres Vertrauens aufsuchen.

Blanche ist die ganze Zeit über müde. Sie hat zwei kleine Kinder, eine Halbtagsbeschäftigung und einen Ehemann, der beruflich viel unterwegs ist. Wenn sie und ihr Mann wirklich etwas Zeit füreinander haben, ist sie sexuell grundsätzlich nicht ansprechbar. Sie macht sich darüber einige Sorgen, denn normalerweise findet sie Sex sehr entspannend und erfüllend. Nun bleibt ihr nicht einmal mehr dieses, um sich darauf freuen zu können.

Es sieht so aus, als ob Blanche abgespannt ist und keine Zeit für sich hat. Das ist das typische Ergebnis des ziemlich undramatischen Syndroms, das wir kennen als Keine-Rücksicht-auf-sich-selbst-nehmen. Blanche braucht kein Aktivanat und auch keine Gesichtsmaske. Sie braucht eine gewisse Abwechslung. Einige Leute verlieren ihre Kraft, wenn sie nicht genug essen oder schlafen, wenn sie nicht genügend Bewegung haben oder wenn sie sich keine freie Minute zur Selbstbesinnung gönnen.

Blanche sollte sich einmal einen Tagesüberblick verschaffen und auflisten, was sie tatsächlich zu jeder Stunde macht. Nur dadurch, daß Sie das einmal, wie in dem Beispiel unten, herausstellen, können Sie in Erfahrung bringen, wo Sie etwas falsch machen. Achten Sie einmal auf verlorene Zeit, auf Zeiten, wo Ihnen Ihr Mann, Ihre Mutter oder Ihr Nachbar aushelfen könnte, auf Gelegenheiten, die Sie für sich selbst in Beschlag nehmen könnten. Oft hat gerade die abgespannte Frau keine Kontrolle darüber, was den ganzen Tag im einzelnen passiert. Ein klein wenig Planung, so schwierig es am Anfang auch sein mag, gibt Ihnen dann Zeit, sich körperlich und seelisch zu erfrischen, so daß Sie dann auf alles, einschließlich Sex, besser ansprechen.

	gut verbrachte Zeit	vergeudete Zeit
07.00 – 09.00		
09.00 – 11.00		
11.00 – 13.00		
13.00 – 15.00		
15.00 – 17.00		
17.00 – 19.00		
19.00 – 21.00		
21.00 – 23.00		
23.00 – 07.00		

Auf Dauer ermattet oder plötzlich sexuell nicht mehr ansprechbar zu sein, das allerdings kann ein Zeichen dafür sein, daß es um Ernsteres geht als nur um den unrationellen Umgang mit seiner Zeit. Es gibt körperliche Leiden, die Sie auch sexuell in Mitleidenschaft ziehen. Auch dafür und für andere Erkrankungen gibt es Medikamente, einschließlich gewisser Geisteskrankheiten, die vielleicht Ihre sexuelle Verhaltensweise und Reaktionsbereitschaft beeinträchtigen können. Wenn Sie solch eine Veränderung bemerken, nehmen Sie Kontakt zu einem Arzt auf. Gehen Sie sicher, daß Sie auch alle Medikamente aufzählen, die Sie gerade einnehmen, selbst scheinbar unschädliche.

Zwei von Alices vier Kindern kamen ungewollt. Obwohl sie alle ihre Kinder gleichermaßen liebt und keines missen möchte, hat sie wahnsinnige Angst davor, wieder schwanger zu werden. Sie stellt fest, daß sie bisher ganz schön leichtsinnig war, aber auch bei einer besseren Empfängnisverhütung bleibt sie nervös. Ihr Mann wäre wirklich gern zu einer Vasektomie, einer Sterilisation, bereit, um ihr gemeinsames Sexleben wieder in Ordnung zu bringen, aber sie ist diesem Schritt gegenüber noch ein wenig unschlüssig.

Vielleicht sind Sie nicht der Meinung, daß die Angst vor einer Schwangerschaft ein physisches Problem ist. In Wirklichkeit kann das aber durchaus sein. Alice hat Angst davor, ihrem Körper könne gegen ihren Willen etwas zustoßen. Wenn Sie Angst davor haben, schwanger zu werden, dann kann es durchaus sein, daß Sie zu nervös und zu geistesabwesend sind, um Sex wirklich zu genießen. Dieses ist eine außerordentlich häufige und verständliche Angst, ganz besonders bei Frauen wie Alice, die in puncto Empfängnisverhütung versagt haben, junge oder unerfahrene Frauen sind, ältere Frauen, die ihren Partner wechseln und Frauen, die nicht einmal die besten Methoden zur Geburtenkontrolle ertragen können.

Es ist durchaus möglich, bei der ganzen Geschichte richtig schizophren zu werden, und es sieht so aus, als sei Alice auf dem besten Wege dahin. Für sie und ihren Mann ist eine Sterilisation wahrscheinlich die beste Lösung. Andere Möglichkeiten sind gegenseitiges Onanieren oder oral-genitaler Sex, denn all das macht Spaß, befriedigt und erlaubt einem, Sex wirklich zu genießen, ohne dauernd eine ungewollte Schwangerschaft befürchten zu müssen. Falls jedoch Alice und ihr Mann den Beischlaf vorziehen, sollten sie gemeinsam zu einem Arzt gehen, um sich genau zu informieren über eine Vasektomie und eine Tubenligatur (Durchtrennung der Eileiter). Obwohl ihr Mann sich sogar sterilisieren lassen will, ist es dennoch denkbar, daß sie es vorzieht, sich selbst sterilisieren zu lassen, denn sie ist es ja, die keine Kinder mehr haben will.

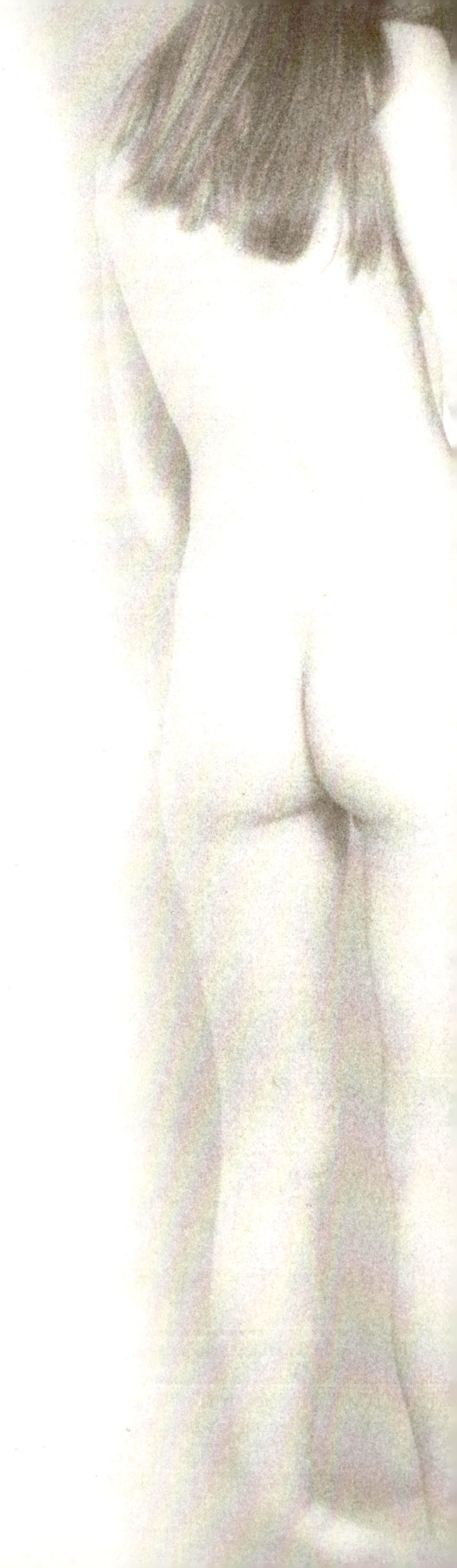

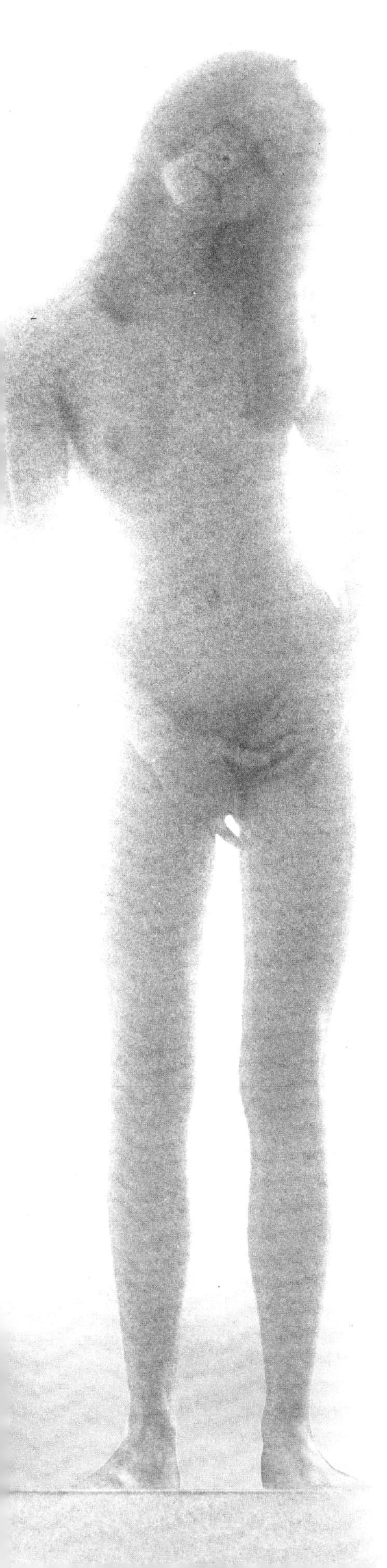

Natürlich kann es vorkommen, daß man die Angst vor ungewollter Schwangerschaft als Ausrede in einer bröckelnden Beziehung benutzt oder auch als Entschuldigung dafür, den Partner immer wieder abzuweisen. Aber es ist ebenso möglich, daß es einen wirklichen Grund zur Besorgnis gibt. Man tut gut daran, für bessere Methoden der Empfängnisverhütung zu sorgen, bevor man sich in alle möglichen psychologischen Erklärungsmöglichkeiten versteigt. Nicht alles in der Welt kann mit Hilfe der Psychologie erklärt werden. Einiges ist wirklich genau das, was es zu sein scheint. Das beste, was man tun kann, die Angst vor dem Schwangerwerden zu bekämpfen, ist, damit zu beginnen, dem Schwangerwerden selbst vorzubeugen.

Viele junge Frauen sehen sich noch immer mit einer ungewollten Schwangerschaft konfrontiert, ungeachtet der erweiterten Möglichkeit, Ratschläge zur Empfängnisverhütung einzuholen, einfach aus Angst davor, mit einem Arzt darüber zu sprechen, der sie dann vielleicht abweisen oder, schlimmer noch, mit ihren Eltern reden könnte. Es ist jetzt in vielen (amerikanischen) Bundesstaaten Frauen unter 18 Jahren erlaubt, eine Beratung über Möglichkeiten der Empfängnisverhütung zu erhalten, und zwar ohne Wissen oder Zustimmung der Eltern. Das soll nicht heißen, daß Sie sich heimlich anderswo nach Hilfe umsehen sollen, wenn Sie diese auch in Ihrer Familie bekommen können. Es ist einfach nur eine Tatsache, daß viele Mädchen von ihren Eltern kein Verständnis zu erwarten haben. Diese erhalten (in der Bundesrepublik Deutschland) bei den jeweiligen Landesverbänden von *Pro Familia* Ratschläge und Hinweise. (*Pro Familia* ist die deutsche Sektion in der *IPPF* – International Planned Parenthood Federation – mit Sitz in Londen.) *Pro Familia* ist kein gewinnorientiertes Unternehmen, hat seine Landesverbände in vielen größeren Städten der Bundesrepublik und sieht seine Aufgabe darin, ungewollte Schwangerschaften bei allen Frauen unabhängig von Alter und Stellung zu verhindern. Man zeigt dort medizinische Behandlungsmöglichkeiten auf, unterweist in Möglichkeiten zur Empfängnisverhütung und Familienplanung, hilft Frauen, die nach einer Möglichkeit zum Schwangerschaftsabbruch oder zur Sterilisation suchen und berät Frauen, die sich Gedanken machen wegen ihrer sehr lebendigen Fruchtbarkeit. Es gibt genügend Hilfe, aber Sie können nicht erwarten, daß diese zu Ihnen ins Haus kommt. Wenn Sie Ihren Hausarzt mögen und ihm Vertrauen schenken, so fragen Sie ihn um Rat.

Vergessen Sie nicht, daß Sie immer schwanger werden können, selbst wenn Sie während des Beischlafs keinen Orgasmus hatten. Es gibt immer noch Frauen, die davon überzeugt sind, sie seien geschützt, wenn sie sich nur den Orgasmus versagten. Sie sind es nicht.

Ella und Tommy sind nun seit einigen Monaten ein verliebtes Paar, aber bisher haben sie noch nie miteinander geschlafen. Das Problem scheint darin zu liegen, daß wohl Ellas Vagina für Tommys Penis nicht groß genug ist. Er ist bisher noch nie mit diesem Problem konfrontiert gewesen, und er findet es peinlich, und es bringt ihn ganz durcheinander. Ella ist genauso verwirrt. Sie hat vorher noch nie einen Mann gehabt und weiß nicht, was dabei wohl passieren wird. Aber sie ist sich eigentlich ziemlich sicher, daß mit ihr etwas nicht stimmt.

Ella leidet vielleicht an Vaginismus, einem Problem, von dem man der Meinung ist, daß es seinen Ursprung im Psychischen hat, sich dann aber im Körperlichen auswirkt. Vaginismus ist eine dem Willen entzogene Verkrampfung der Muskeln um den Scheideneingang herum. Der Krampf kann so stark sein, daß es nicht möglich ist, selbst nur mit einem Finger in die Vagina zu kommen, ganz zu schweigen von einem Penis, gleich welcher Größe. Das ist nun natürlich nicht gerade ein Orgasmusproblem. Ella könnte nicht schwanger werden oder Erfahrungen mit dem Beischlaf machen.

Vaginismus kann eine Reaktion sein auf schlechte Erfahrungen, die man gemacht hat, zum Beispiel eine grobe gynäkologische Untersuchung, eine Vergewaltigung oder eine Abtreibung. Er läßt sich auch in Beziehung setzen zu einer Furcht vor dem Eindringen des Gliedes oder einer imaginären Vergewaltigung. Was immer der Grund ist, es entzieht sich auf jeden Fall der Kontrolle durch die Frau, und die Vagina verschließt sich, ohne daß die Frau es bewußt verhindern könnte. Ein Arzt wird nicht in der Lage sein, sie gründlich zu untersuchen – die Patientin mit Vaginismus zieht sich gewöhnlich in Windeseile an das äußerste Ende des Untersuchungstisches zurück. Sie wird auch nicht in der Lage sein, einen Finger in die Vagina zu stecken, ein Diaphragma (Scheidenpessar) oder einen Tampon.

Möglicherweise glauben Sie, unter Vaginismus zu leiden, während das Problem eigentlich in unzureichender Erregung zu finden ist. Wenn Sie Vaginismus haben, so wird Ihre hauptsächliche Empfindung die sein, daß Ihr Partner nicht in Sie hineinkommt, daß es vor dem Eingang eine Barriere gibt, daß Sie nichts in ihre Vagina hineinstecken können. Ein gut bewanderter Mediziner wird das Symptom erkennen und auch bezeichnen können; da Sie aber nicht immer damit rechnen können, solch einen Menschen zu finden, lesen Sie dieses Kapitel durch, um andere mögliche Probleme auszuschalten, bevor Sie zu dem Schluß gelangen, Vaginismus zu haben.

Wenn Sie sich in bezug auf Vaginismus erst einmal wirklich sicher sind, dann können Sie auch mit der Behandlung beginnen. Das Ziel ist dabei für Sie, daß Sie bequem etwas in Ihrer Vagina behalten können. Das Nächstliegende und am wenigsten Bedrohliche ist Ihr eigener Finger.

Erster Schritt: Stecken Sie die Spitze Ihres Zeige- oder Mittelfingers in Ihre Vagina. Sie können das im Bett oder im Bad machen – an einem Platz, wo Sie ungestört sind. Setzen Sie sich eine Zeit, halten Sie Ihren Finger bloß für zwei Minuten hinein. Bewegen Sie ihn nicht herum, halten Sie ihn einfach nur an einer Stelle. Dann ziehen Sie ihn heraus. Versuchen Sie, das fünf- oder sechsmal zu wiederholen.

Zweiter Schritt: Versuchen Sie nun, mehrere Finger in die Vagina zu stecken, wenn möglich alle. Halten Sie sie drei Minuten drinnen. Vielleicht fühlen Sie irgendeine krampfartige Bewegung in der Scheidenmuskulatur, aber ziehen Sie die Finger nicht zurück. Wiederholen Sie das fünf- oder sechsmal.

Dritter Schritt: Versuchen Sie nun, zwei Finger in Ihre Vagina zu stecken, und behalten Sie sie dort für drei Minuten oder länger. Das Ziel dieser Übung liegt für Sie darin, daß Sie es ertragen können, etwas immer länger und länger in Ihrer Vagina zu behalten. Geben Sie es auf, wenn Sie merken, daß es nicht klappt.

Vierter Schritt: Versuchen Sie nun, Ihre Finger durch einen Tampon zu ersetzen. Tampons gibt es in sterilen Pappröhrchen, und diese sind es auch, die Sie noch eher als den Tampon selbst benutzen sollten. Ziehen Sie den Tampon einfach aus der Röhre. Dann führen Sie diese in Ihre Vagina ein, so daß die Muskeln sie einfach nachher beim Eingang festhalten. Schieben Sie das Röhrchen nicht tiefer in die Vagina, dort wo mehr Platz ist. Belassen Sie es am Scheideneingang für ungefähr fünf Minuten, und ziehen Sie es dann wieder heraus. Wiederholen Sie das fünf- oder sechsmal.

Fünfter Schritt: Wenn Sie sich schon in der Lage fühlen, Ihren Partner miteinzubeziehen, dann tun Sie das jetzt am besten. Zeigen Sie Ihrem Partner, wie er seinen Finger in Ihre Vagina bringen kann, dadurch daß Sie ihm zeigen, wie Sie es selbst machen. Es ist nur natürlich, daß man davor eine gewisse Scheu hat, und es geht vielleicht leichter vonstatten, wenn Sie sich mit ihm über den ganzen Gesundungsvorgang und Ihr spezielles Problem unterhalten, bevor Sie beginnen. Lassen Sie ihn einen Blick in diesen Abschnitt des Buches werfen, wenn Sie mögen.

Wenn Sie erstmal ein gutes Gefühl dabei haben, Ihrem Partner zu zeigen, was er tun soll, dann kann er damit beginnen. Lassen Sie ihn zu Anfang ein paar Minuten lang seine Finger in Ihre Vagina stecken. Dann können Sie die Zeit steigern und die Anzahl der Finger verdoppeln. Vielleicht haben Sie Spaß daran, es gemeinsam zu machen, so daß er einen Finger benutzt und Sie einen. Er kann sich dann Ihrer Führung entsprechend langsam im Inneren der Vagina bewegen. Versuchen Sie dieses auf jeden Fall auszuprobieren, so daß Sie dahin kommen, es zusammen mit zwei Fingern bis zu einer Viertelstunde zusammen auszuhalten.

Sechster Schritt: Sie können jetzt versuchen, nach einem kleinen Finger-Vorspiel langsam und vorsichtig seinen Penis hineinzulassen. Sie sollten auf ihm sitzen oder liegen, so daß Sie sich ganz, wie es Ihnen gefällt, an seinem Penis auf und ab bewegen können. Zu Beginn sollte sein Penis nicht tief in Ihre Vagina eindringen, und er sollte sich nicht bewegen oder gar stoßen. Unter Ihrer Anleitung kann er sich weiter hineinbewegen und auch hin und her, wenn Sie dazu bereit sind.

Siebter Schritt: Machen Sie das, was schon oben beschrieben ist, jetzt aber mit mehr Bewegungen. Zuerst sollten *Sie* sich bewegen, dann ihn sich ein bißchen bewegen lassen. Sie können seinen Bewegungen folgen und er Ihren, so daß Sie zusammen nach vorn und wieder zurückkommen, wobei Sie sich an die unterschiedlichen Bewegungen gewöhnen können. Er kann damit beginnen, sich nun mehr stoßweise zu bewegen; wenn es Ihnen aber unbequem oder angsteinflößend erscheint, dann kehren Sie erst einmal zur Bewegungslosigkeit zurück.

Wenn er bei irgendeiner dieser Übungen zum Orgasmus kommt, so seien Sie nicht überrascht oder verärgert. Es ist nämlich schwer, sich so zu zügeln und die Dinge nur noch Schritt für Schritt kommen zu lassen, wenn man das nicht gewöhnt ist. Auch ist sein Penis empfindsamer als Ihre Vagina, so daß diese Übung auch für ihn ganz schön hart ist. Wenn sein Orgasmus von kräftigem Stoßen begleitet ist und Sie das Gefühl haben, dafür noch nicht bereit zu sein, dann kann es besser sein, wenn er außerhalb Ihrer Vagina kommt, mit Ihrer Hilfe, wenn er mag. Sagen Sie ihm, daß er Ihnen Bescheid sagen soll, wenn er es nicht länger zurückhalten kann.

Zukünftige Schritte: Wenn Sie diesem Grundplan folgen, um Ihren Vaginismus zu überwinden, so sollten Sie eigentlich irgendwann zwischen ein paar Tagen und ein paar Wochen bis hin zum Geschlechtsverkehr kommen. Sie können an einem Tag einen Schritt gehen oder auch an zweien, oder wie immer es Ihnen richtig erscheint. Vielleicht finden Sie heraus, daß der Vaginismus niemals völlig verschwindet und daß Sie von Zeit zu Zeit die Übung zum Dehnen und Festhalten machen müssen, um in Form zu bleiben.

Grace's Partner möchte dauernd irgendwelche neuen Stellungen ausprobieren, während das bei Grace eigentlich gar nicht so sehr der Fall ist. Sie reagiert gut und bekommt auch ihren Orgasmus, wenn er oben ist, in anderen Stellungen erhält sie keine wirkliche Befriedigung. In einigen erlebt sie sogar heftige Schmerzen.

Es kann sein, daß Grace so gebaut ist, daß sie die meiste Stimulation und den stärksten Druck in der einfachen Missionarstellung erfährt. In anderen Stellungen drückt der Penis ihres Partners vielleicht auf den Muttermund oder auf die Blase. Das ist gar nichts Besonderes, und es ist auch nicht weiter unnormal, daß man nicht alle möglichen Stellungen in gleicher Weise genießt. Es gibt keinen Grund anzunehmen, daß mit Ihnen vielleicht irgend etwas nicht stimmt, wenn Sie nicht gleich eine grenzenlose Akrobatik an den Tag legen. Sie können vieles ausprobieren, aber wenn es unangenehm wird, dann lassen Sie es lieber.

Ganz selten kann es mal passieren, daß eine Frau anatomisch gesehen derartig abnormal gebaut ist, daß es Orgasmus- oder Sexschwierigkeiten gibt. Einige Menschen sind geboren mit fehlenden oder doppelten Gebärmuttern oder Scheiden, Adhäsion der Klitoris, mit einem Hymen ohne Öffnung oder mit anderen Unregelmäßigkeiten im genitalen Bereich. Normalerweise wird das zum Zeitpunkt der Menstruation oder bei der ersten gynäkologischen Untersuchung entdeckt, und es kann eine Operation erforderlich sein.

Eine wahrscheinlich ernstere Angelegenheit als die körperliche Unregelmäßigkeit ist die Art, wie man es entdeckt hat und als was man es nun ansieht. Es kann durchaus passieren, daß eine Frau dazu gebracht wird, daß sie sich unangemessen fühlt oder minderwertig, wenn man mit ihrer Anomalie nicht besonnen und sorgsam umgeht. Wenn Sie oder eine Freundin die Leidtragende einer verständnislosen Behandlung wegen solch eines medizinischen Problems sind, dann sollten Sie vielleicht einmal mit verschiedenen Ärzten Kontakt aufnehmen.

Weil es Sie nicht notwendigerweise in die Lage versetzt, nun auch einen Orgasmus zu erleben, wenn Sie ein körperliches Problem bereinigt haben, so ist es vielleicht ganz hilfreich, noch einmal die Ratschläge im vorangegangenen Teil dieses Kapitels durchzugehen, wo es darum geht, die Wahrscheinlichkeit, zum Orgasmus zu kommen, zu erhöhen. Wenn nichts passiert, so sollten Sie die Möglichkeit einräumen, daß Sie irgendeine psychisch zu begründende Blockierung aufgebaut haben.

Psychische Schwierigkeiten

Obwohl es keinen hundertprozentigen Weg gibt, mit psychischen Problemen richtig umzugehen, läßt Ihnen manchmal das bloße Erkennen ihrer Existenz bereits genügend Freiheit, dessen ungeachtet zu

Ihrem eigenen Vorteil zu handeln. Es stimmt, daß ganz gewaltiges Verständnis allein ein Verhalten noch nicht ändern kann, aber es kann schon Verhaltensweisen ändern, die einer Verhaltensänderung selbst noch im Wege stehen.

Abigail ist sehr streng aufgewachsen. In ihrer Familie ist Sex überhaupt nie erwähnt worden. Abigail ist nicht nur orgasmusunfähig, sie hat auch keinen blassen Schimmer, was Mann und Frau anstellen, um zu einem Kind zu kommen, und sie ist verwirrt von ihren eigenen Gefühlen, die sie für ihren Freund empfindet.

Sarahs Vater hatte eine ganz spezielle Formel für seine Sexualerziehung. Seine Methode lag darin, daß er selbst an ihr demonstrierte, was sie keinen anderen Mann an sich machen lassen sollte. Obwohl Sarah jetzt eine Beziehung zu einem sehr rücksichtsvollen Mann hat, ist sie bei ihm total unfähig zu einem eigenen Orgasmus.

Henrietta hatte während ihrer Teenagerzeit eine sehr stürmische, dreijährige Beziehung mit einer Lehrerin. Sie hatte das Gefühl, daß sie verführt worden war, wußte aber, daß sie nichts dagegen hatte. Seitdem hatte sie keine lesbische Liaison mehr und ist bei Männern nicht orgasmusfähig.

All diese Frauen werden in irgendeiner Weise von ihrer Vergangenheit heimgesucht. Schuldgefühle wegen Sex und Angst vor Bestrafung dafür sind nicht selten bei Frauen; Frauen aus strengem, religiösen Elternhaus, wo man über Sex nicht sprach und ihn nicht einmal anerkannte, sind eher prädestiniert, orgasmusunfähig zu werden als andere Gruppen von Frauen. Jemand wie Abigail hat eine schwere Zeit vor sich, um mit all den Gefühlen in Richtung Trieb und Begehren, die sie Männern gegenüber empfindet, klarzukommen. Als ein Resultat davon bekommt ein gewisser Hemmfaktor das bestimmende Übergewicht, und sie hat große Schwierigkeiten, an Sex auch nur zu denken, geschweige denn auf das Entgegenkommen eines Partners positiv zu reagieren.

Wenn Abigail in einer Therapie wäre, so würde der Therapeut versuchen, sie nachdrücklich davon zu überzeugen, daß ihre Gefühle ganz normal, die Verhaltensweisen ihrer Eltern dagegen sehr ungesund sind. Als Ihr eigener Therapeut, ob Ihr Fall nun mit Abigail übereinstimmt oder nicht, müssen Sie sich auch manchmal wieder von neuem versichern, daß Ihre Gefühle wirklich ganz in Ordnung sind und daß Sie kein seltsamer oder sonderbarer Kauz sind, nur weil Sie Lust auf Sex haben.

Sind Sie vielleicht Opfer einer ähnlichen Erziehung, so sollten Sie den freien Raum weiter unten dazu nutzen, sich einmal selbst zu versichern, daß überhaupt nichts dagegen spricht, ein sexuelles Wesen zu sein. Vielleicht machen Sie das in Form eines Dialoges mit einem Elternteil oder einer anderen Autoritätsperson, die Sie dazu gebracht hat, daß Sie sich wegen all dieser Geschichten so minderwertig fühlen. Haben Sie diese Erfahrungen nicht machen brauchen, so können Sie trotzdem einen Dialog niederschreiben. Wenn man sich bisweilen in die Rolle eines anderen versetzt, so macht einen das toleranter und läßt einen die Probleme anderer Menschen besser verstehen. Das gilt besonders dann, wenn Sie der Partner einer solchen Abigail sind.

Sarah hatte sich in einer direkteren und schwierigeren Situation zu behaupten. Inzest oder auch nur andeutungsweiser oder imaginärer Inzest ist eine ganz schön komplizierte Angelegenheit. Die psychoanalytische Theorie führt alle sexuellen Probleme zurück auf frühere, ödipale Konflikte, die unverarbeitet blieben. Das bedeutet, daß Sie sich Ihrer eigenen Sexualität und der Ihrer Eltern bewußt wurden, bevor Sie fünf Jahre alt waren. In diesem Alter kamen Sie zu dem Entschluß, daß Sie Ihre Mutter hintanstellen wollten, um dann Ihren Vater ganz für sich allein zu haben. Sie hatten dabei Schuldgefühle und auch Angst, daß Ihre Mutter Sie bestrafen würde, wenn sie Ihnen erstmal auf die Schliche gekommen wäre. Wenn wirklich etwas geschah zu der Zeit, so nahmen Sie es auf sich, daß Sie die Strafe dann auch verdienten. Und selbst wenn Sie ein Vergnügen an der Sache empfanden, so fühlten Sie sich doch schuldig. Vielleicht ist das noch heute so bei Ihnen.

Sarah hat vielleicht das Gefühl, daß sie diese Art von Sexualerziehung verdient hat, was dann auf unterdrückten Gefühlen beruht, die sie einmal vor langer Zeit gegenüber ihrem Vater hegte. Wie auch immer die unbewußten Motive auf beiden Seiten aussehen mögen, Sarah muß sich heute zu Bewußtsein bringen, daß ihre damaligen Gefühle nichts Ungewöhnliches waren. Alle machen ihre Erfahrungen mit der Liebe und zwischenmenschlichen Beziehungen, indem sie in Beziehungen leben mit den Menschen, die ihnen am nächsten stehen. Wenn Ihnen das, was Sie einmal lernten, nicht behagt, so bleibt Ihnen wohl nichts als umzulernen.

Für Sarah und für jeden, der in der Vergangenheit einmal schlechte Erfahrungen gesammelt hat, ist es wichtig, sich von dieser Erinnerung zu reinigen, um neu anfangen zu können. Natürlich ist es leichter gesagt als getan, sich von Angst und Schuld zu befreien, aber es könnte Ihnen vielleicht helfen, demjenigen Menschen, der Ihnen Ihren Weg einmal verbaute, einen Brief zu schreiben. Erzählen Sie ihnen Ihre eigene Meinung darüber, was jene Ihnen einmal antaten und auch warum sie es wohl taten. Erklären Sie Ihren eigenen Anteil an der Geschichte und beschreiben Sie, wie Sie dabei vorgehen und was für Sie dieses von jetzt an noch zu bedeuten hat.

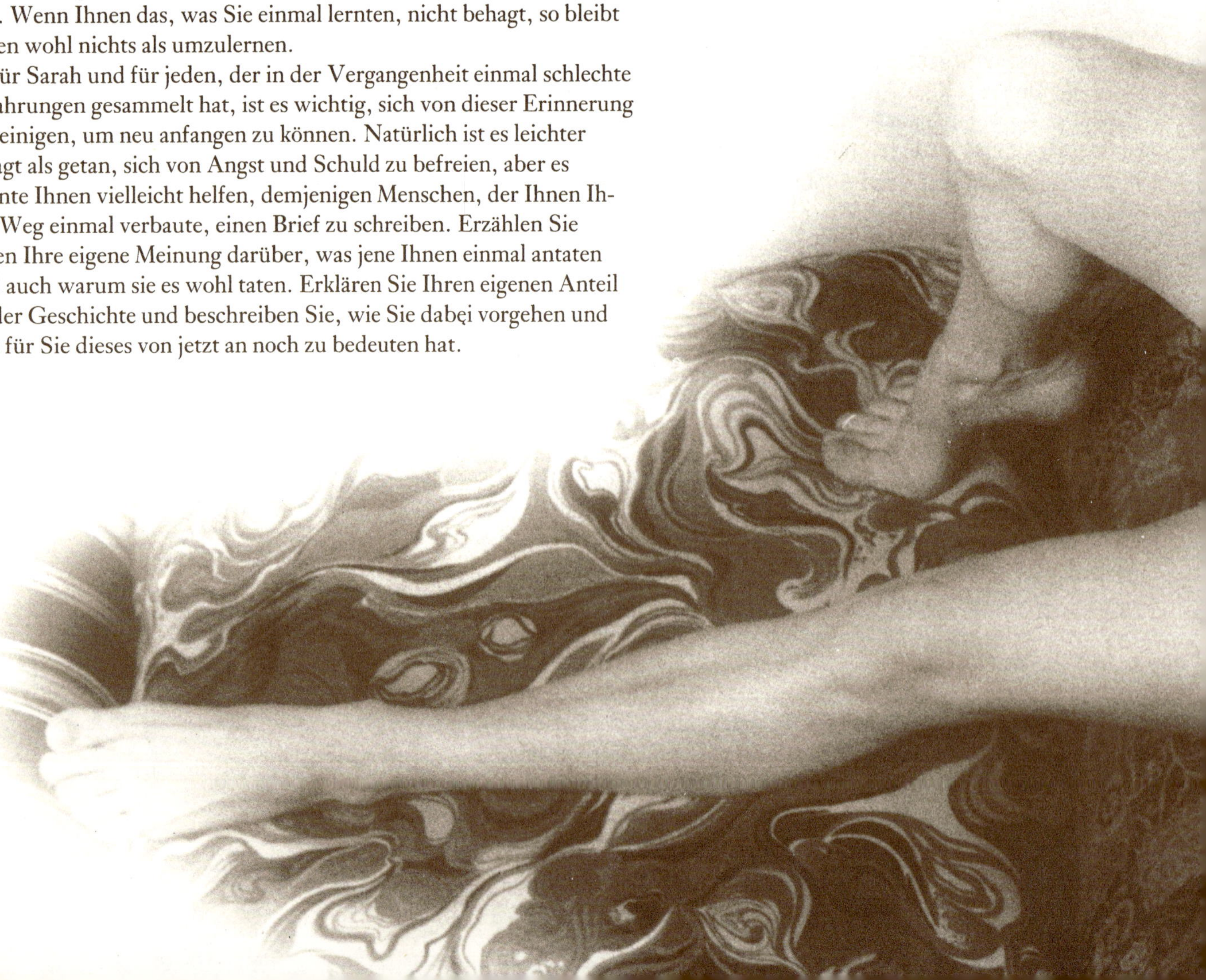

Liebe(r) ____________ ,

____

____

____

____

____

____

____

Mit lieben Grüßen
Deine __________

Jemand wie Sarah müßte vielleicht auch ihrem Partner erzählen, was in ihrer Kindheit und Jugend passierte – nicht um ihm Mitleid für ihre Lage zu entlocken oder ihm Gründe zu liefern, damit er ihr Verhalten entschuldigen kann, sondern um ihn zu ermutigen, ihr zu einer Art Selbsthilfe zu verhelfen. Dieser Partner erinnert Sarah vielleicht an ihren Vater. Das Ergebnis ist, daß sie sowohl angezogen als auch abgestoßen ist. Sie muß aber unbedingt erkennen, daß sie sich hingezogen fühlen könnte von der positiven Seite ihres Vaters, nicht von der negativen. Und sie sollte sich auf jeden Fall klarmachen, daß dieser Partner nun einmal nicht ihr Vater ist. Sie könnte ihm einen Brief schreiben und ihm erzählen, wie er *nicht* ist.

Henrietta möchte vielleicht gar nicht wirklich heterosexuell sein. Vielleicht ist das der Grund, warum sie mit einem Mann keine sexuelle Befriedigung findet. Vielleicht tritt sie solchen Gefühlen wie Ekel oder Widerwillen gegen den männlichen Körper, seinen Samen oder die Tatsache, nicht mit einer Frau zusammenzusein, auch überhaupt nicht energisch entgegen. Das kann auch der Frau passieren, die ver-

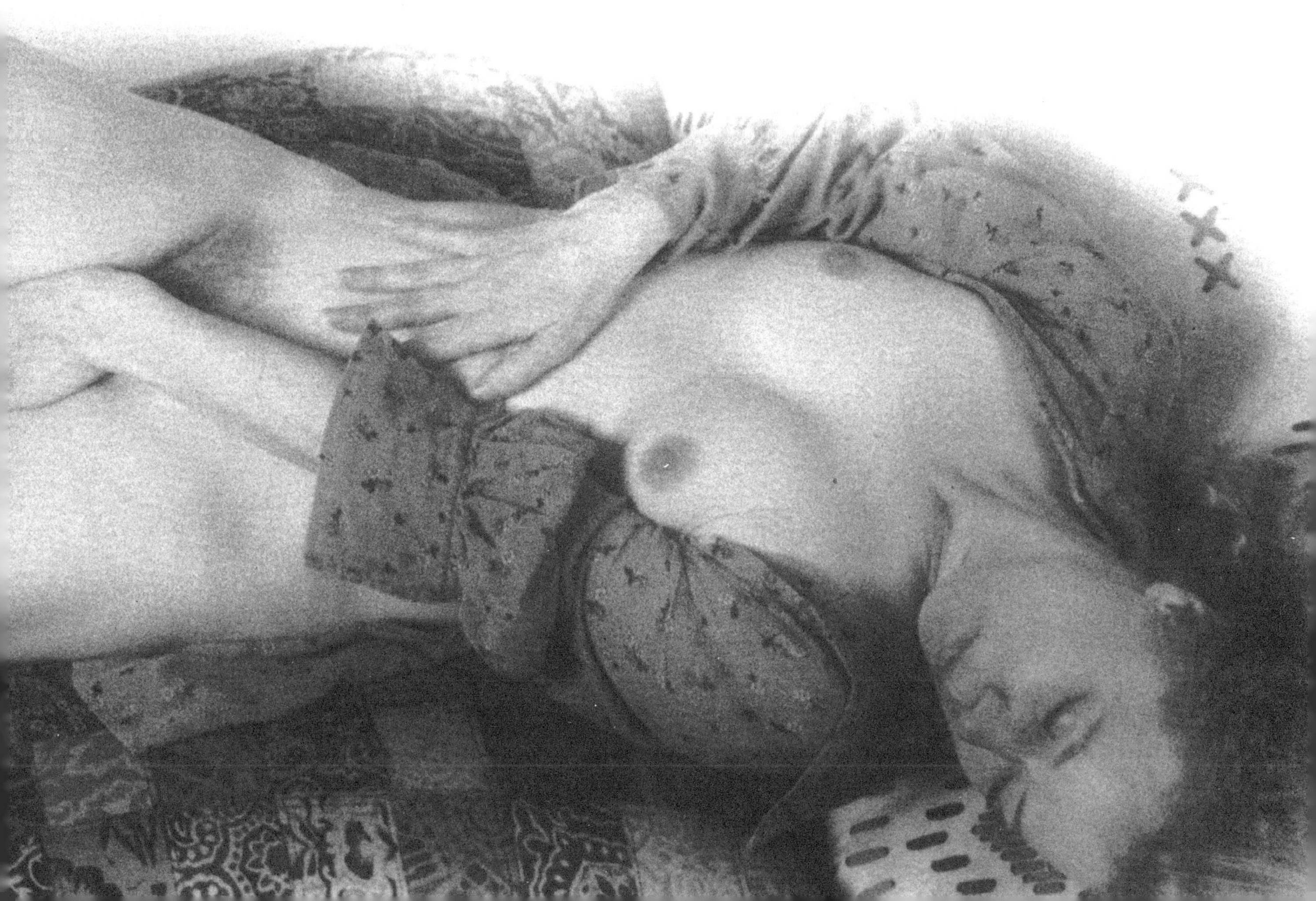

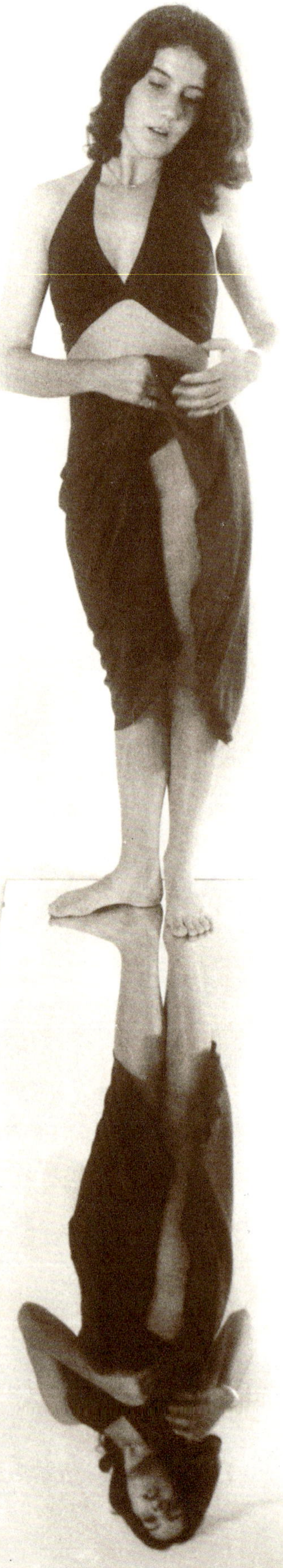

sucht, aus politischen, sozialen oder persönlichen Gründen lesbisch zu werden. Manchmal entspricht es einfach nicht Ihrer Natur, dort zu verweilen, wo Sie sich einmal selbst hingestellt haben.

Um Ihr sexuelles Hingezogensein abschätzen zu können, versuchen Sie doch einmal, sich ins Gedächtnis zu rufen, was Ihnen an jedem Geschlecht behagt. Sie sollten dabei nicht an spezifische Personen denken, bevor es Ihnen nicht gelungen ist, jedes Geschlecht in Ihren Augen als ganz allgemein repräsentativ für Männlichkeit und Weiblichkeit zu betrachten.

Was ich an Männern mag, ist dieses: ______________________

Was ich an Frauen mag, ist dieses: ______________________

Und die negativen Seiten.

Was ich an Männern nicht mag, ist dieses: ______________________

Was ich an Frauen nicht mag, ist dieses: ______________________

Kinsey zeigte einmal vor Jahren, daß kaum ein Mensch rein heterosexuell oder rein homosexuell ist, und noch viel früher schrieb schon Freud über die grundsätzliche Bisexualität in der menschlichen Natur. Henrietta oder auch Sie selbst bevorzugen vielleicht Frauen eher als Männer oder umgekehrt, und Sie sind dennoch irgendwie erregt und empfindsam gegenüber dem anderen Geschlecht. Wenn Sie glauben, daß Ihre Vorliebe für Frauen oder eine vergangene Beziehung zu einer Frau bei Ihnen Schmerz und Schuldgefühle in Ihrer Beziehung mit einem Mann verursacht, dann fühlen Sie sich vielleicht besser, wenn Sie einmal darüber reden, statt es wie ein Geschwür in Ihrem Inneren fressen zu lassen.

Oft stehen vergangene Erfahrungen auch keiner Entwicklung im Wege. Viele Frauen haben eine strenge Erziehung gehabt, kommen aus einem fanatisch religiösen Elternhaus, haben in ihrer Kindheit oder Jugend schwierige oder verwirrende Erfahrungen gesammelt und haben dann als Erwachsene dennoch keine sexuellen Probleme. Keiner weiß, warum die einen von dem, was ihnen widerfahren ist, mehr mitgenommen werden, die anderen dagegen weniger. Sie erscheinen nicht empfindsamer, nicht weniger intelligent, nicht besser oder schlechter als andere. Wir haben da einfach eines der Dinge vor uns, die wir so ganz und gar nicht vorher abwägen können.

Das ist auch der Grund, warum Sie versuchen sollten, vergangene Erfahrungen zu bewältigen. Lernen Sie sie kennen, messen Sie ihnen ihren Wert bei, und sorgen Sie dafür, daß sie nicht wieder aufleben können. Versuchen Sie Neues, um Ihr Sexleben zu stärken und voranzubringen. Um Ihre sexuelle Ansprechbarkeit zu steigern, können

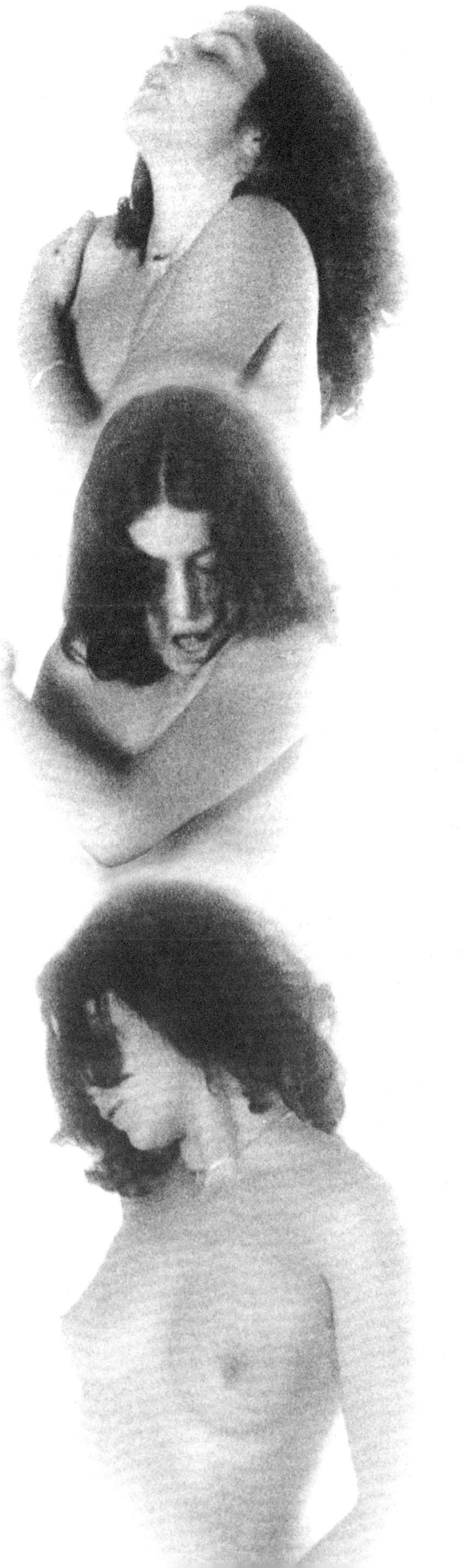

Sie nun versuchen, mit der praktischen Orgasmustherapie vom Anfang dieses Kapitels zu beginnen.

Eva hat bei ihrem Mann noch nie einen Orgasmus bekommen. Das stört sie eigentlich auch nicht besonders. Irgendwie meint sie, das sei nun mal das Los der Frau. Gelegentlich onaniert sie bis hin zu einem Orgasmus, was sie dann auch genießt, aber hauptsächlich glaubt sie ganz einfach, daß Männer den Sex mehr brauchen als Frauen.

Eva fällt vielleicht etwas aus dem Rahmen wegen des eigenartigen Verständnisses ihrer weiblichen Rolle. Man ist eigentlich geneigt zu sagen, es handele sich hier mehr um ein soziologisches Problem als um ein psychologisches, aber weil die meisten Menschen anfällig dafür sind, sich soziale Anschauungen ganz zu eigen zu machen, soll es hier diskutiert werden.

Was soll man tun, wenn man als Frau der Meinung ist, eigentlich dankbar sein zu können für die Aufmerksamkeiten eines Mannes, ein williger Partner für seine Launen, ein passives, aber liebenswürdiges Gefäß, ihn aufzunehmen, ein durch und durch zweitklassiges Wesen? O nein, Sie müssen das gar nicht immer so klar und stark im Gefühl haben, aber viele Frauen zweifeln ernsthaft daran, ob sie sich in sexueller Hinsicht Geltung verschaffen sollen aus Angst davor, dann weniger weiblich zu erscheinen.

Vielleicht ist es nun aber dummerweise nicht gleich eine Garantie für einen Orgasmus und sexuelles Selbstvertrauen, wenn man passiv und nach außen hin quietschvergnügt ist. Die Schwierigkeit, Ziel der begehrlichen Wünsche eines anderen zu sein, liegt darin, daß diese sehr wohl anders als Ihre eigenen aussehen können, was dann eine Erregung erschwert und den Unwillen um sich greifen läßt. Eine Frau, die ihre gemischten Gefühle darüber verbirgt, daß sie es immer dann tun soll, wenn er gerade will, versagt ihrem Partner vielleicht einfach unbewußt den Orgasmus. Wenn sie im Orgasmus eine Art Verpflichtung oder gar Nötigung sieht, dann hat sie vielleicht nicht gerade großes Interesse an der Beziehung zu jemandem, der ihr nur wenig Aufmerksamkeit schenkt.

Das Zurückhalten des Orgasmus, das überhaupt nicht unbedingt bewußt geschehen muß, kann von vielerlei herrühren. Ärger einem Partner gegenüber, den Verlust von Vertrauen und Zuversicht und auch Depressionen, all das kann man an einem Partner auslassen. Verschiedene Fragen wären zu beantworten, wenn Sie glauben, etwas in Ihnen oder in Ihrer Beziehung sei verantwortlich für Ihr Nichterreichen eines Orgasmus.

Sind Sie zu einem Orgasmus fähig, wenn Sie allein sind?
____

Können Sie sich erregen lassen oder an Sex Interesse gewinnen, wenn Sie mit einem anderen zusammen sind? ______________

Mögen Sie diesen Menschen? ______________

Mögen Sie einen anderen noch lieber? ______________

Haben Sie vor irgend etwas Angst, zum Beispiel vor Schmerz, Schwangerschaft, Bindung? ______________

Würden Sie es vorziehen, mit diesem Menschen Sex zu haben, wenn die Umstände anders wären? ______________

Haben Sie Hemmungen, diesen Menschen nach dem zu fragen, was Sie brauchen? ______________

Einige Frauen haben Schwierigkeiten, danach zu fragen, was sie brauchen, weil sie das Gefühl haben, es schickt sich nicht. Sie mögen einen Partner nicht darum bitten, daß er sich über ihnen mal ein bißchen »abrackern« möge, obwohl der Mann dieses Gefühl gar nicht unbedingt dabei zu haben braucht. Wenn er es doch haben sollte, so gibt es vielleicht auch noch anderes, was er tun könnte. Es *ist* schwer für einen Mann, eine Erektion ewig lange aufrecht zu erhalten, besonders dann, wenn ansonsten nichts weiter passiert. Sie schulden es ihm und sich selbst, darüber zu kommunizieren, verbal oder nicht verbal, wie Sie wollen.

Aber räumen Sie auch einige andere Möglichkeiten ein. Wenn Sie mit diesem Mann während der Mittagspause ein außereheliches Verhältnis haben, dann haben Sie vielleicht nicht die Zeit, Ordnung zu schaffen. Selbst wenn Sie die Zeit hätten, würden Sie sich vielleicht immer noch schuldig fühlen. Vielleicht ist dieser Mensch nur zweitklassig, weil der erstklassige Sie verlassen hat. Vielleicht hat er kürzlich irgendeinen Rückschlag erlitten, und sein Statusverlust oder die Abhängigkeit von Ihnen enttäuscht Sie.

Wenn Sie erst einmal sehen, daß es Ärger, Angst oder irgendeine andere Barriere gegenüber Ihrer Ansprechbarkeit gibt, dann lassen Sie das nicht weiter einreißen. Wissen kann hilfreich sein, aber es wird Ihnen mehr helfen, wenn Sie sich weiter so verhalten, wie Sie es gelernt haben. Das kann bedeuten, die Beziehung abzubrechen. Falls Ihnen Ihre eigene Passivität im Wege steht, so können Sie einmal mit Sex beginnen, dann wenn *Sie* es selbst wollen, oder Sie können Ihrem Partner zeigen, was Sie sexuell in Stimmung versetzt. Wie immer Sie Ihre Lage auch beurteilen, jedes Tun ist hier wohl einen Versuch wert.

Cassandra fürchtet sich wahnsinnig davor, einmal ohne Orgasmus zu bleiben. Da plötzlich passiert es. Sie hat versucht, von Tausend an rückwärts zu zählen, sie hat es mit Selbsthypnose versucht, nichts hilft ihr. Was sie auch anstellt, sie versagt.

Wenn Sie sich ablenken wollen, um einem Versagen vorzubeugen, dann ist das Dumme dabei nur, daß Sie genau wissen, was Sie da gerade tun, und *das* wird dann auch noch fehlschlagen. Es ist ein Teufelskreis, und es wird unmöglich, aus ihm auszubrechen. Sie versuchen die ganze Zeit, so zu tun, als ob und wissen gar nicht mehr, wovon Sie sich eigentlich noch ablenken. Kurz gesagt, Sie denken zuviel.

Der einzige Weg, solch einen vertrackten Kreis aufzubrechen, geht dahin, sich wirklich nur auf das zu konzentrieren, was mit Ihrem Körper geschieht, und zwar nur in dem Augenblick, wo es wirklich geschieht. Märchen zum Ablenken führen bei manchen Menschen manchmal wirklich zum Erfolg. Aber jetzt speziell für Sie gesehen, rauben sie Ihnen zuviel Kraft. Sie brauchen Ihren Kopf jetzt nicht, um Ihre gehetzten Gedanken zu vertuschen, sondern um sinnliche Eindrücke zu registrieren. Denken Sie nicht daran, wie es beim letzten Mal war oder wie es denn wohl vielleicht diesmal sein könnte. Beschränken Sie sich einmal nur darauf, was hier und jetzt vor sich geht.

Sie finden jetzt hier keinen freien Raum, um Erklärungen für Ihr Verhalten aufzuschreiben. Sie sollen einmal überhaupt nicht an all das denken. Sie sollen sich jetzt ganz allein hinlegen (oder hinsetzen) und sich durch eigenes Zutun in Erregung versetzen und sich auf jede Veränderung konzentrieren, die Ihr Körper durchläuft. Sie können mit einer Selbstuntersuchung beginnen oder mit Onanieren oder mit einem allgemeinen Erforschen Ihres Körpers. Und beginnen Sie allein. Sie brauchen jetzt nicht die Ablenkung und ein mögliches Befangensein dadurch, daß noch jemand dabei ist. Wenn Sie erstmal mehr Kontrolle über sich haben, können Sie es zusammen mit einem Partner praktizieren.

Narcissa hat noch nie einen Orgasmus erlebt und ist sich auch nicht so ganz sicher, ob sie sich überhaupt einen wünscht. Sie hat Angst, dabei ganz schön dumm auszusehen.

Es ist aus Befangenheit heraus möglich, daß das zum Problem werden kann, sowohl für die, die den Erfolg fürchtet, als auch für die, die ein Versagen fürchtet. Die meisten Menschen sind der Meinung, daß es letztlich egal ist, wie sie beim Sex für den anderen aussehen, einigen aber geht genau das vielleicht überhaupt nicht aus dem Kopf. Die ganze Zeit beobachten sie sich, bloß um zu sehen, wie lächerlich sie denn nun wirklich dabei ausschauen.

Es stimmt, daß man Sex als etwas Peinliches oder Entwürdigendes ansehen kann. Genau das gleiche gilt dann aber auch für Essen, Lachen und überhaupt alle menschlichen Aktivitäten, wenn Sie sich dazu durchringen, sie von dieser Seite her zu betrachten. Die Schwierigkeiten für die meisten, die sich einmal selbst zuschauen wollen, liegt darin, daß sie überhaupt keinen richtigen Bezug haben zu dem, was sie da eigentlich tun. Narcissa kann die Angst vor der Art ihres Auftretens dazu benutzen, um sich zu distanzieren von jeder inniger werdenden Beziehung. Wenn Sie unter dieser Angst leiden, dann erscheint ein Orgasmus wie der Verlust einer Kontrolle über sich selbst.

Um einmal all diese Ängste ans Tageslicht zu befördern, haben wir unten eine Übung vorgeschlagen, bei der Sie sich einmal Ihre Angst richtig »vom Leibe« spielen können. Dieses ist hauptsächlich ein Orgasmus-Rollenspiel, und Sie sollten in dieser Übung all Ihre schlimmsten Erwartungen hervorbringen. Sowohl körperliche als auch seelische Verrenkungen sollten ganz und gar herausgespielt werden. Übertreiben Sie Ihre Vernichtungserwartungen ruhig.

Erster Schritt: Beginnen Sie vor einem Spiegel, angezogen oder auch nicht, ganz wie Sie wollen. Versichern Sie sich, daß Sie allein sind und daß Sie den größten Teil Ihres Körpers bequem sehen können.
Zweiter Schritt: Strecken und beugen Sie Ihre Muskeln. Strecken Sie Ihre Arme, Beine, den Hals und verziehen Sie dabei auch Ihr Gesicht. Versuchen Sie, alle Muskelpartien Ihres ganzen Körpers erst anzuspannen und dann wieder total zu entspannen.
Dritter Schritt: Nun stellen Sie sich vor, Sie würden von einem donnernden Orgasmus »überrannt«, wobei Ihre Muskeln zucken, Ihre Glieder sich verkrampfen und Sie stöhnen und schreien.
Vierter Schritt: Bleiben Sie eine Minute ruhig liegen und sinnen Sie einmal darüber nach, ob das Ihrer Meinung nach einem Orgasmus ähnelte oder nicht. Denken Sie mal darüber nach, wie sehr Sie das veränderte oder zerstörte.
Fünfter Schritt: Versuchen Sie es jetzt noch einmal. Denken Sie daran, daß ein Orgasmus in seiner Stärke variieren kann. Vielleicht

sollten Sie es mal nur mit einem leichten Schaudern versuchen oder mit einer langen Reihe von »Schluckaufs«. Versuchen Sie, alle Beschreibungen zu spielen, die Sie je hörten oder sich auch nur vorstellten.

Das Ziel der Übertreibung Ihrer Reaktion liegt darin herauszufinden, was denn nun wirklich mit Ihnen passiert, wenn Sie all Ihre Muskeln anspannen und dann wieder lockern. Sie werden es überleben. Manchmal ist es der beste Weg, die Angst direkt anzupacken, um damit richtig umzugehen. Wenn Sie selbst Ihre albernsten Erwartungen richtig herausspielen, dann kann die Wirklichkeit Sie kaum noch überraschen.

Wenn Sie sich nicht nur durch sich selbst gehemmt fühlen, weil Sie sich zugesehen haben, sondern auch noch durch Ihren Partner, wenn er Ihnen zusieht, dann sollten Sie das vielleicht mal zusammen machen. Es gibt Partner, die scheinen nur dann in Erregung versetzt zu werden, wenn sie sehen, daß Sie es selbst auch sind. Wenn Sie merken, daß Sie von ihnen beobachtet werden, verlieren Sie allen Enthusiasmus und werden wieder befangen. Mit ihnen darüber zu sprechen, wie Sie sich fühlen und dann das Orgasmus-Rollenspiel zusammen zu spielen, wird diese Angst vielleicht ein wenig verringern. Besser noch, wenn Sie versuchen können, die Rollen untereinander auszutauschen.

Zusammenfassung

Vielleicht ist es schwer, nun genau zu entscheiden, was Ihr Problem ist in Anbetracht all der Möglichkeiten und der Tatsache, daß die meisten Menschen eine Mischung all dieser Beispiele hier sind. Wenn Sie nicht klar herausstellen können, was davon auf Sie zutrifft, dann vertrauen Sie auf die praktischen Lösungen, die wir Ihnen zu Beginn dieses Kapitels vorgeschlagen haben, um sich weiterzubringen. Mit Geduld und genügender Praxis werden diese für Sie arbeiten. Es ist schwierig, diese Veränderungen vorzunehmen, und Sie können nicht sofortigen Erfolg erwarten. Gönnen Sie sich selbst genügend Zeit. Wenn nichts zu klappen scheint, vergessen Sie das Ganze für eine Weile, und kehren Sie später zu diesem Kapitel wieder zurück. Gehen Sie sicher, daß Sie Ihr Begleitheft dazu benutzen, Ihre Schwierigkeiten genauso zu notieren wie Ihre Erfolge. Die Begleithefttherapie funktioniert.

Ebenso wichtig ist Ihr Partner für den Erfolg Ihrer eigenen Veränderung. Erzählen Sie ihm, was Sie fühlen, was Sie brauchen und wie er Ihnen helfen kann. Manchmal hat der Partner bedauerlicherweise fest darauf gebaut, daß Sie sich nicht ändern. Wenn Sie dann plötzlich in der Lage sind, einen Orgasmus zu erleben, kann es sein, daß Sie ihn bedrohen und das Gefühl bekommen, Ihre Beziehung ändere sich. Das passiert nicht sehr oft, aber Sie sollten sich bewußt sein, daß ein Partner vielleicht das Gefühl bekommen kann, unbeteiligt, alleingelassen zu sein, nicht ebenbürtig zu sein oder unsicher. Falls Sie sich unerwartet verändern, seien Sie behutsam und rücksichtsvoll und lassen Sie ihn oder sie teilhaben an Ihrem Erfolg.

Impotente Männer

Einführung

Impotenz ist wahrscheinlich noch niederschmetternder für die Selbsteinschätzung eines Mannes, als es die Orgasmusunfähigkeit für die Frau ist. Die Vorstellungen der Männer von Mannhaftigkeit und Männlichkeit hängen oft von einem heiklen und zerbrechlichen Mechanismus ab, »einen hoch kriegen« genannt. Impotent zu sein, ist nicht nur eine Bedrohung Ihres Sexlebens. Es ist ein Ansturm gegen Ihre Zuversicht und Ihre Tauglichkeit in allen Bereichen des Lebens.

Außerdem kann selbst eine einzige Erfahrung mit der Impotenz der Anfang vom Ende sein, wenn Sie nicht akzeptieren, daß es ganz normal ist, von Zeit zu Zeit auch mal keine Erektion zu bekommen. Zu irgendeinem bestimmten Zeitpunkt macht wahrscheinlich die Hälfte aller erwachsenen Männer die Erfahrung oder hat Impotenz schon bis zu einem gewissen Grade am eigenen Leib erfahren.

Bis zu welchem Grade, ist eine kritische Frage. Ganz allgemein bedeutet Impotenz das Fehlen einer Erektion. Aber das schließt solche Variationen ein, wie etwa die Erektion nicht steif genug zu haben vor einem Geschlechtsverkehr oder zum Onanieren, bei einem Partner keine Erektion zu haben oder auch das Fehlen einer Ejakulation. Impotenz mag auch zurückgeführt werden auf körperliche Probleme, aber es ist wahrscheinlicher, daß der Grund dafür Angst ist. Das trifft besonders dann zu, wenn ein erster Fall von Impotenz dann zu mehr und mehr Erfahrungen des eigenen Versagens führt. Die Erwartung des Mißlingens ist selbst eine weit verbreitete Ursache des Scheiterns. Angst kommt auch von den Erfüllungserwartungen, die man an sich selbst stellt. Egal, wie wirklichkeitsfremd oder unnötig ausschweifend ihre Erwartungen auch sind, so haben dennoch viele Männer das Gefühl, sie müßten aber doch eigentlich in der Lage sein, unter *allen* Umständen zu funktionieren. Es ist seit kurzem beliebt, Frauen für die Impotenz des Mannes verantwortlich zu machen – die *cherchez-la-femme*-Erklärung für sexuelles Fehlverhalten des Mannes. Es *ist* wahr, daß die Ansprüche des Partners einen absolut ruinieren können. Aber vorher sind Sie schon Gefangener der Ansprüche, die Sie sich selbst auferlegen. Wenn Sie darüber beunruhigt sind, was ein Partner von Ihnen denkt oder ob Sie ihm oder ihr wohl noch gefallen, dann werden Sie sich vielleicht dabei ertappen, daß Sie Ihre Erwartungen neuen oder unsicheren Situationen gegenüber ganz wild übertreiben.

In diesem Kapitel beginnen wir mit praktischen Wegen, wie Sie Ihre Impotenz zu behandeln beginnen können, egal wo der Grund liegt und wie lange sie schon dauert. Später werden wir dann einen Blick auf einige der psychologischen oder körperlichen Hemm-Mechanismen der Potenz gegenüber werfen, die Sie zur gleichen Zeit erfahren können, wo Sie vielleicht gerade einige aktive, praktische Schritte dahin gehen, Ihre Schwierigkeiten zu überwinden.

Einige praktische Vorschläge für den impotenten Mann

Sich dazu zu bekennen, daß Sie impotent sind, ist ein ganz wichtiger Bestandteil dieser Selbsttherapie. Populärwissenschaftlich ausgedrückt sind Sie impotent, weil Sie zuviel darüber nachdenken. Es wird eine Voraussage, die sich immer wieder selbst zu erfüllen sucht.

Die Schwierigkeit bei dem Versuch, es aus Ihrem Gedächtnis zu streichen, liegt darin, daß es irgendwie immer da ist, indem es sich in irgendeinem stillen Winkel Ihres Bewußtseins verbirgt.

Wenn Sie irgendwann Erfahrungen mit der Impotenz gemacht oder eine solche gerade jetzt haben, dann geben Sie doch hier einmal eine Beschreibung davon. Beginnen Sie damit, wie sie zum ersten Mal auftrat, wann sie jetzt auftritt, und fügen Sie auch hinzu, bei wem sie sich bemerkbar macht und an welcher Stelle des Sexspiels oder der Erregung. Das heißt, bekommen Sie eine Erektion, die sich zu einem bestimmten Zeitpunkt wieder abbaut, oder ist es einfach so, daß Sie eine Erektion überhaupt nicht erst bekommen? Haben Sie allein ohne Partner eine Erektion? Schreiben Sie all das über Ihr Problem auf, von dem Sie meinen, es sei wichtig.

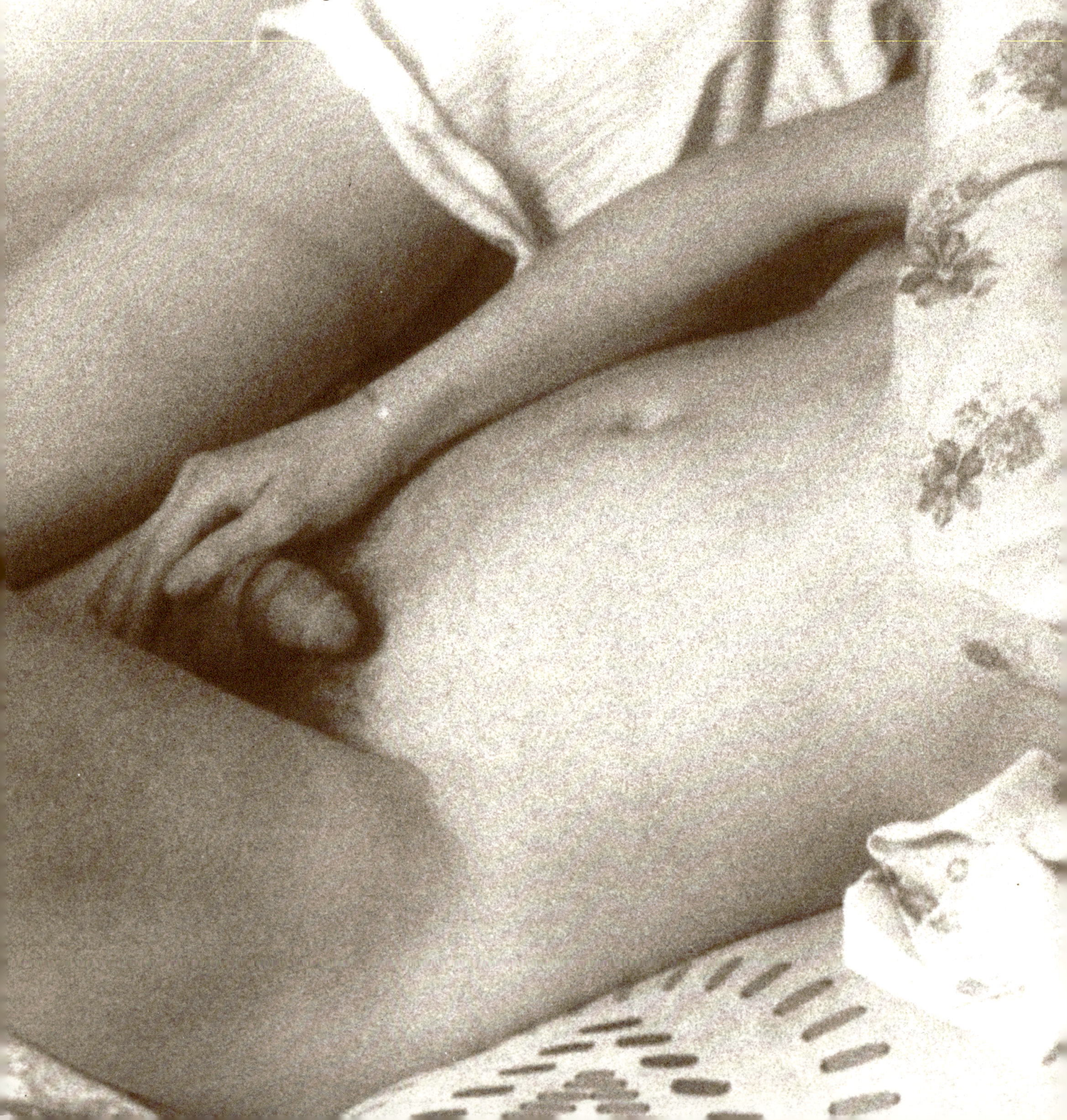

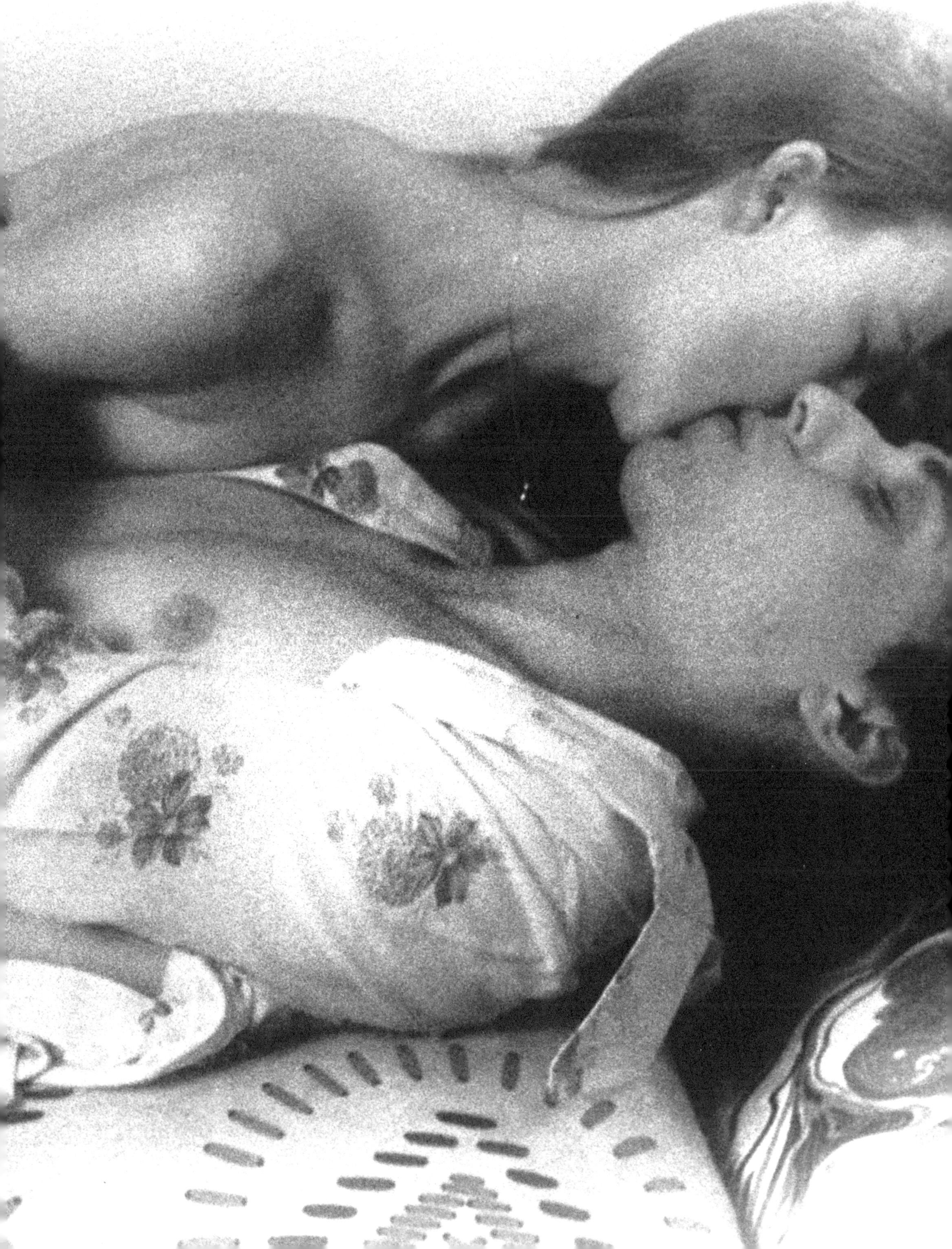

Gibt es jemanden, dem Sie diese Beschreibung zeigen würden? Einige von Ihnen würden sie bestimmt niemandem zeigen. Einige würden sie am liebsten aus dem Buch herausreißen. Andere würden sie nur jemandem zeigen, dem sie zutrauten, daß er von dieser schwierigen Materie auch Ahnung hat, wie etwa ein Psychiater oder ein Urologe. Einige schreiben wahrscheinlich gar nichts auf. All dieses Tun weist hin auf das Gefühl, daß Sie sich selbst zu helfen nicht in der Lage sind, was aber, wie Sie noch sehen werden, nicht unbedingt stimmt.

Die einzige von außen kommende Quelle, die Ihnen an diesem Punkt wirklich helfen könnte, ist Ihr Partner, wenn Sie einen haben. Sie oder er kann eine bedeutende Rolle spielen, Ihnen dabei behilflich zu sein, daß Sie sich selbst helfen können. Aber Sie müssen einem Partner einprägen, daß Sie tatsächlich ein Problem *haben*, daß dieses Ich-Bezogenheit erfordert für Sie selbst und Selbstaufopferung für die anderen.

Obwohl die meisten Partner mehr als genug zu helfen bereit sind, sollte Ihnen doch klar sein, daß viele auch das Gefühl haben können, benutzt zu werden, weil Sie ja einen Dienst verlangen, der die anderen in eine nicht ganz einfache Lage hinsichtlich Ihrer gemeinsamen Beziehung versetzt. Sie müssen Nachdruck legen auf die ernste Bedeutung Ihrer Impotenz und darauf, wie dankbar Sie sein werden, wenn die anderen Ihnen ihre Aufmerksamkeit zukommen lassen und für eine gewisse Zeit ihre eigene Befriedigung einmal hintanstellen. Das Endergebnis sollte Ihnen beiden irgendwie mehr Genugtuung verschaffen. Sie könnten vielleicht sogar vorschlagen, als Gegenleistung selbst etwas Sexuelles oder Nichtsexuelles für den anderen zu tun.

Ein Partner könnte das Gefühl haben, Sie benutzen Ihre Impotenz, um ihn zu verführen oder in ihm Mitleid hervorzurufen. Dummerweise ist das eine für den wirklich impotenten Mann nicht unübliche Masche. Ein Partner, der früher einmal in dieser Weise ausgenutzt worden ist (besonders von Ihnen selbst), bleibt natürlich mißtrauisch gegenüber einem nach eigenen Angaben impotenten Mann. Das beste Mittel, dem entgegenzuwirken, besteht darin, den Einwand vorwegzunehmen und ihn gleich richtigzustellen.

Einige Partner fühlen sich unsicher und Ihrer Impotenz nicht gewachsen. Sie glauben, es sei ihre Schuld, daß Sie bei ihnen impotent sind. Wenn sie mehr sexy wären, erfahrener, liebevoller und so weiter, dann wären Sie auch nicht impotent. Wenn sie dann auch noch um Hilfe gebeten werden, gibt ihnen vielleicht nur noch mehr das Gefühl, etwas falsch zu machen.

Sie müssen ganz klar herausstellen, daß das *Ihr* Problem ist und daß *Sie* derjenige sind, der Hilfe braucht. Sowohl Männer als auch Frauen haben oft etwas an ihren Partnern auszusetzen, wenn es sexuelle Schwierigkeiten gibt. Ärgerlicherweise aber sind zusätzliche Vorwürfe nun überhaupt nicht dazu angetan, Probleme zu verringern. Es ist klüger für jeden Partner, die Verantwortung für eine Veränderung zu übernehmen und Vorwürfe aus seinem Repertoire zu streichen.

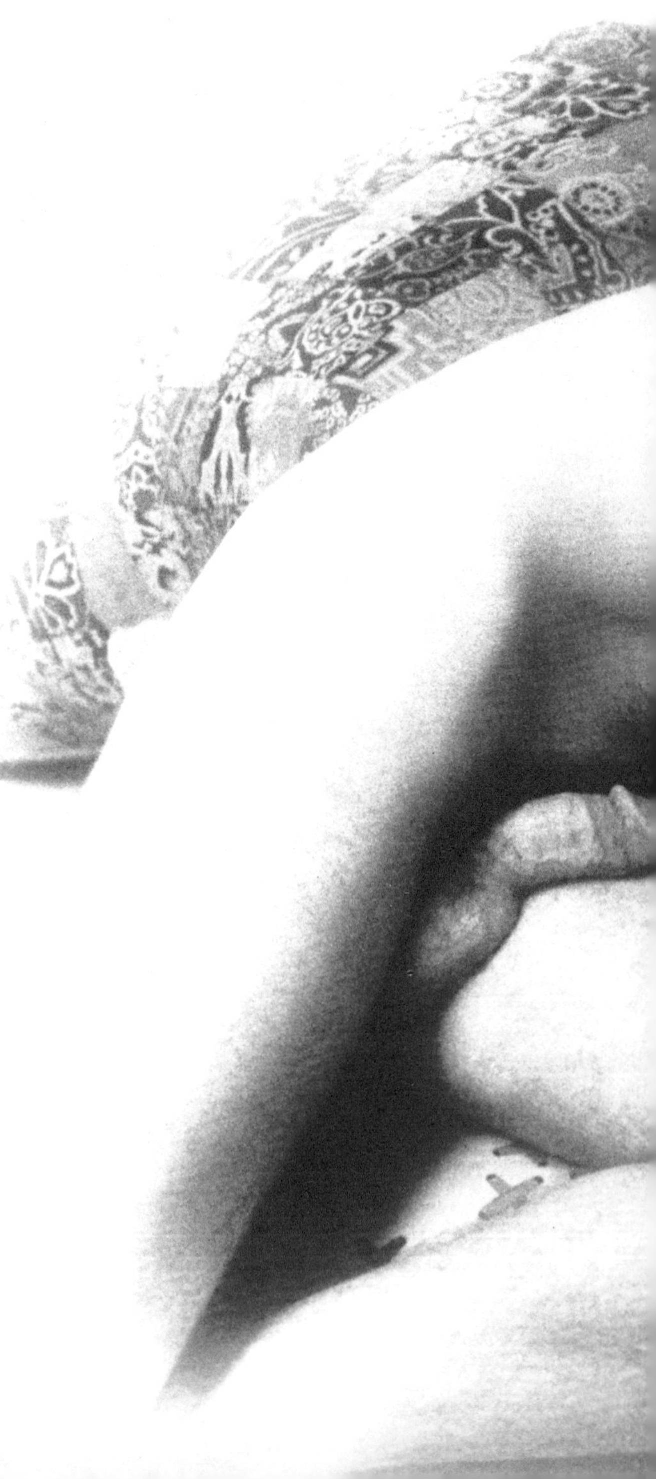

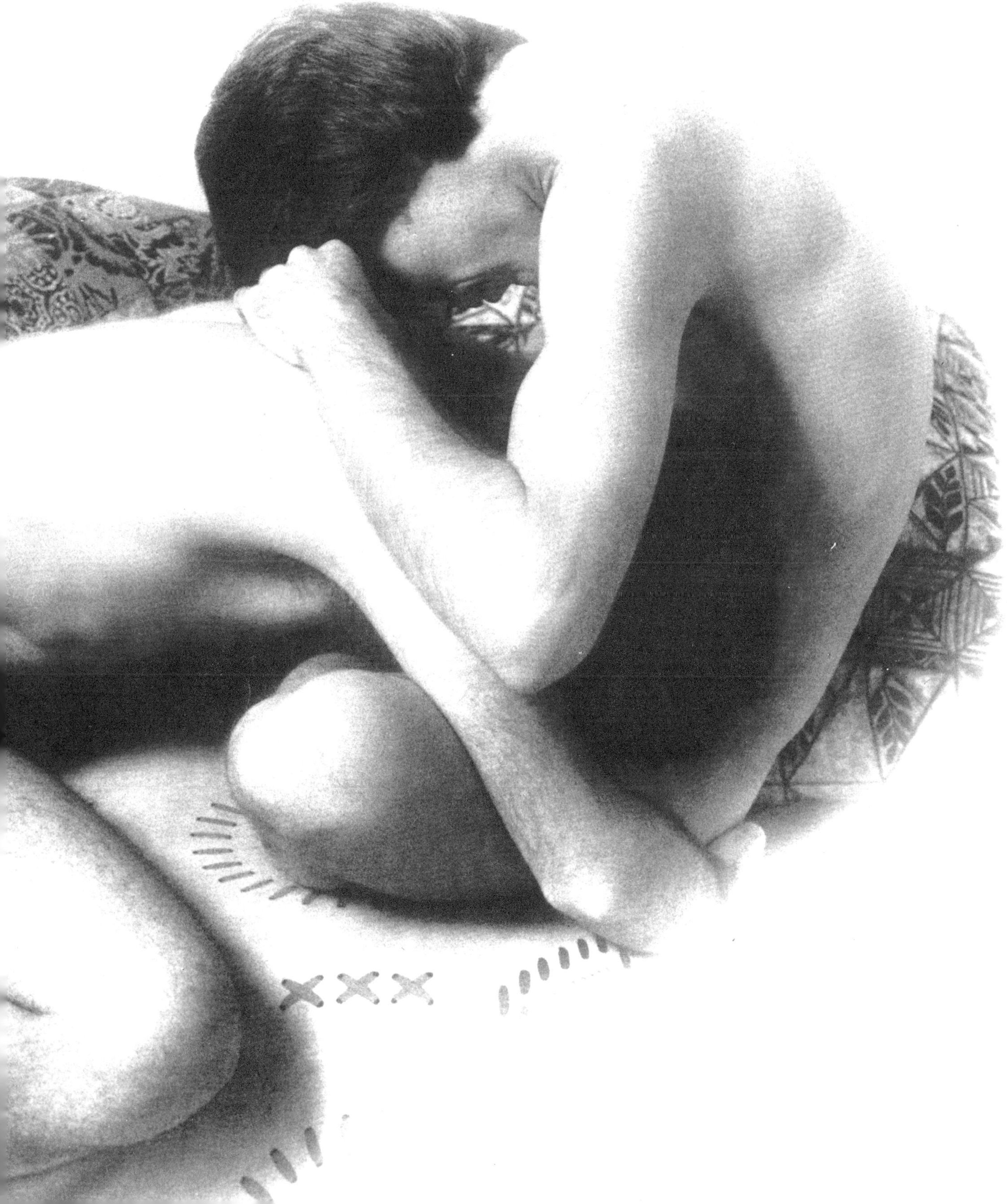

Es gibt sehr wenig Männer, die wirklich impotent sind. Selbst wenn Sie keine Erektionen dann bekommen, wenn Sie es selbst wollen, so bekommen Sie doch vielleicht ganz spontan welche. Vielleicht, wenn Sie aufwachen, während Sie etwas betrachten oder lesen, nach irgendwelchen körperlichen Anstrengungen. Benutzen Sie den Platz hier unten, um aufzuschreiben, wann, wo und bei wem Sie Erektionen haben.

Das Auftreten solch spontaner Erektionen zeigt, daß der Versteifungsreflex nicht beeinträchtigt ist. Wenn Sie nie oder längere Zeit nicht irgendwelche Erektionen gehabt haben, dann überschlagen Sie vielleicht die psychologischen und körperlichen Beschreibungen in diesem Kapitel, bevor Sie diese praktischen Vorschläge verwirklichen. Es ist ja möglich, daß Ihr Problem nicht bloß eine Sache des Wiedererlernens ist.

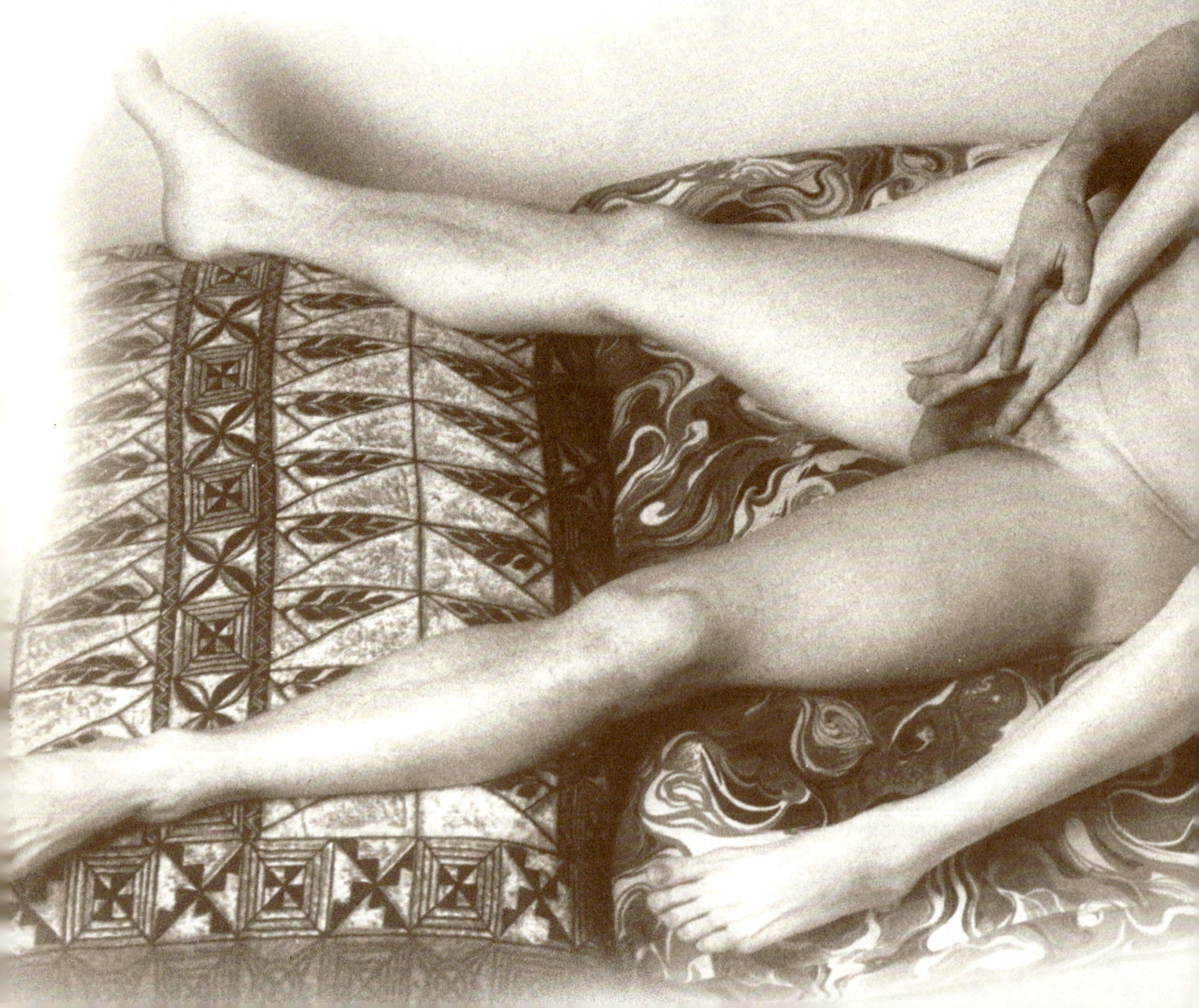

Die folgenden Vorschläge sind gedacht zur täglichen Anwendung in einem längeren Prozeß. Überspringen Sie nichts, wenn Ihnen die ersten Schritte zu langsam erscheinen. Machen Sie alles Schritt für Schritt und in gemächlichem Tempo, wobei Sie sich einen täglich festen Zeitpunkt setzen, um zu üben. Setzen Sie sich auch eine gute Dauer zum Üben – vielleicht jedesmal eine Viertelstunde. Hören Sie auf, wenn die dafür bestimmte Zeit um ist, egal was gerade passiert. Einfach deswegen, weil das Gefühl der Erregung am Ende Ihrer Sitzung ja nicht bedeutet, daß Sie morgen diese Erregung nun nicht mehr erleben würden.

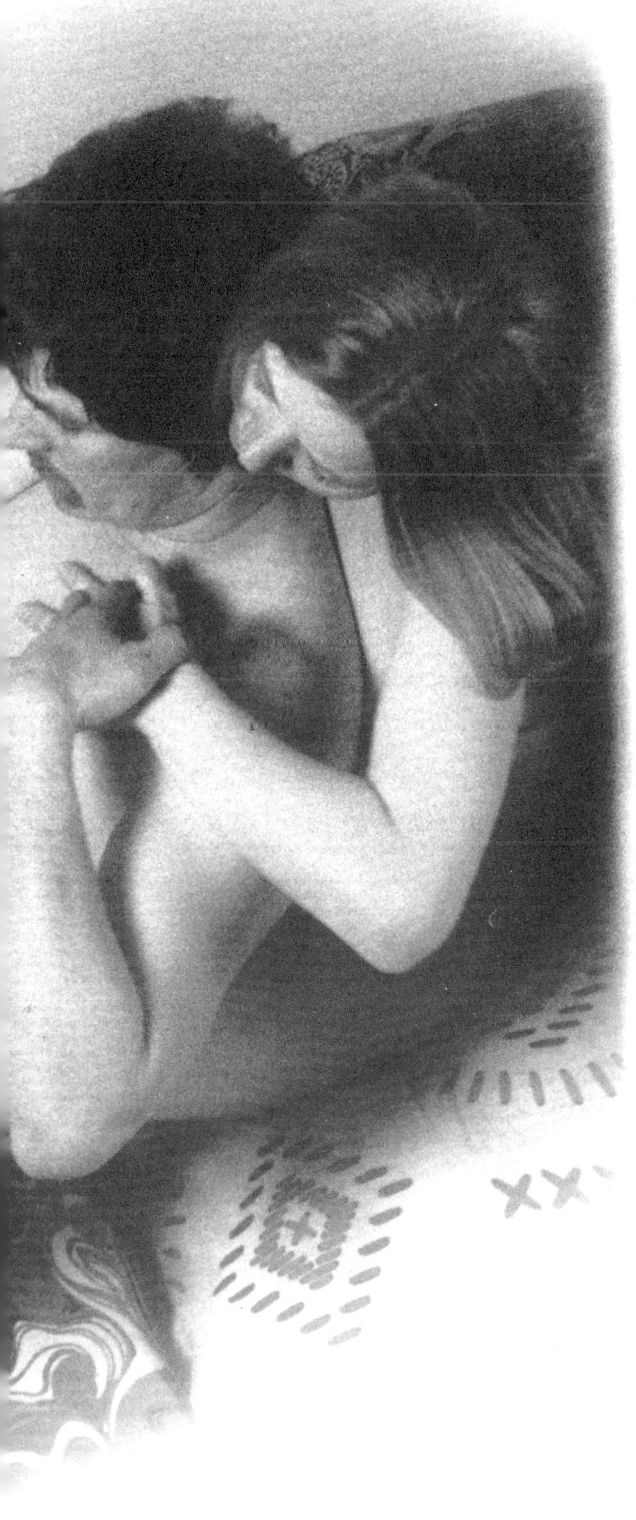

Erster Vorschlag: Sie werden jetzt einmal all den Druck, bestehen zu müssen, abbauen, indem Sie sich ein paar Tage lang darauf konzentrieren, was Ihnen sexuell Spaß macht und Sie erregt, ohne daß es gleich eine Erektion oder Ejakulation ist. Sie können damit anfangen, daß Sie es sich bequem machen, daß Sie entspannt sind, etwas Musik spielen, duschen, sich ein bißchen Zeit und Raum zum Zurückziehen auf sich selbst gönnen.

Zweiter Vorschlag: Heute können Sie mit dem beginnen, was Sie in Erregung versetzt. Vielleicht hätten Sie gern, daß Ihre Partnerin etwas für Sie tut. Sie könnte Sie einer Pediküre unterziehen oder sich für Sie in Positur setzen. Vielleicht sind Sie aber auch lieber allein, nackt, lesen etwas Erotisches oder lassen Ihrer Fantasie freien Lauf. Spielen Sie diesen und andere Vorschläge mit Hilfe Ihres Partners durch (falls Sie einen Partner haben und seine oder ihre Hilfe annehmen wollen).

Dritter Vorschlag: Nun können Sie Ihren Körper in nacktem Zustand erforschen, wenn Sie das nicht schon gemacht haben. Schenken Sie Ihrem erschlafften Penis besondere Aufmerksamkeit. Wenn er jetzt gerade nicht schlaff ist, dann warten Sie, bis er es ist. Ein Teil Ihres Problems könnte darin liegen, daß Sie sich mit Ihrem Penis nicht wirklich wohlfühlen oder nicht stolz auf ihn sind, es sei denn, er ist steif. Sie müssen ihn auch betrachten und von jemand anderem anschauen lassen, wenn er herabhängt. Es kann durchaus sein, daß Sie mit Ihrem Partner nicht oft genug in einer nichtgenitalen, aber dennoch durchaus sexuell gestimmten Situation standen. Vielleicht übertragen Sie Ihre eigenen Zweifel, die Sie Ihrem Penis gegenüber hegen, auf Ihren Partner. Frauen finden einen schlaffen Penis nicht etwa schockierend oder reizlos. Wenn Sie keinen Partner haben, der auch bei schlaffem Penis bei Ihnen ist, so stellen Sie sich solch eine Situation einmal vor und achten Sie auf Ihre Gefühle, die Sie dabei haben.

Vierter Vorschlag: Der nächste Schritt besteht darin, daß Sie sich ein wenig zu erregen versuchen, indem Sie Ihre Genitalien streicheln oder von einem Partner zärtlich berühren lassen. Das Ziel ist hier nicht Beischlaf oder Samenerguß; wenn Sie also das Gefühl haben, Ihr Penis schwillt ein wenig an oder wird etwas schwerer oder ganz und gar steif, so lassen Sie es einfach wieder abklingen. Fahren Sie dann fort mit dem Streicheln und dem Sexspiel. Wenn Ihr Penis sich wieder bemerkbar macht, werfen Sie einen Blick auf ihn und lassen Sie das Gefühl wieder abebben. Beschreiben Sie sich oder einem Partner laut, wie diese Schwere oder Erektion aussieht oder wie sie sich anfühlt.

Vorschlag viereinhalb: Wenn Sie diese ganze Übung hindurch keine Erektion bekommen, so machen Sie trotzdem weiter. Es

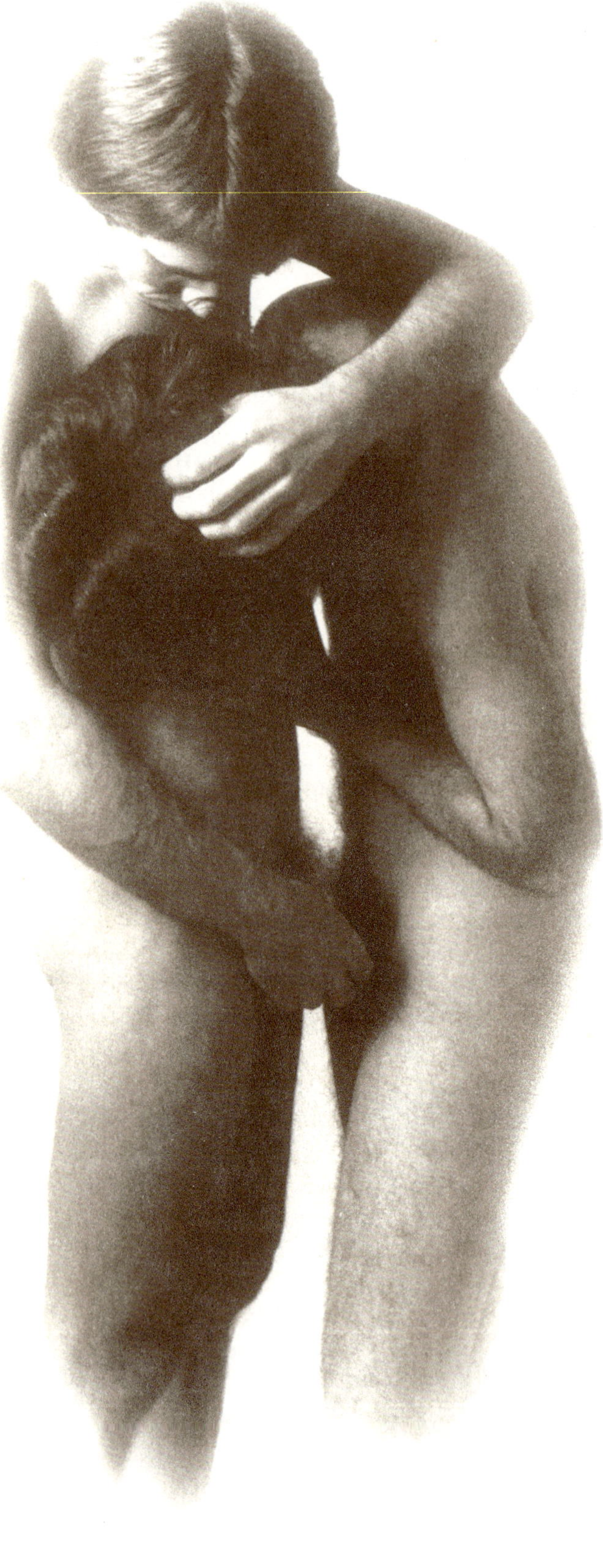

braucht Zeit und Geduld, um sich wohlzufühlen, besonders wenn noch jemand bei Ihnen ist. Haben Sie das Gefühl, Ihr Partner mache Sie gehemmt, so bitten Sie ihn oder sie, doch für eine Weile in einen anderen Raum zu gehen, während Sie sich allein mit sich beschäftigen. Sie können natürlich auch ohne Partner gehemmt sein, indem Sie sich einfach selbst so intensiv und erwartungsvoll betrachten. Wenn Sie das Gefühl haben, dies sei ein Problem, warum gönnen Sie sich dann nicht einmal eine gründliche Selbsterforschung und beobachten sich so lange in einem Spiegel, bis Sie all das genügend betrachtet haben, was es da so zu sehen gibt?

Vorschlag vierdreiviertel: Ein weiterer Weg, die Hemmungen in den Griff zu bekommen, ist der, sich eine Weile auf den Partner zu konzentrieren. Wenn Sie ohne Partner sind, so können Sie Ihrer Fantasie darüber freien Lauf lassen, was Sie Erregendes täten, wenn jemand da wäre. Streicheln Sie ihn oder sie, wo *Sie* wollen (nicht so wie sie es von Ihnen möchten oder wo Sie meinen, daß die anderen es von Ihnen möchten). Küssen Sie, wo *Sie* hinküssen wollen. Versuchen Sie, sie oder ihn so zu erregen, wie es Sie selbst erregt. Vielleicht finden Sie heraus, daß Sie jemanden erregen und erfreuen können, ohne dabei überhaupt Ihren Penis mit ins Spiel zu bringen.

Fünfter Vorschlag: Wenn Sie nun tatsächlich einige Male hintereinander eine Erektion bekommen und auch wieder abklingen lassen können, dann sind Sie auch fähig zum Samenerguß, wenn Sie es wollen. Aber nicht *in* Ihrem Partner. Das Wichtige ist jetzt Sex – Erregung, Erektion und sogar Samenerguß – ohne Geschlechtsverkehr.

Sechster Vorschlag: Wenn Sie eine Erektion haben und einen Partner, und Sie haben bei beiden ein ziemlich gutes Gefühl, dann können Sie versuchen, Ihren Penis einfach in die Vagina oder in den Mund zu bringen. Bitten Sie Ihren Partner, Ihren Penis hineinzuführen. Das geht wohl am leichtesten, wenn sie oder er oben liegt (siehe Foto). Wenn nicht, so versuchen Sie selbst, oben zu liegen. Stoßen Sie nicht, bewegen Sie sich nicht, und tun Sie nichts in Hast. Bleiben Sie ganz ruhig liegen und ziehen Sie den Penis dann heraus. Vielleicht verlieren Sie Ihre Erektion sofort oder haben gleich einen Samenerguß, das soll Sie aber überhaupt nicht stören. Kehren Sie wieder zurück zur Erregung ohne Koitus, oder verbringen Sie etwas Zeit damit, ein bißchen miteinander zu reden.

Siebter Vorschlag: Nachdem Sie einige Erfahrungen damit gesammelt haben, ganz ruhig in der Vagina oder im Mund zu bleiben, können Sie Ihren Partner bitten, sich unter Ihrer Anleitung ein bißchen zu bewegen. Dann bitten Sie sie oder ihn anzuhalten, während Sie sich bewegen. Verfahren Sie so, bis Sie sich beide wohlfühlen und Sie in der Lage sind, Ihre Erektion oder Beinahe-Erektion einige Minuten lang aufrechterhalten zu können. Dann können Sie es zum Samenerguß kommen lassen, wenn Sie wollen.

Vorschlag siebeneinhalb: Haben Sie das Gefühl, Sie können nicht ejakulieren, wenn Sie erst einmal in der Vagina oder im Mund sind, dann ziehen Sie Ihr Glied wieder heraus und gönnen Sie sich noch mehr von dem, was Sie erregt, oder kommen Sie draußen. Kommen Sie während Ihrer nächsten Sitzung immer näher heran an die Vagina, den Mund oder den After, bis Sie einen Orgasmus haben können, wenn Sie gerade eben und dann auch ganz drin sind.

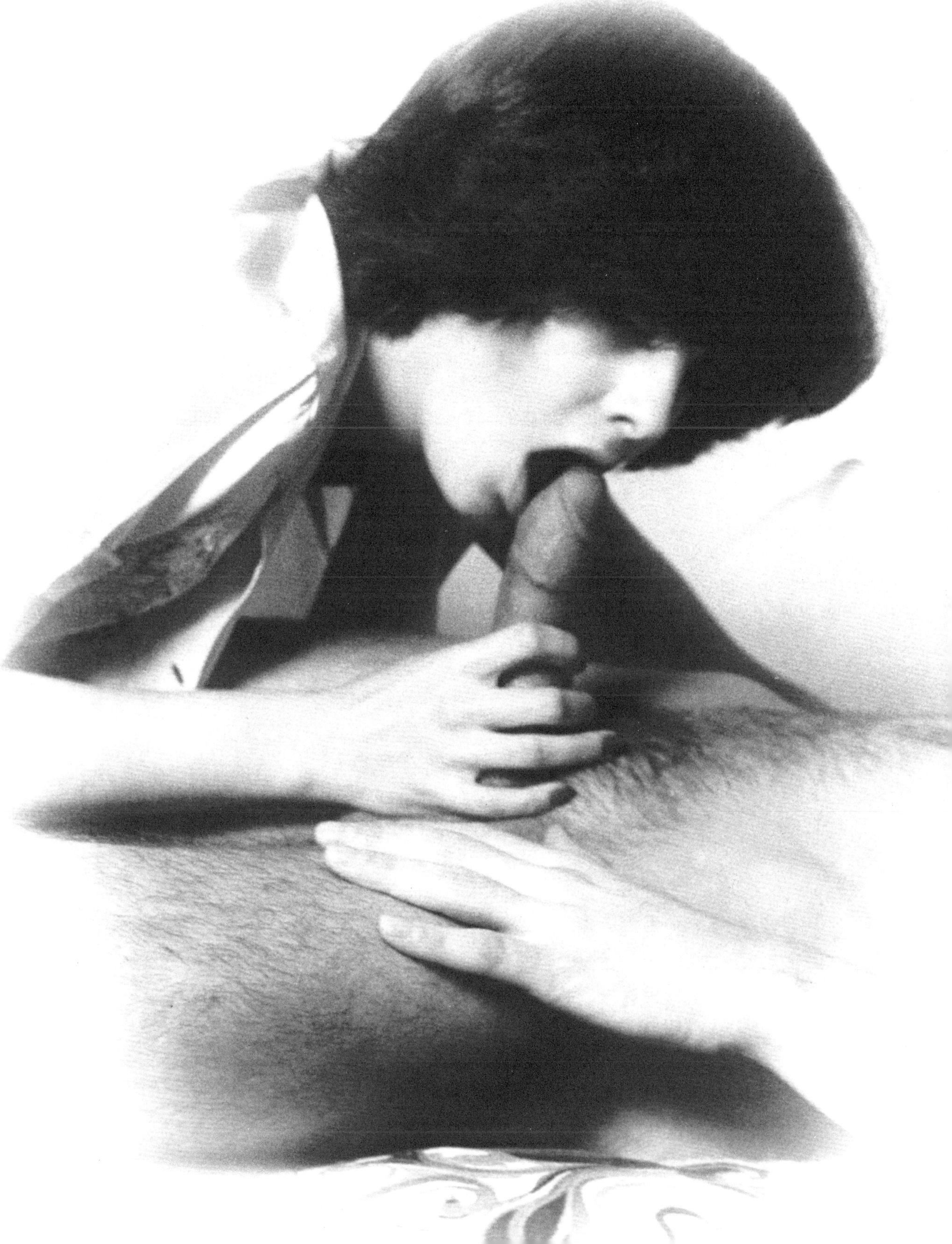

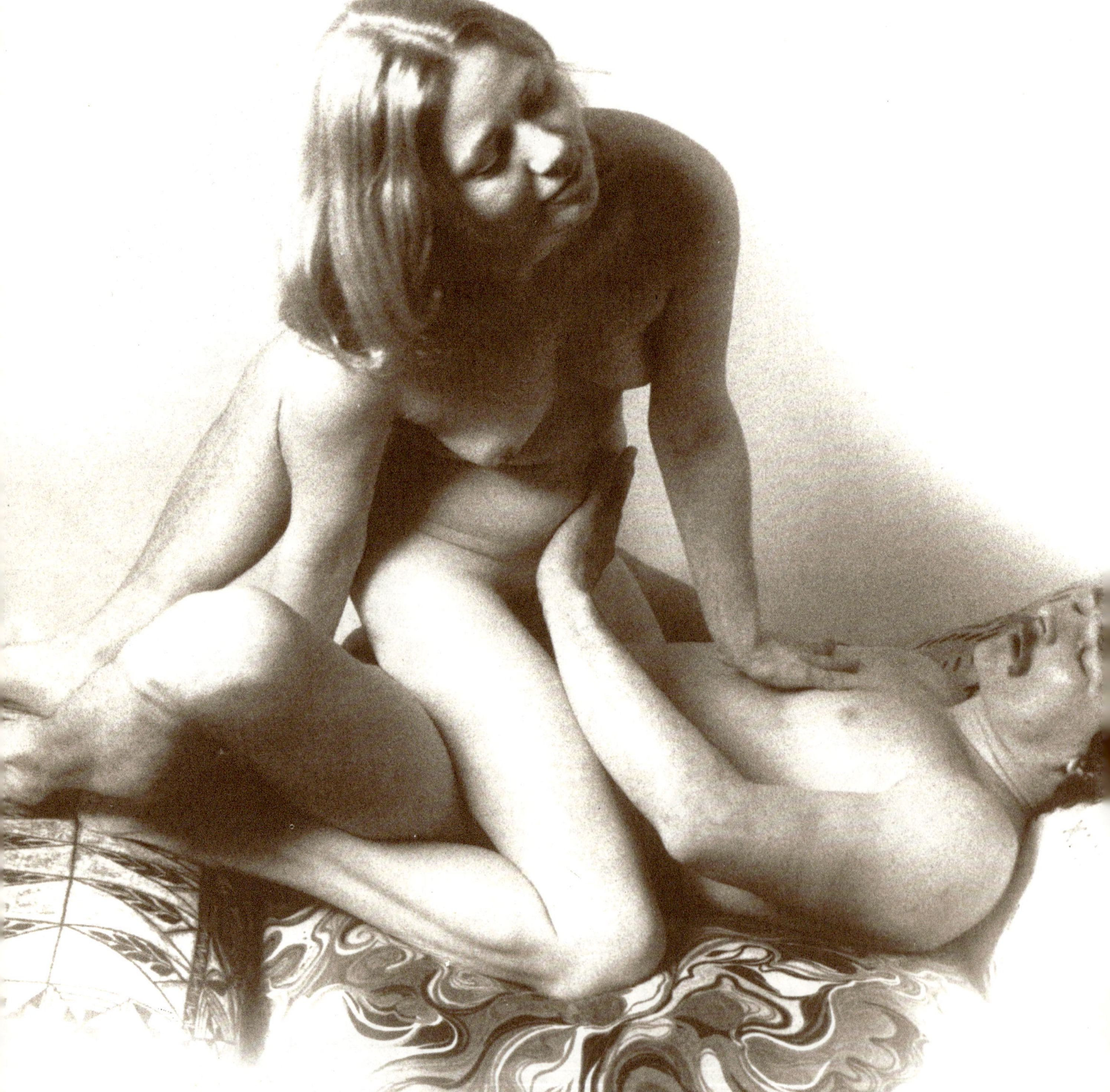

Vorschlag siebendreiviertel: Wenn Sie das Gefühl haben, daß Sie Ihre Erektion gerade dann verlieren, wenn Sie kurz vor oder in Ihrem Partner sind, dann müssen Sie ein paar Dinge versuchen. Zuallererst kann Ihre Partnerin Ihren schlaffen oder halbschlaffen Penis ganz sanft hineinschieben und ihn dort einfach halten. Wenn Sie nicht genügend erregt ist, benutzt sie vielleicht etwas Feuchtigkeitscreme oder Vaseline, um das zu erleichtern. Dann kann sie ein paar versuchweise Bewegungen machen, wobei Sie dazu Anweisungen geben. Wenn Sie dabei kein steifes Glied bekommen, ziehen Sie es wieder heraus und versuchen für eine Weile andere Betätigungen. Dann versuchen Sie es nochmal. Diese Übung wird Ihnen beibringen, die Vagina oder den Mund zu ertragen und Ihre Empfindlichkeit ihnen gegenüber zu verringern. Als nächstes kann Ihr Partner Sie noch extra stimulieren, während Sie schon drin stecken. Sie oder er kann herumfassen zu Ihren Hoden, Ihrer Dammgegend, dem After und kann auch den Schaft Ihres Gliedes umfassen, wenn Sie das mögen.

Achter Vorschlag: Wie Sie selbst sehen können, ist das eine Kur, die so angelegt ist, daß Sie Ihre Lage schrittweise immer mehr akzeptieren, ebenso wie das Anerkennen Ihrer eigenen Reaktionen und Ihre Toleranz einem Partner gegenüber. Sie selbst sind der, der die Grenzen und das Tempo am besten bestimmen kann. Sie dürfen nie vergessen, daß Sie das alles für sich selbst tun, nicht für Ihren Partner. Wenn Sie sich dabei jemals mutlos fühlen, dann unterbrechen Sie alles und kommen später wieder darauf zurück. Kurze Sitzungen sind dabei sowieso besser als lang andauernde.

Sollten Sie keinen Dauerpartner haben und merken, daß Ihr Problem nur dann existiert, wenn Sie mit jemandem zusammen sind, dann können Sie trotzdem viele dieser Vorschläge gebrauchen, selbst wenn die andere Person die Therapie nicht kennt. Zum Beispiel können Sie Ihre Impotenz zugeben, sie enthüllen, sich darauf konzentrieren, was Ihnen an diesem Partner gefällt. Ihm oder ihr gefällt das vielleicht auch. Es kann durchaus sein, daß Ihre Hand und Ihr Mund, die viel mehr unter Ihrer Kontrolle stehen, als Ihr Penis, ihr oder ihm überaus wohlige Befriedigung verschaffen, während Sie das gleichzeitig von Druck befreit.

Es ist wichtig, nicht von einem Problem wie diesem loszulassen, wenn Sie erst einmal daran arbeiten. Diese Vorschläge sind der Startplatz, aber sie vermitteln nicht sofortige Potenz. Gönnen Sie sich selbst viel Zeit und eine Menge Aufmunterung.

Es ist bei sexuellen Dingen immer möglich, daß man auch noch anderes erledigen muß, während man gerade von neuem erlernt, wie man empfänglich wird für das, was von außen kommt. Lesen Sie einmal die nächsten beiden Abschnitte, um sicher zu gehen, daß es für Sie nichts mehr gibt, vor dem Sie vielleicht immer noch auf der Hut sein müßten. Manchmal reicht es, in der dargestellten Weise an seiner Erregungsfähigkeit zu arbeiten, egal was sonst außerdem noch damit in Zusammenhang steht. Und diese sonstigen Dinge zu klären, bedeutet noch lange nicht, daß Sie nun empfindsam sind. Aber Sie können an beidem zur gleichen Zeit arbeiten.

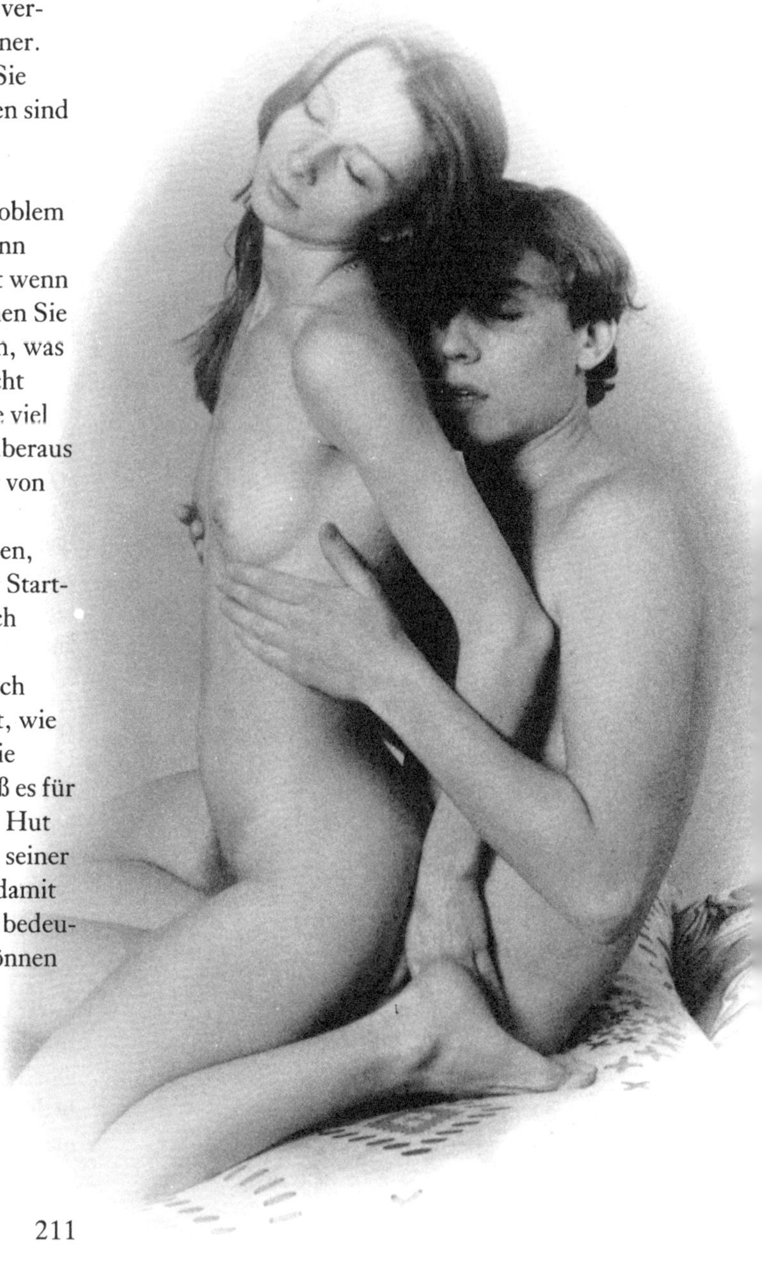

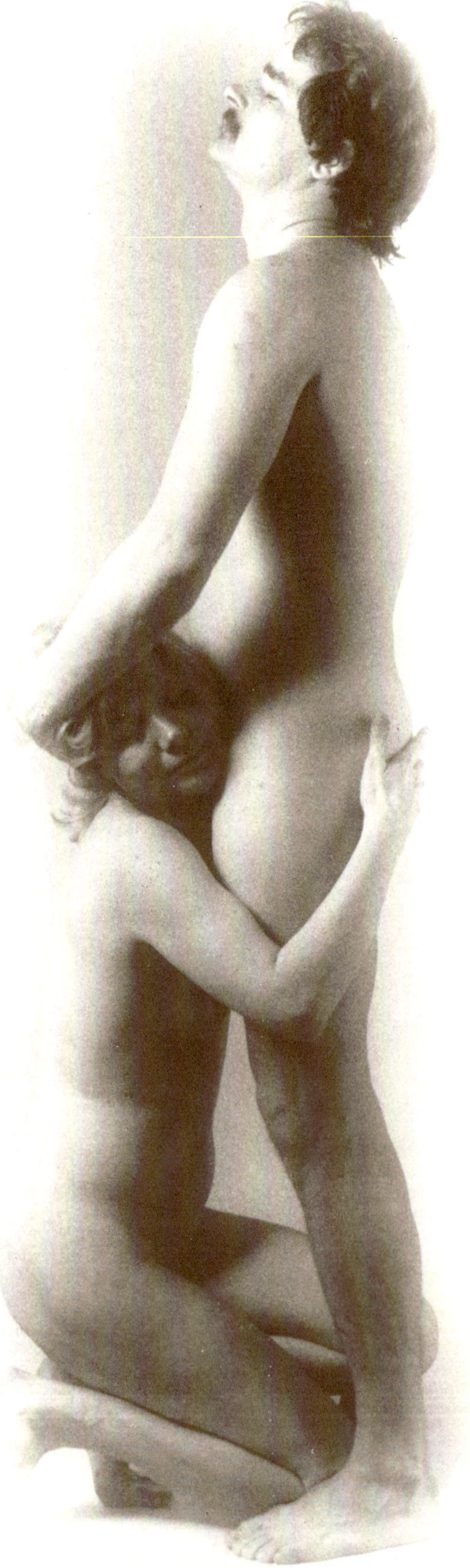

Psychologische Probleme

Männer scheinen genauso viele – wenn nicht gar mehr – psychosexuelle Probleme zu haben wie Frauen. Viele davon ähneln denen von Frauen, besonders was die Erziehung und durchgemachte Erfahrungen angeht. Die beiden typischsten Reaktionen allerdings, die zur Impotenz führen, finden wir nur beim Mann, und sie sind Verbindungen von verschiedenen Symptomen, die dann alle auf einmal auftreten.

Rory war eines Abends betrunken und bekam keine Erektion. Es war das erste Mal, daß ihm so etwas passierte, und er war gekränkt. Er machte sich Sorgen, ob er wohl impotent sein könnte, und dann fand er heraus, daß es tatsächlich so war.

Alkohol wirkt teilweise zerstörerisch auf den Versteifungsreflex, und es ist bei einem Mann nichts Ungewöhnliches, daß er Impotenz zum ersten Mal erfährt, nachdem er zuviel getrunken hat. Wenn Sie Alkohol und Impotenz nicht in Verbindung bringen, dann können Sie wie Rory durchaus denken, daß so etwas Ähnliches vielleicht wieder passiert. Der Alkohol plus zusätzliche Angst vor dem Versagen plus weiterer Alkohol bringen dann mit sich, daß normale Sexualfunktionen nicht mehr ablaufen.

Das passiert nun nicht nach einem Glas, aber ausgedehnter, regulärer Alkoholkonsum kann zu solchem Ergebnis führen. Wahrscheinlich glaubt Rory, ein bißchen Alkohol würde ihn beruhigen. Da liegt sein Denkfehler. Andere Männer versagen vielleicht bei einer neuen Partnerin. Wenn sie nicht darüber nachdenken, geht vielleicht alles gut, aber sie würden dann ihren Erfolg einer falschen Sache zuschreiben. Das könnte dazu führen, daß eine Ehe oder Beziehung zerbricht und das gleiche dann immer wieder von neuem passiert. Offensichtlich besteht die beste Therapie gegen dieses Syndrom darin, den Alkohol auszuschließen und anschließend damit zu beginnen, die Vorschläge weiter vorn in diesem Buch zu benutzen, um Vertrauen und Empfindsamkeit wiederzuerlangen. Wenn Sie Schwierigkeiten haben, mit dem Trinken aufzuhören, dann liegen vielleicht auch noch andere Probleme vor. Männern, die genau wissen, daß Alkohol ihrem sexuellen Wohlergehen schadet, die aber trotzdem weitertrinken, kann dieses Versagen sehr auf die Nerven gehen.

Harry hat schon immer das Problem gehabt, zu schnell zu kommen. Einer der Gründe, warum er Shary heiratete, war seine Annahme, daß sie es nicht zu bemerken schien. Kürzlich kam es zu einigen recht handfesten Streitereien, in deren Verlauf Shary auch Harrys fehlendes »Stehvermögen« zur Sprache brachte. Obwohl sie immer noch regelmäßig miteinander Sex haben, ist Harry bei einigen Malen impotent gewesen.

Es ist nach Masters und Johnson für Männer nicht ungewöhnlich, impotent zu sein, wenn sie in der Vergangenheit schon die Erfahrungen damit gemacht haben, zu schnell zum Orgasmus zu kommen. Das bedeutet nun nicht, daß alle Männer, die zu schnell kommen, auch gleich impotent werden. Es heißt nur, daß sich manchmal die Tatsache, über Jahre hinweg die Ejakulation nicht kontrollieren zu können, bei manchen Menschen ausweitet zu einem totalen Fortfallen der Reaktionsfähigkeit.

Es klingt jedoch, als ob zwischen Harry und Shary auch sonst noch einiges ungeklärt ist. So kann es zum Beispiel sein, daß Shary es Harry immer verübelte, daß er zu schnell kam. Obwohl er glaubte, daß es ihr nichts ausmachte, ärgerte sie sich vielleicht doch darüber. Es kann durchaus sein, daß er das unbewußt merkte und Angst davor hatte. Obwohl er es fertig brachte, sich auf der Ebene des Bewußtseins einzureden, daß alles in Ordnung sei, so konnte er aber tatsächlich doch das Gefühl seiner Unzulänglichkeit spüren.

Shary könnte vielleicht durchaus Vergnügen haben an Sex mit Harry und wegen einer ganz anderen Sache fürchterlich wütend auf ihn sein. Sein vorzeitiger Orgasmus hat sie vielleicht gar nicht besonders gestört, aber sie weiß, daß hier seine schwache Stelle zu treffen ist, und wenn sie wütend ist, dann greift sie zu dem, was am nächsten liegt. Oder es kann durchaus sein, daß sie sich immer gewünscht hat, daß das Sexuelle beim Beischlaf besser klappen würde, hat aber Angst gehabt, mit ihm darüber zu reden, weil er sie sonst vielleicht verlassen oder gekränkt sein könnte, und sie hätte dann das zerstört, was sie sich zusammen aufgebaut haben.

Es sieht ganz so aus, als ob die beiden wirklich nicht besonders viel miteinander geredet haben. Ohne Zweifel ist es schwer, über Sex zu reden. Aber es kann auch das Wichtigste sein, worüber man einmal reden muß. Sehr oft zögert der eine Partner, das einmal zur Sprache zu bringen, weil er Angst davor hat, den anderen zu verletzen oder sich von ihm zu entfremden. Für gewöhnlich heißt das, daß die betreffende Person Angst hat, selbst verletzt oder abgewiesen zu werden. Achten Sie einmal bewußt darauf, ob widerstrebende Gefühle auftreten, wenn Sie mit einem Partner solche Probleme ansprechen. Es können nämlich auch Ihre eigenen Gefühle sein, vor denen Sie Angst haben. Harry und Shary müssen zusammen sprechen über den Verlauf ihrer sexuellen Erfahrungen. Sie müssen zusammen darüber nachdenken, was jeden in diese Beziehung hineingeführt hat und dann darüber, wie sie sich jeder veränderten und entwickelten in dieser Beziehung, besonders hinsichtlich ihrer sexuellen Bedürfnisse. Wenn Sie eine ebensolche Entwicklung mit falschem Anfang und fehlender Kommunikation hinter sich haben, dann sollten Sie vielleicht im folgenden einmal eine Analyse dessen niederschreiben, was Ihrer Meinung nach passierte und danach auch, was nach Meinung Ihres Partners wohl geschah. Wenn Ihnen danach ist, so können Sie ja auch Ihren Partner darum bitten, das gleiche zu tun. Selbst falls Sie das Niedergeschriebene auch nicht in allen Details miteinander vergleichen werden, so wird diese Übung doch bei Ihnen beiden veranlassen, daß Sie darüber nachdenken, wie Sie das korrigieren können, was bisher falsch gelaufen ist.

Für mich war Sex immer ______________________________

____

____

____

Während meiner Beziehung mit __________ wurde Sex __________

____

____

Für __________ war Sex ______________________________

____

____

Während __________ 's Beziehung zu mir wurde Sex __________
____
____

Die Entwicklungsgeschichte sexueller Probleme geht weiter zurück als nur bis in die Anfänge der jetzigen Beziehung. In den folgenden Beispielen ist all diesen Männern in ihrer Jugend etwas widerfahren, das mit ihrer jetzigen Impotenz in teilweisem Zusammenhang steht.

Toms Bruder nahm diesen mit zu einer Prostituierten, als er fünfzehn war. Tom war als letzter an der Reihe, nach seinem Bruder und einer Reihe guter Freunde. Als die Reihe an ihm war, stand Tom ohne Erektion da. Seit dieser Zeit hat er Schwierigkeiten, mit einem Partner zusammen eine Erektion zu bekommen.

Viele Männer berichten von einer negativen ersten Erfahrung als dem Beginn ihres Gefühls von sexueller Unzulänglichkeit. Tatsächlich ist es schon fast ein Klischee, einer ungeduldigen Prostituierten in die Hände geraten zu sein. Andere Klischees sind der sehr ungeduldige erste Partner und der Partner, der Angst verspürt vor Ihnen, vor einer Schwangerschaft oder vor zu enger Bindung. Solch verwirrende Erfahrungen stehen manchmal zusammen mit einer Angst vor Versagen oder Unzulänglichkeit und machen aus jeder weiteren, neuen Begegnung einen Testfall.

Was Männer zu vergessen scheinen, wenn diese bedrückenden Ängste überhand nehmen, ist die Tatsache, daß auch Frauen unsicher sind. Diese fragen sich wahrscheinlich, ob Sie sie gut finden. Sie machen sich Gedanken über die Größe ihrer Vagina oder Brüste oder darüber, ob sie sich lieber noch einmal die Zähne putzen sollten. Egal wann das alles für Sie begann, es ist nicht allein auf Sie und Ihresgleichen beschränkt.

Nur um zu sehen, welch ein Narr Sie bisher gewesen sind, versuchen Sie doch einmal, hier aufzulisten, was ein Partner in einer sexuellen Situation mit Ihnen alles an Gefühlen in sich haben könnte. Was denkt er oder sie, was Sie wohl über ihn oder sie denken mögen? Was stößt Sie wohl an ihm oder ihr ab, was regt Sie an? Welche Ängste mag die betreffende Person wohl sich selbst gegenüber hegen?

______________	______________
______________	______________
______________	______________
______________	______________
______________	______________
______________	______________

Tragen Sie einmal einige Gedanken über den anderen in sexuelle Situationen hinein und richten Sie Ihr Hauptaugenmerk darauf, ihn zu beruhigen, zu bestätigen. Vielleicht verlieren Sie das von Ihrer eigenen Angst, wenn Sie erkennen, daß Sie mit Ihrem Gefühl der Unsicherheit nicht allein dastehen.

Tim hatte eine sehr liebevolle Mutter, wirklich sehr liebevoll. Sein Vater starb, als er vier war, und seine Mutter schlief mit ihm im selben Bett, bis er fünfzehn war. Obwohl niemals etwas Widerspenstiges ablief, küßte und berührte ihn seine Mutter die ganze Zeit über. Er ist heute mit einer ganz bezaubernden Frau verlobt, bei der er

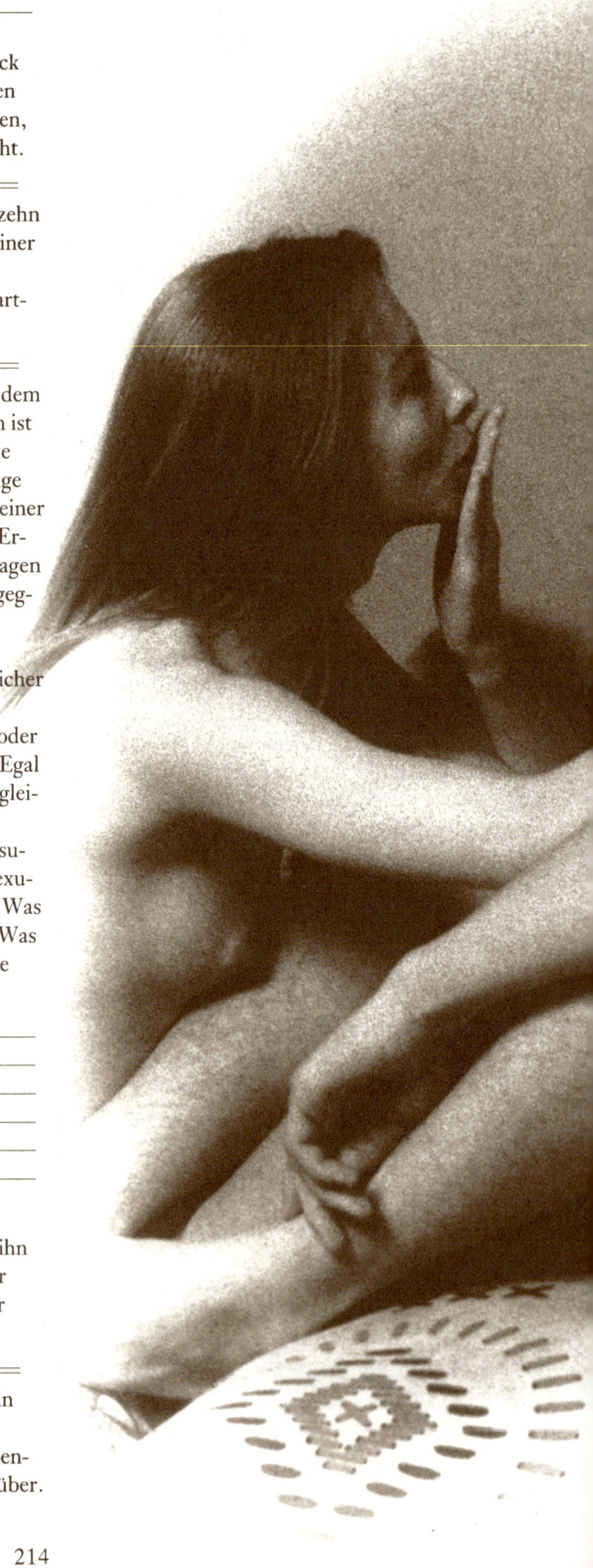

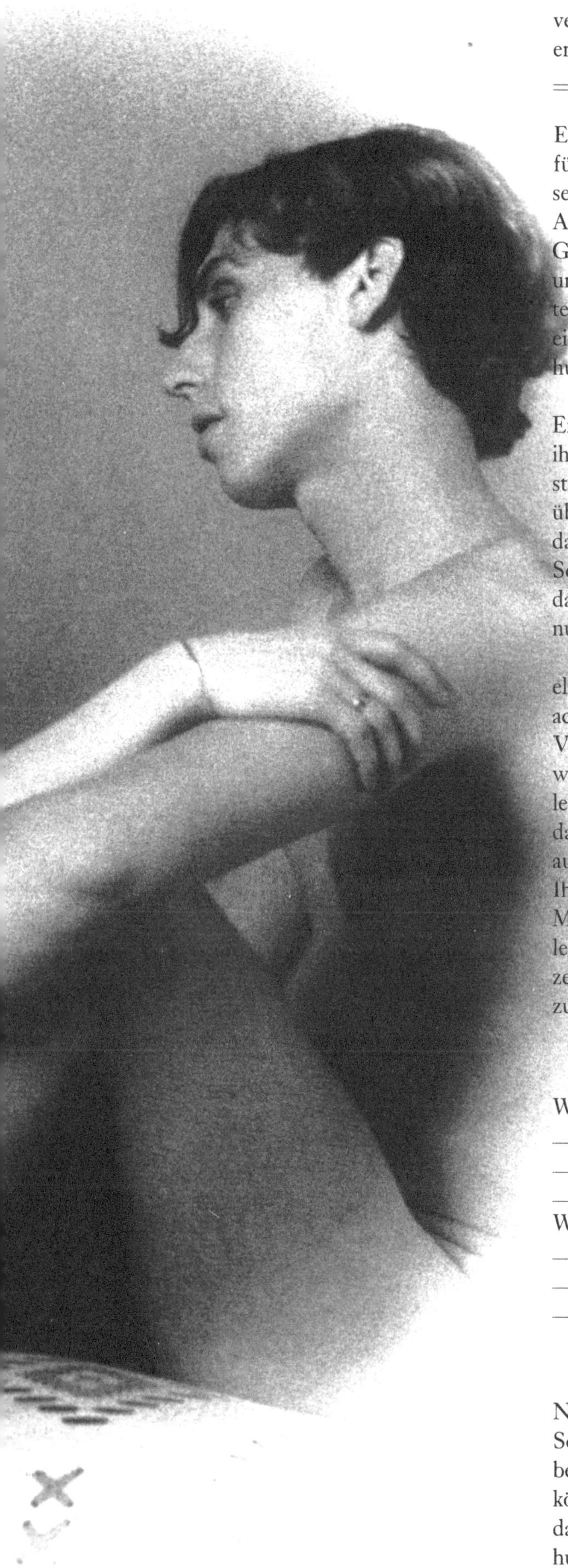

niemals bisher in der Lage war, zu einer Erektion zu kommen. Sie versicherte ihm, daß das von ganz allein in Ordnung käme, wären sie erst einmal verheiratet.

Es ist für ein Kind etwas ganz Natürliches, sich verantwortlich zu fühlen für das, was um es herum geschieht. So kann es durchaus sein, daß sich Tim schuldig fühlte, als sein Vater starb. Da dieses das Alter ist, in dem Kinder beginnen, sich mit dem Elternteil des eigenen Geschlechts zu identifizieren und sich auch ihrer eigenen Sexualität und der ihrer Eltern bewußt werden, kann der Verlust eines Elternteils dann sexuelle Auswirkungen haben. Das Ende der Beziehung zu einem der beiden Elternteile kann dazu führen, daß sich andere Beziehungen zu einem späteren Zeitpunkt schwieriger entwickeln.

Es scheint durchaus möglich, daß Tims Mutter ihn irgendwie zum Ersatz für ihren eigenen Ehemann gemacht hat. Das Herausheben ihrer Zuneigung kann durchaus ein Symbol gewesen sein für ihren starken Wunsch, ihn ganz zu besitzen. Vielleicht hat sie ihm gegenüber überhaupt keine inzestiösen Anzeichen gemacht, obwohl er sich da gar nicht so sicher ist. Ab einem gewissen Punkt kommt er zu dem Schluß, daß die einzige Möglichkeit, ihrer Übermacht zu entkommen, darin besteht, ihr seinen Penis zu entziehen. Dummerweise kann ihn nun aber auch kein anderer mehr haben.

Selbst wenn Sie einmal ödipale Konflikte und die Bedeutung der elterlichen Beziehung als Modell für späteres Verhalten ganz außer acht lassen, so können Sie doch klar sehen, daß Tims Angst über seine Vergangenheit ihm im Wege steht. Wenn Sie in einer Familie aufgewachsen sind, in der es irgendeinen Streit gab, dann haben Sie vielleicht das Gefühl, daß Sie immer noch versuchen, die Konflikte, die das hervorgerufen hatten, zu klären. Warum gehen Sie nicht frontal auf Ihre Vergangenheit zu, statt sie zu verwünschen? Erzählen Sie Ihrer Mutter oder Ihrem Vater oder Ihrer Schwester, was sie Ihrer Meinung nach hätten tun können, um Ihnen das Leben ein bißchen leichter zu machen. Schreiben Sie ihnen einen Brief, den Sie ihnen nie zeigen werden, der Ihnen aber die Möglichkeit gibt, allem Ärger Luft zu machen.

Liebe(r) __________ !

Warum zum Teufel mußtest Du denn unbedingt ______________
____
____
____

Was ich damals wirklich gebraucht hätte, war ______________
____
____
____

In Liebe (?)
Dein ______________

Nun spült diese kleine Übung natürlich all Ihren Ärger und Ihren Schmerz noch nicht fort. Ihre Gefühle zu erkennen und offen zuzugeben, kann aber der Anfang davon sein, diese einmal überwinden zu können. Ihr Partner, der schließlich nicht Ihre Mutter ist, kann Ihnen dabei helfen. Richten Sie Ihre Aufmerksamkeit auf Ihre jetzige Beziehung, und gehen Sie gemeinsam die Vorschläge zu Beginn dieses Kapitels durch. Es ist eine gute Gelegenheit für einen Anfang.

John und seine Freunde pflegten während ihrer Oberschulzeit eine Menge aneinander rumzufummeln. John selbst war gar nicht aktiv dabei; aber er ließ eine Menge mit sich geschehen. Nun ist er über dreißig, hat eine wunderbare Familie und unterhält ständig homosexuelle Fantasien. Bei seiner Frau ist er impotent und rettet sich damit, daß er Sexuellem gänzlich aus dem Wege geht.

Es kann immer passieren, daß ein Mensch eine solche sexuelle Ausrichtung erfährt, die er dann schwieriger auszuleben findet als ursprünglich erwartet. Vielleicht wünscht sich John in Wirklichkeit, schwul zu sein. Aber viele, die in ihrer Jugend homosexuelle Erfahrungen machten, glauben sich homosexuell aus Schuld heraus. Der Zwang, diese Schuld zu suchen, kann vielleicht in Wirklichkeit auf etwas hinweisen, was heute im argen liegt – im Beruf, in der Ehe, in einer Freundschaft –, was aber nichts zu tun hat mit einer sexuellen Vorliebe.

Wenn Sie im Zweifel sind über Ihr gegenwärtiges sexuelles Engagement, versuchen Sie dieses einmal zu vergleichen mit dem entgegen-

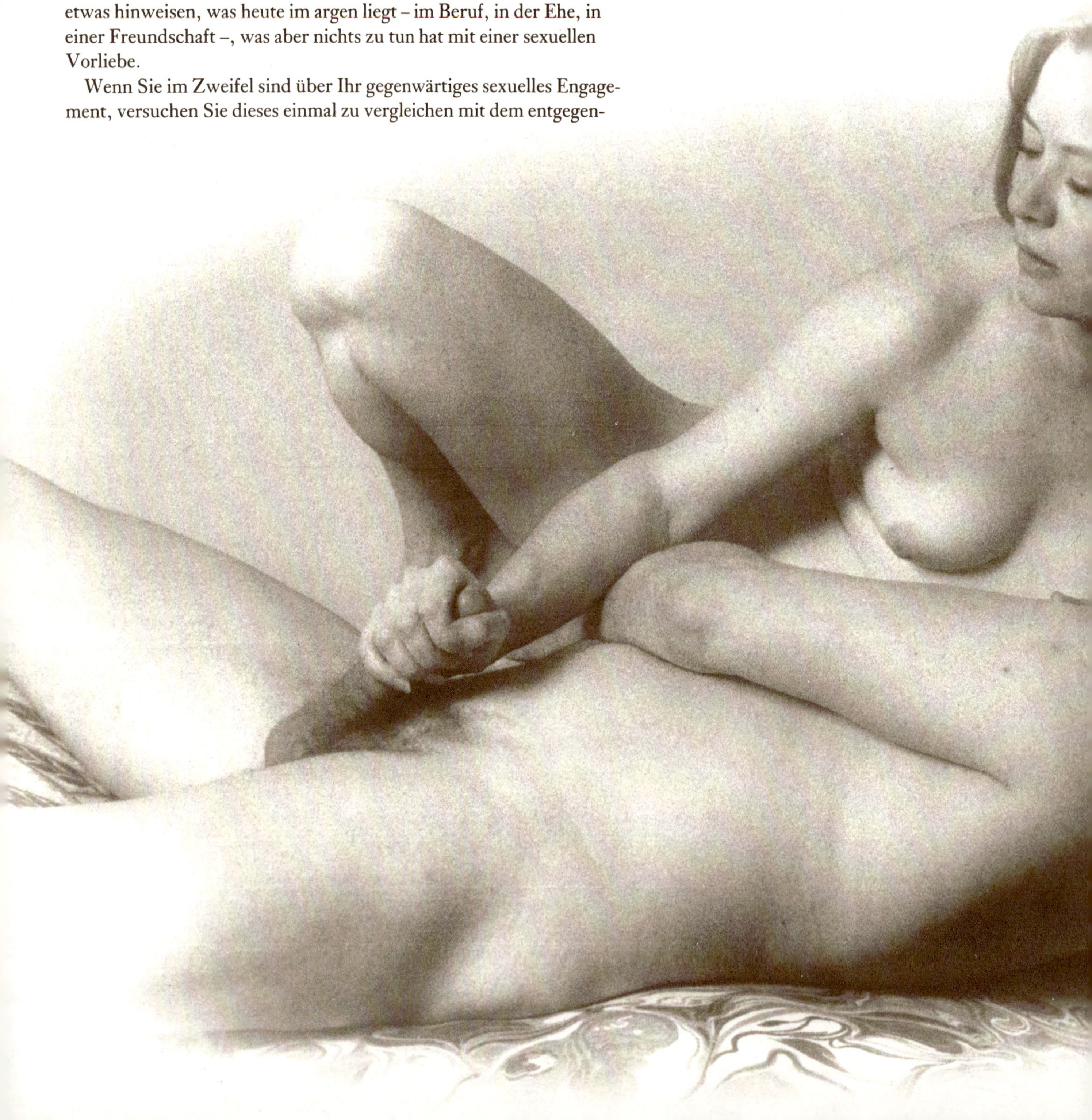

gesetzten. Sie können einmal überlegen, wie es wohl wäre, ganz anders zu leben. Sie können hier einmal einen Vergleich anstellen, wie die Dinge heute liegen und wie es wohl darum stände, wenn es nach Ihrer Fantasie ginge.

Heterosexuelle Vorteile	Homosexuelle Vorteile
Heterosexuelle Nachteile	**Homosexuelle Nachteile**

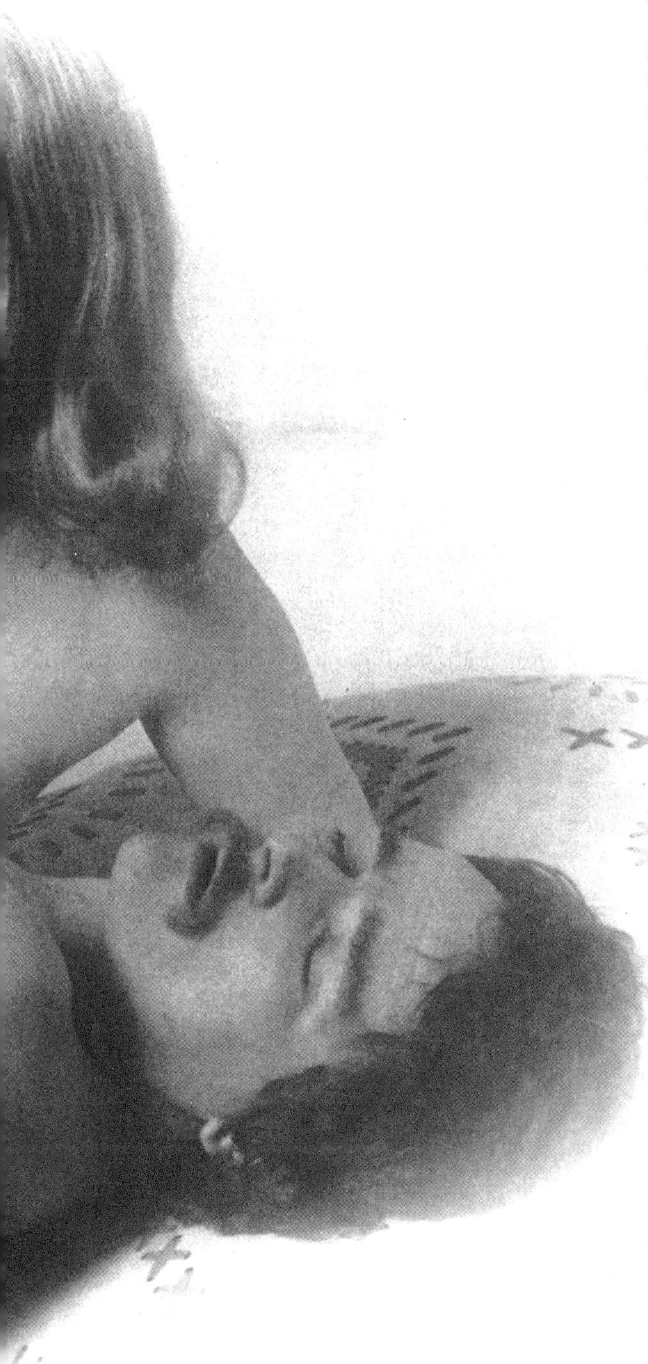

Wenn Sie sich dafür entscheiden, weiterhin nicht schwul (oder aber gerade schwul) zu leben, dann merken Sie vielleicht, daß selbst solch eine Entscheidung Sie noch nicht von Ihrer Impotenz kuriert. Es kann durchaus sein, daß das Beenden Ihrer jetzigen Partnerbeziehung genausowenig an der ganzen Sache ändert. Wenn Sie sich selbst einmal über Ihre Gefühle klar werden, wenn Sie dann auch noch in der Lage sind, mit Ihrem Partner darüber zu sprechen, so kann Ihnen das den Versuch erleichtern, Ihre eigenen sexuellen Reaktionen wieder besser kennenzulernen.

Entscheidungen wie diese sind nicht leicht, und Sie können nicht erwarten, diese in der gleichen Zeit in die Tat umzusetzen, in der Sie diese Seite durchlesen. Fragen einer gefestigten sexuellen Ausrichtung sind sehr ernst und langwierig. Unterbrechen Sie hier erstmal, und denken Sie eine Weile an etwas anderes. Dann kommen Sie wieder darauf zurück, und zwar ohne Ihren Partner. Es kann durchaus passieren, daß Sie nie genau wissen, wer Sie eigentlich wirklich sind. Aber vielleicht kommen Sie zu dem Ergebnis, daß es Sie dazu befreit, sexuell leichter zu reagieren, wenn Sie sich einmal offen eingestehen, was Sie alles *nicht* wissen.

In den folgenden Beispielen scheint etwas in der Beziehung zwischen den Partnern verborgen zu sein, das die Impotenz zur Folge hat. Schauen Sie einmal zu, ob Sie sich mit diesen Männern oder mit einigen ihrer Probleme identifizieren können.

Roger hat eine anspruchsvolle, erfahrene Frau. Er, jungfräulich bis er ihr begegnete, wuchs auf in einem ruhigen, religiösen Elternhaus, wo er überhaupt nicht vorbereitet wurde auf ihre stürmische sexuelle Annäherung. Er ist oftmals impotent.

Roger hat sich selbst in eine schwierige Lage gebracht. Er spürt ganz klar den Druck, der durch die Erwartungen seiner Frau auf ihm lastet und weiß nicht, wie er sich nun verhalten soll. Es muß gar nicht sein, daß sie dabei unsympathisch erscheint oder bei ihm bewirkt, daß er sich schlecht fühlt. Sie könnte sogar voller Verständnis für ihn sein, und dennoch hätte er ein scheußliches Gefühl. Es ist für einen Mann gar nichts Ungewöhnliches, daß er aus der Fassung gebracht wird durch eine »hilfsbereite« oder allzu fürsorgliche Partnerin. Solch eine Sympathie läßt ihn seine eigene Unzulänglichkeit und sein Versagen nur um so deutlicher spüren.

Roger muß darauf bestehen, daß seine Frau einmal ein bißchen zurücksteckt, so daß er einmal sein Augenmerk auf Roger richten kann. Wenn Sie auch solch eine Partnerin haben wie Roger, könnten Sie sie vielleicht bitten, diesen Abschnitt einmal selbst zu lesen. Sie muß ihre Bedürfnisse für eine Weile unterdrücken und seine Gedanken einmal auf die gegenseitige Erregung lenken und ihn zu nichtgenitalen Sexspielen ohne gegenseitige Forderung ermuntern. Er muß sein Vertrauen zurückgewinnen und einen gewissen Sinn für seine eigenen Fähigkeiten, und zwar zuerst allein und dann zusammen mit ihr. Sie sollten nur sehr sehr langsam zum Geschlechtsverkehr hinstreben und sich genug Zeit lassen für andere sexuelle Aktivitäten, die Ihnen beiden Spaß machen.

Wir wissen auch, daß Roger aus religiösem Milieu kommt. Das braucht nicht unbedingt etwas zu bedeuten, es kommt hier auf die Art der Religion an und darauf, wie es seine Familie interpretiert hat. Einige Menschen mit religiösem oder depressivem Hintergrund betrachten die weiblichen Genitalien bewußt oder unbewußt als etwas Sündiges oder Schmutziges. Wenn Sie vermuten, selbst einige dieser Gefühle in sich zu tragen, dann sind gegenseitige Untersuchungen des Körpers durchaus einmal angebracht. Sie sollten sich einmal die Genitalien Ihres Partners ganz von nahem und wiederholt anschauen und ihn oder sie auch Ihre eigenen betrachten lassen.

Ned hatte stets eine Höllenangst davor, Candy zu schwängern. Er hielt seinen Orgasmus zurück, weil es ihm noch an Geld mangelte, eine Familie zu gründen. Jetzt, wo sie bereit dazu wären, merkte er, daß er in ihr keinen Samenerguß haben kann, egal wie lange sie auch miteinander schlafen.

Ned hat sich offensichtlich selbst impotent gemacht bei dem Versuch, eine Schwangerschaft zu verhüten. Diese Form von Impotenz, auch Ejakulationsimpotenz genannt oder gehemmte Ejakulation, tritt in der Wirklichkeit recht selten auf. Aber es ist durchaus nicht selten für Männer genau wie für Frauen, durch die Angst vor Schwangerschaft und einen Mangel an Vertrauen in Verhütungsmittel oder durch einen fehlenden Zugang dazu sexuell irgendwie beeinträchtigt zu sein. Männer können sich diese Art der Impotenz auch zuziehen durch ein traumatisches Erlebnis während der Ejakulation, durch einen strengen religiösen Glauben oder durch Abneigung gegen ihren Partner.

Natürlich könnten hier auch partnerschaftliche oder ödipale Dinge eine Rolle spielen. Vielleicht fühlt sich Ned in Wirklichkeit nicht genügend zu Candy hingezogen, um die Ehe mit ihr vollziehen zu wollen. Vielleicht hat er Angst, Candy würde ihn verlassen, wenn er die Kontrolle aufgäbe. Die Tatsache, daß er eine Verantwortung für eine Empfängnisverhütung übernimmt oder jedenfalls das Gefühl hat, sie übernehmen zu müssen, wirft einige Fragen auf. Auch könnte man eine Beziehung sehen zwischen der Unfähigkeit zum Samenerguß und Kastrationsängsten aus der Kindheit. Der Junge hat Angst, sein Vater werde ihm den Penis abhacken, damit er keine Gelüste mehr nach der Mutter entwickeln kann. Indem er nicht ejakuliert, läßt der Junge nicht in Erscheinung treten, daß er durch seine Mutter erregt ist.

Was immer auch Neds symbolische oder auch wirkliche Ängste und Zweifel sein mögen, so muß er doch jetzt, nachdem er sich selbst über all das klar geworden ist, mit seiner Partnerin ins Gespräch darüber kommen. Wenn Sie dann zu dem Entschluß kommen, gemeinsam an Ihren Problemen arbeiten zu wollen, dann können Sie am Anfang dieses Kapitels damit beginnen. Einer der wichtigsten

Schritte für einen Mann, der innerhalb seiner Partnerin nicht zum Erguß kommt, besteht darin, erst einmal außerhalb von ihr zu kommen. Es ist wichtig, mit der Partnerin zu irgendeiner Art von Orgasmus zu kommen, ob Sie es ihr nun nur einfach zeigen oder ob sie Ihnen dabei hilft.

Carlos glaubt eigentlich nicht so recht, daß er impotent ist, aber jedesmal bei einer neuen Partnerin stellt er zu seinem Verdruß fest, daß es trotzdem so ist. Für gewöhnlich hat er im Kino die ganze Zeit über, während der Film läuft, eine Erektion, aber wenn er dann wieder bei ihr selbst ist, schwindet sein ganzer Enthusiasmus dahin.

Vielleicht ist Carlos eher von der Idee angetan, mit bestimmten Partnern zusammen zu sein, als daß er die wirkliche Erfahrung sucht. Er könnte dabei ja herausfinden, daß er sie von nahem gar nicht mehr so reizvoll findet, obwohl er die Frau eigentlich mag. Körperliches Hingezogensein ist ein wichtiger Bestandteil der Erregung, und manchmal fehlt es einfach deswegen, weil Sie zu stark darüber nachdenken. Vielleicht fühlt sich Carlos auch schuldig wegen dieser Beziehung. Oder er denkt vielleicht, er müsse die ganze Zeit seinen Verpflichtungen nachkommen, selbst bei jemandem, den er gar nicht weiter kennt oder um den er sich keine besonderen Gedanken macht.

Ein Mann kann bei einem neuen Partner auch einfach deswegen impotent sein, weil er viel zu aufgeregt ist und Angst hat, ob er wohl auch gut ankommt. Männer und Frauen machen Erfahrungen mit übersteigerten Erwartungen, denen sie dann nicht gerecht werden können. Vielleicht hat Carlos Angst davor, zurückgewiesen zu werden, und um nun zu garantieren, daß das nicht passiert, drückt er sich vor der Sache. Es ist auch möglich, Angst vor der Anerkennung zu entwickeln. Vielleicht könnte der Partner das als zu starke Bindung ansehen. Ist man impotent, kann man dem aus dem Wege gehen.

Impotenz kann man dazu benutzen, beim Partner ein Gefühl für Mitleid zu erregen oder ein Gefühl von Entschuldigung für Sie dafür, daß Sie ihn nicht so richtig mögen. Es muß Ihnen gar nicht mal bewußt sein, daß Sie irgendwo in Ihrem Hinterstübchen noch einen Gedanken daran hegen, daß Sie sich auf diese Weise selbst schützen. Impotenz dieser Art könnte ein Zeichen des Unwillens sein, ein Risiko auf sich zu nehmen oder sich zu eng mit dem anderen Menschen einzulassen.

Ein weiteres Problem, das ein jeder Mann bei seinem Partner erleben kann, besteht darin, daß sie oder er mit einem eigenen Problem belastet ist. Ein Partner, der besonders beanspruchend auftritt, hat vielleicht ein besonderes Verlangen, Sie herabzusetzen, wobei das gar nichts mit Ihrer eigenen sexuellen Angemessenheit zu tun hat. Eine Frau mit Vaginismus oder einem nicht durchlöcherten Jungfernhäutchen oder eine Frau, die keine Erregung zu erleben fähig ist, könnte durchaus bewirken, daß auch Sie selbst funktionelle Störungen davontragen. Ein Partner, der während des Geschlechtsverkehrs nicht genügend Stimulierung erfährt, könnte das so lange hinauszögern, bis Sie Ihre Erektion aus Langeweile verlieren.

Konrad lebt schon Jahre damit, und es überrascht ihn nicht, daß seine Impotenz mehr und mehr überhandnimmt. Sein Arzt sagte ihm, daran könne man überhaupt nichts ändern.

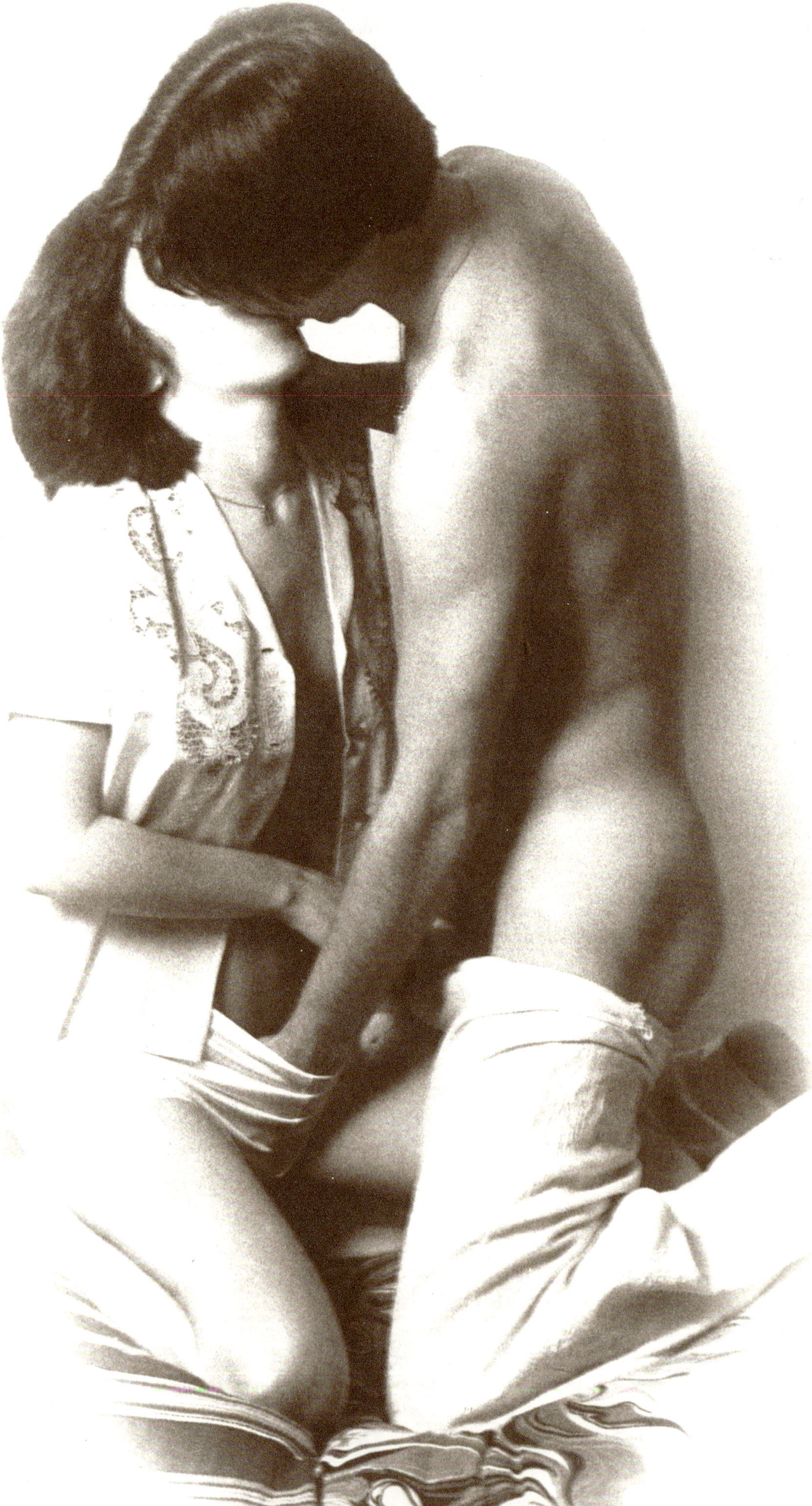

Es ist von vielen Berufenen immer wieder betont worden, daß Männer unglaublich empfänglich sind für jeden Ratschlag, wenn er mit ihrer Impotenz zu tun hat. Wenn der Arzt Konrad gesagt hätte, er sei impotent, weil er als kleiner Junge onaniert oder weil er seine Arztrechnung noch nicht bezahlt hätte, so hätte Konrad das vielleicht auch geglaubt. Manchmal geben Männer tatsächlich die Absicht auf, ihre Potenz wiederzuerhalten, nur weil sie irgendwelche falschen Informationen erhalten haben.

Der Arzt hätte Konrad mehr helfen können, wenn er ihn gründlich untersucht und ihm dann erklärt hätte, daß man immer noch ganz hervorragend in der Lage ist, sich auch als Älterer durchaus seiner Potenz zu erfreuen, obwohl es länger dauert, eine Erektion und eine Ejakulation zu bekommen. Vielleicht spüren Sie dann nicht mehr ein so starkes sexuelles Verlangen wie zu der Zeit, als Sie noch jünger waren, aber wenn Sie bisher ein regelmäßiges Sexualleben gehabt haben, so wird das wahrscheinlich auch in Zukunft nicht anders sein.

Es gibt da noch eine andere Seite, die Sie vielleicht einmal ins Auge fassen sollten. Männer jeden Alters, die ihre Gefühle, besonders ihre Gefühle der Abneigung verbergen, erleben gelegentlich, daß sich dieser Ärger auf der sexuellen Seite entlarvt. Worüber muß sich Konrad denn aufregen? Eine der Möglichkeiten ist der Ärger darüber, daß man älter wird. Es ist ganz und gar nichts Ungewöhnliches, daß man böse auf diese Welt ist, weil man sie einmal verlassen muß. Andere Möglichkeiten finden sich in den Gefühlen gegenüber der Gattin, dem Chef, dem Leben, dem eigenen Ich.

Auch andere Belange als die hier erwähnten haben die Fähigkeit in sich schlummern, daß sie als sexuelle Schwierigkeiten zutage treten. Nutzen Sie die Methode der Selbstbefragung, wie wir sie hier beschrieben haben, um sich selbst zu erforschen. Dann sprechen Sie, wenn möglich, mit Ihrem Partner darüber und wenden sich beide den praktischen Vorschlägen zu, um sich selbst zu verändern, egal wie Sie nun in Ihre heutige Lage gekommen sind.

Körperliche Probleme

Unser oben erwähnter Konrad litt unter einem der grassierendsten Mißverständnisse über den Körper, denen Männer im Hinblick auf die Potenz unterliegen können. Älter zu werden, bedeutet noch lange nicht, die Freude am Sex zu verlieren. Es bedeutet, daß einige Bestandteile Ihres Sexlebens sich ändern und daß Ihr Sexleben natürlich in Mitleidenschaft gezogen werden kann, wenn Sie, in welchem Alter auch immer, gesundheitlich nicht auf der Höhe sind.

Obwohl physische Probleme nicht so verbreitet sind wie bei Frauen, so können sie dennoch sehr real auftreten und sollten stets eine ernsthafte Behandlung erfahren. Nehmen Sie Kontakt auf mit einer Universitätsklinik oder dem Gesundheitsamt in Ihrer Nähe, um die Adresse eines Urologen zu erhalten, der Sie dann behandeln wird. Wenn Sie dann dort das Gefühl haben, nicht die Behandlung zu erhalten, die Sie sich wünschen, so wechseln Sie den Arzt.

Stan hat seit kurzem Depressionen. Er hat einige geschäftliche Rückschläge hinnehmen müssen, seine Kinder erscheinen ihm besonders lästig und, was das Schlimmste ist, er ist sowohl bei seiner Frau als auch bei einer Geliebten impotent geworden. Die Tabletten, die ihm sein Arzt gab, beruhigen ihn wohl, aber seine Impotenz ist geblieben.

Die Medikamente, die Stan gegen seine Depressionen nimmt, beeinflussen eventuell den Versteifungsreflex. Möglicherweise hat Stan seinem Arzt nichts von seiner Impotenz erzählt. Es ist oft schwer zuzugeben, daß Impotenz ein Problem für einen selbst ist. Um sicherzugehen, daß irgendwelche benutzten Medikamente nicht versehentlich die falsche Wirkung ausüben, sollte Stan seinem Arzt ruhig die ganze Geschichte erzählen.

Es gibt einige Belege dafür, daß der Testosteronspiegel in ihrem Kreislauf sinkt, wenn Leute unter Depressionen leiden. Da Testosteron in engem Bezug steht zur männlichen Sexualität und dem Sexualtrieb, ist es durchaus möglich, daß hierdurch die Potenz beeinflußt wird. Experimente mit zusätzlichen Testosterongaben sind noch nicht wirklich überzeugend, aber es kann durchaus möglich sein, daß eine geeignete Hormontherapie Stan helfen kann.

Sam hat ein gewisses Brennen und Jucken beim Wasserlassen und sogar während des Samenergusses verspürt. Zwar hat er keinen Ausfluß, aber er hatte diese Beobachtung nie zuvor gemacht und ist auch schon seit einer Reihe von Monaten mit derselben Partnerin zusammen.

Vielleicht hat sich Sam eine Entzündung der Harnröhre oder der Prostata zugezogen. Obwohl er selbst immer mit derselben Partnerin zusammen war, hatte vielleicht die Partnerin mit einem weiteren Menschen verkehrt? Eine Geschlechtskrankheit ist eine Möglichkeit, aber es gibt auch andere Infektionen, die zwischen Partnern übertragen werden können. Sam sollte versuchen zu beschreiben, wann die Schmerzen auftreten, kurz vor oder nach dem Samenerguß, wie das Ganze entstanden ist, so daß er seinem Arzt soviel wie möglich sagen kann. Es kann sein, daß sich auch seine Partnerin in Behandlung begeben muß.

Vielleicht ist Sam auch allergisch gegen Kontrazeptiva oder Vaginalduschen, die seine Partnerin benutzt. Um das herauszubekommen, könnte er ein Kondom benutzen und dann sehen, ob die Symptome immer noch vorhanden sind. Ebenso könnte sie eine andere Marke benutzen, um zu sehen, ob er noch die gleiche Reaktion zeigt. Auf jeden Fall ist es wichtig, etwas zu unternehmen, weil Brennen und Jucken unnormal sind.

Beischlaf ist für Les die letzten Male schmerzhaft gewesen. Er weiß nicht warum, und er kann die Schmerzen nicht einmal richtig beschreiben.

Schmerzen wie diese sollten so weit wie möglich festgelegt werden, bevor man damit zum Arzt zieht. Wenn Sie nicht genau sagen können, wo der Schuh drückt, versuchen Sie sich daran zu erinnern, wann und unter welchen Umständen alles begann. Vielleicht können Sie sagen, ob es im Unterleib oder außen um die Genitalien herum schmerzt. Wenn zum Beispiel der Penis von Schmerzen betroffen ist, leiden Sie vielleicht unter einer Überempfindlichkeit der Eichel, einer zu engen Vorhaut oder unter mangelnder Hygiene. Medikamente, eine Operation oder bessere Hygiene können hier vielleicht helfen.

Schmerzen im Hodensack oder in den Hoden selbst können herrühren von einem Einwachsen oder einer Entzündung. Diese frühen Anzeichen von möglichen größeren Störungen sollten auch frühzeitig behandelt werden. Schmerzen in der Beckengegend können herrühren von Veränderungen in der Prostata oder in der Blase oder vielleicht sogar von der Stellung beim Geschlechtsverkehr. *Priasmus* – eine anhaltende Erektion des Penis ohne gleichzeitiges Verlangen oder folgende Entlastung – verursacht ähnliche Schmerzen. Es handelt sich hier um einen höchst ungewöhnlichen und schmerzhaften Zustand und zudem um einen, von dem wir noch sehr wenig wissen. Wie bei all diesen Problemen sollten Sie aber auch hier einen Arzt aufsuchen.

Anatomische Unregelmäßigkeiten und Verletzungen können die Erregung und das sexuelle Funktionieren beeinträchtigen. Wenn ein operativer Eingriff diese und andere Verhältnisse korrigieren soll, so kann auch das Probleme mit Nervenverletzungen mit sich bringen, was dann wieder die Versteifungsreaktion beeinträchtigt oder die Blutzufuhr zum Penis stört. Das tritt selten ein, aber Sie sollten den Arzt nach dem Risiko einer jeden Operation im Becken- und Genitalbereich befragen.

Frank ist nun seit den letzten Wochen mit großer Regelmäßigkeit impotent. Er kann das überhaupt nicht verstehen. Alles ist für ihn noch vor kurzem glattgegangen. Er ist erfolgreich, hat gerade von neuem geheiratet, hat überhaupt keine Probleme.

Vielleicht liegt Franks Problem gerade darin, daß er keine Probleme hat. Er könnte ganz kaputt von dem Versuch sein, immer auf dem laufenden zu bleiben. Manchmal kennen die Leute einfach die Anstrengungen nicht, die es sie kostet, wenn sie sich an immer neue Bedingungen anpassen, wie es etwa eine neue Heirat, ein Baby oder der Beruf ist. Vielleicht müßte Frank einmal all diese langweiligen Dinge probieren wie Erholung und Diät und Training, um dann mitzubekommen, daß er auf diese Weise erst fit bleibt.

Wenn Übertreibung Ihnen nicht gut tut und Sie immer noch Schwierigkeiten haben, zu einer Erektion zu kommen, dann wäre es vernünftig, wenn Sie sich einmal von oben bis unten untersuchen ließen. Es gibt Erkrankungen des Nervensystems oder des Kreislaufs, des Rückenmarks, der Nerven oder der Leber – die sich zuerst in einem Verlust des Versteifungsreflexes bemerkbar machen. Es lohnt sich, dieses alles einmal nachzuprüfen.

Es sind dieses nicht die einzigen körperlichen Probleme, die eine sexuelle Reaktionsfähigkeit beeinträchtigen können. Sicherlich führt es genauso zu Fehlschlägen, wenn Sie Ihren Körper zu etwas veranlassen, obwohl Sie es eigentlich vom Gefühl her gar nicht wollen oder wenn Sie erschöpft sind. Der impotente Mann sollte einen Urologen aufsuchen, um sicher zu gehen, daß es keine physischen Probleme gibt. Das trägt zur Klärung bei, um mögliche physische Probleme angehen und einige Übungen zum Wiedererlernen versuchen zu können.

Wenn Sie immer heimlich hoffen, Ihr Problem möge körperlicher Natur sein, dann verwenden Sie vielleicht keine Anstrengungen darauf, Ihr Problem auf andere Weise lösen zu wollen. Wenn Sie ein körperliches Problem überwunden haben, braucht Ihnen das aber nun über Nacht noch nicht Ihre Potenz wiederzugeben, besonders wenn Sie eine Zeitlang impotent gewesen sind. All das braucht Zeit und Geduld.

Zusammenfassung

Es gibt kein klares Bild des impotenten Mannes und auch nicht nur eine einzige Antwort darauf, was gegen Impotenz denn nun zu tun sei. Es gibt vieles, was wir noch nicht wissen darüber, wie die Intelligenz und die chemische Beschaffenheit des Körpers das sexuelle Reagieren beeinflussen. Wir wissen aber, daß die Angst vor dem Versagen und übermächtige Gehemmtheit die meistverbreiteten Hindernisse sind auf dem Wege zu erneuter normaler Reaktionsfähigkeit. Um wieder vom Denken zum Handeln zu kommen, müssen Sie ein aktiver und intensiver Teilnehmer an Ihrer eigenen Erregung sein.

Wenn Sie erstmal entschlossen sind, die schon früher vorgestellten praktischen Vorschläge in die Tat umzusetzen, so haben Sie hauptsächlich an sich selbst zu denken. Ihre Verwundbarkeit durch Frauen oder Angst vor ihnen mag vielleicht Ihre Absicht zu Fall bringen. Die meisten Partner sind umsichtig und hilfreich, einige aber werden versuchen, einen Partner mit Funktionsstörungen zu sabotieren, vielleicht sogar, weil sie einen Partner mit Funktionsstörungen besonders mögen. So unwirklich das auch klingt, müssen Sie doch erkennen, daß Ihre Potenz eine wirkliche Bedrohung sein kann. Vielleicht hat Ihre Partnerin Angst davor, daß Sie beginnen, sie hinzuhalten. Sie hat vielleicht Angst, Sie könnten abhängig werden von ihr, wenn sie Ihnen hilft. Vielleicht möchte sie von Ihnen kein Kind. Suchen Sie nicht krampfhaft nach solchen Möglichkeiten, seien Sie ihnen gegenüber aber auch nicht blind. Sie können sich und Ihrer Partnerin helfen, wenn Sie auf sich achten, aktiv sind und nicht aufgeben.

Gemeinsamkeit erleben, ohne an sich selbst zu verzweifeln

Einführung

Jedermann auf dieser Welt hat irgendwann einmal sexuelle Schwierigkeiten. Oft kreist das Problem um eine kleine Sache, genannt Steuerung. Da sind Sie nun mit jemandem zusammen, an dem Ihnen etwas liegt, und plötzlich scheint es Ihnen zu entgleiten. Sie erwarten von sich selbst, selbstverständlich orgasmusfähig und potent zu sein und in Einklang zu stehen mit jedem nur möglichen Partner. Alles, was Sie zu tun haben, kommt von allein. Aber in der harten Wirklichkeit gibt es ihn nicht, den naturbegabten Liebhaber.

Obwohl Sie bestimmt zulassen, daß naturbegabte Sportler und Bilanzbuchhalter und Köche üben müssen, ist die Vorstellung doch sehr peinlich, jemand solle auch Sex üben. Außerdem kann es denen, die Sex und auch Liebe als etwas Geheimnisvolles oder gar Mystisches sehen wollen, sehr zuwider sein, das Sexuelle zu analysieren. Einige Leute erwarten fälschlicherweise, daß ihre Zuneigung und ihre Liebe zu einem andern ihnen über schlechte Zeiten hinweghelfen. Wenn es dann nicht funktioniert, beginnen sie sich zu fragen, ob es überhaupt die wahre Liebe ist. Sie haben keine Lust, darüber zu reden aus Angst vor der Vorstellung, sich dann nicht mehr zu lieben, den andern abzuweisen oder sich selbst nicht mehr zu genügen.

Dieses Kapitel handelt davon, Zuversicht und Selbststeuerung an die Stelle von Geheimnissen und Vorstellungen von Unzulänglichkeiten zu setzen. Hier werden Sie erfahren, was mit Ihnen geschieht, wenn Sie mit einem anderen Menschen zusammen sind. Sie werden herausfinden, welche Befürchtungen, Ängste, alten Gewohnheiten und Erwartungen Ihren Weg kreuzen, wenn Sie mit einem anderen Menschen schlafen.

Abgesehen vom großen O

Wir haben die letzten drei Kapitel damit zugebracht, über den Orgasmus zu sprechen. Um dem Orgasmus nun eine gefällige Perspektive zu verleihen und um zu sehen, daß es im Sex noch mehr gibt, als nur einen Orgasmus zu orchestrieren, sollten Sie ein paar Übungen zum richtigen Wahrnehmen machen. Es sind dies spezielle Aktivitäten, von Masters und Johnson für Paare entwickelt, die vergessen oder nie gelernt haben, daß das Empfinden der Erregung etwas ist, an dem beide Partner Gefallen haben können. Im Kapitel über Erregung erwähnten wir die Möglichkeiten, wie Sie sich selbst in solche Erregung versetzen können. Nehmen Sie diese Übung nun dazu, etwas über einen anderen zu erfahren – was macht ihr Spaß und was nicht, was versetzt ihn in Erregung?

Genauso wichtig wie es ist, das zu lernen, was Ihr Partner gern mag, ist es auch zu lernen, was Sie gern an Ihrem Partner mögen. Gönnen Sie sich in diesen Übungen die Zeit, sich selbst und einander zu erforschen und Freude zu bereiten. Finden Sie heraus, wo Sie Ihren Partner zärtlich streicheln mögen, welche Partien seines oder ihres Körpers Sie besonders reizen oder anziehen. Wenn Sie selbst erforscht werden, so versuchen Sie nicht, Ihren Partner mit Fragen oder Anweisungen zu beeinflussen. Warten Sie, bis der andere weiß,

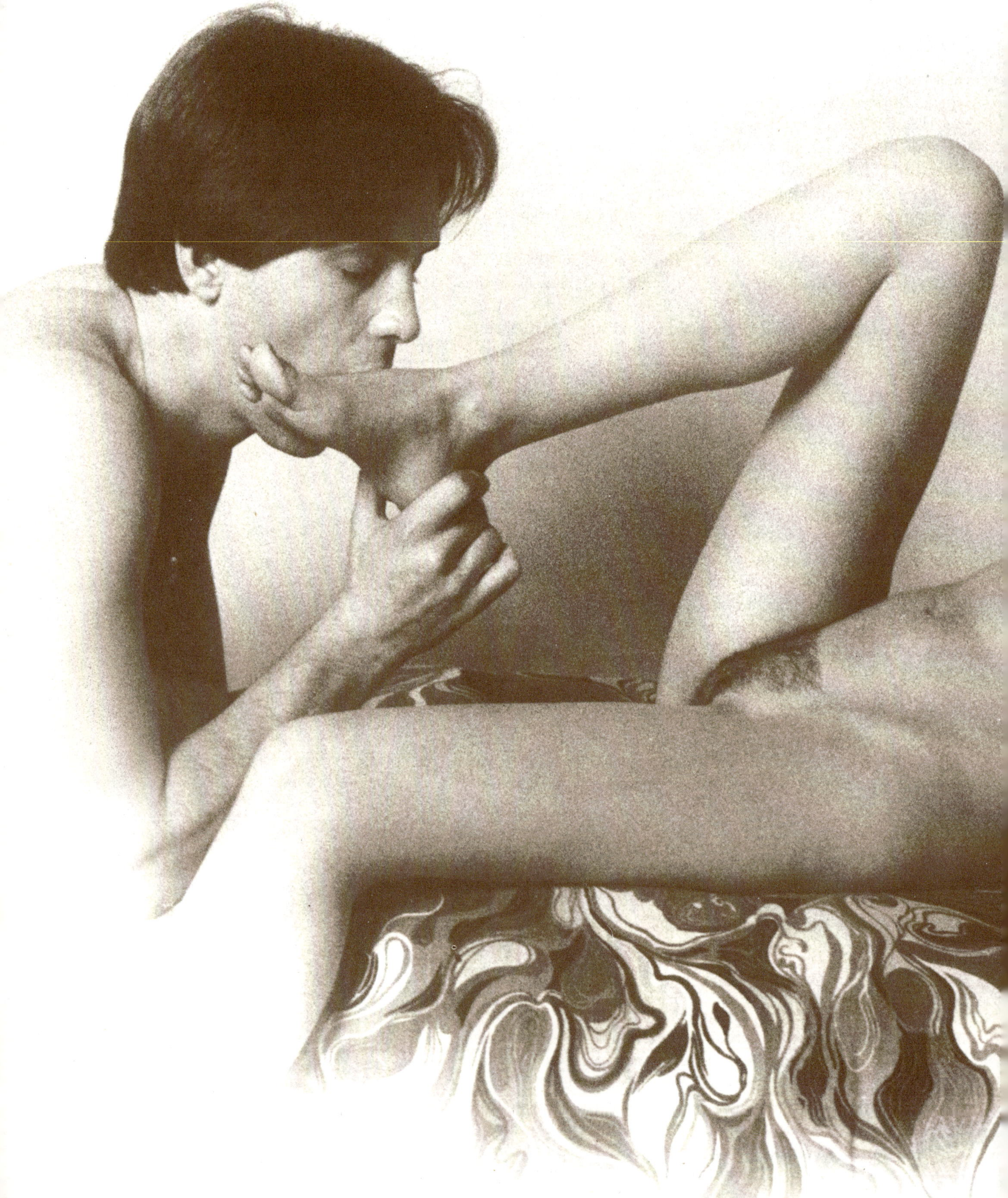

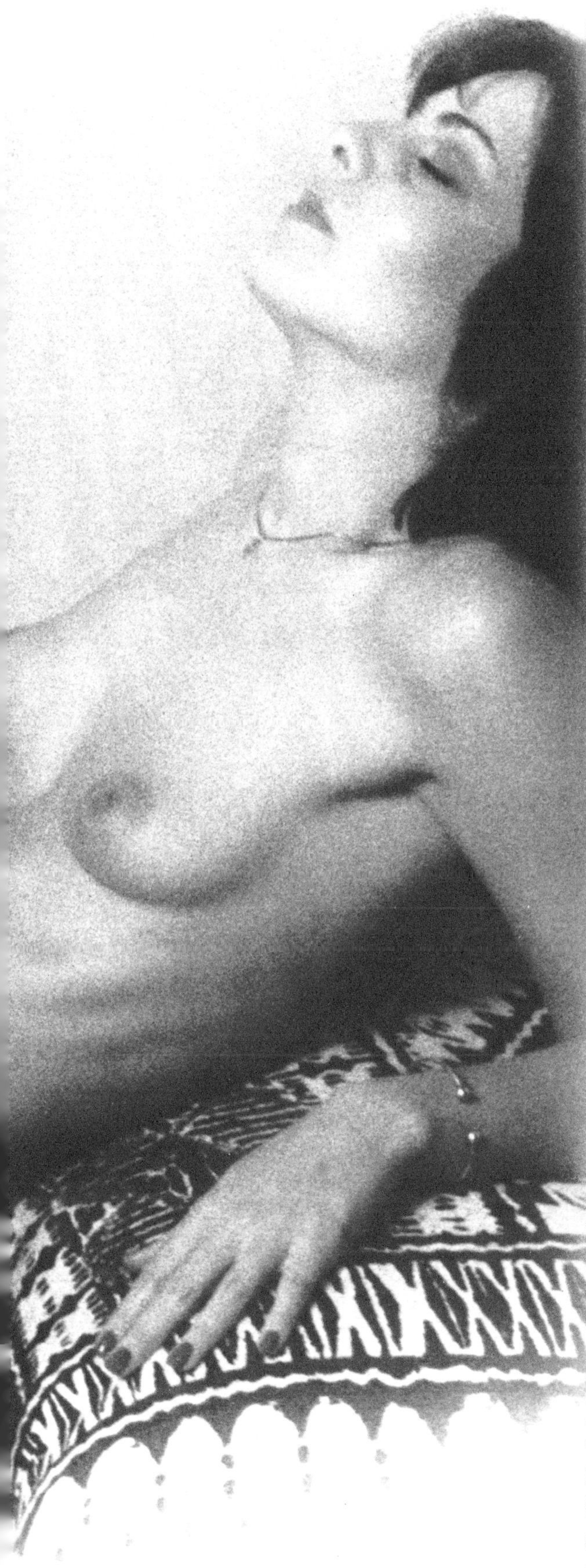

was *er* mag, und zeigen oder sagen Sie ihm oder ihr erst dann, was *Sie* mögen.

Sie sollten während dieser Übungen keinen Geschlechtsverkehr haben. Sie führen nämlich nicht zu dem großen O – sie stehen ganz für sich selbst. Vierzehn Tage lang ohne Geschlechtsverkehr scheint einigen von Ihnen vielleicht unmöglich, anderen dagegen ein Geschenk des Himmels. Sie brauchen nicht das Gefühl zu haben, daß es unmöglich ist, einen Orgasmus ohne Geschlechtsverkehr zu erlangen. Es ist der Geschlechtsverkehr, der jetzt einmal verboten ist, nicht aber der Orgasmus.

Diese Übungen stellen wir Ihnen vor als eine Art Fahrplan, der zwei Wochen lang gilt. Gehen Sie nicht zu schnell voran. Einige von Ihnen werden das Material langsamer durcharbeiten; alles hier kann ausgedehnt und hinübergeleitet werden in ein später folgendes Liebesspiel. Geben Sie sich Mühe beim Erlernen, damit Sie in der Zukunft davon profitieren können.

Erste Woche. Montag: Beginnen Sie, indem Sie ungefähr zehn Minuten lang vollständig angezogen neben Ihrem Partner liegen oder sitzen. Sie sollen Ihre Kleidungsstücke nicht ausziehen, sondern sie benutzen. Immer einer zur Zeit sollen Sie sich gegenseitig erforschen und dabei beschreiben, was Sie herausfinden. Derjenige, der beginnt, erzählt, was er oder sie sieht, fühlt, riecht und dabei an Gedanken hat. Der andere antwortet nicht mit Worten, sondern es genügt ein gelegentliches Lächeln oder Kichern.

Als Erforschender beginnen Sie mit etwas Kleinem, einer Hand zum Beispiel. Beschreiben Sie ihr Aussehen, wie sie sich anfühlt und wie sie riecht. Sie können überschwenglich auftragen oder auch klinisch steril bleiben.

Ist sie weich? __________ rauh? ____________________
Wie ist die Oberfläche? __________ Farbe? ______________
Ist es eine gesunde, tatkräftige Hand? ____________________
Eine nervöse Hand? ______________________________
Wie paßt sie sich Ihrer Hand an? ______________________
Riecht sie nach Seife, nach ausgelassener Butter, nach Zwiebeln? ____
____

Dienstag: Beginnen Sie heute mit einem Ohr. Ist es sauber, durchlocht, haarig? Gehen Sie nun weiter zu den Haaren, dem Hals, einem Arm, einem Bein, einem Fuß. Nehmen Sie sich in einer Sitzung nie den ganzen Körper auf einmal vor. Bleiben Sie mindestens zehn Minuten bei der Sache, aber nie länger als eine halbe Stunde. Lassen Sie zwischen den einzelnen Sitzungen mindestens zwei Stunden verstreichen, aber nie mehr als vierundzwanzig Stunden.

Mittwoch: Schenken Sie nun der Kleidung Ihres Partners einige Aufmerksamkeit. Ziehen Sie ihn oder sie nicht aus. Beschreiben Sie, wie sich der Körper durch die Kleidung hindurch anfühlt. Beschreiben Sie, wie die Kleidung der Augenfarbe oder dem Haar oder der Statur entspricht. Vielleicht wollen Sie sich deswegen besonders schön anziehen. Einige Stoffe sprechen auf Ihre Sinne an, einige sind steif, einige bewahren den Duft von Parfum oder auch Tabakrauch. Seien Sie ein detailliert arbeitender Berichterstatter, und benutzen Sie dabei alle Ihre Sinne.

Donnerstag: Versuchen Sie nun all das, was Sie bisher gelernt haben, auch im Zustand der Nacktheit. Wenn Sie zu schüchtern sind, beginnen Sie im Dunkeln damit, und verlassen Sie sich dabei auf Ihren Tast- und Geruchssinn. Morgen können Sie ein wenig Licht machen oder auch Scheinwerferlicht, wenn Ihnen danach ist. Wenn Ihnen das bequem erscheint, so gehen Sie über zu hellerem Licht, und beschreiben Sie, was Sie nun sehen. Achten Sie auf Hautfarbe und Muskulatur. Zählen Sie die Rippen und die Sommersprossen. Ist die eine Hüfte oder Brust größer als die andere? Untersuchen oder berühren Sie jetzt noch nicht die Brustwarzen oder Geschlechtsteile. Sie bleiben tabu, bis Ihnen alles andere vertraut ist. Sie können den Platz hier unten benutzen, um im einzelnen aufzuschreiben, was Sie bisher gefunden haben.

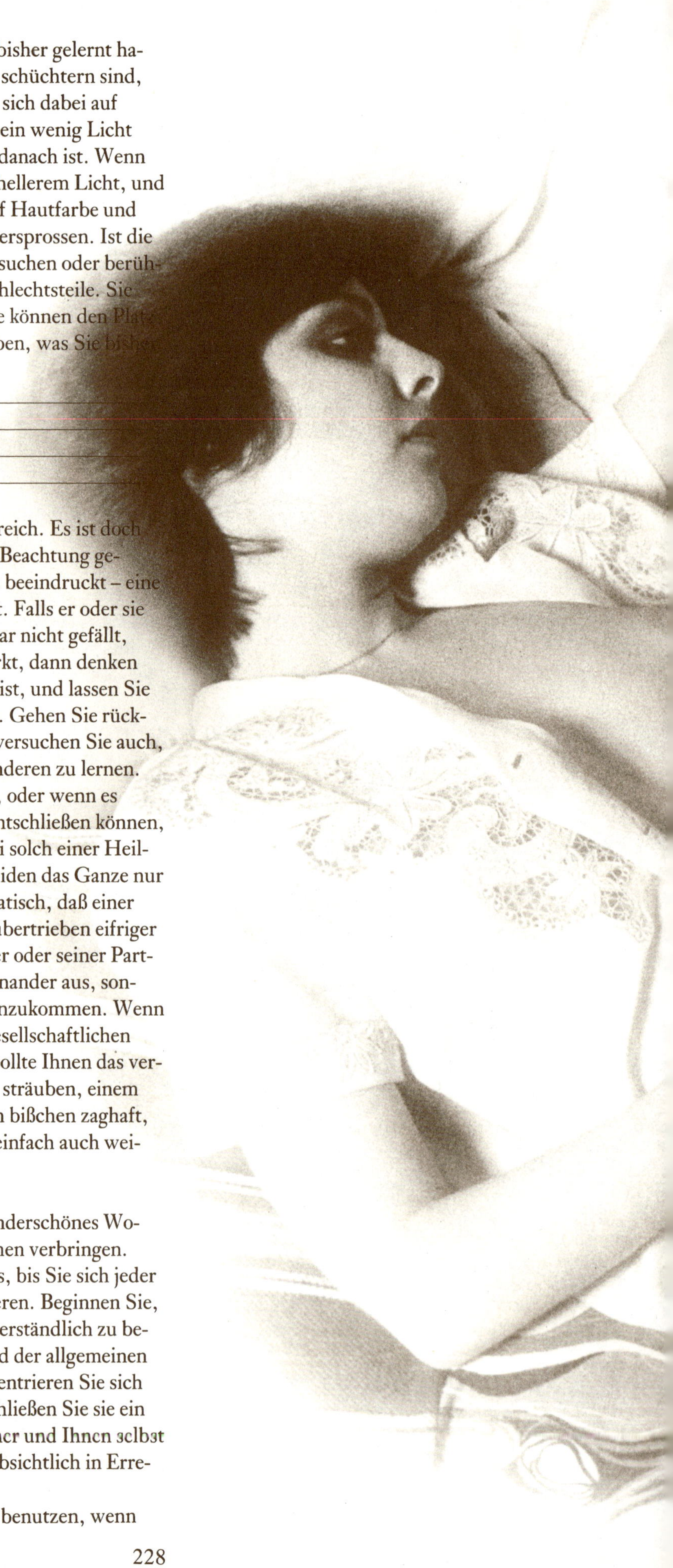

Freitag: Erweitern Sie den gestrigen Aufgabenbereich. Es ist doch möglich, daß irgendein Teil an Ihnen, dem Sie nie Beachtung geschenkt haben, Ihren Partner ganz außerordentlich beeindruckt – eine weiche oder haarige Stelle, ein Grübchen, ein Duft. Falls er oder sie etwas mag, von dem es Ihnen selbst nun wirklich gar nicht gefällt, wenn man Sie dort berührt oder es auch nur bemerkt, dann denken Sie doch einmal darüber nach, warum das wohl so ist, und lassen Sie es dann auch, wenn möglich, Ihren Partner wissen. Gehen Sie rücksichtsvoll mit den Gefühlen des anderen um, aber versuchen Sie auch, sich gegenseitig mitzuteilen und jeder mehr vom anderen zu lernen.

Wenn Ihnen die Sitzungen keinen Spaß machen, oder wenn es Ihnen scheint, daß Sie sich doch nicht aktiv dazu entschließen können, dann sollten Sie sich einmal fragen, was es wohl bei solch einer Heilkur an Bedrohlichem gibt. Falls einer von Ihnen beiden das Ganze nur sehr ungern tut, dann unterstellen Sie nicht automatisch, daß einer von beiden nun auch gleich schuld daran hat. Ein übertrieben eifriger oder sehr drängender Gefährte kann seinem Partner oder seiner Partnerin im Wege stehen. Üben Sie nicht Druck aufeinander aus, sondern versuchen Sie, sich gegenseitig etwas entgegenzukommen. Wenn Sie Ihre Arbeit, die Kinder oder Ihre hektischen gesellschaftlichen Verpflichtungen als Ausreden heranziehen, dann sollte Ihnen das verdächtig vorkommen. Sie könnten sich so weiterhin sträuben, einem anderen näherzukommen. Es ist ganz natürlich, ein bißchen zaghaft, ängstlich oder gespannt zu sein. Versuchen Sie es einfach auch weiterhin.

Samstag und Sonntag: Gönnen Sie sich ein wunderschönes Wochenende. Verlängern Sie die Zeit, die Sie zusammen verbringen. Dehnen Sie das Erforschen und das Vergnügen aus, bis Sie sich jeder vertraut und wohl fühlen mit dem Körper des anderen. Beginnen Sie, die Geschlechtsteile Ihres Partners genauso selbstverständlich zu berühren und zu streicheln, wie Sie es bisher während der allgemeinen Erforschung mit allem anderen getan haben. Konzentrieren Sie sich während keiner Sitzung nur auf die Genitalien. Schließen Sie sie ein in Ihr Bestreben herauszufinden, was diesem Partner und Ihnen selbst gefällt, aber versuchen Sie nicht, sich gegenseitig absichtlich in Erregung zu versetzen.

Vielleicht wollen Sie irgendeine Art Gleitmittel benutzen, wenn

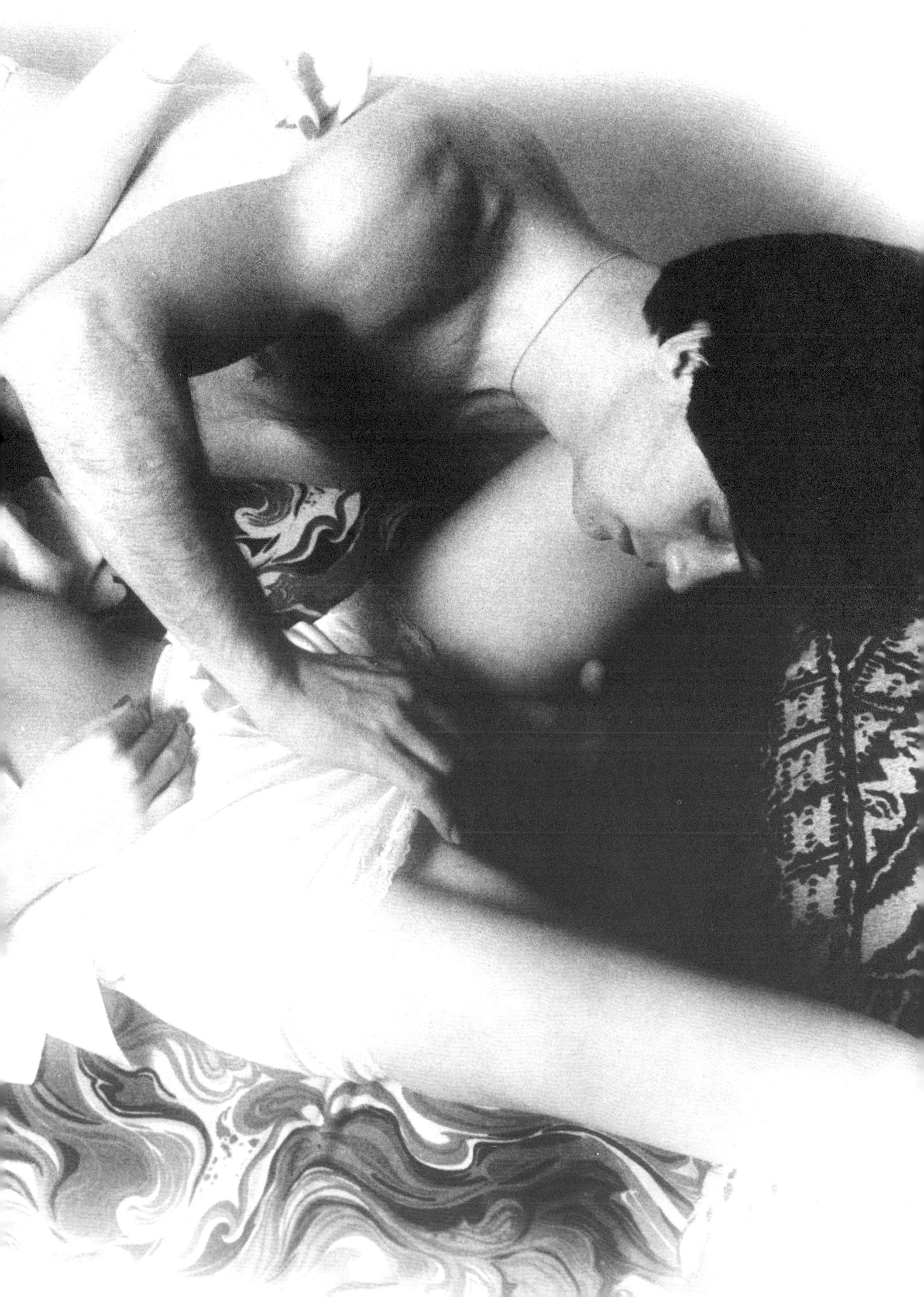

Sie sich gegenseitig streicheln. Öle, Cremes, bestimmte Nahrungsmittel und Speichel oder das natürliche Gleitmittel der weiblichen Geschlechtsteile aus der Vagina machen Ihnen vielleicht besonderen Spaß. Weil sie kein Fett enthält und reizlos bleibt, ist eine sterile Geleecreme, die Sie in Drogerien erhalten, sehr schön für die Genitalien. Probieren Sie auch andere Dinge aus, die Sie im Haus haben.

Einige Menschen haben eine Abneigung gegen Cremes, weil sie glauben, dies sei zu unsauber. Natürlich gibt es ein paar unsaubere, besonders wenn man zuviel davon aufträgt. Aber gelegentlich setzt man solch eine Creme auch gleich mit der »Unsauberkeit« des Miteinanderschlafens. Einige Menschen ekeln sich vor Schweiß, Vaginalschleim und Samenflüssigkeit. Diese Unfähigkeit, die Wirklichkeit zu akzeptieren und ihr Freude abzugewinnen, kann vielleicht in Verbindung stehen mit dem, was man so über Leute in irgendwelchen Romanen oder Illustrierten lesen kann – Leute, die keine Probleme haben und die auch nicht schwitzen.

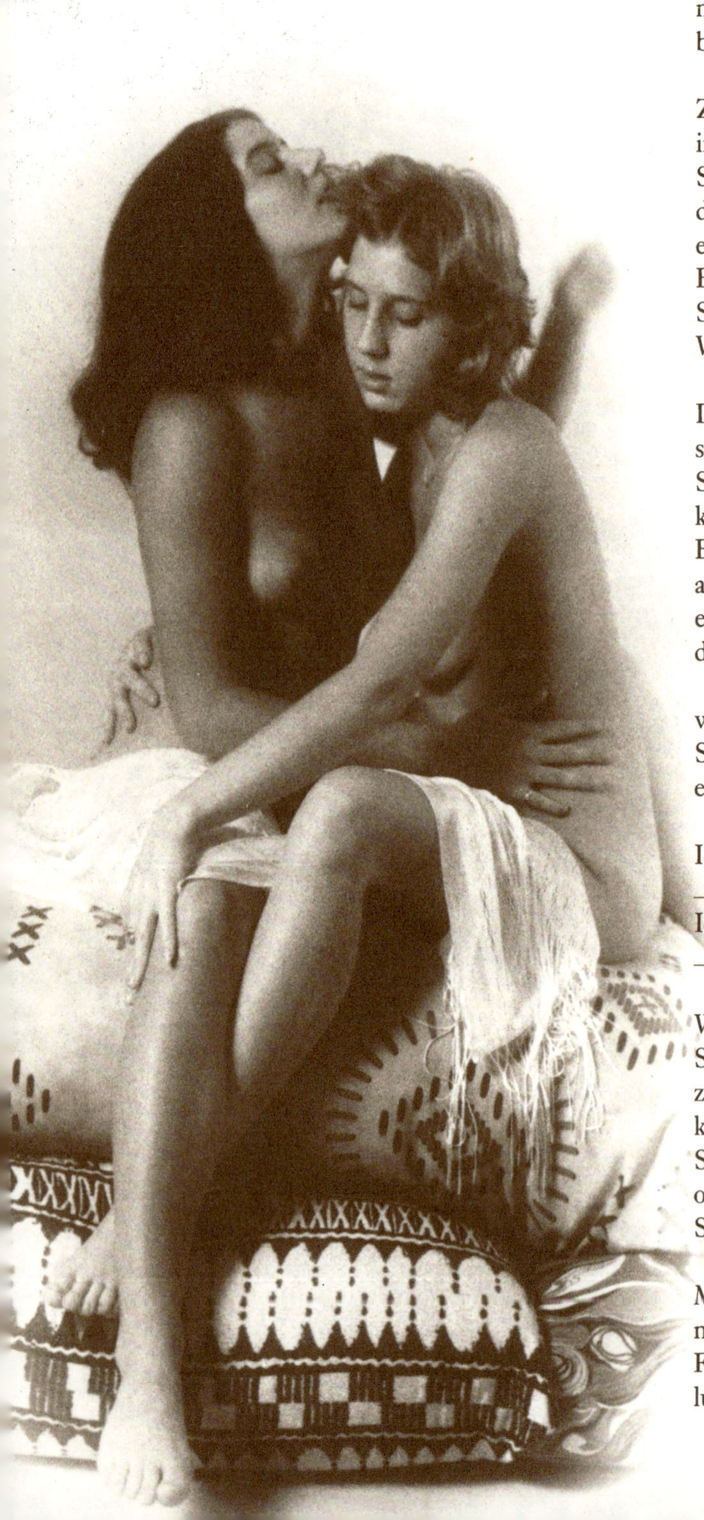

Zweite Woche. Montag: Haben Sie beide die Aufgaben jeden Tag immer zur gleichen Zeit und am gleichen Ort vollführt? Versuchen Sie heute einmal, die Umgebung ein wenig zu verändern, wobei Sie die Erforschung Ihrer Geschlechtsteile vom Wochenende weiterhin einschließen und auch fortsetzen. Versuchen Sie es mal auf einem Bettvorleger oder auf einer Decke statt auf dem Bettlaken, auf einem Stuhl oder einer Couch statt auf einem Bett, in der Küche statt im Wohnzimmer und so weiter.

Dienstag: Nun, wo Sie diesen Körper kennen, können Sie anfangen, sich mit ihm auch ein bißchen zu vergnügen. Finden Sie heraus, was Sie tun können, um diesen Körper froh zu machen. Wo mag er gekratzt, gestreichelt, massiert, gekitzelt werden? Gönnen Sie ihm ein Bad, eine Haarwäsche, eine Pediküre. Pusten Sie ihn an, sitzen Sie auf ihm, lecken Sie ihn, ringeln Sie sich an ihm hoch. Versuchen Sie es mit Cremes und Ölen oder sogar mit Sauce Béarnaise. Dann soll dieser Körper auch Ihrem eigenen Körper Freude machen.

Denken Sie daran, daß Sie Ihr Vergnügen genauso aus dem Geben wie aus dem Nehmen ziehen sollen. Beschreiben Sie hier unten, was Sie Ihrem Partner zukommen lassen wollen und wie Ihr Partner Ihnen eine Freude machen möchte.

Ich mag für mich selbst ______________________________

____

Ich möchte für meinen Partner ___________________________

____

Wenn Sie oder Ihr Partner sich hier oder an irgendeiner anderen Stelle unwohl fühlen, dann gehen Sie lieber noch einmal ein Stück zurück. Einige Anzeichen von Nervosität sind übertriebene Kitzligkeit, Kichern, fehlende Lust zum Weitermachen, eine allgemeine Straffung über den ganzen Körper. Wenn Sie spüren, daß Ihr Partner oder Sie selbst nur noch mit Unbehagen weitermachen, dann hören Sie doch für diesen Tag einfach auf.

Mittwoch: Die Anweisungen legten Nachdruck darauf, daß Sie nicht absichtlich Ihren Partner in sexuelle Erregung versetzen sollen. Falls einer von Ihnen nun aber erregt wird, so lassen Sie die Aufwallung abklingen und machen erst später weiter. Wenn der Partner nun

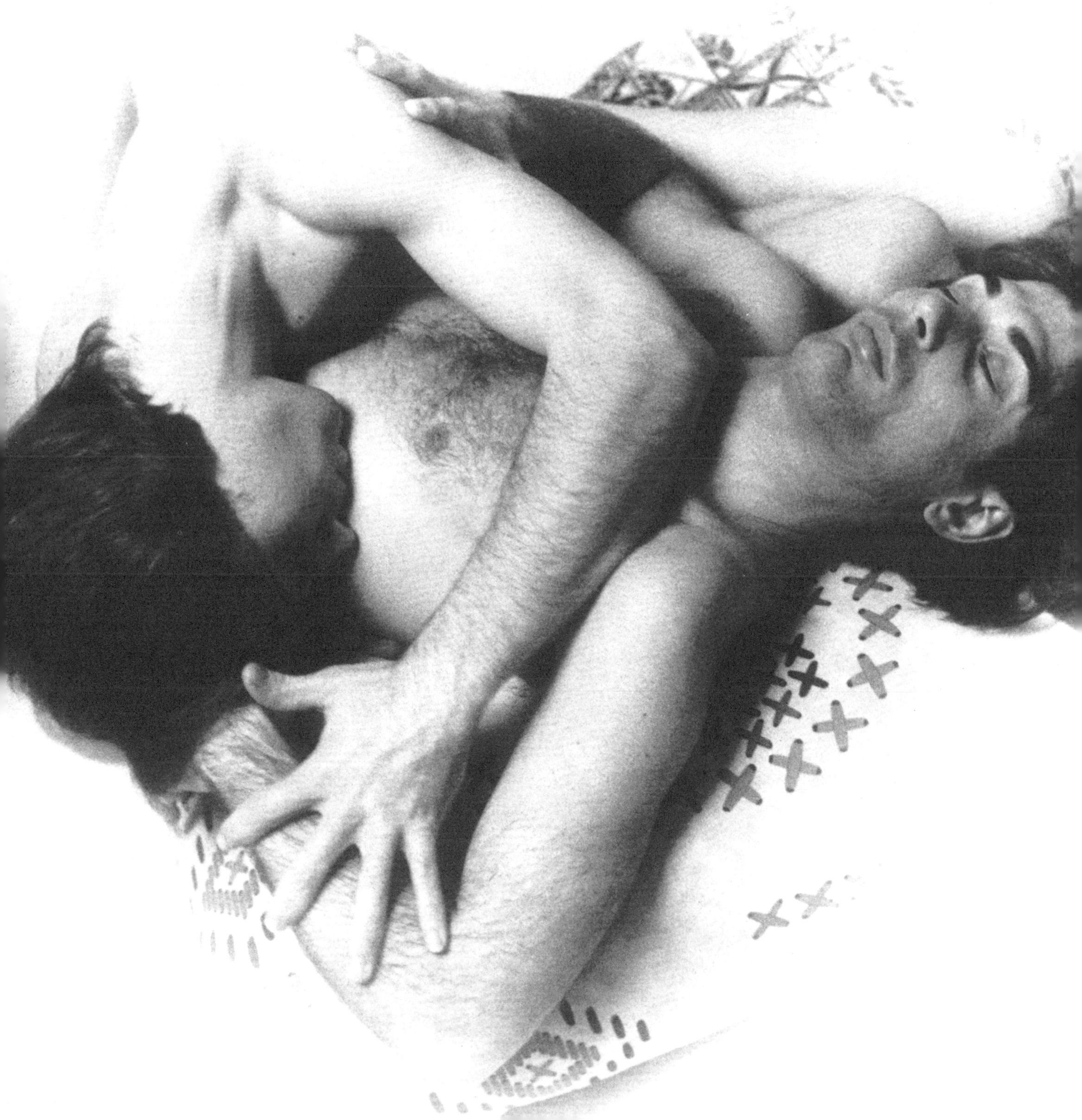

aber ohne Ihre Absicht doch noch einen Orgasmus bekommt, so macht das nichts, hören Sie aber hier nicht auf. Machen Sie weiter mit der Körpererforschung, und lernen Sie dabei, wie sein oder ihr Körper auf verschiedene Anreize nach einem Orgasmus reagiert.

Donnerstag: Konzentrieren Sie sich heute einmal auf Erregungsübungen in der Absicht zu lernen, welche Veränderungen dieser andere Körper während der Erregung und des Orgasmus durchläuft. Einige Menschen sind nach einem Orgasmus sehr empfindlich und haben es nicht gern, wenn man dann ihre Geschlechtsteile berührt. Andere dagegen mögen auch danach noch eine weitergehende Stimulierung. Einige hätten es vielleicht gern, noch ein bißchen umsorgt zu werden, indem man sie küßt oder sich mit ihnen unterhält. Finden Sie soviel wie möglich über die Art und Weise und über die Vorlieben dieses Menschen bei Erregung und Orgasmus heraus.

Freitag, Samstag und Sonntag: Dieses ist Ihr dreitägiges Wochenende. Rufen Sie sich noch einmal alles Gelernte ins Gedächtnis

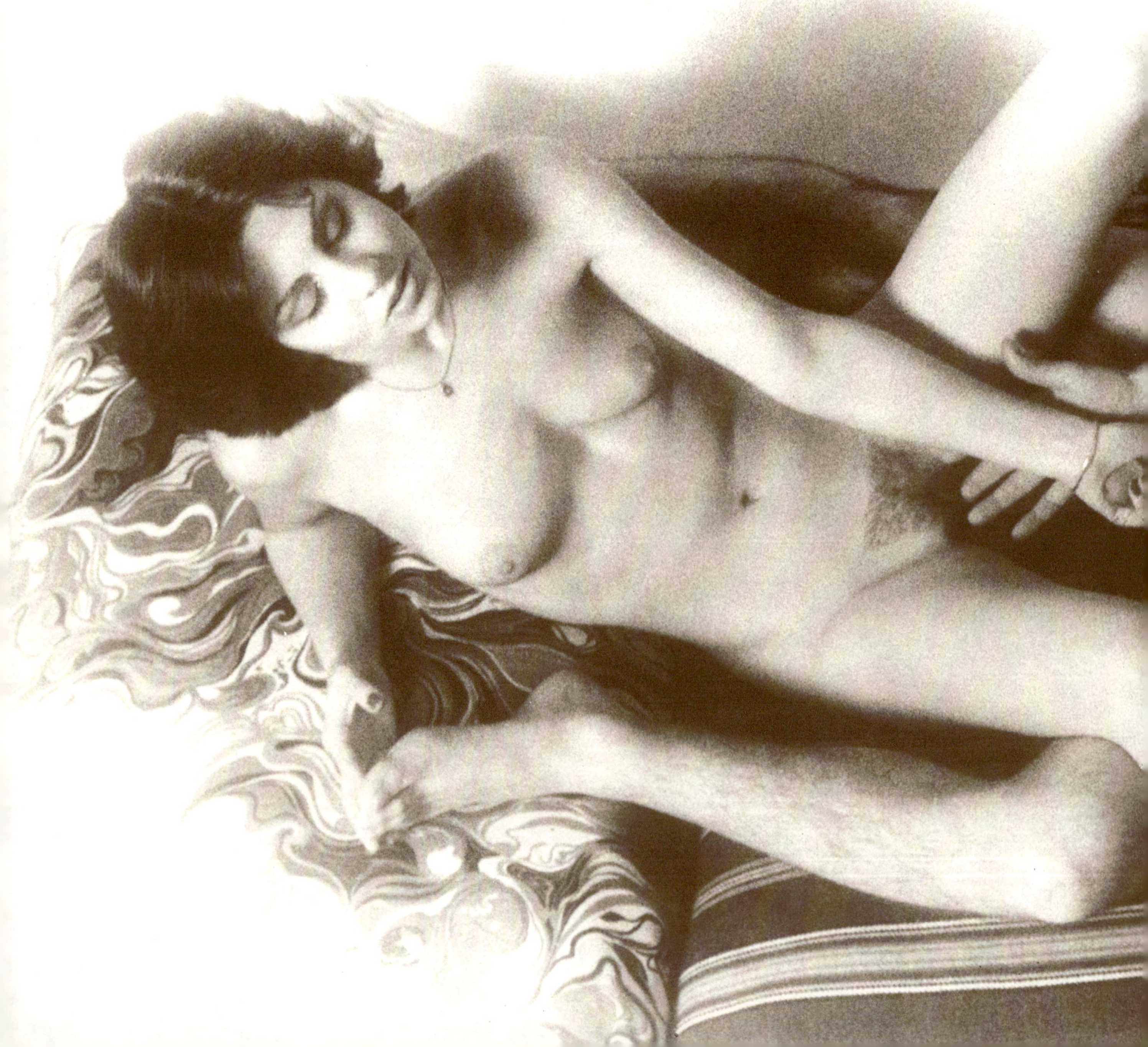

zurück, und versuchen Sie einmal, während dieser kommenden drei Tage alles zusammen anzuwenden. Machen Sie eine bekleidete Entdeckungsreise, dann eine nackte, versuchen Sie Freude zu schenken und selbst Freude zu empfangen, sich gegenseitig zu erregen und einander Beglückung zu schenken. Konzentrieren Sie sich mit Ihrem ganzen Körper auf diese Aufgaben.

Wenn Sie wollen, können Sie jetzt Geschlechtsverkehr haben, aber Sie müssen natürlich nicht. Wenn Sie allerdings merken, daß Sie sich nur auf den Orgasmus konzentrieren, dann hören Sie augenblicklich auf. Beschränken Sie sich auf Aktivitäten, die weniger erfordern. Vielleicht finden Sie ja heraus, daß gegenseitige Selbstbefriedigung oder einige der schon früher erwähnten Übungen zum Stärken der eigenen Empfindungen in diesem Moment einfach eher angebracht sind.

Obwohl dieses Programm von uns als Aufeinanderfolge beschrieben worden ist, kann man auch jede Übung als in sich selbst geschlossen

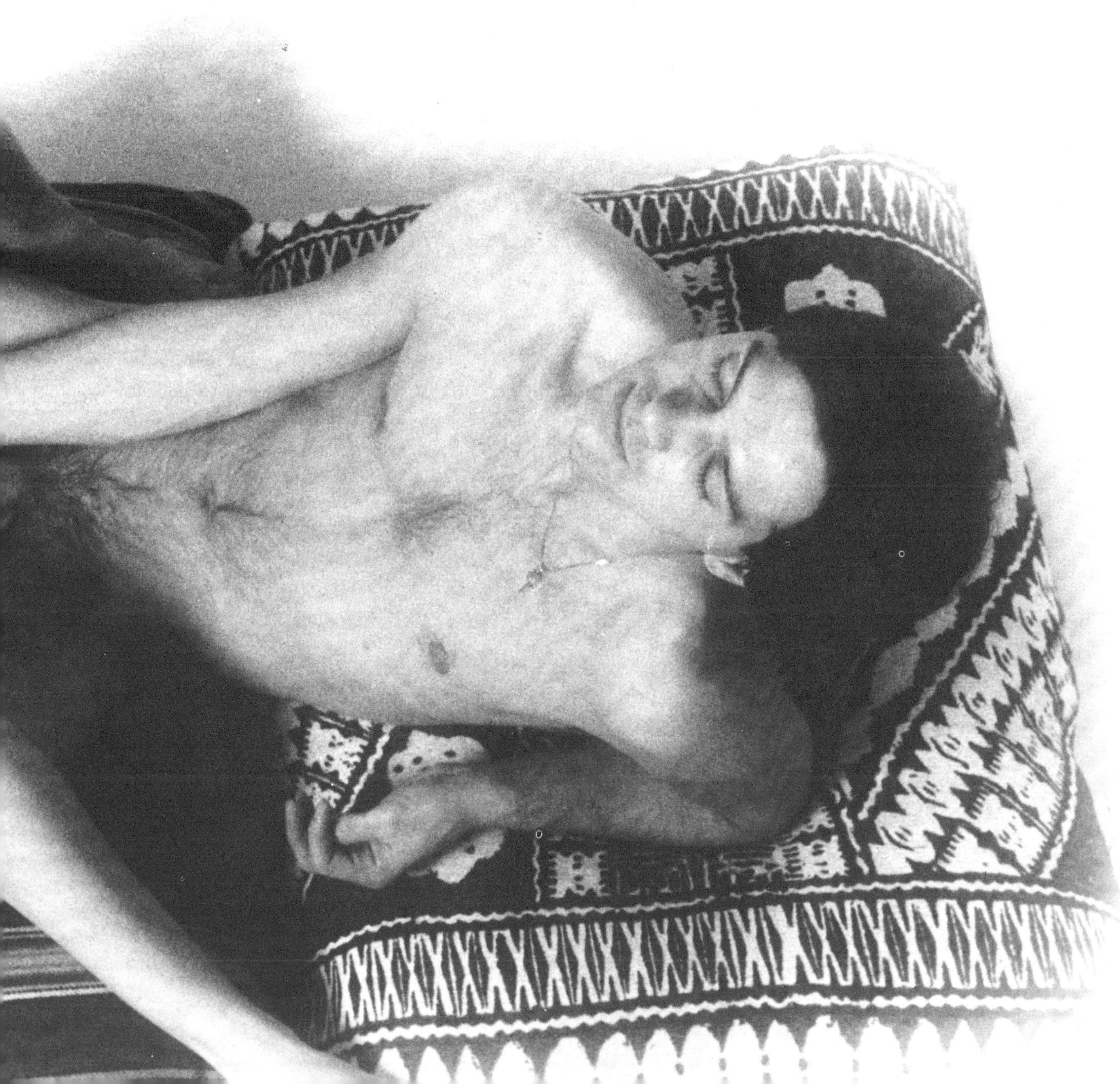

betrachten. Es gibt auch keinen Grund, warum Sex nicht einfach bedeuten könnte, daß Sie beide zusammen sind und dabei etwas Intimes tun, was Ihnen viel Spaß macht. Wenn Beischlaf und Orgasmus Ihre einzigen Ziele sind, dann fehlen Ihnen vielleicht die anderen Dinge, die nötig sind, um Wohlbefinden, Vertrauen und Verständnis zwischen Menschen aufzurichten. Und das sind nun genau diejenigen Dinge, ohne die Sie wirklich nicht auskommen.

Was uns verzweifeln lassen kann

Obwohl Sie die täglichen Aufgaben treulich und mit Freude hinter sich brachten, so stellen diese für sich allein noch nicht die Antwort dar auf langanstehende, spezifische Kontrollprobleme, mit denen sich viele Menschen herumplagen, wenn sie mit einem Partner zusammen sind. Es kann sich trennend für Ihre Beziehung auswirken, wenn Sie sich mit ihnen herumquälen oder wenn Sie sich ihrer nicht bewußt werden. Folgende Probleme wollen wir hier aufführen:

Zu schnell kommen: Das heißt, Sie kommen zum Orgasmus, bevor Sie es wollen. Es passiert vielleicht, wenn Sie allein sind, aber vorwiegend tritt dieses Problem wohl dann auf, wenn Sie mit einem anderen Menschen zusammen sind.

Nicht schnell genug kommen: Sie sind nicht so schnell zu einem Orgasmus fähig, wie Sie es gern möchten. Sie fühlen sich befangen und unwohl mit diesem Problem, wenn Sie mit einem anderen Menschen zusammen sind.

Zusammen kommen: Sie wollen zur selben Zeit kommen wie Ihr Partner, aber es gelingt Ihnen nur selten oder nie.

Einzeln kommen: Sie wollen nicht zur gleichen Zeit kommen wie Ihr Partner, tun es aber für gewöhnlich.

All diese Zeitprobleme verursachen Kummer und Schwierigkeiten mit dem Partner, aber wenn Sie körperlich gesund sind und auch den Willen haben, ein wenig Zeit darauf zu verwenden, dann können Sie sich sehr wohl selbst helfen. Zuerst allerdings müssen Sie Ihr eigenes spezifisches Problem mit der fehlenden Übereinstimmung erkennen und es sich auch eingestehen. Das kann zum Beispiel bedeuten, daß Sie einige derjenigen Methoden fahren lassen, die Sie einmal zum Vertuschen der Tatsache benutzt haben, mit einem Problem leben zu müssen.

Die Leute verbergen Ihre Schwierigkeiten mit dem Problem zeitlicher Übereinstimmung auf mannigfaltige Art. Einige ignorieren einfach, daß etwas nicht stimmt und hoffen, daß es schon vorbeigehen werde. Andere nehmen Zuflucht zu fragwürdigen Behandlungsmethoden wie etwa Drogen, Alkohol, Akupunktur, Hypnose, Enthaltsamkeit, oder sie zwingen sich zu immer größeren, gar nicht realisierbaren sexuellen Kunststücken. Oder sie verbergen das sexuelle Problem vielleicht, indem sie vor oder mitten in einer sexuellen Begegnung sehr müde werden oder ängstlich oder betrunken. Einige Leute tun so, als hätten sie an Sex kein Interesse, so daß sie nicht zeigen müssen, wie sie sich herumplagen mit dem Gefühl ihrer Unzulänglichkeit. Andere werden Ausreden parat haben, es fehle ihnen etwa an einer verständnisvollen Frau, oder sie hätten in der Vergangenheit schlechte Erfahrungen gemacht, die ihnen heute jedes Vergnügen an

Sex nähmen. Vielleicht stimmt das sogar ganz genau, aber warum kramt man solche Erklärungen ausgerechnet in diesem Moment hervor? Die Masche, Sympathie zu heischen, ist vielleicht Entschuldigung dafür, nichts voranzubringen oder keine Veränderungen einzugehen.

Wahrscheinlich eine der verbreitetsten Techniken zum Vertuschen ist die, einen Orgasmus vorzutäuschen. Männer können das genauso gut wie Frauen, zumindest während des Beischlafs. Ein Mann, der zu schnell kommt, könnte vielleicht schon früh einen Orgasmus haben, ihm aber gar keine Aufmerksamkeit schenken, nur weil er ein bißchen später einen Orgasmus vortäuschen will. Oder wenn er nicht zu dem Zeitpunkt kommen kann, wo er das Gefühl hat, jetzt wäre es aber an der Zeit, dann tut er so, als ob er schon einen gehabt hätte. Ein Mann kann seinen Partner ganz leicht täuschen, indem er ein bißchen stöhnt und ein paar kräftige Stöße von sich gibt. Eine Frau spürt es entgegen landläufiger Meinung nicht, wenn der Samen in ihre Vagina spritzt. Und in bezug auf den Orgasmus selbst kann ihre eigene Feuchtigkeit und ihr eigener Rhythmus so gestaltet sein, daß es sie unsicher macht, ob ihr Partner nun schon gekommen ist oder nicht. Da Männer verschieden lange brauchen, bis ihr Glied wieder abschwillt, kann man hier nichts Sicheres sagen, besonders nicht bei einem neuen Partner.

Eine Frau, die nicht so schnell kommen kann, wie sie eigentlich möchte, oder so schnell, wie sie meint, daß es ihr Partner von ihr erwartet, wird sich so ähnlich verhalten. Und eine Frau, die glaubt, zu schnell zu kommen, wird ihren wirklichen Orgasmus übersehen, um dann später einen vorzutäuschen. Eine Menge toller Verrenkungen, verziert mit ein bißchen Gestöhne, und schon ist der Trick perfekt. Die Orgasmuskrämpfe sind für einen Mann für gewöhnlich sowieso nicht zu spüren, wenn sie aber ihre Vaginalmuskeln ein bißchen zusammenzieht, dann kann er durchaus auf den Gedanken kommen, daß da was ganz Gewaltiges passiert.

Es ist nicht gänzlich unnatürlich, manchmal etwas zu verbergen oder vorzutäuschen. Wenn das aber zur Regel wird, vielleicht gar bis zu dem Punkt hin, wo man es selbst gar nicht mehr merkt, dann stecken Sie mitten drin in den Schwierigkeiten. Sie müssen sich wirklich ernsthaft selbst kennen, oder es ist keine Veränderung bei Ihnen möglich. Die folgenden Behauptungen sollten Sie mit *richtig* oder *falsch* kommentieren:

Ich habe bisher Interesse an Sex vorgetäuscht, obwohl es gar nicht der Fall war.	________
Ich glaube, ich bin zu langsam.	________
Ich glaube, mein Partner glaubt von mir, ich sei zu langsam.	________
Ich bin einfach viel zu aufgeregt, wenn ich mit meinem Partner zusammen bin.	________
Oft täusche ich einen Orgasmus nur vor.	________
Manchmal verliert sich mein Interesse, obwohl mein Partner erregt ist.	________
Wenn ich nicht zur gleichen Zeit kommen kann, bin ich regelrecht enttäuscht.	________
Manchmal glaube ich, mein Partner täuscht einen Orgasmus nur vor.	________
Oft habe ich schon gesagt, ich hätte zuviel getrunken, obwohl es gar nicht gestimmt hat.	________

Ich weiß, daß ich ein Problem habe, aber ich möchte eigentlich nicht darüber nachdenken. __________

Ich habe das Gefühl, daß ich eigentlich einen Orgasmus haben müßte, um meinen Partner zufriedenzustellen. __________

Schon oft habe ich gesagt, daß es überhaupt nicht weh tat, obwohl es mir verdammt weh tat. __________

Ich glaube, mein Partner hat ein Problem, aber ich weiß nicht, wie ihm dabei zu helfen wäre. __________

Einen Mann und Kinder zu haben, ist ein ewiges Problem, wenn es um Sex geht. __________

Mein Partner müßte dieses Buch eigentlich auch lesen. Er oder sie hat ständig Probleme. __________

Ich habe eine große Scheu davor, mit einem für mich neuen Menschen zu schlafen aus Angst davor, er oder sie könnte denken, ich bin nicht gut genug. __________

Manchmal täusche ich bestimmte Antworten in Tests nur vor, um ein gutes Bild abzugeben. __________

Zählen Sie die Antworten zusammen, wo Sie mit *richtig* geantwortet haben. Wenn Sie insgesamt drei oder mehr davon haben, ist der Zeitpunkt für Sie gekommen, endlich mit dem weiteren Vertuschen aufzuhören.

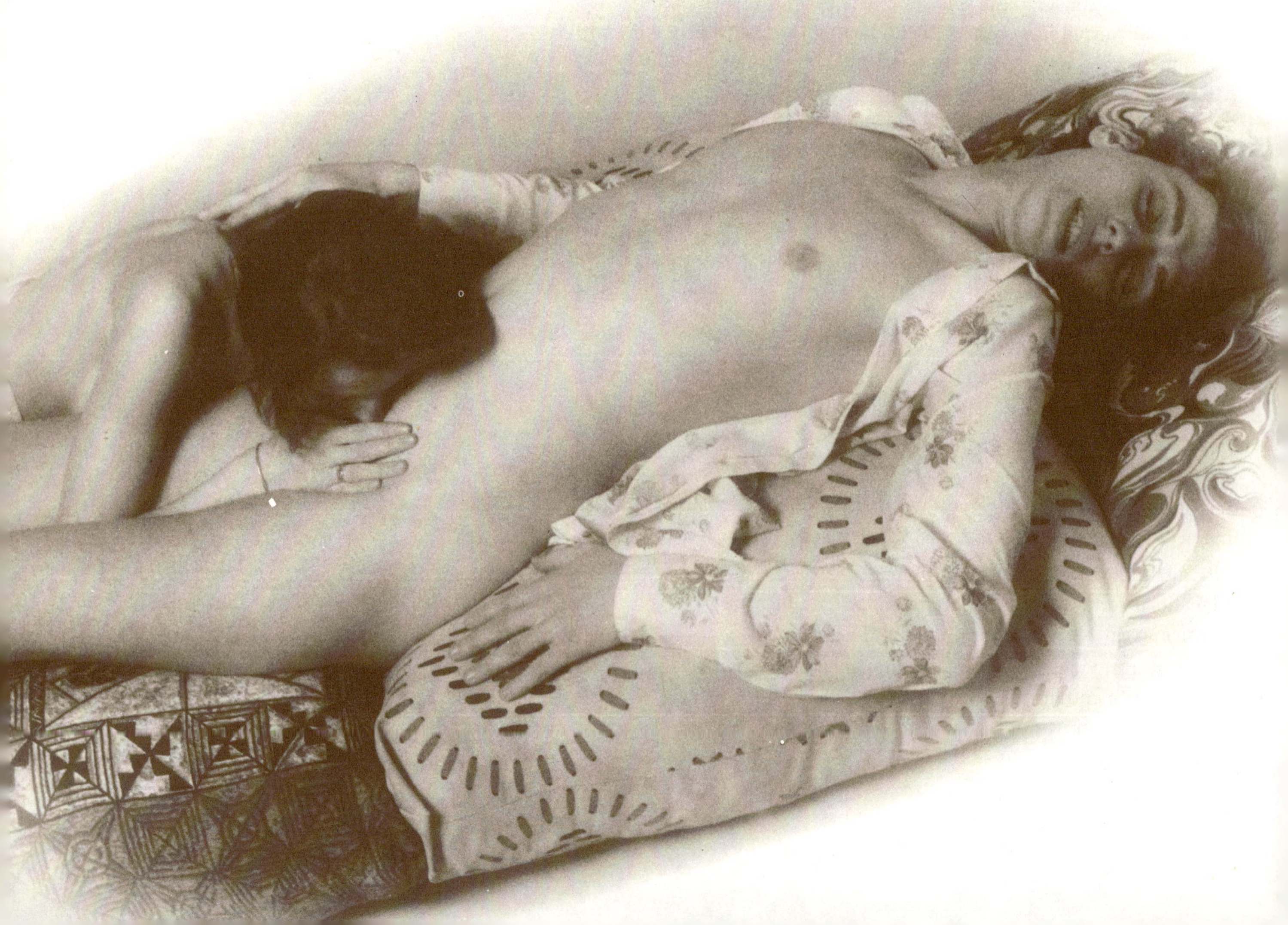

Wenn Männer zu schnell zum Orgasmus kommen

Hier haben wir einen der quälendsten Umstände. Sie wissen nicht, warum es eigentlich geschieht, und auch nicht, wie Sie es unter Kontrolle bringen sollen. Sie haben schon versucht, sich auf die Lippen zu beißen, den Atem anzuhalten, haben vielleicht schon Drogen genommen oder empfindungsschwächende Cremes, um nicht so schnell zu kommen. Aber irgendwie passiert es dann doch immer. Sie fühlen sich unzulänglich und mickerig. Irgendwie gibt Ihnen dieses Problem ein Gefühl von Unreife und Wertlosigkeit und, mehr noch als alles andere, Wut gegen sich selbst. Sie gehen der Möglichkeit aus dem Weg, mit jemandem zu schlafen aus Angst, daß es passieren wird. Selbst der medizinische Fachausdruck *ejaculatio praexox* (zu früh eintretender Samenerguß) scheint anzuzeigen, daß Sie ein Kind sind, das versucht, in einer Welt naturbegabter Liebhaber irgendwie auch zu bestehen.

Nun ist es aber so, daß ebendiejenigen Mediziner, die der Sache einen solch schrecklichen Namen gaben, andererseits herausgefunden haben, daß es sich hier um das heilbarste aller Leiden handelt. Es gibt wirklich etwas, was Sie dagegen tun können. Sie können tatsächlich die langgesuchte Fähigkeit zu willentlicher Kontrolle erlangen, wenn Sie versuchen, sich dem einmal ganz zu widmen, sich Zeit genug nehmen und damit aufhören, sich selbst zu beoachten. Lesen Sie jetzt weiter – aber langsam.

Was bedeutet zu schnell?

Zu schnell kann heißen, es ist Ihnen bereits in die Unterhose gegangen. Es kann passieren, wenn Sie gerade küssen. Es kann während oralem Sex geschehen, das heißt, wenn Ihr Partner als Teil des Vorspiels Ihren Penis küßt, leckt oder an ihm saugt. Es kann genau außerhalb der Vagina losgehen; es kann auch dann passieren, wenn Sie gerade eben richtig in der Vagina sind. Es kann geschehen, nachdem Sie fünf Minuten lang den Atem angehalten haben in der schrecklichen Angst und in der Hoffnung, Sie mögen noch nicht kommen. Es kann geschehen, bevor Ihr Partner Sie dahin haben möchte. Es kann auch losgehen nach einer zehnminütigen, irrsinnigen Stoßerei. Es kann Ihnen passieren, nachdem Sie drei verschiedene Stellungen ausprobiert haben, aber nun noch eine vierte ausprobieren wollen. Es kann sein, nachdem Sie Ihrem Partner eine halbe Stunde in die Augen gestarrt haben, während Sie reglos ineinanderlagen. Es kann etwas sein, was nicht das ist, was Sie und Ihr Partner eigentlich wollen. Und es ist etwas, was schon fast alle Männer am eigenen Leib erfahren haben.

Wann passiert es?

Wann war das erste Mal, daß es Ihnen passierte? ________________

Wie alt waren Sie dabei? __________

Mit wem waren Sie zusammen? ____________________

Wie waren die Umstände dabei? ____________________

____

____

Wie reagierte Ihr Partner darauf? ____________________

____

____

Welches Gefühl hatten Sie dabei? ____________________

____

____

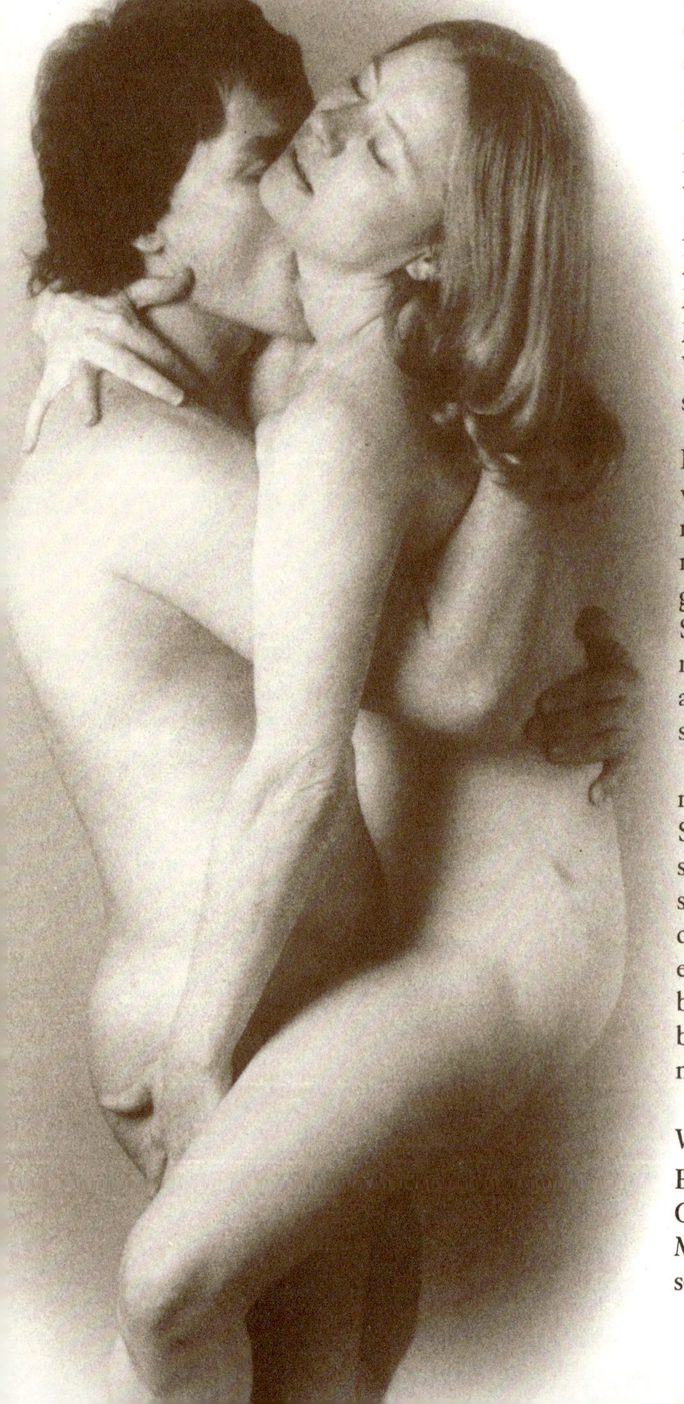

Diese Fragen sollen Sie dazu veranlassen, daß Sie einmal anfangen, darüber nachzudenken, ob das zu schnelle Kommen etwas Erlerntes ist. Vielleicht kommen Sie heute zu schnell, weil es da etwas gibt, was Ihnen in Ihrer frühen Sexualentwicklung passiert ist. Zum Beispiel könnte Ihre Mutter ins Zimmer gekommen sein, während Sie gerade onanierten; die Eltern Ihrer Freundin kamen vielleicht früher als erwartet nach Hause und ertappten Sie beide, wie Sie gerade auf dem Sofa herumfummelten; vielleicht haben Sie in der Erwartung gelebt, Sie könnten unterbrochen werden von Zimmergenossen, Kindern oder Verwandten; Sie könnten auch von einer geschäftigen Prostituierten in aller Kürze abgefertigt worden sein; vielleicht hat Ihr Partner sich gesträubt, oder Sie hatten Angst, abgewiesen zu werden; vielleicht hatten Sie auch Angst davor, jemanden schwanger zu machen, und so weiter. Irgendeine dieser Erfahrungen könnte Sie dazu veranlassen, daß Sie es schnell hinter sich bringen, bevor so etwas wie das oben Beschriebene überhaupt passieren kann.

Wenn Sie etwas gelernt haben, können Sie es auch wieder verlernen, sofern Sie nicht noch von obigen Problemen beeinträchtigt werden. Wenn Sie das Gefühl haben, daß diese Ihnen noch im Wege stehen könnten, dann gehen Sie doch vielleicht in ein Motel, beginnen Sie früher, schicken Sie die Kinder auf Campingfahrt, benutzen Sie bessere Empfängnisverhütungsmittel, trennen Sie sich von einem Partner, der Sie nicht mag, und so weiter.

Wann passiert es Ihnen heute? ____________________

Mit Partnern, die Sie sehr eng an sich binden? ____________________

Mit Ihrem ständigen Partner? ____________________

Mit neuen Partnern? ____________________

Mit widerstrebenden Partnern? ____________________

Wenn Sie müde oder betrunken sind, oder wenn Sie unter Magenverstimmung leiden? ____________________

Hier wollen wir uns einmal Ihre eigene Art und Weise vornehmen, wie Sie persönlich zu schnell kommen. Wenn es zum Beispiel nur bei neuen Partnern geschieht, sind Ihre Partner dann wirklich immer neu? Es ist schwer, sich einem Menschen anzupassen, ganz zu schweigen von einem ständigen Strom neuer Menschen. Vielleicht suchen Sie sogar einen Partner, bei dem Sie versagen; oder vielleicht erschweren Sie sich den Sex dadurch, daß Sie eine ganz bestimmte Schau abziehen, wenn Sie körperlich oder seelisch nicht darauf vorbereitet sind.

Wenn Sie bei Ihrem ständigen Partner regelmäßig zu schnell kommen, dann betrachten Sie sich einmal die Beziehung selbst. Mögen Sie diesen Menschen? Wollen Sie wirklich mit ihm oder mit ihr zusammen sein? Vielleicht haben Sie eine starke Abneigung gegen diesen Menschen, fühlen sich abhängig oder unglücklich aus Gründen, die außerhalb Ihrer sexuellen Beziehung zu suchen sind. Allerdings ist es möglich, zu einer besseren Kontrolle des Orgasmus zu kommen, bevor man sich ans Werk macht, alle verborgenen Konflikte aufzuarbeiten – vorausgesetzt, Sie wollen sich diese Fähigkeit mit diesem neuen Menschen zusammen erarbeiten.

Was können Sie tun?

Erster Schritt: Werden Sie etwas langsamer. Eine nicht unübliche Charakteristik des Mannes, der zu schnell kommt, ist die, daß er ein Mann ist, den wir immer in Eile sehen. Versuchen Sie, besonnen und sorgfältig vorzugehen, wenn Sie Erfahrungen mit sich selbst sam-

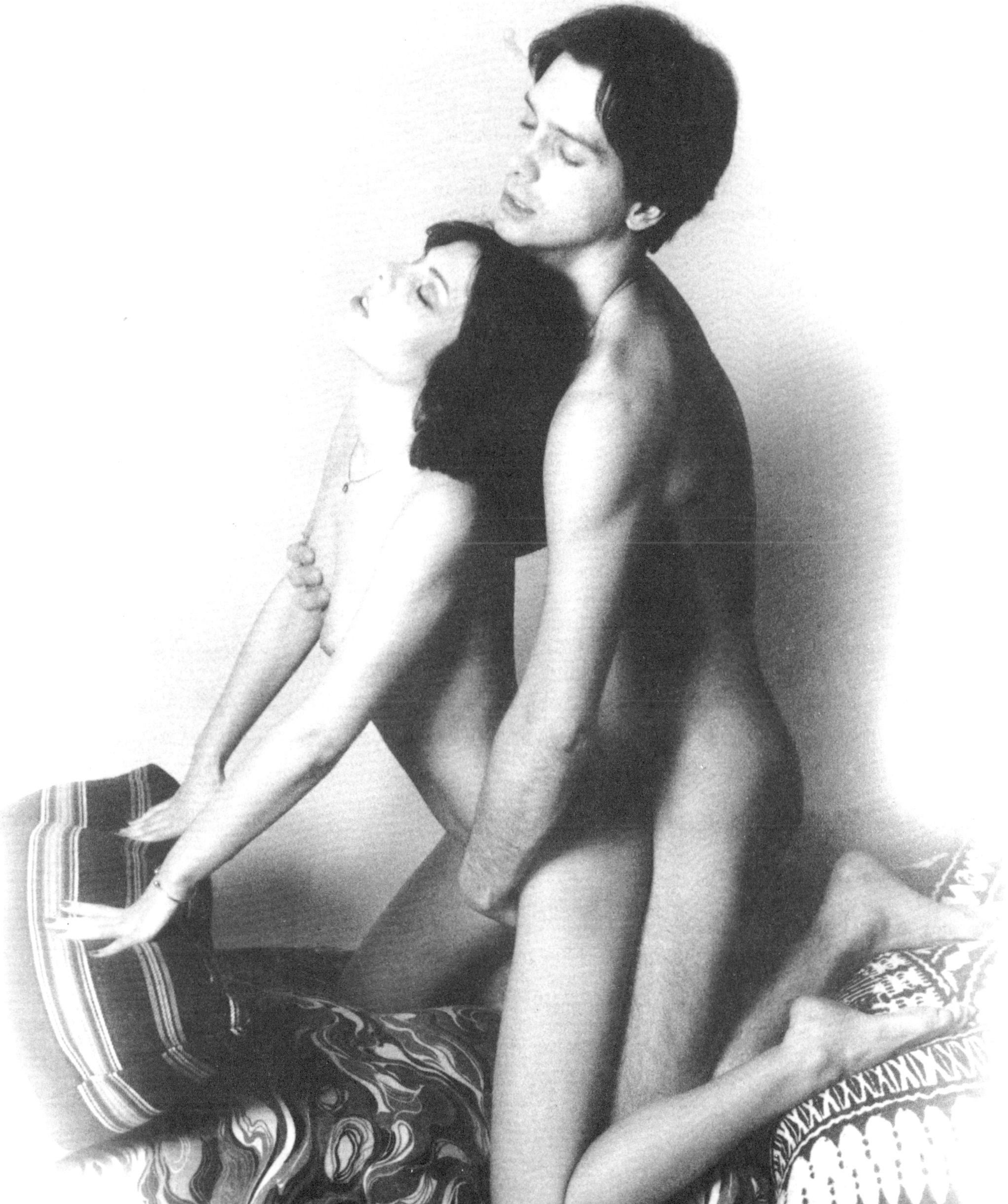

meln. Vielleicht dauert es einige Zeit, bis Ihnen dieses gelingt. Sie können eine Veränderung nicht über Nacht erwarten, nur weil Sie ein Buch darüber lesen. Es ist ein Bestandteil dieser Verlangsamung, anzuerkennen, daß es seine Zeit braucht, ruhiger zu werden. Vielleicht beginnen Sie einfach damit, langsamer zu lesen. Sie sind wahrscheinlich jetzt in diesem Moment durchaus bereit, ein paar Zeilen zu überspringen in der Hoffnung, endlich »die« Antwort zu finden. Wenn dem so sein sollte, dann haben Sie genau dadurch die richtige Antwort verfehlt.

Dieser ganze Abschnitt ist in Schritte gegliedert. Einige sind vielleicht Riesenschritte für Sie, andere werden Ihnen sehr klein erscheinen. Aber alle führen hin zu der Kontrollfähigkeit, die Sie sich wünschen. Geben Sie sich ein vernünftiges Tempo, bei dem Sie sich auch Zeit lassen können zum Erkunden, aber nicht zum Verzögern. Wählen Sie die Zeit und die Häufigkeit aus, um die einzelnen Schritte zu tun, etwa eine morgendliche und eine abendliche Sitzung jeden Tag oder eine Sitzung in der Mittagszeit an jedem zweiten Tag. Sie können während jeder Sitzung so viele oder so wenige Schritte tun, wie Sie wollen, wenn Sie dabei nur das Gefühl haben, daß es Ihnen in diesem Moment wirklich gut geht. Notieren Sie sich hier Ihren beabsichtigten Fahrplan.

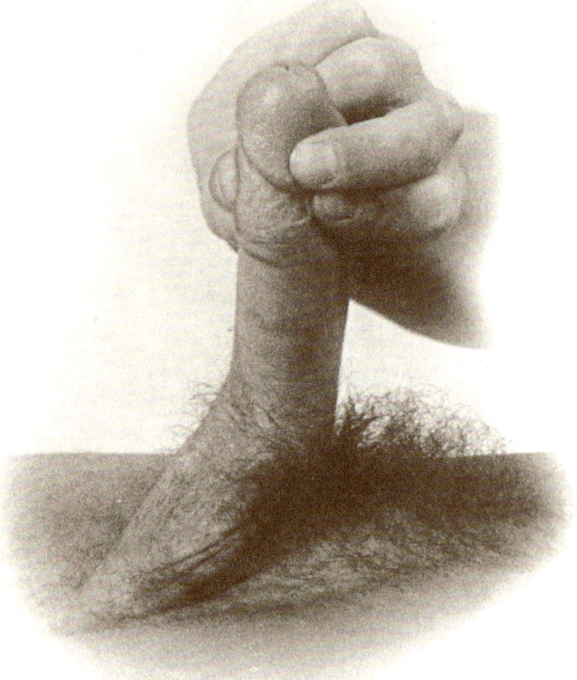

Zweiter Schritt: Geben Sie eine detaillierte Beschreibung davon, was bei Ihnen physisch gesehen genau passiert, wenn Sie einen Samenerguß haben. Ihre Beschreibung sollte den Platz des Geschehens, die Stimulierung und die körperlichen Anzeichen beinhalten. So kann es zum Beispiel sein, daß Sie zusammen mit Ihrer erregten Frau um 23.06 Uhr im Bett liegen. Sie könnte sich mit Ihnen, oder Sie könnten sich mit ihr in einer Weise beschäftigen, die Sie sehr in Aufregung versetzt. Schreiben Sie Ihre Stellung auf und auch Ihre Gedanken oder Fantasievorstellungen, die Sie dabei haben.

Dritter Schritt: Der unvermeidliche Augenblick bei Ihnen, der Punkt, wo Sie wissen, daß Sie kommen werden und nichts mehr zur Verhinderung tun können, ist ganz besonders wichtig, wenn Sie in die Lage kommen wollen, ihn schon im voraus zu erkennen. Vielleicht haben Sie Lust, bevor Sie anfangen, noch einmal das Kapitel über den Orgasmus durchzulesen. Einige Männer, die zu schnell kommen, sind sich dessen, was ihrem Orgasmus vorausgeht, überhaupt nicht bewußt. Wenn Sie sich aber darauf konzentrieren, dann werden Sie langsam etwas von den folgenden Dingen mitbekommen:

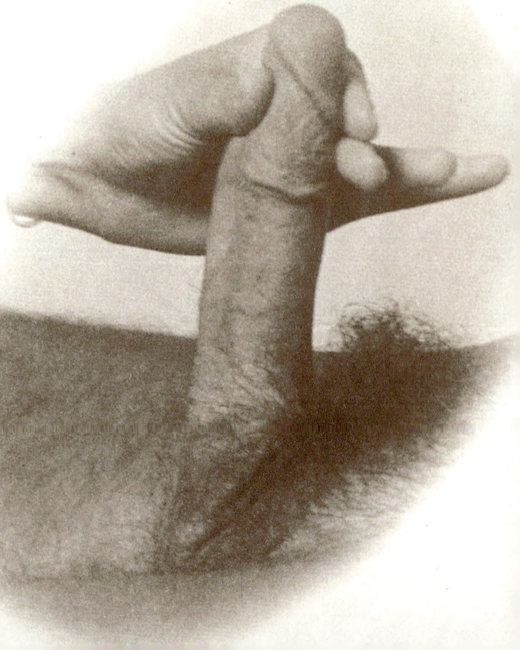

Erektion ______
Schnellerer Atem ______
Zusammenziehen des Hodensackes ______
Zusammenziehen der Aftermuskeln ______
Vorbeirasende Gedanken ______
Schwelldruck überall in den Genitalien ______
Überflutende Gefühle ______
Allgemeine Anspannung des Körpers ______
Anderes ______

Wenn Sie noch immer nicht spüren, ob etwas geschieht, dann gehen Sie ruhig alles noch einmal durch.

Vierter Schritt: Jetzt da Sie wissen, wann Sie kommen werden, können Sie einmal praktizieren, nicht zu kommen. Sie müssen etwas verändern zwischen dem Zeitpunkt, zu dem Sie erkennen, daß Sie jetzt dem unvermeidlichen Augenblick sehr nahe sind und diesem Augenblick selbst.

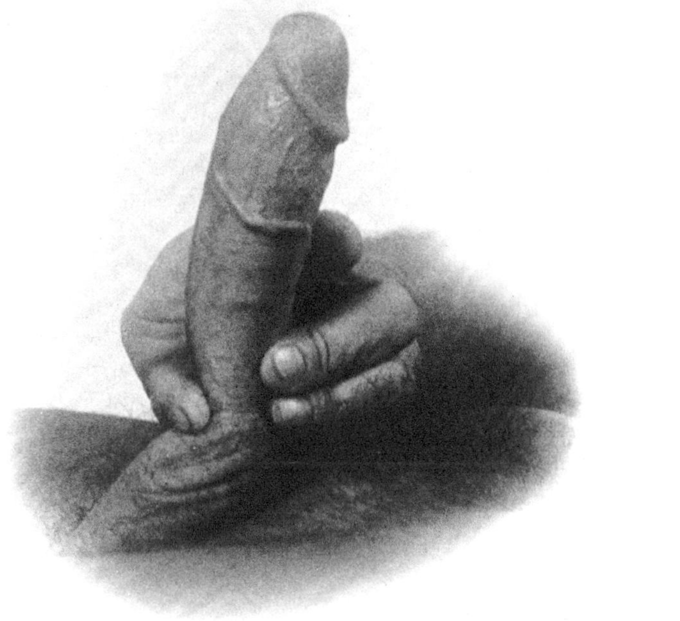

Wenn Sie stets erotische Fantasien haben, die Sie zu stark erregen, dann ändern Sie das, worauf Sie sich konzentrieren. Wenn Sie sich bewegen, werden Sie ganz langsam. Wenn Sie sich langsam bewegen, verharren Sie jetzt mal in Ruhe. Wenn Sie ganz ruhig sind, beginnen Sie, sich zu bewegen. Ändern Sie das, was Sie mit Ihrer Partnerin machen, oder bitten Sie sie, mit dem einmal aufzuhören, was sie bei Ihnen gerade macht. Konzentrieren Sie sich auf Ihren eigenen Körper und darauf, was mit ihm passiert. Wenn Sie innerhalb der Vagina sind, ziehen Sie den Penis heraus. Kehren Sie dorthin nicht wieder zurück, bevor Sie nicht das Gefühl haben, daß Ihre Hoden wieder ein bißchen tiefer hängen als vorher, was dann ein Zeichen dafür ist, daß die Krise vorbei ist. Egal was Sie tun, es ist auf jeden Fall besser als einfach nur zuzulassen, daß Sie zu schnell kommen.

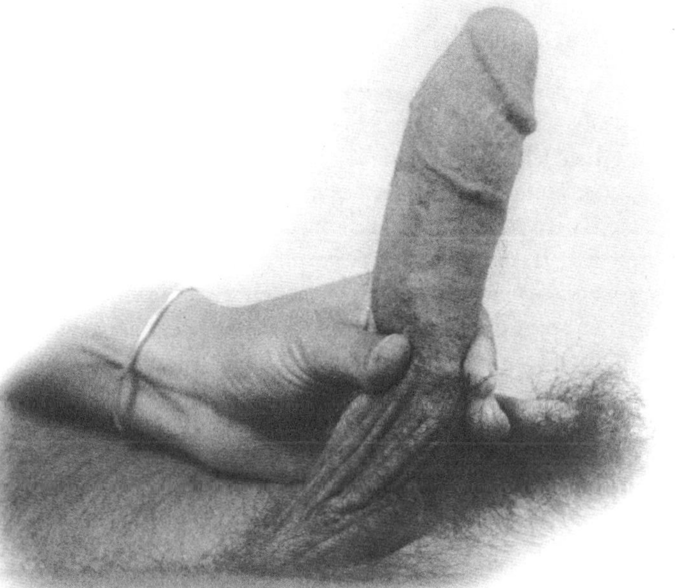

Fünfter Schritt: Eine Angst, unter der Sie vielleicht leiden, ist die, daß Ihre Partnerin dies alles nicht tun mag, daß sie es vielleicht als lästig ansieht oder ungeduldig wird. Es kostet wirkliche Zuneigung und Geduld für die Frau oder den anderen männlichen Partner, und Sie sollten darüber gesprochen haben, bevor Sie mit dem Programm beginnen. Eine Möglichkeit, wie einige Paare darüber hinwegkommen, besteht darin, daß die Frau zu einem Orgasmus durch orale oder manuelle Reizung kommt, bevor Sie selbst beginnen. Denken Sie daran, daß kurze Sitzungen besser sind als zu lange. Wenn Sie einen Partner haben und merken, daß Ihr Problem immer nur während des Beischlafs auftaucht, dann kommen Sie vielleicht zu einem befriedigenden Ergebnis, indem Sie Ihre Stellung verändern. Jede Stellung, die die Reibung des Penis vermindert, ist besser für Sie. Stehen kann dabei gut sein, weil es nicht nur die Reibung verringert, sondern auch noch anstrengend ist – und Ihnen etwas gibt, mit dem Sie sich zusätzlich noch herumplagen können. Versuchen Sie es. Eine Stellung von hinten, »eine Hundenummer«, wo Sie von hinten in Ihre Partnerin eindringen, neigt zu geringerer Reibung, weil Sie für gewöhnlich nicht zu weit hineinkommen. Sie können das im Stehen oder im Sitzen machen oder indem Sie auf Ihrer Partnerin sitzen, wenn sie auf dem Bauch liegt. Versuchen Sie es nicht mit der üblichen Missionarstellung, wo sie unten liegt und Sie beide sich ansehen. Das ist für Sie jetzt die denkbar schlechteste Stellung.

Die wahrscheinlich beste Stellung ist für Sie, wenn Ihre Partnerin auf Ihnen sitzt. Das kann hinderlich sein, wenn Sie es bisher noch nicht probiert haben, aber es kann helfen, Ihren Orgasmus zu verhindern. Probieren Sie einmal aus, was gut für Sie ist.

Sechster Schritt: Das Zusammendrücken des Penis ist eine sehr erfolgreiche Methode, die Ejakulation zurückzuhalten. Zuerst wurde es 1956 benutzt von James Semans, einem Urologen, und dann später von Masters und Johnson weiterentwickelt. Es wird von fast jedem Sexualtherapeuten angewandt, und immer wieder hat sich gezeigt, daß es funktioniert.

Wenn man die Spitze oder die Wurzel des Penis ein paar Sekunden lang fest zusammendrückt, und zwar unmittelbar vor dem bewußten unvermeidlichen Augenblick, dann hemmt das den Reflex, der die Ejakulation auslöst. Dieses Zusammendrücken kann von Ihnen oder

Ihrem Partner angewandt werden, wann immer Sie einen Orgasmus verhindern wollen. Es geht ganz leicht und tut nicht weh. Hier beschreiben wir Ihnen, wie es vor sich geht.

Halten Sie Ihren steifen Penis mit dem Daumen unten dort, wo die Vorhaut angewachsen ist, und mit dem Zeige- und Mittelfinger von oben, wie Sie es auf den ersten beiden Fotos erkennen können. Packen Sie die Spitze ganz fest um die Eichelwulst herum und drücken Sie sie ein paar Sekunden lang fest zusammen. Sie werden diesen Griff so lange üben müssen, bis es Ihnen schon fast ganz natürlich erscheint. Sie werden merken, daß Sie ruhig ganz fest zudrücken können, ohne daß Sie sich dabei wehtun. Wenn Sie nahe an den unausweichlichen Moment gelangt sind und dann zudrücken, werden Sie ein Abklingen verspüren, vielleicht in Verbindung mit einem Erröten und einem heißen Prickeln. Wenn Ihr Orgasmus allerdings schon unterwegs ist, dann drücken Sie nicht weiter zusammen. Entspannen Sie sich einfach und freuen Sie sich daran, daß er gekommen ist. Versuchen Sie dann, das nächste Mal eher zuzudrücken. Üben Sie an sich selbst, wie Sie es hier abgebildet sehen. Erwarten Sie nicht, daß alles gleich von Anfang an klappt. Sie werden das nicht an einem einzigen Tag erlernen, wenn Sie aber weiterhin üben, werden Sie sehen, wie es langsam Fortschritte macht.

Siebter Schritt: Wenn Sie begonnen haben, erste Zuversicht in das Zusammendrücken zu gewinnen, dann bringen Sie es Ihrer Partnerin bei. Vielleicht hat sie Angst davor, Ihnen wehzutun. Also lassen Sie sie einmal bei Ihnen zuschauen, bevor sie sich selbst daran versucht. Üben Sie mit ihr, daß sie es bei Ihnen macht, sobald Sie eine Erektion haben, selbst wenn Sie gar nicht das Gefühl haben, daß Sie irgendwie kurz vor einem Orgasmus stehen. Es ist besser, zu früh zu drücken als zu spät. Denken Sie daran, daß ihre Hand das Glied umgekehrt mit dem Daumen nach unten umfaßt. Üben Sie so lange, bis sie sich dabei genauso wohl fühlt wie Sie selbst.

Achter Schritt: Wie lange ist es her, daß Sie an einem Tag mal keinen Sex hatten? Vielleicht ist heute der richtige Tag dafür. Tun, reden und denken Sie während der nächsten vierundzwanzig Stunden einmal überhaupt nichts Sexuelles.

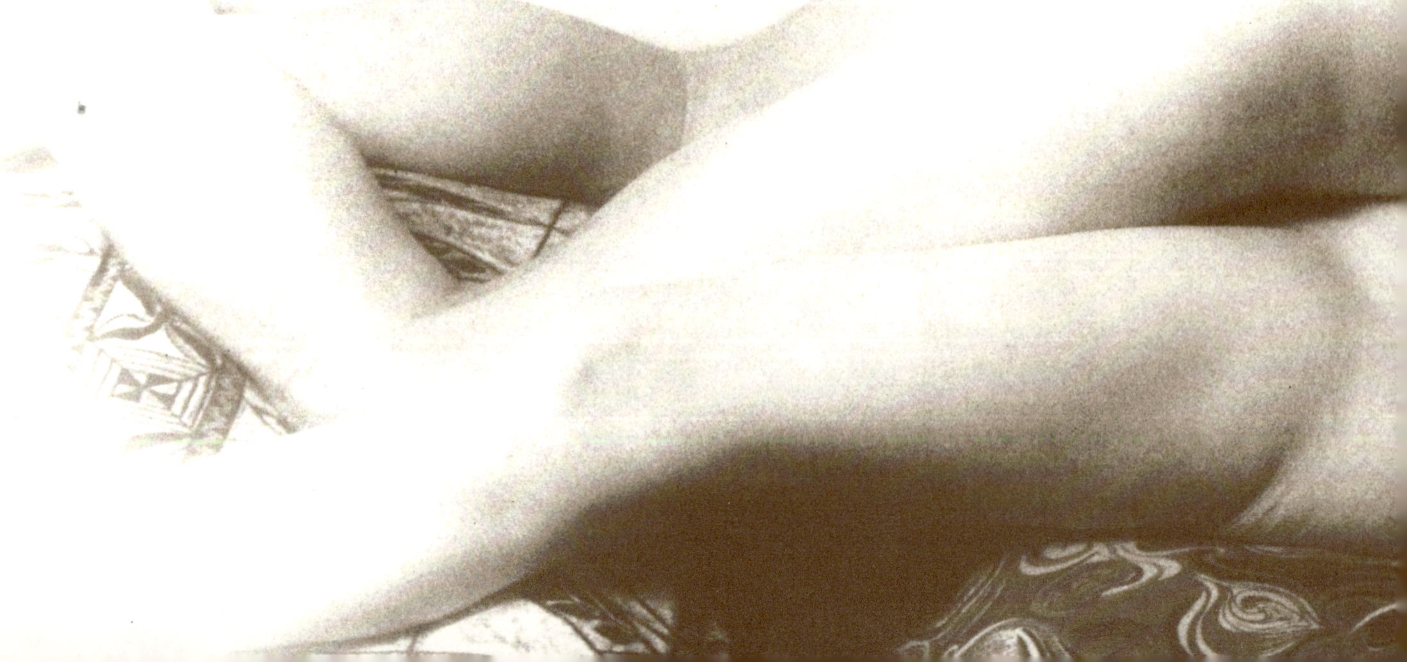

Neunter Schritt: Versuchen Sie, ein paar der Übungen zum Verstärken der Wahrnehmungsfähigkeit zu machen, wobei Ihnen Ihr Partner ein paar Minuten lang oder weniger den Penis zusammenpreßt, je nachdem wie lange Sie benötigen. Üben Sie sich darin, daß Sie mit einem Wort oder einer Geste signalisieren können, wann Sie dieses Drücken benötigen.

Zehnter Schritt: Nun können Sie es mit dem Geschlechtsverkehr versuchen, lassen Sie es aber ohne Orgasmus bewenden. Das heißt, Sie stecken Ihren Penis für einen Moment in die Vagina oder in den After und ziehen ihn dann wieder heraus. Bringen Sie sich dazu, daß Sie es ertragen können, mit dem Penis dort zu bleiben. Bleiben Sie aber anfangs nicht zu lange. Ihr Partner soll jedesmal, wenn Sie Ihren Penis herausziehen, diesen zusammendrücken, damit Sie beide lernen können, was in Frage kommt. Möglich ist dieses auch, wenn Sie oben auf Ihrer Partnerin sitzen; denken Sie aber daran, daß das für Sie nicht unbedingt vorteilhaft ist. Das beste ist immer noch, sie sitzt auf Ihnen. Sie kann an Ihrem Penis auf und nieder gleiten und dann auf ein Signal von Ihnen das Pressen anwenden.

Elfter Schritt: Fahren Sie weiter fort, das längere Ertragen zu üben. Versuchen Sie, den Penis mindestens fünfmal herauszuziehen und ihn dabei zusammendrücken zu lassen, bevor Sie zum Orgasmus kommen.

Zwölfter Schritt: Versuchen Sie es nun mit Geschlechtsverkehr bis hin zur Ejakulation, wenn es nicht sowieso schon dazu gekommen ist, aber geben Sie das Zusammenpressen nicht auf. Vielleicht kom-

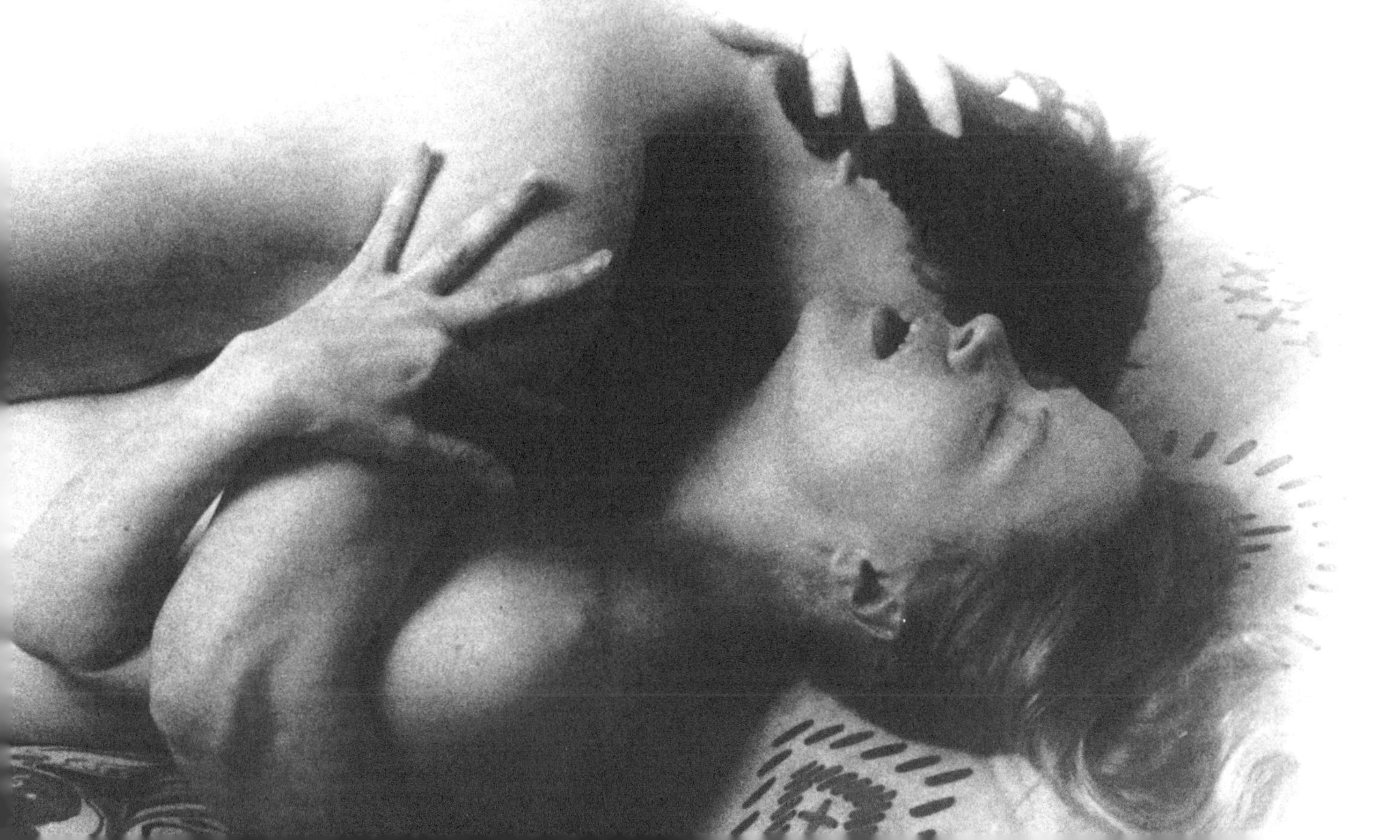

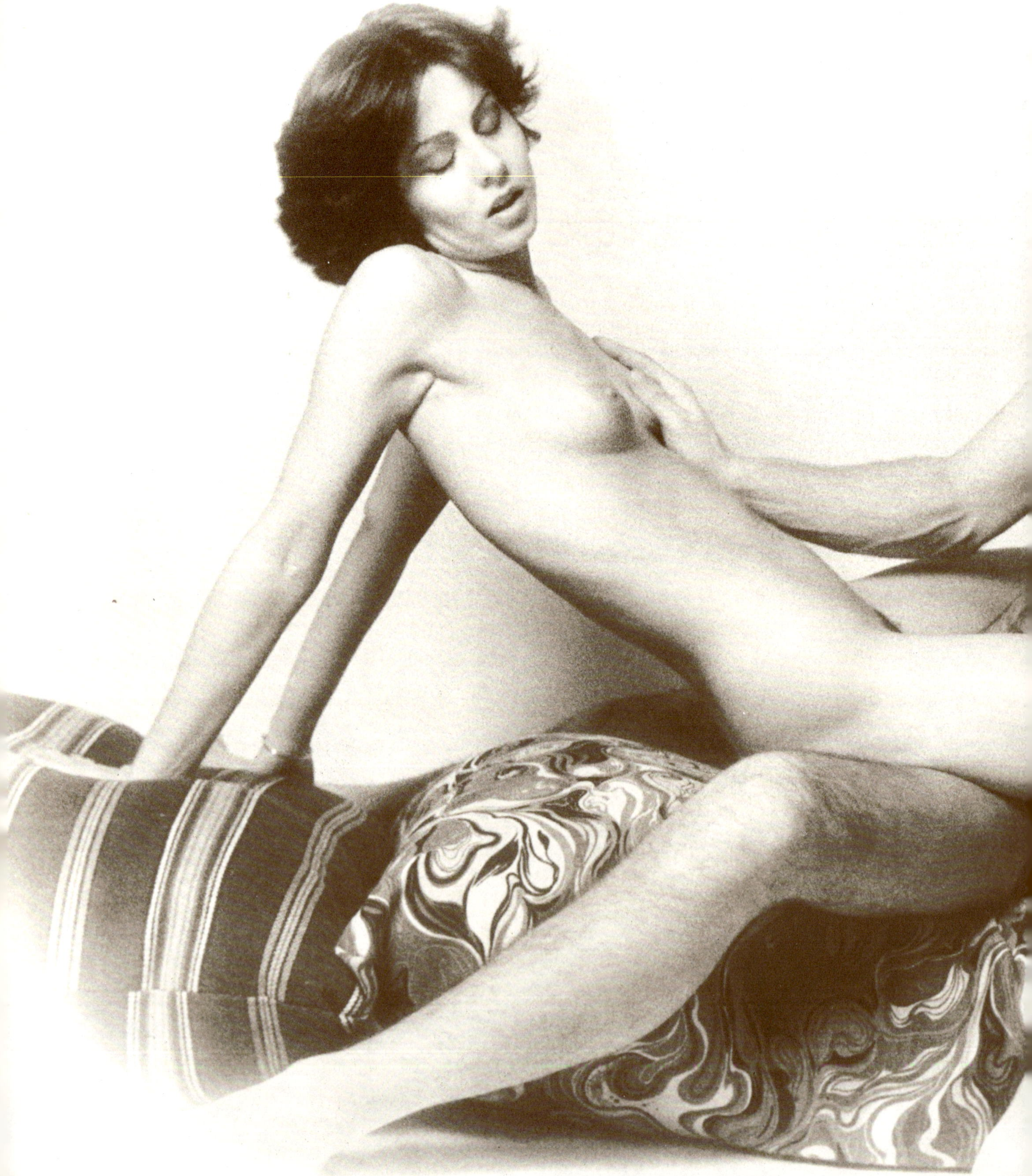

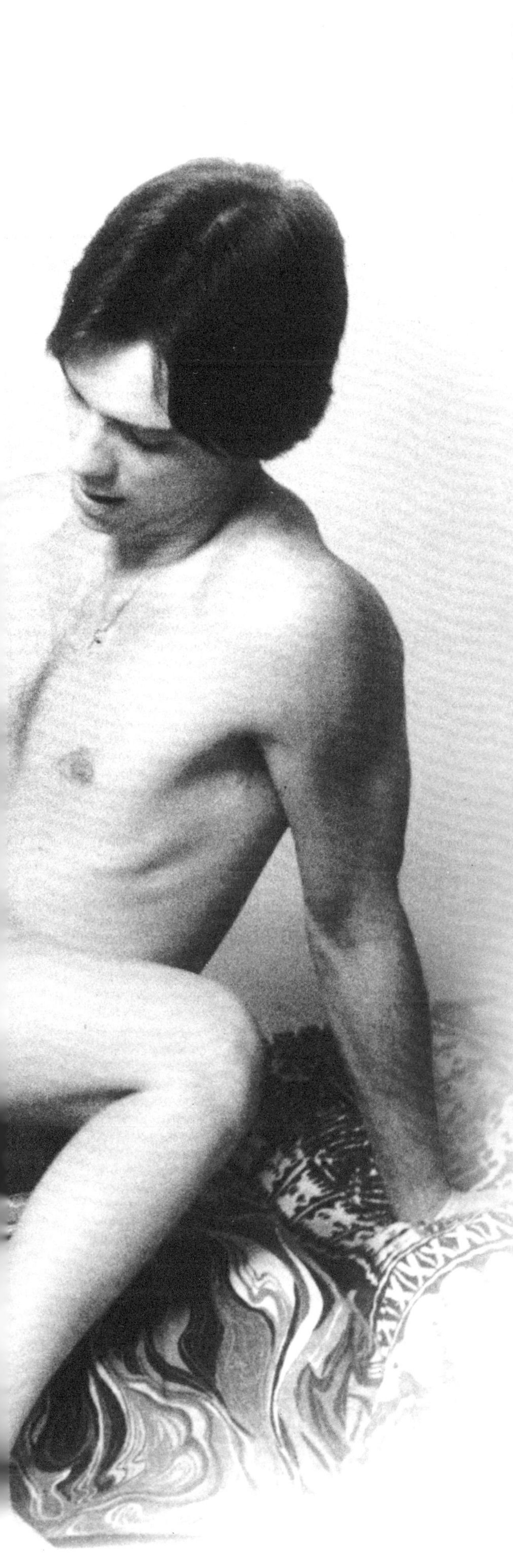

men Sie ja zu der Erkenntnis, daß Sie es nun die nächsten Wochen oder Monate oftmals immer weniger brauchen, aber zögern Sie nicht mit der Anwendung, wann immer Sie wollen. Sie können immer darauf zurückgreifen.

Dreizehnter Schritt: Einige Paare bevorzugen das Zusammendrücken an der Peniswurzel statt an der Spitze. Das hat den Vorteil, daß man es auch während des Geschlechtsverkehrs anwenden kann, aber es funktioniert nicht bei allen gleich gut. Sie müssen dabei den Penis so weit unten wie nur möglich greifen. Versuchen Sie es irgendwann einmal.

Die Technik des Penispressens ist außerordentlich wirkungsvoll, aber anfangs wird sie sowohl für Sie als auch für Ihre Partnerin mißlich und unangenehm sein. Sie sollten das erwarten und sich irgendwie darüber hinwegsetzen. Egal wie albern es Ihnen anfangs auch erscheinen mag, so scheint es doch überhaupt nicht mehr albern, sobald es sich erst einmal gut eingespielt hat.

Wenn Frauen zu schnell zum Orgasmus kommen

Es ist für den Mann üblich, daß er zu schnell kommt; hat eine Frau das gleiche Problem, was viel seltener vorkommt, erhält sie nicht viel Sympathie. Da es üblicher ist, daß Frauen unter dem Gegenteil leiden, wird die Frau, die sehr schnell kommt, beneidet, oder man macht sich über sie lustig. Nur weil es unüblich ist, heißt das aber noch lange nicht, daß es ohne Belang ist. Die Frau, die zu schnell kommt, hat vielleicht das Gefühl, irgendwie nicht besonders gefragt, etwas Kurioses zu sein.

Was bedeutet zu schnell?

Zu schnell hängt ab von der Situation und dem Partner. Aber es kann heißen, zum Orgasmus zu kommen, wenn man nur daran denkt. Es kann heißen, zu einem Orgasmus zu kommen, während man erregt wird oder jemand anderen erregt. Es kann heißen, daß man kommt, wenn der Penis gerade in die Vagina gleitet. Es kann geschehen, nachdem man zehn Minuten lang zwölf unbefriedigende Stellungen ausprobiert hat. Und es kann auch bedeuten, daß Sie kommen, bevor Ihr Partner oder Sie es wirklich wollen.

Wann passiert es?

Folgen Sie dem Abriß über den Mann (Seite 236), um herauszufinden, ob Ihre frühen Erfahrungen Sie gelehrt haben, sich in aller Eile über Sex hinwegzusetzen. Bringen Sie Ihre eigene Entwicklungsgeschichte auf den neuesten Stand, indem Sie einmal überprüfen, ob es Ihnen immer noch etwas ausmacht, ob das Baby aufwacht, ob Sie »ertappt« werden, ob Sie abgewiesen werden und so weiter. Bedenken Sie die Auswirkungen solcher Gefühle, ob etwa der Wunsch, diesen Partner abzuweisen, zu abhängig oder angewiesen zu sein und andere zugrunde liegende Dinge, die Ihnen dazu einfallen, auch daran beteiligt sind. Nutzen Sie den Platz hier unten, um einmal all das herauszustellen, was Sie für Ihre Veränderung als wichtig betrachten.

Was können Sie nun dabei tun?

Erster Schritt: Machen Sie sich einen realistischen, tabellarischen Zeitplan, dem Sie dann selbst folgen werden. Gehen Sie diese Schritte langsam und mit Sorgfalt durch. Es treibt Sie niemand, und Sie müssen mit niemandem wetteifern.

Zweiter Schritt: Geben Sie eine sehr detaillierte Beschreibung Ihres Orgasmus. Vergessen Sie nicht die Art der Stimulierung, die Sie dabei erfahren haben, den Zeitpunkt, von dem ab Sie wissen, daß Sie nun kommen werden, und auch einige Einzelheiten Ihrer Umgebung, in der sich alles abspielt. Diese Beschreibung ist entweder ganz für Sie allein, oder Sie können sie auch zusammen mit einem Partner auswerten.

Dritter Schritt: Benutzen Sie die Überprüfungsliste hier unten, um zu erlernen, wie Sie Ihren Orgasmus bereits im voraus erfassen kön-

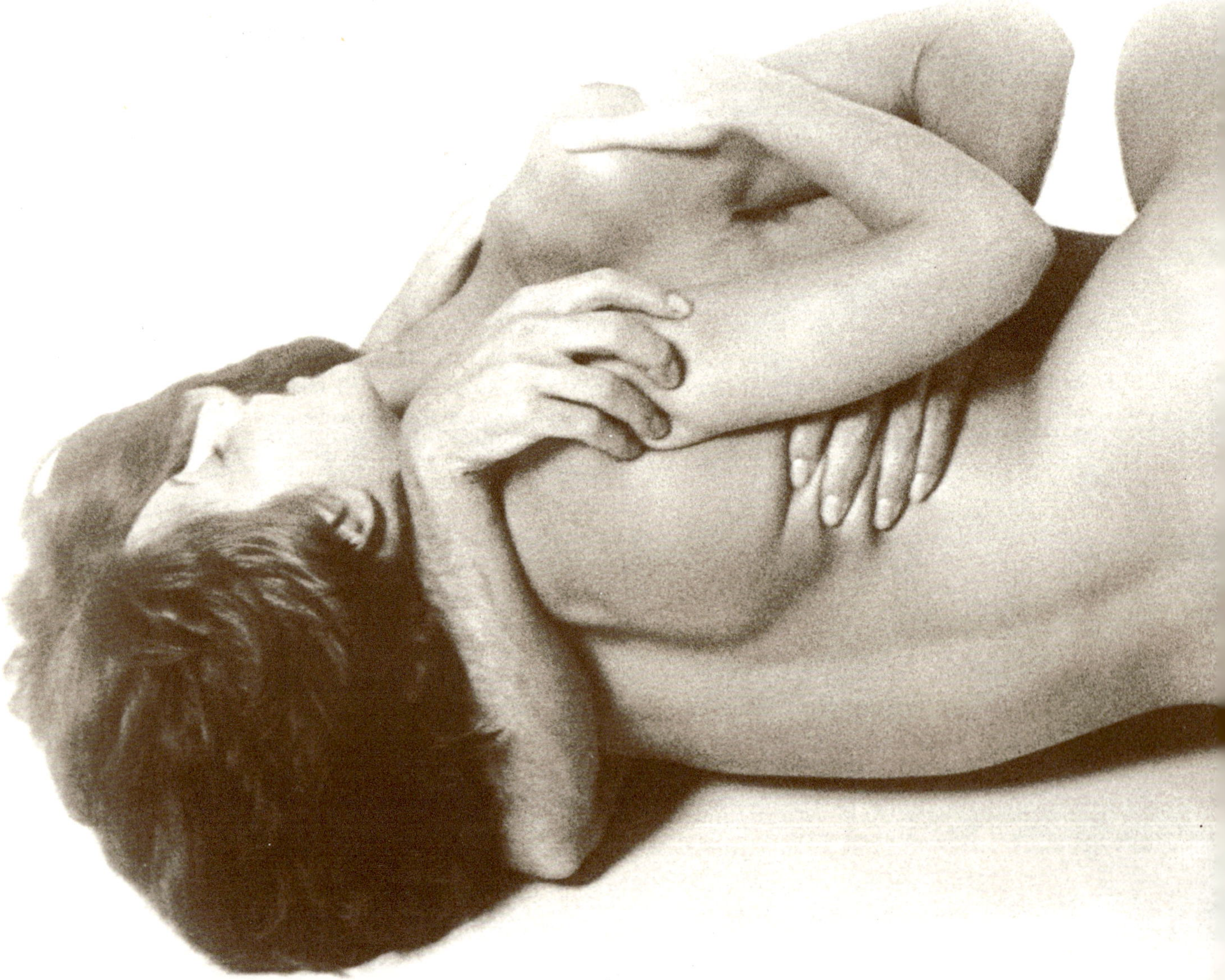

nen. Sie sollten in der Lage sein, die Anreize vorauszusehen, die einen Orgasmus bewirken.

Starke Feuchtigkeit ____________
Schnellerer Atem ____________
Starkes Ziehen in der Vagina ____________
Zusammenziehen der Aftermuskulatur ____________
Wilde Fantasien ____________
Anschwellen in der Beckengegend ____________
Erregte oder warme Gefühle ____________
Zusammenziehen der Muskeln ____________
Anderes ____

Vierter Schritt: Wenn Sie die Übungen zum richtigen Wahrnehmen machen, werden Sie, wenn Sie mit einem Partner zusammen sind, sich selbst dahin bringen, der Erregung standzuhalten. Versuchen Sie, in ein weit fortgeschrittenes Stadium der Erregung zu gelangen, lassen Sie sie dann wieder fortwehen und kehren zum Ausgangspunkt zurück. Konzentrieren Sie sich auf Ihren Partner, auf die körperlichen Empfindungen, die Sie haben, auf Fantasievorstellungen

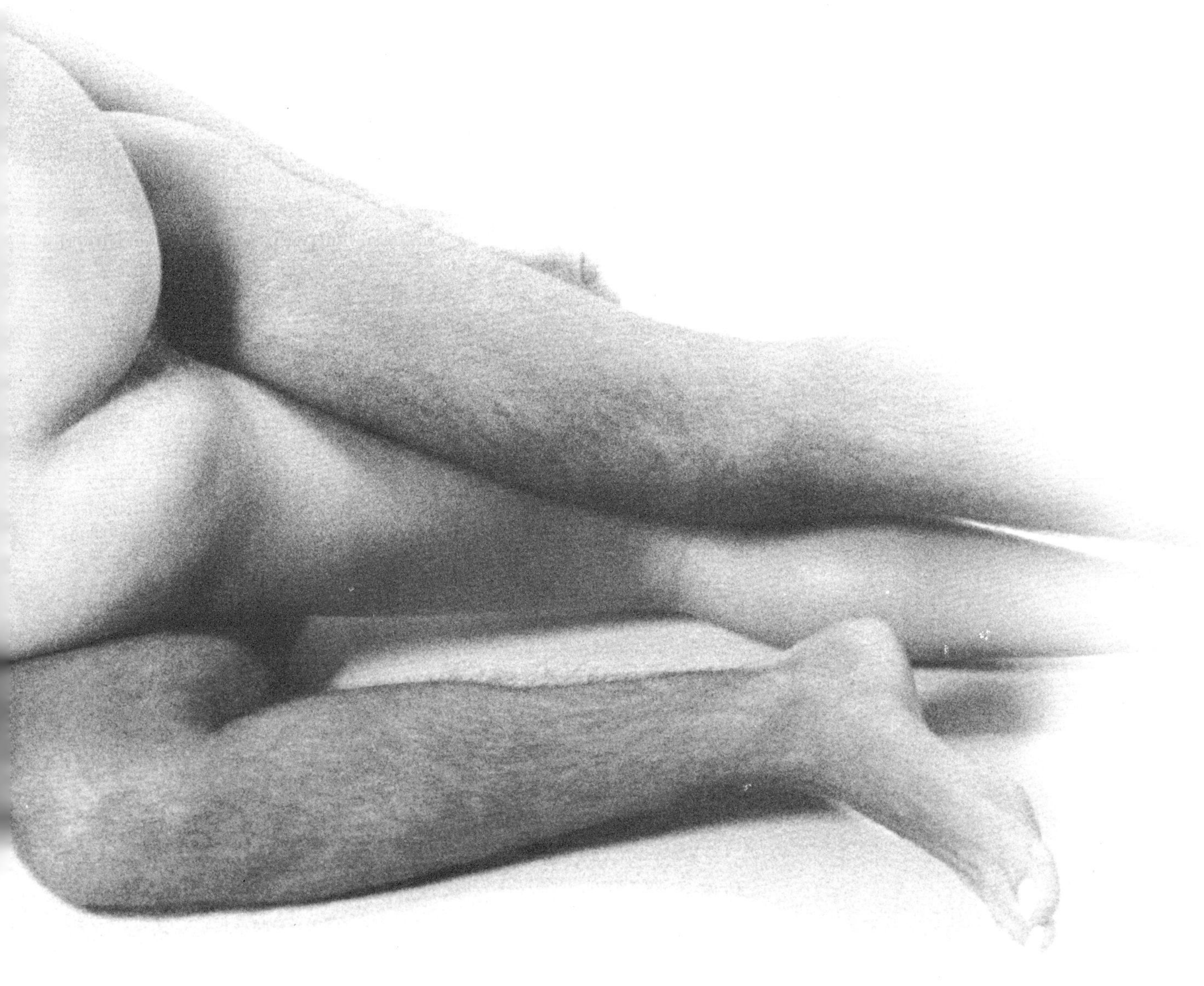

und so weiter. Verändern Sie Ihren Rhythmus, hören Sie auf mit dem, was Sie gerade tun, oder beginnen Sie mit etwas anderem. Versuchen Sie immer, Ihren Orgasmus vorauszusehen, so daß Sie ihn kommen lassen können, wenn Ihnen danach ist, statt von ihm überwältigt zu werden.

Fünfter Schritt: Stellungen, die den Druck auf Ihre Klitoris verringern und Ihre Beweglichkeit einschränken, sind für Sie am besten. Versuchen Sie einmal eine Stellung von hinten, so wie es weiter oben beschrieben ist. Liegen Sie auf keinen Fall oben auf Ihrem Partner. Die beste Stellung für Sie ist die Missionarstellung mit dem Mann oben und Ihren ausgestreckten Beinen parallel zu seinen.

Sechster Schritt: Viele Frauen können mehr als nur einen Orgasmus haben, wenn sie nur richtig erregt werden. Trifft das auch für Sie zu? Wenn dem so ist, dann liegt eine Lösung Ihres Problems darin, einen ersten Orgasmus richtig zu erleben und einen weiteren erst ein bißchen später kommen zu lassen.

Mit ein wenig Zeit und praktischer Erfahrung können auch Sie zu mehr Gemächlichkeit gelangen.

Wenn Frauen nicht schnell genug kommen

Dies kann ein ganz enormes Problem sein, weil viele Frauen Angst davor haben, daß sie unebenbürtig sind oder nachlässig, wenn sie nicht genauso schnell reagieren können wie der Mann. Die Vorstellung, daß Männer und Frauen einen voneinander verschiedenen Orgasmus haben und ihn auch auf verschiedene Weise erleben, ist noch längst nicht überall publik gemacht worden. Männer und Frauen können einen Orgasmus in drei bis vier Minuten oder sogar weniger erreichen, wenn sie onanieren. Aber Frauen brauchen beim Geschlechtsverkehr aus einem ganz verständlichen Grund oftmals länger dazu. Die Intensität der Reizung ist erheblich geringer. Die Klitoris, nicht die Vagina, ist das sexuelle Nervenzentrum der Frau. Während des Beischlafs wird die Klitoris indirekt gereizt durch die Bewegungen des Penis an den äußeren Schamlippen und/oder durch den Körperdruck des Partners.

Was heißt schnell genug?

Schnell genug heißt, bevor Sie oder Ihr Partner langsam unruhig werden. Sie können vielleicht unruhig werden, weil Sie sich Sorgen machen darüber, was er nun wohl denkt, oder weil Sie von seiner Unruhe angesteckt sind. Er könnte vielleicht unruhig werden, weil er von Ihnen einfach erwartet, so zu sein wie er. Oder vielleicht weiß er überhaupt nichts von einem Orgasmus der Frau einschließlich der Dauer und der Art, wie er ihr dabei etwas behilflich sein könnte. Wenn Sie letzteres vermuten, dann geben Sie ihm vielleicht ein zweites Exemplar dieses Buches in die Hand.

Vielleicht haben Sie ja einige Vorstellungen davon, wie lange es bei Ihnen dauern sollte. Versuchen Sie einmal darüber nachzudenken, woher und wann Sie zu solchen Vorstellungen kamen. Vielleicht sind Sie in der Lage, zu einer besseren Zeit zu kommen, wenn Sie sich selbst weniger strenge Erwartungen gestatten. Schnell genug zu kommen, ist genauso eine Sache der Fähigkeit, sich im Griff zu haben wie zu schnell zu kommen. Realistische Erwartungen und ein fundiertes Wissen über sich selbst und Ihren Partner sind hier vonnöten.

Was beim Anwenden dieser Information nun für Sie in Frage kommt, werden wir im folgenden gemeinsam erarbeiten.

Warum passiert so etwas?

Beantworten Sie diese Fragen so wahrheitsgetreu wie nur möglich.

Passiert es, weil es schon immer so war? ______________________

Passiert es, weil Sie sich dieses Menschen nicht sicher sind?

____

Passiert es, weil Ihr Partner nicht das Richtige mit Ihnen anstellt?

____

Passiert es, weil Sie nicht in der richtigen Stimmung sind?

____

Passiert es, weil Sie sich zu viele besorgte Gedanken darüber machen? ______________________

Wenn Sie anhand dieser Fragen sagen können, warum es passiert, dann gibt es vielleicht etwas für Sie, was Sie dagegen tun können. Denken Sie einmal darüber nach, was wohl anders wäre, wenn Sie erregt wären, mit diesem Partner darüber sprechen könnten, Ihre eigenen Bedürfnisse zum Ausdruck bringen könnten.

Was können Sie tun?

Erster Schritt: Machen Sie sich einen Plan für Ihren eigenen Gebrauch, um die einzelnen Schritte zu durchlaufen, und schreiben Sie ihn hier auf.

____

Zweiter Schritt: Machen Sie sich eine Liste derjenigen Fantasievorstellungen und Reize, die Sie in Erregung versetzen. Vielleicht haben Sie das Gefühl, einige davon seien zu bizarr und blöde, als daß sie zu erwähnen wären. Sie müssen Sie niemandem weitererzählen. Schreiben Sie sie einfach hier oder in Ihrem Begleitheft ganz für sich privat auf.

____

Dritter Schritt: Es ist von grundsätzlicher Bedeutung, daß Sie auch in der richtigen Stimmung für Sex sind, wenn Sie ihn dann haben. Es ist auch möglich, daß Sie bisher immer versuchen zu reagieren, wenn Ihr Partner es von Ihnen verlangt hat, statt dann, wenn es wirklich Ihr eigenes Bedürfnis gewesen ist. Martern Sie sich nicht, indem Sie Sex haben, wenn Ihnen gar nicht danach ist. Wenn Sie merken, daß Sie nur hier liegen und in Gedanken eine Einkaufsliste zusammenstellen oder darauf warten, daß das Telefon klingelt, dann wollten Sie vielleicht gar nicht als Nummer eins dastehen.

Vierter Schritt: Konzentrieren Sie sich auf die Dinge, die Sie während der Übungen zum richtigen Wahrnehmen in Erregung gebracht haben. Schreiben Sie sie hier auf.

____

____

____

Fünfter Schritt: Verbringen Sie einige Zeit damit, Ihrem Partner beizubringen, was Sie erregt. Die direkte Reizung der Klitoris ist die erregendste aller Betätigungen für viele Frauen, aber einige Männer wissen nicht, was dabei zu tun ist. Nehmen Sie die Hand Ihres Partners und führen Sie sie sanft über Ihre Vulva. Zeigen Sie ihm die Art von Bewegung, Druck und Streichelei, die Sie mögen. Er wird schon wissen, wann Sie wirklich erregt sind, weil die Klitoris dann zu verschwinden scheint und die Gegend darum herum ganz schlüpfrig wird. Es dauert vielleicht fünfzehn oder zwanzig Minuten, um diese Stufe zu erreichen. Kinsey fand vor vielen Jahren heraus, daß von den Frauen, die zwanzig Minuten oder länger zum Vorspiel hatten, nur acht Prozent während des anschließenden Geschlechtsverkehrs keinen Orgasmus erlebten. Die Zeiten haben sich geändert, nicht aber die Zeitdauer.

Einige Frauen sind sehr empfindsam um ihre Brustwarzen herum, am Hals oder an einer ganz besonders persönlichen erogenen Zone. Zeigen Sie Ihrem Partner Ihre Wünsche.

Sechster Schritt: Manuelle und orale Reizung bringt viele Frauen in Erregung. Und Stellungen, die großen Druck auf die Klitoris ausüben und der Frau genügend Bewegungsfreiheit lassen, sind auch erregungsfördernd. Zwei ganz herrliche Stellungen sind die, wo die Frau oben sitzt, und die seitliche Lage (Foto S. 246/247). Wenn Sie oben sind und dabei Ihrem Partner mit dem Gesicht zugewandt, dann haben Sie die Freiheit, Ihre Hüften so zu bewegen und Ihre Beine in eine solche Stellung zu bringen, daß Sie sich selbst eine größtmögliche klitorale Reizung verschaffen können. Sie können mit gespreizten Beinen auf Ihrem Partner sitzen, oder Sie können Ihre Beine zwischen oder neben seinen ausstrecken. Die seitliche Stellung ist nicht ganz streng Seite an Seite, aber sie hat den Vorteil, daß sie beide Partner nicht mit zuviel Gewicht belastet. Beginnen Sie mit der Frau oben. Der Mann beugt sein rechtes Bein zur Seite, und die Frau legt sich nun auf dieses Bein. Dann zieht sie ihr rechtes Bein an und schlingt es um seinen Rumpf. Beide linken Beine sind gerade nach unten ausgestreckt.

Übrigens sollte Ihr Partner, wenn es noch nicht der Fall ist, wissen, daß sein hartes Stoßen oder Rammeln, wie es ja wohl bezeichnenderweise auch genannt wird, nicht der einzige Weg ist, eine Frau zum Orgasmus zu bringen. Einige Frauen bevorzugen lieber langsame, kreisende Bewegungen, die gelegentlich unterbrochen sind von einem stürmischen Rhythmuswechsel.

Siebter Schritt: Es gibt noch andere Dinge, die Sie tun können, um während des Geschlechtsverkehrs die Reizung zu erhöhen. Versuchen Sie einmal die Vaginalübungen aus Kapitel 5 (Seite 120). Auch andere Muskeln können miteinbezogen werden. Wenn Sie Ihre Beine strecken oder die Bauch- und Dammuskulatur abwechselnd pressen und lösen, so kann auch das für Sie interessant sein.

Vergessen Sie nicht, daß fast alle Frauen eine längere Zeit benötigen, um beim Geschlechtsverkehr zum Orgasmus zu kommen als Männer. Sie sollten sich nicht mit irgend jemandem vergleichen. Sie sollten vielmehr auf Ihre ganz eigene Art und Weise Ihr eigenes Vergnügen erleben.

Wenn Männer nicht schnell genug zum Orgasmus kommen

Es macht einen Mann ganz klein und häßlich, wenn er nicht auf der Stelle genau dann kommen kann, wenn er gern möchte. Obwohl es für Ihre Partnerin durchaus ein Genuß sein kann, so kann es Ihnen doch manche Sorge bereiten. Es zerstört Ihr Ideal von Männlichkeit und Potenz, wenn Sie zu langsam sind, besonders wenn Sie langsamer sind als bisher gewohnt. Vielleicht stellt sich ein Gefühl von Unebenbürtigkeit ein, was dann genauso nachteilig sein kann wie das Problem selbst.

Gemeinsamkeit erleben, ohne an sich selbst zu verzweifeln

Was heißt schnell genug?

Schnell genug heißt für einen Mann so ziemlich das gleiche wie für eine Frau. Es ist dann möglich, einen Orgasmus zu haben, wenn Sie Ihrem Gefühl nach einen solchen haben sollten. Vielleicht haben Sie unrealistische Erwartungen an sich selbst. Und sicherlich können Sie beeinflußt sein von dem, was Ihre Partnerin denkt – oder was Sie glauben, was sie denken könnte. Schnell genug heißt, bevor Sie beginnen, befangen zu werden.

Warum passiert es?

Fragen Sie sich einmal selbst ab.

Passiert es, weil Sie einige Zweifel an Ihrer Partnerin hegen?

____

Passiert es, weil das schon immer so ist? ______________

Passiert es, weil Ihre Partnerin nichts dazu tut, Sie zu erregen?

____

Passiert es, weil Ihre Empfindsamkeit durch Drogen oder Kondome herabgesetzt ist? ______________

Passiert es, weil Sie nicht mehr so jung wie früher sind? ______________

____

Passiert es, weil Sie sich Gedanken darüber machen? ______________

____

Manchmal passiert es, weil Sie oder Ihre Partnerin sich dessen nicht bewußt sind, daß Männer, besonders wenn sie älter werden, nicht mehr so schnell kommen wie in jungen Jahren. Das heißt nicht, daß sie gar nicht mehr kommen, sondern nur, daß alles ein bißchen langsamer geht.

Wenn Sie das Gefühl haben, daß Kondome Ihr Empfinden verringern, dann liegt das vielleicht nur an der Qualität. Sie bekommen nämlich für den entsprechenden Preis auch nur die entsprechenden Kondome. Wenn Sie trinken oder Drogen nehmen, dann sollten Sie sich fragen, warum Sie ein Versagen beim Geschlechtsverkehr eigentlich absichtlich herbeigeführt haben.

Vielleicht haben Sie Ihrer Partnerin nicht klargemacht oder sich selbst nicht eingestanden, daß Sie dreimal täglich Sex weder wollen noch verkraften können. Meine Güte nochmal, was glauben Sie eigentlich, wer Sie denn sind? Was glauben *Sie* eigentlich von sich? Vielleicht versuchen Sie, nach Maßstäben zu leben, die für Sie überhaupt nicht zugeschnitten sind.

Was können Sie tun?

Erster Schritt: Schreiben Sie sich einen Plan auf, an den Sie sich halten können – nicht beim Geschlechtsverkehr, sondern um die einzelnen Schritte zu befolgen. Legen Sie diesen Plan in Ihr Begleitheft.

____

____

____

____

Zweiter Schritt: Machen Sie eine Liste von all dem, was Sie in Erregung versetzt, und stellen Sie dem all das gegenüber, was Sie nicht erregt:

Erregend	Nicht erregend
der Morgen	der Abend
auf dem Sofa	unter der Zudecke
Elaine	Helene
küssen	oraler Sex

und so weiter.

Dritter Schritt: Haben Sie keinen Sex, bevor Ihnen nicht danach ist, oder zwingen Sie sich zumindest nicht zu einem Orgasmus. Sie können eine Menge Vergnügen geben und auch empfangen während der Übungen zum genauen Wahrnehmen. Und Sie müssen dabei überhaupt nicht zum Orgasmus kommen.

Vierter Schritt: Konzentrieren Sie sich auf ein paar Dinge, die Sie erregen, wie zum Beispiel Fantasievorstellungen, erotische Empfindungen, fit sein, Ihr Partner. Schreiben Sie dieses hier auf.

____

____

____

Fünfter Schritt: Versuchen Sie Ihrer Partnerin zu sagen, was Sie gern mögen, und gehen Sie diese Liste, wenn Sie mögen, gemeinsam durch. Zeigen Sie ihr, wie sie Sie anregen kann, indem Sie ihre Hand führen. Die Eichel, die Hoden und der After reagieren gewöhnlich auf die verschiedensten Berührungen wie Streicheln, Lecken oder Drücken. Zeigen Sie es ihr.

Sechster Schritt: Wenn Sie inzwischen gelernt haben, daß es körperliche Dinge gibt, die Sie für sich selbst tun können, wie etwa das Straffen bestimmter Muskeln, dann machen Sie dies jetzt.

Siebter Schritt: Experimentieren Sie mit denjenigen Stellungen, die Ihnen die meiste Reibung und die größte Bewegungsfreiheit verschaffen und benutzen Sie solche, die für Sie am bequemsten sind. Es würde Ihnen nämlich gar nichts helfen, wenn Sie sich besonders verkrampfen müßten, um in einer bestimmten Stellung zu bleiben. Die Seitenlage, die im vorigen Abschnitt beschrieben wurde, ist dafür ganz ausgezeichnet geeignet. Es wird Ihnen auch mehr Reiz verschaffen, wenn Sie oben liegen.

Wenn Sie ein Mann sind, der bisher immer sexuell aktiv war, dann gibt es keinen Grund, nicht auch weiterhin so zu verfahren. Gönnen Sie sich viel Zeit. Wenn Sie jetzt älter werden, dann dauert es ein wenig länger, eine Erektion zu bekommen, und es dauert ein bißchen länger, bis es zur Ejakulation kommt. Nehmen Sie es so an, und gönnen Sie sich das Vergnügen.

Zusammen zum Orgasmus kommen

Einen Orgasmus zur selben Zeit wie Ihr Partner zu haben, ist ein oft beschriebenes Idealziel sexueller Beziehungen. Volkstümliche Literatur und alte Ehehandbücher schildern es als einzig wahren Ausdruck echter Liebe. Viele Menschen leben in dem Gefühl, etwas versäumt zu haben, wenn ihnen so etwas noch nicht unterlaufen ist. Aber als eine Form vollendeter Gemeinsamkeit wird es nicht immer erlebt.

Zum einen ist das Erreichen solch eines Ziels nicht gerade leicht für jede Zweisamkeit, ganz zu schweigen von Dreier- oder Viererbeziehungen, weil es der Übereinstimmung von Verhaltensweisen bedarf, die nun wirklich sehr unterschiedlich sein können. Und zum anderen legt so etwas alle Betonung nur auf den Orgasmus.

Warum strebt man es dann an?

Vielleicht wollen Sie es versuchen, weil Sie entweder davon gehört oder es früher selbst erfahren und als besonders befriedigend in Erinnerung haben. Ob Sie es nun selbst erfahren haben oder nicht, so hat es doch vielleicht eine große symbolische Bedeutung für Sie als Zeichen einer totalen Erfüllung. Wenn Sie das Gefühl haben, daß der Versuch, mit dem anderen zusammen zum Höhepunkt zu kommen, auf Sie oder Ihren Partner nur unnötigen Druck ausübt, vielleicht hätten Sie mehr Spaß daran, wenn jeder für sich kommt.

Was können Sie tun?

Erster Schritt: Führen Sie sich einmal Ihre eigenen Verhaltensweisen im Hinblick auf Erregung und Orgasmus vor Augen und dann auch die Ihres Partners. Entscheiden Sie, ob einer von Ihnen oder Sie beide sich ändern sollten, und sprechen Sie darüber, wie das geschehen könnte. Es führt zu nichts, wenn Sie Tango tanzen, während der andere twistet. Schreiben Sie hier einmal Ihren verschiedenen Stil auf.

Ich	Mein Partner
____________________	____________________
____________________	____________________
____________________	____________________
____________________	____________________

Vielleicht erscheint es Ihnen theatralisch oder gekünstelt, herumzusitzen und darüber zu reden, wie verschieden man doch reagiert. Aber einige von Ihnen würden lieber in einer stinklangweiligen und mutlosen Routine weitermachen, um bloß nicht über eine Möglichkeit zum Verändern sprechen zu müssen. Manchmal muß man halt auf einen Kunstgriff vertrauen, um die alten Ängste zu überwinden, die Sie daran hindern, selbst etwas zu genießen.

Zweiter Schritt: Legen Sie jetzt keinen Nachdruck auf die besondere Eigenart Ihrer Reaktionen, sondern versuchen Sie, die Stellungen und Reize herauszufinden, die Sie beide vielleicht näher zusammenbringen können. Mit anderen Worten, benutzen Sie das, was Sie über den anderen wissen, dazu, nach einigen praktischen Lösungsmöglichkeiten Ausschau zu halten. Sie müssen sich nicht auf einen Penis-Vagina-Geschlechtsverkehr stützen. Es ist auch möglich, durch gegenseitiges Onanieren und durch oral-genitalen oder analen Geschlechtsverkehr zusammen zum Orgasmus zu kommen.

Nur um es noch einmal aufzufrischen, was würden Sie den folgenden Leuten vorschlagen:

Die Meyers: Er hat seit Jahren schon versucht, mit ihr Schritt zu halten. Sie kommt für gewöhnlich schon dann, wenn er gerade erst so richtig erregt ist. Er kann dann erst nach weiteren fünf oder sechs Minuten kommen.
Was würden Sie ihnen vorschlagen? ____________________
____

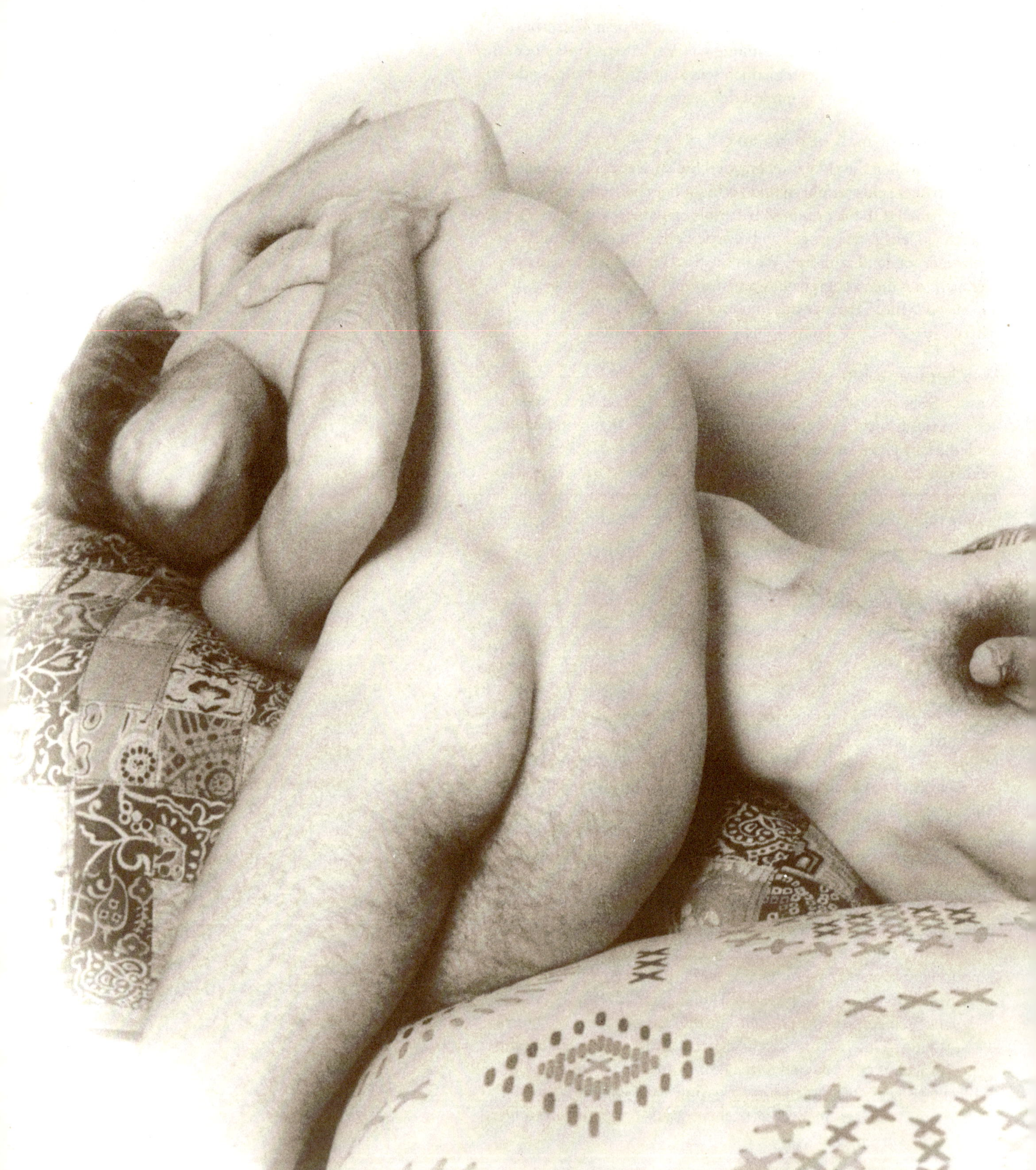

Gloria: Egal mit wem sie zusammen ist – und sie ist schon ganz schön weit herumgekommen –, immer wieder braucht sie lange Zeit bis zu einem Orgasmus. Einige Männer warten auf sie, einige nicht.
Was sollte sie tun? ______________________________

Dick und Hanna: Dick brachte es zum Millionär, bevor er dreißig war, aber er »bringt« es immer noch nicht bei seiner Frau. Nach zwei kurzen Stößen ist bei ihm bereits alles gelaufen, und sie muß dann mehr oder weniger aus eigener Kraft zum Orgasmus kommen.
Was würden Sie ihnen zu tun raten? ______________________________

Die Hentschels: Wenn diese beiden zusammen schlafen, dann spielt sich da zwischen ihnen etwas schrecklich Anonymes ab. Eins, zwei, drei – schon ist alles wieder vorbei. Sie wissen gar nicht, ob sie nun gekommen sind, oder ob alles nur irgendwie vor sich hintreibt.
Was würden Sie denn diesem Paar raten? ______________________________

Robert: Bei Robert kann das ewig dauern, aber niemand scheint sich besondere Gedanken darüber zu machen.
Vielleicht sollte Robert ______________________________

Tom und Jerry: Seit Jahren schon verkehren die beiden immer in der gleichen Art und Weise. Zwanzig Minuten Vorspiel, zwanzig Minuten gemeinsame Steigerung bis hin zum gegenseitigen Orgasmus und dann noch einmal ein zwanzigminütiges Nickerchen. Kein Spontanfick auf dem Küchenfußboden, keine Fehler und keine Abwechslung.
Wie könnten sie dem Ganzen etwas mehr Würze verleihen? ______________________________

Dritter Schritt: Was werden Sie beide denn nun tun, um einen gegenseitigen Orgasmus mehr in den Bereich des Möglichen zu rükken? Schreiben Sie Ihre Vorstellungen auf den folgenden Zeilen einmal auf.

____

Wenn jeder für sich zum Orgasmus kommt

Für sich kommen heißt hier, ganz mit Absicht für sich allein kommen. Es bedeutet, daß Sie und auch Ihr Partner wissen, was Sie beide mögen und wie man es erreichen kann. Für sich allein kommen kann heißen, daß Sie Ihren Orgasmus kurz vor oder kurz nach dem Ihres Partners erleben. Es kann auch heißen, daß einer von beiden gar keinen Orgasmus hat. Es gibt keine optimale Zeitdauer für den Sex. Die ideale Bedingung sieht so aus, daß beide Partner ziemlich glücklich und zufrieden sein sollten.

Wenn Sie nie an die Möglichkeit gedacht haben, daß es auch ein Vorteil sein kann, wenn jeder für sich kommt, dann sind Sie vielleicht auch gar nicht in der Lage, so etwas als Vergnügen zu erkennen. Es ist

Gemeinsamkeit erleben, ohne an sich selbst zu verzweifeln

möglich, daß das für Sie immer bedeutet hat, den allgewaltigen und höchst bedeutungsvollen gemeinsamen Höhepunkt zu verpassen. Einige Menschen haben Angst davor, über das getrennte Kommen einmal als positive Erfahrungsmöglichkeit nachzudenken.

Wenn Sie bisher immer für sich gekommen sind, weil Sie gar keine andere Wahl hatten, dann könnte es sein, daß das getrennte Kommen für Sie einen Unterton von Versagen mitschwingen läßt. Wenn Sie aber jetzt einige Fähigkeiten zu besserer Selbstkontrolle erlangt haben, die Ihnen die Möglichkeit dazu geben, dann ist es durchaus denkbar, daß Sie es einmal versuchen wollen.

Viele Menschen wollen nicht, daß ihr Partner zusieht, wie sie ihren Orgasmus haben. Sie haben Angst, eine lächerliche Figur abzugeben. Eines, was beim gemeinsamen Kommen eine Rolle spielt, ist, daß Sie Ihren Partner gar nicht so ganz genau betrachten. Deshalb bleiben Sie von der Verlegenheit oder auch von dem Stolz verschont, der Sie dazu bringt, daß Sie zwar gehört, nicht aber gesehen werden möchten.

Schon früher sprachen wir von einem unbeabsichtigten, getrennten Kommen, wobei man nicht in der Lage ist, seinen Orgasmus unter Kontrolle zu haben. Nun sprechen wir davon, daß jeder Partner frei ist, seinem eigenen, natürlichen Rhythmus zu folgen und an dem Orgasmus seines Partners genauso viel Freude zu haben wie an seinem eigenen. Das verleiht jedem Paar innere Beweglichkeit, gibt ihm etwas in seinem Sexleben, was vielleicht eine Zeitlang gefehlt hat, verursacht durch Angst, Gewohnheiten, Unerfahrenheit und ein fehlendes Wissen, was denn eigentlich zu tun wäre. Viele Menschen sind der Meinung, daß erst ein getrenntes Kommen der leichte und natürliche Weg ist, zusammen zu sein.

Zusammenfassung

Es besteht kein Zweifel, daß vieles hiervon hoffnungslos befangen klingt, und wir vermuten nun, daß Befangenheit auch ein Teil Ihrer Probleme ist. Die Schwierigkeit liegt darin, daß Sie bisher steckengeblieben sind in Ihrer Befangenheit und nicht in der Lage waren, etwas damit anzufangen. Nur indem Sie es mit Ihrer eigenen Wachsamkeit einmal bis zum Extrem treiben, werden Sie in der Lage sein, wieder auf einen Mittelweg zu gelangen, von wo aus Sie sich dann beobachten können, wenn es Ihnen nötig erscheint und wo Sie sich dann die restliche Zeit über gehenlassen können.

Es ist nötig, etwas über sich selbst in Erfahrung zu bringen, wenn Sie mit einem anderen Menschen zusammen sind, falls Sie wirklich ernsthaft etwas in Erfahrung bringen *wollen.* Es vermittelt Ihnen auch einiges Einfühlungsvermögen gegenüber denjenigen Problemen, die ein anderer mit Ihnen haben könnte. Sie haben sicher schon gemerkt, daß es recht schwierig ist, mit Ihrem Partner über einige der Dinge aus diesem Kapitel zu sprechen. Das ist etwas, was wir im nächsten Kapitel in Angriff nehmen wollen. Jetzt, wo Sie Ihre Bedürfnisse kennen, müssen Sie versuchen, diese auch in Sprache zu kleiden.

Wenn Sie Ihre Verhaltensweisen kennen, wie sie sich vielleicht entwickelt haben und wie man sie eventuell verändern könnte, sollte Ihnen das helfen, aus Sex ein Vergnügen zu machen statt eine Zeit der Angst und Verwirrung. Wenn Sie Ihr Vertrauen je schwinden sehen, so zögern Sie auf keinen Fall, zu einem Punkt zurückzukehren, wo es noch leichter für Sie war. Wenn Ihnen dieses letzte Kapitel allzu optimistisch erscheint, dann lesen Sie es noch einmal durch.

Worte, nichts als Worte

Einführung

Das ganze Buch hindurch haben Sie es mit Anweisungen zu tun gehabt, um mit sich selbst ins Gespräch zu kommen. Man hat Sie dringend gebeten, sich selbst Fragen zu stellen, sich selbst Bemerkungen aufzuschreiben und für sich selbst Listen zu verfertigen. Wie Sie wissen, ist diese Art der Selbsterforschung schon an sich eine therapeutische Technik. Aber nun wundern Sie sich vielleicht, wie Sie mit einem anderen Menschen über Sex reden sollen. Es hat schon Vorschläge gegeben, wie Sie mit Ihrem Partner sprechen können. Diese mögen Ihnen zwar schrecklich erschienen sein, wenn aber doch nur Ihr Partner *mit Ihnen* ins Gespräch kommen wollte, wenn Sie doch nur wüßten wie, wenn Sie doch bloß die richtigen Worte fänden.

Man hat in den vergangenen Jahren starke Betonung gelegt auf den Anteil, den Menschen ohne Sprache miteinander kommunizieren. Sie zeigen durch Gesten, durch Ihren Gesichtsausdruck und durch die Art, wie Sie sich bewegen, was Sie fühlen und wollen. Sie geben einem Partner eine Menge zu verstehen durch Lächeln, Liebkosungen, durch die Art, wie Sie sich auf ihn oder sie zubewegen oder wieder entfernen. Manchmal »sagen« Sie etwas durch die Körpersprache, von dem Ihnen gar nicht bewußt ist, daß Sie es überhaupt fühlen. Es ist ganz gewiß nützlich, wenn man die eigene Ausdrucksweise und auch die des anderen zu lesen in der Lage ist, indem man das nicht-verbale Verhalten sehr wachsam verfolgt. Aber es ist schwer, wenn man sichergehen will, ob man nun einen Komm-zu-mir-Blick zugeworfen bekommt, oder ob es sich bloß um den Ausdruck höflichen Interesses handelt. In dieser äußerst verbal orientierten Gesellschaft erreichen irgendwie nur Worte die Verständigung über Weite und Tiefe menschlichen Gefühls und Aufnahmevermögens.

Bevor Sie jetzt damit beginnen, über Sex zu reden, müssen Sie das weitverbreitete Gefühl überwinden, Sex sei etwas, über das die Leute nicht reden, Worte nähmen diese besonders heilige Qualität fort, die Sex irgendwie haben soll; wenn Sie darüber reden, nehmen Sie ihm das Geheimnisvolle und den Zauber. Wahrscheinlich wissen Sie ganz intuitiv, was Ihr Partner fühlt und braucht, und falls Ihr Partner Sie wirklich liebt, wird auch er Ihr Gefühl instinktiv ablesen können. Abgesehen davon halten Worte solche Gedanken und Gefühle, die Sie vielleicht später einmal gar nicht mehr wahrhaben wollen, unwiderruflich fest.

Diese weitverbreitete, verschleierte Meinung über den Vorteil des Schweigens erklärt auch, warum es soviel Unwissenheit und Angst gibt gegenüber den sexuellen Abläufen. Mindestens zwanzig Prozent aller Sexualprobleme könnten bereinigt werden, wenn sich die Menschen einmal so frei fühlten, mit einem Partner, einem Freund oder einem Arzt über ihre sexuellen Probleme zu reden. Aber selbst jene, die keine speziellen Probleme haben, können ihren Nutzen ziehen aus sexuellen Gesprächen. Seinen Stolz und seine Neugier in sexuellen Dingen mit keinem zu teilen, heißt aber auch, daß man niemals erkennt, daß Sex, der ja selbst schon eine Kommunikationsform ist, durch das Geben und Nehmen über verbale Kommunikation noch gesteigert werden kann. Ein Reden darüber, aus welchen Gründen auch immer, abzulehnen, »sagt« Ihrem Partner etwas, für das letzten Endes Sie selbst die Verantwortung tragen. Es könnte heißen, daß Sie Angst haben zu reden, weil Sie nicht wissen, was Sie oder die anderen sagen sollen. Viele Menschen nehmen fast unerträgliche Situationen hin, weil sie nicht wissen, wie sie etwas ändern sollen oder weil sie Angst haben, sich selbst einer Veränderung in ihrer Beziehung zu öffnen. Andere wieder wollen einfach nicht mit ihrem Partner reden. Das Gefühl, daß es nichts zu sagen gibt oder daß Reden auch nicht weiterhilft, könnte bedeuten, daß Sie auch nicht glauben, daß in Ihrer Beziehung noch etwas zu retten ist. Obwohl Worte vielleicht gar nicht sorgfältig und treffend genug zu sein scheinen, um wirklich genau das zu sagen, was Sie eigentlich wollen, zeigen sie einem Partner doch, daß Sie es wenigstens versuchen wollen. Andererseits weiß Ihr Partner nicht, ob Sie vielleicht die romantische Vorstellung haben, daß Worte nur die Stimmungen verderben könnten, oder ob Sie sich wirklich keine besonderen Gedanken darüber machen, wenn Sie über irgend etwas reden wollen. Wenn Sie mit einem Partner über Sex reden oder auch mit jemand anderem, bedarf es Ihres eigenen Willens, sich auch wirklich selbst zu offenbaren. Es ist zugegebenermaßen gelegentlich schon recht schwierig, aber es ist eine Schwierigkeit, die Sie nun wirklich mit fast jedermann teilen. Das ist der Grund, warum sich dieses Kapitel damit beschäftigt, wie man solche Gespräche führen kann.

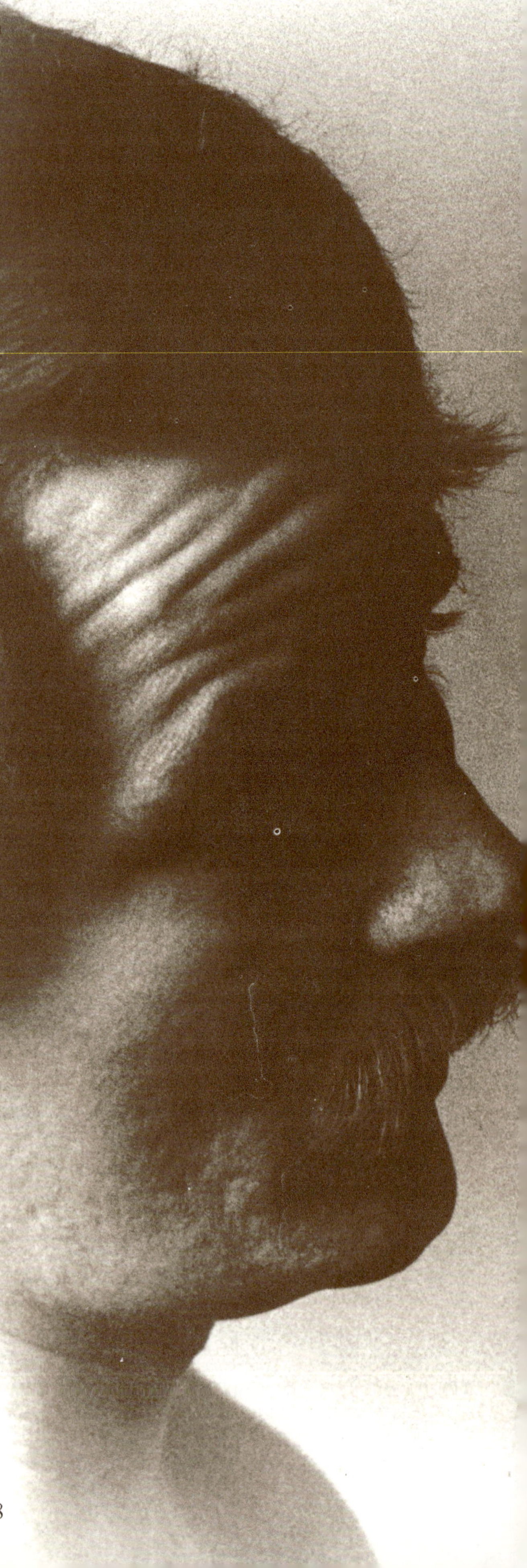

Wie man zu einem sexuellen Wortschatz kommt

Ein ganz entscheidender Grund, warum es sich als so schwierig erweist, über Sex zu reden, liegt darin, daß sexuelle Worte so viele Nebenbedeutungen haben. Obwohl darin auch der Spaß in ihrer Anwendung liegt und obwohl der Alltagssprache dadurch eine gewisse Würze verliehen wird, kann es einen doch etwas verwirren, wenn man dann mal etwas wirklich Sexuelles ausdrücken will. Weil viele Sexworte auch Tabuworte sind und abfällig gebraucht werden – fick dir nicht ins Knie; du Arschficker; blöde Fotze – verbinden viele Leute eine negative Assoziation damit, die hinter der biologischen Bedeutung steckt. Einige Menschen bevorzugen solche beschönigenden Ausdrücke wie »sich lieben« oder »miteinander schlafen« und medizinische Ausdrücke wie »Koitus« oder »geschlechtliche Vereinigung« statt eines, wenn auch treffenden, Tabuwortes wie etwa »ficken«.

Natürlich beeinflußt derjenige, mit dem Sie reden, Ihre Wortwahl. Die meisten reden mit ihren Freunden nicht genauso wie mit ihren Kindern oder Eltern. Sie gebrauchen Worte, die sie mit ihrem Alter, ihrer gesellschaftlichen Klasse, sogar mit ihrer politischen Zugehörigkeit in Übereinstimmung bringen. Und Sie benutzen wahrscheinlich keine Worte, die Sie, obwohl sie zutreffend sind, mit einer Gruppe in Zusammenhang bringen, mit der Sie eigentlich nichts zu tun haben wollen.

Ein Sexuallexikon

Jetzt ist es Ihre erste Aufgabe, einige Wörter zu finden. Unten sind alle mögliche Arten sexueller Wörter aufgelistet und dazu auch einige sinnverwandte Wörter. Sie finden freien Raum für sich, um verwandte Wörter und Wortgruppen einzutragen. Wenn Sie ein Begleitheft benutzen, statt in diesem Buch zu schreiben, so übertragen Sie bitte alle Wörter von hier in Ihr Heft. Egal, wo Sie nun schreiben,

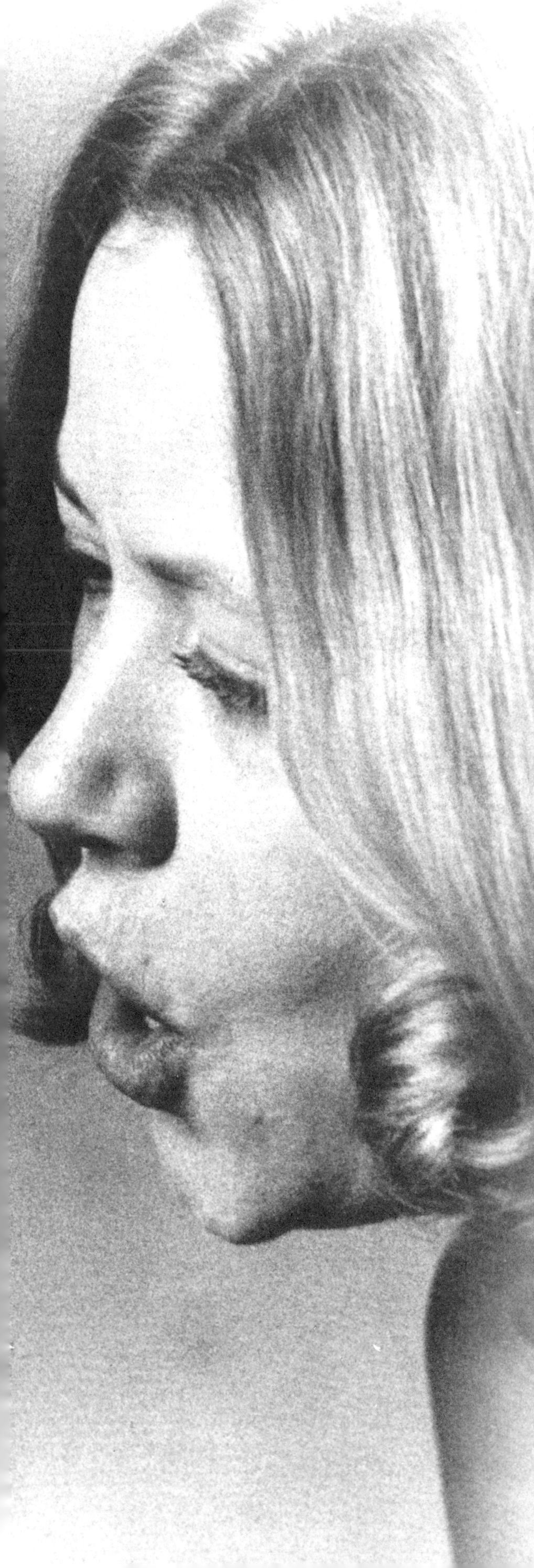

kreisen Sie auf jeden Fall die Wörter ein, die Sie mögen, und unterstreichen Sie diejenigen, gegen die Sie eine Abneigung haben.

Sie können ein Wörterbuch benutzen, können Freunde oder einen geliebten Menschen nach ähnlichen Wörtern fragen. Schreiben Sie alle Wörter aus Ihrem eigenen sexuellen Wortschatz auf, wenn Sie über einen solchen verfügen. Wenn Sie pro Ausdruck auf mehr als fünf Extrawörter mit verwandtem Sinn kommen, dann schicken Sie doch Ihre Eintragungen an den Autor dieses Buches unter der Adresse von

The Dialpress
1 Dag Hammarskjold Plaza
New York, New York 10 017, USA

Geschlechtsverkehr, ficken, bumsen, Koitus, vögeln, eine Nummer durchziehen, umgenietet werden, Sex haben, mit jemandem schlafen, sich lieben, ______________________

Pfeife, Orgel, Penis, Schwanz, Rute, Keule, Maschine, ______

____

Honigtöpfchen, Vagina, Loch, Schachtel, Scheide, Froschmaul, Heringsfaß, Lotusknospe, ______________________

____

Arsch, Rückseite, Brötchen, Gesäß, Schinken, ______

Arschloch, After, Hintereingang, Spundloch, Scheißloch, Rectum,

____

Bällchen, Nüsse, Testes, Hoden, Klöten, Kronjuwelen, ______

____

Titten, Brüste, Oberlichter, Euter, Holz vor der Tür, Molkerei, Geschleuder, Zipfel, ______________________

Kleiner Mann im Boot, Klitoris, Hühnerzunge, Hornisse, Perle, zartes Knöpfchen, ______________________

Samen, es kommt, Schaum, Creme, Ejakulat, ______

Honig, Venussaft, Saft, Vaginalfeuchtigkeit, Leistensaft, ______

____

feucht werden, den Hahn aufdrehen, Gleitfeuchtigkeit, einsaften, erregt sein, ______________________

einen Harten kriegen, erregt sein, einen stehen haben, antörnen, einen Steifen kriegen, ______________________

Klimax, es kommt, Orgasmus, Abschuß, einen Abgang haben, ____

____

sich einen von der Palme rütteln, onanieren, rumgeigen, sich einen abwedeln, sich einen abmöbeln, Selbstmißbrauch treiben, ______

____

Schwanzlecken, blasen, in die Knie gehen, einen runternuckeln, Fellatio, oraler Sex, Genitalkuß, ______________________

in die Knie gehen, auslecken, Cunnilingus, Genitalkuß, oraler Sex, in die Muffe tauchen, Zungenjob, ______________________

analer Geschlechtsverkehr, Arschficken, ______________________

Betrug, außereheliche Beziehung, sich einen Liebhaber nehmen, es jemandem heimzahlen, untreu sein, seinen Horizont erweitern, offene Ehe, ______________________

G'schpusi, Liebster, Ehemann, Ehefrau, Alter, Alte, Freund, Freundin, Frau, Genosse, Puppe, Partner, alter Arsch, Wonnekloß, ______

____

treffen, sich sehen, mit jemandem gehen, mit jemandem schlafen, mit jemandem fest gehen, mit jemandem eine Liebesaffaire haben, eine Beziehung mit jemandem haben, ______________________

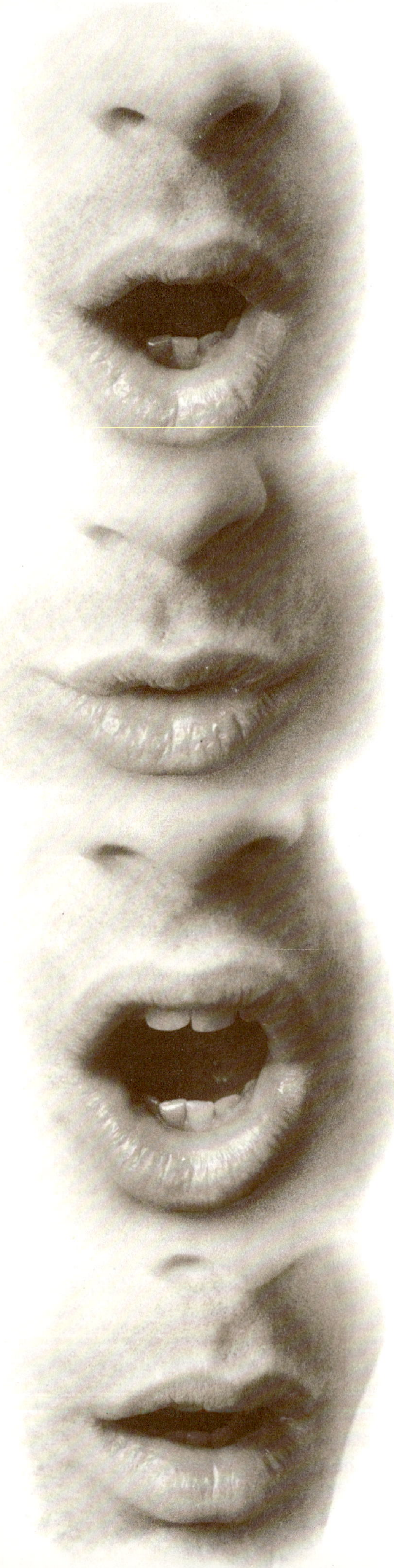

der Freund meiner Tochter, der Mann, mit dem meine Tochter schläft, mein töchterliches Verhältnis, ____________

Obwohl diese Liste damit auf gar keinen Fall erschöpft ist und viele der Ausdrücke im gegenseitigen Austausch gebraucht werden, sollten Ihre Einkreisungen und Unterstreichungen Ihnen einen Eindruck vermitteln von Ihrem eigenen sexuellen Wortschatz. Wenn Sie entweder gar keine oder alle Wörter eingekreist haben, dann sollten Sie diese Liste wohl noch ein zweites Mal durchgehen. Es ist schwer, eine Sprache zu erlernen, ohne ein Gefühl von den Worten, speziell den Tabuworten, zu haben. Sie alle zu mögen oder nicht zu mögen, könnte eine Vorliebe dafür anzeigen, sich auf die bequeme Art aus dieser Übung herauszumogeln. Wenn Sie selbst einmal eine Reihe eigener Reaktionen untersuchen, kann Ihnen das zeigen, wie unlösbar Worte mit Verhaltensweisen verknüpft sind.

Nehmen Sie zum Beispiel das Gesamtbild. Bevorzugten Sie mehr die medizinischen Fachausdrücke oder heiße Ausdrücke, unübliche Wörter, beschönigende Umschreibungen, Wörter, die jemand Ihrer Bekannten benutzt? Wenn Sie merken, daß eine Menge medizinischer Ausdrücke zutage getreten sind, dann denken Sie doch einmal darüber nach, warum Sie sich gerade bei solchen Wörtern wohlfühlen. Vielleicht sind Sie Arzt, vielleicht haben Sie diese Wörter auch als erste gelernt, möglicherweise wollen Sie sich auch von der Sache selbst distanzieren, indem Sie eine kühle, professionelle Sprechweise wählen. Vielleicht sind Sie von heißen Ausdrücken amüsiert, oder Sie haben gar das Gefühl, Sex selbst sei eine heiße Sache. Ungewohnte Wörter können eine Anziehungskraft haben, weil sie für Sie keine negativen Nebenbedeutungen mit sich führen oder weil sie scheinbar nicht wirklich auf Sex hinweisen. Beschönigende Umschreibungen lassen Sex vielleicht besonders schön oder aber weit weg erscheinen. Wörter, die Ihre Freunde benutzen, sind vielleicht Wörter, die Sie selbst gern benutzen würden und bei deren Gebrauch Sie ein gutes Gefühl haben.

Die Wörter, die Sie unterstrichen haben, weil Sie sie nicht mochten, werden vielleicht von Leuten benutzt, die Sie nicht mögen. Vielleicht sind es Ausdrücke, die Sex in Ihren Augen herabsetzen. Vielleicht erscheinen sie Ihnen blöd, ungenau, zu männlich oder zu weiblich, zu technisch. Vielleicht haben Sie unliebsame Erinnerungen daran, wann und wie Sie sie einmal erlernten. Wenn Sie diese Übung wirklich ernsthaft betreiben, dann werden Sie eine Menge Wörter finden können, die Ihnen – zumindest in bestimmten Zusammenhängen – die Zähne im Mund querstellen vor Ärger.

Es ist im Sinne dieses Buches, daß Sie ein umfangreiches Vokabular brauchen, um Ihre Gefühle und Fragen in sexueller Hinsicht einem Freund, einem Verwandten oder einem Partner gegenüber zum Ausdruck bringen können. Sie sollten keine Wörter benutzen müssen, die Ihnen mißfallen – es sei denn, Sie haben es schon geschafft, jede nur mögliche Verständigung zu vereiteln, indem Sie alle Wörter in diesem Bereich einfach ablehnen. In solch einem Fall sollten Sie sich einmal fragen, wovor Sie sich eigentlich so krampfhaft zu schützen versuchen.

Um sich wohlzufühlen, wenn Sie die benötigten Wörter benutzen und um sich dabei auch selbst zu hören, sagen Sie sie doch ruhig einmal laut vor sich hin. Versuchen Sie sie auch einmal in ganzen Sätzen anzuwenden. Sprechen Sie sie in einen Spiegel hinein, benutzen Sie einen Kassettenrecorder, wenn Sie einen haben. Versuchen

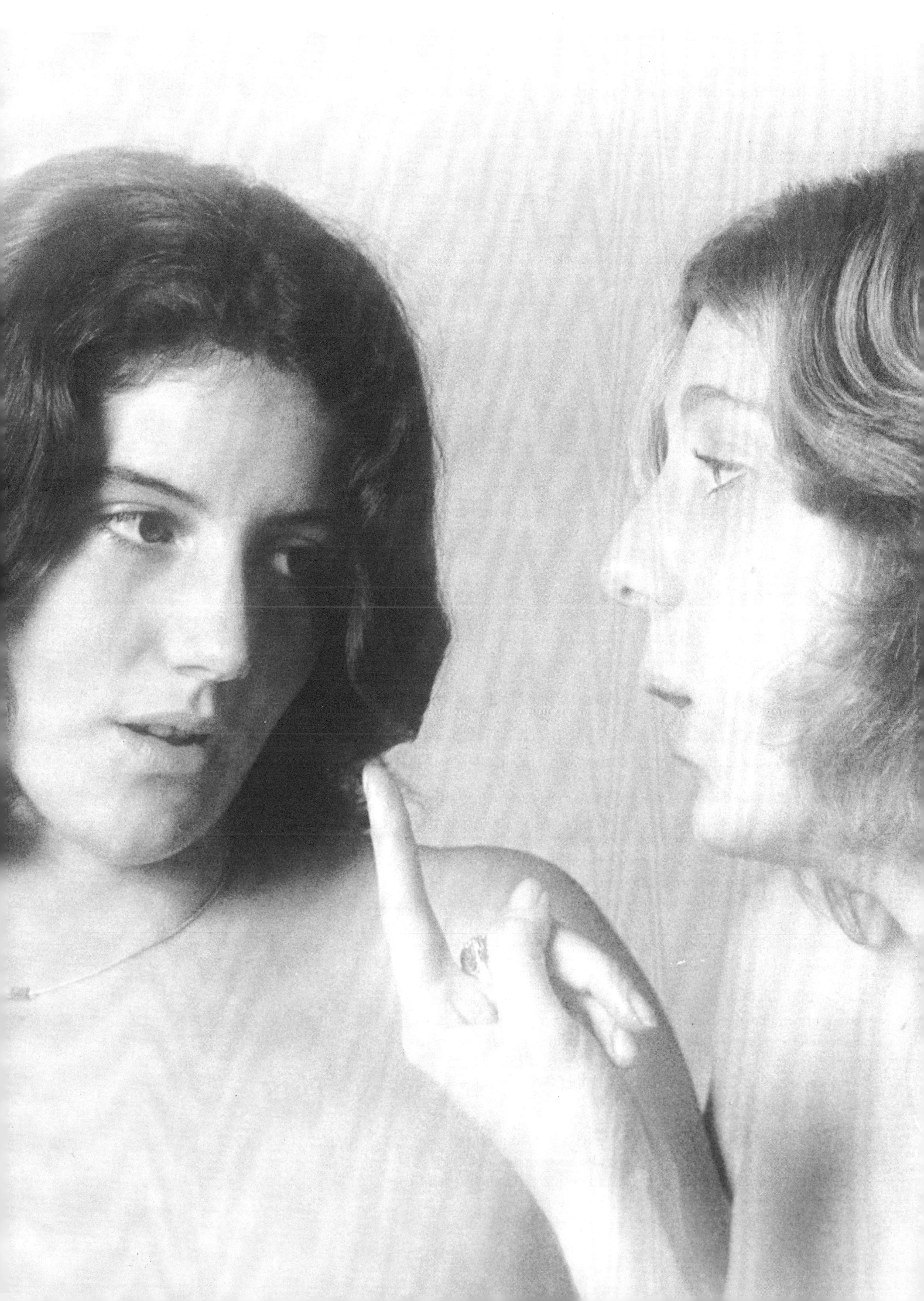

Sie sie hinauszuschreien, zu flüstern, sie ganz verschieden hervorzubringen, damit Sie einmal herausfinden, welche Färbung Sie ihnen geben können.

Die Worte, die Sie sprechen, sind nur ein Teil der ganzen Verständigung. Sie müssen auch die Worte hören können, die andere benutzen. Wenn Sie sich diesen Worten gegenüber verschließen, dann hören Sie vielleicht auch nicht den starken Wunsch des anderen an einer Unterhaltung heraus, nicht die Gefühle Ihnen gegenüber und den Worten, die Sie benutzen, nicht ihre Ängste und ihre Freuden. Versuchen Sie hinzuhören, wie andere Leute sexuelle Worte benutzen oder verweigern und auch, wie die Menschen in der Umgebung, Sie eingeschlossen, darauf reagieren. Beobachten Sie, welche Art Sprache vorherrscht in einer Gruppe von Männern, von Teenagern, von älteren Menschen. Hören Sie auf sexuelle Anspielungen im Radio, in Talkshows im Fernsehen, und merken Sie sich die Reaktionen der Zuhörer und auch Ihre eigenen.

Dann versuchen Sie sich dessen bewußt zu werden, wie Leute auf den Gebrauch Ihrer sexuellen Sprache reagieren. Selbst wenn Sie nie in Wirklichkeit über Sex reden, so beachten Sie doch, wie Sie sich auf Ihren Körper oder den eines anderen beziehen. Denken Sie einmal darüber nach, wie Sie über oder mit Ihrem Frauenarzt reden, wie Sie einen dreckigen Witz erzählen, wie Sie das Sexleben eines anderen Menschen beschreiben. Versuchen Sie, Sexworte in eine Unterhaltung einfließen zu lassen, wenn diese auch einen sexuellen Bestandteil hat, und achten Sie einmal darauf, wie Sie sich dann dabei fühlen und wie andere es aufnehmen. Achten Sie darauf, ob Sie sexuelle Worte benutzen, um bei anderen Eindruck zu machen, andere zu verführen, sie zu schockieren, sie abzuspeisen. Sich dessen bewußt zu werden, wie Sie und auch andere sexuelle Sprache benutzen und aufnehmen, wird Sie gut darauf vorbereiten, eine sexuelle Unterhaltung mit jemandem zu beginnen, mit dem Sie gern über so etwas reden möchten.

Wir beginnen eine sexuelle Unterhaltung

Es macht Spaß, über Sex zu reden. Es kann ein Psychothriller sein, auf sehr vertraute Weise lustig, unendlich lohnend und sexuell aufregend. Dummerweise glauben viele Leute, daß sie unbedingt ein Problem haben müssen, wenn sie anfangen, über Sex zu reden. Es stimmt natürlich, daß es wahrscheinlich Schwierigkeiten gibt, mal eben schnell »einen kleinen Plausch« zu halten, wenn Sie ansonsten die ganze Zeit gar nichts sagen. So finden Sie hier einige Vorstellungen, wie man den Ball am besten im Spiel behält, ohne gleichzeitig ein gewaltiges Aufhebens daraus zu machen.

Erster Schritt: Die beste Art, in eine sexuelle Diskussion hineinzugleiten, ohne dabei groß aufzufallen, besteht darin, irgendeinen Punkt im allgemeinen Gespräch herauszugreifen. Achten Sie auf solche offenen Stellen. Sie werden herausfinden, daß Gespräche über Kino, Werbung, Beruf, andere Menschen, sogar über Politik oft eine sexuelle Komponente haben.

Zweiter Schritt: Nutzen Sie diese Möglichkeiten zum Einsteigen mit der persönlichen Wendung: »Ich glaube «, »ich habe das Gefühl, daß . . .«. Ihre Fähigkeit, dem Gespräch eine persönliche Wende zu verleihen, wird andere ermutigen, sich ebenso zu verhalten. Legen Sie ein Stück von sich offen, geben Sie eine persönliche Meinung ab.

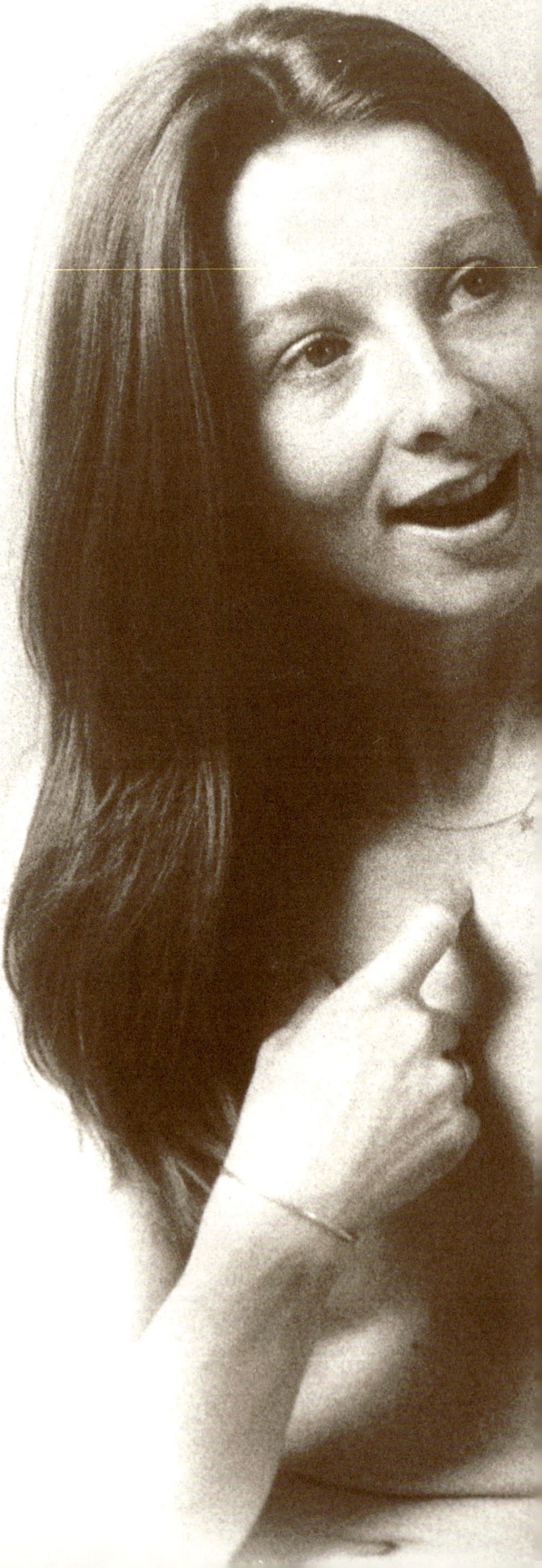

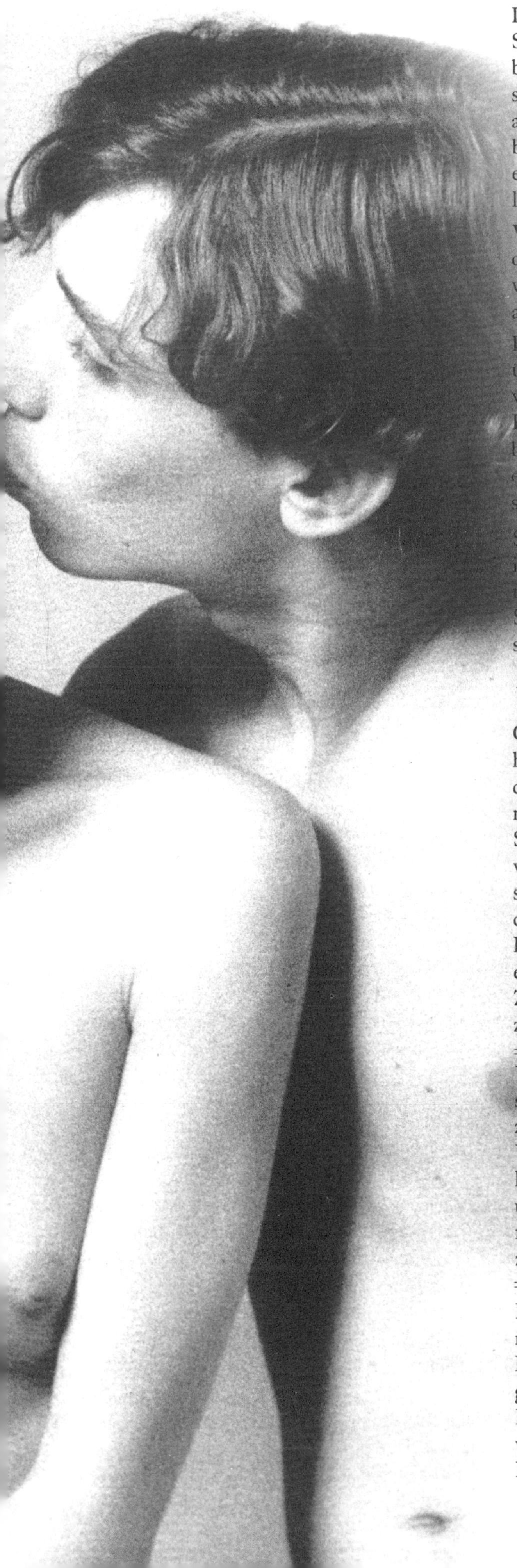

Dritter Schritt: Nutzen Sie Erfahrungen der Vergangenheit, um Standpunkte zu erläutern oder um ein Gespräch darüber in Gang zu bringen. Sie müssen ja nicht Ihre gesamte sexuelle Entwicklungsgeschichte mit einem Male zum besten geben. Es ist leichter für Sie und auch für die anderen, mit dem Gespräch in der Vergangenheit zu beginnen und erst langsam zur Gegenwart zu gelangen. Wenn erst einmal eine gewisse Vertraulichkeit hergestellt ist, dann können Sie langsam auf aktuelle Interessen zu sprechen kommen.

Vierter Schritt: Stellen Sie einem Menschen niemals eine Frage, die Sie selbst nicht beantworten würden. Und fragen Sie auch nichts, von dem Sie entweder wissen oder den Verdacht haben, daß es die anderen zu beantworten nicht bereit sind.

Fünfter Schritt: Geben Sie sich mal einen Ruck! Sagen Sie etwas über sich, selbst wenn Sie jetzt nicht genau wissen, wie die anderen wohl reagieren werden. Sagen Sie es nicht, um die anderen vor den Kopf zu stoßen oder um damit zu protzen oder die Unterhaltung zu beenden. Tun Sie es, um sich selbst ein wenig zu erschrecken, um einmal Ihre Fähigkeit zu testen, eine Unterhaltung auch mal ganz spontan bestreiten zu können.

Sechster Schritt: Versuchen Sie über Sex zu reden, während Sie ihn selbst praktizieren. Sagen Sie dem anderen Menschen, den Sie mögen, was er oder sie gerade macht und was Sie gerade tun. Fragen Sie Ihren jeweiligen Partner, was er tun mag oder was Sie für ihn oder sie tun können.

Wir üben uns in sexueller Verständigung

Obwohl die eben gemachten Vorschläge Ihnen zu einem Anfang verhelfen, bringen Sie doch erst die folgenden wirklich weiter. Es handelt sich hier um ganz kontrollierte Übungen, die sich auf das Zuhören und das Sprechen beziehen. Es macht Spaß, sie auszuführen, und Sie werden erstaunt sein, was Sie aus diesen Übungen nun lernen werden nicht nur im Hinblick auf Kommunikation, sondern auch auf sexuelle Verhaltensweisen und Einstellungen. Sie brauchen jemanden, mit dem Sie zusammen üben können. Suchen Sie sich einen Partner, einen Freund, einen Verwandten – jemanden, mit dem Sie so etwas wirklich gern machen werden. Sie brauchen außerdem einen Zeitmesser, ein bißchen Zeit und eine Möglichkeit, sich ungestört zurückziehen zu können.

VERBALE ÜBUNG NUMMER EINS: Sie fangen an, indem Sie sich über das Sprechen unterhalten. Stellen Sie Ihren Zeitmesser auf zehn Minuten ein. Beginnen Sie mit einer sexuellen Sprechweise. Vergleichen Sie Ihren Wortschatz, auch Ihre Liste mit dem Sexuallexikon, und sagen Sie sich gegenseitig, was Sie gern hören möchten und was nicht. Erzählen Sie sich gegenseitig, worüber es Ihnen leichtfällt zu reden oder nicht und warum. Sie können noch einmal weitere zehn Minuten damit zubringen, wenn Sie möchten.

Diese Übung gibt Ihnen die Möglichkeit, eine Unterhaltung zu beginnen über etwas, was ein wenig fern liegt von Ihrer Beziehung, Ihren Problemen, Ihrem Sexleben. Zur selben Zeit ist es Ihnen aber doch geläufig (wenn Sie dieses Buch bisher gelesen haben), und Sie haben Ihren Anteil daran. Es wird Ihnen ein Beispiel davon geben, wie eine verhältnismäßig unbedrohliche Sache trotzdem persönlich sein und Bedeutung für Sie haben kann.

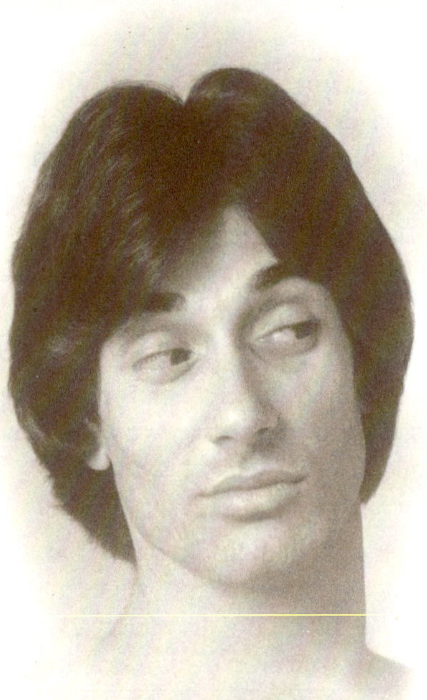

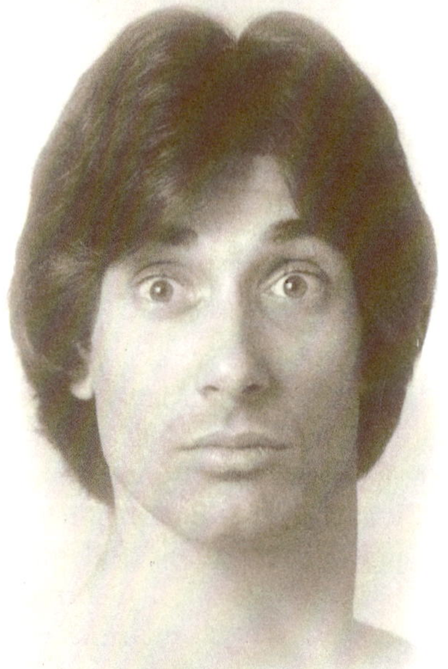

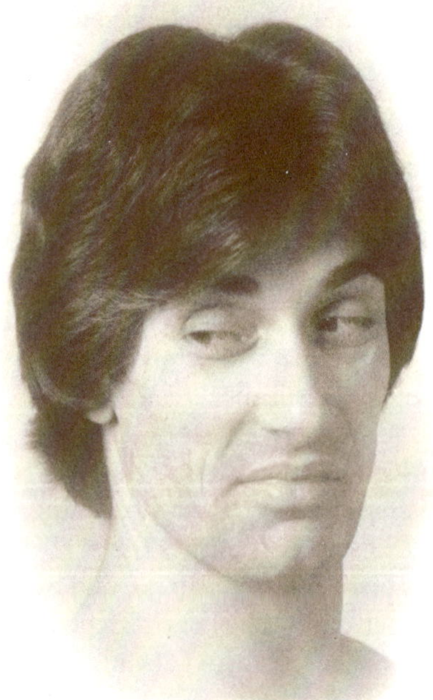

VERBALE ÜBUNG NUMMER ZWEI: Um zu erfahren, wie wichtig das Zuhören ist, sollen Sie beide jetzt einmal zur gleichen Zeit reden. Nehmen Sie sich einen Gesichtspunkt aus dem Kapitel »Ein Überblick über unsere Verhaltensweisen«, und treffen Sie eine Entscheidung, wer von Ihnen beiden dafür und wer dagegen sprechen soll. Sie werden nachher Ihre Positionen austauschen, deshalb ist es egal, wie Sie beginnen. Stellen Sie Ihren Zeitmesser auf drei Minuten ein. Achten Sie nicht auf den anderen, und hören Sie nicht auf, alle Vorzüge Ihrer eigenen Position zu erklären. Wenn die Zeit um ist, stellen Sie die Uhr für weitere drei Minuten, wechseln Ihren Standpunkt und beginnen, ohne sich die Zeit zu nehmen, den ersten Teil zusammen durchzusprechen.

Diese Übung gibt Ihnen die Möglichkeit zu sehen, welches Gefühl man hat, auf das, was man sagt, überhaupt keine Antwort zu bekommen. Vielleicht haben Sie die Übung nicht beenden können. Vielleicht hat einer weiterreden können, der andere aber nicht. Die Art, wie diese Übung ablief, hat vielleicht einmal herausgestellt, daß einer von Ihnen beiden den anderen stets beherrscht. Es hat vielleicht zeigen können, wie sehr Sie doch davon abhängig sind, daß Ihnen auch jemand zuhört, wenn Sie etwas sagen. Vielleicht hat es gezeigt, daß Sie sich freier und ungezwungener fühlen, etwas zum Ausdruck zu bringen, wenn der andere gar nicht zuhört. All diese Übungen haben einen Bezug zu der Art und Weise, wie Sie in wirklichen Situationen kommunizieren.

Natürlich wird ein Teil Ihrer Reaktionen gegenüber dieser Aufgabe auch davon abhängen, welches Gefühl Sie haben gegenüber dem vorhin von Ihnen gewählten Themenbereich. Besprechen Sie nun, wie Sie sich beide in der jeweiligen Rolle gefühlt haben. Vielleicht haben Sie da eine der beiden Rollen mit mehr oder weniger Gefälligkeit verteidigt, während das bei der anderen nicht der Fall gewesen ist. Sprechen Sie miteinander darüber, warum das Ihrer Meinung nach so war. Manchmal ist es leichter, über etwas zu sprechen, was Ihnen fern liegt als über etwas, worüber Sie sich leicht erregen können.

VERBALE ÜBUNG NUMMER DREI: Sie können für diese Übung denselben Themenbereich oder auch einen neuen wählen. Sie werden als erstes ein paar Worte über das Thema zu Ihrem Freund oder Partner sagen. Dieser darf nicht unterbrechen oder irgend etwas dazu sagen, bevor Sie ausgeredet haben. Dann wiederholt er, was Sie zuvor gesagt haben oder zumindest das Wesentliche daraus. Wenn er einen Fehler macht, verbessern Sie ihn. Wenn der andere Ihr Gesagtes zu Ihrer Zufriedenheit wiederholt hat, dann stellt *er* etwas dar. Sie müssen dasjenige nun zu seiner Zufriedenheit wiederholen, bevor Sie mit Ihrer nächsten Erklärung antworten. Versuchen Sie diese Wechselrede mindestens fünf- oder sechsmal. Sie können das gleiche dann noch einmal mit einem anderen Themenbereich durchsprechen. Dabei brauchen Sie sich keine bestimmte Zeit zu setzen.

Diese Übung kann Ihnen klarmachen, wie wichtig es ist, wirklich zuzuhören, und wie leicht es ist, etwas falsch zu verstehen. Sie kamen vielleicht zu dem Ergebnis, daß Sie es am Anfang überhaupt nicht richtig konnten. Vielleicht kommt das daher, daß Sie immer schon darüber nachdenken, was Sie dann gleich als nächstes sagen werden, eines der größten Hemmnisse für wirkliches Zuhören. Es kann auch von dem Gefühl kommen, daß der andere Ihnen gar nicht richtig zuhört. Das heißt, sie oder er sehen Sie gar nicht an, um Ihnen nonverbale Bestätigung zu vermitteln oder Ihnen ein wenig zuzunicken. Die Art, wie man Ihnen zuhört, beeinflußt dann, was Sie sagen.

Jetzt denken Sie über das Thema selbst nach. Vielleicht waren Sie überrascht oder erfreut von etwas, das Sie sagten oder hörten. Vielleicht haben Sie das Gefühl gehabt, an manchen Stellen regelrecht zu argumentieren. Vielleicht waren Sie dabei zu versuchen, den anderen von seiner Sache abzubringen oder ihm zuzustimmen. Schauen Sie sich Ihren Wortwechsel noch einmal an, um herauszufinden, was jeder von Ihnen gelernt hat von dem, was Ihnen vielleicht vorher noch gar nicht klar war. Eine Gliederung wie diese kann es Ihnen eher erleichtern, Ihre Einstellungen und Verhaltensweisen offen zu zeigen, als das in einer herkömmlichen Unterhaltung der Fall wäre.

VERBALE ÜBUNG NUMMER VIER: Diesmal sollen Sie nicht den Vorbemerkungen des anderen folgen. Jeder von Ihnen hat fünf Minuten Zeit, über irgend etwas nach eigener Wahl zu sprechen. Sie können über mehrere verschiedene Sachen reden, oder Sie brauchen auch gar nichts zu sagen. Dann spricht Ihr Freund oder Partner fünf Minuten lang. Als Zuhörer sollen Sie sich so nachdrücklich und unterstützend verhalten, wie das, ohne zu sprechen, möglich ist. Selbst wenn Sie das Gesagte gar nicht für gut befinden oder ihm überhaupt nicht zustimmen, so versuchen Sie doch, ein interessierter Zuhörer zu sein. Wenn Sie mit Reden an der Reihe sind, dann können Sie ruhig über irgend etwas sprechen, das Ihnen gerade einfällt.

Hier besteht die Möglichkeit, Probleme, unterschiedliche Meinungen und Fragen innerhalb eines gesteckten Rahmens anzusprechen. Jetzt können Sie einmal sehen, welche Interessen und auch Bedenken jeder von Ihnen hat, ob beides etwas miteinander zu tun hat und wie sich der jeweils andere dabei fühlt. Sie werden auch herausfinden, ob es für Sie möglich oder nicht möglich ist, aus der Sicht Ihres Partners heraus ein guter Zuhörer zu sein. Und Sie werden dann auch wissen, ob sie oder er denn nun gut zuhören kann. Es ist schwer, fünf Minuten lang zu reden, besonders zu Anfang, aber nach einer Weile sollten Sie versuchen, die Zeit auf eine Viertel- und schließlich auf eine halbe Stunde zu erweitern. Über sich selbst sprechen zu lernen, ist Kommunikation.

Von jetzt ab werden Sie über solche Themen vielleicht ohne die Gezwungenheit dieser vorgegebenen verbalen Übungen sprechen können. Beginnen Sie einfach mit der Unterhaltung, geben Sie die Übungen aber nicht total auf. Diese können doch noch recht hilfreich sein, wenn Sie das Gefühl haben, daß Sie mit einem Gesprächspartner einmal kein besonders ergiebiges Gespräch führen.

Weil das Gespräch ohne eine gewisse formale Richtschnur recht schwierig sein kann, selbst wenn Sie schon die Erfahrungen aus diesen Übungen haben, so haben Sie vielleicht den Wunsch, eine bestimmte Zeit fest einzurichten, wo Sie mit Ihrem festen Partner in Ruhe plaudern können. Sie können es vielleicht einrichten, auf diese Weise täglich eine Viertelstunde mit Plaudern zu verbringen, bevor Sie beide aufstehen, bevor Sie zu Bett gehen, wenn Sie von der Arbeit heimkommen oder auf dem Weg zur Arbeit. Versuchen Sie dabei über Dinge zu reden, wo es Ihnen schwerfällt, statt einfach bloß zu erzählen, was so den lieben langen Tag passiert ist. Mit ein wenig Übung können Sie lernen, sowohl vertrauensvoll wie auch vertrauens-

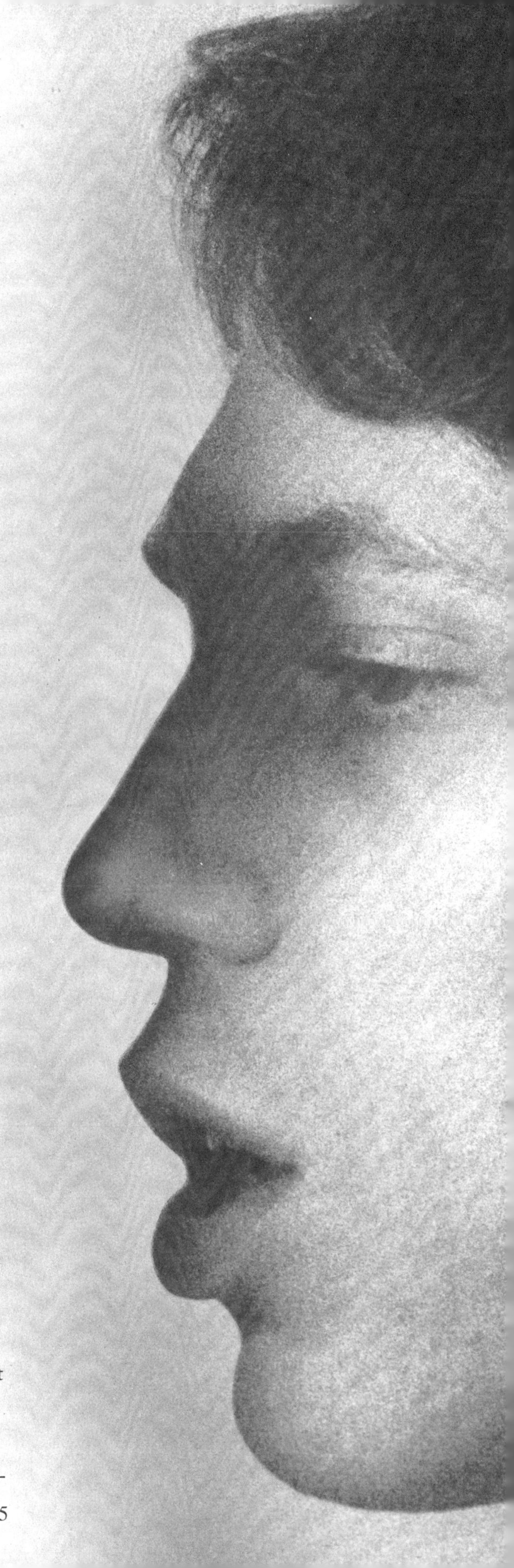

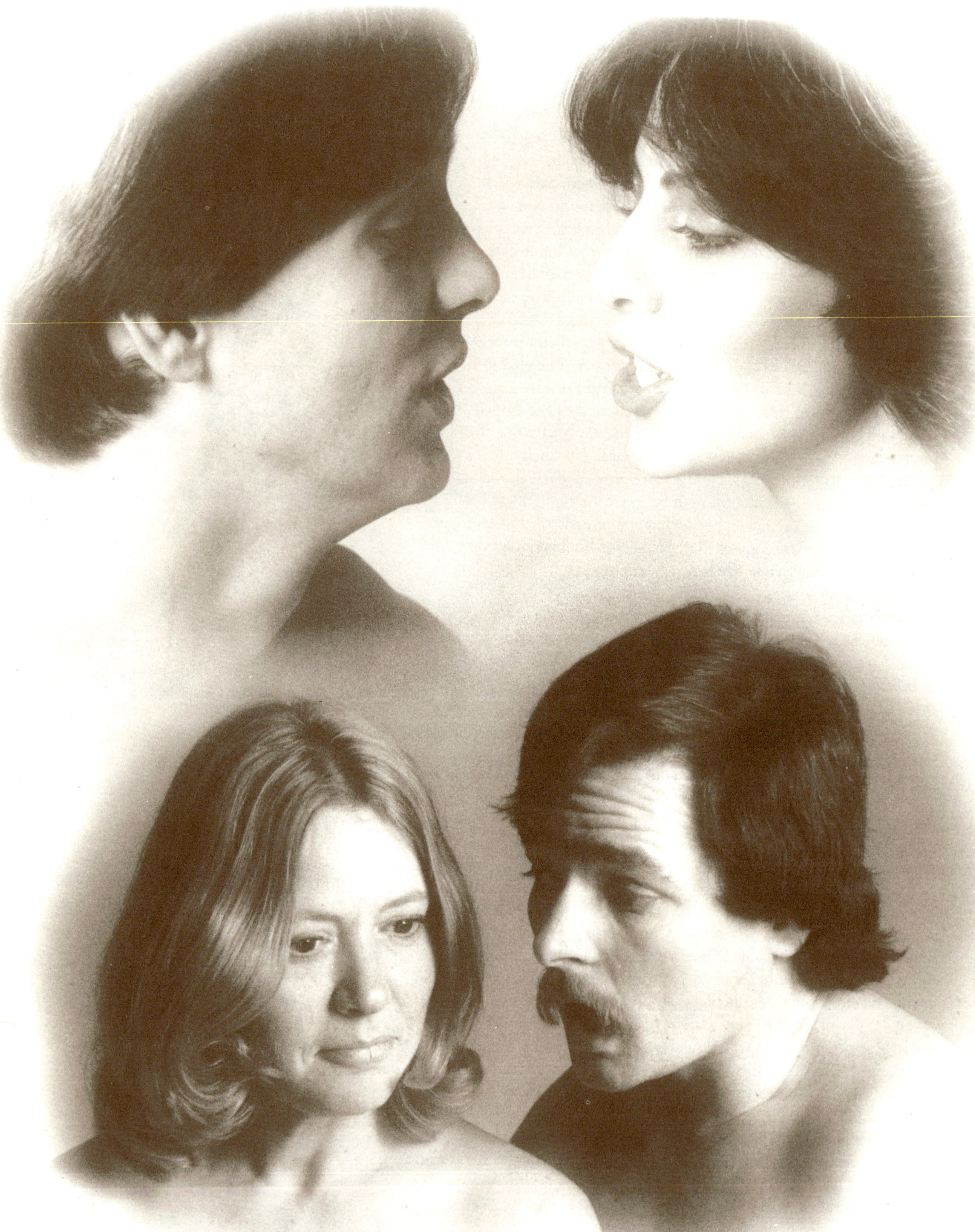

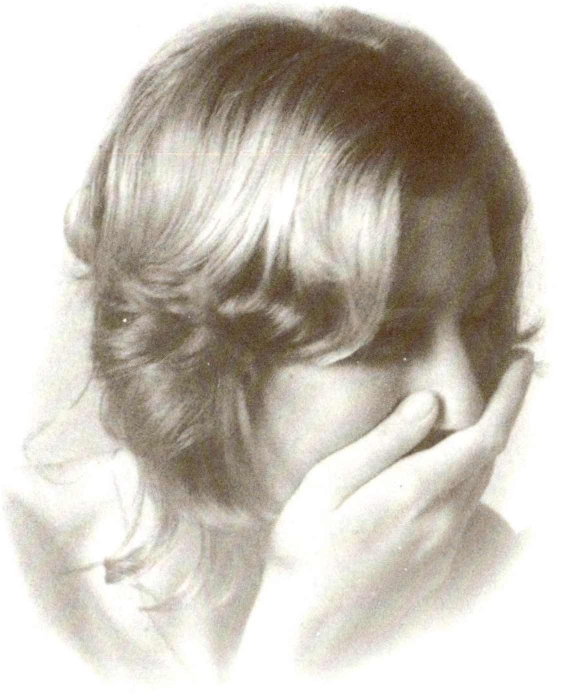

würdig sich gegenseitig Ihre Zuversicht und Ihre Gefühle zu vermitteln.

Wenn Sie keinen Freund oder Partner haben, mit dem Sie diese Vorschläge in die Tat umsetzen können, dann ist für Sie auch schon eine ganze Menge möglich, wenn Sie so handeln, daß Sie Ihre Gefühle über einige dieser Dinge hier aufschreiben und auch in eigener Person vertreten. Einen Themenbereich auszuwählen und Ihre Gefühle dabei zum Ausdruck zu bringen, sogar auch nur sich selbst gegenüber, wird für Sie ein Anfang sein in Richtung Kommunikation, wenn sich Ihnen dann einmal die Möglichkeit dazu bietet.

In der Lage zu sein, einem anderen Menschen, mit dem man nie oder nur selten diskutiert hat, bestimmte Dinge zu sagen und sich dann seine oder ihre Entgegnung aufmerksam anzuhören, kann ein sehr befreiendes Experiment sein. Aber natürlich wird es Sie nicht auf einen Schlag dazu bereit machen, so einfach das abzuschütteln, was Sie jahrelang an Verhaltensweisen und an der Art zu reden (oder auch nicht zu reden) verborgen haben. Was es aber bewirken wird, ist, Sie freier und offener zu machen dafür, daß Sie öfter reden, daß Sie mit Hilfe von anderen herausfinden können, warum Sie sich gerade so fühlen und ein andermal anders. Wenn Sie einmal mehr Gespür dafür haben, daß es ganz normal ist, wegen Sex sowohl ein gutes als auch bisweilen ein schlechtes Gefühl zu haben, dann werden Sie auch mehr Zutrauen haben, die Konflikte zu bewältigen, die auftreten, wenn Ihre eigenen Verhaltensweisen sich von denen Ihres Partners unterscheiden.

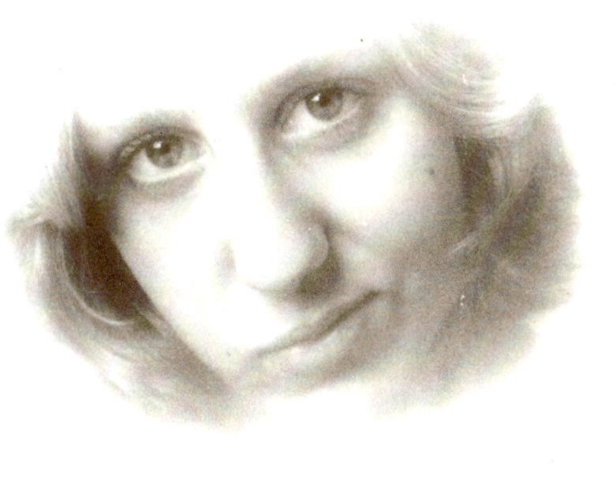

Worte haben natürlich außer ihrer Bedeutung, über Gefühle zu sprechen, auch noch eine sexuelle Anwendbarkeit. Sie können auch Hilfsmittel sein zur Verführung und zum Erregen. Einige Leute werden herrlich geistreich oder verführerisch in ihrer Sprache, wenn um sie herum jemand ist, den es für sie zu verführen gilt. Andere wiederum stellen sich furchtbar dumm an oder verlieren die Sprache in der Nähe von Leuten, an denen sie sexuelles Interesse haben. Einige werden von Partnern in Erregung versetzt, die obszön reden, Befehle austeilen oder laufend kommentieren, wie sie sich gerade mit jemandem beim Beischlaf fühlen. Diese verschiedenen Vorlieben könnten ein weiterer Themengegenstand mit Ihrem Freund sein.

Einige Feinheiten der sexuellen Verständigung

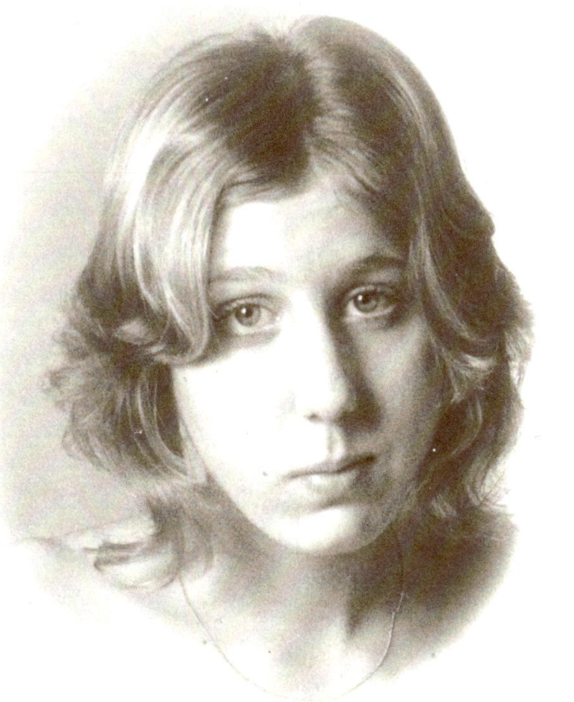

Während Sie die Übungen machen, den einzelnen Schritten folgen und mit eigenen, intimen Tête-à-têtes beginnen, sollten Sie eine ganze Menge im Auge behalten. Als erstes sollten Ihr Partner und Sie sehr auf der Hut sein, daß der eine den anderen nicht völlig einnimmt. Es gibt viele Möglichkeiten, jemanden völlig zu überfahren. Die eine liegt im bloßen Druck durch einen gewaltigen Redeschwall, zusammen mit der Unfähigkeit zuzuhören. Eine andere liegt in der verschieden starken Selbstoffenbarung. Einige Leute distanzieren sich wirklich, indem sie etwas vermitteln, was wie eine Menge persönlicher Gefühle erscheint, sie in Wirklichkeit aber gar nicht innerlich berührt. Andere erdrücken einen mit Tränen, Schweigen, Zorn oder Niedergeschlagenheit und beenden damit jede Verständigung schon im Ansatz.

Ebenso sollten Sie und Ihr Partner die jeweilige Intimsphäre und den Wunsch des anderen nach Zurückgezogenheit respektieren. Sie werden eher vertrauen können und auch eher vertrauenswürdig erscheinen, wenn Sie beide akzeptieren, daß alles zwischen Ihnen Gesagte vertraulich ist, nicht in aller Munde sein darf und nicht dazu

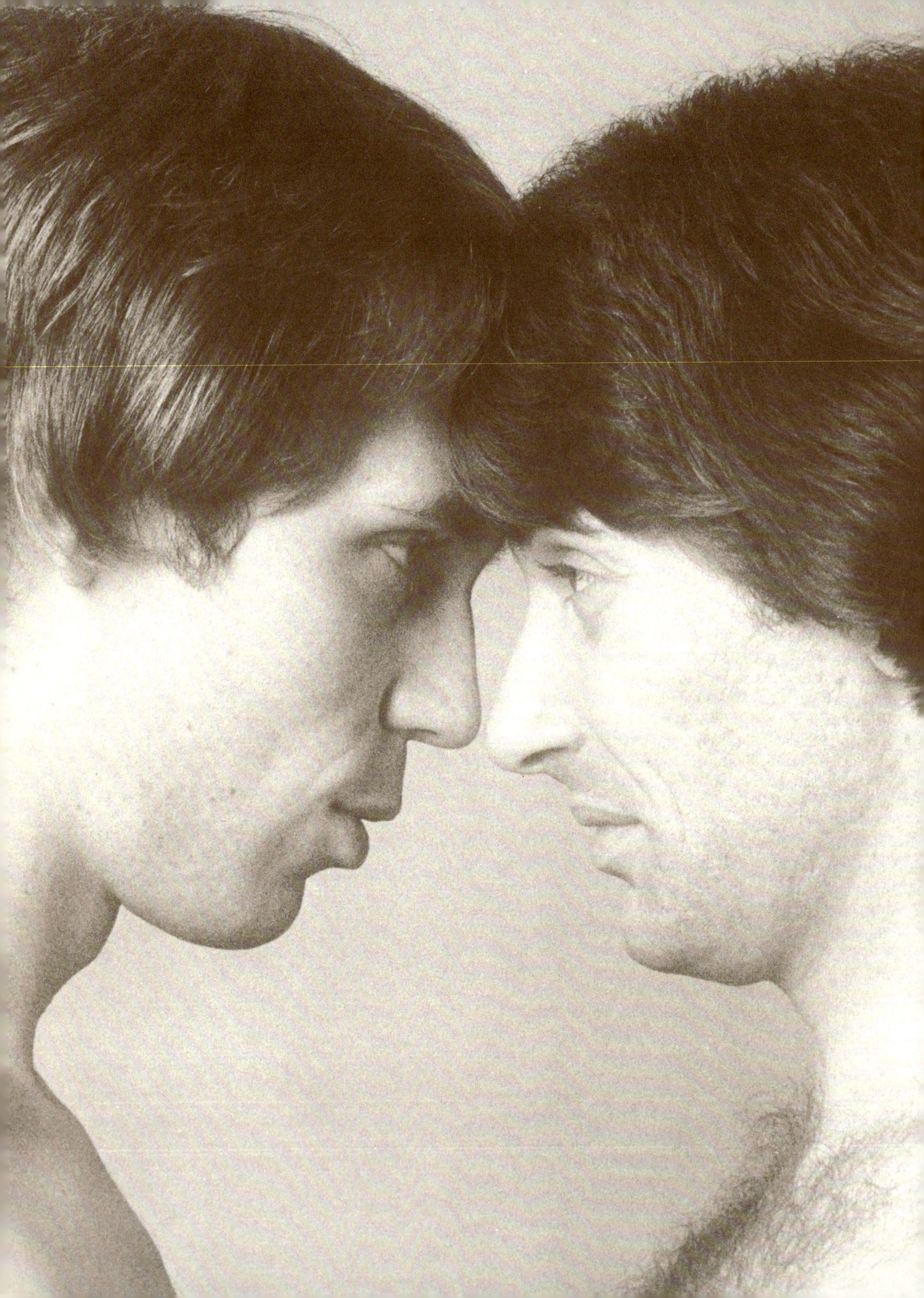

verwandt werden darf, dem anderen daraus einen Vorwurf zu machen. Wenn einer von Ihnen beiden über etwas im Moment nicht reden mag, dann kommen Sie später noch einmal darauf zurück. Wenn Sie sich noch nicht in der Lage fühlen, bestimmte Dinge offen zu zeigen, dann können Sie gemeinsam daran arbeiten, sich diese Fähigkeit zu erwerben.

Vergessen Sie nicht, daß Ihnen die Sprache immer noch dann und wann über den Weg läuft. Weil Ihr Widerwille bestimmten Wörtern oder Redewendungen gegenüber vielleicht ein Widerwille dagegen ist, wofür Sie eigentlich stehen, besteht ein sehr guter Weg herauszufinden, wo Ihre Blockierungen und Ängste liegen, darin, über Verhaltensweisen und Gefühle während des gegenseitigen Kommunizierens zu sprechen. Indem Sie sich selbst ausdrücken und darauf hören, was Sie einander zu sagen haben, werden Sie lernen, wo Sie jetzt stehen und wie Sie vielleicht dorthin gelangt sind. Diese Dinge einfach bloß auszusprechen, wird Ihnen manchmal schon bewußt machen, daß sie eigentlich gar nicht furchteinflößend sind, besonders dann nicht, wenn man sie sich gegenseitig mitteilt.

Einige Erweiterungen der sexuellen Verständigung

Viele Leute, die zusammenleben, kennen sich in Wirklichkeit überhaupt nicht. Obwohl das ganz natürlicherweise für neue Beziehungen zutrifft, stimmt es aber auch für Beziehungen von schon langer Lebensdauer. Menschen, die schon mit fehlender Gesprächsbereitschaft anfangen, finden es schwieriger und gekünstelter, nun plötzlich mit dem Gespräch zu beginnen, wo sie älter geworden sind. Einige Paare stellen das wechselseitige Gespräch nach einiger Zeit ein, weil es ihnen keine Freude vermittelt, wohl gemäß den Problemen in ihrer Beziehung, von denen sie ebenfalls nicht wissen, wie sie sie im Gespräch in den Griff bekommen können. Andere rutschen in eine Routine, die wirklich keine Diskussionen um veränderte Gefühle und neue Ideen zuläßt.

Die folgenden Fragen sind Beispiele für einige Dinge, die Sie vielleicht gern von Ihrem Partner wüßten. Wenn Sie die ganze Zeit miteinander im Gespräch sind, dann kennen Sie vielleicht viele der Antworten. Kennen Sie sie jedoch nicht, dann versuchen Sie vielleicht jetzt, sie herauszufinden.

Welche sexuellen Stellungen mag Ihr Partner?
Wann mag Ihr Partner Sex?
Mag Ihr Partner Sex bei Licht?
Hat Ihr Geliebter (beziehungsweise Ihre Geliebte) es gern, wenn Sie unter der Zudecke ficken?
Mag Ihr Partner angezogen bumsen?
Was hält Ihr Partner von Partnertausch?
Hat Ihr Partner es gern, sich mit Ihnen zu unterhalten, während Sie miteinander schlafen?
Will Ihr Partner zum Vögeln frisch gewaschen sein?
Möchte Ihr Partner gern von Ihnen, daß Sie gewaschen sind?
Mag Ihre Gattin (Ihr Gatte) oralen Sex?
Mag Ihr Partner, wenn Sie ihn (sie) betrachten?
Wie oft mag Ihr Partner Sex?
Wie beurteilen Ihre jeweiligen Partner Ihre Küsse?
Was hält Ihr Partner vom Geruch und Geschmack Ihrer Genitalsäfte?
Drückt Ihr Partner Ihnen gern Pickel oder Mitesser aus?

Wie mag es Ihr Partner gern, daß Sie ihm (ihr) über den Körper streicheln?
Was hält Ihr Partner von einem Spontanfick?
Wer, meint Ihre Geliebte (Ihr Geliebter), solle zuerst zum Orgasmus kommen?
Von wem, meint Ihre Gattin (Ihr Gatte), sollten die Kinder etwas über Sex erfahren?
Hält Ihr Partner Sie für pervers?
Ist Ihr Partner im analen Bereich erotisch ansprechbar?
Mag Ihr Partner eine sexuelle Begegnung voller Tatendrang?
Wie denkt Ihr Partner über eine Abtreibung?
Was dächte Ihr Partner, wenn Sie ihm (ihr) untreu würden?
Was würde Ihr Partner von Ihnen erwarten, wenn sie (oder er) Ihnen untreu würde?
Hält Ihr Partner Sie für zu konservativ?
Was hält Ihr Partner von Zärtlichkeiten in der Öffentlichkeit?
Was hält Ihr Partner von dreckigen Witzen?
Hat Ihr Partner schon einmal jemand Gleichgeschlechtlichen in sexueller Weise geküßt?
Wie beurteilt Ihr Partner Heterosexualität?
Was hält Ihr Partner von Pornographie?
Wie findet Ihr Partner die Größe Ihres Schwanzes beziehungsweise Ihrer Titten?
Was hält Ihr Partner denn von diesem Buch?
Und was hält Ihr Partner von Ihnen selbst?

Zusammenfassung

Wenn Sie zu dem Schluß kommen, daß Sie über vieles des hier Gesagten nichts sagen können, dann erwarten Sie vielleicht zuviel von sich und von Ihrem Partner. Es braucht Zeit und Übung, wenn Sie lernen, sich gegenseitig und auch sich selbst genügend zu vertrauen, um miteinander zu kommunizieren. Ihnen wird das nicht einfach dadurch gelingen, daß Sie dieses Buch durchlesen.

In der Lage zu sein, über Sex miteinander zu sprechen, kann eine ganz außerordentliche Wohltat sein. Es entreißt Sie solch inneren Selbstgesprächen, die Sie mit Angst und Unsicherheit darüber erfüllen, wie normal Sie wohl sind. Worte können beileibe nicht alles erklären, aber über diese Tabus miteinander zu reden, kann Ihnen eine innigere Beziehung zu einem anderen Menschen eröffnen. Es ist auch ein Weg, die ganz geheimen profanen und ungemütlichen Gefühle, die Sie vielleicht wegen Sex haben, zu entschärfen.

Wenn Sie die Möglichkeit dazu haben, dann kann es sehr lohnend sein, die Diskussionen für einen Freundeskreis zu erweitern. Sie und Ihr Partner oder Ihr Freund könnten vielleicht Themengegenstände, von denen Sie beide interessiert sind, mehr darüber zu erfahren, ins Gespräch bringen, wenn auch noch andere anwesend sind. Je mehr Sie sexuelle Verhaltensweisen, Gefühle und Ausdrucksmöglichkeiten miteinander teilen und untereinander vergleichen können, um so mehr werden Sie erkennen, wie verbreitet und annehmbar Ihre eigenen Gefühle eigentlich sind.

Unterschiedliches kann vereint werden

Einführung

Wenn Sie sich mit einem Partner über sexuelle Gefühle austauschen, so ist das aber noch lange keine totsichere Sache, damit dann auch klar zu kommen. Verhaltensweisen und Einstellungen gemeinsam zu besprechen, kann die Tatsache nicht schmälern, daß die Unterschiede auch weiterhin bestehen bleiben; daß Sie Ihre unterschiedlichen Bedürfnisse erforschen, läßt die Bedürfnisse aber nicht gleich auf zauberhafte Art und Weise ihre Unterschiede ablegen. Selbst Menschen, die in einer starken, erfüllenden Beziehung stehen, haben einen unterschiedlichen Sexualtrieb, wie das auch im Hinblick auf Erfolgsstreben oder Schlaf zutrifft. Solche Unterschiede müssen bedacht werden, wann immer sie solch eine zentrale Bedeutung erlangen für diejenigen, die dann betroffen sind davon, daß die Beziehung plötzlich zum Stillstand kommt.

Konflikte wegen sexueller Interessen wachsen heran zwischen einem Paar, egal welche Erfahrung, welches Alter und Geschlecht oder welchen sozialen Hintergrund die Betroffenen haben. All das bringt für einen Einzelstehenden aus verschiedenen Gründen nicht so viel Aufregung mit sich. Zuerst und als Wichtigstes sind neue oder gelegentliche Beziehungen in der Regel so aufregend, daß unterschiedliche Triebstärken und Verhaltensweisen beschönigt werden über der Eile, jemand Neues sexuell kennenzulernen. Außerdem wiegt ein Problem, das man mit *einem* Partner hat, anscheinend nicht allzu schwer, wenn man auch noch weitere Partner hat, die einem gleichermaßen am Herzen liegen. Ebenso ist es für Sie nicht notwendig, nun zu versuchen, Dinge zu bewerkstelligen, wenn Sie nirgendwo beteiligt sind. Eine gelegentliche oder beendete Beziehung nötigt einem keine größere Anstrengung ab, sich nun unbedingt zu verändern.

Selbst wenn Sie jedoch gerade keine Beziehung laufen haben, sollten Sie die verschiedenen Möglichkeiten, die auftreten können, nicht aus dem Auge verlieren und auch nicht das, was man zur Abmilderung tun kann. Vielleicht finden Sie sich eines Tages in einer solchen Situation oder wollen Ihre Vergangenheit noch einmal vorüberziehen lassen, um zu sehen, ob die Gründe, warum Sie mit einem Partner nicht auskamen, irgend etwas mit Ihren eigenen Erwartungen dahin zu tun haben, daß er oder sie die gleichen Reaktionen zeigen wie Sie selbst.

Wenn Sie mit zwei oder mehr Leuten eine Beziehung haben oder mit einem Menschen Ihres eigenen Geschlechts, auch dann werden Sie die gleichen Probleme haben. Alle, die in einer sexuellen Beziehung stehen, haben gelegentlich Schwierigkeiten mit ihren unterschiedlichen Triebbedürfnissen. Obwohl solche Unterschiede die meiste Zeit voll und ganz zu ertragen sind, so stehen sie Ihnen doch sehr hinderlich im Wege, wenn Sie nicht darüber reden oder sie nicht verändern können.

»Trieb« enthält in diesem Kapitel ganz verschiedenartige Bestandteile, die Sie dazu bringen, Sex haben zu wollen – einschließlich dem Bedürfnis nach Kommunikation mit einem Partner, dem Bedürfnis nach Befreiung oder Entspannung, dem Wunsch zu entfliehen oder abhängig zu sein. Selbst der »Trieb« zum Essen hat die verschiedensten Aspekte, die die Menschen nicht immer anerkennen wollen. Sie oder Ihr Partner wollen vielleicht eilig oder in Ruhe essen, wenn Sie gerade aufgestanden sind, oder auch bis zum Mittag gar nicht, oder im Bett oder in der Küche.

Einer von Ihnen mag vielleicht Feuerbohnen, Cheeseburger oder Lakritze, obwohl dem anderen nun gar nicht danach ist. Es gibt noch mehr zu befriedigen als nur den Hunger. Der Unterschied zwischen dem Sexualtrieb und zum Beispiel dem Eß- oder Geldtrieb liegt darin, daß Sie über Eßgewohnheiten oder Kaufverhalten normalerweise viel leichter reden und sogar in Begeisterung darüber verfallen können als darüber, was Ihr sexueller Hunger macht oder wie Sie sich sexuell verausgaben. Das Reden selbst ist nicht eine automatische Heilung, aber es stellt einen Anfang dar. Oder es macht den Platz frei dafür, auf neue oder unterschiedliche Weise zu handeln, wie Sie es hier zuvor schon durchgesprochen haben.

Das Ziel hier liegt darin, die Sexualität als etwas Natürliches zu behandeln und sexuelle Unterschiede weniger als Zeichen von Unangemessenheit, Unruhe, Starrheit oder moralischer Verworfenheit. Sexuelles Verhalten kann so etwas durchaus sein. Bevor Sie aber den Blick darauf richten, was sich hinter den Kulissen abspielt, schauen Sie doch erst einmal richtig hin, was sich *vor* Ihren Augen tut. Es ist natürlich, aber irreführend, wenn Sie Ihre eigenen Erfahrungen verallgemeinern. Die Menschen sind unterschiedlich, und sexuelle Freuden liegen oft jenseits der Erfahrungen, die ein einzelner damit gemacht hat.

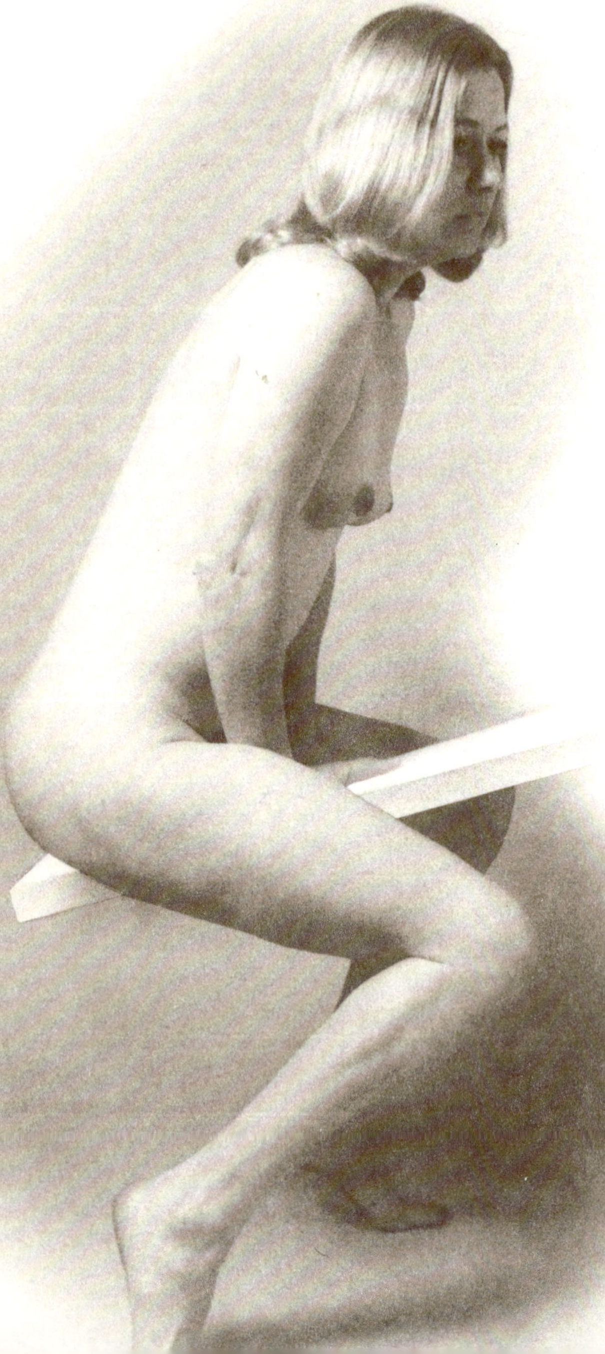

Nun werden wir uns einige Leute genauer ansehen, die Schwierigkeiten haben, miteinander klarzukommen, weil sie ihre ganz legitime Unterschiedlichkeit nicht erkennen oder akzeptieren. Schlüpfen Sie als Ihr eigener Sextherapeut in die Rolle eines jeden einzelnen und bringen Sie in Erfahrung, welcher Art Ihre eigenen Gefühle und Vorstellungen an dieser Stelle wohl wären. Selbst wenn Sie keine Erfahrungen haben, die wenigstens eine schwache Ähnlichkeit hätten mit denen der hier beschriebenen, so versuchen Sie doch, sich in ihre Lage zu versetzen. Sie können durchaus lernen, wie Sie sich selbst helfen können durch das, was Sie lernen, indem Sie anderen helfen. Am Ende eines jeden Fallbeispiels besteht für Sie die Möglichkeit, an einem Fall zu arbeiten, der dem zuvor beschriebenen ähnelt.

Fallbeispiel A:

Helen und Tommy leben nun schon seit einigen Jahren zusammen. Wenn sie von der Arbeit heimkommen, will Helen vor dem Abendessen jedesmal Sex. Tommy dagegen hat Hunger, wenn er nach Hause kommt, und hätte Sex lieber später oder am Wochenende. Zu Anfang ließ er sich ja von Helen rumkriegen, aber seit einiger Zeit widersetzt er sich dem mehr und mehr. Helen jammert, er habe einfach kein Interesse mehr an ihr. Hat sie da recht?
Seine Geschichte: Helen könnte da vielleicht recht haben, aber oberflächlich betrachtet sieht es so aus, als ob es sich da tatsächlich um einen unterschiedlich ausgeprägten Trieb handelt, was zu Beginn ihrer Beziehung noch nicht so offenbar war. Hier folgen einige typische Beispiele dafür, was ein Mensch, der an Sex weniger interessiert ist als sein Partner, zu sagen pflegt:

»Sie hat viel zuviel Sex im Kopf.«
»Ich habe viel zuwenig mit Sex im Sinn.«
»Sie bringt mich viel zu früh zum totalen Abschlaffen.«

»Sie will nicht mich, sie will nur meinen Körper.«
»Eigentlich sollte ich ja positiv darauf reagieren, aber ich bin nun mal nicht in der Lage, ihr irgendetwas vorzumachen.«

Ihre Geschichte: Der andere sieht das Ganze ein wenig anders.
»Er hat viel zuwenig Interesse an Sex.«
»Ich habe viel zuviel Sex im Kopf.«
»Ich reize ihn überhaupt nicht mehr.«
»Da muß eine andere Frau im Spiel sein.«
»Ich brauche das nun mal, und er will nicht, daß ich es habe.«

Übereinkunft: Probleme wegen der Häufigkeit sind äußerst verbreitet in Beziehungen aller Art und Dauer. Jeder will wissen, was denn nun normal ist. Kinsey wagte es vor fünfundzwanzig Jahren mit einigen Durchschnittsmenschen. Leute unter dreißig erreichten eine Koitushäufigkeit von dreimal pro Woche, mit dreißig zweimal die Woche, mit vierzig einmal in vier Tagen, mit fünfzig einmal pro Woche und mit sechzig einmal in zwölf Tagen. Das Dumme bei diesen Werten oder auch bei Werten aus anderen Untersuchungen ist, daß der Durchschnitt auch diejenigen Leute erfaßt, die dreimal am Tag Geschlechtsverkehr haben und jene, die nur einmal im Monat miteinander schlafen. Selbst die, die durchschnittlich alle vier Tage miteinander schlafen, könnten zu diesem Wert kommen, indem sie zweimal hintereinander alle acht Tage nur Geschlechtsverkehr hätten oder viermal alle sechzehn Tage. Der Durchschnitt mag vielleicht soziologisch interessant sein, aber nicht für Individuen, um damit zu leben. Die Häufigkeit kann man nicht beschreiben, weil der Sextrieb auf Gesundheit, Streß, Verfügbarkeit, Alter, Partner und so weiter ganz unterschiedlich anspricht.

Erster Schritt: Jeder Partner, der in einer Beziehung Schwierigkeiten hat mit dem Problem der Häufigkeit von Geschlechtsverkehr, könnte zu einer Übereinkunft beitragen, indem er einmal auf einem Stück Papier seine (oder ihre) Idealvorstellung der ihm (ihr) angenehmen Häufigkeit aufschreibt. Zeigen Sie das Papier aber nicht Ihrem Partner. Reden Sie miteinander darüber, wie sich in Ihrer Beziehung Ihre Verhaltensweisen in bezug auf die Häufigkeit verändert haben und auch darüber, warum das nach Ihrer beider Meinung wohl dazu gekommen ist.

Zweiter Schritt: Ohne Ihre eigenen Idealvorstellungen aufzudekken (die im Moment nur zu eigener Verwendung dienen), versuchen Sie jetzt einmal, mit Ihrem Partner die Rollen zu tauschen, in denen es sich um Ihre momentanen Verhaltensweisen dreht. Wenn Sie derjenige sind, der weniger Sex möchte, dann nehmen Sie jetzt einmal die Position dessen ein, der es häufiger will und umgekehrt. Versuchen Sie die Gefühle von Unterlegenheit, Abhängigkeit und Ärger herauszuspüren, die Ihr Partner Ihnen gegenüber vielleicht hat. Bitten Sie Ihren Partner, auch Ihre Lage zu untersuchen, indem er Ihre Rolle übernimmt.

Dritter Schritt: Manchmal erleichtert es einem, eine Änderung in der Häufigkeit zu akzeptieren, wenn Sie wissen, was Ihr Partner fühlt und wenn Sie lernen, daß seine oder ihre Position auch gerechtfertig sein kann. Eine der Möglichkeiten zu Veränderung ist ein Kompro-

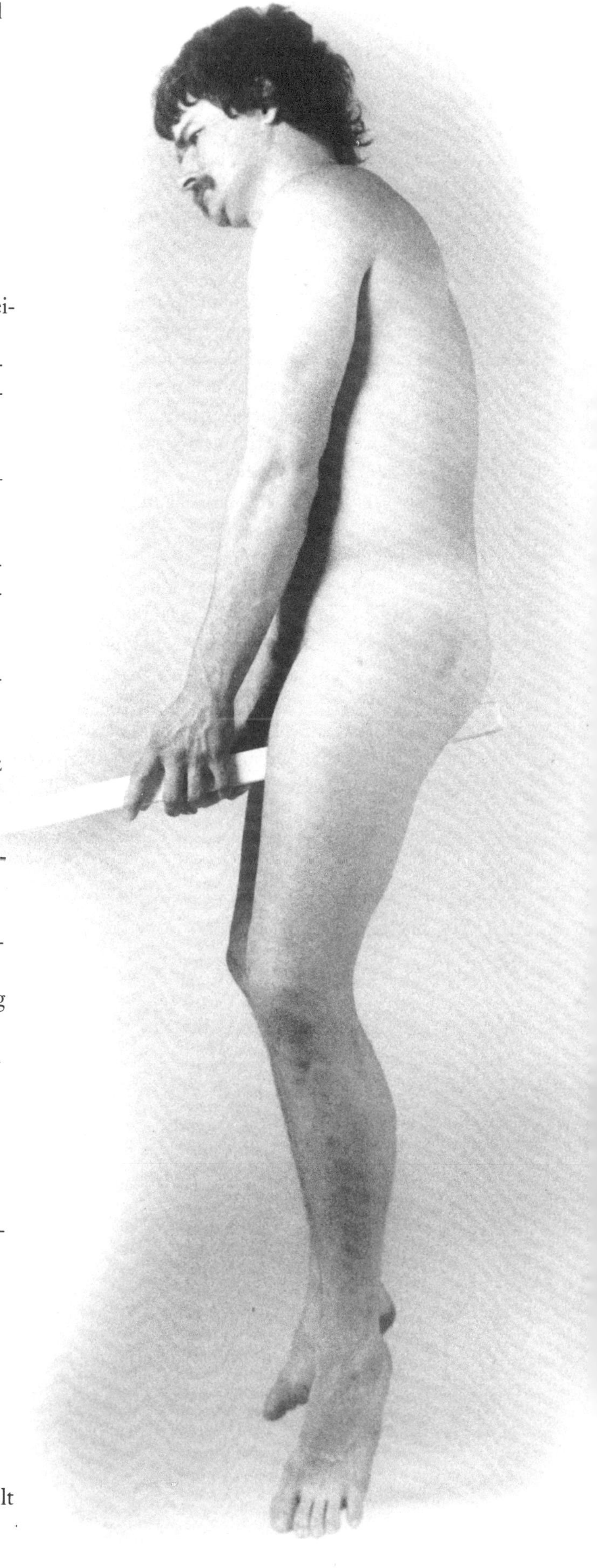

miß, bei dem jeder Partner einige eigene Rechte zurückhält und einigen der Rechte des anderen nachgibt. Es kann sein, daß der eine Partner vielleicht dem Wochentagssex zustimmt, wenn das dann jeden Tag in einem anderen Raum oder mit anderen Stellungen verbunden wäre. Der andere Partner könnte vielleicht etwas von dem Wochentagssex aufgeben und dafür mehr oralen Sex am Wochenende eintauschen. Sie können sowohl schöpferisch als auch fair sein, wenn Sie ein Abkommen treffen. Wenn Sie innerhalb des sexuellen Bereiches kein faires Abkommen zustande bringen können, dann können Sie andere sexuelle Vorlieben dagegen eintauschen.

Bemerkungen: Diese Kompromißlösung erscheint Ihnen vielleicht wie eine schrecklich ökonomische Sichtweise sexueller Beziehungen, aber es könnte für Sie beide vielleicht den besten Weg darstellen, wie Sie einen Kompromiß erlangen. Wenn Sie Ihren Partner bitten, etwas für Sie zu tun, was er oder sie eigentlich gar nicht will, dann sollten Sie darauf vorbereitet sein, daß auch Sie selbst etwas Zusätzliches oder Außerordentliches vollbringen. Dies ist eine ganz einfache Lösung, die Sie wahrscheinlich jeden Tag in anderen, weniger schwergewichtigen Angelegenheiten treffen.

Wenn Sie bei Ihren Diskussionen, Rollentauschs und Kompromißversuchen zu der Meinung kommen, daß Sie über gar nichts zu einer Einigung kommen, dann geben Sie mal eine Weile klein bei. Kommen Sie in dieser Sache später noch einmal auf eine Auseinandersetzung zurück. Es ist möglich, daß Sie in Ihrem gegenseitigen Sexualleben Probleme ausleben, die in Wirklichkeit überhaupt nicht sexueller Natur sind. Sie müssen sich aber nun nicht an diese Lösung klammern, bevor Sie nicht ernsthaft versucht haben, mögliche Unterschiede in der Triebstärke wirklich einmal anzuerkennen.

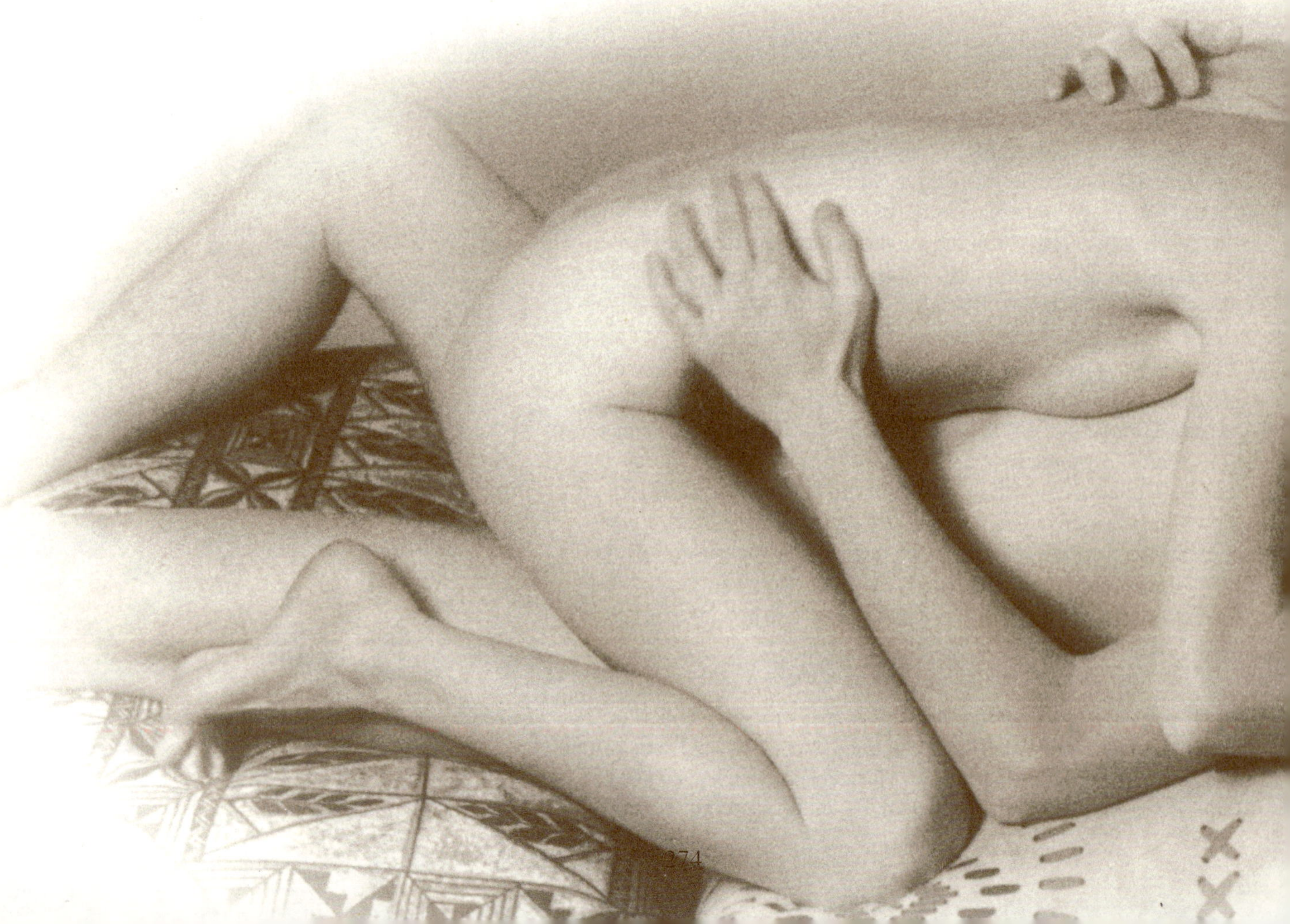

Fall A 1:

Lassen Sie uns nun auf den *Fall A* zurückkommen und den Sachverhalt einmal umdrehen. Schreiben Sie hier oder in Ihrem Begleittagebuch auf, was passieren würde oder könnte, wenn der Mann sich vor dem Abendessen Sex wünscht und die Frau damit lieber bis zum Wochenende warten wollte. Skizzieren Sie einmal, welche Gefühle wohl auf beiden Seiten vorhanden sein könnten und auch, wie diese Leute mit ihrem Problem zu einer Übereinkunft kommen könnten. Obwohl die Gründe sehr ähnlich denen sind, die schon in dem Originalfall zur Sprache kamen, kommen Sie vielleicht doch zu der Meinung, das Austauschen der Geschlechtsrollen bringe für Sie dauerhafte oder gegensätzliche Gefühle zutage. Wenn Sie lieber ein Häufigkeitsproblem, das Sie selber erleben, zur Sprache bringen wollen, statt bloß einfach etwas umzudrehen, dann tun Sie das. Nur um Ihnen den Anfang zu erleichtern, haben wir hier einige Bemerkungen zur Gesprächseröffnung angeführt:

Seine Geschichte: Hier besteht für Sie die Möglichkeit, einige Gründe hinzuzufügen, warum Sie vielleicht mehr Sex als Ihr Partner wollen:

»Wir machen es nur, wenn sie es jetzt im Moment auch will.«
»Sex hilft mir, nach einem harten Tag auf der Straße, etwas abzuspannen.«
»_______________________________.«
»_______________________________.«

Ihre Geschichte: Benutzen Sie Ihre eigenen Erfahrungen oder Vorstellungen dazu, sie hier einzutragen:

»Wir schlafen immer dann miteinander, wenn er es will.«
»Selbst nach einem umfangreichen Mittagessen habe ich wieder Hunger, wenn ich von der Arbeit heimkomme.«
»_______________________________.«
»_______________________________.«

Übereinkunft: Hierzu nehmen Sie sich noch einmal die Schritte vor, die in dem Originalfall A angeführt sind, um zu sehen, ob sie übernommen werden können oder ob sie für diese Situation, die ein klein wenig anders ist, abgewandelt werden müssen. Beziehen Sie sich auch auf die freien Zeilen in Gänsefüßchen für neues Material, das einer Übereinkunft bedarf. Benutzen Sie Ihr Begleitheft oder den freien Raum hier, um diesen Fall auszuarbeiten.

____

____

____

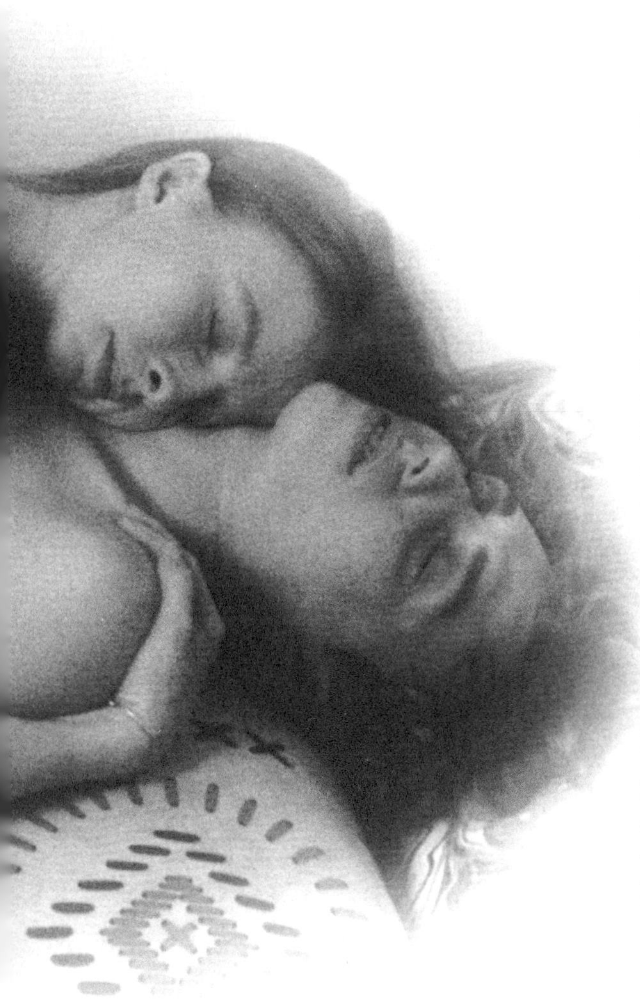

Fallbeispiel B:

Tina und Thomas gehen nun schon seit einigen Monaten zusammen. Alles in ihrer Beziehung ist in Ordnung bis auf die Tatsache, daß sich Thomas wünscht, Tina würde ihm ab und zu den Schwanz lecken. Er hat ihren Kopf, um ihr so etwas anzudeuten, schon nach unten gedrückt, aber es gelingt ihr jedesmal ganz schlau, seinem Penis auszuweichen. Ihm liegt viel zuviel an ihr, als daß er sie zwingen würde, so kam er beim Frühstück auf das Thema oraler Sex. Es wurde klar, daß

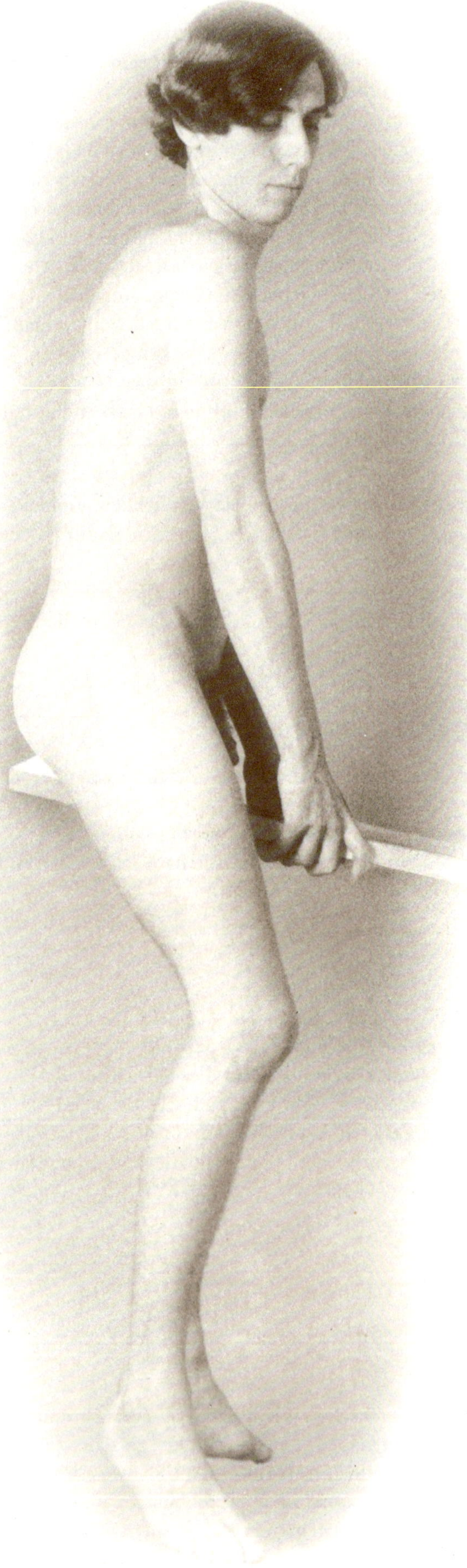

sie so etwas nicht wollte. Dafür hat sie sich dann entschuldigt. Kann man noch mehr tun?

Seine Geschichte: Das erste, was Sie herausfinden müssen, ist der Grund, warum er so etwas von ihr will. Unten sind einige typische Dinge aufgeführt, die Männer, die Fellatio mögen, darüber äußern:

»Es ist anders als Geschlechtsverkehr. Es fühlt sich wärmer an, und man spürt den direkten Druck der Zunge und der Lippen und sogar der Zähne.«

»Einem Kumpel den Schwanz zu lutschen, ist ein echtes Zeichen dafür, daß man ihn umsorgt.«

»Es gibt mir ein tolles Gefühl, wenn eine Frau mich so bearbeitet.«

»Ich mag es, weil es mir das Gefühl gibt, daß mein Penis in Ordnung ist. Wenn der Partner ihn mag trotz seiner Größe und seines Geruches, dann brauche ich mich seiner auch nicht zu schämen.«

»Wenn eine Frau so etwas tun will, dann glaube ich, ist sie irgendwie unanständig oder lechzt danach, und vermutlich mag ich diese Sorte Frauen.«

Ihre Geschichte: Wie Sie wohl schon vermutet haben, sieht sie das etwas anders:

»Ich finde den Geschmack, den Geruch und die Beschaffenheit von Samen wirklich ekelerregend.«

»Es würde mir ja nicht soviel ausmachen, wenn sie bloß nicht immer wollten, daß man es auch runterschluckt.«

»Das Reinstoßen versetzt mir immer eine ›Maulsperre‹, und davor habe ich Angst.«

»Offen gestanden weiß ich nicht so recht, wie man das macht.«

»Wenn ich den Typ wirklich lieben würde, dann würde ich es wahrscheinlich auch machen.«

»Ich fühle mich gedemütigt dabei – als wäre ich eine Nutte.«

»Was springt für mich dabei raus? Bloß gelangweilt sein, das ist alles.«

»Sowas ist doch einfach nicht normal.«

Übereinkunft: Ganz klar, es gibt auf beiden Seiten starke Vorbehalte wegen dieses Dilemmas. Kinsey fand heraus, daß die Leute, je länger sie zusammenlebten oder je erfahrener sie waren, um so mehr versucht waren, auch den oralen Sex zu genießen. Aber viele sahen schon damals und sehen auch heute darin noch eine Perversion. In den meisten Bundesstaaten der USA gibt es immer noch Gesetze gegen sexuelle Handlungen, die eine mögliche Empfängnis ausschließen – und das, obwohl Unterbevölkerung in den Vereinigten Staaten kein Problem ist und man eigentlich annehmen sollte, daß Kirche und Staat getrennt sind. Selbst was Erwachsene mit voller Übereinstimmung in ihrem Privatleben tun, kann ungesetzlich sein. Obwohl die Gesetze gegen oralen Sex nicht sehr oft Anwendung finden, so stärken sie doch die Vorstellung, daß mit solch einer weitverbreiteten Praxis dennoch von Natur aus etwas ganz Schlimmes verbunden ist.

In den oben gemachten Gänsefüßchen liegt das Hauptaugenmerk auf den physischen Gesichtspunkten der Fellatio, die Ihnen ganz und gar nicht mehr so ungewöhnlich erscheinen, wenn Sie erst einmal selbst darauf gekommen sind. Es kann sein, daß der Symbolgehalt von Dominanz und Unterwürdigkeit vielleicht hinter dem Loblied auf die Empfindungen oder hinter dem Klagen über dem Geruch liegt, aber es ist am leichtesten, sich zuerst mit den physischen Gesichtspunkten zu befassen. Manchmal ist das der beste Weg, um gleichzeitig auch den Symbolgehalt mitzuerfassen.

Erster Schritt: Beide Partner sollten untersuchen, was bei der Fellatio wirklich mitspielt, und zwar mit der Absicht herauszufinden, wonach sie eigentlich wirklich fragen oder was sie wirklich ablehnen, zum Beispiel:

Was ein Mann kann:

1. Beginnen Sie langsam, indem Sie die Frau eine bequeme Lage, ihr eigenes Tempo und ihren eigenen Stil finden lassen.
2. Führen Sie sie mit Worten und auch wortlos vor und während des oralen Sex, so daß sie weiß, ob sie es richtig macht.
3. Schniegeln Sie Ihren Penis im voraus mit ein wenig Seife und Wasser.
4. Alle Art stoßender und fordernder Bewegungen können Ihren Partner ängstigen, es ihm oder ihr erschweren zu atmen, können ihren Mund bis zur »Maulsperre« verkrampfen, können ihr Interesse erlahmen lassen. Lassen Sie die Frau von allein herankommen.
5. Falls Ihr Partner nicht mag, daß Sie in seinem oder ihrem Mund kommen, dann ziehen Sie Ihr Glied vorher heraus. Manchmal hat ein Partner Angst, Sie könnten trotz Ihrer guten Absicht dennoch kommen, gestehen Sie sich also solange zu, irren zu können, bis Sie beide Vertrauen in sich haben.
6. Verlangen Sie von Ihrem Partner nichts, was Sie nicht selbst täten. Selbst wenn Sie von ihr wollten, daß sie Ihren Samen probiert oder gar schluckt, so gehen Sie sicher, ihn zuvor selbst probiert zu haben.

Was eine Frau (oder ein anderer Mann) kann:

1. Beginnen Sie damit, seinen Penis zu betrachten, zu streicheln, ihn zu waschen, zu küssen, zu lecken, bevor Sie ihn in den Mund nehmen.
2. Eine bequeme Stellung für Sie kann es sein, wenn Sie zwischen seinen gespreizten Beinen knien, während er flach liegt. Das gibt Ihnen den Platz, sich nach eigenem Willen zu bewegen und auch sich abzuwenden, wenn Ihnen nach einer kleinen Pause ist.
3. Versuchen Sie nicht, den gesamten Penis in den Mund zu nehmen. Konzentrieren Sie sich darauf, mit der Zunge das Vorhautbändchen und die Spitze zu reizen. Nutzen Sie dazu Ihre Lippen und eine Auf- und Abbewegung um den Penisschaft. Mit den Fingern können Sie auch seine Hoden und den unteren Bauch streicheln.
4. Nehmen Sie seine Hinweise entgegen, aber setzen Sie sich ein Tempo und eine Art von Bewegung, die auch für Sie bequem und anregend ist.
5. Wenn Sie seinen Samen in Ihrem Mund aufnehmen wollen, aber den Geschmack, den Geruch oder die Beschaffenheit nicht mögen, dann können Sie sich den Mund füllen mit etwas, was Sie mögen, wie etwa Eiscreme, Honig, Milchreis – irgend etwas Weiches und Breiiges, das Ihnen durch den Mund gleitet.
6. Wenn Sie gern wollen, daß Ihr Partner in Ihrem Mund kommt, Sie aber seinen Samen nicht schlucken wollen, dann können Sie ihn immer ausspucken. Übrigens ist verschluckter Samen für Sie natürlich in keiner Weise schädlich, wenn Sie es aber nicht mögen, dann lassen Sie es.

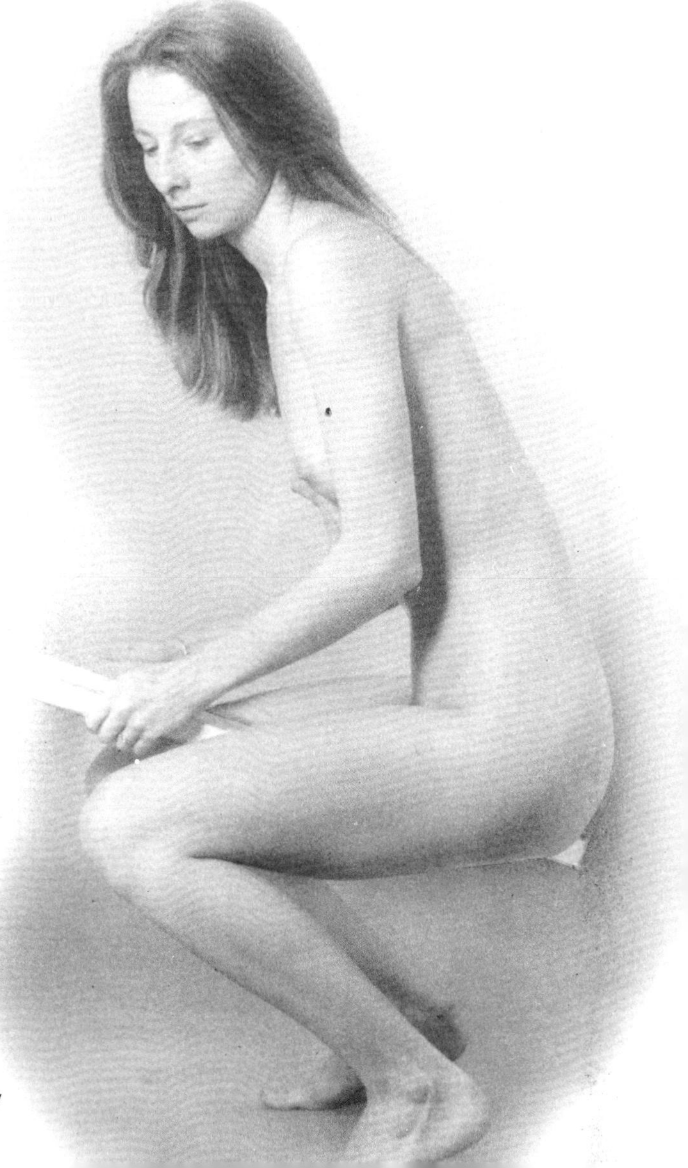

Zweiter Schritt: Wenn Sie das Gefühl haben, es gibt immer noch starke, ungelöste Machtfragen darum, ob Sie nun oralen Sex versuchen sollten oder nicht, dann können Sie einen Rollentausch versuchen, um die Gefühle Ihres Partners zu ergründen, die ihm während oralem Sex kommen in Richtung Demütigung, Schmeichelei, Wichtigkeit oder Langeweile. Wenn Ihr Partner zum Beispiel das Gefühl hat, durch oralen Sex eingeschränkt zu sein, dann erzählen Sie ihm oder ihr, warum Sie zustimmen. Selbst wenn Ihnen diese Position unhaltbar erscheint, versuchen Sie dennoch, sie beizubehalten. Das ist der beste Weg, um sich in einen anderen Menschen hineinversetzen zu können.

Dritter Schritt: Wenn Sie es mit oralem Sex versucht haben und auch mit vertauschten Rollen und wenn dann trotzdem noch ein Verlangen zurückbleibt, dann schauen Sie, ob Sie nicht doch irgendeinen Kompromiß untereinander schließen können. Vielleicht findet der Mann ja, daß er es nun doch nicht so überaus toll findet, oder die Frau kommt zu dem Schluß, daß es sie vielleicht doch ganz gewaltig reizen könnte, aber es ist ja auch möglich, daß Sie sich beide irgendwo in der Mitte treffen. Sie könnte sagen, daß sie das Penislecken mag, wenn es ab und zu ist. Er könnte ihr anbieten, sie immer dann oral zu befriedigen, falls sie das mag, wenn sie ihn auch auf solche Weise befriedigt. Wenn sie selbst keinen oralen Sex mag, dann zieht sie vielleicht im Austausch mal eine Nacht ganz ohne vor und so weiter.

Bemerkungen: Die Experimente haben alle den Willen bei beiden Partnern zur Voraussetzung, ihre Gefühle einander mitzuteilen, sich gegenseitig zu akzeptieren und zu versuchen, einen gemeinsamen Weg zu finden, damit es wegen irgendwelcher sexuellen Unterschiede nicht dazu kommt, daß Sie sich darüber nicht mehr verständigen können. Wenn Sie irgendwann das Gefühl haben, daß einer von Ihnen oder Sie beide in eine Ecke gedrängt sind, dann sollten Sie das Ganze mal für eine Weile vergessen.

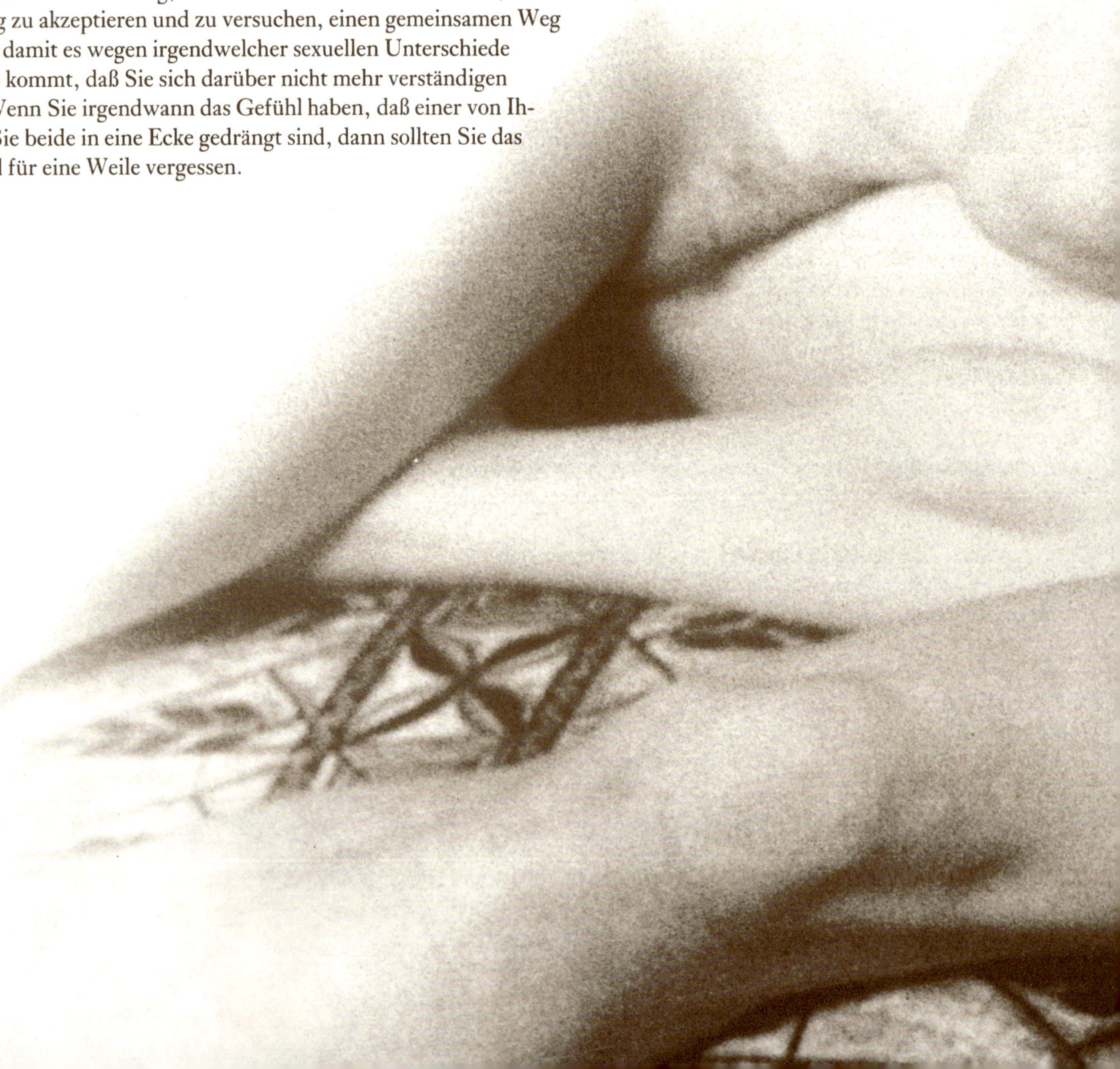

Fall B 1:

Versuchen Sie jetzt aus eigener Kraft, das Gegenteil dieses Falles zu behandeln. Nehmen Sie diesmal an, die Frau will den Mann oral befriedigen, und er mag das nicht von ihr. Bedenken Sie, was jeder von beiden sagen könnte, welche Technik sie versuchen könnten, wie ihnen wohl ein Rollentausch helfen könnte, welches Abkommen sie wohl zustande bringen könnten. Verlassen Sie sich ganz auf Ihre eigenen Erfahrungen oder Gefühle, wenn Sie das können. Um damit zu beginnen, finden Sie umstehend ein paar Ideen:

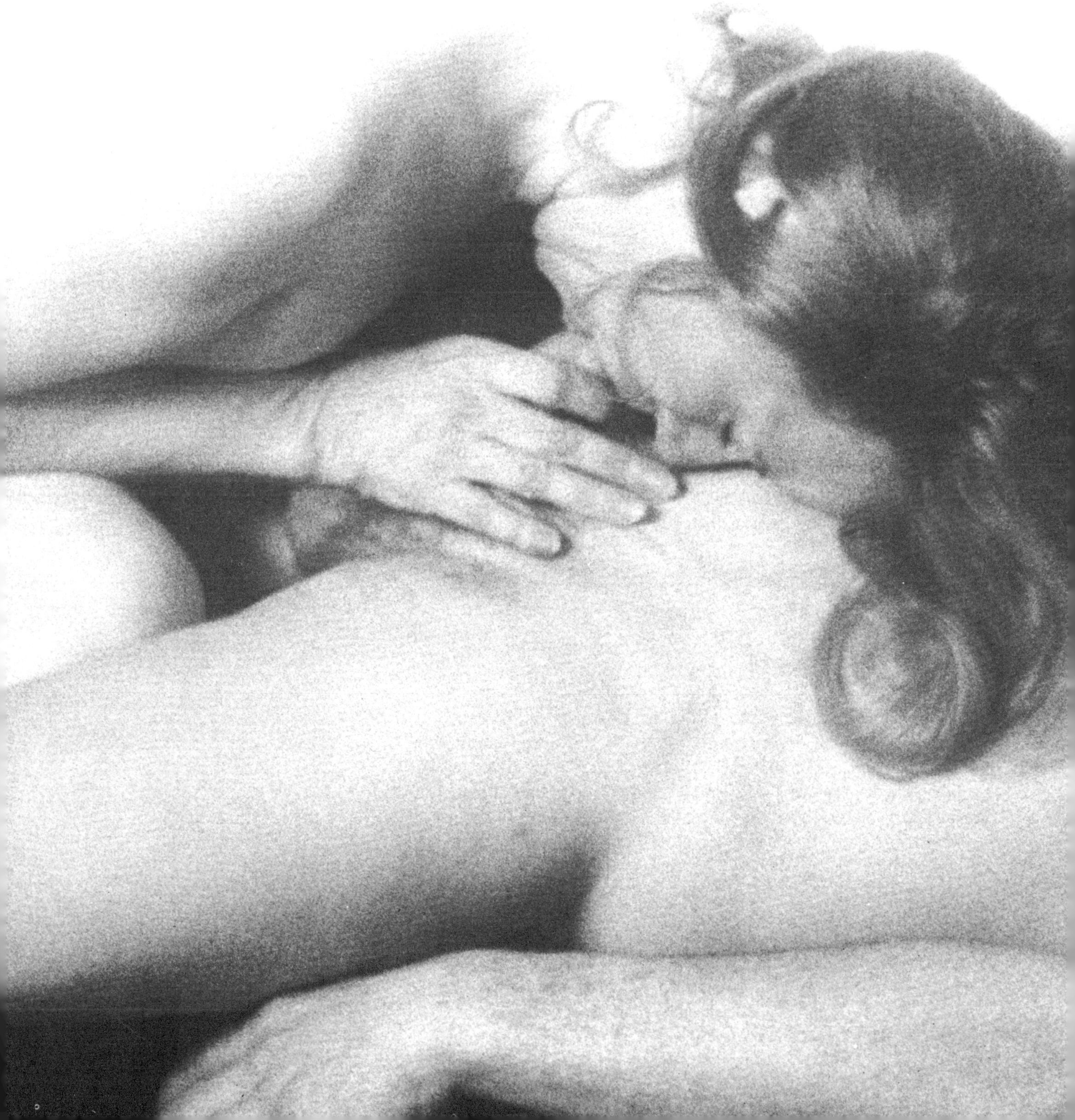

Ihre Geschichte: Frauen, die einem anderen gern orale Befriedigung schenken, sagen:

»Ich bin oral erotisch stark ansprechbar. Eine Fallatio bringt *mich* in Erregung.«

»Andere Männer, die ich kenne, haben das wirklich gemocht.«

»Ich habe dabei so ein potentes Gefühl, wenn ich all die kleinen Spermien schlucke.«

»______________________________.«

»______________________________.«

»______________________________.«

Seine Geschichte: Und Männer, die das nicht mögen, sagen:

»Ich habe Angst, daß sie mich beißt.«

»Das ist nichts, was ich mir von einer Frau wünsche, die ich gern heiraten würde.«

»Mir ist das unheimlich peinlich.«

»______________________________.«

»______________________________.«

»______________________________.«

Übereinkunft: Beschreiben Sie jetzt hier oder in Ihrem Begleitheft, welchen Vorschlag Sie hätten dafür, was die beiden nun tun sollten, um zu einer Veständigung zu kommen.

____

____

____

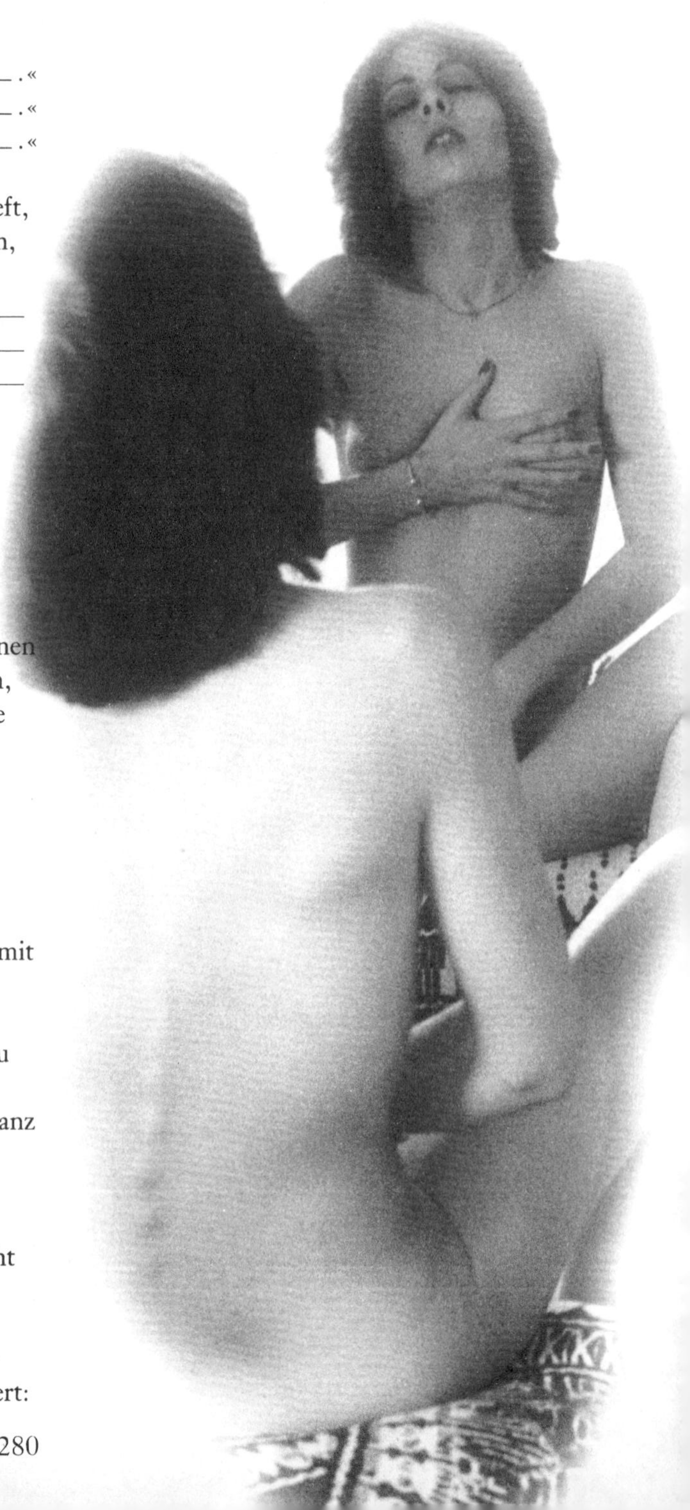

Fallbeispiel C:

Mandy und Norman sind jetzt seit zwei Jahren verheiratet. Eines Tages kommt Norman unerwartet rein, während Mandy onaniert. Norman ist total entsetzt. Mandy erzählt ihm, daß sie immer mal dann und wann das Verlangen danach überkommt, ohne daß sie einen Grund sah, da nun eine Mordssache draus zu machen. Er fragt sich, warum sie es ihm noch nicht erzählt hat. Gibt es für die beiden eine Möglichkeit, hier miteinander zu einer Übereinstimmung zu kommen?

Ihre Geschichte: Beachten Sie ein paar Gesichtspunkte, warum eine Frau glaubt, daß Onanieren kein Zurückstoßen ihres Partners bedeutet:

»Ich habe bisher immer onaniert. Ich glaube, ich habe angefangen mit acht und finde es immer noch schön.«

»Ich halte Onanieren für eine gute Art abzuspannen.«

»Onanieren erscheint mir eine gute Idee, wenn mein Partner viel zu tun oder kein Interesse an Sex hat.«

»Ich brauche mehr Sex als mein Partner, und Onanieren ist doch ganz leicht.«

»Ich mag einfach das Gefühl dabei. Es ist anders als beim Geschlechtsverkehr.«

»Ich mag das Gefühl, daß ich es ganz allein zuwege bringe und nicht von einem Mann abhängig bin.«

Seine Geschichte: Sie finden hier einige Gedanken, die Männer zum Ausdruck bringen, wenn sie wissen, daß ihre Partnerin onaniert:

»Reiche ich ihr nicht?«
»Sie ist unnormal. Frauen brauchen nicht so wie Männer zu onanieren.«
»Ich möchte ja gern wissen, ob sie mich wohl dabei zuschauen ließe.«
»Ich onaniere ja auch nicht mehr, wieso dann sie?«
»Es würde mir nichts ausmachen, wenn sie es mir erzählt hätte.«
»Hätte ich gewußt, daß sie geil war, dann wäre ich ihr mit größtem Vergnügen zu Diensten gewesen.«
»Wenn man ihr nicht mal daheim vertrauen kann, wie dann erst irgendwo draußen?«

Übereinkunft: Wenn Sie über sexuelle Gefühle und Verhaltensweisen miteinander reden, dann sind Sie weniger überrascht oder getroffen, wenn so etwas wie dies hier passiert. Norman fühlt sich alleingelassen und seiner Ehemannsrolle beraubt. Vielleicht mag er die Vorstellung, Mandy könnte wegen des sexuellen Vergnügens auf ihn angewiesen sein, und er findet es unangemessen, wenn sie onanieren »muß«. Ihr erscheint das Onanieren aber vielleicht als etwas ganz Natürliches und überhaupt nicht als Anzeichen dafür, daß sie ihn weniger liebt oder sich mit ihm sexuell weniger vergnügen kann.

Erster Schritt: Mandy muß Norman wieder versichern, daß sie sich Gedanken um ihn macht, und sie muß wissen, daß er sie akzeptieren kann. Sie müssen gemeinsam besprechen, ob sie der gemeinsam erlebte Sex befriedigt.

Zweiter Schritt: Ein Rollentausch kann jetzt jedem Partner die Gelegenheit geben, sich mit den Bedürfnissen und Erfahrungen des anderen zu identifizieren. Sie müssen sich ein Urteil machen über solche Gedanken, ob etwa das Onanieren Treulosigkeit ist oder Spaß macht oder etwas Unnormales ist. Sie müssen versuchen, Standpunkte in der Position des jeweils anderen zu finden, die zu respektieren sind.

Dritter Schritt: In vertauschten Rollen könnte jeder Partner feststellen, daß der andere einen Standpunkt hat, der es wert ist, ihn weiter zu halten. So könnte Mandy den Entschluß fassen, daß sie Norman einladen wird, bei ihr zu sein oder ihr zuzusehen, wann immer sie Lust zum Onanieren verspürt. Vielleicht entscheidet sich Norman dafür, daß er Mandy einfach in Ruhe läßt und anklopft, bevor er ihr Zimmer betritt. Vielleicht nehmen sie sich auch vor, daß sie nur onaniert, wenn er beruflich über Land fährt, oder daß er mitonaniert. Vielleicht hat Norman auch vor, es zu vergessen. In diesem Fall würde vielleicht Mandy etwas für ihn tun.

Bemerkungen: Menschen haben verschiedene Abhängigkeitsbedürfnisse in einer Beziehung, und diese äußern sich selbst auch wieder auf verschiedene Weise. Sie müssen ein Gespür haben gegenüber diesen sich wandelnden Bedürfnissen Ihres Partners. Da Frauen den Gipfel ihres sexuellen Begehrens im allgemeinen viel später im Leben erreichen als Männer, können Sie von Ihrem Partner nicht erwarten, in sexuellen Dingen mit Ihnen immer gleich zu fühlen.

Fall C 1:

Wie hätten sich die Dinge wohl anders entwickelt, wenn Mandy es gewesen wäre, die Norman ertappt hätte? Schreiben Sie hier oder in

Ihrem Begleittagebuch einige der Gefühle auf, die jeder in dieser Situation erleben kann. Wenn Sie meinen, daß die Gefühle und möglichen Übereinkünfte denen sehr stark gleichen, die andersherum auftreten, dann nehmen Sie sich eben noch einmal denselben Fall vor und gehen davon aus, daß Norman überhaupt nicht schockiert war, Mandy dagegen aber die Sache unheimlich peinlich berührte und sie nun sehr schulderfüllt war. Schildern Sie, wie Norman es angehen könnte, ihr zu versichern, daß seinem Gefühl nach ihr Onanieren ganz in Ordnung ist oder aber, wie Mandy sich vielleicht entschließen könnte, es nicht fortzusetzen.

Seine Geschichte: ______________________________

Ihre Geschichte: ______________________________

Übereinkunft: ______________________________

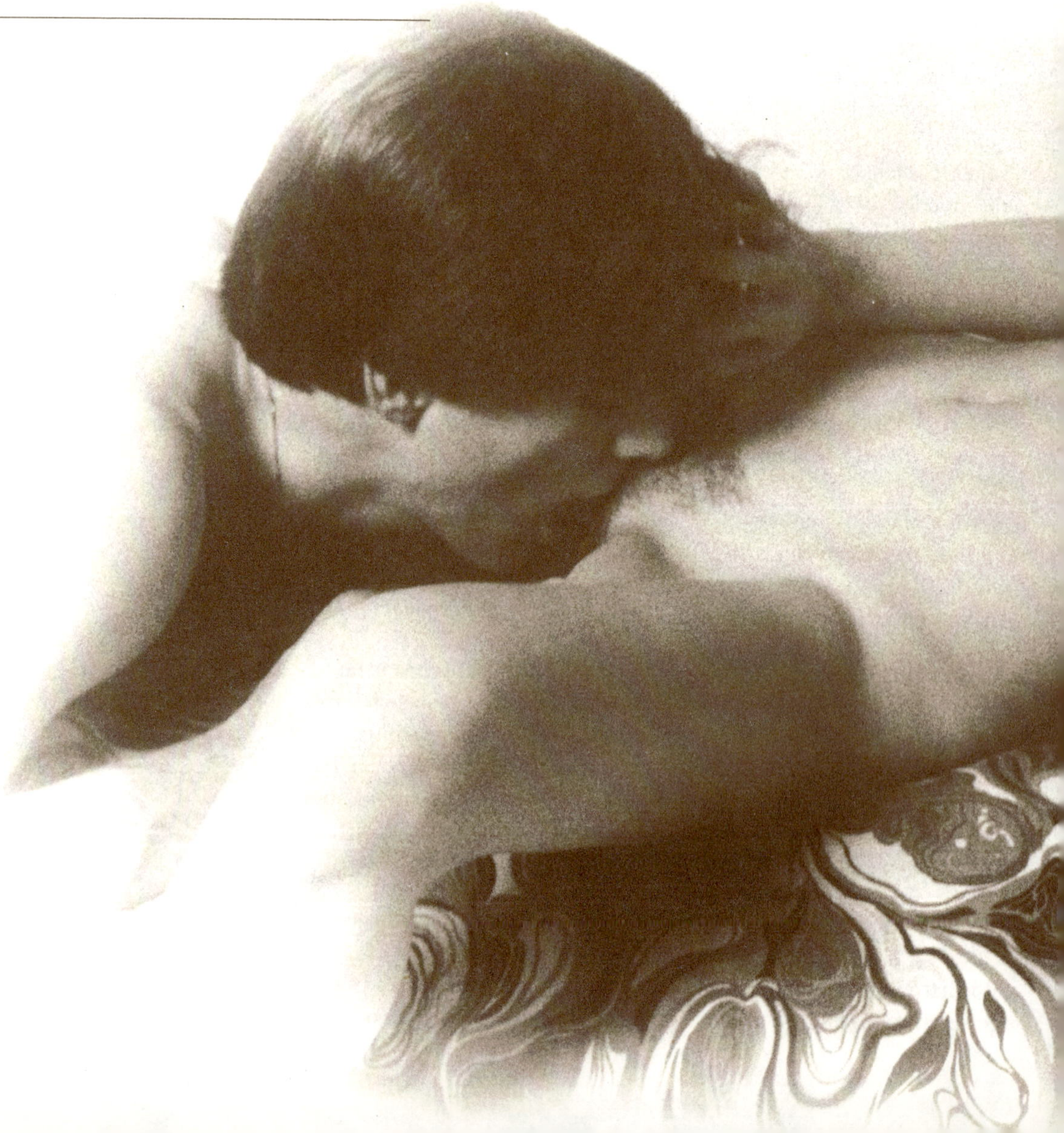

Fallbeispiel D:

Susanne möchte gern, daß Charles Cunnilingus mit ihr macht. Alles, was sie über oralen Sex gehört oder gelesen hat, hinterläßt bei ihr die Überzeugung, daß die sanfte Reizung durch eine Zunge wohl erregender wäre als sonst irgend etwas. Charles aber zeigt kein großes Interesse.

Seine Geschichte: Männer zeigen unterschiedliche Reaktionen, wenn sie vor einer Frau in die Knie gehen sollen. Zum Beispiel:
»Wo ich herkomme, betrachtet man das als perverse Sauerei.«
»Da unten ist es mir zu schmutzig.«
»Das ermüdet mich zu sehr.«
»Was habe *ich* denn davon?«
»Ich mache mir nichts aus dem Geschmack.«
»Ich kriege dabei keine Luft.«
»Könntest Du Dir vorstellen, *Deine* Zunge in die Vagina zu stecken, oder solltest Du nicht lieber einen Vibrator oder so etwas benutzen?«
»So etwas ist doch nicht normal.«
»Das Dumme dabei ist, daß sie so naß und schlüpfrig wird, wenn ich es mache, bevor wir miteinander schlafen. Und ich spüre dann überhaupt nichts, wenn wir zusammenkommen.«

Ihre Geschichte: Die Frauen, die oralen Sex mögen, sehen die Dinge etwas anders:
»Ich habe ein viel tiefergehendes Gefühl als beim Geschlechtsverkehr.«
»Ich komme auf diese Weise innerhalb von zwei Minuten und brauche sonst ungefähr zwanzig Minuten dazu.«

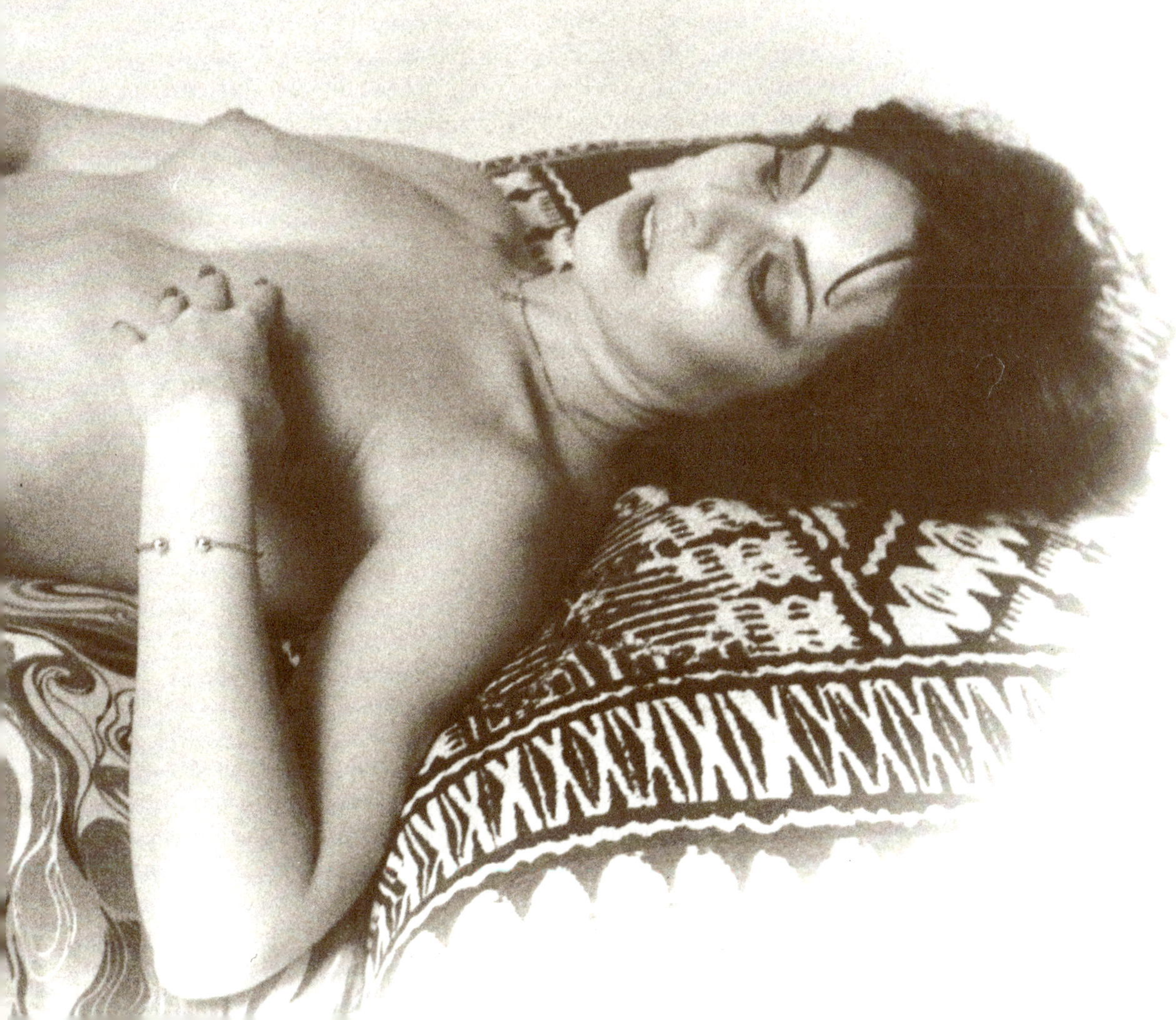

»Es ist die beste Methode zur Empfängnisverhütung, die ich kenne.«
»Beim ersten Mal fühlte ich mich komisch und befangen, jetzt aber kann ich mich dabei total gehenlassen.«
»Wenn ein Partner so etwas macht, dann will er auch richtig für mich dasein.«
»Uuuaaaaoooo, ist das irre!«
»Ich habe am ganzen Körper ein irrsinniges Prickeln.«
»Ich fühle mich freier, wenn mein Partner mich leckt, weil er dabei mein Gesicht nicht sehen kann.«

Übereinkunft: Wieder einmal gibt es physische und symbolische Gründe hinter dem Interesse oder mangelnden Interesse an Cunnilingus. Um zu einer Übereinkunft zu gelangen, ist es am besten, mit den physischen Begründungen, die sich beide Seiten zurechtgelegt haben, zu beginnen.

Erster Schritt: Wie Sie am Fall B gelernt haben, gibt es ganz einfache Dinge für Sie, um oralen Sex ausgiebiger zu genießen. Die Frau kann dem Mann eine bequeme Stellung zukommen lassen und eine Vorgehensweise wählen, die für beide sehr angenehm ist. Sie kann ihn mit ihrer Stimme und ihrer Hand hin zur Klitoris und zu empfindlichen Stellen um die Schamlippen herum führen. Einige Männer erkennen gar nicht, daß die Vagina teilweise ganz unempfindlich ist. Die Frau kann auch sichergehen, daß sie gewaschen ist und daß sie nicht in einer Stellung verbleibt, die für ihn schwierig einzuhalten ist. Und sie kann den Geschmack ihrer Vagina und auch den ihrer Monatsregel selbst ausprobieren.

Ein Mann kann genau schauen, wohin er sich begibt, kann sich selbst eine gute Stellung zurechtlegen, um Anweisungen bitten und zuerst langsam anfangen. Wenn er ermüdet, kann er ein wenig zu manueller Reizung übergehen und dann wieder auf orale Reizung zurückkommen. Wenn er das Gefühl hat, daß er nicht in einem Zug bis zum Orgasmus durchhält, dann kann er das auch Schritt für Schritt langsam durchziehen. Eine Partnerin kann ebenso vorgehen.

Zweiter Schritt: Die Partner können die Rollen tauschen, um einmal zu erfahren, was es für ein Gefühl ist, der andere zu sein. Ein Partner, der das Gefühl hat, ein Frauenkörper sei etwas Schmutziges, hat vielleicht eine Erfahrung oder Entwicklung hinter sich, die ihn solch einem Vorurteil gegenüber bestärkte. Eine Partnerin, die glaubt, Männer seien nur an ihrem eigenen Vergnügen interessiert, gibt vielleicht keinem die Möglichkeit, ihr zu zeigen, wo eigentlich ihre eigenen Vergnügungsmöglichkeiten liegen.

Dritter Schritt: Wenn der Mann immer noch überredet werden muß, gibt es vielleicht etwas, was die Frau für ihn tun könnte, was dann alles wieder ausgleichen könnte. Wenn er einen Cunnilingus wirklich unmöglich findet, dann sollte er vielleicht nicht gleich eine Fallatio dafür erwarten. Vielleicht entscheidet sich dieses Paar nach etlichen Experimenten und gemeinsamem Durchsprechen, daß oraler Sex für sie in Frage oder eben nicht in Frage kommt.

Bemerkungen: Es ist eine weitverbreitete Vermutung, daß kein Mensch gern oralen Sex *gibt*, aber jeder mag, wenn es ihm zuteil wird. Das stimmt überhaupt nicht, obwohl es ja auf einzelne zutreffen mag. Sie müssen wirklich herausbekommen, welches Gefühl Ihr Partner dabei hat; versuchen Sie sich in seine oder ihre Lage zu versetzen,

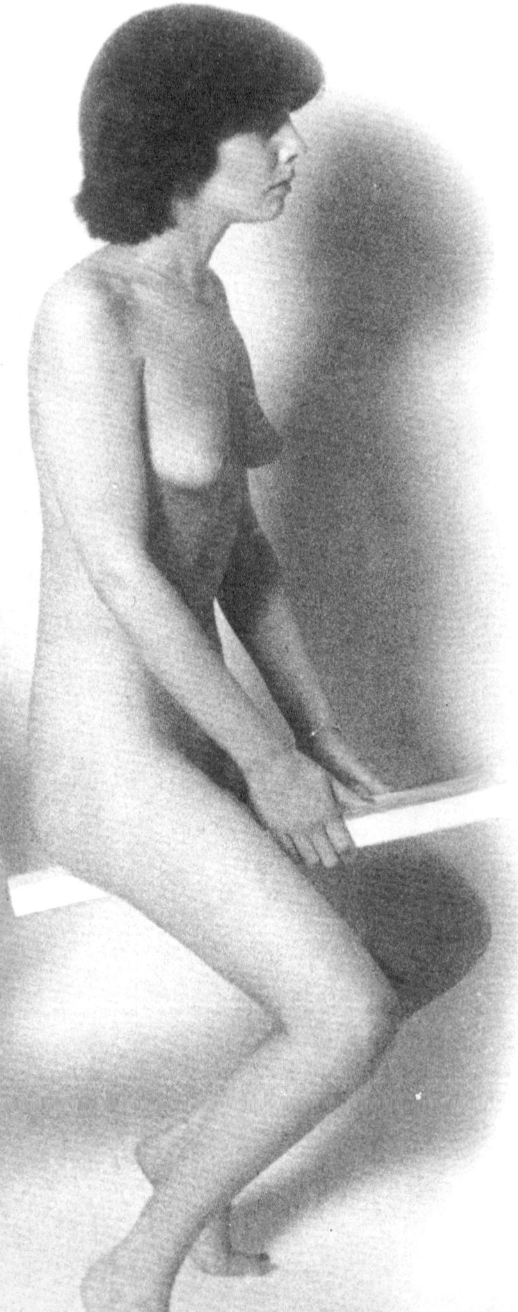

probieren Sie die Erfahrung von oralem Sex am eigenen Leibe und versuchen Sie, einen Kompromiß anzusteuern oder eine Übereinkunft, die Sie dann beide befriedigt.

Fall D 1:

Um diese Geschichte umzukehren, überlegen Sie, wie es ist, wenn Charles bei Susanne oralen Sex versuchen will und sie sich dann dagegen sträubt.

Ihre Geschichte:
»Ich mag es nicht, wenn man dauernd an mir rummacht.«
»Ich komme mir blöd vor und fühle mich von ihm entfernt, wenn er sich so mit mir beschäftigt.«

Seine Geschichte:
»Wenn sie es mich tun ließe, dann würde sie sich selbst eine völlig neue Welt eröffnen.«
»Ich fühle mich dadurch ganz frei.«

Übereinkunft: Indem Sie einmal ausführen, was diese Leute tun könnten, um ihre Interessenkonflikte zu erforschen, versetzen Sie sich mal an die jeweilige Stelle der beiden und schauen dann, was Sie tun können.

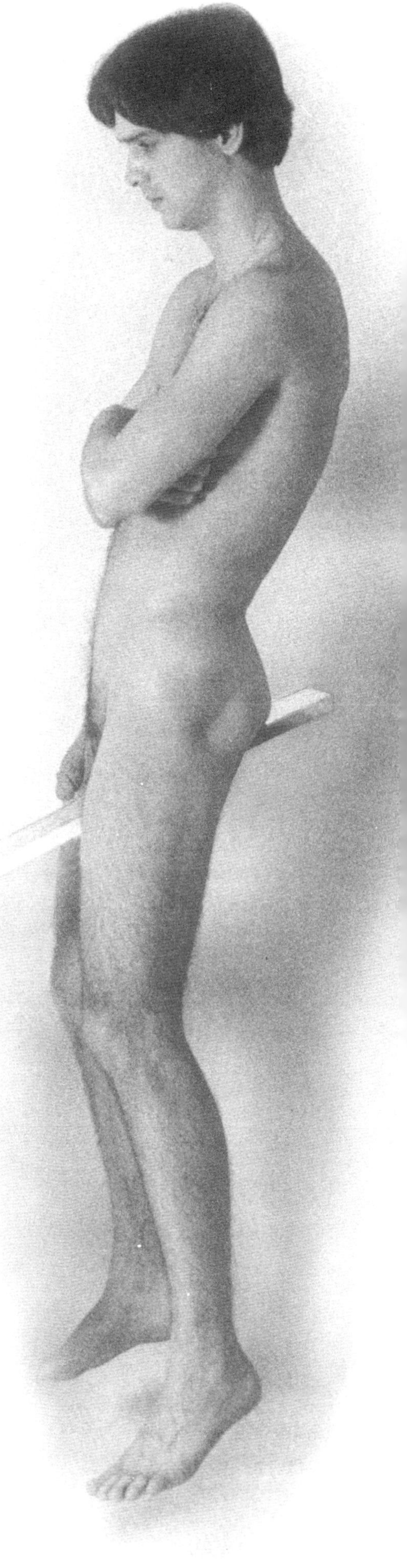

Fallbeispiel E:

Carrie mag Sex bei Licht, und Ned hätte es lieber, wenn sie sich im Dunkeln liebten. Dies ist ein Dauerproblem für sie, und im allgemeinen wechseln sie sich ab, einmal Licht an und beim nächsten Mal Licht aus. Auf diese Weise sind beide nie wirklich zur gleichen Zeit glücklich und zufrieden. Muß das so sein?

Ihre Geschichte: Eigentlich wäre dieser Kompromiß ideal, aber nicht, ohne einiges Augenmerk auf die Gründe zu legen, die hinter der jeweiligen Vorliebe der beiden versteckt sind:
»Ich will sehen, was vor sich geht, wo ich bin, mit wem ich zusammen bin. Es läßt Sex für mich wirklichkeitsnäher werden.«
»Der Anblick unserer nackten Leiber erregt mich.«
»Noch als ich kleiner war, hatte ich schon immer eine Lampe in meinem Zimmer an, und ich fühlte mich dabei einfach wohl.«
»Ich mag gern das Gesicht meines Partners betrachten.«

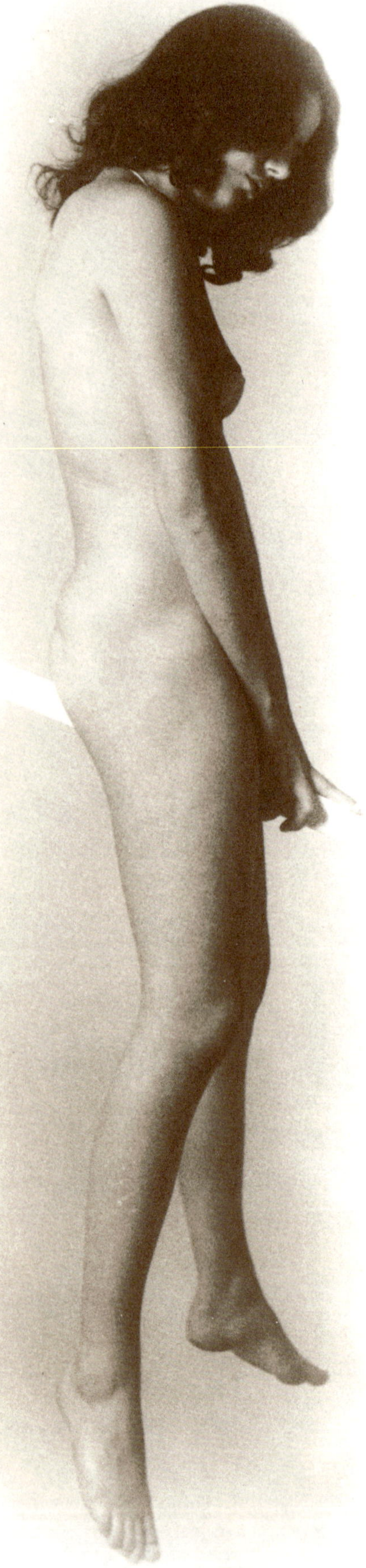

Seine Geschichte:

»Es ist schwer, bei Licht zu fantasieren.«
»Es ist die zärtliche Berührung, die mich erregt. Es stört mich unheimlich, wenn dabei Licht brennt.«
»Im Dunkeln ist es romantischer.«
»Ich bin bei Licht sehr schüchtern.«

Übereinkunft: Diese Art von läppischen Dingen verursacht wahrscheinlich mehr Ärger als großartige, dramatischere Unterschiede zwischen Paaren, weil einem diese hier ein konstantes Ärgernis sein können. Obwohl solche Unterschiede vielleicht echte Rangeleien um die Vormacht aufdecken, kann man sie doch zuerst einmal für bare Münze nehmen und schauen, ob man ihnen nicht gerecht werden kann. Einige Leute gehen davon aus, daß es für solche Bevorzugungen außer dem einfachen, bornierten Eigensinn in solch einer Lage keinen Grund gibt, aber das muß nun nicht notwendigerweise stimmen.

Erster Schritt: Erzählen Sie Ihrem Partner von Ihren Gefühlen. Jemand, der vom Sehen und Betrachten her angeregt wird, hat sich bisher nie vorstellen können, daß ein anderer von Gerüchen in Erregung versetzt werden kann, und genauso umgekehrt. Es ist die alte Geschichte zu denken, daß jedermann – und besonders jemand, den Sie lieben und der Sie liebt – nun ganz genau das gleiche bevorzugt wie Sie und das gleiche mag wie Sie und das gleiche braucht wie Sie.

Zweiter Schritt: Tauschen Sie die Rollen, um einmal herauszufinden, ob Sie die Vorlieben Ihres Partners mit eigenen Worten benennen und erklären können. Vielleicht ist er oder sie ja allem Anschein nach gar kein so komischer Kauz.

Dritter Schritt: Ein paar Kompromißvorschläge außer Licht an oder Licht aus wären vielleicht gedämpftes Licht, rotes Licht oder eine Taschenlampe. Vielleicht kommen Sie ja auch zu der Überzeugung, daß An und Aus obendrein gar keine dumme Idee war.

Bemerkungen: Obwohl es bisher traditionell die Männer gewesen sind, die durch visuelle Vorstellungen mehr stimuliert worden sind, sind doch auch Frauen davon nicht ausgeschlossen. Vieles was Sie erregt, kommt aus Ihrer Veranlagung und von dem her, was Sie vorher schon an Erfahrungen gemacht haben. Da der Mensch sich immer wandeln kann, wollen vielleicht auch Sie etwas Neues probieren.

Fall E 1:

Anstatt dieses Mal Licht zu verwenden, ziehen Sie einmal das gleiche Dilemma in Betracht für irgendein anderes übliches Ärgernis. Ein Partner möchte zum Beispiel nackt sein, der andere nicht. Ein Partner will gern unter der Bettdecke bleiben, der andere nicht. Beide Partner wollen am liebsten oben liegen. Wählen Sie sich etwas, das Sie betrifft oder betroffen hat.

Ihre Geschichte:

Die Geschichte Ihres Partners:

Übereinkunft:

Fallbeispiel F:

Lilian und Sydney sind noch nicht sehr lange zusammen, aber schon will Syd es mit Analverkehr probieren. Sie sieht überhaupt keinen Grund für sein Verlangen. Er sagt ihr, er sei nicht schwul und mit ihr auch in keiner Weise unglücklich, er wolle es einfach nur einmal probieren. Was kann man hier tun?

Seine Geschichte: Es ist immer möglich, daß man da überhaupt nichts tun kann, aber hören Sie sich zuerst einmal das folgende an:
»Laß uns doch mal folgendes bedenken: Der After ist schmaler als die Scheide und fühlt sich anschmiegsamer an, bietet einem mehr Reibung.«
»Der After ist irgendwie kratzend, verglichen mit der Scheide, und ich glaube, ich mag gerade diesen kleinen Teil Beschwerlichkeit.«
»Ich fände die Idee toll, wenn sie mich da rein ließe.«
»Ich kenne einige Frauen, die wirklich darauf abgefahren sind.«

Ihre Geschichte: Lilian hat bis jetzt überhaupt nie ernsthaft an die Möglichkeit von Analverkehr gedacht und die folgenden Frauen auch nicht:
»Ich glaube, daß man auf diese Weise krank werden kann.«
»Das tut bestimmt weh.«
»Das ist eine ganz schön obszöne und unnatürliche Geschichte.«
»Er will bloß, daß ich mich wie ein Hund fühlen soll.«

Übereinkunft: Einige Leute glauben, daß Analverkehr eine ausschließlich homosexuelle Angelegenheit sei, was aber überhaupt nicht stimmt. In Wirklichkeit finden es viele Homosexuelle genauso reizlos wie Heterosexuelle auch. Aber einige Menschen spricht die Erotik des Analverkehrs mehr an als andere. Das hängt ganz offensichtlich zusammen mit der größeren Zahl (und empfindsameren Art) von Nervenendigungen im After und mit der inneren Einstellung. Einige Menschen finden Stuhlgang und Einläufe anregender als andere. Es stimmt, daß das Zusammenziehen des Afterschließmuskels im Zustand der Erregung üblich ist. Und Orgasmus und Analverkehr können bei einigen Leuten diese Erregung durchaus verstärken.

Erster Schritt: Es gibt ein paar Dinge, die Ihnen den Zugang zu analem Sex reizvoller und leichter machen. Der Mann kann sich versichern, daß sein Partner sich wohlfühlt und daß sowohl der After als auch der Penis zuvor gut mit einer Gleitcreme eingerieben sind. Wenn der After verkrampft ist, kann er einen Finger darin lassen, bis der Schließmuskel wieder entspannt ist (was vielleicht einige Versuche kostet). Er kann sehr langsam in den After gehen und unter Anleitung

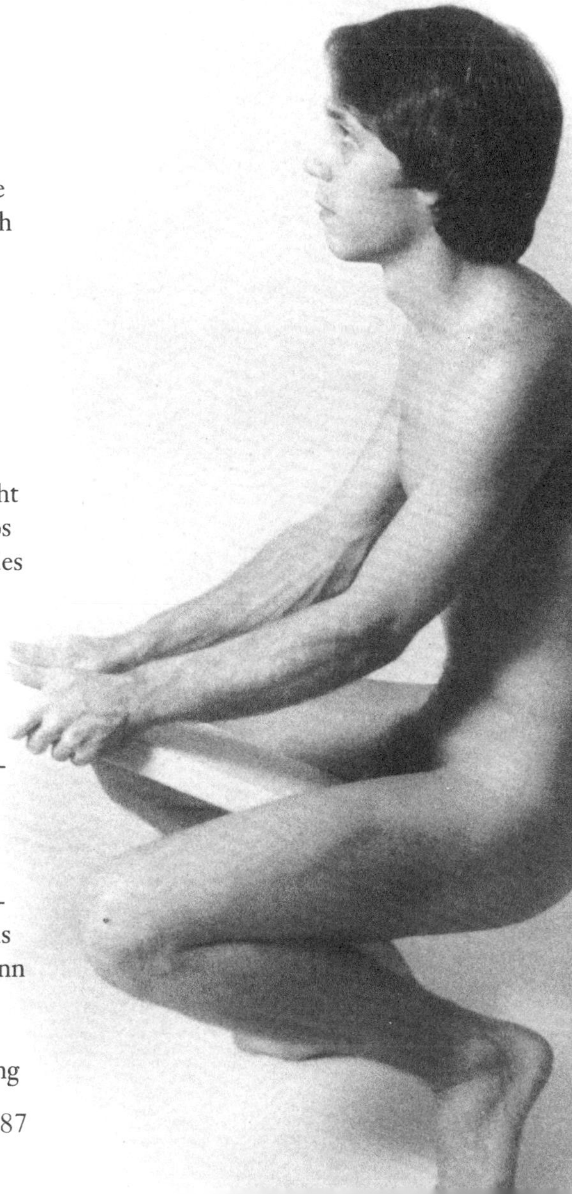

des Partners. Sollte sich der Partner unwohl fühlen, kann er anhalten oder sein Glied herausziehen und es wieder neu versuchen, wenn er oder sie dazu bereit ist. Wenn Sie dann vom After hinüber in die Vagina wollen, dann sollten Sie Ihren Penis zuvor gründlich waschen. Auf diesem Wege lassen sich sonst leicht Erkrankungen übertragen.

Eine Frau oder ein anderer Mann kann die Gleitcreme auftragen und eine bequeme Stellung anregen. Einige Partner bevorzugen das frontale Eindringen in den After, weil es mehr Anreize vermittelt für die vorn liegende Klitoris. Sie sollten niemals so tun, als ob es gar nicht weh tut, wenn es Ihnen in Wirklichkeit Schmerzen macht. Lassen Sie Ihren Partner wissen, welches Gefühl Sie haben. Wenn es unmöglich scheint, dann hören Sie auf. Der Schließmuskel wird sich für gewöhnlich in ein paar Minuten wieder entspannen, aber hören Sie auf, wenn das nicht der Fall ist.

Zweiter Schritt: Tauschen Sie die Rollen, um so umfangreich wie möglich in Erfahrung zu bringen, was analer Sex für jeden von Ihnen beiden bedeutet.

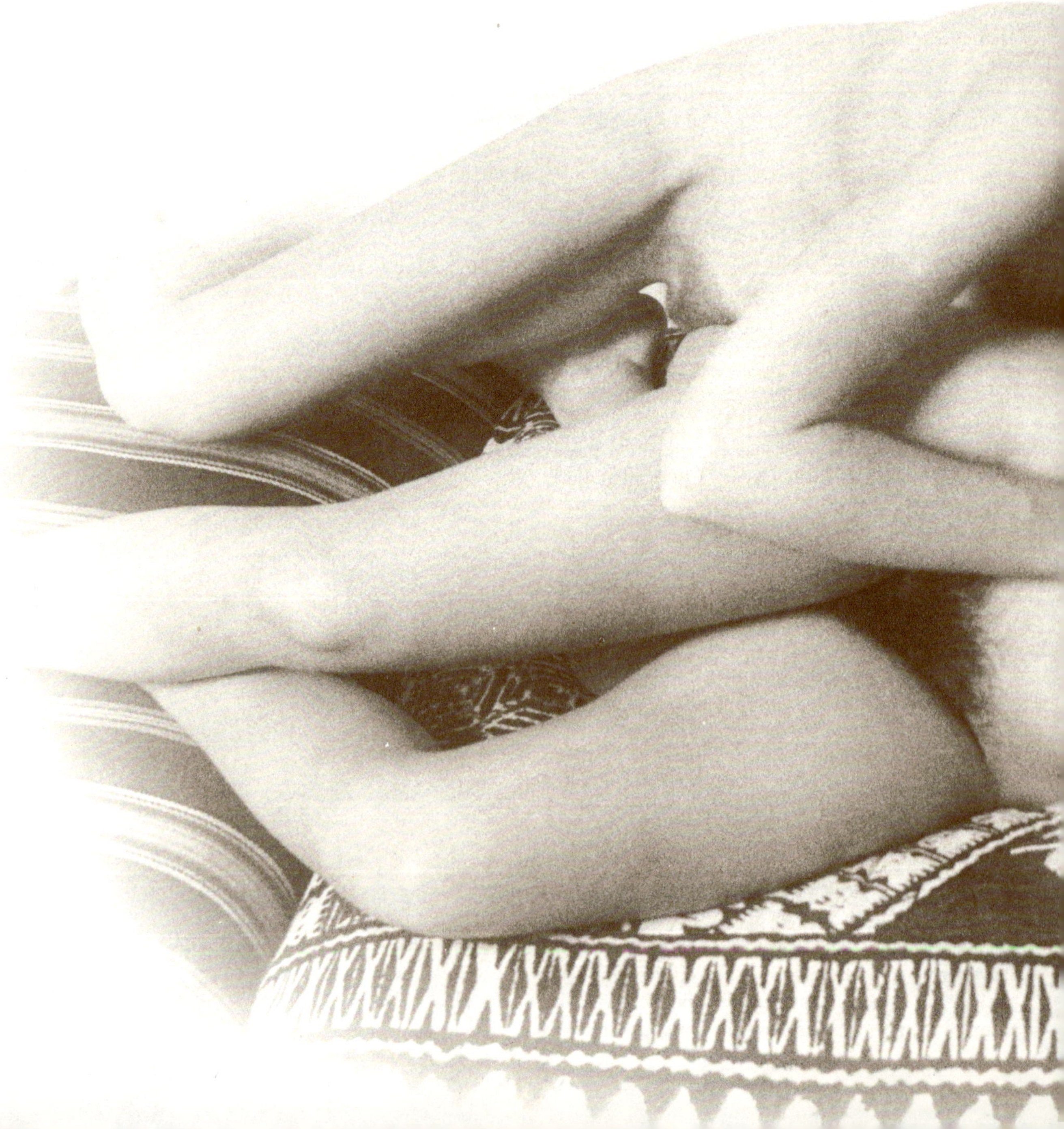

Dritter Schritt: Ein gerechter Tausch für analen Sex ist vielleicht eine andere Form von Sex oder gemeinsames Abwaschen, all das, was Sie zusammen für richtig halten.

Bemerkungen: Obwohl Analverkehr vielleicht unbequem ist, wenn er zu hastig oder erzwungen erlebt wird, muß das nicht so sein, wenn der aktive Partner vorsichtig und sanft vorgeht und der passivere Partner dabei sexuell erregt ist. Wenn es Ihnen nicht erregend oder bequem erscheint, dann ist es vielleicht wirklich nicht das Geeignete für Sie.

Fall F 1:

Es ist möglich, daß ein Mann irgendeine Art analer Reizung von einer Partnerin erfahren möchte. Stellen Sie sich einen Fall vor, in dem er sich so etwas wünschte, die Frau aber nicht bereit dazu wäre. Ebenso ist es möglich, daß die Frau Analverkehr haben möchte und er sich

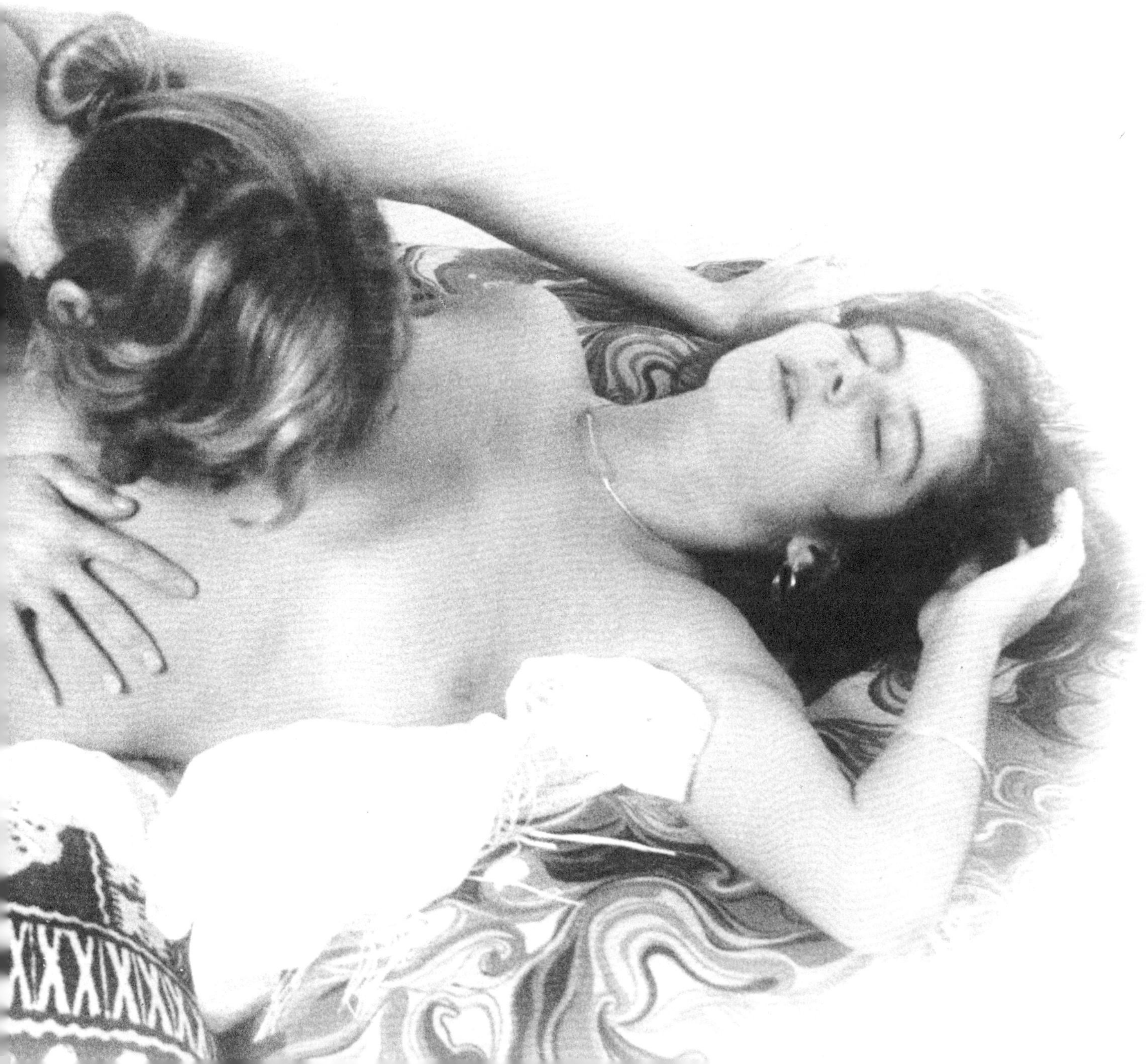

sträubt, es zu versuchen. Vielleicht haben Sie Lust, solch einen Fall hier einmal zu konstruieren.

Seine Geschichte:

Ihre Geschichte:

Übereinkunft:

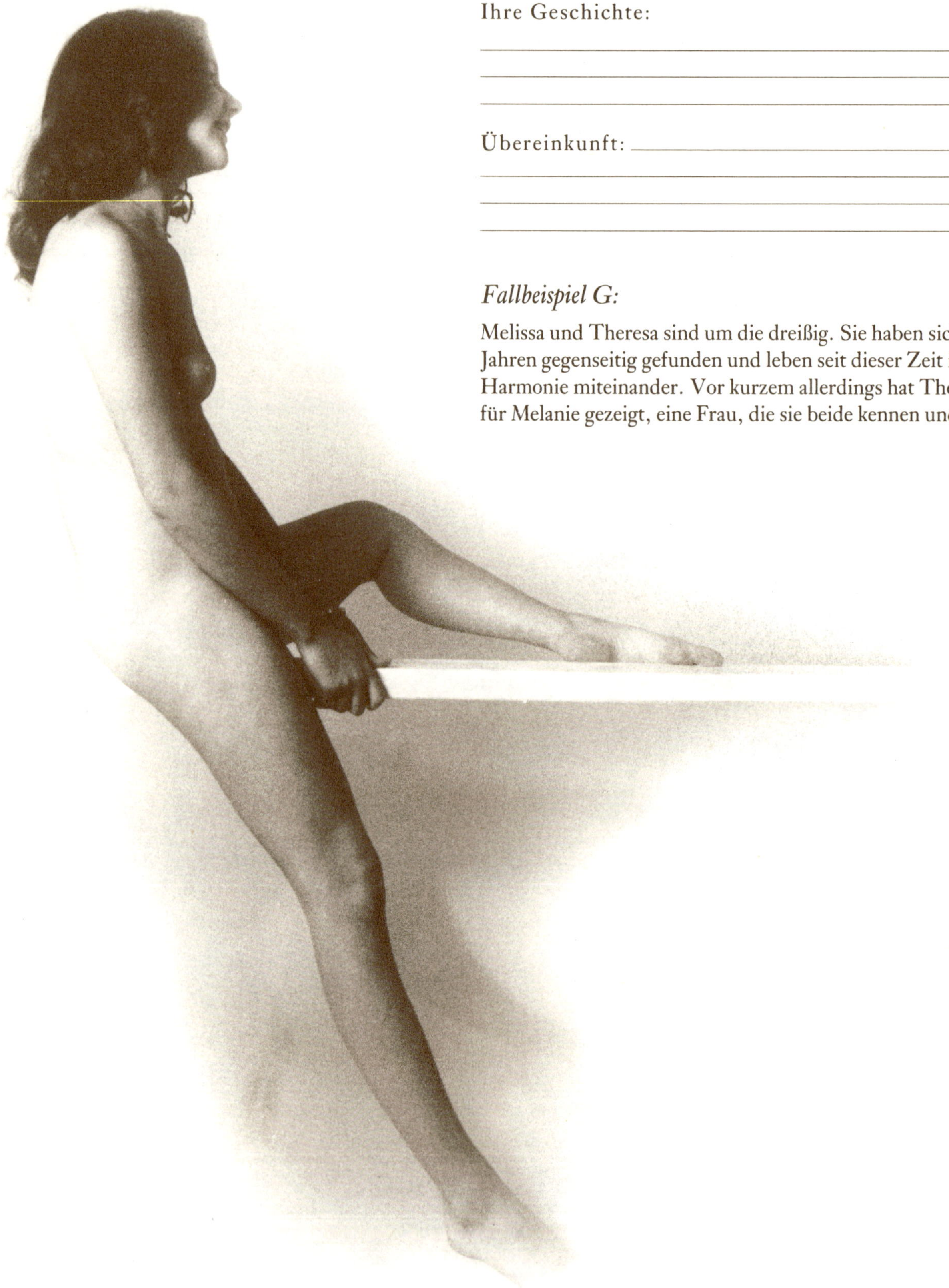

Fallbeispiel G:

Melissa und Theresa sind um die dreißig. Sie haben sich vor fünf Jahren gegenseitig gefunden und leben seit dieser Zeit in wirklicher Harmonie miteinander. Vor kurzem allerdings hat Theresa Interesse für Melanie gezeigt, eine Frau, die sie beide kennen und die jetzt gerade frei und ungebunden ist. Theresa würde gern eine Zeitlang eine Dreierbeziehung in die Wege leiten und sehen, wie das wohl klappt. Melissa ist schmerzlich berührt und argwöhnisch. Was halten Sie von der Sache?

Melissas Geschichte: Melissa ist in der vertrauten Rolle des Menschen in irgendeiner Beziehung, der zufrieden ist mit den Dingen, so wie sie sind, und der gern sähe, wenn alles so bliebe.

»Wenn mein Partner noch mehr will, dann reiche ich ihm (oder ihr) wohl nicht mehr.«

»Dies ist die Art, wie mich mein Partner gegen einen anderen austauscht.«

»Ich will von ihren Affären nichts wissen.«

»Ich glaube, ich werde mir jetzt auch ein Verhältnis suchen.«

»Ich kann das absolut nicht verkraften – entweder sie oder ich.«

»Ich glaube, ich sollte glücklich sein, daß sie mich auch dabeihaben will.«

»Ich glaube, so ein Verhältnis wirbelt nur viel Staub auf.«

»Ich glaube, so etwas ist ganz schön gefährlich.«

Theresas Geschichte: Viele Leute würden vielleicht annehmen, daß Theresa mit Melissa unzufrieden ist, sonst wollte sie ja wohl nicht plötzlich so etwas beginnen. Das könnte schon stimmen, aber Theresa denkt nicht notwendigerweise an so etwas.

»Ich habe eine feste Grundbeziehung, aber ich mag unerwarteten Sex.«

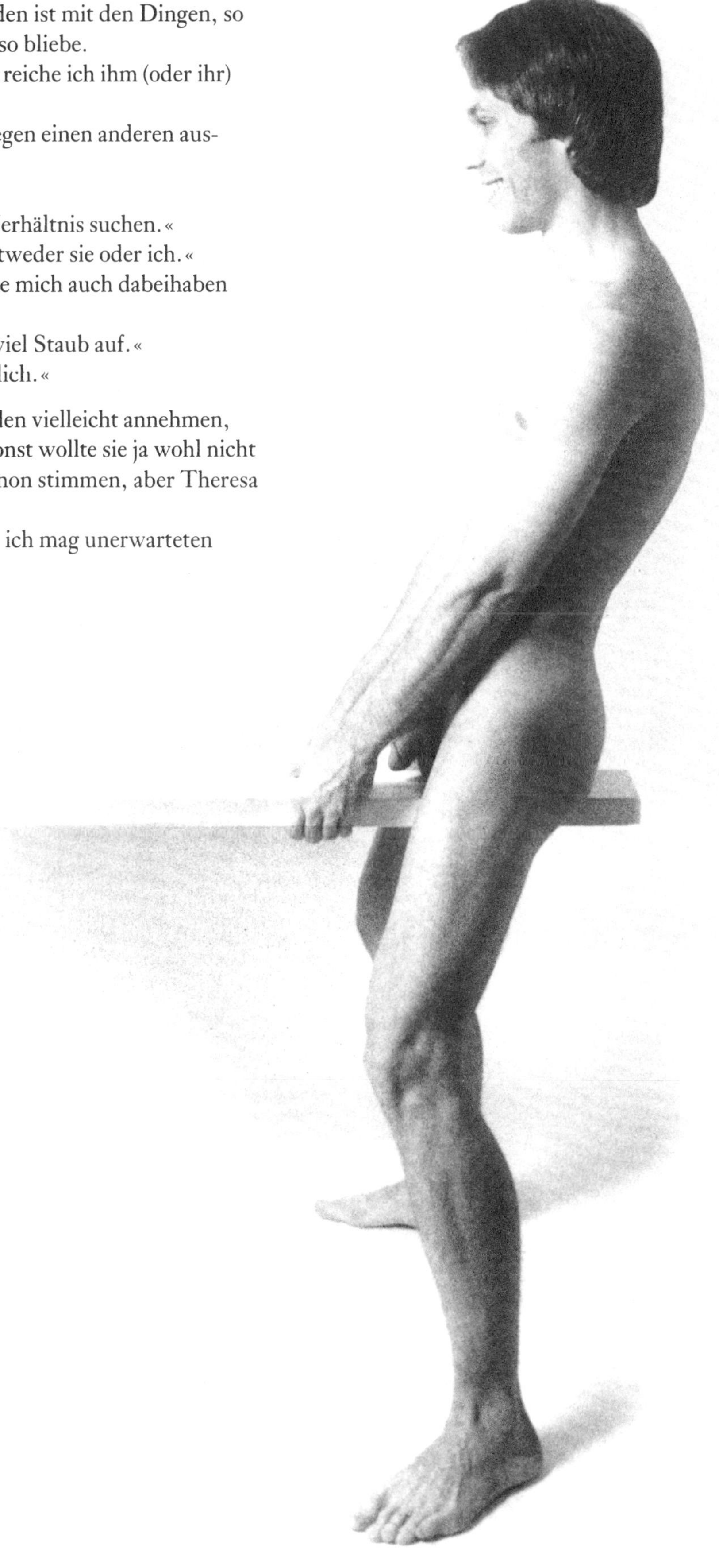

»Ich glaube nicht, daß man nur deswegen, weil man verheiratet ist, nun für andere Leute überhaupt nicht mehr interessant ist.«
»Sex ist doch nicht alles, was wir in der Liebe finden.«
»Wenn mein Partner nun das gleiche täte, dann hätte ich bei meinem Tun keine Schuldgefühle.«
»Ich glaube, ich bin nicht wirklich monogam.«
»Ich habe einfach Lust, es mal auszuprobieren.«

Übereinkunft: Es ist nicht leicht, hier ein Übereinkommen zu treffen über das, was vielleicht der lebhafteste, aber auch unbeständigste aller sexuellen Konflikte ist. Egal welchen politischen oder moralischen Standpunkt Sie gegenüber außerplanmäßigen Aktivitäten auch haben, der aktuelle Vorfall mag hier unerwartete Mißgunst hervorrufen, unerwartete Verstrickungen und unvorhergesehene Verlustgefühle, Angstgefühle und Gefühle von Minderwertigkeit. Es wäre albern, so zu tun, als gäbe es hier eine ganz einfache Lösung aus diesem uralten Dilemma. Und dennoch gibt es ein paar vorbeugende Maßregeln, die Sie befolgen können.

Erster Schritt: Wenn Sie bisher mit Ihrem Partner noch nicht über Treue gesprochen haben, so holen Sie das jetzt nach. Sie können nicht verhindern, daß Reize und Anziehungskraft da sind, und Sie können sie auch nicht herbeizaubern, Sie können sich aber eine Vorstellung machen, was es für Ihre Beziehung bedeutet, wenn Sie in dieser Angelegenheit etwas zu tun beginnen.

Vielleicht ist die homosexuelle Lebensweise in dieser Hinsicht freier, aber lesbische Frauen tendieren normalerweise genau wie andere Frauen auch dahin, eine Dauerbeziehung zu erwarten. Und homosexuelle Männer sehnen sich auch danach, nur mit einem einzigen anderen Mann zu leben und in einem solchen Eheverhältnis Vertrauen und vorbehaltlose Gemeinsamkeit zu erfahren. Egal wie die feste Grundbeziehung inklusive der in einer Gruppe auch aussieht, eine sexuelle Begegnung nach außen hin kann diese Beziehung bedrohlich gefährden. Alle betroffenen Personen sollten sich hierüber bereits vorher klar sein.

Es gibt auch die allgemeine Annahme, daß Männer ein Verhältnis bewältigen können, Frauen dagegen nicht, und daß solche fest institutionalisierten Handlungen wie etwa Partnertausch alles wieder ausgleichend ins rechte Lot bringt. Besprechen Sie mit Ihrem Partner, ob das wirklich mit Ihren gemeinsamen Erfahrungen übereinstimmt oder auch, wie realistisch Ihnen das erscheint.

Zweiter Schritt: Wenn Sie all dem ganz gut zustimmen können, dann brauchen Sie Ihre Rollen eigentlich gar nicht zu tauschen, aber vielleicht versuchen Sie es trotzdem einmal. Dinge können sich verändern. Wenn es Ihnen schwerfällt, in eine zustimmende oder ablehnende Rolle zu schlüpfen, dann sammeln Sie einmal Erfahrungen in einer nicht sexuell gefärbten Freundschaft oder in einer Geschäftsbeziehung, die Sie nicht gemeinsam mit Ihrem Partner teilen. Achten Sie genau auf Rivalitätsgefühle, die vielleicht entstehen könnten.

Dritter Schritt: Einige mögliche Kompromisse oder Übereinkommen sehen so aus, daß Sie in einer »offenen« Beziehung leben, wo Sie sich gegenseitig nichts von Ihren Verhältnissen erzählen, wo Sie noch Extrabeziehungen haben oder wo Sie auf so etwas ganz verzichten. Wenn Sie wegen Ihrer Verhältnisse wirklich zu keiner Übereinkunft kommen, dann sind Sie vielleicht wenigstens in der Lage zu entscheiden, daß Sie erst einmal mehr miteinander darüber reden.

Bemerkungen: Ihre Geduld, Ihr Verständnis und Ihre Bereitwilligkeit, sich in die Lage Ihres Partners zu versetzen, kann die Folgen einer Untreue voraussagbar machen.

Fall G 1:

Warum denken Sie nicht einmal, statt die Verhältnisse in diesem Fall umzukehren, über den Fall eines Mannes nach, der von seinem Partner möchte, sich einem anderen Paar oder einer Gruppe von Menschen anzuschließen, die Gruppensex machen wollen?

Seine Geschichte:

»Die ganze Zeit stelle ich mir so etwas schon vor. Hier ist endlich die Chance für mich, so etwas zu versuchen.«

»Ich glaube, es würde uns beide lockern und uns helfen, in unsere Ehe hineinzuwachsen.«

»____.«

»____.«

Ihre Geschichte:

»So etwas bringt mich in arge Verlegenheit. Ich werde bloßgestellt entweder hinsichtlich meines Körpers oder meines Wohlergehens.«

»Mich will ja bestimmt keiner.«

»____.«

»____.«

Übereinkunft: __________________________________

____

____

Zusammenfassung

Indem Sie sich beide testen und versuchen zu akzeptieren, daß Menschen verschiedene Bedürfnisse, Geschmäcker und Triebe haben, sind Sie vielleicht auch in der Lage, diese und andere Unterschiede, die Sie und Ihr Partner haben, von Konflikten zu befreien. Es ist für Menschen durchaus üblich, sich unsicher und unwohl zu fühlen wegen sexueller Verhaltensweisen und Wünsche einschließlich solcher, die unbedeutend sind oder solcher mit scheinbar zweitrangiger Bedeutung.

Falls Ihre Unterschiede miteinander unvereinbar erscheinen, ungeachtet all Ihrer Versuche, fair und bestimmt aufzutreten, dann haben Sie vielleicht den Wunsch, sie beiseite zu schieben. Manchmal können langwährende Unterschiede wirklich nicht bereinigt werden. Es trotzdem zu versuchen, ruft vielleicht noch mehr Angst und Konflikte hervor, als man schon hatte. Sie können sich immer dazu entscheiden, etwas nicht in Angriff zu nehmen, besonders wenn Sie wirklich aufrichtig versucht haben, alles, was möglich war, zu lösen.

Manchmal kann man Konflikte nicht lösen, weil sie etwas anderes sind als das, als was sie erscheinen. In solch einem Fall nutzen Sie Sex vielleicht dazu, Konflikte in Ihrer Beziehung durchzuspielen, die in Wirklichkeit mehr zu tun haben mit Macht, Unabhängigkeit oder mangelndem Interesse als mit Sex. Das nächste Kapitel handelt von Konflikten, die nicht das sind, als was sie erscheinen.

Dauerkrieg

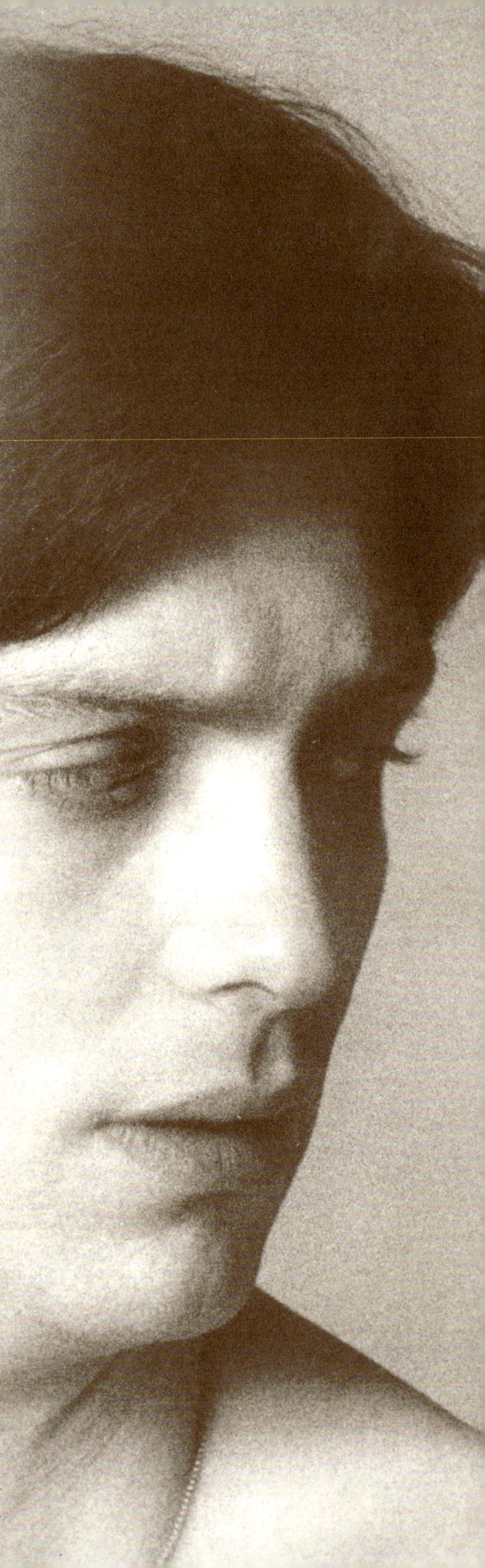

Einführung

Falls Ihre sexuellen Belange und Probleme nicht einmal mit Ihren ausführlichsten Anstrengungen, die Vorschläge dieses Buches zu befolgen, zu lösen sind, dann könnte es vielleicht sein, daß Sex gar nicht das zentrale Problem ist. Es ist wirklich völlig normal, andere Probleme Ihrem Sexleben zuschreiben zu wollen, aber wenn diese jetzt falsch etikettiert werden als sexuelle Probleme, dann ist es schwer, diesen Sex oder die zugrunde liegenden, strittigen Dinge zügig voranzubringen und weiterzuentwickeln.

Einige Beispiele für diese falsche Bezeichnung finden wir darin, Sex dafür zu benutzen, Machtspiele in einer Beziehung auszuleben, Sex als Waffe gegen den Partner oder auch gegen sich selbst zu verwenden, das eigene Sexleben als Schuttabladeplatz für all die anderen Dinge zu betrachten, die einen so ärgern und beunruhigen oder auch Sex als Ersatz anzusehen für irgend etwas, was man sonst im Leben entbehrt. Um zu sehen, wie wir damit zurechtkommen können, müssen Sie sich einmal Ihre ganze Art zu leben betrachten und die nichtsexuellen Bedürfnisse, die Sie in eine sexuelle Beziehung einbringen.

In diesem Kapitel werden wir uns ansehen, warum es nicht gleich die Konflikte zwischen Sexualpartnern verringert, wenn man darüber redet und ein Übereinkommen anstrebt. Die Technik der Selbstbefragung und der Tests, mit der die Sexualtherapie arbeitet, kann oft mit Erfolg bei andersgearteten Problemen Anwendung finden, besonders wenn es darum geht, einmal genau herauszustellen, welcher Art denn nun die Probleme sind. Da aber dieses nicht wirklich alle Bereiche abdecken kann, ist dieses Kapitel beschränkt auf mögliche Ursachen für Schwierigkeiten hinter dem vordergründig Sexuellen, damit wir erkennen, woran Sie sich außerdem noch halten können, und wo Sie von außen her Hilfe suchen können, wenn Sie meinen, daß Sie solche Hilfe brauchen.

Machtkämpfe

Vorherrschaft und Unterwerfung sind ganz natürliche Bestandteile im sexuellen Verhalten. Obwohl sie sich vermeintlich nach sexuellen Grundleitlinien äußern, wonach Männer dominant sind und die Frauen sich fügen, so ist doch in Wirklichkeit in jeder erfolgreichen sexuellen Beziehung eine Ausgewogenheit offensichtlich. Jeder der beiden Partner braucht das Gefühl, daß er oder sie einigen Einfluß hat und auch eine sexuelle Kontrolle darüber, was in dieser Beziehung passiert. Machtspiele laufen in allen Beziehungen ab. Sie kriegen Ihren Chef, Ihr Kind, Ihren Partner dazu, genau das zu tun, was für Sie am besten ist, indem Sie sie überhäufen mit Drohungen, mit Esprit, Autorität, Einsicht, Tränen, Schuld, Tadel oder Anerkennung. Wenn ein Bedürfnis nach Vormacht und Unterordnung so stark ist, daß es in der sexuellen Beziehung schon Unnachgiebigkeit und Spannungen gibt, dann sollten Sie vielleicht einmal untersuchen, warum solche Machtbedürfnisse in Ihrem Leben unerfüllt bleiben.

Eine der offensichtlichsten Machtfragen in einer sexuellen Beziehung ist die, wer sexuell die Initiative ergreift. Ist es immer der gleiche? Einige Leute glauben ja tatsächlich, daß man sich immer irgendwie gegenseitig in die Arme fällt oder daß der Sex plötzlich aus heiterem Himmel über sie kommt. Aber wo und wann »kommt es so einfach über sie«? Paare verfallen der Routine, ohne sich ins Gedächtnis zu rufen, wie sie einmal begannen. Manchmal sind es ganz feine Anhaltspunkte etwa in der Art, wie Sie sich gegenseitig ansehen, was Sie anhaben oder worüber Sie sich unterhalten, die ausdrücken, daß jetzt etwas Sexuelles beginnt. Wenn Sie versuchen, einmal Ihre eigenen Verhaltensweisen zu beobachten, dann haben Sie besonders im Auge, wer die erste Begegnung in dieser Richtung macht und welche Art von Bewegung es ist.

Gerade weil es so viele Arten von Einleitungen gibt, gibt es auch viele Deutungen dieser Arten. Der Stil ist vielleicht ganz geradeheraus, ganz widerspruchslos. Aber das könnte auch auf etwas anderes hinweisen. Wenn Sie zum Beispiel immer dann mit Sex beginnen wollen, wenn gerade keine rechte Zeit dafür da ist, dann können Sie sicher sein, daß Sie Ihrem Partner immer voraus sind. Er oder sie muß Ihnen, ungeachtet der Schuldgefühle darüber, einen Korb geben. Wenn Sie in bequeme Kleidung schlüpfen, während Sie genau wissen, daß Ihr Partner zu Sex keine Lust hat, dann können Sie ihm oder ihr ein Gefühl vermitteln, Spielverderber zu sein oder Ihnen nicht zu genügen. Wenn Sie einem Partner, der eine romantischere Art, auf Sex einzugehen, mag, ganz einfach sagen: »Komm, laß uns ficken!«, dann könnten Sie selbst dafür sorgen, daß der andere Sie zurückweist. Wenn Ihre Annäherung sehr vage und indirekt abläuft, dann können Sie sich später immer noch dafür entscheiden, was Sie zuvor meinten, um stets gut dazustehen.

Jede Annäherung kann in ihr Gegenteil verkehrt werden durch einen Hang zur Macht oder durch das Verlangen, eins auf den Deckel zu bekommen. Denken Sie zum Beispiel darüber nach, wie Sie auf eine Zurückweisung reagieren. Vielleicht sind Sie eingeschnappt, ziehen sich zurück, halten für den nächsten Streich auch noch die andere Wange hin, erschrecken heftig. Wenn es für Sie so etwas wie eine Belohnung gibt, indem Sie auf solche oben beschriebene Weise handeln, dann haben Sie es vielleicht unbewußt sogar gewollt. Indem Sie schmollen, erhalten Sie von Ihrem Partner Sympathie oder Aufmerksamkeit. Wenn Sie auf Ihren Partner ärgerlich sein können, weil er oder sie Sie sexuell abweist, kann Ihnen das als Ersatz dafür dienen, daß Sie sich eigentlich über etwas ganz anderes ärgern. Wenn Sie in Ihrem Martyrium Kraft schöpfen, dann hilft Ihnen das Zurückgewiesenwerden, solch ein Bedürfnis zu befriedigen.

Das Bedürfnis, sexuell dominant oder unterwürfig zu sein, läßt vielleicht ein Bedürfnis widerhallen, das Sie eigentlich in irgendeinem anderen Teil Ihres Lebens versteckt halten. Wenn jeder in der Schule oder im Büro ein höheres Ansehen hat als Sie, dann verspüren Sie vielleicht ein wenig Macht nur dann, wenn Sie sich Ihrem Partner gegenüber als Herr aufspielen können. Wenn Sie den ganzen Tag an Ihrem Arbeitsplatz oder zu Hause Rücksichten üben müssen gegen andere, dann brauchen Sie es vielleicht, daß Ihr Partner dann einmal rücksichtsvoll und umsorgend *Ihnen* gegenüber ist. Das könnte *dann* gut funktionieren, wenn Ihr Sexleben etwas Lohnendes ist und Ihr Partner zustimmt, Ihr Sklave oder Ihr Herr zu sein.

Haben Sie aber das Gefühl, daß gar nichts läuft, wie Sie es sich vorstellen, dann versuchen Sie einmal nur genau das herauszufinden, was sich zwischen Ihrem Partner und Ihnen abspielt, wenn es zwischen Ihnen zum Sex kommt. Wenn Sie gern öfter der Beginnende wären, dann müssen Sie mit Ihrem Partner darüber reden, was Sie

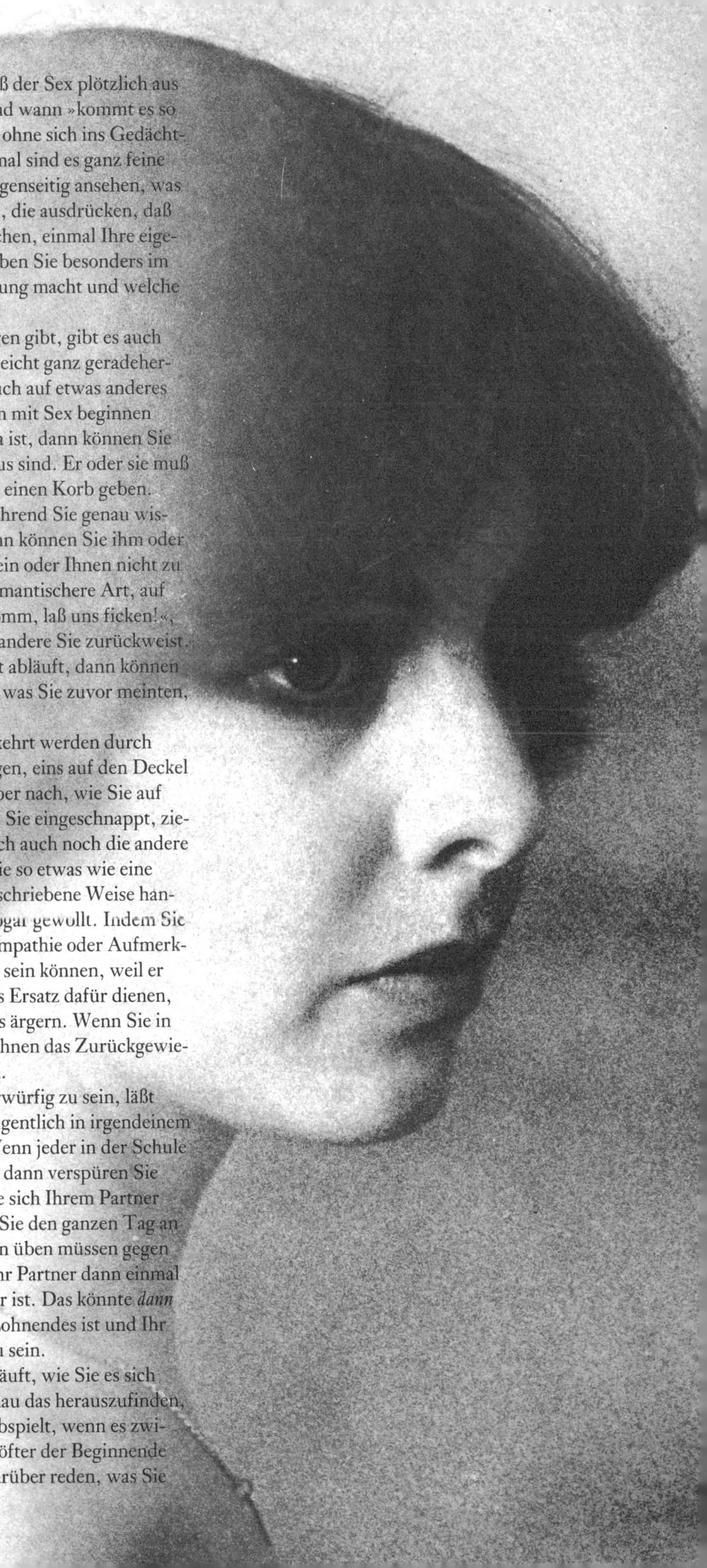

denn hindert. Vielleicht haben Sie Angst, sich Ihrem Partner zu sehr aufzudrängen, aber ist denn das wirklich schon alles? Vielleicht hätten Sie es ja auch lieber, wenn der andere sich Ihnen mehr aufdrängen würde. Vielleicht ist das die einzige Möglichkeit, sich so frei zu fühlen, daß Sie nun auch wirklich sexuell reagieren können. Schuldvorstellungen, die Sie in sich selbst wegen sexueller Gefühle hegen, werden vielleicht nur dann abgebaut, wenn jemand anderes die Verantwortung für Ihre eigene Erregung übernimmt, wenn jemand anderes Sie überwältigt.

Wenn Sie oft das Gefühl haben, daß man zuviel von Ihnen verlangt, aber Angst davor haben, diese Ansprüche zurückzuweisen, dann haben Sie vielleicht den Wunsch, Ihrem Partner wehzutun und fürchten, es könnte Ihrer Kontrolle entgleiten, wenn Sie anfangen, sexuelle Ansprüche zurückzuweisen. Sie könnten eine ausgeprägte Angst davor haben, allein gelassen zu werden, wenn Sie Ihren Partner nicht akzeptieren. Ihr Recht darauf, sich zurückzuziehen, wenn Sie an Sex kein Interesse haben oder wenn Sie das Gefühl haben, daß Ihr Partner Sie nur als Mittel zum Zweck gebraucht, ist vielleicht vermischt mit Problemen, die mit Sex gar nichts richtiges zu tun haben.

Machtkämpfe darum, wer anfängt, gibt es in Gelegenheitsbeziehungen genauso wie in Beziehungen, die schon lange bestehen. Das krampfhafte Bedürfnis, alle sexuellen Ouvertüren zu akzeptieren, könnte eine Verlustangst in Ihrem Leben bedeuten, die viel allgemeinere Gründe hat als nur sexuelle. Ein irrationales Bedürfnis danach, Sex einem möglichen Partner zu verweigern, symbolisiert vielleicht die Angst, keine Kontrolle mehr zu haben, wenn man sich erst darauf eingelassen hat. Wenn Sie ansonsten nirgendwo im Leben etwas unter Kontrolle haben, wäre dieses hier vielleicht Ihre einzige Macht. Wenn Ihr restliches Leben unvorhersehbar oder zu sehr im Fluß verläuft, dann halten Sie vielleicht fest am Suchen nach Macht in Ihrem Sexleben, weil das alles ist, was Sie haben.

Menschen, die sich genötigt sehen, andere sexuell zu überrennen, drücken vielleicht gerade damit ihre allgemeine Machtlosigkeit aus. Vergewaltigung ist ein genaues, wenn auch extremes Beispiel dafür, wie man Sex als Wiedergutmachung nimmt für den Ärger und die Angst, die man dieser Welt gegenüber verspürt. Sowohl für den Mann als auch für die Frau ist Aggression ein Bestandteil der Sexualität; wenn diese Aggression aber gewaltsam nach außen gekehrt ist wie etwa in einer Vergewaltigung oder im Sadismus oder nach innen wie im Masochismus, dann ist sie vielleicht ein Ausdruck von Wut, Hilflosigkeit oder einer Feindseligkeit gegenüber der Gesellschaft als Ganzes. Sexuelles Verhalten in Gefangenschaft ist oft ein Beispiel für Machtkämpfe zwischen Männern oder Frauen und der Außenwelt, die sie eingekerkert hat. Homosexuelle Vergewaltigung im Gefängnis ist kein Ausdruck sexueller Bedürfnisse, obwohl die Homosexualität selbst so etwas durchaus sein kann. Die Macht, die sich in einer Vergewaltigung ausdrückt, ist vielmehr notwendig zum Aufstellen einer Hackordnung. Wenn bei einer solchen Vergewaltigung nicht mehr im Spiel wäre als nur Sex, dann würde ja auch das Onanieren ausreichen.

Wir alle tragen die Möglichkeit in uns, anderen oder uns selbst Schmerzen auf den verschiedensten Ebenen zuzufügen. Pressen, Drücken, Kratzen, Seufzen und Stöhnen, dies alles zeigt uns, daß es möglich ist, Schmerzen im Eifer eines leidenschaftlichen Gefechts durchaus lustvoll zu ertragen. Einem anderen psychischen Schmerz zuzufügen, kann reichen von sehr ernst zu nehmendem bis hin zu

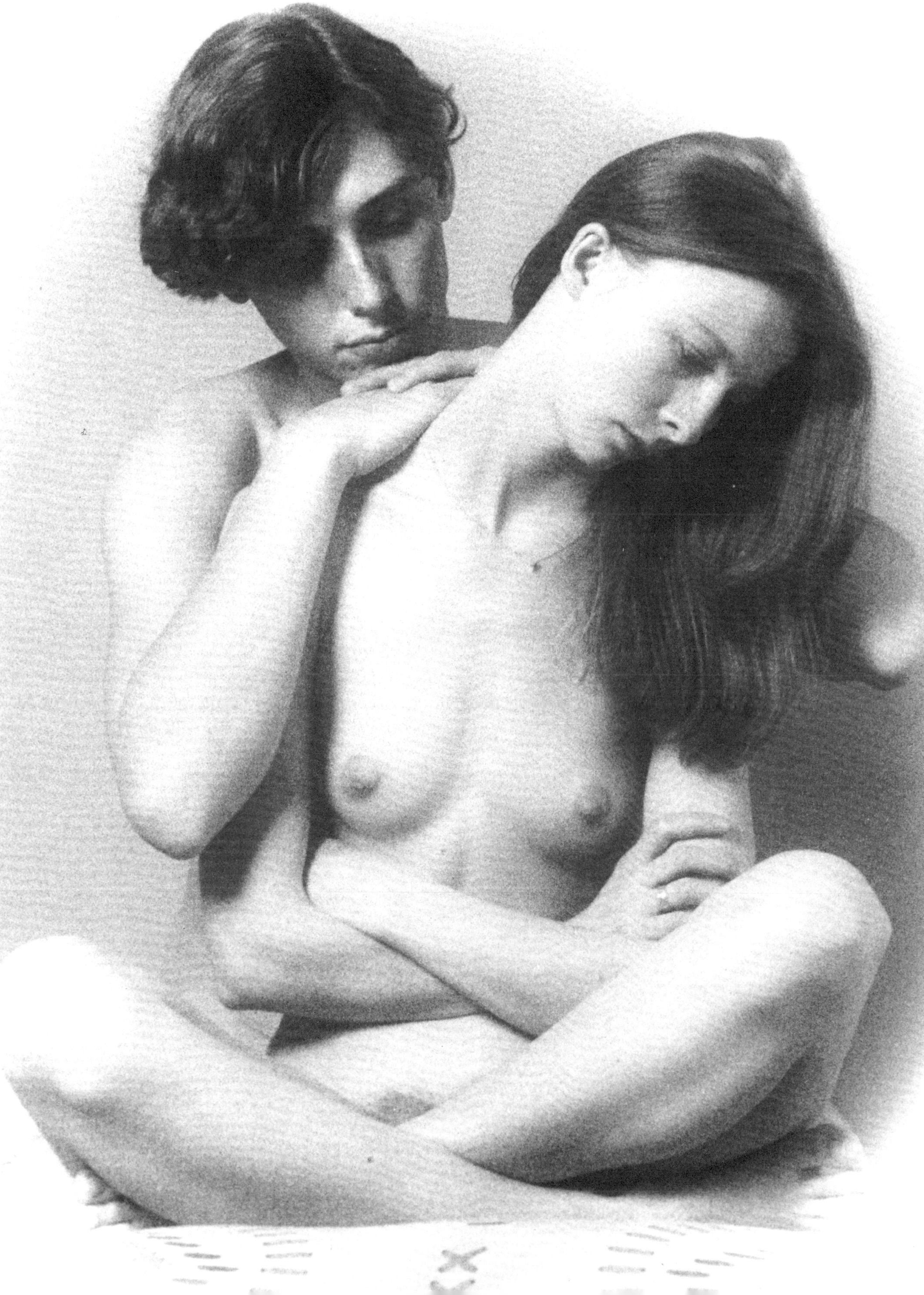

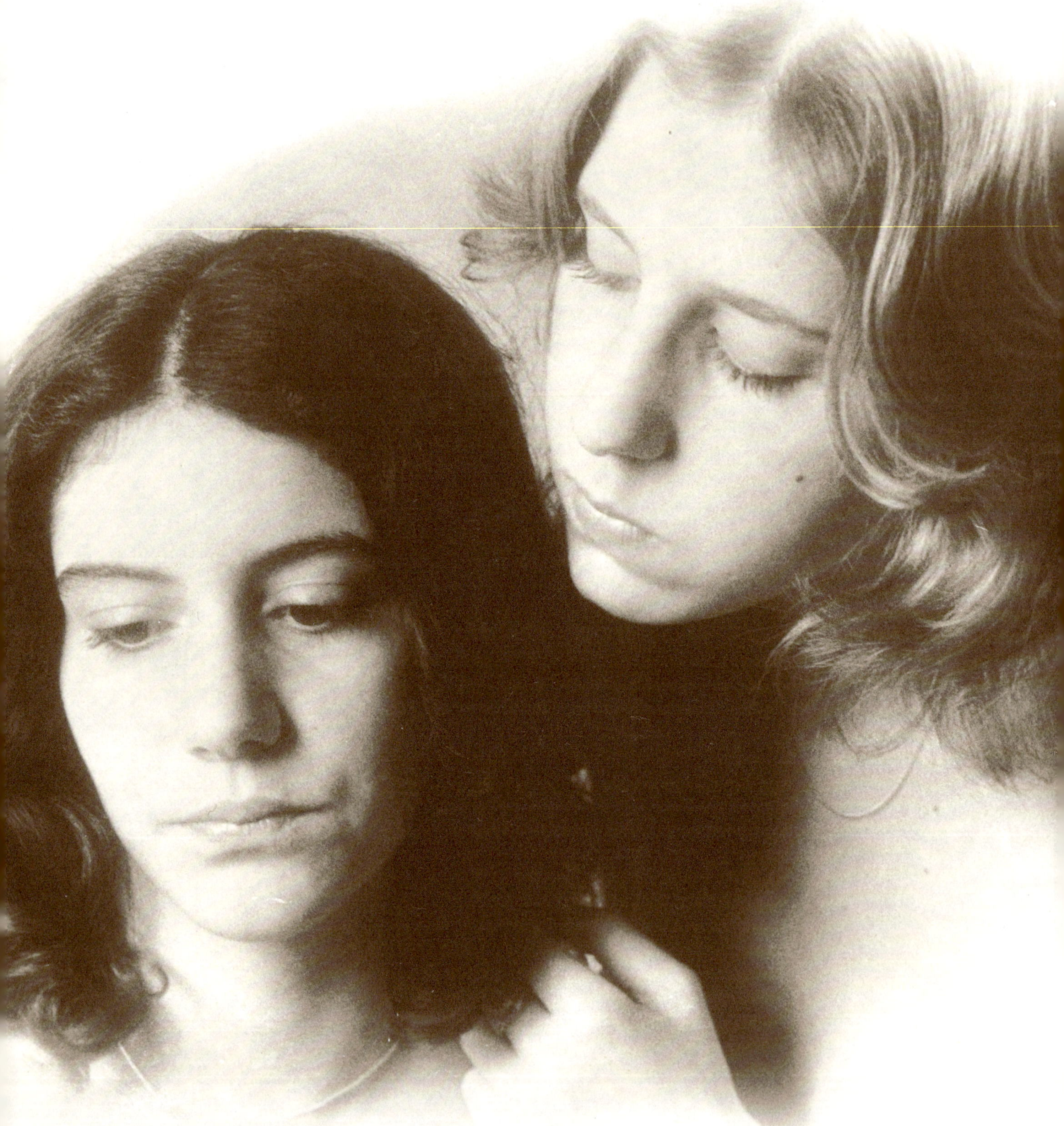

weniger bedeutendem Ausleben in einer solchen Art, daß es innerhalb der Beziehung durchaus ertragen werden kann. Wenn Sie aber so verfahren mit jemandem, der das ganz und gar nicht will, dann kann es sein, daß irgend etwas ganz und gar falsch läuft.

Manchmal reicht es zu erkennen, was Sie da tun, um Sie eine andere Art des Umganges beginnen zu lassen. Falls Sie sich nicht imstande fühlen, Ihren Machtkampf aufzugeben, dann haben Sie vielleicht den Wunsch, Hilfe bei einem außenstehenden Menschen zu suchen wie etwa bei einem Psychiater, einem Eheberater oder einem Geistlichen. Und ganz bestimmt ist berufsmäßige Hilfe angebracht, wenn Sie oder jemand, den Sie kennen, bei anderen physische Schmerzen verursacht. Wir werden später in diesem Kapitel davon sprechen, wie man solche Hilfe finden kann.

Der Sündenbock

Wenn Sie damit beginnen, Fehler in Ihrem Sexleben oder bei Ihrem Partner herauszupicken, obwohl sich bei Ihnen beiden in letzter Zeit gar nichts verändert hat, dann laden Sie vielleicht irgendwelchen Müll aus anderen Teilen Ihres Lebens auf Ihrem Sexleben ab. Deutliche Anzeigen für solches Suchen nach einem Sündenbock könnte vielleicht Ihr mangelndes Interesse an jeglichem Sex sein, oder Ihr Mann oder Ihre Frau ist Ihnen lästig, oder Ihr Geliebter beziehungsweise Ihre Geliebte reizt Sie überhaupt nicht mehr. Vielleicht handeln Sie aus berechtigten Gründen – und Ihnen ist es *wirklich* lästig. Aber es ist auch möglich, daß Sie verstimmt sind wegen Ihres Berufes oder Ihres Familienlebens und dieses nun auf Ihr Sexleben übertragen. Vielleicht macht es Ihnen auch zu schaffen, daß Sie älter werden oder ärmer oder dicker, und Ihr Sexleben leidet nun darunter, weil Sie solchen Problemen nicht direkt begegnen.

Das Suchen eines Sündenbockes ist aus zwei Gründen schlecht. Es schadet Ihrem Sexleben, und es hält Sie davon ab, nach den ernsten oder wirklichkeitsnäheren Problemen zu fragen, die Ihnen so zu schaffen machen. Dieses Verhalten kann Sie dann abhalten, eine erfüllte sexuelle Beziehung anzustreben und zu festigen, weil Sie dabei immer denken müssen, daß nur der Sex dasjenige ist, was falsch läuft.

Übertrieben hohe Erwartungen Ihrem Sexleben gegenüber kann diese Suche nach dem Sündenbock ebenfalls ermutigen. Wenn Sie das Gefühl haben, daß Sex die Antwort auf alle Ihre Bedürfnisse ist oder daß Perfektion auf sexuellem Wege nicht erreicht werden kann, dann machen Sie Sex dafür verantwortlich, daß Sie all Ihre Gedanken und Träume nicht in die Tat umsetzen. Das Problem sind dann eher die hohen Erwartungen und Ihre eigenen Gründe dafür, statt all das, was auf sexuellem Gebiet in Wirklichkeit passiert.

Wenn Sie jetzt in Ihrem Sexleben den Sündenbock suchen wollen, wie wollen Sie es dann eigentlich richtig kennenlernen? Wie können Sie unterscheiden zwischen wirklichen Problemen und solchen, die nur etwas anderes verschleiern? Erstens einmal werden wirkliche sexuelle Belange auf die überall in diesem Buch gemachten Vorschläge und Anregungen ansprechen. Wenn Sie jetzt doch noch immer das Gefühl haben, daß es in sexueller Hinsicht mit Ihnen nicht stimmt, einmal abgesehen von Ihrer hingebungsvollen Aufmerksamkeit gegenüber all Ihren hier präsentieren Übungen, dann erfahren Sie vielleicht wirklich nichts weiter in Ihrer Beziehung oder in Ihrem Leben, was Sie sonst noch beunruhigen könnte.

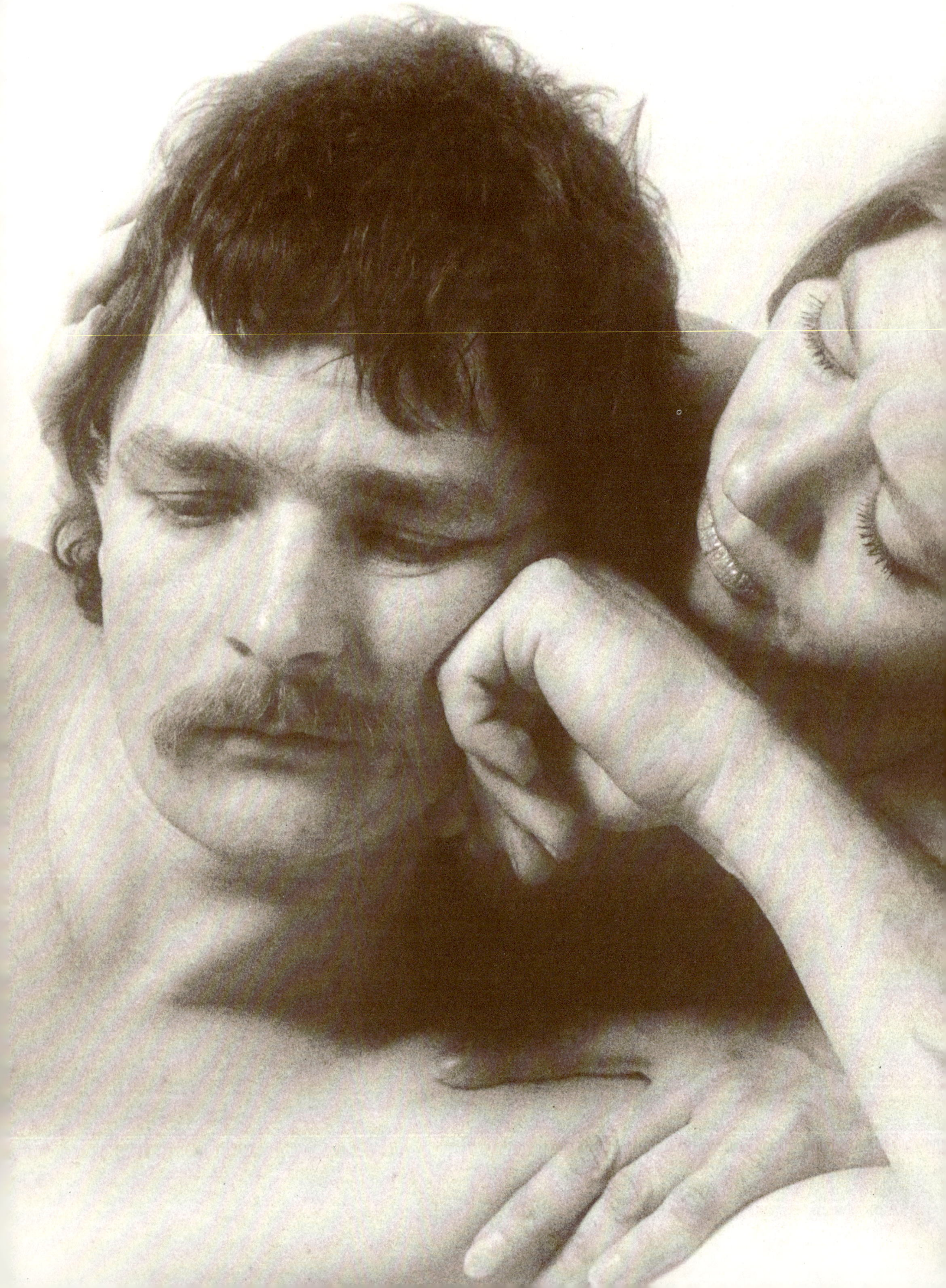

Denken Sie einmal darüber nach, wann Sie überhaupt kein Interesse an Sex haben, wann Sie am meisten davon angeödet oder am stärksten ungeduldig damit sind. Schauen Sie einmal, ob es Parallelen gibt zu anderen Dingen, die mit Ihnen so passieren. Vielleicht hatten Sie einen ganz miserablen Tag, hatten beim Poker verloren, machten irgendeinen Fehler. Vielleicht haben Sie ja kürzlich entdeckt, daß Sie Ihre Arbeit oder Ihre Kinder gar nicht so recht mögen. Vielleicht haben Sie das Gefühl, nirgendwo ein Gebiet zu erreichen, auf dem Sie berufliche oder persönliche Befriedigung erlangen könnten. Ihr Gefühl von innerer Leere oder Nutzlosigkeit ist auf Ihr Sexleben übertragen worden.

Es ist gewiß möglich, von einer Sache so besessen zu sein, daß sie Ihnen keine Zeit mehr läßt oder keine Energie, um noch an Sex zu denken. Das kann vielleicht eine kleine Weile gutgehen; wenn es aber Ihr Dauerverhalten wird zum Schaden oder Verfall Ihres Sexlebens, dann geht es vielleicht doch nicht mehr so gut.

Wenn Sie den Verdacht haben, daß einem Interessenverlust an Sex mehr zugrundeliegt als nur Sex, dann sollten Sie vielleicht jemanden um Hilfe bitten, damit er mit Ihnen dieses unwürdige Verhalten aufbrechen kann, im Sexuellen den Sündenbock zu suchen. Eine Sexualtherapie allein oder zusammen mit einem Partner kann Ihnen rundherum mehr Vertrauen schenken. Aber wenn auch das noch etwas Unentdecktes zurückläßt, dann benötigen Sie vielleicht mehr. Professionelle Hilfe von Seiten irgendeiner guten Beratungsstelle kann Ihnen helfen, sich auf direktem Wege mit Ihrer Beziehung zu beschäftigen oder auch mit persönlichen Problemen, die zu Unrecht dem Sexuellen zugeschrieben werden.

Kriegsführung

Manchmal läßt Sie das gleiche Dilemma, das Sie dazu bringt, Sex als Sündenbock zu benutzen, auch Sex als Waffe gegen sich oder gegen einen Partner einsetzen. Beim Suchen eines Sündenbocks verbergen Sie Ihre wahren Gefühle. Beim Kriegführen dagegen schlagen Sie um sich. Irgendeiner wendet vielleicht beide Techniken an. Alle diese Bereiche des Streites, den Sie mit sich und Ihrem Partner führen, überlagern sich und kollidieren in der gleichen Person.

Statt beim Kriegführen das Interesse an einem Partner zu verlieren, kann es sein, daß Sie beginnen, an ihm oder ihr herumzumäkeln. Sie kommen zu dem Schluß, daß Ihnen die Art nicht mehr gefällt, wie der andere küßt, wie er sich Ihnen sexuell nähert, welchen Duft er ausströmt, überhaupt wie er aussieht. Sie nörgeln die ganze Zeit über seine vorhandenen oder fehlenden körperlichen Eigenschaften, seine sexuellen Interessen und Vorlieben vor sich hin. Sie beschweren sich darüber, wie oft oder wie selten der andere mit Ihnen schlafen will, in welcher Art das geschieht und so weiter. Vielleicht sind die Klagen ja berechtigt, nicht aber die Art, wie Sie sie ansprechen.

Alle sexuellen Fehlfunktionen können als Waffe gegen einen Partner verwandt werden. Obwohl die meisten Fehlfunktionen das Ergebnis von Fehlinformationen, von mangelnder Selbsterkenntnis und von schlechten Angewohnheiten sind, ist es doch möglich, sie dafür zu benutzen, einen anderen zu verletzen. Sie lassen Ihren Partner fühlen, daß er oder sie dumm und ungeeignet ist, so daß seine Unfähigkeit, Ihre Probleme auszutilgen, nun zu seinem eigenen Problem wird. Oder Sie nutzen Fehlfunktionen dazu, einen Partner bis zu dem Punkt Mitleid für Sie empfinden zu lassen, wo er oder sie dann den

Wunsch hat, für Sie zu sorgen oder für Sie verantwortlich zu sein. Fehlfunktionen verschaffen Ihnen auch Distanz. Wenn Sie mit jemandem nicht völlig gleichhalten können, dann fühlen Sie sich vielleicht sicher vor engeren Beziehungen oder davor, für ihn oder sie angreifbar zu sein.

Unübliche sexuelle Praktiken wie etwa Voyeurismus, Exhibitionismus, Nekrophilie (Unzucht mit Toten), Pädophilie (Unzucht mit Kindern), Inzest, Sadomasochismus und Sodomie (Unzucht mit Tieren) sind vielleicht Beispiele dafür, daß man Sex als Waffe einsetzen kann, um sich selbst oder andere zu erschrecken oder ihnen richtig zu schaden. Jeder, der Druck verspürt, solchen Dingen zustimmen zu müssen, besonders solchen, wo es sich um willenlose Opfer handelt, braucht ganz offensichtlich professionelle Hilfe.

Andere übliche, aber harmlose Praktiken sind Homosexualität, Transvestitentum, Promiskuität (vielfache Sexualbeziehungen), Gruppensex und Fetischismus. Dieses alles kann dazu verwandt werden, andere, speziell Eltern oder Partner, zu schockieren, aber es kann auch, wenn nötig, gegen das eigene Selbst gerichtet werden. Sie können Ihre Homosexualität zum Beispiel als Entschuldigung dafür benutzen, daß Sie sich nicht sexuell mit anderen beschäftigen, ob nun hetero- oder homosexuell.

Jeglicher Gebrauch von Sex als Waffe gegen sich selbst kann zestörerisch wirken darauf, sowohl guten Sex als auch eine gute Beziehung durchzusetzen. Derjenige, der sich beklagt, daß mit ihm überhaupt niemals richtig gefickt wird, weil er oder sie nicht die rechte Person dafür finden können, will vielleicht gar keine rechte Person dafür finden. Wenn Sie sich davon überzeugen, sexuell nicht erfolgreich zu sein, könnte das ein Bedürfnis aufzeigen, sich erfolglos fühlen zu *wollen.* Wenn Sie sich in Ihrem Unbehagen wohlfühlen, dann kann es sich um etwas handeln, was Sie auf den Knien Ihrer Mutter gelernt haben, oder es ist vielleicht etwas, was Ihre Schuldgefühle oder Ihre Angst gegenüber Sex vertuschen soll. Sich selbst zu strafen, ist eine Flucht vor solch einer engen Verbindung, vor Schuld und Angst.

Aber Unbehagen ist nicht die einzige Taktik. Nehmen Sie zum Beispiel Wohlergehen. Der Superhengst, der Sex-Experte, der Kitzelige, sie alle benutzen ausgesprochenes Wohlergehen, um andere von sich abzuhalten. Indem sie auftreten wie jemand, der immer behauptet: »Ätsch, ich bin mehr sexy als Du!«, gehen sie allesamt dem Sex aus dem Wege. Wenn Sie den Anschein erwecken, als fühlten Sie sich im sexuellen Themenkreis ganz wie zu Hause, können Sie dadurch andere sehr hemmen und ihnen ein unbehagliches Gefühl vermitteln. Wenn Sie andere dauernd zweideutig berühren oder sich selbst streicheln, um die Aufmerksamkeit auf Ihren Körper zu lenken, dann kann es sein, daß Sie dadurch eine bestimmte Situation künstlich herbeiführen, um anderen das Gefühl von Befangenheit und Unfähigkeit zu vermitteln. Natürlich können Sie dieses Rezept auch nutzen, jemanden zu verführen. Es ist alles eine Sache der Begründung.

Viele Leute erkennen gar nicht, daß sie anderen ein unbehagliches Gefühl vermitteln, indem sie sich »offen«, »vertraulich«, »erfahren«, »klug« oder sogar bewußt flirtend verhalten. Vielleicht glauben Sie sogar, anderen ein Gefühl von Wärme und Behaglichkeit zu vermitteln, während Sie in Wirklichkeit nur dafür sorgen, daß Sie sich *selbst* warm und behaglich fühlen

Viele dieser schablonenhaften Verhaltensweisen sind nicht sonderlich schlimm. Es sind ganz natürliche Wege, sich selbst in befremdlichen Umständen zu verteidigen. Wenn Sie sie aber immer und immer

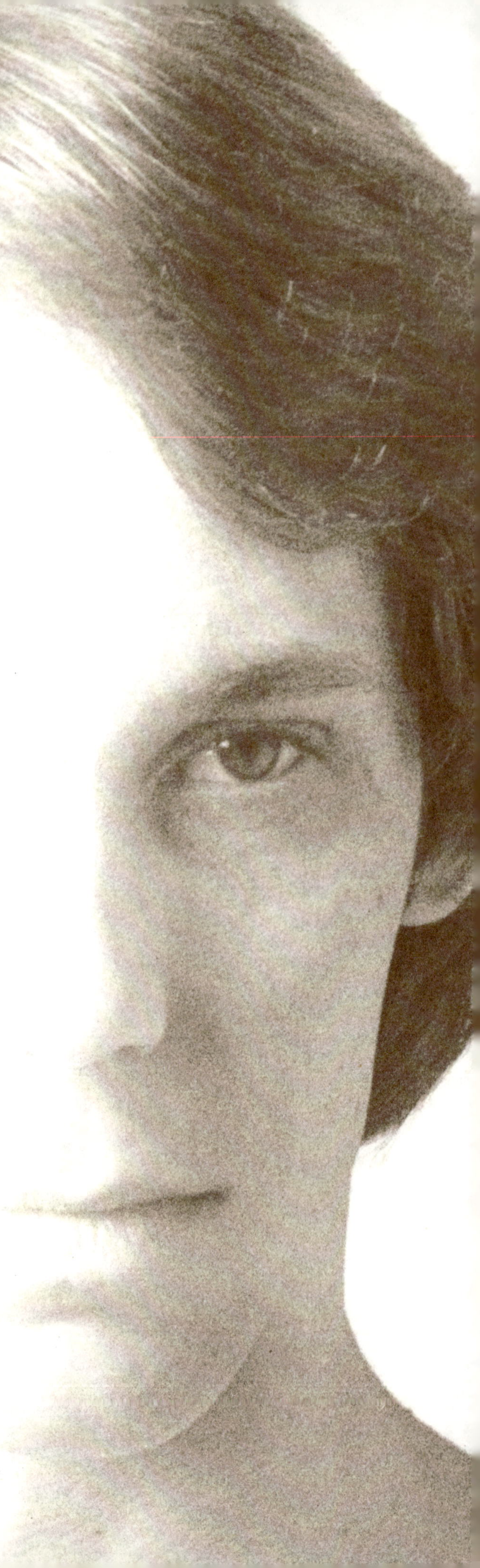

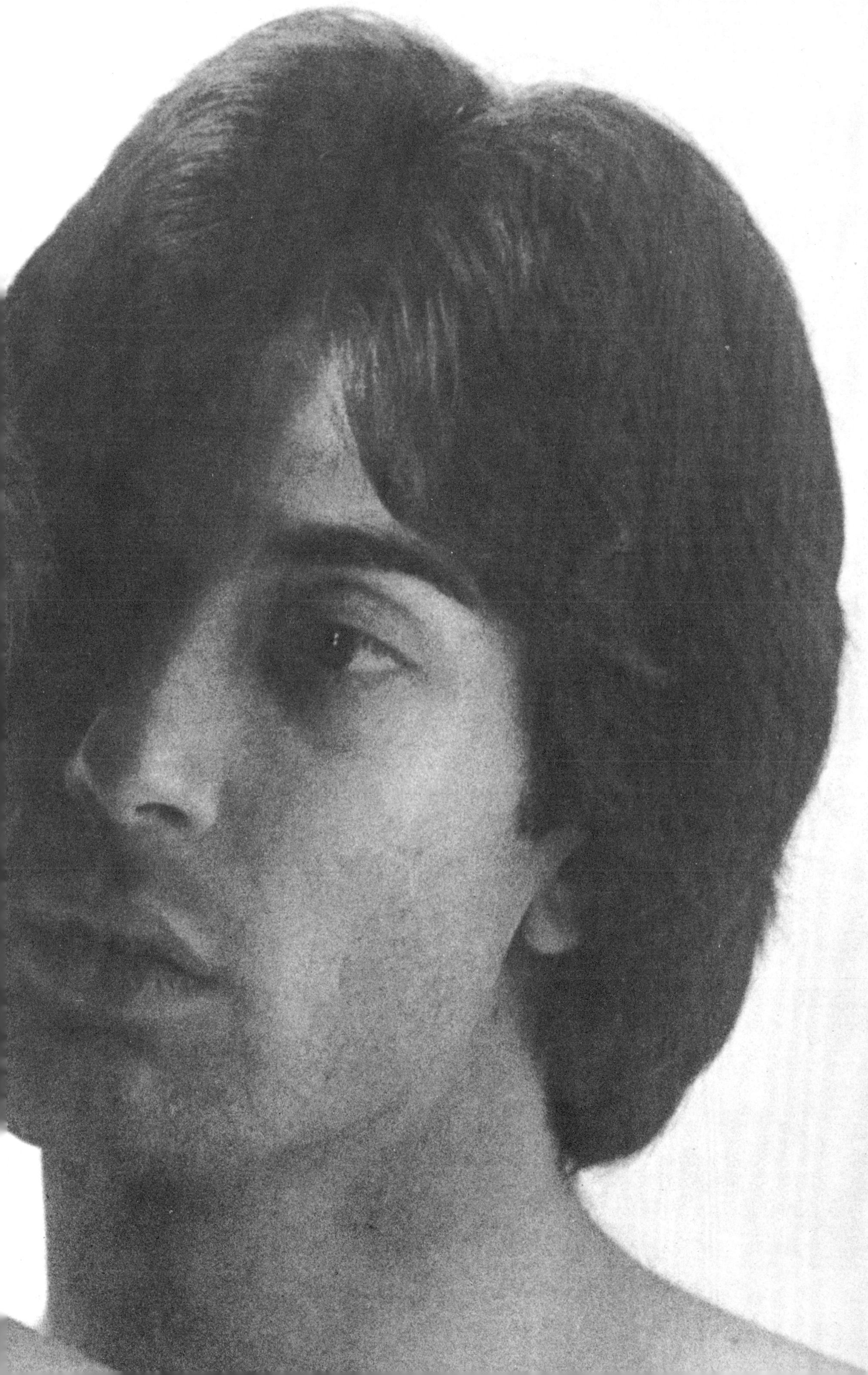

wieder neu anwenden, dann sind Sie vielleicht einem Krieg gegen sich selbst in die Falle gegangen. Natürlich wollen Sie sich zu bestimmten Zeiten schützen, wenn das aber auf Kosten Ihres Sexlebens geht, dann sollten Sie es eigentlich aufgeben. Wenn Sie das Gefühl haben, Sie bräuchten Hilfe, um solche Verhaltensmuster zu ändern, dann sollten Sie vielleicht von außen her Hilfe suchen bei einem Freund, mit dem Sie sexuell in keiner Beziehung stehen oder bei jemandem, der für solch eine Beratung ausgebildet ist.

Sex als Ersatz

Wenn die Dinge für Sie nicht allzu gut stehen, dann ist die Versuchung vielleicht doch sehr groß, die leeren Stellen bei Ihnen mit Sex auszufüllen. Sex kann ein guter Ausweg oder Ersatz sein. Er kann Ihr Selbstvertrauen wieder herstellen und Ihnen eine Verschnaufpause gönnen. Er kann aber auch ein Mittel sein, Konfrontationen aus dem Wege zu gehen. Nehmen Sie nur Auseinandersetzungen zwischen Partnern, die dann mit Sex enden – das »Kuß- und Versöhnungssyndrom«. Vielleicht war so etwas ja genau das, was fehlte, um zu vergeben und vergeben zu bekommen. Aber es könnte auch sein, daß man Leidenschaft und Sexualität dazu benutzt, all dem aus dem Wege zu gehen, worüber zwischen Ihnen gerade Streit herrschte. Ein ähnlicher sexueller Ersatz ist der, sich dem Sex zuzuwenden, wenn alles andere fehlschlägt. Sie sprechen mit Ihrem Partner, erklären Ihre Gefühle, bitten um Hilfe oder beklagen sich und merken, daß es leichter ist, Ihren Partner einfach in Erregung zu versetzen. Vielleicht gehen Sie umher mit dem Gefühl, voller innerer Monologe und unausgesprochenem Unwillen zu sein, aber das kann für Sie vielleicht besser sein, als wenn Sie versuchen herauszufinden, was außerdem wohl sonst noch nicht stimmen mag. Es ist für Paare gar nichts Ungewöhnliches, einem Berater zu erzählen, daß es *sexuell* gut klappt – es sei *all das übrige* zwischen ihnen, was nicht hinhaue. Scheinbar ziehen sie sich auf das Sexuelle zurück.

Ein Verhältnis kann auch solch eine Zufluchtsmöglichkeit sein, eine gute Art, das, was sonst noch vor sich geht, einfach in den Schatten zu stellen. Ein Verhältnis erwächst manchmal aus der Verwirklichung dessen, was kein Mensch einem anderen wirklich alles bieten kann. Zu einem anderen Zeitpunkt dagegen denken Sie die ganze Zeit darüber nach, daß nicht alles nur Sex ist, was Sie in Ihrer Hauptbeziehung vermissen.

Das Schwierige bei einem Verhältnis als Ersatz für das, was einer Ehe oder Beziehung mangelt, liegt darin, daß so etwas recht kompliziert werden kann. Es ist normalerweise nicht einfach eine Frage der Entscheidung, daß man von dem einen das und das bekommen kann, etwas anderes von einem weiteren und dann noch mehr von einem dritten. In eine sexuelle Beziehung ist zuviel investiert – Besitzanspruch, Abhängigkeit, Liebe und Sehnsucht –, als daß man dann nicht Überschneidungen und Verwirrungen erfahren würde. Selbst wenn Sie sich absolut klar sind darüber, was Sie wollen und was Sie gerade tun, so können Sie doch nicht damit rechnen, daß Ihr Ehepartner oder Geliebter alles genauso akzeptabel findet wie Sie. Die Vollendung besteht für Ihren normalen Partner darin, zur gleichen Zeit wie Sie ein Verhältnis zu haben, und selbst das könnte sich als sehr zerbrechliche Übereinkunft herausstellen. Das Bedürfnis, andere Menschen für das zu benutzen, was man in einer Ehe oder einer lang andauernden Beziehung vermißt, könnte vielleicht auch ein Unvermögen sein, in sich selbst solchen Reichtum zu finden, damit man dann keinen Ersatz für etwas benötigt. In gewissem Umfang spielerisch umherzuschweifen und Ihr eigenes Erwünschtsein wiederherzustellen, sollte eigentlich voll und ganz zu akzeptieren sein; wenn es aber zum Dauerverhalten wird, dann vermissen Sie vielleicht ansonsten noch etwas anderes. Eine ganze Kette von Verhältnissen kann bedeuten, daß Ihre Suche nach dem »richtigen« Menschen eine Art Vermeiden der Möglichkeit darstellt, irgendeinen »richtigen« überhaupt zu finden. Immer nur herumzumurksen und noch mehr zu wollen, symbolisiert vielleicht eine Sehnsucht in einem selbst, leere Stellen durch etwas auszufüllen, wo Sex gar nicht hinreicht. Die Rastlosigkeit, immer zu glauben, das Gras könne noch grüner werden, hat vielleicht etwas zu tun mit Ihrer Unfähigkeit, einmal ganz ehrlich sich selbst und Ihre wirkliche Lage zu betrachten.

Um darüber nachzudenken, wo Sex und andere Werte sich Ihrem Leben einpassen können, denken Sie zuvor einmal über Freunde und Geliebte nach, die Sie haben oder gehabt haben, was sie Ihnen geben und was Sie eigentlich von keinem bekommen. Tragen Sie es unten in der Liste ein oder auf einem passenden Bogen Papier. Es ist dort Platz gelassen für Sie, um zusätzliche »Werte« hinzuzufügen, und Sie können die Spalten für Leute immer wieder ausfüllen.

WERTE	Freund(in) 1	Freund(in) 2	Freund(in) 3
Einfühlungsvermögen			
Erregung			
Unterhaltung			
Sex			
Intellektuelle Anregung			
Aussehen			
Ernährung			
Geld			
Geistige Bereiche			
Kinder und Familie			
Berufliche Anregung			
Spaß, Unterhaltung			

Natürlich kann eine Freundschaft, ganz zu schweigen von einer Liebesbeziehung, nicht auf das Format einer Liste reduziert werden. Aber wenn Sie einmal einen Blick werfen auf das, was Sie von Freunden und Geliebten erhalten, dann können Sie vielleicht sehen, ob Ihre sexuellen Beziehungen für Sie mit anderen Werten in einer Wechselbeziehung stehen oder nicht. Wenn das nicht der Fall ist, sind Sie dann mit diesem Zustand zufrieden? Ist Ihr Partner damit zufrieden? Ist es Ihre Absicht, nicht alles in einem einzigen Menschen finden zu wollen?

Sex ist in keiner Beziehung der einzige entscheidende Faktor. Er ist um nichts wichtiger als sonst irgend etwas auch; wenn er aber mehr Bedeutung bekommt, dann sehen Sie vielleicht, daß Sie Sex dafür verwenden, einen Mangel an Abenteuer und Aufregung wettzumachen, oder mangelnden Status und Prestige, oder ein Bedürfnis nach Wärme und Geborgenheit. Und wenn psychische Sehnsucht übersetzt wird in sexuelle Bedürfnisse, dann werden Sie wohl Sex niemals sehr befriedigend finden.

Sex als Ersatz kann für einzelne Menschen durchaus nützlich und ohne Risiko sein. Wenn Sie aber glauben, Sex für etwas als Ersatz benutzen zu müssen, was Sie sonst nirgendwo bekommen, dann sind Sie vielleicht sich selbst und Ihrem Partner gegenüber recht unfair. Falls die Einsicht dessen Sie in die Lage versetzt und Ihnen den Willen dazu gibt, etwas zu verändern, dann merken Sie vielleicht, daß Sie Ihre Verhaltensweise mit eigener Hilfe aufbrechen können. Wenn die Einsicht Sie aber bloß daran erinnert, daß Sie sich in ausgefahrenen Geleisen bewegen, dann müssen Sie vielleicht einmal an eine Art Therapie denken, bei der Sie Ihr Bedürfnis, nach Ersatzmöglichkeiten zu suchen, untersuchen können.

Zu Ihrer Hilfe

Wie stellen Sie es nun an, Hilfe von außen zu erfahren, wenn Sie der Meinung sind, so etwas zu brauchen? Viele Menschen haben eine Abneigung dagegen, professionelle Hilfe in Anspruch zu nehmen, weil sie gehört haben, daß es erstens bedeutet, irgend etwas liege fürchterlich im argen, zweitens, es sei zu teuer und drittens, es verheiße eine jahrelange Therapie. Wenn Sie tatsächlich eine Vorstellung von Ihren Bedürfnissen haben durch Ihre Arbeit mit diesem Buch und wenn Sie wissen, welche Grenzen Ihnen gesetzt sind von Zeit und Geld her, dann können Sie auch die Art von Hilfe finden, die Sie brauchen. Die meisten großen Städte haben zum Beispiel Kliniken, die eine preiswerte Form von Psychotherapie anbieten. Vielleicht finden Sie keine preiswerte *Sexual*therapie, aber in solch einem Fall ist zu sagen, daß eine Sextherapie normalerweise auch nicht so lange dauert wie andere Therapien.

Das erste, was Sie versuchen sollten, ausfindig zu machen, ist eine Klinik oder eine Einzelperson, die mit Ihnen das macht, was man ein Neuaufnahme-Interview nennt. Manchmal kostet solch eine Dienstleistung nichts, manchmal nimmt man einen Grundbetrag oder einen gestaffelten Betrag. Das können Sie aber in Erfahrung bringen, bevor Sie beginnen. Der Sinn eines Aufnahme-Interviews liegt für Sie darin, daß Sie erzählen können, welche Schwierigkeiten Sie haben, und für den Interviewer darin zu erläutern, wie man diesem Bedürfnis gerecht werden kann. Sie sprechen auch über die Kosten, die Kostendeckung durch die Krankenkasse, die Zahl der Sitzungen und so weiter. Wenn der Interviewer sich sträubt, diese Dinge anzusprechen oder Ihnen diejenige Art von Dienstleistung nicht anbietet, die Ihnen zusagt, dann sollten Sie sich weiter umsehen.

Um die Stelle oder den Menschen zu finden, der mit Ihnen solch ein Aufnahme-Interview macht, gibt es für Sie drei Möglichkeiten. Zuallererst fragen Sie Ihre Freunde nach den Namen von Psychologen, Sozialarbeitern, Sextherapeuten, Eheberatern, Geistlichen oder Psychiatern. Wenn jemand, den Sie kennen, Ihnen eine Empfehlung geben kann, dann fühlen Sie sich vielleicht sicherer und behaglicher, diesem Hinweis zu folgen, als auf eigene Faust loszumarschieren. Wenn Sie sich befangen fühlen, jemanden aufzusuchen, zu dem auch eine Freundin oder ein Freund geht, dann bitten Sie diesen ausgebildeten Berater um eine Empfehlung zu jemand anderem.

Sie können es zweitens mit Ihrem örtlichen Telefonbuch versuchen. Schauen Sie einmal im Branchenverzeichnis nach unter »Beratungsstellen« und unter »Psychotherapeutischen Kliniken«. Schauen Sie nach unter »Städtischer–« und »Staatlicher Gesundheitsfürsorge« und unter »Wohlfahrtsverbänden«. Rufen Sie an bei einer örtlichen Universität, um herauszufinden, ob man dort Beratungen oder psychologische Dienste in Ambulanz bietet. Versuchen Sie herauszubekommen, ob es in Ihrer Nähe eine Stelle für Familienfürsorge oder einen örtlichen Berufsverband für Sozialarbeiter und Sozialpsychologen gibt. Als nächstes versuchen Sie es bei Ihrer örtlichen Bücherei und bei Zeitungsredaktionen. Schauen Sie nach Anzeigen von Sanatorien und telefonischen Beratungsmöglichkeiten in den Zeitungen. Auch die folgenden Einrichtungen werden Ihnen Hilfe zukommen lassen können: das Deutsche Rote Kreuz, der Deutsche Paritätische Wohlfahrtsverband (DPWV), die Arbeiter-Wohlfahrt (Arwo), die Evangelische Konferenz für Familien- und Lebensberatung (EKFUL), das Evangelische Zentralinstitut für Familienfragen, die Bundesarbeitsgemeinschaft für Ehe- und Familienberatung in Bonn, die Caritas und die Seelsorgeämter der Kirchen.

Es gibt keine Garantie, daß der erste, zu dem Sie gehen, auch schon der richtige ist, und Sie können auch nicht wissen, ob Sie sich sofort dazu entscheiden oder erst nach einigen Sitzungen. Einige verfallen auf die Verhaltensweise, daß sie niemals in der Lage sind, den »besten« oder »richtigen« Therapeuten zu finden. Das ist etwas Ähnliches wie das Suchen nach dem »richtigen« Partner. Vielleicht wollen Sie ihn gar nicht finden. Aber lassen Sie sich einen Spielraum, so daß Sie keinen Berater aufgedrängt bekommen, der Ihnen überhaupt nicht richtig hilft. Sie brauchen jemanden, der Ihre Probleme ansprechen kann, jemanden, dem gegenüber Sie sich offen fühlen.

Man sagt, daß es den meisten Leuten auch so wieder bessergeht, ob sie nun in einer Therapie sind oder nicht. Obwohl das wahrscheinlich stimmt, einfach weil Krisen und Depressionen in den meisten von uns ein wenig periodisch auftreten, heißt das noch lange nicht, daß eine Therapie Ihnen nicht dabei helfen kann, aus einer Krise mit einem besseren Einfluß auf Ihr Leben herauszufinden, als es ohne sie möglich oder denkbar gewesen wäre.

Ganz sicher sollte jemand in eine Therapie gehen, der wegen seines Sexlebens einen Zwang verspürt oder der sich wegen eines sexuellen Tuns quält, das anderen Schmerzen zufügt. Wenn Sie sich belohnt fühlen, weil Sie andere kränken und verletzen, wenn das etwas ist, von dem Sie nicht ablassen können, dann müssen Sie jemandem davon berichten, der Ihnen entweder selbst helfen oder Ihnen Hilfe zumindest vermitteln kann.

Zusammenfassung

Die Absicht dieses Kapitels liegt darin, Sie ein wenig zum Nachdenken darüber zu bringen, wie Sie Sex vielleicht für nichtsexuelle Absichten gebrauchen. Jeder macht das in gewissem Umfang, möglicherweise sogar zur Steigerung seines Sexlebens. Wenn es sich aber in destruktives Verhalten wandelt und Sie erkennen, daß noch andere Dinge darin verstrickt sind, dann kann es sein, daß Sie etwas anderes als eine Sextherapie benötigen, um wieder Ordnung in Ihr Leben zu bringen. Entgegen allem, was Sie sonst noch in diesem Buch lesen können, ist Sex dennoch nicht das Wichtigste der Welt. Obwohl es Ihnen helfen kann, die Vorgänge zu erkennen, wenn Sie ein gewissenhafter Selbsttherapeut in irgendeiner Richtung sind, so sollten Sie dennoch nicht das Gefühl haben, daß Sie nun alles allein bewerkstelligen müssen. Manchmal helfen schon ein paar Sitzungen mit einem Außenstehenden, um solche Gefechte, die Sie sich oder einem Partner liefern, zu überwinden.

Ein erotisch erfülltes Leben

Einführung

Es gibt da ein paar zugrunde liegende Richtungen, über die wir in diesem Buch überhaupt noch nicht gesprochen haben, und das, obwohl sie hier überall anzutreffen sind. Diese Strömungen sind die erotischen Alltagserfahrungen, die nicht hin zum Sex führen, die nicht geschlechtlich erregen und die man mit keinem teilt.

Sie werden sich dieses erotischen Lebens ungefähr genauso bewußt, wie Sie sich Ihrer sexuellen Einstellung und Gefühle bewußt werden. Sie versuchen, sich selbst gegenüber offen und ehrlich zu sein, Sie fragen, was vor sich geht, und Sie experimentieren mit verschiedenen Ideen und Vorschlägen so lange, bis Sie herausfinden, was für Sie richtig ist. Gegenüber der sexuellen Energie des täglichen Lebens wachsam und aufgeschlossen zu sein, läßt es gleichsam zwingend erscheinen, die Couch des Therapeuten endlich zu verlassen und sich den Anstrengungen des Lebens wieder zu stellen. Statt sich auf Ihr Image, Ihren Orgasmus und auf innere Einkehr zu konzentrieren, sollten Sie sich nun öffnen für all die absurden und herrlichen Möglichkeiten, das Leben draußen zu erotisieren.

Vielleicht mögen Sie es lieber ein sinnliches Leben, ein Sinnesleben, eine sexy Lebensweise nennen; aber welche Bezeichnung Sie auch wählen, ein erotisches Leben besteht daraus, den Sex auch in nichtsexuellen Schauplätzen zu finden. Sie können angeregt werden durch einen fleischigen, flaumigen, herrlich aussehenden Pfirsich oder durch einen ganz unerwarteten, nur flüchtigen Blick auf nackte Haut. Sie können erregt werden, indem Sie sexuelles Rollenverhalten in Gruppen ausleben, wo alle von gleichem Geschlecht sind. Sie finden ein Gemälde, eine Idee, die Fahrt auf einem Motorrad so irrsinnig aufregend, daß es einem sexuellen Erlebnis ähnlich ist, wenn nicht gar gleichkommt. Sexuelle Energie steckt nicht nur in Ihrem Körper oder Ihrem Kopf, sondern auch draußen in der Welt. In der folgenden Beschreibung versuchen Sie einmal, sich selbst in die Situationen hineinzuversetzen, um zu sehen, ob darin etwas für Sie gelten kann. Es sind dieses bloß Vorschläge, und es kann gut sein, daß Sie ja auch eigene bessere haben. Das, was Sie erotisch finden, ist wirklich immer all das, was *Sie selbst* als erotisch bezeichnen möchten. Vielleicht wollen Sie in einigen der folgenden Beispiele Rollenspiele ausprobieren, um zu sehen, wie bei Ihnen, falls überhaupt, die Wirkung ist. Haben Sie einen Partner, können Sie Ihre Gefühle miteinander vergleichen. Manchmal ist selbst das schon erotisch: zu wissen, was andere erotisch finden.

Sie haben jetzt überhaupt keine Verpflichtung, bei all dem ganz sinnlich zu werden. Es ist überhaupt nicht nötig, diese erotische Lebensart zu übernehmen. Ihre Aufgabe ist es hier, zu Ihrem eigenen erotischen Leben zu finden und sich dessen bewußt zu werden, wann und wie Sie sich dessen bedienen können. Es gibt keine spezifischen Richtlinien oder Grundsätze dafür, was oder wieviel Sie erotisch anzuregen hat.

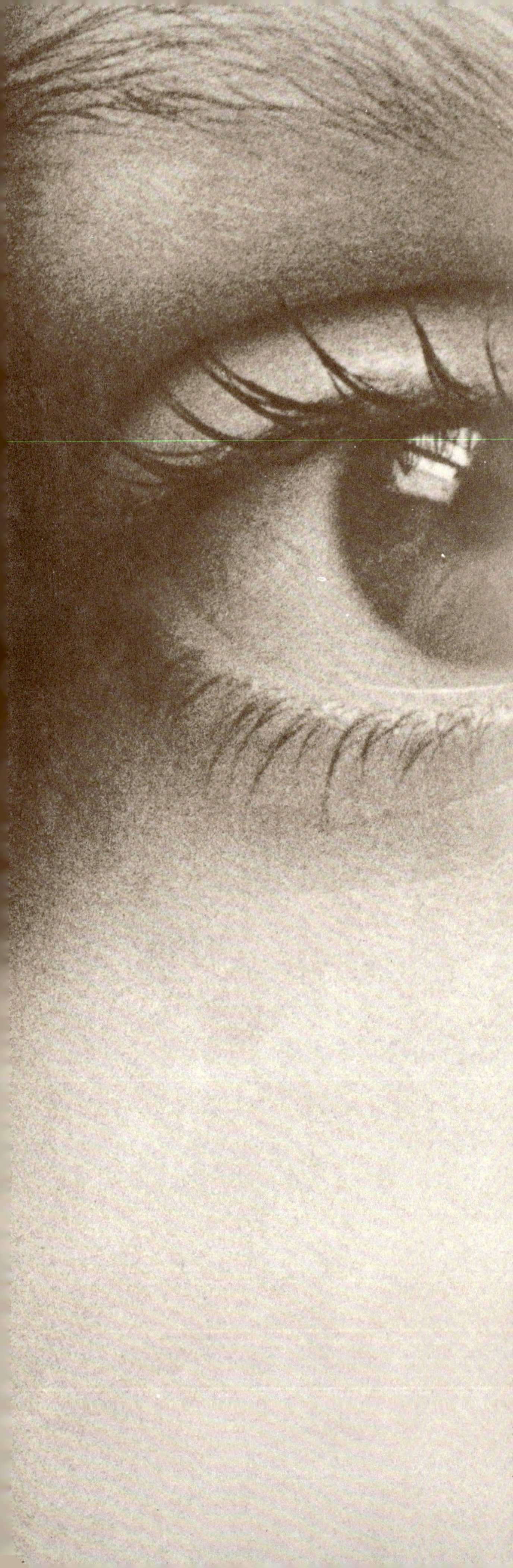

Eine erotische Lebensweise

Die Gesellschaft gestattet uns gewisse erotische Symbole wie etwa Rockstars, Nacktheit und Autos. Es ist aber keinesfalls genauso weitverbreitet anerkannt, daß einem auch ein Stück rohes Fleisch oder der Partner eines anderen Menschen einen erotischen Schauer über den Rücken jagen kann. Weil Sie sich verwirrt oder gar schuldig fühlen können wegen dieser Reize, unterdrücken Sie das Wissen darum, daß ein erotisches Leben irgendwelcher Art für Sie überhaupt existiert.

Aber es ist ja auch noch möglich, ein geheimes erotisches Leben zu führen. Doch es gibt gar keinen Grund, sich schuldig zu fühlen wegen des erotischen Anteils in Ihren eigenen Beobachtungen und Erfahrungen. Wenn Sie dieses Bewußtsein vernichten, dann schotten Sie Ihr Sexleben vielleicht tatsächlich ab und beschränken es auf ein rein geschlechtliches Vergnügen.

Voyeurismus

Sie überqueren eine Straße oder gehen zwischen einer Gruppe Menschen hindurch, wo Sie scheinbar jeder anschaut. Sie merken, daß Sie selbst bestimmte Körper, Teile solcher Körper besonders intensiv betrachten . . .

Sie sind auf einer Party und merken, daß Sie sich von jemandem dort sehr angezogen fühlen. Dieser Mensch ist mit einem Partner dort, genauso wie Sie auch. Sie bringen es aber fertig, sich während der Unterhaltung beiläufig zu berühren, die Art zu beobachten, wie er oder sie sich bewegt und spricht . . .

Sie befinden sich in einer Umkleidekabine oder in einem Dampfbad. Jeder ist verschieden weit ausgezogen. Sie merken, daß Ihr Blick ganz bewußt starr geradeaus gerichtet ist, obwohl Sie ein überwältigendes Verlangen danach haben, diese anderen Leiber zwischen all den Handtüchern, Duschen und Umkleidekabinen zu betrachten . . .

Beobachtungen: Obwohl viele Leute glauben, Voyeurismus sei ein bißchen seltsam oder pervers, so sind wir doch alle davon befallen. Es gibt von jedem öffentlichen Beobachtungsposten aus sehr viel zu sehen. Sie können Ihr besonderes Augenmerk auf Brustwarzen richten, auf Hintern, Schenkel, auf die Schamgegend, auf Arme, Beine, Taillen und auf die Haut. Sie können darauf achten, wie die Unterwäsche sich durch die Kleidung hindurch abzeichnet, wie Menschen sich bewegen und wie sie sich gegenseitig berühren. Sie können Vermutungen anstellen über ihr Sexleben und darüber grübeln, wie lange es wohl schon her sein mag, daß sie das letzte Mal mit jemandem geschlafen haben.

Das Beobachten der Leute gibt Ihnen eine ganz aufregende Art von Freiheit dafür, herauszufinden, wer auf Sie selbst wohl anziehend wirkt und warum die anderen Menschen auf die, mit denen sie zusammen sind, anziehend wirken. Da Sie ja nicht mit den Leuten darüber reden werden und sie natürlich nie wiedersehen, können Sie sich mehr Freiheiten herausnehmen, können sich mehr gehenlassen, als das in einer begrenzten Umgebung möglich wäre.

Auf einer privaten Party sind Sie vielleicht etwas vorsichtiger. Die zweiundzwanzigste Liebschaft, die Sie auf der Straße eingegangen sind, könnte sich vor anderem Hintergrund vielleicht plötzlich und unvorhergesehen ausweiten. Wenn Sie vor solch einem Reiz Angst

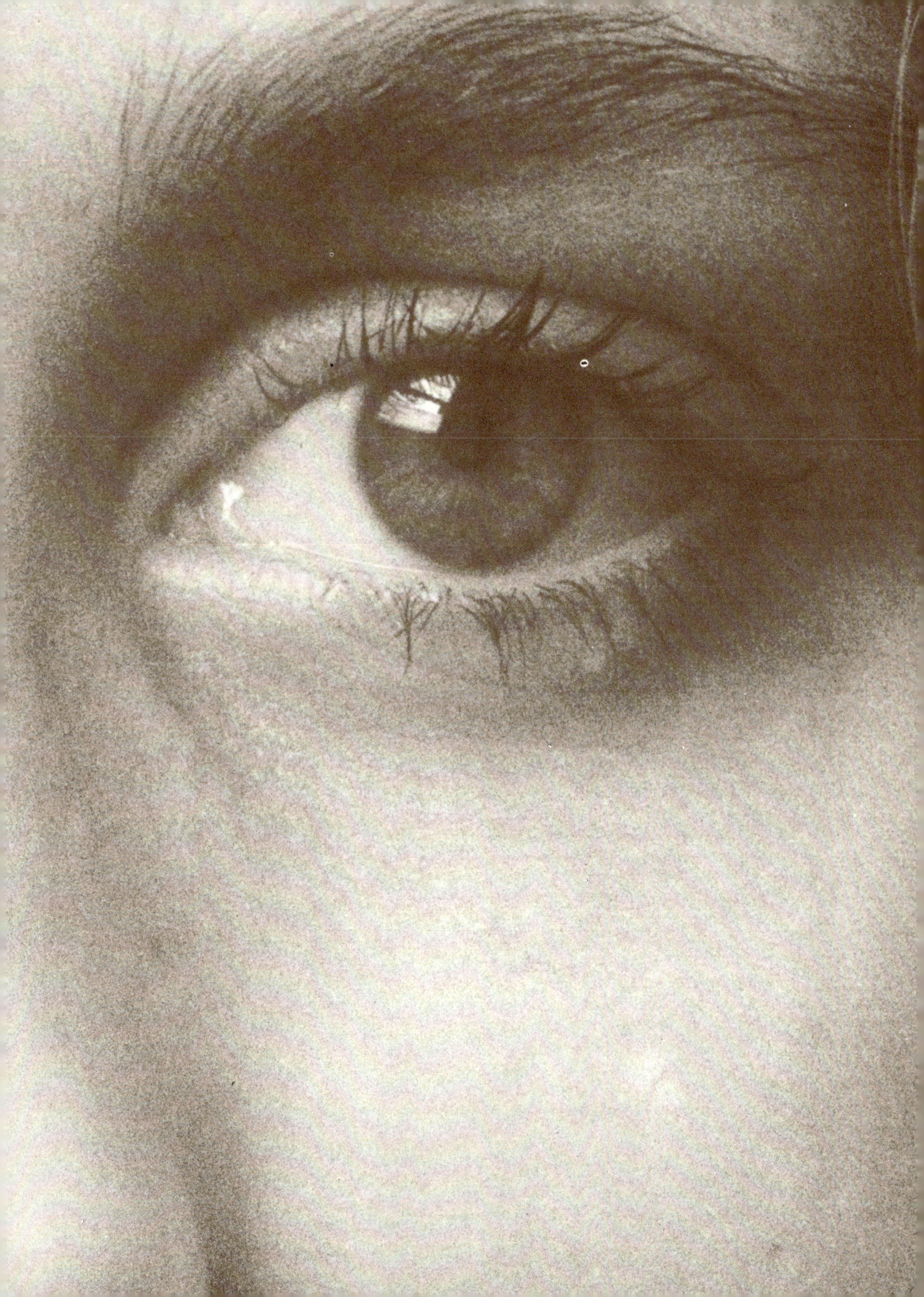

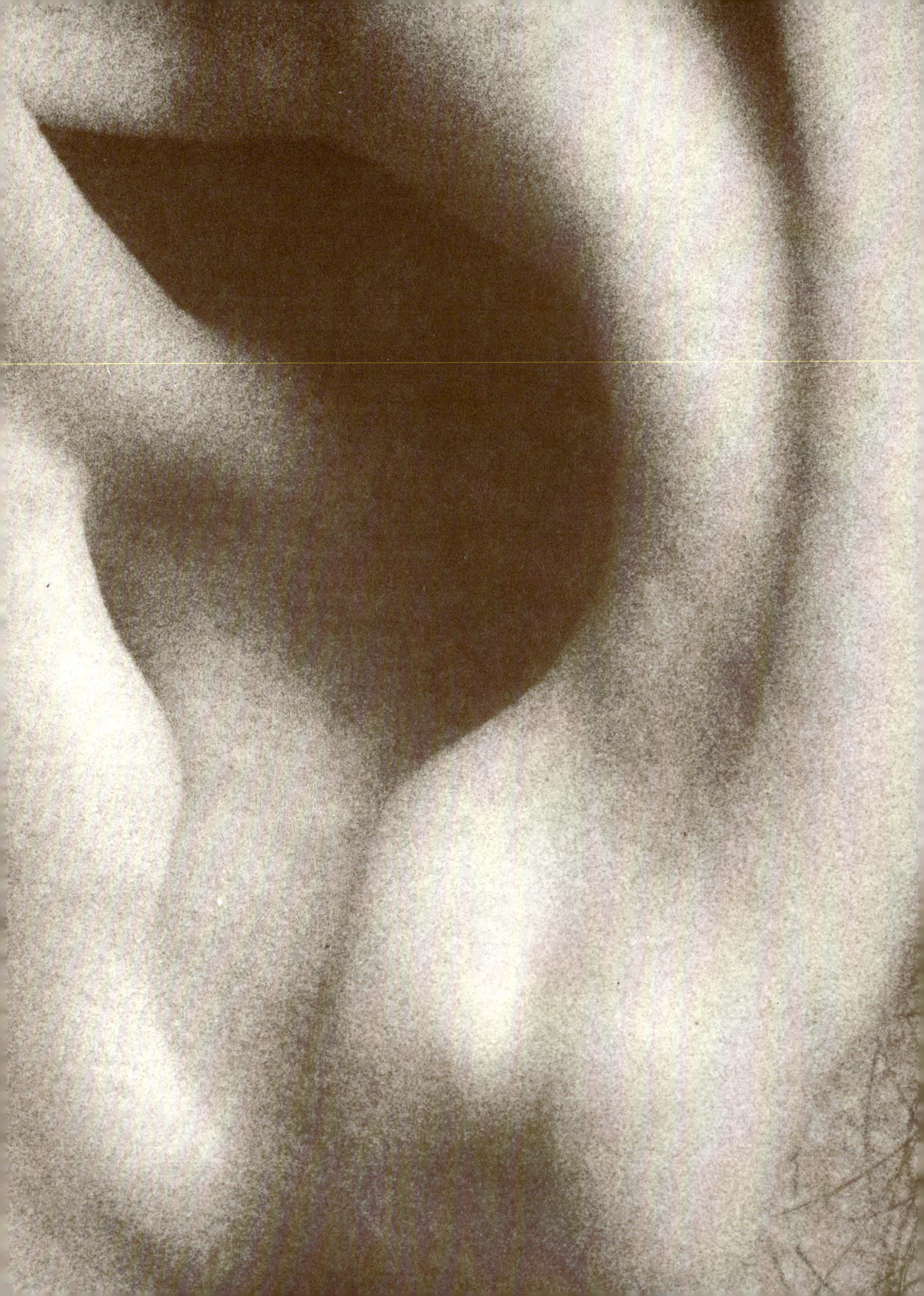

haben oder dadurch frustriert sind, dann wollen Sie vielleicht nur, daß kein anderer darum weiß. Und doch geschieht solch ein Reiz, und es ist möglich, sich dessen auch zu erfreuen für die Dauer des Abends, selbst wenn er zu nichts führt. Nicht aller Sex endet bei Sex und muß es auch gar nicht.

Im Bad denken Sie vielleicht, daß die Bewegung, die Hitze des Dampfes und das Entspannen Sie dazu verleiten könnte, andere Körper zu betrachten. Man betrachtet es allerdings als unhöflich, seine Neugierde darüber auszudrücken, wie denn wohl die Haare auf dem Körper eines anderen wachsen, entzückt zu sein von einer nackten Brust oder einem Hintern, der nicht Ihr eigener ist, die Geschlechtsteile eines anderen anzugaffen. Solange Sie nicht zu einer Gruppe gehören, die Nacktheit ausdrücklich unterstützt, ist es schwer, sich bei seiner Neugier für andere Körper wohlzufühlen.

Damit Sie nicht denken, Sie seien der einzige, der sich im Duschraum nicht teilnahmslos fühlt, beobachten Sie einmal, wie die Leute ihr Handtuch halten, wie einige ganz sittsam sind und einige eine exhibitionistische Schau abziehen. Achten Sie darauf, ob jemand Sie flüchtig anschaut oder auf Sie neugierig zu sein scheint. Denken Sie darüber nach, wieviel das wohl zu tun haben könnte mit der Angst der Menschen vor der in ihnen schlummernden Homosexualität. Schauen Sie sich um nach Leuten, die sich unbefangen fühlen. Es liegt für Sie etwas Erotisches darin, sich Ihrer eigenen Befangenheit und der anderer Menschen bewußt zu werden.

Ein Aspekt des Voyeurismus ist die erlauschte Unterhaltung. Es liegt etwas sehr Aufregendes darin, unbemerkt mitzuhören, was sich andere erzählen. Teilweise wegen der Erwartung, daß Sie vielleicht etwas ganz besonders Obszönes hören und auch teilweise wegen der Vorstellung, daß Sie vielleicht etwas nicht für Ihre Ohren Bestimmtes hören. Es ist auch möglich, daß es Unterhaltungen gibt, die Sie nicht belauschen mögen, besonders bei Menschen, die Sie kennen; aber in Restaurants und Bars oder im Zug und auf einer Parkbank, durch Wände und über einen Flur hinweg mitzuhören, kann sehr aufregend sein. Viele Leute finden, daß Klatsch und Tratsch einen ähnlich erotischen Beigeschmack hat. Es hat überhaupt nichts mit verstohlen-neugierigen Blicken in die Privatsphäre eines anderen hinein zu tun, sich einmal auf Ihre eigenen lüsternen Interessen zu berufen.

Wie man ein Spiel spielt

Es ist ein Pokerabend, und eine Gruppe Männer sitzt um Ihren Eßtisch herum. Es ist sehr warm, Sie trinken alle Bier, und die meisten der Kameraden haben ihr Hemd ausgezogen. Sie sind gerade am Gewinnen, und ebenso geht es Tom, der Ihnen gegenüber sitzt. Es ist heute das erste Mal, daß Sie ihn ohne Hemd sehen, und Sie sind fasziniert von der haarlosen Brust und von der Eleganz seiner recht wohlproportionierten Muskeln. Gar zu gern würden Sie ihn bluffen mit dem Blatt, das Sie da auf der Hand haben . . .

Sie sind auf einer Geschäftsversammlung mit nur weiblichen Büroangestellten. Sie sind sich der Hierarchie hier wohlbewußt, die auf der Stellung in der Firma beruht. Sie bemerken eine Art von Bemutterung dort, wo Frauen, die Sie eigentlich als energisch empfinden, sich in dieser Versammlung als scheinbar schwach und hilfsbedürftig geben. Sie bemerken auch, was jeder trägt und finden Ihre Augen ruhend auf Beinen und Händen und Haaren . . .

Sie belegen gern Kurse. Es ist für Sie etwas Aufregendes, jemandem zuzuhören, der sich mit Hegel beschäftigt oder einen Draht zum Okkulten hat. Sie merken, daß Sie einen schon fast sexuellen Reiz erfahren, wenn Sie sich größeres Wissen aneignen und wenn Sie sich abstrakter, intellektueller Zusammenhänge vergewissern.

Beobachtungen: In jedem »Spiel«, wo man etwas gewinnen kann, sei es Geld, Einfluß oder Wissen, kann so etwas Ähnliches wie sexuelle Energie vorhanden sein. Es gibt dort ein Gespür für Herausforderungen, es gibt die Möglichkeit für Verführung und Aggression, für Beherrschung und Unterwerfung. Oft finden wir dort das Element des Flirtens zwischen Menschen, die miteinander konkurrieren um irgendeine Art von Macht, wobei sich so etwas in gleichgeschlechtlichen Gruppen ebenso findet wie in gemischten.

Sie können auch sensibel sein für das Wechselspiel zwischen den Teilnehmern an diesem Spiel. Es gibt da eine ganz bestimmte Art zu scherzen, vielleicht sexuelle Anspielungen oder das Herausstellen der eigenen Geschicklichkeit und Gewandtheit. Einige Teilnehmer spielen vielleicht ihre männliche oder weibliche Rolle ganz besonders heraus. Das hängt davon ab, wer gewinnt und wer verliert, wer in der Gruppe ganz besonders stark dominiert oder sich unterwirft, und so weiter.

Büropolitik kehrt ähnliche erotische Elemente hervor, in denen Menschen beinah-sexuelle Rollen spielen in bezug darauf, wer die Vormacht schon hat und wer sie erst anstrebt. Und dann spielt noch die Nähe eine Rolle – Sie verbringen etliche Stunden am Tag in engem Kontakt mit Leuten, deren Körper, Kleidungen, Gewohnheiten Ihnen fast schon so vertraut sind wie die Ihres Partners. Vielleicht entschließen Sie sich nicht dazu, solches Wissen irgendwie sexuell zu finden, aber es ist wirklich nichts Sonderbares, wenn man selbst in einer Gruppe, wo nicht beide Geschlechter vertreten sind, einmal ein paar stille Vermutungen anstellt. Sexuelle Spannung kann auch ohne Sex existieren.

Menschen können ihre Fähigkeiten in einer Gruppe hoch- oder auch herunterspielen, je nachdem wen sie zu verführen suchen. Der eine Chef ist vielleicht von Schleimscheißern zu beeindrucken, ein anderer von Draufgängern. Leute, die Verantwortung tragen, bringen andere dazu, mit Verführung und Drohung, mit Anbiederung und autoritärem Verhalten, mit Wettstreit oder Schmeichelei zu arbeiten. Es gibt die vielfältigsten Beziehungen, die überhaupt nicht sexuell sind und in denen Sie dennoch einen Austausch sexueller Energien erfahren können. Ob Sie das nun erotisch finden oder nicht, das hängt von Ihnen selbst ab.

Diese Erregung beim Suchen von Antworten und beim Herstellen von Zusammenhängen innerhalb oder außerhalb des Kurses hat für manche Leute noch eine Extrabedeutung. Das Suchen, das im intellektuellen, religiösen, mystischen Streben vor sich geht, kann das Verlangen, etwas zu wissen, bedeuten, ein Sehnen danach, miteinbezogen zu sein, einen Lernhunger, ein Bedürfnis, mit Menschen zusammenzusein, die ähnlich denken und empfinden wie man selbst. Die Energie, die Menschen zusammenbringt in einem Elternausschuß oder in einer Therapie, kann bisweilen erotische Untertöne haben.

Konsum

Sie fahren tagträumend die Straße entlang, da schiebt sich ein wunderschöner, langer, schwarzer Sportwagen mit Ihnen auf gleiche

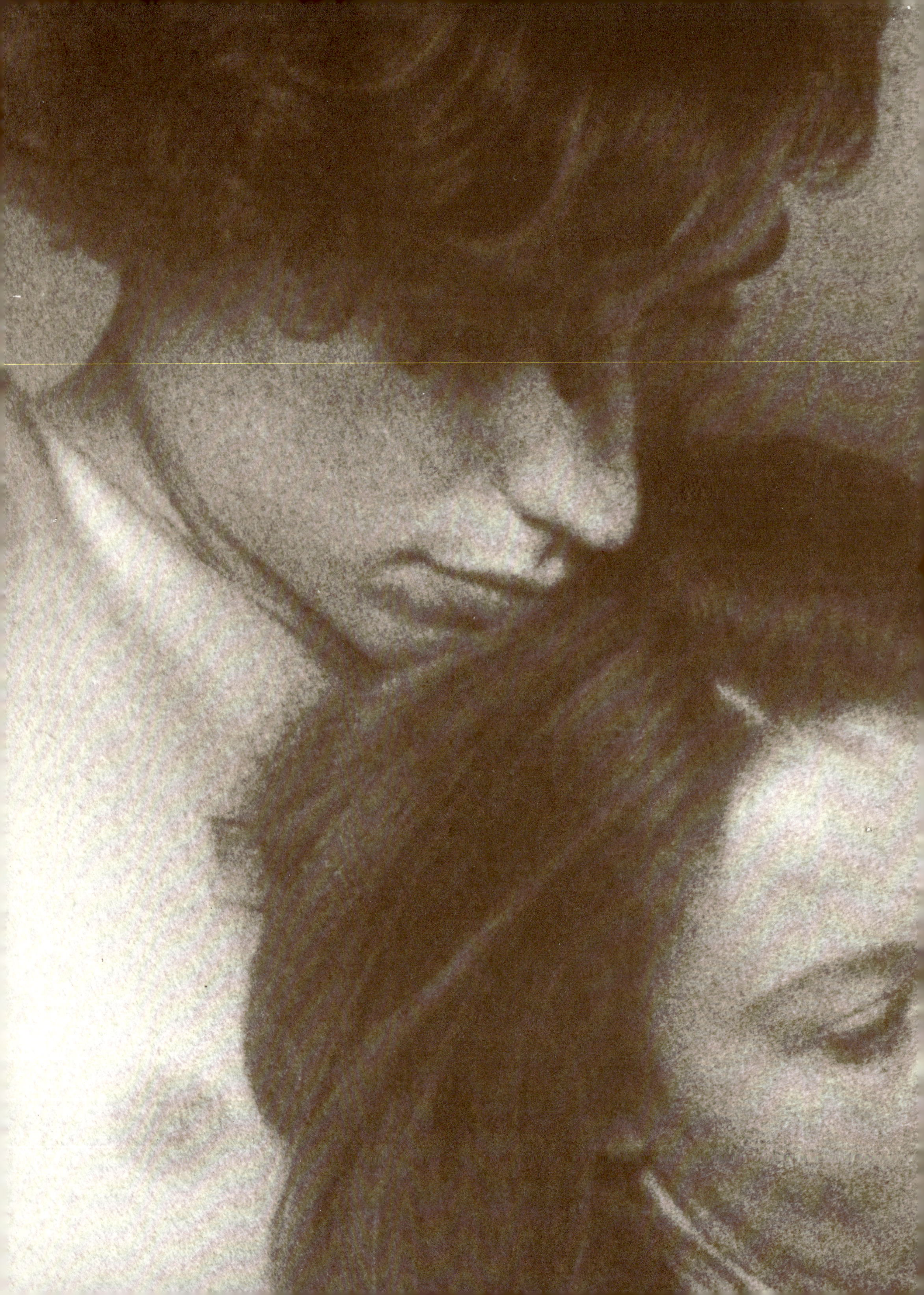

Höhe. Der Fahrer trägt schwere Juwelen an der Hand, eine Sonnenbrille, und er hält das Lenkrad umfaßt, als wäre es eine Frau ...

Vor Ihnen auf der Straße steht eine Frau, die nach Geld aussieht und danach, als ob sie Kleider trägt von Coco Chanelle. Ihr haftet etwas Wohlbehütetes an, eine Aura von Luxus und Zeit im Übermaß.

Sie machen wahnsinnig gern einen Einkaufsbummel. Sie können einfach nicht umhin, kleine Utensilien und Kosmetika und Hanteln und Expander für den Körper zu kaufen und sich ab und zu einen kleinen Urlaub zu leisten, was Ihrer Meinung nach Ihr Aussehen oder Ihr Leben verbessert ...

Beobachtungen: Es gibt eine starke Vermutung in diesem Land, daß Sie sich, wenn Sie nur Geld haben, auch den dazupassenden erotischen Lebensstil leisten können. Schnelle Autos, vornehme Restaurants, die teuersten Parfums von Elizabeth Arden, eine Yacht, maßgeschneiderte Garderobe und vieles, vieles mehr zum Herausputzen, all das betrachtet man als etwas, was zu einem erotischeren und aufregenderen Leben verhilft. Das ist eine Tatsache, die den Werbefritzen sehr bewußt ist. Durch das sexuelle Image der Werbung ist die Konsumhaltung zur sexuellen Notwendigkeit emporgerückt.

Die Schwierigkeit dabei, solch eine Vermutung anzustellen, liegt vielleicht darin, daß Sie das Erotische im Leben *um Sie herum* ignorieren, die Dinge in Ihrer eigenen, wirklichen Umgebung, die für Sie erotisch sind oder sein könnten. Obwohl es Ihnen vielleicht etwas Auftrieb gibt, einen Blick auf den Mann in dem Prachtschlitten zu werfen oder auf die Frau, die nach Geld stinkt, so heißt es doch, daß Sie sich all das entgehen lassen, was direkt vor Ihrer Nase passiert, wenn Sie bloß darauf warten, am Luxus dieser anderen teilzuhaben.

Es ist gar nichts Ungewöhnliches, das Opfer einer solchen Werbung zu sein, die einem ein neues Aussehen verspricht oder gar eine neue Persönlichkeit. Fast jeder kann durch solche Hoffnungen manipuliert werden, zumindest gelegentlich. Denken Sie einmal eine Zeitlang darüber nach, welche Produkte Sie so den ganzen Tag benutzen und was in Ihrem Inneren von der Werbung darüber hängengeblieben ist. Bedenken Sie einmal, wann Sie sich so fühlen, als könnten Sie Bäume ausreißen.

Eine andere Konsumhaltung, die Sie erotisieren könnte, vielleicht sogar zu Ihrem eigenen Nachteil, ist ein Lebensstil, der von Ihrem eigenen abweicht. Genauso wie Leute sich ins reiche Leben einkaufen wollen, »kaufen« sie sich in die Gegenkultur ein. Viele Leute denken, diejenigen, die schwarz sind oder »in«, jung oder homosexuell, hätten ein erfüllteres Sexleben als die übrigen. Andere wieder haben die Vorstellung, die Vorstädte, die Küste oder Studentenwohnheime, wo weibliche und männliche Studenten zusammenleben, seien die Brutstätten partnertauschender Sinnlichkeit. Es ist ein Fehler zu glauben, daß das Erotische exotisch, teuer und weit entfernt ist. Sie finden es genau dort, wo Sie jetzt gerade sind.

Berührungsspiele

Sie besuchen Freunde, die ein neues Baby haben. Während Sie es halten, merken Sie, wie Ihnen ein schwaches Kribbeln über den Rükken läuft, gerade in dem Moment, wo der kleine Wurm beginnt, an Ihrem Arm und Ihrer Brust zu nuckeln ...

Obwohl der Mensch, der Ihnen gerade die Haare schneidet, sich völlig unpersönlich verhält, bekommen Sie jedesmal etwas Herzklopfen, wenn seine Finger Ihre Ohren und Ihren Hals berühren. Selbst der schnelle, durch das Haar streichende Kamm erscheint anregend.

Die Katze Ihrer Freundin hat einen wunderschönen, glänzenden Pelz und mag es sehr gern, wenn man ihr darüberstreicht. Es gibt da etwas, was Ihnen sehr angenehm ist, wenn Sie das Fell liebkosen.

Beobachtungen: Es gibt eine gewaltige Zahl von zufälligen Berührungen im täglichen Leben, die man als erotisch ansehen könnte, wenn es nicht einige Barrieren gäbe, so zu denken. So geben Ihnen zum Beispiel richtige Berührungsspiele die Möglichkeit, andere in intimer Weise festzuhalten. Vielleicht gestatten Sie es sich selbst nicht, an das Vergnügen dabei zu denken. Wenn das Spiel mit Leuten Ihres eigenen Geschlechts abläuft, dann könnte zu intensives Berühren vielleicht andeuten, daß Sie »unnatürlich« sind, und das geht natürlich nicht an. In einer gemischten Gruppe können Sie mit ein bißchen Streicheln durchkommen, aber ausgiebig umherzutasten gilt als unhöflich. Es gibt allerdings viele nichtspielerische Situationen, wo Sie mit einem oder gar mehreren anderen Körpern in Berührung kommen. Die meisten von uns haben gelernt, solche Berührungen zu entpersonifizieren, die in einem vollen Bus oder Fahrstuhl passieren, aber ebenso oft berührt ein bißchen von diesem dicht zusammengepackten Fleisch auch Sie selbst oder jemanden in Ihrer Nähe. Dann gibt es noch das versehentliche Zusammenstoßen mit jemand anderem, das Klatschen auf einen Po oder Rücken, den Begrüßungs- oder Abschiedskuß, die gelegentliche spontane Berührung von Kindern.

Ein Baby ist ein total erotisches Wesen, unfähig, sich selbst von seiner Umwelt zu trennen. Wenn Sie es halten, werden Sie in einer Weise Teil seiner Welt, wie es sonst nie geschieht, wenn Sie ein älteres Kind oder gar einen Erwachsenen berühren. Ein Baby respektiert keine Grenzen darüber, was man nun in der Öffentlichkeit liebkosen darf und was nicht. Es wird mit der gleichen Selbstverständlichkeit nach einer Brust oder einem Penis greifen, wie es nach einem Finger greift. Sie sind für ein Baby auf ein Objekt reduziert, oftmals ein erotisches Objekt mit gewisser sinnlicher Genugtuung. Vielleicht sind Sie in der Lage, den Spieß umzudrehen und das Baby genauso zu erfreuen, wie es Sie erfreut.

Der Mann oder die Frau, die Ihnen die Haare schneiden, denken wahrscheinlich nicht darüber nach, was da unten an Ihrem Hals oder Ihrer Wange abläuft, was aber, wenn sie es täten? Es könnte eine aufregende Sache sein, wenn man gebeten wird, die Kopfhaut zu massieren, Ohren zu erforschen, mit den Fingern durch das Haar zu streichen. Das gleiche trifft für den Schuhverkäufer zu, der Füße mag und für die Näherin, die das Maßnehmen mag. Das Wichtige dabei ist gar nicht so sehr, was die anderen denken, als vielmehr *Ihre* Gedanken darüber, was wohl die anderen denken könnten. Wenn Sie jetzt deren Leben ohne ihr Wissen erotisieren, dann erotisieren Sie sich selbst.

Wenn Sie einmal genau auf sich achten, angefangen beim einfachen Haareschneiden bis hin zu einer ganz ausgefeilten Massage, dann ist das oft eine sinnliche Erfahrung. Einfach schon die Vorstellung, daß man an Ihnen etwas verschönert, es Ihnen bequem macht, Sie bedient, kann aufregend sein. Es ist auch die Empfindung, daß jemand einen Teil Ihres Körpers absichtlich berührt, ohne daß es sexuell ist.

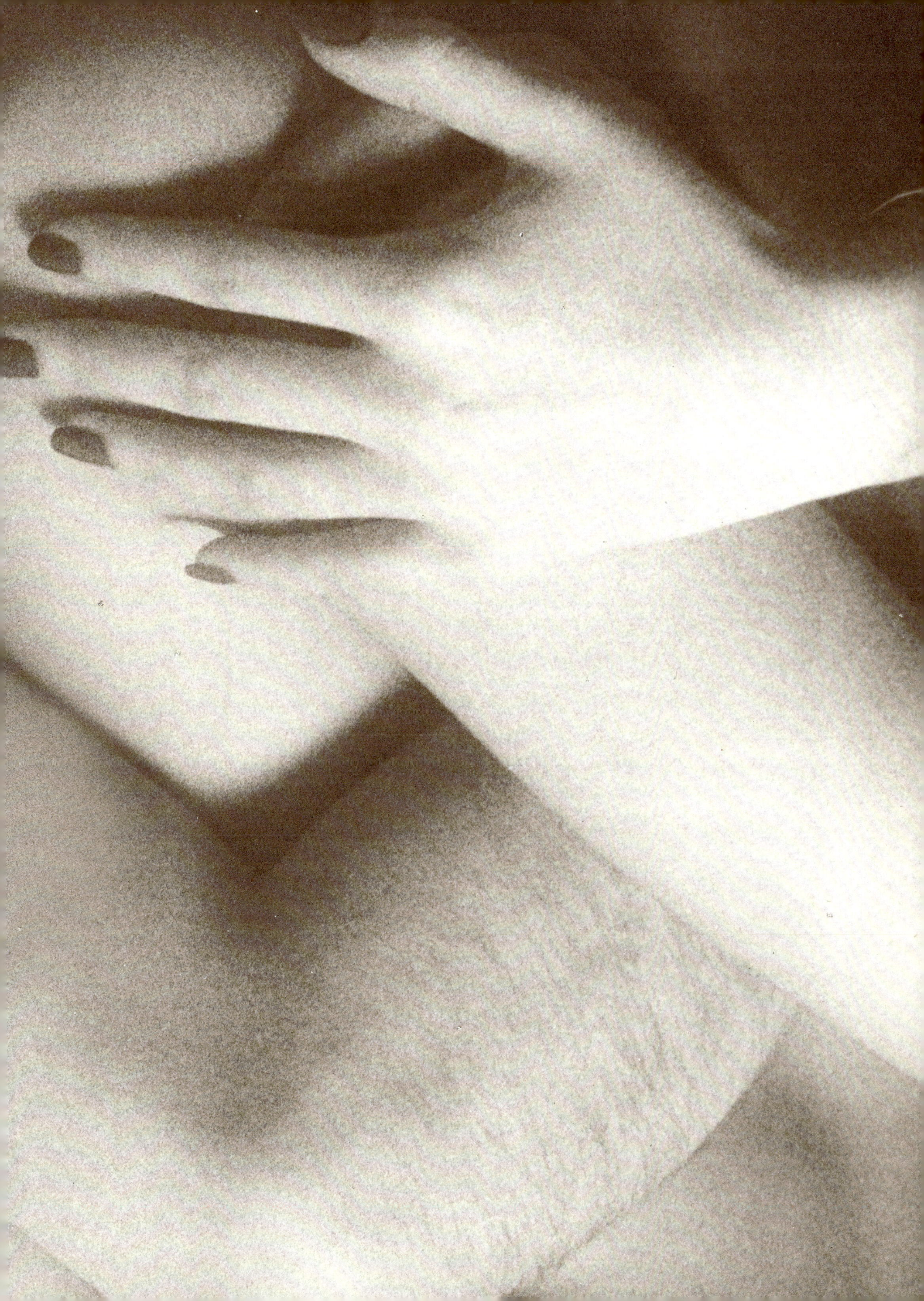

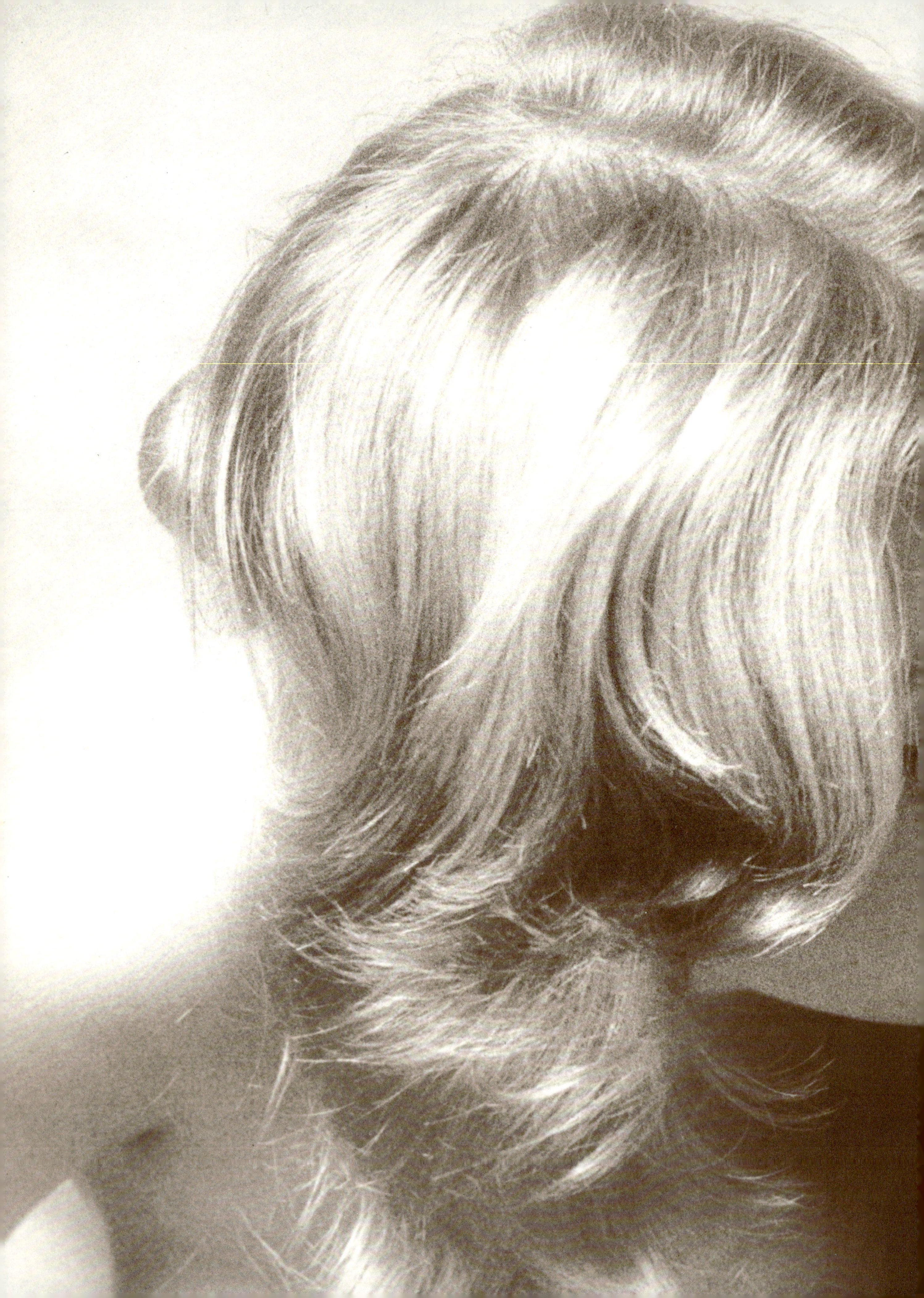

Selbst wenn Sie sich in solchen Situationen unwohl fühlen, könnte das erotisch sein.

Katzen sind ein hübsches Beispiel für erotische Symbole, vielleicht liegen Ihnen aber andere Tiere mehr. Vielleicht gehören Sie zu denen, die davon berichten können, im Zoo von Tieren sehr angeregt zu werden. Manche Leute werden irre gereizt von großen Vögeln, schlüpfrigen Seehunden, mächtigen Löwen. Auch besteht immer die Möglichkeit, daß man einige Tiere beim Begatten erwischt, was eine noch viel direktere sexuelle Erfahrung ist. Denken Sie einmal darüber nach, wie Sie reagieren oder reagieren würden, wenn Sie Hunde, Vögel, Affen aufeinanderhocken sehen.

Vielleicht sehen Sie etwas Erotisches darin, wie andere Leute auf solche Szenen reagieren oder auf andere ungebetene Erfahrungen. Achten Sie einmal darauf, wie andere Leute ihr Baby halten, Tiere beobachten, sich gegenseitig anfassen. Einige werden sich wegdrehen, einige werden die Luft anhalten und hoffen oder fürchten, daß das weitergehen möge, einige nehmen scheinbar keine Notiz davon. Irgendwelche von diesen Reaktionen erscheinen Ihnen vielleicht oder bestimmt erotisch, wenn Sie sie beobachten. Wie alles Erotische, was wir hier besprechen, können Sie solche Dinge nicht mit Zwang geschehen lassen, aber Sie können sich Ihrer Gefühle bewußt sein, während sie geschehen.

Unbeseelter Eros

Es hat da noch etwas Besonderes auf sich mit Autobahnein- und ausfahrten oder Autobahnkreuzen, die Sie jedesmal äußerst erregen, wenn Sie sie passieren. Sie können es nicht erklären, aber es versetzt Sie in Erregung.

Sie gießen gerade Ihre Pflanzen, und ganz plötzlich ergreift Sie das überwältigende Verlangen danach, Ihren Daumennagel in die saftigen Blätter Ihres Jadebaumes zu pressen.

Nichts ist für Sie so aufregend wie ein herrlich elektrisierender Sturm. Die geladene Luft, die Gefahr und die Erwartung eines Wolkenbruches, all das ist für Sie mit Sexualität gleichzusetzen.

Beobachtungen: Es ist wirklich so, daß alles, was Sie nur wollen, erotisieren kann. Es müssen gar nicht andere Menschen sein oder soziale Beziehungen, nackte Frauen oder absonderliche Erfahrungen. Es gibt viele künstliche und natürliche Objekte, die Sie erotisch finden können, ob Sie nun dabei direkte sexuelle Assoziationen haben oder nicht. Obwohl Sie vielleicht niemals mit einer Warzenmelone Geschlechtsverkehr gehabt haben oder haben wollen, ist es doch aber möglich, daß Sie Ihre eigene sexuelle Energie auf diese runde, reife, leckere, saftige Frucht in einer solchen Weise übertragen, daß es Sie vielleicht selbst überrascht oder gar erregt.

Auch Autobahnen, genau wie Wolkenkratzer, Skulpturen, irgendwelche Gebäude oder andere Objekte können Ihr pausenloses Interesse wecken, ob der Erbauer oder die Erbauerin eines solchen Denkmals nun jemals etwas Erotisches auf dem Herzen hatte oder nicht. Irgendwelche Musikstücke oder Gemälde erscheinen schrecklich sinnlich und erregend, und genau das ist auch die Absicht dabei. Andere Arbeiten üben eine speziell erotische Wirkung vielleicht nur auf Sie allein aus. Für einige Menschen ist eine abstrakte Komposition, ein

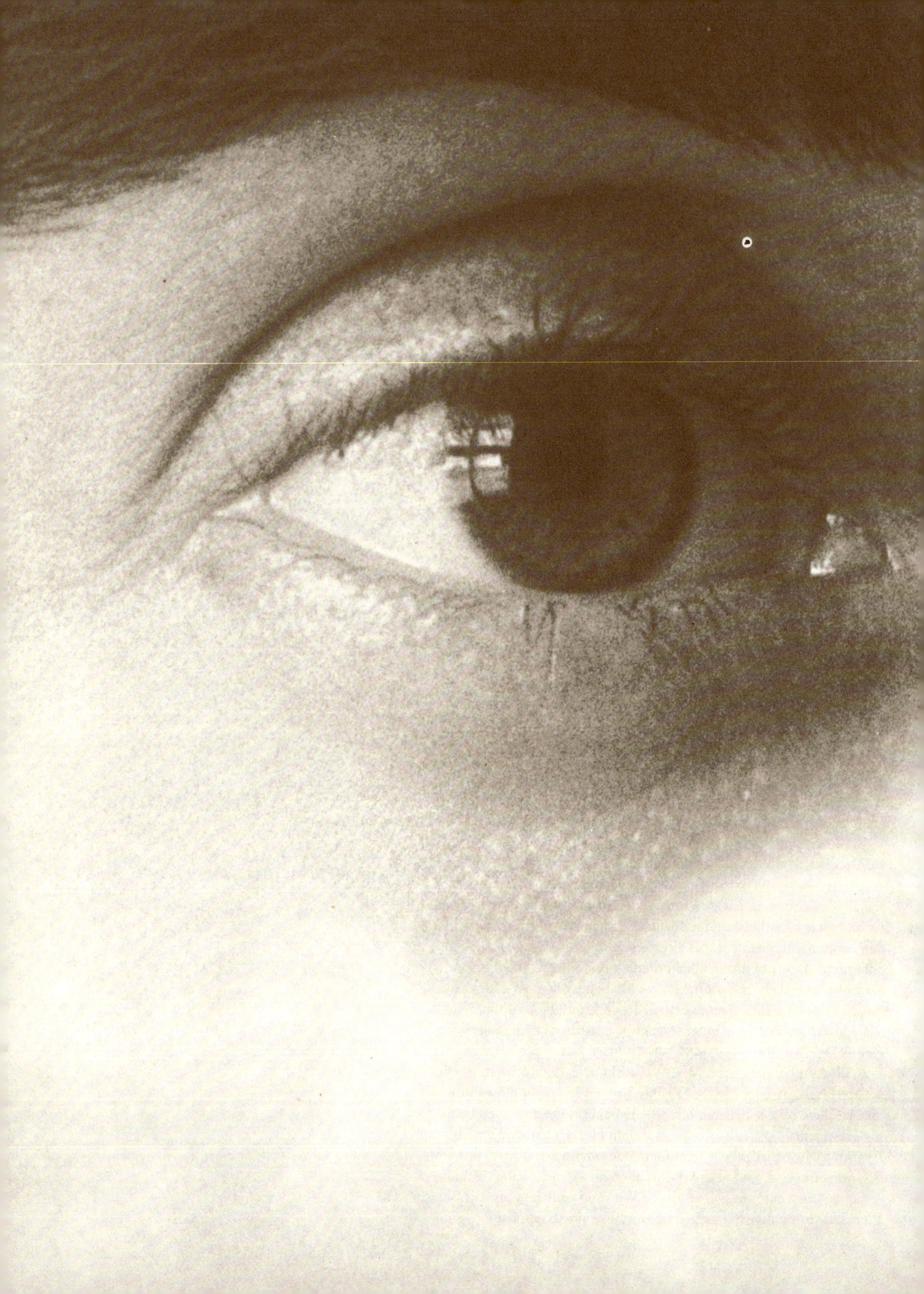

italienischer Stuhl oder eine perfekt laufende Maschine erotisch. Andere mögen ihren unbeseelten Eros ruhig ein bißchen deutlicher wirklich als sexuell bezeichnen.

Wo wir gerade von Autobahnkreuzen und Maschinen reden, es gibt unzählige Fahrzeuge, die Sie vielleicht irgendwie faszinieren. Denken Sie einmal darüber nach, mit einem Flugzeug zu starten, zu segeln, mit der Achterbahn zu fahren. Um mehr im Alltäglichen zu bleiben, da gibt es Autos, Räder, Busse und Züge. Alles mit einer Vibration, alles was startet oder abhebt, alles was sich irgendwie spürbar bewegt, ist zumindest für einige Leute das Wiederhervorbringen der sexuellen Erfahrungen.

Der Jadebaum und die Warzenmelone sind Beispiele für Gegenstände, die die Sinne ansprechen. Viele, viele Speisen, von der sonnengereiften, prallen Tomate bis hin zu der von zarter Männer- oder Frauenhand gefertigten Zitronencremetorte können wir auf erotische Weise betrachten oder anfassen oder probieren. Denken Sie einfach mal an die vielen Dinge, denen Sie beim Essen, Trinken, Zubereiten und so weiter großes Vergnügen abgewinnen. Einiges von diesem Vergnügen, dieser Einverleibung, dieser Gaumenfreude muß sexueller Art sein.

Wenn Sie glauben, daß Kochen oder Gemüseeinkaufen oder Gartenarbeit nur Plackerei ist, wo hinter dem Verkäufer am Obststand oder hinter dem Gärtner Ihres Nachbarn kein erotisches Potential zu finden wäre, dann entdecken Sie vielleicht, daß die Hausarbeit Sie aufmöbeln kann, indem Sie die Speisen und Pflanzen als sexuelle Objekte betrachten. Schenken Sie ihnen Aufmerksamkeit. Streicheln Sie sie. Riechen Sie an ihnen, reiben Sie sie einmal an Ihrem Körper.

Das Wetter kann die Stimmung beeinflussen, unsere Empfindsamkeit für Erregung oder Wohlergehen ansprechen, was dann einen ganzen Tag andauern kann. Selbst wenn ein elektrisierender Sturm für Sie nicht besonders viel Erotisches hat, vielleicht dann das Erwachen in einem sehr warmen, dunstigen Raum. Das Wetter ist an Erinnerungen gebunden, und wenn diese für Sie sexuell sind, dann überträgt das Wetter Ihnen vielleicht diese Nachricht. Falls trockener Wüstenwind Sie schwach und sexy fühlen läßt, dann kämpfen Sie nicht dagegen an. Wenn Regen Sie sich Ihres eigenen Körpers oder anderer durchnäßter Körper um Sie herum bewußt werden läßt, dann nutzen Sie das. Welche Assoziationen Sie auch immer haben, bringen Sie sie sich in Erfahrung und haben Sie Ihr Vergnügen daran. Sich dessen bewußt zu werden, was um Sie herum passiert, heißt sich so vieler sinnlicher Eindrücke wie nur möglich bewußt zu werden.

Alles, was Sie anfassen, worauf Sie sitzen, durch was Sie hindurchgehen, was Sie essen, tun und täglich sehen, kann sich als ein wenig erotisch angehaucht erweisen. Überall um Sie herum sind Linien, Formen, Bewegungen, Aromen, Farben, Geschmäcker und Dinge, die Ihr spezielles Interesse auf sich ziehen können. Wenn Sie sich ihrer bewußt werden, dann hören Sie auf, sich zu fragen, woher wohl ihre Anziehungskraft kommt, was Sie in Gedanken damit verbinden. Denken Sie lieber darüber nach, warum ihre Nebeneinanderstellung oder ihre zeitliche Abfolge Sie zu fesseln scheinen. Und verweilen Sie lange genug, um sie auch zu genießen, sich ihrer nicht nur bloß bewußt zu werden.

Zusammenfassung

Obwohl keine Notwendigkeit besteht, alles in Ihrer Welt erotisch zu finden, können Sie sich selbst doch darin üben, dem Erotischen um Sie herum wachsamer gegenüber zu sein, einfach indem Sie ihm Ihre Aufmerksamkeit zukommen lassen. Sie haben täglich hunderte von Möglichkeiten, Ihr Leben zu steigern mit der Wahrnehmung dieser zusätzlichen Dimension zu Ihrer gewöhnlichen Empfindung. Wenn Sie sich diese kleinen Anreize verwehren oder sie ignorieren, dann vielleicht deswegen, weil Sie den Sex selbst aus Ihrem täglichen Leben verbannt haben. So etwas macht man vielleicht deswegen, um aus Sex etwas Losgelöstes und Erzwungenes zu machen, statt etwas Natürliches und Liebenswertes.

Ein Grund, warum Sie in diesem Kapitel nicht gebeten worden sind, etwas aufzuschreiben, liegt darin, daß es keinen systematischen Weg gibt, zu einer erotischen Lebensweise zu finden. Hätten Sie aufgeschrieben, wie Sie Ihrer Meinung nach reagiert hätten, dann wären vielleicht Ihre Reaktionen den anderen Sachen gegenüber, die Sie passieren sahen, nicht spontan genug gewesen. So ist das, was Sie jetzt zu tun haben, nur, Ihre Augen offen zu halten, wachsam zu bleiben und auf Ihre Reaktionen zu achten, wenn Sie sich so verhalten. Sie können jetzt sicherlich Ihr Begleittagebuch abschließen mit einigen Nachgedanken über Ihr erotisches Leben, aber tun Sie das nicht, bevor Sie es nicht selbst erst einmal ein klein wenig gelebt haben.

Zum Ende dieses Buches

Wenn Sie dieses Buch nur gelesen, aber noch keinen einzigen Vorschlag zu verwirklichen versucht haben, dann sollten Sie nicht erwarten, daß Sie sich viel besser kennen als zu Beginn. Sie werden mehr über dieses Buch wissen und darüber, was es für Sie auf Lager hält. Nun aber müssen Sie zurückgehen, es mit einigen der Vorschläge versuchen, sich einmal nach Ihren Gefühlen und Beweggründen fragen. Es handelt sich hier in Wirklichkeit um ein Arbeitsbuch mit Möglichkeiten, Ihre sexuellen Belange entweder allein oder zusammen mit einem Partner einmal wirklich zu erforschen.

Wenn Sie das Buch aber durchgearbeitet haben, dann wissen Sie jetzt mehr über sich selbst und über Sex. Sie sollten sich keine Sorgen machen, wenn Sie nicht alle angeführten Themen abhandeln konnten. Dies ist ein Buch, das Ihnen Ihr ganzes Leben lang erhalten bleibt. Auf einige Dinge, über die Sie vielleicht verwundert sind oder die Sie interessieren, können Sie auch später noch zurückkommen. Sie können dieses Buch auch weiterhin als Hilfsmittel benutzen, wenn neue Situationen oder Probleme auftauchen. Sogar dieselben alten Sorgen können wieder erscheinen, wenn Sie Ihr Leben ändern oder Ihren Partner wechseln. Sie können einzelne Abschnitte, die Sie benötigen, noch einmal lesen oder Kapitel, die Ihnen Spaß gemacht haben, von neuem durchstreifen.

Sie können nicht nur dieses Buch weiter benutzen, Sie können sich auch weiterhin auf Ihr Begleittagebuch stützen, sofern Sie eins geführt haben. Solch ein Tagebuch könnte für Sie zur Gewohnheit werden. Sie müssen es nicht einfach deswegen abschließen, weil nun dieses Buch zu Ende geht. Denn schließlich geht Ihr Sexleben ja weiter.

Abgesehen davon, daß Sie auf einzelne Teile dieses Buches zurückgreifen können, die Ihnen gefielen, weil sie lustig, interessant oder hilfreich für Sie waren, könnten Sie auch versuchen, auf Teile zurückzukommen, die Ihnen gar nicht so sehr behagt haben. Falls Sie sie nicht mögen, weil sie für Sie nicht interessant oder von Bedeutung waren, ist es ja in Ordnung. Aber falls sie Sie entmutigten oder Ihnen das Gefühl gaben, irgendwie ungenügend zu sein, dann geben Sie dennoch nicht auf. Vielleicht haben Sie zuviel von sich selbst erwartet oder auch von diesem Buch. Vielleicht sind Sie noch nicht in der Lage, an einem ganz speziellen Punkt, an dem Sie sich immer wieder festfahren, genügend stetig zu arbeiten oder über ihn nachzudenken. Gönnen Sie sich genügend Zeit und eine ausreichende Zahl von Versuchen, wenn Sie auf etwas stoßen, von dem Sie das Gefühl haben, daß es von grundsätzlicher Bedeutung sein könnte, womit Sie aber scheinbar noch nicht umgehen können. Vielleicht sind Sie zu stürmisch oder gehen zu zwanghaft an die Sache heran. Es ist nichts dabei, wenn Sie sich frustriert, ängstlich und unglücklich in solch einem Prozeß fühlen, wo Sie ein paar harte Nüsse zu knacken haben.

Für einige Menschen scheint es unmöglich, weiterzulesen oder weiter an solch einem Buch zu arbeiten. Irgendwo hören Sie auf und finden dann keinen neuen Anfang. Wenn Sie jemand sind, dem so etwas passiert ist, und wenn Sie gerade die letzten Seiten lesen, um zu sehen, wie es nun ausgeht, so bedenken Sie folgendes: Vielleicht ging

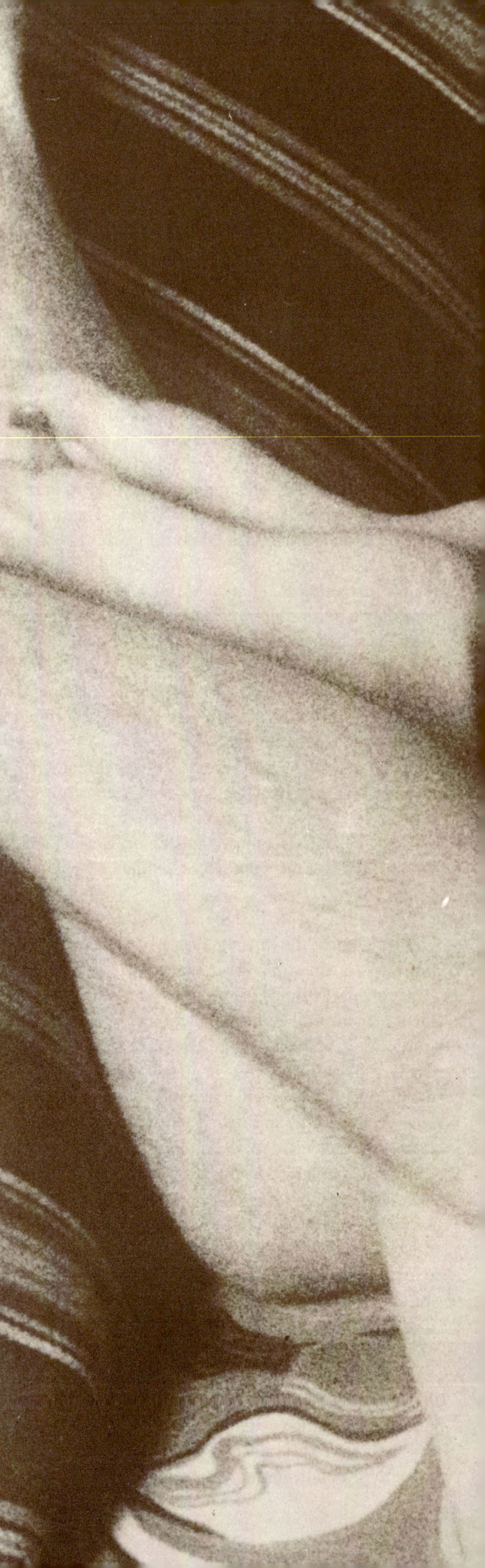

Ihnen das Buch auf die Nerven, oder Sie sahen sich nicht mehr in der Lage weiterzuarbeiten, weil Sie einige Ängste davor hatten, daß Sie tatsächlich Ihre Probleme plötzlich los sein könnten. Das ist in jeder Therapie etwas ganz Normales. Es ist manchmal schwer, Veränderungen entgegenzusehen. Vielleicht sind Sie sich auch gar nicht des Grundes bewußt geworden, warum Sie das Buch beiseitelegten. Aber noch haben Sie Zeit und Gelegenheit weiterzumachen. Denken Sie darüber nach, wo Sie aufgehört haben und warum. Vielleicht hat sich das Problem ja inzwischen auch von allein gelöst. Natürlich könnte es auch sein, daß es Ihnen ganz berechtigterweise auf die Nerven ging. Keine »Besserung« zu sehen, die Übungen nicht zu mögen, Ihren Partner nicht darin verstricken zu wollen, all das könnten Anzeichen sein, daß Sie sich bedroht fühlten von dem drohenden Verlust Ihres Symptoms.

Es gibt ein Phänomen im Verlauf einer Sextherapie, welches bekannt ist als der sogenannte Welleneffekt. Das heißt, daß eine Verbesserung oder mehr Spaß an Ihrem Sexleben seine Wellen schlägt und einige andere Bereiche Ihres Lebens ebenfalls aufbessert. Obwohl eine Sextherapie Sie nun nicht gleich zu einem anderen Menschen macht, Ihrem Leben nicht plötzlich ein Ziel gibt oder Sie irgendwie ganz grundsätzlich verändert, gibt es doch viele Aussagen von Menschen, daß ein besseres sexuelles Gefühl sich selbst gegenüber auch übergreifen kann auf andere Bereiche Ihres Lebens. Zweifellos sollte Ihnen die Tatsache, etwas für sich selbst getan zu haben, Zuversicht schenken. Wenn Sie sich selbst beigebracht haben, Ihren sexuellen Belangen offener und unbefangener entgegenzusehen, dann können Sie die Methoden der Sextherapie auch sehr gut dazu nutzen, andere Probleme anzugehen.

Der Welleneffekt ist vielleicht nichts, was automatisch arbeitet, aber Sie können seine Entwicklung beschleunigen. Beginnen Sie es auf die gleiche Art und Weise, wie Sie es bei der Sextherapie gelernt haben. Werfen Sie einen Blick hinter die unmittelbaren Anzeichen von Problemen oder Bedenken zu dem Zeitpunkt, da Sie sie zum ersten Mal bemerken, auch dahinter, welche Dinge dabei gleichzeitig eine Rolle spielten und wie es damit weiterging. Dann schauen Sie einmal, ob Ihnen ein spezielles Problem vielleicht aus irgendwelchen Gründen ganz besonders am Herzen liegt, was bei Ihnen dann den Wunsch aufkommen läßt, es trotz aller scheinbaren Ausweglosigkeit doch zu lösen. Achten Sie einmal darauf, ob Sie gelangweilt sind oder unglücklich mit Ihrem Leben, weil Sie sich bisher nicht die Mühe gemacht haben, es zu ändern. Schauen Sie, wie schrecklich oder bedrohend eine Veränderung wohl wäre. Schauen Sie sich um nach Informationen und Hilfe, um Lücken in Ihrem Wissen oder Verständnis zu schließen. Und versuchen Sie, Ihre Belange sich selbst gegenüber oder einem Partner oder auch anderen gegenüber zu artikulieren, falls andere zur Seite stehen. Sie können ganz für sich selbst handeln.

Eines ist gewiß. Sie wissen jetzt mehr über Sex als zuvor. Diese Information kann Ihnen helfen, zukünftige sexuelle Probleme zu meistern. Je mehr Sie sich mit einem Partner oder Freund über Sex austauschen, um so leichter wird es sein, auch über sonstiges miteinander zu reden. Sex, vom erotischen Leben über das Gefühl von Ihrem eigenen Körper bis hin zu ganz speziellen Fehlfunktionen, ist schwer zu erlernen, und über ihn läßt sich schwer reden. Wenn Sie das erstmal hinter sich haben, dann können Sie sich getrost anderen Dingen zuwenden.

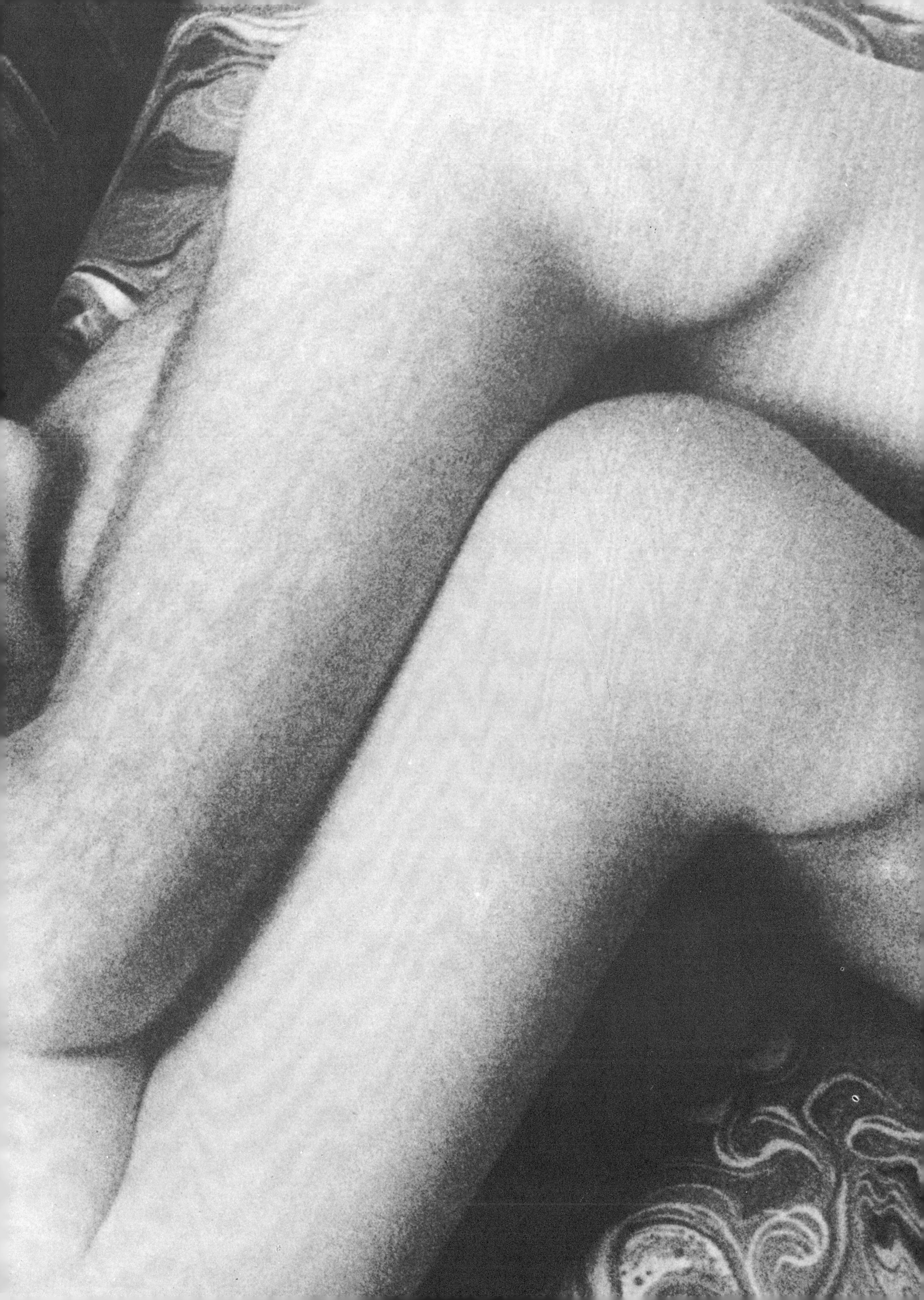

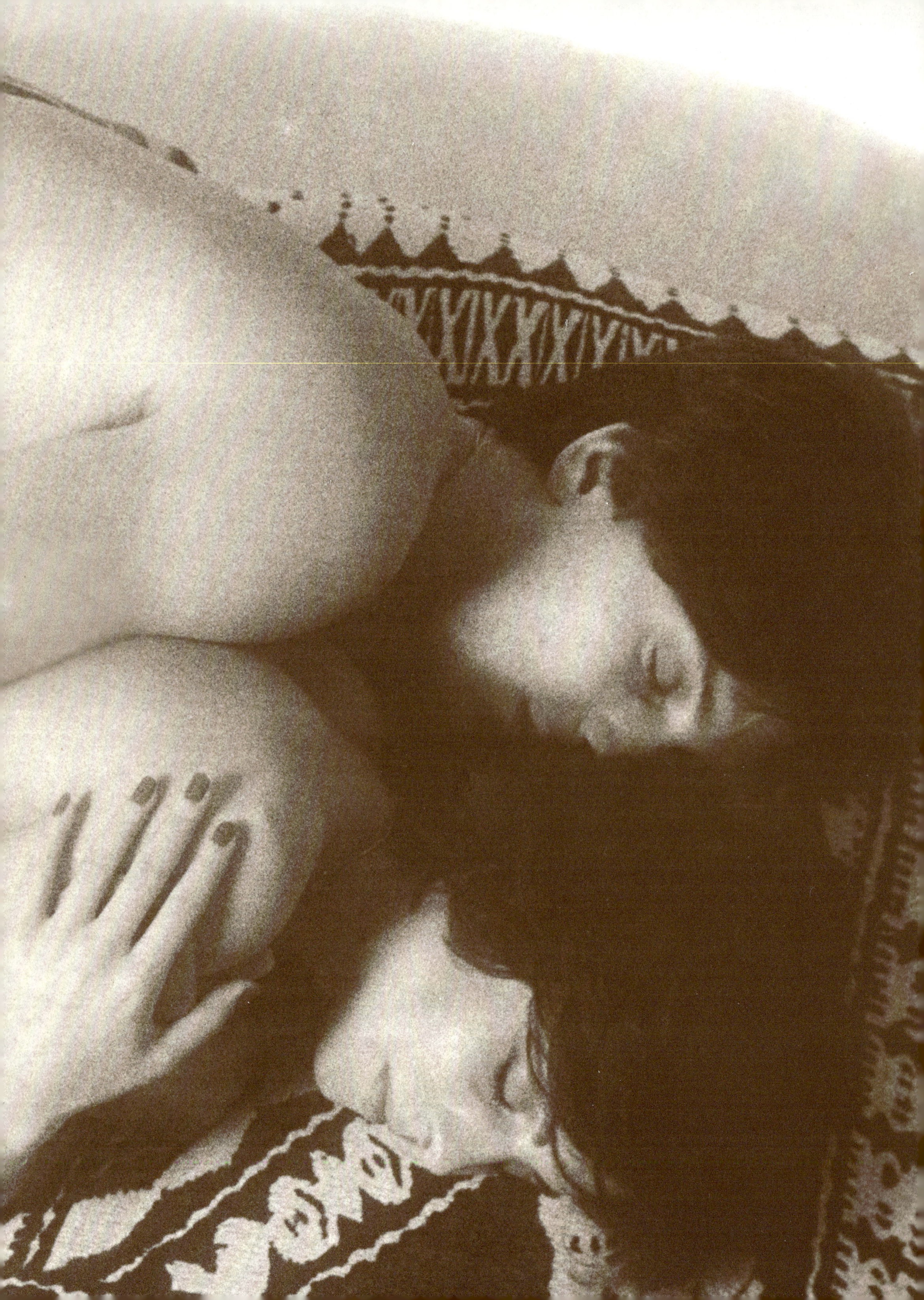

Denken Sie immer daran, daß es für Sie von Vorteil ist, wenn Sie aufmerksam, bewußt, aufrichtig und geduldig bleiben. Wenn Sie ein wenig Durchblick durch sich selbst gewonnen haben, dann können Sie damit beginnen, einen Blick in andere Menschen zu tun. Sie können dann erkennen, daß jeder, Sie eingeschlossen, Vorlieben und Abneigungen, Stärken und Schwächen in sexueller Hinsicht hat. Ihr eigener Sextherapeut zu sein, hört mit diesem Buch nicht auf. Kommen Sie darauf zurück, zeigen Sie es einem Freund oder Partner, ziehen Sie Nutzen aus Ihrem Begleittagebuch. Doch mehr als alles andere ziehen Sie Nutzen aus sich selbst. Sie sind nun Ihre eigene, beste Quelle dazu. Ihre Reaktionen und Beobachtungen sind jetzt das, was zählt, und darauf sollten Sie sich nun verlassen.

Register

CIP-Kurztitelaufnahme der Deutschen Bibliothek

Raley, Patricia E.:
Making love : wir lernen zu lieben; wie Sie
Ihr eigener Sexualtherapeut werden können/
Patricia E. Raley. [Übers. Jochen Hillebrecht].
– Berlin, Frankfurt/M, Wien : Ullstein, 1978. –
Einheitssacht.: Making love ‹dt.›
ISBN 3-550-07790-4